사도행전

속으로

제15권 거침없이

사도행전 속으로

Into the Acts 15. With All Confidence

지은이 이재철
펴낸곳 주식회사 홍성사
펴낸이 정애주
국효숙 김의연 박혜란 송민규 오민택 임영주 차길환

2019. 5. 27. 초판 발행   2025. 3. 20. 3쇄 발행

등록번호 제1-499호 1977. 8. 1.
주소 (04084) 서울시 마포구 양화진4길 3
전화 02) 333-5161   팩스 02) 333-5165
홈페이지 hongsungsa.com   이메일 hsbooks@hongsungsa.com
페이스북 facebook.com/hongsungsa
양화진책방 02) 333-5161

ⓒ 이재철, 2019

ISBN 978-89-365-1375-7 (04230)
ISBN 978-89-365-0531-8 (세트)

사도행전 속으로

15 거침없이

사도행전 27, 28장

이재철

홍성사

참된 교회를 그리며

　저는 주일예배 시간에 늘 '순서설교'를 합니다. 순서설교는 제가 만든 용어로, 문자 그대로 성경을 순서대로 설교하는 것입니다. 강해설교도 성경의 순서를 따르지만 일반적으로 본문을 넓게 잡기에 각 구절에 대한 비중이 떨어지기 쉽습니다. 그러나 순서설교는 본문을 한두 구절씩 짧게 잡는 것이 특징입니다. 그러다 보니 성경 가운데 책 한 권의 설교를 끝내기 위해서는 상당한 햇수가 필요합니다. 그런데도 제가 목회를 시작한 이래 20여 년 동안 계속 순서설교를 해온 까닭이 있습니다. 1년에 주일은 52일밖에 없습니다. 그러므로 목회자가 한 교회에서 평생 목회해도 주일예배 시간에 성경 66권의 내용을 모두 심도 있게 설교하는 것은 물리적으로 불가능합니다. 주일예배는 물론이고 새벽 기도회, 수요 성경공부, 구역 성경공부 등에 빠짐없이 참석하는 교인은 예외겠지만, 주일예배에만 참석하는 대다수 교인은 결국 일주일에 한 번 설교자가 선호하거나 의도하는 구절에 대한 설교만 듣게 됩니다. 그렇게 해서는 하나님의 말씀인 성경 전체를 바르게 이해하고 세상에서 하나님의 말씀을 좇아 사는 것은 지극히 어려운 일입니다. 그와 같은 단점을 보완하기 위해 매 주일 본문 구절의 깊이와 성경 전체의 넓이를 동시에 추구하자는 것이 순서설교입니다. 다시 말해 주일마다 각 구절을 깊이 있게 다루면서, 그 깊이만큼 해당 구절을 창으로 삼아 성경 전체를 들여다보고, 예배가 끝난 뒤에는 그 구절을 안경으로 쓰고 일주일 동안 세상에서 살자는 것입니다.

성경은 창세기부터 요한계시록까지 거미줄보다 더 정교하고 치밀하게 얽혀 있습니다. 그리고 성경 각 구절은 그 전체를 들여다보는 신비로운 창입니다. 똑같은 풍경도 창의 모양과 색깔에 따라 다르게 보이듯이, 성경을 들여다보는 창이 많고 다양할수록 성경 전체에 대한 이해가 더 깊어지고 넓어지기 마련입니다. 제가 순서설교를 선호하는 까닭이 여기에 있습니다. 구약성경의 초점이 '오실 예수'에, 신약성경의 초점이 '오신 예수'에 맞추어져 있기에, 즉 성경 전체의 초점이 '오직 예수' 한 분이기에 순서설교와 절기설교는 상충하지 않습니다. 성경의 모든 구절이 예수님을 들여다보기 위한 창이기 때문입니다. 특정 절기와는 무관해 보이는 구절로 그 절기를 묵상함으로써 오히려 성경의 오묘함을 더 깊이 확인할 수 있습니다.

100주년기념교회 주일예배 설교 텍스트로 사도행전을 선택한 데엔 두 가지 이유가 있습니다. 저의 첫 목회지였던 '주님의교회'에서 요한복음 순서설교를 끝으로 10년 임기를 마친 것이 첫 번째 이유입니다. 목회의 장소와 형태 그리고 목적은 달라져도 목회의 영속성이 단절되는 것은 아니기에 요한복음에 이어 사도행전을 선택하였습니다. 두 번째 이유는 100주년기념교회로 저를 불러내신 주님께서 제게 부여하신 소명이 한국 교회의 출발점인 양화진외국인선교사묘원 묘지기이기 때문입니다. 이미 출판된 요한복음 설교집 〈요한과 더불어〉의 주제가 '주님과 동행'이라면 〈사도행전 속으로〉의 주제는 복음의 결과인 '교회 되기'이므로, 한국 교회의 출발점인 양화진에서 사도행전을 통해 참된 교회의 의미를 되새기기 위함입니다. 2005년 7월 10일 100주년기념교회 창립과 동시에 사도행전 1장 1절부터 순서설교를 시작한 이래 만 5년을 맞는 현재에도 사도행전을 계속 설교하고 있습니다. 주님께서 제 건강과 여건을 허락하신다면, 100주년기념교회에서 목회하는 동안 사도행전 순서설교를 끝내는 것이 제 소박한 바람입니다.

부족하기 짝이 없는 사람을 늘 변함없이 당신의 도구로 사용해 주시는 주님께 감사드릴 뿐입니다.

2010년 7월 양화진에서

이 재 철

차례

사도행전 28장

부록

일러두기

* 〈사도행전 속으로〉 제15권(완결)은 2017년 4월 2일부터 2018년 11월 18일까지 100주년기념교회 이재철
  목사가 주일예배에서 설교한 내용을 묶어 낸 것입니다.
* 본문에 인용한 성경 구절은 개역개정판 성경을 기본으로 하였고, 그 외의 역본을 따랐을 경우 별도 표
  기했습니다.
* 본문에 인용한 찬송가는 새찬송가를 기본으로 하였습니다.

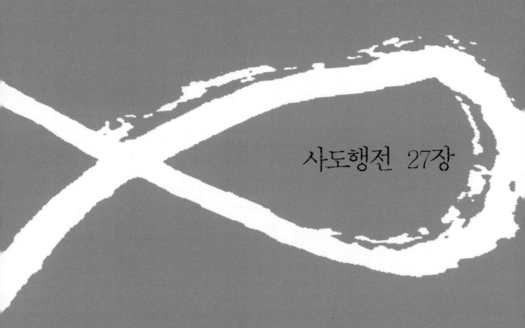

사도행전 27장

우리 모두

말씀의 휘페레테스와

마르튀스로

살아가십시다.

1. 백부장 율리오란 사람 사순절 다섯째 주일

사도행전 26장 30절-27장 2절

왕과 총독과 버니게와 그 함께 앉은 사람들이 다 일어나서 물러가 서로 말하되
이 사람은 사형이나 결박을 당할 만한 행위가 없다 하더라 이에 아그립바가 베
스도에게 이르되 이 사람이 만일 가이사에게 상소하지 아니하였더라면 석방될
수 있을 뻔하였다 하니라 우리가 배를 타고 이달리야에 가기로 작정되매 바울
과 다른 죄수 몇 사람을 아구스도대의 **백부장 율리오란 사람**에게 맡기니 아시
아 해변 각처로 가려 하는 아드라뭇데노 배에 우리가 올라 항해할새 마게도냐
의 데살로니가 사람 아리스다고도 함께하니라

아그립바 왕의 요청으로 베스도 총독이 개최한 청문회가 끝났습니다. 그
청문회에서 마지막 결론을 내린 사람은 아그립바 왕이나 베스도 총독이 아
니라, 미결수 신분인 바울이었습니다. 화려한 관복과 예복을 입고 저마다 자
신을 과시하는 아그립바 왕과 베스도 총독 일행을 향해 초라한 몰골의 바
울이, 내가 이렇게 구금당해 있는 것 외에는, 여러분도 모두 나와 같이 되기

를 하나님께 기도한다고 선언한 것이었습니다.

그리고 바울은 청문회장에서 퇴장하였습니다. 청문회장 참석자들은, 그 이후에는 다시는 바울을 보지 못했습니다. 하지만 여러분도 모두 나와 같이 되기를 하나님께 기도한다고 당당하게 선언하던 바울의 모습과 음성은, 시간이 지나갈수록 그들의 마음속에서 더욱 또렷하게 되살아났을 것입니다. 지난 시간에 말씀드린 바와 같이, 인간의 퇴장은 반드시 새로운 차원의 등장으로 이어지기 때문입니다. 바울처럼 인생 무대에서 바른길을 좇는 사람들에게만 바른 퇴장과 등장이 가능하고, 역사의 지평은 언제나 그런 사람들에 의해 새로워집니다.

왕과 총독과 버니게와 그 함께 앉은 사람들이 다 일어나서(30절).

청문회가 끝나자 참석자들도 앉았던 자리에서 모두 일어났습니다. 당시의 의전에 따라 아그립바 왕과 베스도 총독 그리고 왕비 버니게가 차례로 일어났고, 그 이후에는 나머지 사람들이 다 함께 일어났습니다.

물러가 서로 말하되, 이 사람은 사형이나 결박을 당할 만한 행위가 없다 하더라(31절).

그들은 한편에 모여 서서, 바울에게는 사형이나 구금당할 만한 범법행위가 없다고 서로 말하였습니다. 우리말 '말하다'로 번역된 헬라어 동사 '랄레오λαλέω'가 원문에 미완료형으로 기록되어 있습니다. 그들이 서로 돌아가며 바울의 무죄를 반복하여 말하였다는 의미입니다.

이에 아그립바가 베스도에게 이르되, 이 사람이 만일 가이사에게 상소하지 아니하였더라면 석방될 수 있을 뻔하였다 하니라(32절).

아그립바 왕과 베스도 총독도 같은 생각이었습니다. 그래서 아그립바 왕이 베스도 총독에게, 만약 바울이 황제에게 상소하지 않았다면 석방될 수 있었을 것이라고 말했습니다. 현실적인 관점에서 보자면, 아그립바 왕의 그 판단은 정확했습니다. 바울이 로마제국의 실정법을 위반한 적이 없었기에, 황제에게 상소만 하지 않았더라면 의심할 여지도 없이 즉각 석방되었을 것입니다. 하지만 아그립바 왕의 그 판단은, 하나님의 섭리는 전혀 고려하지 않은 인간적인 속단일 뿐이었습니다.

바울을 증오하는 유대인들은 암살단을 조직하였을 정도로 집요하게 바울을 죽이려 하였습니다. 게다가 바울이 주님의 휘페레테스와 마르튀스로 그의 마지막 생을 던져야 할 곳은 제국의 심장 로마였습니다. 가이사랴에서 로마까지의 거리는 무려 2,240킬로미터나 되었습니다. 만약 바울이 석방된다면, 2,240킬로미터나 떨어진 로마에 이르기도 전에 유대인 암살단에 의해 암살당할 것은 불을 보듯 뻔했습니다. 바울에게 로마에 이르는 가장 안전한 길은, 로마 시민의 자격으로 로마 황제에게 상소하는 것이었습니다. 이미 우리가 잘 알고 있듯이, 황제에게 상소한 로마 시민은 황제의 법정에 서기까지 로마제국이 보호해 주어야 했기 때문입니다. 바울이 무죄이면서도 황제에게 상소한 것은 바울의 생각이 모자라거나, 법률적 지식이 부족해서가 아니었습니다. 유대인인 자신을 로마 시민으로 태어나게 하신 하나님의 섭리를 바울이 깨달았기 때문입니다. 황제에 대한 상소를 통해 자신을 안전하게 로마로 인도해 가시려는 하나님의 섭리였습니다.

하나님께서는 인간에게 하나의 눈이 아니라, 두 개의 눈들을 주셨습니다.

그런데도 거의 모든 사람들은, 하나님께서 주신 두 개의 눈들로 목전의 현실에만 집착하는 외눈박이로 살아가고 있다고 말씀드린 적이 있습니다. 그러므로 하나님의 사람들은 하나님께서 주신 하나의 눈으로는 목전의 현실을 직시하면서, 또 하나의 눈으로는 보이는 것 너머의 보이지 않는 하나님의 섭리를 볼 수 있어야 한다고 했습니다. 이런 의미에서 아그립바 왕이 아무리 왕의 위세를 부리고 있어도, 황제에게 상소하지 않았다면 바울이 석방될 수 있었다고 속단한 그는 하나님의 섭리를 보지 못하는 외눈박이에 지나지 않았습니다.

반면에 바울은, 명실상부하게 두 눈들을 지닌 사람이었습니다. 그에게는 현실을 직시하는 하나의 눈과, 현실 너머의 보이지 않는 하나님의 섭리를 바라보는 또 하나의 눈이, 모두 정상적으로 작동하고 있었습니다. 그래서 바울은 전임총독 벨릭스에게 단지 뇌물을 바치지 않았다는 죄 아닌 죄 때문에 2년 동안이나 옥살이를 하면서도, 조금이라도 억울해하거나 절망하지 않았습니다. 오히려 그 옥살이를 통해, 로마제국의 보호 속에서 자신을 안전하게 로마로 인도해 가시려는 하나님의 섭리를 보았습니다. 그래서 그는 아무 죄를 짓지 않았음에도 로마 황제에게 상소하였습니다. 두 눈들의 사람으로 살아가는 바울의 그와 같은 행보를, 두 눈들을 지니고서도 외눈박이로 살던 아그립바 왕이나 베스도 총독이 이해할 수 있을 리가 만무했습니다.

이제 우리 역시 외눈박이가 아니라 바울처럼, 하나님께서 주신 두 눈들로 본문 27장 1-2절을 보시겠습니다.

> 우리가 배를 타고 이달리야에 가기로 작정되매, 바울과 다른 죄수 몇 사람을 아구스도대의 백부장 율리오란 사람에게 맡기니, 아시아 해변 각처

로 가려 하는 아드라뭇데노 배에 우리가 올라 항해할새, 마게도냐의 데살로니가 사람 아리스다고도 함께하니라.

　본문의 시기는 주후 60년 가을인 것으로 추정되고 있습니다. 당시 지중해가 거칠어지는 9월 중순부터 3월까지는 지중해 항해에 각별한 주의가 필요했고, 특히 크고 작은 폭풍이 연이어지는 11월 중순부터 1월말까지 지중해 항해는 전면 금지되어 있었습니다. 베스도 총독은 황제에게 상소한 바울이 지중해 항해가 전면 금지되기 이전에 로마가 위치한 이탈리아 반도에 당도할 수 있도록, 바울로 하여금 서둘러 가이사랴를 출발하게 하였습니다.

　여기에서 본문 1절의 주어가, 1인칭 복수형 대명사인 "우리"로 시작하고 있다는 사실에 먼저 주목할 필요가 있습니다. 그것은 사도행전을 기록한 누가가 바울과 다시 합류하였음을 의미합니다. 사도행전 16장에서부터 바울과 동행하기 시작한 의사 누가는, 바울이 가이사랴의 헤롯 궁에 구금당해 있는 2년 동안 그가 석방되기를 기다렸습니다. 그리고 황제에게 상소한 바울이 로마 길에 오르자, 바울과 다시 동행하기 시작한 것입니다. 의사 누가에게는, 바울이 어디로 가든 바울과 동행하면서, 바울 곁에서 바울을 도우며 바울의 행적을 기록하는 것이 그의 소명이었습니다.

　바울과 동행한 사람 가운데에는 "마게도냐의 데살로니가 사람 아리스다고"도 있었습니다. 바울의 3차 전도 여행 당시 에베소에서부터 바울과 동행하기 시작한 아리스다고도, 골로새서 4장 10절과 빌레몬서 1장 24절에 의하면, 로마에 도착한 바울의 생이 끝나기까지 바울의 곁을 지켰습니다. 아리스다고 역시 누가처럼, 바울 곁에서 바울을 돕는 것을 소명으로 여긴 사람이었습니다. 우리가 알고 있는 바울은 이처럼, 주님께서 그의 곁에 붙여 주신 동역자들의 도움 속에서 사도의 소명을 완수할 수 있었습니다.

본문 1절에 의하면, 바울과 함께 "다른 죄수 몇 사람"도 로마로 이송되었습니다. 황제에게 상소한 미결수 바울과는 달리 본문이 그들을 '죄수'라고 단정적으로 표현한 것으로 미루어, 그들은 원형경기장에서 맹수의 밥으로 던져질 사형수들인 것으로 추정되고 있습니다. 베스도 총독은 바울과 그 죄수들을 로마까지 호송하는 책임을, 황제의 직속부대인 아구스도대의 백부장 율리오에게 맡겼습니다. 그렇다고 백부장 율리오가 바울과 죄수들의 호송을 혼자 책임진 것은 아니었습니다. 백부장은 100명의 군인을 통솔하는 지휘관이지 않습니까? 앞으로 살펴보겠습니다만 31절이 "백부장과 군인들"이라고 증언하고 있고, 또 37절이 배에 승선한 사람의 수를 "이백칠십육 명"으로 밝히고 있음에 미루어, 백부장 율리오와 그 휘하의 군인이 모두 동원되었음을 알 수 있습니다.

　백부장 율리오는 가이사랴에서 로마로 직행하는 배가 없어, 오늘날의 레바논과 시리아 그리고 터키 대륙 해안을 항해하는 무역선 아드라뭇데노 배에 승선하였습니다. 드디어 바울이 로마를 향한 항해를 시작한 것입니다. 2년간의 옥살이 끝에 또다시 미결수로 로마에 이송된다고 해서, 바울이 탄식하고 절망했겠습니까? 오히려 그 반대였습니다. 하나님께서는 로마에서 복음을 증언할 바울을 위해, 황제의 직속부대인 아구스도대의 백부장 율리오와 그의 부하들로 하여금 바울을 경호하게 해주셨습니다. 예루살렘에서 체포당한 바울이 가이사랴로 이송될 때 군인 470명의 호위를 받게 해주셨던 하나님께서, 가이사랴에서 로마까지 2,240킬로미터에 이르는 여정 내내 로마 황제의 직속부대인 아구스도대의 백부장 율리오와 그 휘하 부하들의 밀착 경호를 밤낮으로 받게 해주신 것입니다.

　그 신비로운 주님의 섭리를 볼 줄 아는 눈을 지닌 바울에게, 백부장 율리오와 그의 부하들은 단순히 로마의 군인들이 아니었습니다. 그들이야말로 바울을 지키시고 책임져 주시는 하나님의 놀랍고도 섬세한 손길이었습니다. 어찌 바울의 심령이 하나님을 깊이, 그리고 높이 찬양하지 않을 수 있었겠습니까?

하나님의 섭리를 바라보는 눈으로 이번에는 바울과 함께 승선한 백부장 율리오와 그의 부하들, 그리고 다른 죄수들을 주목해 보십시다. 우리는 바울을 호송하는 책임자인 율리오란 사람이, 아구스도대의 백부장이라는 것 이외에는 아무것도 모릅니다. 그의 부하들에 대해서는 더더욱 알지 못합니다. 함께 승선한 다른 죄수들도 마찬가지입니다. 성경은 그들의 이름은 말할 것도 없고, 그들에 대해 그 어떤 정보도 제공해 주지 않습니다. 그럼에도 우리가 그들에게 주목하지 않을 수 없는 것은, 약 반 년가량 소요된 바울의 로마행에 동참한 그들이 모두 예수 그리스도의 구원을 경험했기 때문입니다. 지중해가 뒤집어지는 죽음의 광풍 속에서 그들이 모두, 바울을 통해 예수 그리스도의 구원을 얻게 된 것입니다.

당시 이스라엘에 주둔하고 있던 로마군은 총 6천 명이었습니다. 그 6천 명 가운데 군인 100명을 통솔하는 백부장은 60명이나 되었습니다. 그 많은 백부장 중에서 왜, 하필이면 '율리오란 사람'이 바울의 호송 책임자로 선정되어 구원의 은총을 입게 되었습니까? 율리오의 가문이 유력했기 때문이겠습니까? 주님께서 유력 가문 출신을 원하셨다면 예루살렘 명문가 출신을 택하셨을 것입니다. 율리오의 계급이 높았기 때문이었겠습니까? 높은 계급이 필요하셨다면 장군이나 총독을 부르셨을 것입니다. 그런데도 어떻게 그 율리오가 바울과 함께 구원의 배를 타게 되었는지, 우리는 그 까닭을 설명할 수 없습니다. 율리오의 부하들도 마찬가지입니다. 이스라엘에 주둔한 6천 명의 로마군 가운데 왜, 유독 그들이 백부장 율리오 휘하에 배속되어 구원의 배에 승선하는 은혜를 입게 되었는지, 우리는 그 이유도 알지 못합니다.

본문의 '죄수들'은 또 어떻습니까? 당시 이스라엘에 감옥이 가이사랴 한 곳에만 있었던 것이 아닙니다. 이스라엘의 주요 도시마다 감옥이 있었습니다. 그 많은 감옥에 얼마나 많은 죄수들이 수감되어 있었겠습니까? 그 많은 죄수들 중에 어떻게, 본문의 죄수들만 구원의 배에 오르는 은총을 입게 되었습니까? 그들이 죄수들 가운데 가장 도덕적이고 윤리적이었기 때문이겠습니까? 주님께서 그런 사람들을 필요로 하셨다면 죄수들이 아니라, 적어도 외형적으로는 누구보다도 도덕적이던 바리새인들을 택하셨을 것입니다. 그런데도 어떻게 본문의 죄수들에게 구원의 은총이 임할 수 있었는지, 우리는 그 사연도 알지 못합니다. 어디 그뿐이겠습니까?

이삭의 아내 리브가가 쌍둥이 아들을 잉태하였을 때, 하나님께서 아직 태어나지도 않은 태 속의 에서와 야곱 가운데 왜 야곱을 선택하셨는지, 우리는 그 이유를 알지 못합니다. 야곱의 열두 아들들 중에서 왜 넷째 아들 유다가 예수 그리스도의 선조로 선택받았는지, 그 까닭도 알지 못합니다. 이새의 여덟 아들 중에서 왜 막내아들 다윗이 이스라엘의 왕으로 택함 받았는지, 이스라엘의 많고 많은 여성 가운데 왜 달동네 나사렛의 비천한 마리아가 예수 그리스도를 잉태하는 성모 마리아로 간택되었는지, 그 사유도 알 길이 없습니다. 바울 역시, 주님을 부정하면서 교회를 짓밟던 자신을 왜 주님께서 당신의 휘페레테스와 마르튀스로 택해 주셨는지, 아무리 생각해도 그 까닭을 알 수 없었습니다. 오랜 묵상 끝에 그가 찾은 해답은, 하나님께서 '창세 전'부터 자신을 선택해 주셨다는 것입니다(엡 1:4). 다시 말해 하나님의 절대적인 사랑, 도저히 설명할 수 없는 하나님의 불가사의한 사랑이 자신을 택해 주셨다는 것입니다. 그 이외에는, 바울로서는 달리 설명할 길이 없었습니다. 그 하나님의 사랑을 바울은 다음과 같이 고백하였습니다.

누가 우리를 그리스도의 사랑에서 끊을 수 있겠습니까? 환난입니까, 곤고입니까, 핍박입니까, 굶주림입니까, 헐벗음입니까, 위협입니까, 또는 칼입니까? 성경에 기록된바 "우리는 종일 주님을 위하여 죽임을 당합니다. 우리는 도살당할 양과 같이 여김을 받았습니다" 한 것과 같습니다. 그러나 우리는 이 모든 일에서 우리를 사랑하여 주신 그분을 힘입어서, 이기고도 남습니다. 나는 확신합니다. 죽음도, 삶도, 천사들도, 권세자들도, 현재 일도, 장래 일도, 능력도, 높음도, 깊음도, 그 밖에 어떤 피조물도, 우리를 우리 주 예수 그리스도 안에 있는 하나님의 사랑에서 끊을 수 없습니다(롬 8:35-39, 새번역).

하나님께서 예수님을 통해 선행적으로 베풀어 주신 그 절대적인 사랑, 바울의 이성과 지성으로는 설명할 수조차 없는 그 불가사의한 하나님의 사랑 덕분에, 바울은 주님의 휘페레테스와 마르튀스로 살기 위해 자신의 생명마저 아까워하지 않을 수 있었습니다.

이런 관점으로 27장 1절을 다시 보시겠습니다.

우리가 배를 타고 이달리야에 가기로 작정되매, 바울과 다른 죄수 몇 사람을 아구스도대의 백부장 율리오란 사람에게 맡기니.

로마 총독 베스도는 바울과 다른 죄수 몇 사람을 백부장 율리오에게 맡겼습니다. 백부장 율리오가 총독으로부터 권한을 위임받은 호송 책임자가 된 것입니다. 그러나 이것은, 외눈박이로 본문을 독해한 것입니다. 보이는 현실 너머의 보이지 않는 하나님의 섭리를 바라보는 눈으로 본문을 독해하면, 본문은 전혀 다른 이야기가 됩니다. 하나님께서 구원하시기로 작정하신 백부장 율리오와 그의 부하들과 몇 명의 죄수들, 그들을 하나님께서 바울에게 맡기신 것입니다. 그들 모두의 영혼을, 그들 모두의 생명을, 하나님께서 바울의 손에 부탁하신 것입니다. 사랑하는 바울아! 내가 구원하기 원하는 이 사람들을 너에게 맡긴다. 로마에 이르기까지, 네가 이 사람들을 책임져 줄 것을 믿는다.

그들이 함께 승선한 아드라뭇데노 배가 망망대해를 헤치며 나아갑니다. 그 배의 책임자는 선주나 선장 혹은 백부장 율리오가 아니었습니다. 하나님에 의해 임명된 책임자는 바울이었습니다. 그 배에 승선한 사람들의 생명이 오직 한 사람, 바울에게 달려 있었습니다. 그 귀한 사명을 맡기시기 위해, 하나님께서는 바울에게 그토록 설명할 수 없는 불가사의한 사랑을 베풀어 주셨습니다. 바울은 약 반 년에 걸쳐 지중해를 횡단하면서, 그 사명을 완벽하게 수행하였습니다. 그리고 영국의 역사가 토인비의 지적처럼, 바울이 승선한 그 한 척의 배로 인해 유럽의 역사가 새로워졌습니다. 바울이 그 배를 타지 않았던들, 유럽은 오늘날과 같은 유럽일 수는 없을 것입니다. 하나님께서는 로마 황제에게 상소한 바울에게 유럽도 맡기셨고, 바울은 결과적으로 그 사명까지도 완수하였습니다.

그 아드라뭇데노 배가 바로 우리의 가정이요, 우리의 일터요, 이 땅의 교회요, 우리 사회요, 이 세계란 사실을 알고 계십니까? 그 아드라뭇데노 배를 우리에게 맡기시기 위해, 하나님께서 우리에게 그토록 불가사의한 사랑을 베풀어 주셨음을 알고 계십니까? 예수님께서 우리 같은 죄인을 대신하여 십자가의 제물로 죽으셨다가, 삼 일 만에 다시 살아나신 까닭이 무엇입니까? 이 세상에는 아직도 구원의 은총을 입지 못한 사람들이 더 많지 않습니까? 그런데도 하나님께서 우리에게 먼저 구원의 은혜를 베풀어 주신 까닭이 무엇입니까? 우리의 직책이 높기 때문입니까? 우리에게 돈이 많기 때문입니까? 하나님께서 직책 높고 돈 많은 사람을 좋아하신다면, 힘센 나라 대통령이나 전 세계 100대 부호만 상대하시지 않겠습니까? 우리가 이 세상에서 가장 도덕적이고도 윤리적인 인간이어서 구원의 은혜를 먼저 입었습니까? 결코 그렇지 않다는 사실을, 우리 자신이 더 잘 알고 있지 않습니까? 그럼에도 하나님께서 우리에게 먼저 구원의 은혜를 베풀어 주신 이유가 도대체 무엇이겠습니까? 우리 역시 그것은, 도무지 알 수도 설명할 수도 없는, 하나님의 절대적이고도 불가사의한 사랑 때문이라고 답변할 수밖에 없습니다. 그와 동시에 한 가지만은 분명하게 대답할 수 있습니다. 하나님께서 우리에게 그토록 불가사의한 사랑을 베풀어 주신 까닭은, 당신이 구원하시려는 사람들을 승선시킨 아드라뭇데노 배를 우리에게 맡기시기 위함이라는 것입니다.

우리를 위한 예수님의 죽임 당하심과 다시 사심을 기리고 묵상하는 사순절 다섯째 주일을 맞이하여, 하나님께서 우리 각자에게 맡기신 우리의 아드라뭇데노 배를 돌아보십시다. 그 배에 승선한 사람들의 상태는 어떻습니까? 우리로 인해 그들의 영혼과 생명이 되살아나고 있습니까, 아니면 도리어 시들고 있습니까?

인생 말년에 접어든 바울은 노쇠하고 병약했지만, 그 한 사람으로 인해 그와 함께 승선한 276명이 지중해의 광풍 속에서 모두 구원의 은총을 입었습니다. 우리 역시 바울처럼 우리의 두 눈들을 똑바로 뜨고, 이 세상의 어떤 광풍 속에서도 하나님께서 맡겨 주신 우리 각자의 아드라뭇데노 배를 바르게 책임지는 주님의 휘페레테스와 마르튀스가 되십시다. 우리가 아무리 보잘것없는 존재라 해도, 우리를 살리시려 죽임 당하시고 삼 일 만에 다시 살아나신 주님께서 우리를 통해, 우리의 아드라뭇데노 배에 승선한 사람들에게도 구원의 은혜를 베풀어 주실 것입니다. 그리고 2천 년 전 아드라뭇데노 배에 승선한 바울을 통해 유럽의 역사가 새로워졌듯이, 우리 각자의 아드라 뭇데노 배를 책임지는 우리를 통해 이 시대의 역사 역시 새로워질 것입니다.

그 생명의 역사를 이루시기 위해 하나님께서 우리에게 그토록 불가사의한 사랑을 베풀어 주셨고, 지금 이 시간에도 그 사랑으로 우리와 함께하고 계십니다.

설명할 수 없는 불가사의한 사랑으로 교회를 짓밟던 바울을 구원해 주신 주님. 그 사랑으로 백부장 율리오와 그의 부하들과 다른 죄수들을 바울에게 맡기시고, 바울과 함께 아드라뭇데노 배에 승선하게 하시어 구원해 주신 주님. 주님께서 그 불가사의하고도 절대적인 사랑으로 우리에게도 구원의 은혜를 베풀어 주셔서, 우리를 죄와 사망의 수렁에서 건져 주신 것을 감사합니다.

우리를 위한 주님의 죽임 당하심과 다시 사심을 기리고 묵상하는 사순절 다섯째 주일을 맞아, 이제부터 우리 모두 주님의 그 불가사의한 사랑에 바르게 응답하는 주님의 제자들이 되게 해주십시오. 이 세상의 그 어떤 광풍 속에서도 우리의 두 눈들을 똑바로 뜨고, 우리 각자에게 맡겨 주신 아드라뭇데노 배를 끝까지 책임지는 주님의 휘페레테스와 마르튀스가 되게 해주십시오. 그리하여 우리의 가정이라는 아드라뭇데노 배가, 우리의 일터라는 아드라뭇데노 배가, 이 땅의 교회라는 아드라뭇데노 배가, 대한민국이라는 아드라뭇데노 배가, 지구촌이라는 아드라뭇데노 배가, 날로 새로워지는 생명의 역사가 계속 이어지게 해주십시오. 아멘.

2. 구브로 해안을 의지하고 고난주일

사도행전 27장 3-8절

이튿날 시돈에 대니 율리오가 바울을 친절히 대하여 친구들에게 가서 대접받기를 허락하더니 또 거기서 우리가 떠나가다가 맞바람을 피하여 **구브로 해안을 의지하고** 항해하여 길리기아와 밤빌리아 바다를 건너 루기아의 무라 시에 이르러 거기서 백부장이 이달리야로 가려 하는 알렉산드리아 배를 만나 우리를 오르게 하니 배가 더디 가 여러 날 만에 간신히 니도 맞은편에 이르러 풍세가 더 허락하지 아니하므로 살모네 앞을 지나 그레데 해안을 바람막이로 항해하여 간신히 그 연안을 지나 미항이라는 곳에 이르니 라새아 시에서 가깝더라

로마 시민의 자격으로 황제에게 상소한 바울이, 마침내 자신의 마지막 생을 던져야 할 로마로 출발하게 되었습니다. 황제에게 상소한 로마 시민은, 황제의 법정에 서기까지 로마제국이 보호해 주어야 했습니다. 그래서 베스도 총독은, '바울과 다른 죄수 몇 사람을' 백부장 율리오에게 맡겼습니다. 황제의 직속부대인 아구스도대의 백부장 율리오가, 바울과 다른 죄수 몇 사람

을 로마까지 호송하는 책임자로 선정된 것입니다. 그러나 지난 시간에 생각해 보았듯이, 보이는 현실 너머의 보이지 않는 하나님의 섭리를 바라보는 눈으로 본문을 독해하면, 본문은 전혀 다른 이야기가 되었습니다. 하나님께서 구원하시기로 작정하신 백부장 율리오와 그의 부하들과 몇 명의 죄수들, 그들을 하나님께서 바울에게 맡기신 것이었습니다. 그들 모두의 영혼을, 그들 모두의 생명을, 하나님께서 바울의 손에 부탁하신 것입니다.

바울 일행은 가이사랴에서 로마로 직행하는 배가 없어, '아시아 해변 각처로 가려 하는 아드라뭇데노 배'에 승선하였습니다. 오늘날의 레바논과 시리아 그리고 터키 대륙 해안의 항구들을 왕래하는 무역선이었습니다.

> 이튿날 시돈에 대니, 율리오가 바울을 친절히 대하여 친구들에게 가서 대접받기를 허락하더니(3절).

가이사랴를 출발한 아드라뭇데노 배는 그다음 날, 가이사랴에서 북쪽으로 107킬로미터 떨어진 시돈에 기항하였습니다. 시돈은 오늘날 레바논의 항구도시 사이다입니다. 무역선 아드라뭇데노 배가 시돈에 기항한 것은, 그곳에서 화물을 하역하기 위함이었습니다. 당시 무역선이 한 항구에서 화물을 부리고 싣는 데엔, 통상 며칠씩 소요되었습니다. 백부장 율리오는 화물하역이 끝나기까지 바울을 무작정 배에서 기다리게 하지 않았습니다. 그는 "바울을 친절히 대하여 친구들에게 가서 대접받기를 허락"하였습니다. 바울이 시돈의 그리스도인들로부터 대접을 받을 수 있게끔 친절을 베풀어 준 것입니다. 우리말 '대접'으로 번역된 헬라어 명사 '에피멜레이아ἐπιμέλεια'는, 음식 대접을 넘어 '돌봄'을 의미합니다. 2년 동안이나 옥고를 치른 바울이 시돈의 그리스도인들로부터 돌봄을 받을 수 있도록, 백부장 율리오가 호의를 베풀어 준 것이었습니다. 백부장 율리오가 그렇게 한 것은, 바울이 단지 로마 시민이기 때문만은 아니었을 것입니다. 황제에게 상소한 바울의 호송을 책임진 백부장 율리오 입장에서는, 바울은 애당초 성가신 존재일 수 있었습니다. 그런데도 백부장 율리오가 바울에게 그렇게 호의를 베푼 것은, 가이사랴를 출발하여 시돈에 기항하기까지 만 하루 동안 바울과 함께 항해하면서, 그의 인품에 감화받았기 때문일 것입니다.

그동안 바울이 세 차례에 걸쳐 지중해 세계를 누비고 다녔지만, 시돈을 방문한 적은 한 번도 없었습니다. 그렇지만 시돈의 그리스도인들은 바울이 시돈에 잠시 기항하였다는 소식을 접하고, 일면식도 없는 그를 돌보아 주었습니다. 행복은 물질로 규정되지 않습니다. 부가 단지 돈의 많고 적음에 의해 결정되는 것도 아닙니다. 그런 행복과 부는, 물질과 돈이 사라지는 순간 산산조각 나고 맙니다. 바울에겐 지닌 것이라곤 아무것도 없었습니다. 바울은 세상의 물질과 부와는 거리가 먼 사람이었습니다. 그러나 하루만에 백부장 율리오가 감화를 받고, 일면식도 없던 시돈의 그리스도인들이 기꺼이 돌보아 주었던 바울은, 진정으로 행복한 부자였습니다.

바울 일행의 항해는 다음과 같이 계속되었습니다.

또 거기서 우리가 떠나가다가 맞바람을 피하여 구브로 해안을 의지하고 항해하여, 길리기아와 밤빌리아 바다를 건너 루기아의 무라 시에 이르러, 거기서 백부장이 이달리야로 가려 하는 알렉산드리아 배를 만나 우리를 오르게 하니(4-6절).

하역 작업을 끝내고 다시 시돈을 출발한 무역선 아드라뭇데노의 최종 목적지는, 바울 일행이 이탈리아 반도로 직행하는 배를 갈아탈 수 있는 루기아의 무라였습니다. 무라는 오늘날 터키 대륙 서남쪽에 위치한 항구입니다. 아드라뭇데노는 오늘날의 레바논과 시리아 그리고 터키 대륙의 해안을 항해하는 무역선이라고 했습니다. 그러므로 시돈을 출발한 아드라뭇데노 배가 레바논과 시리아의 항구를 따라 북상하였다가, 터키 대륙의 남쪽 해안을 따라 서쪽으로 길리기아와 밤빌리아의 항구들을 거쳐 무라에 이르는 것이 통상적인 항로였습니다. 그러나 터키 대륙을 향해 북상하던 아드라뭇데노 배는 갑자기 북쪽에서 몰아닥치는 맞바람을 거스를 수 없어, 어쩔 수 없이 통상적인 항로에서 벗어나, 터키 대륙 남쪽 약 100여 킬로미터 지점에 펼쳐져 있는 구브로 섬의 "해안을 의지하고 항해"하여야만 했습니다. 구브로 섬을 바람막이로 삼아, 그 섬의 해안을 따라 터키 대륙 앞 길리기아와 밤빌리아 바다를 건너 무라로 올라간 것이었습니다.

본문은 항해사의 항해 기록이 아닙니다. 누가가 기록한 사도행전은 하나님의 말씀입니다. 내용 가운데 무의미한 단어나 표현이 없다는 말입니다. 특히 사도행전은 성령행전으로 불립니다. 성령님께서 인간의 삶 속에서 어떻게 역사하셨는지를 구체적으로 보여 주고 있기 때문입니다. 그러므로 보이는 현실 너머의 보이지 않는 하나님의 섭리를 바라보는 눈으로 본문을 독해하면, 본문 역시 하나님의 놀라운 메시지임을 알게 됩니다.

시돈을 출발한 아드라뭇데노 배가 거센 맞바람과 마주치지 않았다면, 레바논과 시리아 그리고 터키 대륙 해안을 왕래하는 그 무역선이 구브로 섬으로 밀려나, 그 섬의 해안을 따라 항해할 필요는 없었을 것입니다. 하지만 하나님께서는 거센 북풍을 이용하셔서, 바울이 탄 아드라뭇데노 배의 항로를 구브로 섬 쪽으로 밀어내셨습니다. 북동쪽에서 남서쪽으로 비스듬하게 뻗어 있는 구브로 섬의 길이는 약 200킬로미터에 달합니다. 마지막 생을 던져야 할 로마로 향하는 바울이 배 위에서 구브로 섬을 바라보지 않을 수 없게 된 것입니다. 그것은 바울을 위한 하나님의 특별하신 섭리였습니다.

구브로는 사도 바울의 생애에서 절대적인 의미를 지닌 섬이었습니다. 주님의 명령을 좇아 지중해 세계 1차 전도 여행에 나선 안디옥교회의 바울과 바나바가, 첫 번째 전도지로 찾아간 곳이 바로 구브로 섬이었습니다. 그리고 그 구브로 섬에서 우리가 알고 있는 것처럼, 주님의 부르심을 받은 바울의 생애에서 가장 중요한 두 사건이 일어났습니다.

첫 번째 사건은 그의 이름이 바뀐 것이었습니다. 본래 이름이 사울이었던 바울은, 이스라엘 초대왕인 사울 왕을 배출한 베냐민 지파 소속이었습니다. 바울의 아버지가 아들에게, 사울 왕처럼 크고 위대한 인물이 되라고 사울이라 이름지어 주었던 것입니다. 청년 바울이 유대 사회에서 출세하기 위해 누구보다도 교회 짓밟기에 앞장섰던 것은, 그의 본명이 사울이었던 것과 무관하지 않았습니다. 그러나 첫 전도지인 구브로 섬에서 그의 이름이 바울로 바뀌었습니다. '바울'은 '작다'는 의미로, '멈추다', '단념하다'를 뜻하는 헬라어 동사 '파우오παύω'에서 파생되었습니다. 주님의 부르심을 받은 이후에도 계속해서 사울이라 불리던 바울은, 첫 전도지인 구브로 섬을 지나면서 자신이 크고 대단하다는 생각과 마음을 아예 도려내어 버렸습니다. 예수님을 부정하면서 교회를 짓밟던 자신을 구원해 주신 것만도 고마운데, 당신의 도구로 사용해 주기까지 하시는 하나님의 은혜 앞에서, 그가 하나님의 은혜 없이는 한순간도 살아갈 수 없는 지극히 작고 작은 바울이 된 것이었습니다.

첫 전도지인 구브로 섬을 관통하면서 바울에게 일어난 두 번째 사건은, 그가 전도팀의 우두머리가 된 것이었습니다. 전도 여행이 시작될 때에는, 안디옥교회의 담임목사였던 바나바가 우두머리 역할을 하였습니다. 하지만 목회와 전도는 달랐습니다. 주님께서 작정하신 전도팀의 우두머리는 바울이었습니다. 주님께서 당신의 휘페레테스와 마르튀스로 부르신 바울을 공식적으로, 역사의 무대 전면에 배치하신 것이었습니다. 그때부터 바울은 주님의 휘페레테스와 마르튀스라는 자신의 정체성에 충실하였습니다. 바울이 구브로 섬 다음 행선지인 버가에서 풍토병에 걸리고서도 전도 여행을 중도 포기하기는커녕, 도리어 험산준령의 타우로스 산맥을 넘어 비시디아 안디옥까지 찾아가 복음을 전했던 것도, 어떤 상황 속에서든 주님의 휘페레테스와 마르튀스로서 자신의 소명에 충실하기 위함이었습니다.

그 이후 바울은 세 차례에 걸쳐 지중해 세계 전도 여행을 계속하면서도, 하나님 앞에서 지극히 작고 작은 자신의 존재적 실체와, 주님의 휘페레테스와 마르튀스인 자신의 정체성을 잊은 적이 없었습니다. 첫 번째 전도지인 구브로 섬에서 일어난 그 두 사건은, 바울의 생애에 그렇듯 결정적인 영향을 미쳤습니다.

바울이 1차 전도 여행 첫 번째 전도지로 구브로 섬을 찾아간 이후, 약 13년이 지났을 때였습니다. 세 차례에 걸친 전도 여행을 매듭지은 바울은 마지막으로 예루살렘 방문을 위해, 터키 대륙의 서남쪽 바다라에서 배를 타고 오늘날 레바논의 두로를 향해 항해하였습니다. 이미 우리가 살펴보았던 사도행전 21장 3절은, 그때 "구브로를 바라보고 이를 왼편에 두고 수리아로 항해"하였다고 밝히고 있습니다. 우리말 '바라보다'로 번역된 헬라어 동사 '아나프하이노ἀναφαίνω'는, 본래 '나타나다'는 의미라고 했습니다. 바울이 승선하고 있는 배 앞으로 구브로 섬이 불쑥 나타나, 배 왼편으로 200킬로미터 길이의 구브로 섬 남쪽 해안이 보인 것입니다. 당시의 선박은 정상적인 자연 조건 속에서 하루에 평균 100킬로미터를 항해할 수 있었습니다. 200킬로미터 길이의 구브로 섬은 북동쪽에서 남서쪽으로 비스듬하게 뻗어 있었으므로, 바울은 하루에 100킬로미터 항해하는 배 위에서 최소한 만 하루 이상 구브로 섬을 바라볼 수 있었을 것입니다.

바울이 타고 있는 배가 구브로 섬을 스쳐 지나가기 전에도, 많은 섬들이 배 앞으로 나타났다 사라졌지만, 사도행전은 그 섬들의 이름을 일일이 밝히지 않았습니다. 하지만 사도행전을 기록한 누가가 유독 구브로 섬만은 이름을 거명하면서, 배 위에서 그 섬이 계속 보였음을 강조한 까닭이 무엇이겠습니까? 세 차례에 걸친 전도 여행을 매듭지은 바울의 여정을 그리로 인도하신 분이 하나님이심을 밝히기 위함이었습니다. 바울이 예루살렘으로 가면서 터키 대륙을 횡단하는 육로를 택하였던가, 혹은 선박을 이용하더라도 터키 대륙의 해안선만 따라 항해하는 선박에 승선하였다면, 바울의 시야에 구브로 섬이 다시 들어오는 일은 없었을 것입니다.

약 13년에 걸친 세 차례의 지중해 세계 전도 여행을 매듭지은 바울 앞에, 1차 전도 여행의 첫 번째 전도지였던 구브로 섬이 다시 나타났습니다. 바울이 약 13년 만에 원점으로 되돌아온 것입니다. 세상의 허명과 허세를 좇던 사울이 주님의 은혜 없이는 살지 못하는 지극히 작고 작은 바울로 거듭나고, 주님의 휘페레테스와 마르튀스로 역사의 무대 전면에 배치되기 시작한, 바로 그 원점이었습니다. 지난 13년 동안 세 차례에 걸친 지중해 세계 전도 여행을 통해 바울은 총 57개 도시를 방문하였고, 그가 누비고 다닌 거리는 무려 1만 3천 킬로미터가 넘었습니다. 그 결과 수많은 도시의 수많은 사람들이 복음을 영접하였고, 수많은 교회가 세워졌습니다.

하지만 13년 만에 되돌아온 원점 구브로 섬에서 되돌아볼 때, 그 모든 것은 바울 자신의 업적이 아니었습니다. 자신은 여전히 주님의 은혜 없이는 살 수 없는, 지극히 작고 작은 바울에 지나지 않았습니다. 그가 한 것이라곤 주님의 휘페레테스와 마르튀스로 주님의 이끄심에 순종한 것밖에 없었습니다.

그때 주님께서 자신을 통해 그 모든 일을 친히 이루신 것이었습니다. 그래서 바울은 자신의 예루살렘행이 결박과 환난이 도사린 길인 줄 알면서도, 그 길을 피하라는 측근들의 눈물의 만류를 뿌리치고 예루살렘행을 강행하였습니다. 주님의 이끄심에 순종하는 한, 주님께서 지금까지 그렇게 하셨던 것처럼, 예루살렘에서도 자신을 통해 당신의 섭리를 이루실 것을 바울이 믿었기 때문입니다. 이를테면 세 차례에 걸친 전도 여행을 매듭지은 바울 앞에 13년 만에 다시 나타난 구브로 섬은, 환난과 결박이 도사린 예루살렘을 향해 당당하게 나아갈 수 있게끔 바울의 용기를 북돋아 주시는 주님의 격려요, 그의 등을 밀어 주시는 주님의 터치였습니다.

그리고 그로부터 2년이 경과한 오늘의 본문 속에서 자신의 마지막 생을 던질 로마로 향하는 바울의 눈 앞에, 세 번째이자 마지막으로 구브로 섬이 또다시 나타났습니다. 바울이 승선한 아드라뭇데노 배가 몰아닥치는 맞바람을 피하기 위해 통상적인 항로에서 밀려나, 구브로 섬의 해안을 의지하여 항해하지 않을 수 없게 된 결과였습니다. 구브로 섬의 남쪽 해안을 따라 동진하였던 2년 전과는 반대로, 이번에는 바울이 승선한 배가 구브로 섬의 북쪽 해안을 따라 서진하였습니다. 북동쪽에서 남서쪽으로 비스듬하게 기울어진 구브로 섬의 형태상 북쪽 해안을 따라 서진하면, 길이 200킬로미터에 이르는 해안이 처음부터 끝까지 모두 바라보이게 됩니다. 당시의 선박은 정상적인 자연 조건 속에서 하루에 100킬로미터를 항해할 수 있었다고 했습니다. 그러나 북풍이 몰아치는 본문의 조건 속에서 바울이 승선한 아드라뭇데노 배가 하루에 100킬로미터 항해하기는 어려웠을 것입니다. 그러므로 바울은 최소한 이틀 혹은 그 이상 계속하여 구브로 섬을 바라보았을 것입니다. 그것 역시, 바울을 위한 신비로운 주님의 섭리였습니다.

지금 바울이 향하고 있는 로마는, 그가 현지를 방문하기 이전에 현지의 그리스도인들에게 먼저 편지를 써보낸 유일한 곳이었습니다. 3차 전도 여행 중 고린도에서 로마의 그리스도인들에게 로마서를 써보낸 것이었습니다. 고린도전후서나 갈라디아서와 같은 바울의 다른 서신서들은, 현지를 직접 찾았던 바울에게서 복음을 전수받은 현지 그리스도인들의 당면 문제에 대해 바울이 해결책을 제시해 주기 위해 써보낸 편지들이었습니다. 그들에게는 바울이 직접 찾아가 이미 복음을 말로 전했던 터라, 편지 속에서 복음을 또 다시 되풀이할 필요는 없었습니다. 하지만 로마의 그리스도인들에게는 복음을 말로 전할 기회를 갖지 못했던 바울은, 그들에게 써보낸 로마서를 통해 복음을 글로 설명하였습니다. 로마서가 바울의 서신서 가운데 최고의 걸작이요, 복음의 진수라고 불리는 까닭이 여기에 있습니다. 그 로마서를 통해 복음의 은혜를 제대로 깨닫게 된 로마 그리스도인들의 감격이 얼마나 컸겠습니까? 로마서를 기록한 바울이 로마에 직접 나타난다면, 그들이 바울을 하늘처럼 떠받들려 하지 않겠습니까?

게다가 지금 바울은 황제에게 상소한 로마 시민의 신분으로, 황제의 직속 부대인 아구스도대의 백부장 율리오와 그 휘하 부하들의 경호 속에서 로마를 향하고 있습니다. 세상에 그런 경호를 받을 수 있는 사람이 몇 사람이나 되겠습니까? 아드라뭇데노 배가 시돈에 기항하였을 때에는, 일면식도 없던 그곳 그리스도인들이 며칠 동안이나 바울을 극진하게 돌보아 주기도 했습니다. 바울의 의지나 의사와는 상관없이, 당시 지중해 세계에 퍼져 있던 그리스도인들 사이에서 바울은 말하자면 영웅인 셈이었습니다. 더욱이 바울은 이미 인생 말년에 접어든 노년이었습니다. 노년에 접어든 사람이 가장 경계해야 할 함정은 자기 교만입니다. 이를테면 당시의 바울은, 자칫하면 한순간에 자기 교만의 함정에 빠지기 쉬운 여건에 둘러싸여 있었습니다.

주님께서는 그 바울을 위해, 그가 타고 있는 배가 그의 원점인 구브로 섬의 해안을 따라 항해하지 않을 수 없도록 섭리하셨습니다. 바울의 초심을 새롭게 다져 주시기 위함이었습니다. 세상에서 이름을 크게 떨치려던 사울이 죽고 주님 앞에서 지극히 작고 작은 바울로 거듭났던 그의 초심, 주님의 휘페레테스와 마르튀스로 역사의 무대 전면에 배치될 당시의 그의 초심, 그 초심을 새롭게 다져 주시기 위함이었습니다. 바울은 "형제들아, 내가 그리스도 예수 우리 주 안에서 가진바 너희에 대한 나의 자랑을 두고 단언하노니, 나는 날마다 죽노라"(고전 15:31)고 고백하지 않았습니까? 바울이 승선한 아드라뭇데노 배가 200킬로미터에 달하는 구브로 섬 북쪽 연안을 따라 서진하는 동안, 바울은 최소한 이틀 혹은 그 이상 계속하여 구브로 섬을 바라보면서 자기 교만에 빠지려는 자신을 철저하게 죽이고, 자신을 위해 죽임 당하시고 다시 사신 예수님의 휘페레테스와 마르튀스로의 초심을 다지고 또 다졌습니다. 그 결과 그는 로마에서 자신을 위해 죽임 당하신 예수님을 위해 참수형마저 기꺼이 감수하였고, 삼 일 만에 다시 살아나신 예수님 안에서 그 역시 시간과 공간을 초월하여 영원한 사도로 다시 살아났습니다.

우리 각자에게도 우리의 초심을 다지는 심령의 원점, 구브로 섬이 있습니까? 우리는 주님을 영접한 지 얼마나 되었습니까? 우리는 주님의 은혜 없이는 살 수 없는 지극히 작고 작은 바울입니까, 아니면 자신이 주님보다 더 크다고 착각하는 사울입니까? 우리는 주님의 휘페레테스와 마르튀스로 주님의 이끄심을 좇고 있습니까, 아니면 나 자신의 생명을 스스로 갉아먹는 허망한 욕망을 좇고 있습니까? 우리는 우리 주위 사람들을 살리고 세우는 생명의 디딤돌입니까, 아니면 실족시키는 걸림돌입니까?

우리를 살리시기 위한 예수님의 죽임 당하심을 기리는 고난주일을 맞아, 《새신자반》에서 배운 내용을 다시 한 번 곱씹어 보십시다. 예수님의 머리가 왜 날카로운 가시관에 찢겨 피를 흘리셔야 했습니까? 내가 머리로 지은 죗값을 대신 치러 주시기 위함이 아니었습니까? 예수님의 두 손이 왜 십자가에 못박혀 피를 흘리셔야 했습니까? 내가 손으로 지은 죗값을 대신 치러 주시기 위함이 아니었습니까? 예수님의 두 발이 왜 십자가에 못박혀 피를 흘리셔야 했습니까? 내가 가서는 안 될 곳을 다니며 나의 두 발이 지은 죗값을 대신 치러 주시기 위함이 아니었습니까? 왜 예수님의 허리가 창에 찔려 마지막 피 한 방울까지 다 쏟으셔야 했습니까? 내가 썩어 문드러질 내 몸둥이로 지은 죗값을 대신 치러 주시기 위함이 아니었습니까? 왜 예수님께서는 그렇듯 머리에서부터 발끝까지 피투성이로 죽임 당하셔야 했습니까? 당신의 생명의 보혈로 나의 죄를 말갛게 씻기시어, 나를 온전히 살려 주시기 위함이 아니었습니까?

우리가 이 복음을 믿기에, 예수님을 우리 생명의 구주로 영접하지 않았습니까? 그 주님의 은혜 없이는 한순간도 살 수 없기에, 우리가 주님의 은혜로만 살아가는 지극히 작고 작은 바울이 되지 않았습니까? 그 주님의 은혜를 힘입어, 우리가 주님의 휘페레테스와 마르튀스로 살리라 결단하지 않았습니까? 이것이 우리의 초심 아니었습니까? 그렇다면 우리 모두 우리 심령 속의 원점, 구브로 섬으로 되돌아가십시다. 그 구브로 섬에서 우리 자신을 되돌아보며, 스스로 하나님보다 더 큰 사울로 살고 있는 우리 자신을 못박고, 주님의 휘페레테스와 마르튀스가 아니라 허망한 욕망의 노예로 살고 있는 우리 자신을 못박고, 자기 교만에 빠져 있는 우리 자신을 못박으며, 우리의 초심을 새롭게 다지십시다. 한 번이 아니라, 날마다 우리 심령의 원점인 구브로 섬을 바라보면서, 우리의 초심을 매일 새롭게 다지고 또 다지십시다. 초심을 잃지 않는 우리가 걷는 길이, 아무리 거센 폭풍이 몰아닥친다 해도, 곧 부활을 향한 대로가 될 것입니다.

인생 말년에 접어든 노년의 바울이 자칫 자기 교만의 함정에 빠지지 않게 끔, 주님께서 그의 원점인 구브로 섬 앞에서 그의 초심을 새롭게 다지게 하심으로, 그를 당신의 영원한 사도로 영원토록 세워 주셨습니다. 그리고 오늘 고난주일을 맞은 우리 역시, 우리 심령 속의 구브로 섬과 마주 서게 해주셔서 감사합니다. 주님으로부터 구원의 은총을 입었던 그때의 초심을, 그날의 감격을, 그 순간의 결단을, 까맣게 잊고 살아온 우리의 영적 비만과 둔감을 용서해 주십시오.

우리를 살리시기 위한 예수님의 죽임 당하심을 기리는 고난주일을 맞아, 이제부터 우리 모두 날마다 우리 심령 속의 구브로 섬과 마주 서게 해주십시오. 스스로 하나님보다 더 큰 사울로 살고 있는 우리 자신을 못박고, 허망한 욕망의 노예로 살고 있는 우리 자신을 못박고, 자기 교만에 빠져 있는 우리 자신을 못박으면서, 주님의 은혜로만 살아가는 작고 작은 바울의 초심을, 주님의 이끄심만 따르는 주님의 휘페레테스와 마르튀스의 초심을, 날마다 새롭게 다지고 또 다지게 해주십시오.

그리하여 초심을 잃지 않는 우리가 걷는 길이, 아무리 거센 폭풍이 몰아친다 해도, 삼 일 만에 다시 살아나신 주님의 부활을 향한 탄탄대로가 되게 해주십시오. 아멘.

3. 길리기아와 밤빌리아 바다 ^{부활주일}

사도행전 27장 3-8절

이튿날 시돈에 대니 율리오가 바울을 친절히 대하여 친구들에게 가서 대접 받기를 허락하더니 또 거기서 우리가 떠나가다가 맞바람을 피하여 구브로 해안을 의지하고 항해하여 **길리기아와 밤빌리아 바다**를 건너 루기아의 무라 시에 이르러 거기서 백부장이 이달리야로 가려 하는 알렉산드리아 배를 만나 우리를 오르게 하니 배가 더디 가 여러 날 만에 간신히 니도 맞은편에 이르러 풍세가 더 허락하지 아니하므로 살모네 앞을 지나 그레데 해안을 바람막이로 항해하여 간신히 그 연안을 지나 미항이라는 곳에 이르니 라새아 시에서 가깝더라

먼저 한 가지 안내 겸 당부의 말씀을 올리겠습니다. 지난 주일에 교회학교 어린이들 및 학생들을 포함하여, 총 9,028명의 교우님들이 주일예배를 드렸습니다. 거기에 여러 가지 사정상 예배당에 나올 수 없어 인터넷을 통해 실시간으로 예배에 참석한 2,059명을 합치면, 지난 주일예배에 참여한 인원은 총 1만 1,087명이 됩니다. 참 많은 인원입니다. 하지만 그 많은 인원

이 예배드리는 우리 교회의 가장 큰 예배 공간은, 우리가 본당이라고 부르는 홍보관 예배실로 수용 인원이 500명밖에 되지 않습니다. 그래서 주일이면 교우님들이 크고 작은 스무여섯 개의 예배실로 흩어져, 스크린 혹은 모니터를 통해 예배를 드리고 있습니다. 주일예배 출석 인원에 비하여 우리 교회처럼 본당이 작은 교회는, 아마도 국내외를 통틀어 우리 교회가 유일한 것으로 알고 있습니다.

우리가 잘 알고 있는 것처럼, 교회는 건물이나 제도가 아니라 주님을 주인으로 모신 사람들의 모임이지 않습니까? 우리가 500명밖에 들어가지 못하는 작은 본당을 갖고서도 매 주일 수많은 교우님들이 함께 예배드리고, 한국 개신교의 양대 성지인 양화진외국인선교사묘원과 용인순교자기념관을 관리 보존하면서, 헌금의 50퍼센트로 전 세계에 흩어진 수많은 단체들과 사람들에게 주님의 사랑을 아낌없이 흘려보낼 수 있다는 것은, 주님께서 우리 교회에 베풀어 주신 특별한 은총임이 분명합니다. 우리 모두 주님께 감사드리지 않을 수 없는 주님의 특별하신 은총입니다.

단지 한 가지 아쉬운 점이 있다면 우리의 본당이 작고, 많은 예배실이 이곳저곳에 흩어져 있다 보니, 누가 우리 교회 교인인지 서로 알 수 없다는 점입니다. 그래서 전 교인이 한 공간에 모여 서로 얼굴을 마주 대하며 한데 어우러질 수 있도록 마련한 자리가, 2년마다 열리는 전교인 운동회 '100투게더'입니다. 이미 공지해 드린 것처럼, 공휴일인 5월 3일 수요일 '제7회 100투게더'가 목동 주경기장에서 열릴 예정입니다. 가정의 달을 맞아 온 가족이 다 함께 한 자리에 모여 성도의 친밀한 사귐을 갖자는 것이, '100투게더'의 본래 취지입니다. 특히 올해 '100투게더'는 '우리와 함께, 이웃과 함께'라는 주제로 기획되고 있습니다. 가족, 친지, 이웃 가운데 원하시는 분은 누구든지 초청하실 수 있습니다. 아무쪼록 5월 3일에 온 가족이 다 함께 목동 주경기장으로 오셔서 교인 간에 서로 얼굴을 익히며, 이 시대에 우리를 100주년기념교회의 한 지체로 살게 해주신 주님의 은혜와 사랑을 더불어 마음껏 누리실 수 있기를 당부드립니다.

오늘은 부활주일입니다. 우리의 죗값인 죽음의 형벌을 대신 받기 위해 십자가의 제물로 죽임 당하신 예수님께서는, 당신께서 약속하신 대로 삼 일 만에 죽음의 권세를 깨뜨리고 영원히 다시 살아나셨습니다. 예수님의 다시 사심을 기리는 부활주일은, 우리가 왜 그리스도인으로 살지 않을 수 없는지, 그 까닭을 되새기게 해주는 뜻깊고도 감격적인 명절입니다. 만약 예수님의 다시 사심이 없었다면 예수님을 믿는 우리의 믿음은 헛되고도 헛된 허사요, 예수님을 좇아 그리스도인으로 살아가는 우리는 세상에서 가장 미련한 인간에 지나지 않을 것입니다. 우리가 이 세상에서 아무리 부귀영화를 누린다 한들, 우리의 인생 역시 공동묘지에서 한 줌의 흙으로 허망하게 끝나 버리고 말 것이기 때문입니다.

하지만 예수님께서 죽음을 깨뜨리고 다시 사셨기에, 다시 사신 예수님 안에서, 우리 인생의 의미가 새로워졌습니다. 다시 사신 예수님 안에서, 우리가 살아가는 이 세상의 의미가 새로워졌습니다. 다시 사신 예수님 안에서, 우리가 겪는 크고 작은 사고 사건들의 의미가 새로워졌습니다. 다시 사신 예수님 안에서, 우리 육체의 죽음마저 그 의미가 새로워졌습니다. 예수님의 죽임 당하심이 모든 것의 종결을 뜻한다면, 예수님의 다시 사심은 전혀 새로운 시작을 의미합니다. 그래서 다시 사신 예수님 안에서는 모든 것이 새로워집니다. 로마로 향하는 바울의 여정 역시, 다시 사신 예수님 안에서 그 의미가 새로워졌음은 두말할 나위가 없습니다.

백부장 율리오와 그 휘하 부하들의 호위 속에서 바울 일행이 승선한 아드라뭇데노 배는, 가이사랴에서 '아시아 해변 각처'를 항해하는 무역선이었습니다. 오늘날의 터키 대륙과 시리아 그리고 레바논의 항구들을 왕래하는 무역선이었습니다. 세계지도를 펼치면, 터키 대륙과 시리아 그리고 레바논의 해안이 크게 'ㄱ' 자 형태를 이루고 있습니다. 터키 대륙의 남쪽 해안선이 서쪽에서부터 동쪽으로 이어지다가, 터키의 아다나 부근에서 남쪽인 아래쪽으로 꺾여 시리아, 레바논, 이스라엘 해안으로 연결되어 있습니다. 그리고 터키 대륙 남쪽 100킬로미터 지점에 길이 200킬로미터의 구브로 섬이 북동쪽에서 남서쪽으로 뻗어 있습니다.

가이사랴에서 바울 일행이 승선한 아드라뭇데노 배는 레바논의 시돈에 기항하였다가, 다시 통상적인 항로를 따라 북상하였습니다. 아드라뭇데노 배의 목적지는, 바울 일행이 이탈리아 반도로 직행하는 배를 갈아탈 수 있는 루기아의 무라였습니다. 루기아의 무라는 터키 대륙 남서쪽 끝자락에 자리잡고 있었습니다. 평소대로라면 아드라뭇데노 배는 'ㄱ' 자 형태의 해안선을 거꾸로 올라가다가, 왼쪽으로 방향을 꺾어 서쪽 무라를 향해 나아갔을 것입니다.

하지만 아드라뭇데노 배는 평소처럼 'ㄱ' 자 형태의 항로를 따를 수가 없었습니다. 터키 대륙에서부터 몰아닥치는 맞바람을 거스를 수 없었기 때문입니다. 그 맞바람으로 인해 터키 대륙 남쪽 100킬로미터 지점에 위치한 구브로 섬까지 밀려난 아드라뭇데노 배는, 그 섬을 바람막이로 삼았습니다. 그리고 200킬로미터에 달하는 구브로 섬의 해안을 의지하고 항해하다가, 아드라뭇데노 배의 최종 목적지인 루기아의 무라를 향해 올라갔습니다. 여기까지는 지난 시간에 살펴본 내용입니다. 그리고 거센 맞바람 때문에, 로마로 향하는 바울이 아드라뭇데노 배 위에서 바라보지 않을 수 없었던 구브로 섬의 의미에 대하여도 지난 시간에 깊이 생각해 보았습니다.

이 시간에 우리가 주목하고자 하는 것은 본문 5절의 증언입니다.

또 거기서 우리가 떠나가다가 맞바람을 피하여 구브로 해안을 의지하고
항해하여, 길리기아와 밤빌리아 바다를 건너 루기아의 무라 시에 이르러
(4-5절).

바울 일행이 승선한 아드라뭇데노 배가 거센 맞바람 때문에, 구브로 섬
해안을 의지하고 항해하다가 루기아의 무라에 도착하였다고 전하여도 문맥
상 아무 문제가 없습니다. 그런데도 본문 5절은, 바울이 탄 배가 "길리기아
와 밤빌리아 바다를" 건넜음을 특별히 강조하고 있습니다.

바울은 세 차례에 걸친 전도 여행 중에 여러 차례나 배를 탔습니다. 1차
전도 여행의 첫 번째 전도지였던 구브로 섬에도 선박을 이용하여 갔고, 구브
로 섬에서 그다음 전도지인 버가에도 배를 타고 갔습니다. 1차 전도 여행을
마친 뒤에도, 선박을 이용하여 수리아의 안디옥으로 귀환하였습니다. 2차
전도 여행 중에는 배를 타고 유럽 대륙까지 진출하였고, 유럽 대륙에서 역시
배를 타고 수리아의 안디옥으로 되돌아갔습니다. 마지막 3차 전도 여행 중
에도, 바울은 여러 구간에 걸쳐 여러 차례 선박을 이용하였습니다. 2천 년
전 지중해 세계를 누비고 다니던 바울에게 선박은 가장 중요한 교통수단이
었습니다.

그러나 바울이 그토록 자주 배를 타고 건넜던 바다들 가운데, 성경에 바
다 이름이 기록된 경우는 본문 이전에는 단 한 번도 없었습니다. 그런데도
사도행전을 기록한 누가는, 왜 '길리기아와 밤빌리아 바다'만은 굳이 그 이
름을 본문에 밝혔겠습니까? 그 바다 이름을 통해, 누가가 우리에게 전해 주
고자 한 주님의 메시지는 무엇이겠습니까?

2천 년 전 로마제국의 소아시아반도, 즉 오늘날의 터키 대륙 남쪽 해안에는 중요한 두 개의 행정구역이 자리잡고 있었습니다. 길리기아와 밤빌리아였습니다. 바울이 승선한 아드라뭇데노 배는 실제로는, 맞바람에 밀려 길이 200킬로미터에 달하는 구브로 섬의 해안을 의지하고 항해하였습니다. 그렇지만 사도행전을 기록한 누가는 바울이 탄 배가 구브로 섬 해안의 바다를 지났다고 말하지 않고, 구브로 섬에서 100킬로미터나 떨어진 길리기아와 밤빌리아의 지명을 가져와, 바울이 그 바다를 건넜다고 증언하였습니다. 길리기아와 밤빌리아 역시 구브로 섬처럼, 바울의 생애에서 대단히 중요한 의미를 지닌 곳이기 때문입니다.

길리기아에는 바울이 태어난 다소가 있었습니다. 길리기아가 바울의 고향 땅인 셈이었습니다. 바울은 길리기아의 다소에서 디아스포라 유대인으로 태어났습니다. 바울의 선조가 오래전 이스라엘 땅을 떠나, 이방 땅인 길리기아 다소에 정착한 결과였습니다. 바울이 이방 땅에서 태어나 이방인들 사이에서 자라났기에, 바울은 유대인이면서도 당시 지중해 세계의 공용어이던 헬라어를 모국어로 구사할 수 있었습니다. 이른바, 이방인인 헬라인과 어울려 사는 것이 조금도 어색하지 않는 헬라파 유대인이었던 것입니다. 또 일찍이 로마 시민권을 획득한 부모에게서 태어나, 바울 역시 법적으로는 로마 시민이었습니다. 그 덕분에 바울은 감사하게도 이방인을 위한 예수님의 휘페레테스와 마르튀스의 소명을 온전히 감당할 수 있었습니다. 헬라어를 공용어로 사용하는 로마제국 내에서, 어느 도시에서든 헬라어로 복음을 완벽하게 설명할 수 있었고, 로마 시민으로 법적 보호를 받을 수도 있었습니다. 지금도 바울은 황제에게 상소한 로마 시민 자격으로, 황제의 직속부대인 아구스도대의 백부장 율리오와 그 휘하 부하들의 호위 속에서 로마로 향하고 있습니다.

바울이 승선한 아드라뭇데노 배는 거센 맞바람 때문에 구브로 섬으로 밀려나, 그 섬의 해안을 따라 항해하고 있습니다. 그 해안에서 북쪽으로 100킬로미터 지점에는, 바울의 고향 땅인 길리기아가 있습니다. 인생 말년에 접어든 바울이 고향땅을 생각하며 자신의 일생을 되돌아볼 때, 그가 길리기아의 다소에서 헬라파 유대인으로, 로마 시민으로 태어난 것은 주님의 신비로운 섭리였습니다. 만약 바울이 이스라엘 땅에서 히브리어만 사용하는 히브리파 유대인으로 태어나 살았다면, 이방인을 위한 주님의 휘페레테스와 마르튀스로 쓰임 받지는 못했을 것입니다. 주님께서는 바울이 태어나기도 전부터 바울을 당신의 도구로 사용하시기 위해 신비롭게 섭리하신 분이셨습니다. 그 사실을 새삼스럽게 확인한 바울이, 주님을 위해 자신의 마지막 남은 생을 아낌없이 던지리라 새롭게 결단하지 않았겠습니까? 바울은 그냥 바다를 항해한 것이 아니었습니다. 그 바다는, 바울을 위한 주님의 신비로운 섭리를 비쳐 주는 은혜의 화면이었습니다. 그래서 누가는 바울이 태어난 고향 땅의 이름을 사용하여, 그가 '길리기아 바다'를 건넜다고 본문에 기록하였습니다.

길리기아 서쪽에는 밤빌리아가 자리 잡고 있습니다. 밤빌리아는, 바울의 두 번째 전도지인 버가가 속한 지역입니다. 바울이 1차 전도 여행의 첫 번째 전도지로 삼았던 구브로 섬, 그다음으로 찾아간 곳이 밤빌리아의 버가였습니다. 버가가 중요한 것은 그곳에서 일어났던 일로 인해, 그 이후 바울의 전도 대상 범위가 상상을 초월할 정도로 확장되었기 때문입니다. 2천 년 전 도보로 여행하는 사람에게는, 길에서 끼니를 떼우고 노숙하는 일이 다반사였습니다. 그런 의미에서 1차 전도 여행에 나선 바울과 바나바에게, 수행원으로 동행한 청년 마가는 꼭 필요한 조력자였습니다. 하지만 부잣집 외아들이었던 마가는 첫 번째 전도지인 구브로 섬을 관통하면서 힘이 들었던지, 두 번째 전도지인 버가에 도착하자마자 그만 집으로 돌아가 버리고 말았습니다. 바울과 바나바는 조력자의 도움도 없이 1차 전도 여행의 남은 여정을 마쳐야만 했습니다.

얼마 후 바울과 바나바는 다시 2차 전도 여행을 시작하기로 하였습니다. 1차 전도 여행 때 방문한 곳들을 재방문하기로 한 것입니다. 하지만 청년 마가로 인해, 바울과 바나바는 서로 결별의 길을 걷고 맙니다. 바나바가 자신의 사촌동생인 마가를 2차 전도 여행에도 대동하려 한 반면, 바울은 1차 전도 여행에서 무책임하게 무단이탈한 마가를 다시 대동할 수는 없다고, 서로 의견이 맞섰기 때문입니다. 만약 그때 바울이 바나바와 결별하지 않았더라면, 1차 전도 여행의 방문지를 재방문하려 했던 그들의 2차 전도 여행도 오늘날의 터키 대륙 중남부 지역에 국한되었을 것이고, 그 이후에도 바울의 전도 여행은 터키 대륙을 벗어나지는 못했을 것입니다. 그러나 바나바와 결별한 바울이 실라를 조력자 삼아 1차 전도 여행과는 정반대 방향을 선택하였다가, 상상치도 못했던 유럽 대륙까지 건너가게 되었고, 그 연장선상에서 지금은 마침내 제국의 심장 로마로 향하고 있기까지 합니다.

바울이 아드라뭇데노 배에서 자신의 지난 세월을 되돌아보니, 자신이 아시아 대륙을 벗어나 유럽 대륙에서도 복음을 전하며 마침내 제국의 심장 로마까지 향하게 된 그 출발선상에, 바로 마가가 있었습니다. 그동안 바울은, 밤빌리아의 버가에서 아무 이유 없이 집으로 되돌아가 버린 마가를 다시는 동역할 수 없는 무책임한 청년으로 치부해 왔습니다. 그러나 아드라뭇데노 배가 항해하는 구브로 섬 해안에서 건너편의 밤빌리아를 되돌아보며, 바울의 생각이 바뀌었습니다. 주님께서 청년 마가로 하여금 밤빌리아의 버가에서 중도 하차하게 하신 것은 아시아 대륙의 자신을 유럽 대륙으로, 나아가 제국의 심장 로마로 부르시기 위한 주님의 신비로운 섭리였음을 바울이 비로소 깨달은 것이었습니다. 그 깨달음을 안겨 준 바다도 단순한 바다가 아니었습니다. 그 바다 역시, 주님의 섭리의 손길을 비쳐 주는 은혜의 화면이었습니다. 그래서 누가는, 바울이 '밤빌리아 바다'도 건넜다고 본문에 기록하였습니다.

'밤빌리아 바다'에서 마가를 통한 주님의 신비로운 섭리를 깨달은 바울은 로마에 도착한 뒤, 디모데후서 4장 11절에 의하면 마가를 불러 자기 곁에 있게 하였습니다. 뒤늦게나마 마가와의 관계를 회복한 것입니다. 마가는 바울이 참수형을 당해 죽을 때까지 바울 곁을 지켰습니다. 마가가 예수님의 직계제자가 아니면서도 마가복음을 기록할 수 있었던 배경에, 이와 같은 바울의 배려가 중요한 몫을 차지하고 있음은 아무도 부인할 수 없는 사실입니다.

가이사랴를 출발한 아드라뭇데노 배가 루기아의 무라에 도착하기까지, 1,000킬로미터가 넘는 바울의 항해는 단순한 항해가 아니었습니다. 북쪽에서부터 맞바람을 일으키신 주님의 섭리 속에서 바울이 그의 원점인 구브로 섬을 거치고, 그가 로마 시민으로 태어난 고향 땅 길리기아 바다, 그리고 마가의 중도 하차로 그의 전도 대상 범위가 상상을 초월할 정도로 확장된 밤빌리아 바다를 건너면서, 그의 심령은 주님 안에서 더더욱 정결하게 정화되었습니다. 로마에서 당신을 위해 마지막 생을 던질 바울의 심령을, 주님께서 그토록 아름답게 가다듬어 주신 것입니다.

그렇다면 이번에는 로마에 있는 그리스도인들 입장에서 한번 생각해 보십시다. 지난 시간에 말씀드린 것처럼 바울이 로마를 방문하기 이전에, 로마에는 이미 자생적인 그리스도인들이 있었습니다. 그들이 언제, 누구로부터 복음을 전해 듣고 그리스도인이 되었는지 짐작케 해주는 성경의 증언이 있습니다.

오순절에 성령님께서 제자들에게 임하셨을 때의 일입니다. 제자들이 성령님의 감동으로 복음을 전하였고, 지중해 세계 각처에서 온 사람들이 제자들의 설교를 들었습니다. 사도행전 2장 10절에 따르면, 그 현장에는 "로마로부터 온 나그네 곧 유대인과 유대교에 들어온 사람들"도 있었습니다. 오순절을 맞아 로마에서 예루살렘을 방문한 유대인들과 유대교에 입교한 이방인들이었습니다. 그 로마인들이 로마로 돌아가 함께 모여 예배드리기 시작함으로, 로마 교회가 자생적으로 태동된 것입니다. 마치 조선 땅에 선교사가 들어오기 이전에, 국외에서 복음을 접한 조선인들에 의해 조선 땅에 자생적인 교회가 먼저 생겨났던 것과 같습니다.

그때는 아직 신약성경이 없었습니다. 로마의 교인들은 오순절에 예루살렘의 제자들로부터 들은 것 이외에는, 복음에 대해 더 이상 알지 못했습니다. 알 길도 없었습니다. 로마 교인들의 딱한 소식을 전해들은 바울이 3차 전도여행 중, 고린도에서 그들에게 로마서를 써보내었습니다. 구원과 복음이 무엇인지, 예수님께서 누구시며, 왜 예수님께서 구원자이신지를 밝혀 주는 복음의 진수였습니다. 바울의 로마서를 받고 복음의 진수를 접한 로마 그리스도인들의 감격과 기쁨이 얼마나 컸겠습니까? 그러나 그들끼리 로마서를 읽고 이해하는 데엔 한계가 있었습니다. 그들에게는, 보다 깊은 의미를 곱씹게 해줄 영적 지도자가 필요했습니다.

그런데 로마서 말미에, 바울이 직접 로마를 방문할 계획이라는 바울의 약속이 언급되어 있었습니다(롬 15:23, 28). 로마의 그리스도인들이, 자신들을 찾아온 바울로부터 로마서의 복음을 직접 배운다는 것은 얼마나 황홀한 영적 경험이겠습니까? 그날부터 로마의 그리스도인들은 바울의 로마 방문을 손꼽아 기다리지 않았겠습니까? 그러나 아무리 기다려도, 로마를 방문하겠다던 바울은 깜깜 무소식이었습니다. 날이 갈수록 네로 황제의 폭정은 도가 더 심해지고, 로마인들의 부정과 불의는 더욱 기승을 부립니다. 그런 상황 속에서 영적 지도자도 없이 주님의 제자로 살아가려는 로마의 그리스도인들은, 마치 외딴섬에 유리된 것 같은 소외감을 느끼지 않았겠습니까? 그들의 심중에 '주님께서는 우리를 잊으셨는가, 아니면 포기하셨는가'라는 절망적인 질문도 제기되지 않았겠습니까?

어떻습니까? 주님께서 로마의 교회를, 로마의 그리스도인들을 잊으셨습니까? 그들을 아예 포기하셨습니까? 결코 아니었습니다. 주님께서는 유대인들의 암살 위협 속에서도 바울이 반드시 로마에 안전하게 입성할 수 있도록, 바울로 하여금 황제에게 상소하게 하심으로, 로마 군인들의 호위 속에서 지금 로마로 향하게 하고 계십니다. 주님께서는 바울이 승선한 아드라뭇데노 배가 거친 맞바람을 피해 구브로 섬의 해안을 따라 길리기아와 밤빌리아 바다를 건너게 하심으로, 로마에서 생을 마감할 바울의 심령을 지금 더더욱 정결하게 가다듬어 주고 계십니다. 거친 북풍이 몰아칠망정, 바울은 지금 시시각각 로마로 다가가고 있습니다. 단지 로마의 그리스도인들은 그 사실을 볼 수 없어, 알지 못할 뿐입니다. 단지 눈에 보이지 않고 알지 못한다고 해서 로마의 그리스도인들이, 그들을 위해 길리기아와 밤빌리아 바다에서 한 치의 오차도 없이 역사하고 계시는 주님을 원망하거나 부정한다면, 그보다 더 어리석은 일이 또 있을 수 있겠습니까?

아무것도 보이지 않아 외딴 섬에 유리된 것처럼 소외감에 빠져 있는 로마의 그리스도인들, 그들을 위해 길리기아와 밤빌리아 바다에서 치밀하게 역사하고 계시는 주님, 우리와 주님의 관계가 이와 똑같습니다. 우리 눈에 우리가 원하는 결과가 보이지 않는다고 주님을 원망한 적이 얼마나 많았습니까? 우리 앞에 우리의 계산과 어긋난 상황이 전개되었다고, 우리가 주님을 부정한 적은 또 얼마나 많았습니까?

그러나 우리가 믿는 주님께서는 삼 일 만에 다시 살아나신, 시간과 공간을 초월하시는 부활의 주님이십니다. 지금 우리 눈앞에 아무것도 보이지 않아도, 부정과 불의가 더욱 기승을 부려도, 주님께서는 이 순간에도 우리를 위해 길리기아와 밤빌리아 바다에서 한 치의 오차도 없이 섭리하고 계십니다. 만약 몰아치는 맞바람으로 우리 인생의 항로가 꺾어진다면, 바로 그곳이, 우리가 태어나기도 전부터 우리를 위해 섭리하신 주님 안에서 우리 출생의 의미를 새롭게 되새길 은혜의 길리기아 바다입니다. 우리 앞에 우리가 원치 않는 상황이 전개된다면, 바로 그 상황이 누군가와 어그러진 관계를 바로잡아야 할 회복의 밤빌리아 바다입니다.

잊지 마십시다. 삼 일 만에 다시 살아나신 주님 안에서는, 우리 출생의 의미가 새로워집니다. 삼 일 만에 다시 살아나신 주님 안에서는, 인간관계의 의미가 새로워집니다. 삼 일 만에 다시 살아나신 주님 안에서는, 삶의 의미가 새로워집니다. 삼 일 만에 다시 살아나신 주님 안에서는, 이 세상의 의미가 새로워집니다. 삼 일 만에 다시 살아나신 주님 안에서는, 우리가 겪는 크고 작은 사건 사고의 의미가 새로워집니다. 삼 일 만에 다시 살아나신 주님 안에서는, 죽음의 의미마저 새로워집니다. 삼 일 만에 다시 살아나신 주님 안에서는, 무엇 하나 소망 아닌 것이 없습니다.

내 눈에 보이지 않는다고, 수도 없이 주님을 원망했습니다. 나의 계산과 어긋나는 상황이 전개되었다고, 그렇게도 주님을 부정했습니다. 그러나 죽음의 권세를 깨뜨리고 삼 일 만에 다시 살아나셔서, 시간과 공간을 초월하시는 부활의 주님께서, 오늘도 변함없이 나의 주님 되어 주심을 감사합니다.

아무것도 보이지 않고 알 수 없어도, 삼 일 만에 다시 살아나신 주님께서 길리기아와 밤빌리아 바다에서, 지금도 나를 위해 한 치의 오차도 없이 역사하고 계심을 잊지 말게 해주십시오. 삼 일 만에 다시 살아나신 주님 안에서, 우리 출생의 의미가 새로워지게 해주십시오. 삼 일 만에 다시 살아나신 주님 안에서, 인간관계의 의미가 새로워지게 해주십시오. 삼 일 만에 다시 살아나신 주님 안에서, 삶의 의미가 새로워지게 해주십시오. 삼 일 만에 다시 살아나신 주님 안에서, 3년 전 수많은 생명을 무고하게 앗아간 세월호 참극의 의미가 새로워지게 해주십시오. 삼 일 만에 다시 살아나신 주님 안에서, 극한대립 속에 있는 남북관계의 의미가 새로워지게 해주십시오. 삼 일 만에 다시 살아나신 주님 안에서, 5월 9일 치러질 대통령 선거를 통해 대한민국의 의미가 새로워지게 해주십시오.

죽음의 권세를 깨뜨리고 삼 일 만에 다시 살아나신 주님 안에서는 소망으로 귀결되지 않을 것이 없음을, 날마다 곱씹으며 살아가게 해주십시오. 아멘.

4. 우리를 오르게 하니 _{가정주일}

사도행전 27장 3-8절

이튿날 시돈에 대니 율리오가 바울을 친절히 대하여 친구들에게 가서 대접 받기를 허락하더니 또 거기서 우리가 떠나가다가 맞바람을 피하여 구브로 해안을 의지하고 항해하여 길리기아와 밤빌리아 바다를 건너 루기아의 무라 시에 이르러 거기서 백부장이 이달리야로 가려 하는 알렉산드리아 배를 만나 **우리를 오르게 하니** 배가 더디 가 여러 날 만에 간신히 니도 맞은편에 이르러 풍세가 더 허락하지 아니하므로 살모네 앞을 지나 그레데 해안을 바람막이로 항해하여 간신히 그 연안을 지나 미항이라는 곳에 이르니 라새아 시에서 가깝더라

〈성숙자반〉을 공부하면서 특별히 강조한 것이 있습니다. 10주 동안 진행되는 〈성숙자반〉 내용을 모두 잊더라도, 한 가지만은 일평생 기억해야 한다고 했습니다. 참된 그리스도인의 믿음은 'X'의 삶으로 귀결되어야 한다는 것입니다. 그리스도인의 삶을 영어 알파벳 한 글자로 표현하면, 대문자 'X'가 된다고 했습니다. X는 두 사선이 어긋 만나는 모양인데, 두 사선이 만나는

점을 중심으로 윗부분의 길이와 아랫부분의 길이가 정확하게 일치할 경우에만 X가 됩니다. 윗부분보다 아랫부분이 짧거나 반대로 아랫부분보다 윗부분일 짧으면, 그것은 정상적인 X일 수 없습니다.

X를 이루고 있는 두 사선의 접점을 '나'라고 한다면, X의 윗부분은 '하나님 사랑'이요 아랫부분은 '사람 사랑'이 됩니다. 그리스도인의 삶 속에서 '하나님 사랑'과 '사람 사랑'은, 그렇게 정확한 비율로 조화와 균형을 이루어야 합니다. 내가 진정으로 하나님을 사랑한다면, 아니 내가 하나님의 사랑을 입었음을 진정으로 깨달았다면, 그 '하나님 사랑'은 그 사랑의 길이만큼 정확하게 '사람 사랑'으로 이어져야 합니다. '사람 사랑'으로 이어지지 않는 '하나님 사랑'은 인간의 자기 착각일 뿐, 예수님을 통해 당신을 계시해 주신 '하나님 사랑'일 수는 없습니다. 또 사람을 사랑할 경우, '사람 사랑'의 출발점은 언제나 '하나님 사랑'이어야 합니다. 그때에만 사랑의 미명하에 자기 이기심으로 사람을 해치는 잘못을 더 이상 저지르지 않고, 하나님의 사랑으로 사람을 진정으로 사랑할 수 있습니다.

영어로는 그리스도가 'Christ'로 표기되어, 첫 글자가 영어 알파벳 'C'로 시작됩니다. 그러나 신약성경을 기록한 헬라어로는 그리스도를 '크리스토스 Χριστός'라 하는데, 그 단어의 첫 글자는 'Χ'입니다. 우리가 그리스도를 약자로 X라 표기하는 이유가 여기에 있습니다. 예수 그리스도는 완벽한 X의 전형이셨습니다. 그분은 하나님 아버지를 사랑하셨기에, 하나님의 독생자이면서도 하나님의 뜻에 순종하여 인간의 몸으로 이 땅에 오셨습니다. 그리고 그분의 '하나님 사랑'은 '사람 사랑'으로 이어졌습니다. 사람을 사랑하시되, 인간의 죗값을 대신 치르기 위해 십자가의 제물로 죽으셨다가 삼 일 만에 다시 살아나시기까지 사람을 사랑하셨습니다. 그분 안에서 '하나님 사랑'과 '사람 사랑'의 X가 완벽하게 구현되었습니다. 우리는 그분의 십자가 보혈로 구원을 얻어, 그분을 우리의 주인으로 모시고 그분을 좇는 '크리스티아노스 Χριστιανός', 즉 그리스도인입니다. 그러므로 우리 역시 X의 전형이신 그분을 본받아 X의 삶을 추구해야 함은 두말할 나위도 없습니다.

중요한 사실은 '하나님 사랑'과 '사람 사랑'이 한데 어우러지는 X의 삶을 살기 위해서는, 하나님에 대한 믿음이 '나의 하나님'에서 '우리의 하나님'으로 확장되어야 한다는 것입니다. X의 두 사선이 만나는 접점이 '나'라고 할 때, X의 윗 부분에서 하나님은 '나의 하나님'이실 수 있습니다. 인간의 믿음은 언제나 '나의 하나님'으로부터 시작하고, 하나님의 사랑 역시 하나님과 나 자신의 개인적인 관계에서부터 확인할 수 있습니다. 하나님께서 왜 오늘 아침에도 동녘에서 해가 떠오르게 하셨습니까? 하나님께서 왜 심산계곡 외딴 길에 아름다운 꽃들을 피워 두셨습니까? 하나님께서 왜 밤하늘에 보석처럼 빛나는 별들을 흩뿌려 놓으셨습니까? 이 모든 질문에 대한 대답은 동일합니다. 나를 사랑하시는 하나님께서, 나를 위해 그렇게 하셨습니다. 이처럼 그리스도인에게 나를 사랑하시는 '나의 하나님'에 대한 고백과 체험은 필수적입니다. 이것을 결여한 그리스도인의 믿음은 실생활과는 무관한, 추상적인 관념의 테두리를 벗어날 수 없습니다.

그러나 '나의 하나님'에 대한 고백과 체험은 믿음의 동기요 출발점일 뿐입니다. 오늘날 그리스도인들의 문제는, 'X'의 접점인 '나'를 '하나님 사랑'의 종착점으로 삼으려는 데 있습니다. 저마다 하나님을 '나의 하나님'으로 소유하고 있기에, 나의 하나님과 너의 하나님이 동일한 하나님이실 수 없습니다. 자기 자신을 '하나님 사랑'의 종착점으로 삼는 신앙, 다시 말해 X의 윗부분밖에 없는 기형적 신앙은 인간의 욕망과 이기심만 부추기는 기복신앙에 지나지 않기에, 그런 믿음은 '사람 사랑'으로 이어질 도리가 없습니다. X의 아랫부분, 즉 그리스도인의 삶 속에서 '하나님 사랑'이 '사람 사랑'으로 이어지는 것은, '나의 하나님'이 다른 사람도 사랑하시는 '우리의 하나님'이심을 깨달을 때에만 가능합니다. 예수님께서 '주님의기도'를 통해 우리에게 일깨워 주신 것이 바로 이것입니다.

하늘에 계신 우리 아버지여, 이름이 거룩히 여김을 받으시오며, 나라이 임하옵시며, 뜻이 하늘에서 이룬 것같이 땅에서도 이루어지이다. 오늘날 우리에게 일용할 양식을 주옵시고, 우리가 우리에게 죄 지은 자를 사하여 준 것같이 우리 죄를 사하여 주옵시고, 우리를 시험에 들게 하지 마옵시고, 다만 악에서 구하옵소서.

2천 년 전 예수님께서 제자들에게 가르쳐 주신 이 짧은 기도문 속에, "우리"라는 단어가 여섯 번이나 반복되고 있습니다. 반면에 "나"라는 단어는 단한 번도 등장하지 않습니다. 이것은 당시 인간들의 기도가 '나의 하나님'에 국한되어 있었음을 의미합니다. 그래서 예수님께서 주님의기도를 통해 그들의 그릇된 하나님관을 교정해 주신 것이었습니다.

하나님께서는 결코 나만의 하나님이 아니십니다. 하나님께서는 내가 하찮게 여기는 그 사람의 하나님이시기도 하고, 하나님께서 당신의 독생자를 십자가의 제물 삼으신 것은 내가 미워하는 그 사람의 죄를 용서해 주시기 위함이기도 합니다. 내가 얼굴을 대면하기조차 꺼리는 그 사람을 위해서도, 하나님께서는 오늘 아침에도 해가 떠오르게 하셨고 온갖 곡식이 영글게도 하십니다. 이것을 깨닫는 사람만 '하나님 사랑'이 '사람 사랑'으로 이어지는 X의 삶을 바르게 구현할 수 있습니다. 오늘의 본문이 강조하는 것 역시 '우리', '우리의 하나님'입니다.

백부장 율리오와 그 휘하 부하들의 호위 속에서 바울 일행은 아드라뭇데노 배에 승선하였습니다. 아드라뭇데노는 가이사랴에서 '아시아 해변 각처', 다시 말해 오늘날의 터키 대륙과 시리아 그리고 레바논의 항구들을 왕래하는 무역선이었습니다. 그 배는 레바논의 시돈에 기항하여 화물을 하역한 다음 다시 출항하였습니다.

> 또 거기서 우리가 떠나가다가 맞바람을 피하여 구브로 해안을 의지하고
> 항해하여, 길리기아와 밤빌리아 바다를 건너 루기아의 무라 시에 이르러
> (4-5절).

시돈을 출발한 아드라뭇데노 배는 몰아치는 맞바람 때문에 통상적인 항로를 따를 수 없었습니다. 어쩔 수 없이 구브로 섬으로 밀려난 아드라뭇데노 배는, 그 섬을 바람막이로 삼아 길리기아와 밤빌리아 바다를 건넜습니다. 바울이 아드라뭇데노 배 위에서 지나쳐야만 했던 구브로 섬, 그리고 길리기아와 밤빌리아 바다의 의미에 대해서는 지난 두 시간에 걸쳐 상세하게 생각해 보았습니다.

마침내 아드라뭇데노 배가 그 배의 목적지인 루기아의 무라에 도착하였습니다. 당시의 범선은 최적의 자연 조건 속에서 쉬지 않고 항해할 경우, 하루에 약 100킬로미터를 항해할 수 있었다고 했습니다. 그런 조건이었다면, 가이사랴에서 1000킬로미터 떨어진 루기아의 무라는 열흘 뱃길이었습니다. 하지만 바울 일행이 승선한 아드라뭇데노 배는 시돈 항에 기항하였을 뿐 아니라, 거센 맞바람의 악조건 속에서 통상항로를 이탈하여 항해하여야 하였으므로, 실제의 항해 일수는 열흘보다 훨씬 더 많은 날이 소요되었을 것입니다.

거기서 백부장이 이달리야로 가려 하는 알렉산드리아 배를 만나 우리를 오르게 하니(6절).

무라에 도착한 백부장은, 마침 이탈리아 반도로 직행하는 알렉산드리아 배를 만나 바울을 포함한 일행을 그 배에 오르게 하였습니다. 여기에서 주목할 것은 본문의 표현입니다. 본문은, "백부장이 우리를 오르게" 하였다고 증언하고 있습니다. 본문이 언급한 '우리'는 구체적으로 누구이겠습니까?

바울의 로마행을 전해 주는 사도행전 27장은, 1절에서 이렇게 시작되었습니다.

우리가 배를 타고 이달리야에 가기로 작정되매, 바울과 다른 죄수 몇 사람을 아구스도대의 백부장 율리오란 사람에게 맡기니.

이 이전에도 그랬듯이, 사도행전을 기록한 누가는 자신이 바울과 함께 있을 경우에는, 바울 일행을 자신을 포함하여 '우리'라고 기록하였습니다. 따라서 1절의 '우리'는 바울과 함께 로마로 향하게 된 몇 명의 다른 죄수들, 그리고 호송 책임자인 율리오와 그 휘하 부하들과는 구별된 바울 일행, 즉 바울과 누가 자신 그리고 아리스다고를 일컬었습니다. 그러나 4절에서부터 누가가 사용한 '우리'는 그 범위가 확장되었습니다.

또 거기서 우리가 떠나가다가 맞바람을 피하여 구브로 해안을 의지하고 항해하여(4절).

기항지인 시돈에서 바울 일행만 아드라뭇데노 배에 다시 승선한 것이 아니었습니다. 바울 일행을 위시하여 몇 명의 다른 죄수들, 그리고 율리오와 그 휘하 부하들도 함께 재승선하였습니다. 그리고 그들이 모두 아드라뭇데노 배 위에서 거센 맞바람과 맞닥뜨려야만 했습니다. 그러므로 4절에서의 '우리'는, 아드라뭇데노 배라는 제한된 공간 속에 승선한 모든 사람을 일컬었습니다. 누가가 배에 승선한 사람을 통틀어 '우리'라 부른 확실한 증거는 또 있습니다. 37절의 증언입니다.

> 배에 있는 우리의 수는 전부 이백칠십육 명이더라.

누가는 이탈리아로 향하는 알렉산드리아 배에 승선한 276명 전원을 '우리'라고 기록하였습니다. 그 배에 타고 있는 사람이라면, 헬라인이든 야만인이든 지혜로운 자든 어리석은 자든 구별하지 않고 모두 '우리'로 부른 것입니다. 따라서 백부장이 무라에서 이탈리아로 가는 알렉산드리아 배를 만나 '우리를 오르게' 하였다는 본문 6절의 '우리' 역시, 그 배에 승선하는 모든 사람을 일컫고 있음을 알 수 있습니다. 처음 가이사랴에서 아드라뭇데노 배를 탈 때 누가와 아리스다고만의 바울이었던 바울이, 무라까지 항해하는 동안에 같은 배에 승선한 모든 사람들의 바울이 된 것입니다. 바울의 '하나님 사랑'이, 그 배에 타고 있는 모든 사람들에 대한 '사람 사랑'으로 확장된 것이었습니다.

그것은 바울이 믿는 하나님이 '나의 하나님'을 넘어 '우리의 하나님'이시기에 가능할 수 있었습니다. 바울이 자신과 함께 배에 승선한 사람들을 타인으로 보지 않고, 하나님께서 구원하시려 자신에게 맡겨 주신 하나님의 자녀들로 본 것이었습니다. 그래서 앞으로 살펴보겠습니다만, 바울 덕분에 죽음의 광풍 속에서 구원의 은혜를 입은 276명 중에서 바울을 제외한 275명 전원에게 바울은, '우리의 바울'이었습니다. 바울이 비록 황제에게 상소한 미결수 신분이긴 했지만, '나의 하나님'이 아니라 알렉산드리아 배에 승선한 276명 모두를 위한 '우리의 하나님'을 믿었을 때, 바울 역시 그 모든 사람에게 '우리의 바울'이 된 것입니다. 그것은 바울이 어떤 상황 속에든, 심지어는 죽음의 광풍 속에서도 X의 삶으로 일관한 결과였습니다.

이것이 중요합니다. 내가 일평생 하나님을 믿어도 '나의 하나님'만을 믿는다면, 내 주위에 아무리 많은 사람이 있다 한들 그들에게 내가 '우리의 ○○○'가 될 수는 없습니다. 하지만 하나님을 향한 나의 믿음이 '나의 하나님'에서 '우리의 하나님'으로 확장되고, '하나님 사랑'이 나를 통해 '사람 사랑'으로 이어진다면, 비록 내가 보잘것없는 신분이라 해도 나는 내 주위 사람들에게 '우리의 ○○○'가 될 수 있습니다. 그리스도인에게 X의 삶은 이렇듯 중요합니다. 이것이, 가정주일을 맞은 우리에게 오늘의 본문이 던져 주는 소중한 교훈입니다.

그리스도인의 가정은 X의 삶을 구현하기 위한 훈련장이어야 합니다. 다음은 요한1서 4장 20절의 말씀입니다.

누구든지 하나님을 사랑하노라 하고 그 형제를 미워하면 이는 거짓말하는 자니, 보는 바 그 형제를 사랑하지 아니하는 자는 보지 못하는 바 하나님을 사랑할 수 없느니라.

하나님을 사랑한다는 그리스도인의 '하나님 사랑'이 혈육인 가족에 대한 '사람 사랑'으로 이어지지 않는다면, 그 사람이 누군들 제대로 사랑할 수 있겠습니까? 그 사람의 '하나님 사랑'은 결과적으로 거짓말일 수밖에 없을 것인즉, 그런 사람이 참된 그리스도인일 수는 없습니다. 그리스도인의 '하나님 사랑'이 가족에 대한 '사람 사랑'으로 이어지기 위해서는, 먼저 하나님에 대한 믿음이 '나의 하나님'에서 '우리의 하나님'으로 확장되어야 합니다.

부모의 재산을 놓고 친형제들이 원수처럼 다투는 일이 요즘에는 당연한 것처럼 여겨지고 있습니다. 돈 앞에는 피도 눈물도 없다는 말은, 이제는 조금도 과장된 이야기가 아닙니다. 안타까운 것은, 그리스도인의 가정에서도 가족 간에 재산 다툼이 다반사로 일어나고 있다는 사실입니다. 똑같이 하나님을 믿는 그리스도인인데, 어떻게 부모의 재산을 한 푼이라도 더 많이 차지하겠다고 친형제가 원수처럼 다툴 수 있겠습니까? 서로 하나님을 '나의 하나님'이라고만 여기는 탓입니다. 서로 하나님이 자기 편이라 믿기에, 역설적으로 하나님의 이름으로 친형제가 서로 원수로 돌변하는 것입니다.

하나님이 '나의 하나님'을 넘어 '우리의 하나님'이심을 믿을 때에만, 형제자매는 '하나님 사랑'으로 서로 사랑할 수 있으며, 서로를 위한 양보와 수고와 헌신의 생활화도 가능합니다. 하나님이 '우리의 하나님'이심을 믿을 때에만, 부모는 '하나님 사랑'으로 자식을 자신의 소유물이 아니라 하나님의 자녀로 세워줄 수 있습니다. 하나님이 '우리의 하나님'이심을 믿을 때에만, 자식은 정신이 흐려진 고령의 부모도 '하나님 사랑'으로 극진하게 모실 수 있습니다. 그 결과 서로 생각이 늘 같지는 않더라도, 가족은 '우리의 하나님' 앞에서 언제나 '우리'로 살아갈 수 있습니다. 이처럼 그리스도인의 가정은 '나의 하나님'이 '우리의 하나님'으로 확장되고, '하나님 사랑'이 '사람 사랑'으로 확장되는 X의 훈련장이어야 합니다. X의 훈련이 가정에서부터 이루어지지 않으면 아무리 전 가족이 교회에 다녀도 교회에 등록한 교인일뿐, X이신 그리스도를 X의 삶으로 좇는 참된 신자가 되기는 어렵습니다.

이 땅의 가정을 다 합친 것이 국가입니다. 바른 국가를 이루기 위해서도 X의 삶은 반드시 필요합니다. 이제 이틀 후면 우리는 새 대통령을 맞게 됩니다. 우리는 지금 국내적으로나 국제적으로나, 대단히 어려운 상황에 직면해 있습니다. 그러므로 우리는 이틀 후에 선출될 새 대통령을 위해 두 가지를 기도해야 하겠습니다.

첫째는, 새 대통령이 국민 모두를 위한 '우리의 대통령'이 될 수 있도록 기도해야 하겠습니다. 이어령 선생님과 목요강좌에서 대담할 때 말씀드린 적이 있습니다만, 2차대전 직후 프랑스는 극렬한 좌우대립으로 하루가 멀다 하고 내각이 바뀌었습니다. 2차대전의 영웅이었던 드골 장군도 총리가 되었지만, 뜻을 이룰 수 없어 이내 사임하고 말았습니다. 그리고 1953년에 아예 정계를 은퇴했는데, 그때 그의 나이 63세였습니다. 5년 뒤 프랑스 국민은 다시 드골의 지도력을 필요로 하였습니다. 68세의 나이에 재차 총리직에 오른 드골은 헌법을 개정하여, 프랑스 제5공화국 대통령에 취임하였습니다. 그리고 이런 말을 남겼습니다. '나는 좌도 아니고 우도 아니다. 나는 그 위에 있다.' 드골이 교만해서 그렇게 말한 것이 아니었습니다. 그는 본래 우파 출신 대통령이었습니다. 그러나 '나는 더 이상 우파가 아니다. 그렇다고 좌파도 아니다. 나는 우파든 좌파든, 프랑스의 모든 국민을 품는 프랑스 대통령이다'라는 의미로 그렇게 선언한 것이었습니다. 드골은 분열된 프랑스를 치유하는 통합의 지도자였습니다.

대통령 후보마다 소속 정파가 있고, 내세우는 이념과 정강정책이 있습니다. 후보 시절에는 자신이 속한 정파와 정강정책에 충실하여야 합니다. 그러나 일단 대통령에 선출되면, 더 이상 한 정파의 대표가 아닙니다. 대통령은 5천만 국민의 생명과 삶을 책임져야 합니다. 그러므로 새롭게 선출되는 대통령은 자기 정파를 초월하여 5천만 국민, 우리 모두의 대통령이 되어야 합니다. 그래야 그동안 정치인들에 의해 갈기갈기 찢어진 국민의 마음을 통합시킬 수 있습니다. 이틀 후에 선출되는 대통령마저 자기 정파만을 대표하느라 실패한 전직 대통령들의 전철을 밟는다면, 그보다 더 불행한 비극은 없을 것입니다. 우리 모두 '우리의 하나님'을 믿으십시다. 설령 내가 반대하는 후보가 대통령에 선출되더라도, 그것이 '우리의 하나님'의 섭리임을 겸허하게 받아들이십시다. 그리고 새 대통령이 5천만 국민 모두를 위한 '우리의 대통령'이 될 수 있기를 기도하십시다.

둘째는, 새 대통령이 우리의 국가공동체를 지키기 위해 국민의 수고와 헌신을 요구하는 책임 있는 지도자가 될 수 있기를 기도하십시다. 제가 만 65세가 되던 날, 주민센터에서 '교통카드'를 발급해 주었습니다. 죽을 때까지 지하철을 무한정 무료로 탈 수 있는 무료 교통카드였습니다. 저는 그 카드가 정상적으로 작동되는지 확인하기 위해 한 번 사용해 본 다음에는, 다시는 사용하지 않았습니다. 그리고 지금까지 지하철을 탈 때마다 꼬박꼬박 돈을 지불하고 있습니다. 이유는 간단합니다. 서울 지하철은 여전히 천문학적인 부채를 지고 있기 때문입니다.

보도에 의하면, 2016년을 기준으로 서울메트로와 서울도시철도공사의 부채는 각각 2조 9,681억 원과 1조 3,479억 원이며, 두 공사의 누적결손금은 12조 원을 넘어섰습니다. 두 공사가 지난해에 입은 순손실 3,850억 원 가운데 65세 이상 노인층의 무임승차에 따른 손실이 71.6퍼센트를 차지했습니다. 서울시의회의 '서울시 예산재정 분석' 21호에 따르면, 노인층의 무임승차에 따른 손실 규모는 2016년 2,757억 원에서 2020년 3,644억 원으로 증가할 것으로 추정되고 있습니다. 만약 65세 이상의 노인층이 유료로 지하철을 탄다면, 그 돈만으로도 15년 이내에 지하철 부채 4조 3,160억 원을 모두 갚을 수 있습니다. 하지만 지금처럼 가다가는 앞으로 지하철 부채가 얼마나 더 늘어날는지 알 수 없고, 그 부담은 고스란히 우리 자식들 세대의 몫입니다. 자식 세대에 자산을 남겨 주지는 못할망정, 정치인들의 무책임한 선심 공세에 기인한 부채를 떠넘겨서야 되겠습니까? 그래서 저는, 지하철 요금을 부담할 수 있는 한 돈을 내고 지하철을 타기로 하였습니다. 그것이 우리 국가공동체의 미래를 위한 제 방식의 헌신입니다.

경제적으로 어려운 노년층의 극빈자에게 무료 교통카드를 제공하는 것은, 반드시 필요한 복지입니다. 그러나 65세가 넘었다는 이유만으로 모든 사람에게 예외 없이 무료 교통카드를 제공하는 것은 복지가 아니라, 단지 표를 얻기 위한 정치인들의 무책임한 선심공세에 지나지 않습니다. 지금도 대통령 후보마다 선심공세를 남발하고 있습니다. 그 재원은 모두 국민의 주머니에서 충당되어야 함에도, 마치 자기 돈으로 인심 쓰듯 공약을 마구 남발하고 있습니다. 이렇게 해서야 누가 대통령이 되어도 우리 국가공동체의 미래는 암울할 수밖에 없습니다. 이제 이틀 후에 선출될 새 대통령은 더 이상 무책임한 선심공세가 아니라 우리 국가공동체의 미래를 위해, 미래에도 이 땅에서 살아갈 우리의 후손들을 위해, 자신이 국민의 최선봉에서 누구보다 수고하고 헌신하는 본을 보임으로써, 국민의 수고와 헌신도 당당하게 요구하는 책임 있는 지도자가 될 수 있도록 기도해야 하겠습니다.

새 대통령과 함께 온 국민이 한마음으로 그런 나라를 일구어가기 위해서는, 우리 그리스도인들이 먼저 X의 삶을 실천하여야 합니다. 우리 모두 X이신 예수 그리스도를 본받아, X의 사람으로 살아가십시다. 우리의 가정을 X의 삶을 구현하는 훈련장으로 삼으십시다. 우리가 어디에 있든 우리의 '하나님 사랑'이 '사람 사랑'으로 이어지며, 하나님에 대한 우리의 믿음이 '나의 하나님'에서 '우리의 하나님'으로 확장되게 하십시다. '우리' 속에 우리와 생각이 다른 사람들도 포함시켜, '우리'의 범위를 날로 넓혀 가십시다. 알렉산드리아 배에 승선한 사람들을 모두 '우리'로 여긴 바울로 인해 그들이 전원 구원을 얻을 수 있었던 것처럼, 대한민국 국민을 모두 '우리'로 품으며, 하나님을 우리 국민 모두를 위한 '우리의 하나님'으로 믿는 우리들로 인해, 우리 자식들 세대는 분명히 보다 나은 대한민국에서 살게 될 것입니다.

우리는 '크리스토스'를 우리의 주님으로 모신 '크리스티아노스'들입니다. X의 전형이신 주님을 본받아, 우리 모두 X의 삶을 살아가게 해주십시오. 언제나 '하나님 사랑'이 '사람 사랑'으로 이어지게 해주시고, 하나님에 대한 우리의 믿음이 '나의 하나님'에서 '우리의 하나님'으로 확장되게 해주십시오. 우리가 X의 삶을 실천할 때에만, 우리를 위해 십자가의 제물로 죽으셨다가 삼 일 만에 다시 살아나신 예수 그리스도의 제자임이 입증됨을 잊지 말게 해주십시오.

오늘은 가정주일입니다. 우리의 가정이 항상 X의 삶을 구현하는 훈련장이 되게 해주십시오. 가족 개개인이 믿는 하나님이 '우리의 하나님'이 되게 해주셔서, 가족 간에 참된 '사람 사랑'과 양보와 수고 그리고 헌신이 생활화되게 해주십시오. 그리하여 우리 각자의 가정이, 우리와 생각이 다른 사람도 '우리'로 품기 시작하는 출발점이 되게 해주십시오.

이제 이틀 후면 새 대통령이 선출됩니다. 내가 투표하지 않은 사람이 선출될지라도, '우리의 하나님'을 믿기에 '나의 대통령'으로 받아들이게 해주십시오. 그리고 그가 대한민국 국민 모두를 품는 '우리의 대통령'이 되기를 기도하게 해주십시오. 새 대통령과 함께 우리 모두, 우리 자식들 세대가 살아갈 대한민국의 미래를 위해 수고와 헌신을 아끼지 않게 해주십시오. 대한민국 국민을 모두 '우리'로 품으며, 하나님을 우리 국민 모두를 위한 '우리의 하나님'으로 믿는 우리들로 인해, 우리 자식들 세대는 보다 나은 대한민국에서 살게 해주십시오. 아멘.

5. 더 허락하지 아니하므로

사도행전 27장 3-8절

이튿날 시돈에 대니 율리오가 바울을 친절히 대하여 친구들에게 가서 대접 받기를 허락하더니 또 거기서 우리가 떠나가다가 맞바람을 피하여 구브로 해안을 의지하고 항해하여 길리기아와 밤빌리아 바다를 건너 루기아의 무라 시에 이르러 거기서 백부장이 이달리야로 가려 하는 알렉산드리아 배를 만나 우리를 오르게 하니 배가 더디 가 여러 날 만에 간신히 니도 맞은편에 이르러 풍세가 **더 허락하지 아니하므로** 살모네 앞을 지나 그레데 해안을 바람막이로 항해하여 간신히 그 연안을 지나 미항이라는 곳에 이르니 라새아 시에서 가깝더라

가이사랴에서 바울 일행이 승선한 아스라뭇데노 배는, 그 배의 목적지인 루기아의 무라에 도착하였습니다. 그곳에서 이탈리아 반도로 직행하는 알렉산드리아 배를 만난 백부장 율리오는, 바울을 포함하여 자신이 통솔하는 사람들을 모두 그 배에 오르게 하였습니다. 7절 상반절의 증언입니다.

배가 더디 가 여러 날 만에 간신히 니도 맞은편에 이르러.

무라를 출항한 알렉산드리아 배는 제대로 속도를 낼 수 없었습니다. 몰아치는 북서풍으로 인해, 이탈리아 반도가 위치한 서쪽으로 항해하는 알렉산드리아 배는 한없이 더디 움직일 수밖에 없었습니다. 그 결과 "여러 날 만에 간신히 니도 맞은편"에 이를 수 있었습니다. 무라에서 니도까지의 거리는 약 220킬로미터여서, 순풍일 경우 이틀 뱃길이었습니다. 하지만 그 짧은 거리를 항해하는 데 '여러 날'이 소요되었을 뿐 아니라, 그것도 '간신히' 이를 수 있었습니다. 우리말 '간신히'로 번역된 헬라어 부사 '몰리스μόλις'는 '천신만고 끝에'라는 의미입니다. 몰아치는 북서풍은 그 정도로 거세었습니다. 7절을 다시 보시겠습니다.

배가 더디 가 여러 날 만에 간신히 니도 맞은편에 이르러 풍세가 더 허락하지 아니하므로 살모네 앞을 지나 그레데 해안을 바람막이로 항해하여.

알렉산드리아 배가 여러 날 만에 간신히 니도 부근까지 이르렀지만, 설상가상으로 거기서부터는 아예 "풍세가 더 허락하지" 않았습니다. 더 거칠어진 북서풍이, 알렉산드리아 배가 이탈리아 반도를 향해 서쪽으로 나아가는 것을 원천 봉쇄해 버렸습니다. 그 거센 강풍에 남쪽 그레데 섬까지 밀려난 알렉산드리아 배는, 그 섬의 동쪽 살모네를 돌아, 남쪽 해안을 바람막이로 삼았습니다.

간신히 그 연안을 지나 미항이라는 곳에 이르니 라새아 시에서 가깝더라 (8절).

동서의 길이가 255킬로미터나 되는 그레데 섬을 바람막이로 삼았는데도, 배는 여전히 제대로 움직일 수 없어 '라새아'를 지나 또다시 '간신히' '미항'에 이르렀습니다. 그레데 섬 남쪽 해안의 중간지점에 위치한 작은 '미항'은 문자 그대로 '아름다운 항구'라는 뜻입니다.

여기에서 근본적인 질문을 제기하지 않을 수 없습니다. 바울이 타고 있는 알렉산드리아 배가 나아갈 수 없도록 '풍세가 더 허락하지' 않았다는 것은, 하나님께서 그렇게 섭리하셨다는 말입니다. 바울은 지금 관광여행에 나선 것이 아닙니다. 그는 로마제국의 심장 로마에서 주님의 증인으로 자신의 생을 마감하기 위해 로마로 향하고 있습니다. 그것은 바울의 개인적인 계획이 아니라 하나님의 뜻이었습니다. 그렇다면 바울이 조금이라도 더 빨리 로마에 도착할 수 있도록, 하나님께서 계속 순풍을 주심이 마땅하지 않겠습니까? 그런데도 바울이 가이사랴를 출발한 이후 하나님께서는 왜, 거친 바람으로 바울의 로마 행을 계속하여 지연시키시는 것입니까? 바울이 탄 배가 앞으로 나아가지도 못하게끔, 아예 풍세를 허락하시지도 않은 이유가 대체 무엇입니까?

배의 항로를 계속 가로막는 거센 바람 탓에, 항해 일수는 기하급수적으로 늘어났습니다. 그 결과 다음 시간에 살펴보겠습니다만, 그레데 섬으로 밀려난 알렉산드리아 배가 남쪽 해안의 미항에 간신히 도착한 시점은, 계절적으로 지중해 항해 금지가 임박한 시기였습니다. 바울 일행은 도리 없이 지중해가 잠잠해지는 이듬해 봄이 오기까지 속수무책으로 기다려야만 했습니다. 바울을 로마로 불러내신 하나님께서 도대체 왜 이렇게 하시는 것입니까? 하루 빨리 로마에 도착하게 하시기는커녕, 왜 할 일 없이 지중해 한가운데에서 속수무책으로 겨울을 나게 하시는 것입니까?

이제 지도를 보면서, 이 질문에 대해 함께 생각해 보기로 하겠습니다.

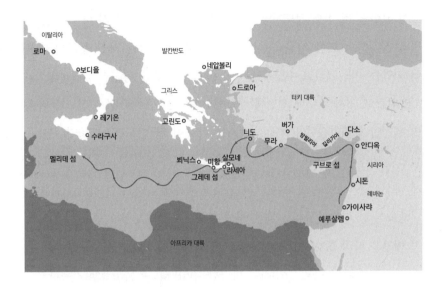

이것이 지중해 세계의 지도입니다. 윗쪽으로 이탈리아 반도와 로마제국의 수도 로마, 발칸반도와 오늘날의 그리스, 터키 대륙이 있고, 오른쪽으로 시리아와 레바논, 그리고 아래쪽으로 아프리카 대륙이 있습니다. 바울은 가이사랴에서 아스라뭇데노 배를 탔습니다. 그 배는 레바논과 시리아 그리고 터키 대륙의 각 항구를 왕래하는 연안무역선이었습니다. 이튿날 시돈에 기항하여 화물을 하역한 아드라뭇데노 배는 다시 출항하였습니다. 계획대로라면 해안을 따라 주요 항구에 기항하면서 항해하여야 했지만, 북쪽에서 몰아닥치는 거센 맞바람으로 인해 아드라뭇데노 배는 남쪽 구브로 섬으로 밀려났습니다. 그리고 그 섬의 해안을 따라 서쪽으로 항해하였습니다. 북동쪽에서 남서쪽으로 비스듬하게 자리 잡고 있는 구브로 섬 북쪽 해안의 길이는 약 200킬로미터에 달했습니다. 정상적인 자연조건 속에서는 이틀 뱃길이지만, 거센 풍랑 속의 아드라뭇데노 배는 그보다 더 많은 날을 필요로 하였을 것입니다.

이미 말씀드린 것처럼, 구브로 섬은 처음으로 지중해 세계 전도에 나선 바울이 찾아간 첫 번째 전도지였습니다. 바로 이 구브로 섬에서 바울은 큰 인물을 상징하는 이름 사울을 버리고, 지극히 작고 작은 자를 뜻하는 바울이 되었습니다. 그리고 주님께서는 이 섬에서 바울을 당신의 휘페레테스와 마르튀스로 역사의 무대 전면에 배치하셨습니다. 구브로 섬은 전도자 바울의 원점인 셈이었습니다. 하나님께서는 바울이 탄 아드라뭇데노가 구브로 섬으로 밀려나, 바울이 최소한 이틀 이상 그의 원점인 구브로 섬을 바라보게 하심으로, 로마로 향하는 그의 초심을 새롭게 다져 주신 것이었습니다.

바울이 탄 아드라뭇데노 배는 거센 북풍에 밀려, 분명히 구브로 섬의 북쪽 해안을 따라 항해하였습니다. 그러나 누가는 그 배가 '구브로 섬 앞바다'가 아니라, '길리기아와 밤빌리아 바다'를 건넜다고 본문 5절에 기록하였습니다. 길리기아와 밤빌리아는 터키 대륙 남쪽에 위치한 행정구역입니다. 길리기아에는 바울의 고향 다소가 있었습니다. 바울은 아드라뭇데노 배가 구브로 섬 해안을 따라 움직인다고 해서 그의 원점인 구브로 섬만 바라본 것이 아니었습니다. 그는 구브로 섬에서 100킬로미터 북쪽에 위치한 자신의 고향 땅, 길리기아를 되돌아 보았습니다. 자신이 길리기아의 다소에서 헬라어를 모국어로 구사하는 디아스포라 유대인으로, 그리고 로마 시민으로 태어난 것은 하나님의 신비로운 섭리였습니다. 그가 이방인을 위한 주님의 휘페레테스와 마르튀스로 쓰임 받는 것도, 로마 시민의 신분으로 황제에게 상소하여 로마군의 보호 속에서 로마로 향하고 있는 것도, 모두 길리기아에서 헬라어를 모국어로 사용하는 로마 시민으로 태어났기에 가능한 일이었습니다. 주님께서는 바울이 태어나기도 전부터 바울을 당신의 도구로 사용하시기 위해 그렇게, 신비롭게 섭리하신 분이셨습니다. 인생 말년에 접어든 바울이 그 사실을 새삼스럽게 확인하면서, 자신의 마지막 남은 생을 아낌없이 던지리라 다시 한 번 결단하지 않았겠습니까? 그 사실을 우리에게 일깨워 주기 위해 누가는, 바울이 '길리기아 바다'를 건넜다고 기록한 것이었습니다.

길리기아 서쪽에 위치한 밤빌리아에는 바울의 두 번째 전도지인 버가가 자리 잡고 있습니다. 수리아 안디옥교회의 공동 목회자였던 바울과 바나바는 주님의 명령에 따라, 청년 마가를 수행원으로 삼아 1차 전도 여행에 나섰습니다. 그러나 첫 번째 전도지인 구브로 섬을 관통하면서 힘이 들었던지, 부잣집 외아들이었던 청년 마가는 밤빌리아의 버가에 도착하자마자 집으로 되돌아가 버리고 말았습니다. 바울과 바나바는 수행원의 도움도 없이, 힘산준령의 타우로스 산맥을 넘어 비시디아 안디옥을 거쳐 더베까지 진출하였다가 수리아의 안디옥으로 되돌아 갔습니다. 얼마 후 바울과 바나바는 다시 2차 전도 여행을 시작하기로 하였습니다. 1차 전도 여행 때 방문한 곳들을 재방문하기로 한 것입니다. 하지만 청년 마가 때문에, 바울과 바나바는 서로 다른 길을 걷기로 합니다. 바나바가 자신의 사촌동생인 마가를 2차 전도 여행에도 대동하려 한 반면에, 바울은 1차 전도 여행 중에 무단이탈한 마가를 다시 대동할 수는 없다고, 서로 의견이 맞선 까닭이었습니다.

바나바는 마가와 함께 1차 전도 여행의 경로를 따라 배를 타고 구브로 섬으로 갔습니다. 실라를 동역자로 삼은 바울은 바나바와는 달리 북쪽을 향해 육로로 올라갔습니다. 본래 바울의 계획은 오늘날 터키 대륙 서쪽으로 진출하는 것이었지만 주님께서 허락하시지 않았습니다. 북쪽 비두니아에서 복음을 전하려던 그의 계획마저 주님께서 막으셨습니다. 그래서 바울은 드로아로 내려갔다가, 그날 밤 '마게도니아로 건너와서 우리를 도와달라'(행 16:9)는 마게도니아 사람의 환상을 보았습니다. 그것을 주님의 부르심으로 받아들인 바울은, 곧 에게 해를 건너 네압볼리로 건너갔습니다. 아시아 대륙의 바울이 상상치도 못한 유럽 대륙에 첫 발을 내디딘 것입니다. 그리고 빌립

보, 데살로니가, 베뢰아, 아테네를 거쳐, 고린도까지 진출하였습니다. 고린
도에서는 바다만 건너면 제국의 심장 로마에 이를 수 있었습니다. 고린도까
지 진출한 2차 전도 여행이 바울에게 중요한 의미를 지니는 것은, 이때부터
그의 마음속에서 로마 복음화를 위한 소명이 싹트기 시작했기 때문입니다.

이처럼 바울의 전도 여행이 터키 대륙에서 벗어나 유럽 대륙으로 이어지
고, 마침내 제국의 심장 로마에까지 이를 수 있게 된 그 출발점에, 바로 마
가가 있었습니다. 그 모든 일이, 1차 전도 여행 당시 청년 마가가 밤빌리아
의 버가에서 무책임하게 중도 하차해 버렸기에 이루어진 일이었습니다. 마가
의 중도 하차는 그 모든 일을 이루시기 위한 주님의 섭리였음을, 바울이 아
드라뭇데노 배 위에서 비로소 깨달은 것입니다. 그래서 누가는 바울이 구브
로 섬 앞바다가 아니라, '밤빌리아 바다'도 건넜다고 기록하였습니다. 이처럼
지도를 들여다보면, 바울이 지나간 지중해 동쪽 바다는 그냥 바다가 아니었
습니다. 그 바다는 하나님의 신비로운 은혜를 바울의 심령 속에 깊이 각인
시켜 주는, 은혜의 화면이었습니다. 만약 거센 맞바람으로 아드라뭇데노 배
가 정상 항로를 이탈하고 항해가 지연되지 않았더라면, 결코 확인할 수 없
었을 은혜였습니다.

그 이후에도 마찬가지였습니다. 바울 일행이 무라에서 갈아탄 알렉산드리
아 배가 니도가 위치한 서쪽으로 나아간 것은, 최단거리로 이탈리아 반도에
이르기 위함이었습니다. 하지만 여기에서도 심한 북서풍이 몰아쳐, 이틀 뱃
길인 무라까지 간신히 가기 위해 여러 날을 소요하였습니다. 더욱이 니도에
서부터는 '풍세가 더 허락하지' 않아 배는 전혀 앞으로 나아갈 수 없었습니
다. 남쪽 그레데 섬으로 밀려난 알렉산드리아 배는 살모네를 돌고 라새아를
거쳐, 그레데 섬 남쪽 해안 중간 지점인 미항에 도착하였습니다. 그때는 이
미 지중해 항해 금지가 시작될 시점이어서, 바울 일행은 지중해가 잠잠해지

는 이듬해 봄까지 기다려야만 했습니다.

하지만 백부장은 알렉산드리아 배에 승선한 276명이 겨울을 나기에는, 작은 항구 미항은 적합하지 않다고 여겼습니다. 다음 시간에 상세하게 말씀드리겠습니다만, 백부장은 선장과 선주의 조언에 따라 그레데 섬의 서쪽 항구 뵈닉스에서 겨울을 지내기로 하였습니다. 미항보다 규모가 큰 뵈닉스가 많은 사람이 겨울을 나기에 더 나으리라 여긴 것입니다. 또 계절적으로 지중해의 풍랑이 거센 시기가 이미 닥쳐왔지만, 그레데 섬이 바람막이 역할을 해주고 있으므로, 미항에서 65킬로미터 떨어진 뵈닉스로 이동하는 것은 무리가 없을 것이라고 판단한 것입니다. 하지만 미항을 출발한 알렉산드리아 배는 얼마 가지도 않아 유라굴로 광풍을 만났습니다. 얼마나 심한 광풍이었던지 통제력을 완전히 상실한 알렉산드리아 배는, 무려 열나흘 동안이나 그 광풍에 휩쓸려 표류하여야 했습니다. 한마디로 죽음의 광풍이었습니다. 그러나 그 죽음의 광풍 덕분에, 알렉산드리아 배에 승선한 모든 사람들이 바울을 통해 구원의 은혜를 입게 되었습니다.

하나님의 역사는 그것으로 그치지 않았습니다. 표류하던 알렉산드리아 배는, 오늘날 몰타로 불리는 멜리데 섬 앞에서 좌초하였습니다. 배에 타고 있던 276명 전원은 멜리데 섬에 상륙하여 이듬해 봄이 오기까지 그곳에서 겨울을 지냈습니다. 그로 인해 그 섬에 살고 있던 사람들 역시, 바울을 통해 구원의 은혜를 입게 되었음은 물론입니다. 무라를 출발한 알렉산드리아 배가 거센 바람으로 간신히 니도까지는 진출했지만 '풍세가 더 허락하지' 않아 더 이상 서진하지 못하고, 도리어 남쪽 그레데 섬으로 밀려나 천신만고 끝에 미항에 기항하였다가, 다시 유라굴로 광풍을 만나 열나흘 동안 죽음의 표류를 하던 중에 멜리데 섬 앞에서 좌초한 것은, 그 배에 타고 있는 사람들뿐 아니라 멜리데 섬 사람들을 구원하시려는 주님의 신묘막측한 섭리였습니다.

이처럼 지도를 들여다보면, 바울이 배를 타고 지나가는 지중해가 온통 하나님의 신비로운 섭리를 비춰 주는 은혜의 화면임을 알게 됩니다.

이 은혜로운 지도는 우리로 하여금, 또 하나의 중요한 사실을 깨닫게 해줍니다. 바울이 탄 배가, 아니 바울 자신이, 바로 '테바'였다는 사실입니다. 하나님께서 홍수로 세상을 심판하실 때, 노아 여덟 식구만은 방주를 짓게 하셔서 구원해 주셨습니다. 그 방주는 축구장보다 더 큰 규모였습니다. '방주'가 히브리어 원전에 '테바הבת'로 기록되어 있습니다. 그래서 우리는 '테바' 하면, 일단 노아의 방주처럼 엄청난 규모를 먼저 연상합니다. 그러나 사내아이가 태어나면 모두 나일 강에 던져 죽이라는 이집트 파라오의 명령을 피해, 태어난 지 겨우 세 달된 모세를 넣어 나일 강에 띄워 보낸 갈대상자 역시, 히브리어 원전에는 '테바'로 기록되어 있다고 했습니다. '테바'의 특성은 규모에 있지 않습니다. '테바'의 특성은, '테바'에는 인위적인 장치가 전혀 없다는 것입니다. 속력을 더해 주는 가속장치도, 반대로 감속장치나 제어장치도 없습니다. 노아의 방주와 모세의 갈대상자는, 인간이 진로나 속도 혹은 멈춤 여부를 결정할 수 없었습니다. 그것은 철저하게 하나님의 소관이었습니다. 그래서 노아의 방주와 모세의 갈대상자 모두 하나님께서 주관하시는 구원의 '테바'일 수 있었습니다.

가이사랴를 출발한 바울은 자신이 승선한 배의 항로나 속도 그리고 멈춤 여부를 자기 스스로 결정할 수 없었습니다. 하나님께서 그가 탄 배의 항로를 바꾸시고, 앞으로 나아갈 수도 없도록 풍세를 아예 허락하지도 않으시며, 심지어 죽음의 광풍에 열나흘 동안이나 휩쓸리게 하셨지만, 바울은 조금도 불평하거나 조급해하지 않았습니다. 그는 로마로 향하는 자신의 항로와 속도와 멈춤 여부를 철저하게 하나님께 맡긴 '테바'였습니다. 그때 하나님께서 바울이 스쳐 지나가는 지중해 자체를, 온통 당신의 신비로운 섭리를 비춰 주는 은혜의 화면으로 승화시켜 주셨습니다. 이것이 중요합니다. 우리가 우리 인생의 항로와 속도와 멈춤 여부를 하나님께 온전히 맡긴 '테바'가 되기만 하면, 오늘 본문의 지도처럼, 우리의 인생 자체가 온통 하나님의 신비로운 섭리와 은혜의 화면으로 승화될 수 있습니다. 하나님께 인생의 항로와 속도와 멈춤 여부를 온전히 맡겨드린 우리 자신이 곧 노아의 방주요, 모세의 갈대상자요, 지중해의 바울이기 때문입니다.

교회도 마찬가지입니다. 좋은 교회는, 웅장한 예배당과 많은 교인수 그리고 많은 헌금액을 자랑하는 교회가 아닙니다. 좋은 교회는, 하나님의 이끄심에 자신을 철저하게 맡기고 스스로 '테바'가 되는 교회입니다. 그때 하나님께서 그 교회로 하여금, 오늘 본문과 같은 신비로운 섭리와 은혜의 지도를 날마다 엮어가게 하시는 것입니다. 이런 관점에서 이 시간에는, 우리 교회 후임 담임목사 선정과 관련하여 잠시 보고드리겠습니다.

대부분의 교회가 담임목사를 청빙할 때 우선적으로 고려하는 것은, 누가 현재보다 교세를 더 확장시킬 수 있느냐는 것입니다. 바꾸어 말하면, 누가 최악의 경우에도 현 교세를 위축시키지 않고 유지할 수 있겠느냐는 것입니다. 그러나 그것은 기업체가 CEO를 채용하는 기준일 수는 있어도, 교회의 기준일 수는 없습니다. 교회가 그런 기준을 갖는 것은, 교회의 주인이신 하나님의 '테바'가 되기를 스스로 포기하는 것입니다. 교회가 담임목사를 청빙하는 기준은 교인의 증가 혹은 감소와는 상관 없이, 누가 교회를 하나님의 이끄심만 좇는 '테바'로 지킬 수 있느냐는 것이어야 합니다.

공청회에서 밝힌 것처럼, 우리 교회에는 창립 초기부터 후임 담임목사를 외부에서 청빙하지 않는다는 합의가 있었습니다. 우리 교회에서는 '부목사'

라는 용어를 사용하지 않습니다만, 한국 교회에서 '부목사'로 불리는 목사들이 담임목사 모집 공고에 응모하는 것은 당연한 일입니다. 하지만 한 교회의 담임목사가 소위 더 큰 교회의 담임목사로 스카우트되기 위해 이력서를 제출한다면, 그는 소명인이 아니라 직업인에 지나지 않습니다. 참된 소명인이라면, 단지 더 큰 교회로 옮겨가기 위해, 하나님께서 자신을 믿고 맡겨 주신 현재의 교회를 내팽개칠 수는 없습니다. 그러므로 직업인이 아니라, 오직 소명인인 목사만 교회를 '테바'로 지킬 수 있습니다.

그래서 우리 교회는 처음부터 후임 담임목사를 내부에서 선임하기로 하였었습니다. 우리 교회에서 훈련받은 목회자가 우리 교회의 정신과 소명을 바르게 지킬 수 있다는 판단 때문입니다. 오늘의 용어로 설명하자면, 우리 교회에서 훈련받은 목회자가 우리 교회를 계속하여 '테바'로 지켜 갈 수 있다는 말입니다. 제 퇴임일을 2년여 앞두고, 지난 달 상임위원회에서 후임 담임목사 내부선임을 위한 9인 청빙위원회가 결성되었습니다. 그리고 청빙위원회는 세 차례에 걸친 논의를 통해, 의외로 쉽게 결론을 도출하였습니다. 지난 화요일 제19대 대통령으로 선출된 문재인 대통령의 행보가 연일 화제를 낳고 있습니다. 그분의 행보는, 이제 우리나라에서 제왕적 대통령의 시대는 종언을 고하였다는 메시지를 던져 주고 있습니다. 제왕적 대통령제의 폐해가 얼마나 컸었는지는 새삼스럽게 언급할 필요조차 없을 것입니다. 우리 교회 청빙위원회에서는, 한국 교회에서도 한 사람의 제왕적인 담임목사에 의해 교회가 좌지우지되는 시대는 이제 끝났다는 데 의견의 일치가 있었습니다. 제왕적인 한 사람의 담임목사가 기업 총수처럼 처신하면, 교회는 기업으로 전락하고 맙니다. 제왕적인 담임목사가 자신의 정치적인 성향을 내세우면, 교회는 정치집단이 되어 버립니다. 제왕적인 담임목사가 돈이든, 이성이든, 명예든, 욕망의 덫에 빠지면, 교회는 이내 분란에 휩싸이고 맙니다. 어떤 경우이든, 그 피해는 고스란히 교인의 몫이기 마련입니다.

청빙위원회는 후임 담임목사의 업무를 네 개의 전문분야로 나누어, 네 명의 목사님으로 하여금 공동 담임목회를 하도록 하였습니다. 영성총괄 담임목사로는 정한조 목사님을 선정하였습니다. 1965년생인 정한조 목사님은 부산대학교 영어영문학과와 장신대 신학대학원을 졸업한, 예장통합 소속 목사님입니다. 2007년 12월 1일부터 우리 교회에서 사역하면서, 만 7년 동안 저의 부재 중에 주일강단을 지켰던 정한조 목사님의 영성과 신실성, 성실성과 온유함에 대해서는 교우님들께서 이미 잘 알고 계십니다. 정한조 목사님은 주일설교와 각종 성경공부를 책임지게 될 것입니다. 교회학교총괄 담임목사로는 이영란 목사님을 선정하였습니다. 1967년생인 이영란 목사님은 성결교 소속인 성결대학교 신학과와 서울신대 신학대학원을 졸업하고, 우리 교회처럼 한국독립교회연합회에 소속되어 있습니다. 우리 교회가 창립되던 해인 2005년 9월부터 우리 교회 교회학교를 맡아 교회학교의 기틀을 닦았던 이영란 목사님은 원칙이 분명하고, 교역자들 가운데 가장 통솔력이 뛰어나며, 사람을 적재적소에 배치할 줄 아는 남다른 역량을 지니고 있습니다. 앞으로 이계심 목사님에 이어 우리 교회 미래를 위한 교회학교 제3기를 책임지게 될 것입니다. 목회총괄 담임목사로는 김광욱 목사님을 선정하였습니다. 1969년생인 김광욱 목사님은 경북대학교와 대학원에서 화학 전공으로 이학박사 학위를 받았습니다. 포항공대 연구실에서 연구원으로 재직하던 중 주님의 부르심을 받아 총신대 신학대학원을 졸업하고, 예장합동 교단에 소속되어 있습니다. 우리 교회에서 2009년 12월부터 사역하기 시작한 김광욱 목사님은 매사에 치밀하고 정확합니다. 그리고 다섯 자녀를 둔 가장답게 넉넉한 아버지의 마음을 지니고 있습니다. 김 목사님은 교구와 각 봉사팀 관리 등 목회 전반에 걸친 업무를 총괄할 예정입니다. 대외업무를 총괄할 목회자로는 김영준 전도사님이 선정되었습니다. 1972년생인 김영준 전도사님은 일본 요코하마국립대학 교육인간과학부를 졸업하고, CGNTV PD로 일하면서 일본 CGNTV를 개국시켰습니다. 우리 교회에는 2010년 1월에 교인으로 등록하였다가 장신대 세계선교대학원을 거쳐, 성결교 소속의 서울신대 신학대학원을 졸업하고 2015년 12월부터 우리 교회 대외업무를 이미 총괄하고 있습니다. 내년 9월 이후에 목사 안수를 받게 될 김영준 전도사님은 탁월한 창의력과 추진력 그리고 친화력을 지니고 있을 뿐 아니라, 그 마음속에 온 세계가 품겨져 있습니다. 헌금의 50퍼센트로 이웃 사랑을 실천하고 있는 우리 교회의 대외업무를 총괄하기에 김영준 전도사님보다 더 적합한 인물은 찾아보기 어려울 것입니다.

이상과 같이 결정한 청빙위원회의 안을 지난 목요일에 열린, 5월 상임위원회에 상정하였습니다. 그리고 한 달 후 6월 상임위원회에서 비밀투표로 가부를 결정하기로 하였습니다. 상임위원회에서 3분의 2 이상 출석에 3분의 2 이상의 찬성으로 가결되면, 6월 14일 수요일에 정관에 따라 운영위원회의 결의도 거치게 될 것입니다. 운영위원회에서도 3분의 2 이상 출석에 3분의 2 이상 찬성이면, 이 안은 확정됩니다. 그 경우 저는, 제 남은 임기 동안 그분들 중심으로 교회를 운영할 예정입니다. 그분들의 임기는 제가 퇴임하는 2019년 6월 셋째 주일부터 시작될 것이며, 1년이 경과한 시점에 전 교인이 참여하는 신임투표를 거치게 될 것입니다. 주일설교는 영성을 총괄할 정한조 목사님이 한 달에 세 번을 담당하고, 나머지 주일에는 세 분의 목사님이 돌아가며 하게 될 것입니다. 네 분의 목사님들은 각각 자기 분야를 책임지면서, 또 함께 교회를 운영할 것입니다. 내부 회의는 이영란 목사님이 주재하고, 외부적으로 교회를 대표하는 책임은 예장합동 교단 소속인 김광욱 목사님에게 맡기기로 하였습니다. 그러나 다음 달 상임위원회나 운영위원회에서 이 안건이 부결되면, 차선으로 절차에 따라 외부청빙에 들어가도록 하겠습니다. 이와 관련하여 이번 수요일 구역장성경공부 후에 운영위원들을 위한 설명회와 질의응답 시간을 가지려고 합니다. 운영위원인 구역장님들께서는 모두 참석해 주시기 바랍니다.

100주년기념교회의 후임 담임목사가 되는 것은 면류관을 쓰는 것이 아니라, 십자가를 지는 일입니다. 저 자신의 이야기를 드리는 것을, 오해 없이 들어 주시기 바랍니다. 저는 그동안 100주년기념교회 담임목사직을 수행해 오면서, 한국 교회에 만연해 있는 제왕적 담임목사의 온갖 특권과 특혜를 스스로 철폐하기 위해 애써 왔습니다. 우리 교회는 목회자에게 사택을 제공하지 않습니다. 그 속에는 담임목사도 포함되어 있습니다. 제가 현재 살고 있는 집이 교회 별관으로 불리는 것은, 우리 교회가 창립되기 20년 전부터 우리 가족이 살던 그 집을, 교회가 창립된 이후에 제 가족이 교회에 헌납했기 때문입니다. 이제 2년 후에 퇴임하면, 저는 그 집을 떠나 시골로 낙향하여 제 남은 생애를 마무리하려고 합니다. 우리 교회 담임목사는 퇴임 후에도 원로목사로 남아, 죽을 때까지 온갖 특혜를 누리면서 교회에 영향력을 행사할 수 없습니다. 우리 교회가 창립된 이후, 교회에서 제게 새 승용차를 제공하려는 것도 제가 사양하였습니다. 현재 제가 타고 있는 카니발 승용차는, 12년 전 우리 교회가 창립되기 이전부터 사용하던 제 개인 차량의 명의를 교회로 변경한 것입니다. 우리 교회 담임목사의 봉급은, 봉급이 많은 전임교역자와 겨우 10여만 원 차이밖에 없습니다. 안식월과 자녀 학자금 지원과 같은 복지도 전임교역자와 동일합니다. 담임목사를 위한 판공비도 1원도 없습니다. 개인비서나 기사도 없습니다. 앞으로 저를 이어 공동 담임목회할 네 분들이, 이 정신을 계속하여 이어갈 것입니다.

지난 목요일 상임위원회가 열리기 불과 몇 시간 전에, 네 분의 목회자를 만나, 청빙위원회에 의해 후임 공동 담임목사로 선정되었음을 통보해 주었습니다. 먼저 입을 연 분이, '노'라고 말해도 되느냐고 물었습니다. 제가 '안 된다. 이것은, 소명으로 순종해야 한다'고 대답했습니다. 소명인인 목사만 100주년기념교회를 계속하여 '테바'로 지켜갈 수 있기 때문입니다.

100주년기념교회는 그동안 교회다운 교회를 일구기 위해 상임위원회와 운영위원회에 의한 교회 운영, 장로권사 호칭제 실시, 매달 재정원장 공개를 통한 결산보고, 주일예배 시간에 전 교인 기도제 실시 등, 새로운 길을 만들어 왔습니다. 그리고 이제, 네 명의 담임목사에 의한 공동 담임목회의 새로운 길을 또 개척하려 하고 있습니다. 저는 소명인인 정한조 목사님의 영성과 신실성, 소명인인 이영란 목사님의 원칙과 통솔력, 소명인인 김광욱 목사님의 치밀성과 정확성, 소명인인 김영준 전도사님의 창의력과 친화력이 한데 어우러진다면, 저처럼 부족한 사람과는 비교가 불가능할 정도로 주님께서 귀하게 사용하실 것을 확신하고 있습니다.

사랑하는 교우 여러분! 그 네 분을 위해, 우리 교회의 미래를 위해, 나아가 한국 교회의 미래를 위해, 기도해 주십시오. 그리고 우리 모두, 우리 인생의 항로와 속도 그리고 멈춤 여부를 온전히 하나님께 일임하는 하나님의 '테바'가 되십시다. 그때 우리의 삶은 한 사람을 살리는 모세의 갈대상자, 이 시대를 살리는 노아의 방주가 될 것입니다. 그리고 하나님께서는 우리가 모인 100주년기념교회를 통해, 이 시대를 위한 신비로운 섭리와 은혜의 지도를 날마다 펼쳐가실 것입니다.

로마로 출발한 바울에게는 순풍이 주어지지 않았습니다. 오히려 그에게는 바람 잦을 날이 없었습니다. 그가 탄 배는 거센 맞바람으로 정상항로에서 이탈하였고, 제대로 속력을 낼 수 없어 이틀 뱃길을 여러 날 걸려 천신만고 끝에 이르렀고, 풍세가 허락하지 않아 아예 한 치도 앞으로 나아가지 못했고, 여정이 지체되어 할 일 없이 이듬해 봄이 되기까지 기다려야 했고, 열나흘 동안이나 유라굴로 광풍에 휩쓸리다가, 마침내 멜리데 섬 앞에서 배가 좌초되고 말았습니다. 이렇게 지중해 위에서 바울의 여정은 최악의 연속이었습니다. 그러나 바울은 단 한 번도 하나님을 원망하거나, 조급해하며 안달하지 않았습니다. 그는 인생의 항로와 속도와 멈춤 여부를 철저하게 하나님께 일임한 하나님의 '테바'였습니다. 하나님께서는 그 '테바'를 통해 알렉산드리아 배에 승선한 276명 전원과, 멜리데 섬 주민들을 구원해 주셨습니다. 그 결과 바울이 스쳐 지나가는 지중해는 온통, 하나님의 신비로운 섭리와 은혜의 화면으로 승화되었습니다.

주님, 우리 모두 지중해의 바울을 본받게 해주십시오. 우리 인생 앞에 바람 잦을 날이 없어도, 거센 바람에 인생항로가 꺾어져도, 풍세가 허락하지 않아 아예 그 자리에 주저앉지 않을 수 없어도, 우리의 인생 항로와 속도 그리고 멈춤 여부를 하나님께 전적으로 일임하는 하나님의 '테바'가 되게 해주십시오. 그리하여 우리의 삶이 한 사람을 살리는 모세의 갈대 상자가 되게 해주시고, 이 시대를 살리는 노아의 방주가 되게 해주십시오. 우리 모두가 함께 일구어 가는 100주년기념교회의 현재와 미래가, 삼일 만에 다시 살아나신 주님 안에서, 하나님의 신비로운 섭리와 은혜의 지도로 날마다 승화되게 해주십시오. 아멘.

6. 선장과 선주의 말을

사도행전 27장 9-20절

여러 날이 걸려 금식하는 절기가 이미 지났으므로 항해하기가 위태한지라 바울이 그들을 권하여 말하되 여러분이여 내가 보니 이번 항해가 하물과 배만 아니라 우리 생명에도 타격과 많은 손해를 끼치리라 하되 백부장이 **선장과 선주의 말을** 바울의 말보다 더 믿더라 그 항구가 겨울을 지내기에 불편하므로 거기서 떠나 아무쪼록 뵈닉스에 가서 겨울을 지내자 하는 자가 더 많으니 뵈닉스는 그레데 항구라 한쪽은 서남을, 한쪽은 서북을 향하였더라 남풍이 순하게 불매 그들이 뜻을 이룬 줄 알고 닻을 감아 그레데 해변을 끼고 항해하더니 얼마 안 되어 섬 가운데로부터 유라굴로라는 광풍이 크게 일어나니 배가 밀려 바람을 맞추어 갈 수 없어 가는 대로 두고 쫓겨가다가 가우다라는 작은 섬 아래로 지나 간신히 거루를 잡아 끌어 올리고 줄을 가지고 선체를 둘러 감고 스르디스에 걸릴까 두려워하여 연장을 내리고 그냥 쫓겨가더니 우리가 풍랑으로 심히 애쓰다가 이튿날 사공들이 짐을 바다에 풀어 버리고 사흘째 되는 날에 배의 기구를 그들의 손으로 내버리니라 여러 날 동안 해도 별도 보이지 아니하고 큰 풍랑이 그대로 있으매 구원의 여망마저 없어졌더라

사도행전 27장 1절을 살펴볼 때 말씀드렸습니다만, 황제에게 상소한 바울이 로마를 향해 가이사랴를 출발한 시기는 주후 60년 가을인 것으로 추정되고 있습니다. 당시 지중해는 1년 내내, 아무 때나 편하게 항해할 수 있는 바다가 아니었습니다. 바다가 거칠어지는 9월 중순부터 3월까지는 지중해 항해에 각별한 주의가 필요했고, 특히 크고 작은 폭풍이 연이어지는 11월 중순부터 1월 말까지 지중해 항해는 전면 금지되어 있었습니다. 가이사랴에서 로마까지의 거리는 2,240킬로미터였으므로, 지중해에서 큰 문제만 없다면 한 달이면 넉넉하게 도착할 수 있는 거리였습니다. 그래서 베스도 총독은 황제에게 상소한 바울이 지중해 항해가 전면 금지되기 이전에 로마에 이를 수 있도록, 가이사랴에서 서둘러 바울을 출발시켰습니다.

하지만 바울 일행이 승선한 아드라뭇데노 배는, 가이사랴에서 북쪽으로 겨우 100킬로미터 떨어진 시돈 항을 지나면서부터 거센 바람 탓에 통상적인 항로를 따를 수 없었습니다. 남쪽 구브로 섬으로 밀려난 아드라뭇데노 배는 그 섬의 해안을 의지하여, 거센 풍랑과 싸우며 겨우 목적지인 루기아의 무라에 도착하였습니다. 호송 책임자인 백부장 율리오는 무라에서 이탈리아 반도로 직행하는 배를 만나, 바울을 포함하여 자신이 호송하는 사람들을 모두 그 배에 오르게 하였습니다. 그 배가 알렉산드리아로 불린 것은, 이집트의 알렉산드리아를 왕래하는 배라는 뜻이었습니다.

당시 로마인들의 주식은 이집트의 밀이었으므로, 알렉산드리아의 곡물을 로마로 수송하는 대규모 곡물 수송 선단이 있었습니다. 바울이 승선한 알렉산드리아 배 역시 그 가운데 한 척이었습니다. 바울 일행이 승선한 아드라뭇데노 배가 무라에 도착하였을 때, 마침 이집트의 알렉산드리아를 출항하여 로마로 가던 곡물 수송 선박이 무라에 입항하였고, 백부장 율리오가 바울을 포함하여 자신이 호송하는 사람들을 그 배에 오르게 한 것이었습니다.

곡물 수송 선박이라 하여 반드시 곡물만 싣는 것은 아니었습니다. 배에 여유가 있으면 다른 하물도 얼마든지 실을 수 있었고, 또 여행객도 이용할 수 있었습니다. 이미 우리가 알고 있는 것처럼 알렉산드리아 배는, 그 배에 승선한 사람이 총 276명이었을 정도로 대형 선박이었습니다.

무라를 출항한 알렉산드리아 배는 서쪽 니도를 향해 항해하였습니다. 그 방향이, 제국의 심장 로마가 위치한 이탈리아 반도까지 이르기에 최단코스였기 때문입니다. 무라에서 니도까지는 이틀 뱃길에 지나지 않았습니다. 하지만 무라를 출항한 알렉산드리아 배는 또다시 거센 풍랑으로, 여러 날이 걸려서야 천신만고 끝에 이틀 뱃길인 니도 앞바다에 간신히 도착하였습니다. 그러나 거기서부터는 서쪽으로 한 치도 나아갈 수 없었습니다. 풍세가 알렉산드리아 배의 서진을 아예 허락하지 않았기 때문입니다. 알렉산드리아 배는 남쪽 그레데 섬으로 밀려 그 섬의 동쪽 살모네를 돌아, 남쪽 해안을 바람막이로 삼았습니다. 그리고 라새아를 거쳐 천신만고 끝에 간신히 '미항'에 도착하였습니다. 우리말 '간신히'로 번역된 헬라어 부사 '몰리스'는 '천신만고 끝에'라는 뜻이라고 했습니다. 무라를 출항한 알렉산드리아 배가 그레데 섬의 미항으로 밀려나기까지, 그 단어가 7절과 8절에 두 번이나 연이어 기록되어 있습니다. 연거푸 등장하고 있는 그 단어만으로도 지중해의 풍랑이 얼마나 심했고, 바울 일행이 승선한 알렉산드리아 배의 항해가 얼마나 힘들었으며, 바울의 여정이 얼마나 지체되었는지 충분히 짐작할 수 있습니다.

9절 상반절의 증언입니다.

여러 날이 걸려 금식하는 절기가 이미 지났으므로 항해하기가 위태한지라.

알렉산드리아 배가 천신만고 끝에 그레데 섬의 미항에 간신히 도착하였을 때는, "금식하는 절기"가 지난 지 이미 오래였습니다. 주후 60년 유대인의 금식절기는 10월 초순에 해당하였습니다. 따라서 유대인의 금식절기가 지난 지 이미 오래 되었다는 것은, 본문의 시점이 이미 가을이 끝나가는 시점이었음을 뜻합니다. 바꾸어 말하면, 벌써 거칠어지기 시작한 지중해의 항해 금지 시점이 코앞에 다가와 있었다는 말입니다.

여러 날이 걸려 금식하는 절기가 이미 지났으므로 항해하기가 위태한지라. 바울이 그들을 권하여 말하되, 여러분이여 내가 보니 이번 항해가 하물과 배만 아니라 우리 생명에도 타격과 많은 손해를 끼치리라 하되 (9–10절).

바울이 그 배에 승선한 사람들에게 항해의 위험성을 경고하였습니다. 그 시점에 만약 다시 항해에 나선다면 하물과 배는 말할 것도 없고, 사람의 생명마저 위태로워질 것이라는 경고였습니다. 우리말 '권하다'는 의미의 헬라어 동사 '파라이네오παραινέω'가 원문에 미완료형으로 기록되어 있습니다. 바울이 몇 번씩이나 그렇게 권하였다는 뜻입니다. 알렉산드리아 배에 승선한 사람들이 배를 출항시키려 하는 것을 안 바울이, 그들을 그렇게 계속하여 만류하였던 것입니다.

백부장이 선장과 선주의 말을 바울의 말보다 더 믿더라(11절).

알렉산드리아 배에는 선장 외에 그 배의 선주도 동승해 있었습니다. 바울을 호송하는 책임자인 백부장 율리오는 바울의 말보다 "선장과 선주의 말"을 더 신뢰하였습니다. '선장과 선주의 말'이 어떤 내용이었는지는 12절이 밝혀 주고 있습니다.

> 그 항구가 겨울을 지내기에 불편하므로 거기서 떠나 아무쪼록 뵈닉스에 가서 겨울을 지내자 하는 자가 더 많으니, 뵈닉스는 그레데 항구라 한쪽은 서남을, 한쪽은 서북을 향하였더라.

선장과 선주의 주장은, 현재 알렉산드리아 배가 기항해 있는 미항은 규모가 작은 항구여서 이듬해 봄이 오기까지 겨울을 지내기에는 적합하지 않다는 것입니다. 따라서 미항보다 규모가 큰 뵈닉스로 가서, 그곳에서 겨울을 지내자는 것이었습니다. 알렉산드리아 배에 승선한 승객 가운데에도 뵈닉스로 가자는 사람들이 더 많았습니다. 백부장 율리오 역시 항해의 위험성을 지적하는 바울의 경고보다, 뵈닉스에서 겨울을 지내자는 선장과 선주의 말을 더 믿었습니다.

알렉산드리아 배는 곡물 수송 선박이라고 했습니다. 그 배에는 지금 이집트의 곡물이 가득 실려 있습니다. 선주에게는 알렉산드리아 배와 그 배에 실린 곡물이 모두, 돈인 셈입니다. 만약 작은 항구 미항에서 겨울을 지내다가 겨울 태풍에 배가 파손되기라도 하면 선주는 배와 곡물을, 다시 말해 막대한 돈을 한꺼번에 날리게 됩니다. 선장도 선주의 입장과 다르지 않았습니다. 당시 대형 선박의 선장은 봉급제가 아니라 할당제로 일하였습니다. 항해를 통해 얻은 총이익을 선주와 일정 비율로 나누어 갖는 식이었습니다. 만약 미항에서 겨울을 지내다가 선주의 배와 곡물을 잃게 되면, 선장 자기 몫의 돈도 날아가 버릴 판이었습니다. 그래서 선장과 선주는 이왕 그레데 섬에서 겨울을 나야 한다면, 서남쪽과 서북쪽으로 두 개의 해안이 바람막이 역할을 해주는 뵈닉스로 가자고 주장하였습니다.

그 배에는 다른 하물주들도 많았습니다. 요즈음 용어로 표현하면, 지중해세계 이곳 저곳을 다니면서 돈을 버는 보따리 장사꾼들이었습니다. 그들의처지도 마찬가지였습니다. 그들에게도 배에 실린 그들의 하물이, 곧 돈이었습니다. 만약 배에 문제가 생겨 하물을 잃는다면, 그들 역시 가만히 앉아서돈을 날릴 것이 뻔했습니다. 그래서 그들도 뵈닉스에 가서 겨울을 지내자는선장과 선주의 말에 동조하였습니다.

알렉산드리아 배의 선장과 선주 그리고 그 배에 승선한 하물주들이 뵈닉스로 가자는 것은, 사람의 생명을 지키거나 존중하기 위함이 아니었습니다.그들이 지키고자 한 것은 오직 그들의 이익, 재산, 돈이었습니다. 돈만 지킬수 있다면, 더 많은 돈을 벌 수만 있다면, 사람의 생명은 아무래도 좋았습니다. 그런 움직임을 파악한 바울이 그들에게, 항해의 위험성을 수차례나되풀이하여 경고하였습니다. 그러나 아무도 바울의 말에 귀 기울이지 않았습니다. 심지어 백부장 율리오도 바울보다 선장과 선주의 말을 더 믿었습니다. 지중해 항해에 관한 한, 선장과 선주가 바울보다 더 전문가라고 판단했기 때문일 것입니다. 그러나 백부장이 모르는 것이 있었습니다. 생명에 관한한은, 바울이 선장과 선주보다 더 전문가라는 사실이었습니다.

본문 13절이 그 이후의 증언을 전해 주고 있습니다.

남풍이 순하게 불매 그들이 뜻을 이룬 줄 알고 닻을 감아 그레데 해안을 끼고 항해하더니.

때마침 거센 풍랑이 잦아들면서 남풍이 부드럽게 불어왔습니다. 백부장과 선주 그리고 선장은 득의만만하게 알렉산드리아 배의 닻을 감아올리고 배를 출항시켰습니다. 그리고 그레데 섬의 해안을 바람막이로 삼아, 미항에서 65킬로미터 떨어진 뵈닉스를 향해 항해하기 시작하였습니다.

얼마 안 되어 섬 가운데로부터 유라굴로라는 광풍이 크게 일어나니(14절).

하지만 순풍은 찰나였습니다. 알렉산드리아 배가 바람막이로 삼았던 그레데 섬 한가운데로부터, 갑자기 "유라굴로라는 광풍이 크게 일어나" 배를 덮쳤습니다. 상상을 초월하는 죽음의 광풍이었습니다.

배가 밀려 바람을 맞추어 갈 수 없어 가는 대로 두고 쫓겨가다가(15절).

유라굴로 광풍이 덮치는 순간부터 알렉산드리아 배는, 통제력을 상실하고 말았습니다.

가우다라는 작은 섬 아래로 지나 간신히 거루를 잡아 끌어 올리고, 줄을 가지고 선체를 둘러 감고, 스르디스에 걸릴까 두려워하여 연장을 내리고 그냥 쫓겨가더니(16-17절).

유라굴로 광풍에 휩쓸린 알렉산드리아 배는, 뵈닉스에서 남서쪽으로 35킬로미터 떨어진 작은 섬 가우다 아래쪽으로 떠밀려 갔습니다. 그 섬이 잠시 바람막이 역할을 해주는 동안, 선원들은 간신히 거룻배를 갑판 위로 끌어올렸습니다. 구명정을 뜻하는 거룻배는, 평상시에는 배 뒷편 고물에 매달아 끌고 다녔습니다. 하지만 선원들은 유라굴로 광풍 속에서 유실되지 않도록 거룻배를 끌어올렸습니다. 거룻배에는 이미 빗물과 바닷물이 가득차 있었으므로, 선원들은 안간힘을 다해 간신히 끌어올렸습니다. 그리고 선체가 광풍에 파손되지 않도록, 밧줄로 선체를 가로 세로로 단단히 조여 매었습니다. 고대 선박에는 무거운 돛대가 설치되어 있었으므로, 태풍 속에서 선체를 밧줄로 조여 매는 것은 필수적인 대응책이었습니다.

그리고 "스르디스에 걸릴까 두려워하여 연장을 내리고 그냥 쫓겨"갔습니다. 지중해 남쪽에는 아프리카 대륙의 리비아 해안이 있는데, 당시 그 바닷속에는 '모래언덕'으로 불리는 '스르디스'가 많았습니다. 어떤 배든 그 바닷속 모래언덕에 걸리면 더 이상 움직일 수 없었습니다. 그레데 섬 미항을 출항한 알렉산드리아 배가 유라굴로 광풍에 남서쪽에 위치한 가우다 섬으로 휩쓸려 갔기에, 선원들은 자칫 배가 남쪽 리비아 해안까지 밀려가 바닷속 모래언덕에 걸릴지도 모른다는 두려움에 사로잡혔습니다. 그러나 고작 돛을 내리고 그냥 휩쓸려 가는 것 이외에는 다른 방도가 없었습니다.

우리가 풍랑으로 심히 애쓰다가 이튿날 사공들이 짐을 바다에 풀어 버리고(18절).

"풍랑으로 심히 애쓰다"는 표현은 '폭풍우로 심히 괴롭힘을 당하다'는 뜻입니다. 하루가 지나 이튿날이 되었지만, 광풍의 위세는 조금도 수그러들지 않았습니다. 선원들은 광풍 속에서 배가 전복하지 않도록 배의 무게를 줄이기 위해, 비상식량을 제외한 하물을 모두 바다에 내버려야만 했습니다. 이집트의 알렉산드리아 항에서 실은 거대한 양의 곡물, 많은 하물주들이 실은 온갖 하물을 모두 바다에 내버렸습니다. 그것은 선주와 선장의 돈, 하물주들의 돈이었습니다. 그들은 그 돈을 지키기 위해, 위험을 무릅 쓰고 뵈닉스로 갈 것을 주장하고 동조했던 사람들이었습니다. 그러나 죽음의 광풍 속에서, 그들이 그토록 지키려 했던 돈은 아무 쓸모가 없었습니다. 오히려 죽음의 광풍 속에서는, 그들의 죽음을 재촉하는 장애물에 지나지 않았습니다. 그들은 자신들의 생명을 지키기 위해 자신들의 재산을, 돈을, 모두 내버리지 않을 수 없었습니다.

사흘째 되는 날에 배의 기구를 그들의 손으로 내버리니라(19절).

사흘째가 되어도 상황은 호전되지 않았습니다. 어쩔 수 없이 선원들은 침구, 의자, 테이블 등 "배의 기구"마저 바닷속으로 내버려야 했습니다. 배에 필수적으로 갖추어져 있어야 할 기구마저 바닷속으로 내버린 것은, 상황이 그 정도로 위급했기 때문입니다. 본문은 선원들이 배의 기구를 "그들의 손으로" 내버렸음을 강조하고 있습니다. 배에 없어서는 안 될 기구마저 자신들의 손으로 바다에 내버려야 하는 선원들의 처절하고도 절박한 심정을, 그런 식으로 표현한 것이었습니다.

여러 날 동안 해도 별도 보이지 아니하고 큰 풍랑이 그대로 있으매, 구원의 여망마저 없어졌더라(20절).

그러고도 여러 날이 지났지만 해도 별도 보이지 않는 칠흑 같은 어둠 속에서, 거대한 풍랑은 쉬지 않고 알렉산드리아 배를 계속 삼키려 하였습니다. 구원의 가능성이라고는, 실낱만큼도 보이지 않는 절망의 나날이었습니다. 그렇지 않겠습니까? 갑작스런 유라굴로 광풍에 통제력을 상실한 알렉산드리아 배가 리비아 해안의 스르디스에 걸릴까 두려웠지만, 고작 돛을 내리고 휩쓸려 가는 외에는 다른 방도가 없었습니다. 이튿날에는 배가 전복하지 않도록, 선주와 선장 그리고 하물주들이 그토록 지키려 했던 그들의 재산─돈을 모두 바닷속에 내버려야 했고, 사흘째 되는 날에는 배의 기구마저 포기해야 했습니다. 하지만 배를 삼키려는 거대한 풍랑의 위세는 조금도 꺾어지지 않는 가운데, 해도 별도 보이지 않는 칠흑 같은 흑암이 며칠이고 계속되었습니다. 그 옛날 나침반 역할을 해주는 해와 별이 여러 날 동안이나 보이지 않았으니, 그들은 거대한 풍랑이 자신들을 어느 방향으로 휩쓸어 가고 있는지조차 가늠할 수 없었습니다. 구원의 희망은커녕, 배에 있는 모든 것을 내버리고서도 오히려 절망적인 죽음과 맞닥뜨리고 말았습니다.

대체 누가 그들을, 그런 절망의 구렁텅이로 밀어 넣었습니까? 그 누구도, 그렇게 하지 않았습니다. 그들 자신이, 그 구렁텅이 속으로 자진하여 들어갔습니다. 이유는, 단 하나였습니다. 그들이 그토록 중요하게 여기던 자신들의 재산, 돈을 지키기 위함이었습니다. 바울이 그들에게 경고한 것은, 돈보다 생명이 더 귀하다는 것이었습니다. 하지만 그들은, 생명보다 돈을 더 소중하게 여겼습니다. 돈이면 생명도 지킬 수 있고, 돈이면 무엇이든 다 할 수 있다고 믿었습니다. 그러나 그들이 지키려 했던 바로 그 돈 때문에, 오히려 그들의 생명이 절망적인 죽음의 구렁텅이에 빠져들고 말았습니다.

어떻습니까? 이들의 모습이 바로 현대인들의 모습, 곧 우리 자신의 모습이지 않습니까? 돈에서 해방되지 않으면, 수단이어야 할 돈을 삶의 목적으로 삼으면, 돈이 도리어 사람을 죽인다는 것은 변함 없는 주님의 말씀입니다. 다음은 디모데전서 6장 10절을 통한 주님의 말씀입니다.

돈을 사랑함이 일만 악의 뿌리가 되나니, 이것을 탐내는 자들은 미혹을
받아 믿음에서 떠나 많은 근심으로써 자기를 찔렀도다.

주님께서는 돈 자체를 악이라고 말씀하신 적이 없습니다. 그러나 주님께서
는 "돈을 사랑함이 일만 악의 뿌리"가 된다고 단언하셨습니다. 돈을 목적으
로 삼는 것이, 모든 악의 근원이라는 것입니다. 누구든 돈을 목적으로 삼으
면 그 순간부터 주님을 등지고, 결과적으로 자신을 찔러 해치기 마련입니다.

왜 제조업자들이 유해식품, 불량상품을 만들어 냅니까? 돈 때문입니다.
왜 건설업자들이 불량시공을 합니까? 돈 때문입니다. 왜 운송업자들이 과
적을 일삼습니까? 돈 때문입니다. 왜 유흥업소가 번창합니까? 돈 때문입니
다. 사행성산업은 왜 근절되지 않습니까? 돈 때문입니다. 반인륜적인 납치,
인신매매가 어떻게 가능할 수 있습니까? 돈 때문입니다. 투기꾼들이 왜 좁
은 국토를 온통 부동산 투기장으로 만들고 있습니까? 돈 때문입니다. 매점
매석, 폭리, 사기, 횡령, 대기업의 부당거래와 횡포 그리고 갑질은 왜 기승
을 부리고 있습니까? 돈 때문입니다. 돈 때문에 저지르는 이런 행위는, 상
대방의 생명을 해치는 것으로 그치지 않습니다. 그것은 결과적으로, 그런
세상 속에서 살아가는 자기 생명마저 스스로 찔러 해치는 자해행위입니다.

작년에 한국을 대표하는 재벌 총수의 장남과 차남이 벌인 재산 다툼으로
온 세상이 떠들썩하였습니다. 어느 한 아들이 돈이 없어 시비를 건 것이 아
니었습니다. 재벌닷컴에 따르면 장남의 재산은 1조 9천억 원, 차남의 재산은
2조 1천억 원이었습니다. 천문학적인 재산입니다. 그러나 그들은, 그 천문학
적인 재산에 만족하지 않았습니다. 그 많은 재산을 갖고서도 아버지의 재산
을 더 많이 차지하기 위해 공개적으로, 그렇게 원수처럼 싸운 것입니다. 그
결과 그들의 아버지를 포함하여 다섯 가족이 한날한시에 법정에 서는, 대한

민국 사법역사상 초유의 일이 벌어지기도 했습니다. 그들은 돈을 지키려다, 어처구니없게도 온 가족의 생명을 서로 찔러 해치고 말았습니다. 그들 역시, 우리 자신의 또 다른 모습인 것은 아닙니까?

이런 관점에서 사람들이 온통 돈을 목적으로 섬기는 이 맘몬의 시대에, 아굴의 기도는 그리스도인으로 살아가는 우리 자신의 실체를 되돌아보게 해줍니다.

> 내가 두 가지 일을 주께 구하였사오니, 내가 죽기 전에 내게 거절하지 마시옵소서. 곧 헛된 것과 거짓말을 내게서 멀리 하옵시며, 나를 가난하게도 마옵시고 부하게도 마옵시고 오직 필요한 양식으로 나를 먹이시옵소서. 혹 내가 배불러서 하나님을 모른다, 여호와가 누구냐 할까 하오며, 혹 내가 가난하여 도둑질하고 내가 하나님의 이름을 욕되게 할까 두려워함이니이다(잠 30:7-9).

우리는 지금, 무엇을 위해 기도하고 있습니까? 뭐라고 기도하든, 결국 핵심은 돈을 위해서가 아닙니까? 우리는 지금, 무엇을 목적으로 삼아 살고 있습니까? 교회에 다니기는 하지만, 사실은 돈 아닙니까? 돈이 삶의 목적이기에, 그리스도인이면서도 거짓마저 서슴지 않고 있지 않습니까? 하지만 그렇게 살다가 어느 날 죽음의 유라굴로 광풍이 불현듯 우리를 덮칠 때, 우리의 돈이 그 죽음의 광풍에서 우리를 건져 줄 수 있겠습니까? 그때 우리의 돈을 모두 내버린다 한들, 그 죽음의 광풍을 비켜갈 수 있겠습니까? 오히려 돈을 목적으로 삼느라 자신과 타인의 생명을 찔러 해치며 살아온 우리 자신의 어리석음을, 이를 갈며 후회하지 않겠습니까? 그때 우리의 모습은, 그토록 지키려 했던 재산을 유라굴로 광풍 속에서 바다에 모두 내버리고도 살 소망마저 끊어진 오늘 본문의 사람들과 아무 차이가 없지 않겠습니까?

돈보다, 생명이 더 중요합니다. 돈은 생명을 위한 수단일 뿐, 어떤 경우에도 돈이 생명의 목적이 될 수는 없습니다. 생명의 목적은, 오직 참생명이어야 합니다. 우리를 대신하여 죽음의 형벌을 받으시려 십자가의 제물로 죽으셨다가, 죽음의 권세를 깨뜨리고 삼 일 만에 다시 살아나신 예수님만 우리 생명의 목적이신 까닭이 바로 여기에 있습니다. 우리 모두 삼 일 만에 다시 살아나신 예수님만, 우리 생명의 목적으로 모시고 살아가십시다. 예수님께서 지중해의 바울처럼 우리를 들어, 돈 때문에 죽어가는 이 시대의 사람들을 살려내실 것입니다. 이 세상을 강타하는 온갖 유라굴로 광풍이 아무리 거세다 한들, 우리가 삼 일 만에 다시 살아나신 예수님만 우리 생명의 목적으로 모시고 살아가는 한, 그 어떤 광풍도 이 세상을 무너뜨릴 수는 없습니다. 이것이, 오늘의 본문을 통한 주님의 약속입니다.

바울은 돈보다 사람의 생명을 더 중하게 여겼기에, 항해의 위험성을 몇 번씩이나 경고하였습니다. 그러나 알렉산드리아 배의 선주와 선장, 그리고 그 배에 승선한 하물주들은 그들의 재산—돈을 더 중하게 여겨 뵈닉스로 가자고 하였습니다. 백부장 율리오는 사람의 생명을 더 중하게 여기는 바울의 말보다, 돈을 더 중하게 여기는 선주와 선장의 말을 더 신뢰하였습니다. 그러나 그들은 그토록 지키려 했던 돈 때문에 죽음의 광풍을 만났고, 모든 돈을 바다에 다 내버리고서도 그 죽음의 광풍에서 벗어나지 못했습니다. 만약 그 배에 사도 바울이 승선해 있지 않았더라면, 그들의 인생은 그렇게 허망하게 끝나고 말았을 것입니다.

오늘 본문을 통해 어리석은 그들이, 바로 우리 자신의 모습임을 깨닫게 해주셔서 감사합니다. 주님이 아니라, 돈을 생명의 목적으로 삼아 왔던 우리의 허물을 용서해 주십시오. 돈을 목적으로 삼느라, 거짓을 거짓으로 여기지도 않았던 우리의 영적 무지를 사하여 주십시오. 이제부터 돈보다 생명이 더 소중함을 깨달아, 오직 삼 일 만에 다시 살아나신 예수님만 우리 삶의 목적으로 모시고 살게 해주십시오. 그리고 아굴의 기도가, 날마다 우리 모두의 기도가 되게 해주십시오.

'내가 두 가지 일을 주께 구하였사오니, 내가 죽기 전에 내게 거절하지 마시옵소서. 곧 헛된 것과 거짓말을 내게서 멀리 하옵시며, 나를 가난하게도 마옵시고 부하게도 마옵시고 오직 필요한 양식으로 나를 먹이시옵소서. 혹 내가 배불러서 하나님을 모른다, 여호와가 누구냐 할까 하오며, 혹 내가 가난하여 도둑질하고 내가 하나님의 이름을 욕되게 할까 두려워함이니이다.' 아멘.

7. 바울이 가운데 서서

사도행전 27장 21–26절
여러 사람이 오래 먹지 못하였으매 **바울이 가운데 서서** 말하되 여러분이여 내
말을 듣고 그레데에서 떠나지 아니하여 이 타격과 손상을 면하였더라면 좋을 뻔
하였느니라 내가 너희를 권하노니 이제는 안심하라 너희 중 아무도 생명에는 아
무런 손상이 없겠고 오직 배뿐이리라 내가 속한 바 곧 내가 섬기는 하나님의 사
자가 어젯밤에 내 곁에 서서 말하되 바울아 두려워하지 말라 네가 가이사 앞에
서야 하겠고 또 하나님께서 너와 함께 항해하는 자를 다 네게 주셨다 하였으니
그러므로 여러분이여 안심하라 나는 내게 말씀하신 그대로 되리라고 하나님을
믿노라 그런즉 우리가 반드시 한 섬에 걸리리라 하더라

백부장과 바울 일행이 무라에서 갈아탄 알렉산드리아 배는 출항하자마자
거센 풍랑을 만났습니다. 얼마나 풍랑이 거셌던지 알렉산드리아 배는 여러
날이 걸려서야 천신만고 끝에, 겨우 이틀 뱃길의 니도 앞바다에 간신히 도
달하였습니다. 그러나 그곳에서부터 바람이 더욱 위세를 부려, 알렉산드라

배는 이탈리아 반도가 있는 서쪽으로는 조금도 나아갈 수 없었습니다. 오히려 알렉산드리아 배는 남쪽으로 100킬로미터 떨어진 그레데 섬으로 밀려나, 그 섬 남쪽 해안의 미항에 간신히 닻을 내렸습니다. 하지만 그때는 시기적으로, 벌써 거칠어지기 시작한 지중해의 항해 금지 시점이 코앞에 다가와 있었습니다. 가이사랴를 출발한 바울 일행이 무라를 거쳐 그레데 섬의 미항으로 밀려오기까지, 연이은 풍랑으로 항해 일정이 계속 지연된 탓이었습니다.

얼마 지나, 사람들이 다시 출항하려는 것을 안 바울이 항해의 위험성을 거듭 경고하였습니다. 그 시점에 다시 항해에 나선다면 하물과 배는 말할 것도 없고, 사람의 생명마저 위태로울 것이라는 경고였습니다. 그러나 선장과 선주를 비롯하여 그 배에 승선한 하주들은 바울의 말에 귀를 기울이려 하지 않았습니다. 그들은 이왕 지중해에서 이듬해 봄이 오기까지 기다려야 한다면, 미항보다 규모가 큰 뵈닉스에서 겨울을 지내는 것이 낫다고 이구동성으로 주장하였습니다. 백부장 율리오 역시 바울의 경고보다 그들의 주장을 더 신뢰하였습니다.

알렉산드리아 배에는 이집트의 곡물을 포함하여 많은 하주들의 하물들이 실려 있었습니다. 그것은 선주와 선장, 그리고 그 배에 승선한 하주들에게는 곧 그들의 돈이었습니다. 만약 작은 미항에서 겨울을 지내다가 겨울 태풍에 배가 파손되기라도 하면, 그들은 가만히 앉아서 자신들의 돈을 날릴 판이었습니다. 그들은 서남쪽과 서북쪽으로 두 개의 해안이 바람막이 역할을 해주는 뵈닉스 항구라야 자신들의 돈을 안전하게 지킬 수 있다고 믿었습니다. 또 그레데 섬 서쪽의 뵈닉스는 미항에서 65킬로미터밖에 떨어져 있지 않으므로, 그 섬의 해안을 바람막이 삼아 항해한다면 무난히 뵈닉스에 이를 수 있다고도 믿었습니다.

때마침 남풍이 순하게 불어왔습니다. 그들은 득의만만하게 자신들의 돈을 지키기 위해 미항에서 출항하였습니다. 모든 것이 순조롭게 보였습니다. 그러나 그것은 착각이었습니다. 얼마 지나지 않아, 순식간에 유라굴로 광풍이 크게 일어났습니다. 일반적으로 폭풍의 진원지는 바다거나 대륙이기 마련입니다. 그러나 알렉산드리아 배를 강타한 유라굴로 광풍의 진원지는, 역설적이게도 그들이 바람막이로 삼았던 그레데 섬 한가운데였습니다. 그레데 섬의 길이는 동서로 255킬로미터에 이르지만, 남북의 폭은 좁은 곳이 10킬로미터이고 넓은 곳이라 해도 50킬로미터밖에 되지 않습니다. 그 정도 크기의 섬 한가운데에서 일어난 바람이라면, 그 바람의 위세가 뭐 그리 대단할 수 있겠습니까? 그러나 알렉산드리아 배를 강타한 유라굴로는, 상상을 초월하는 죽음의 광풍이었습니다.

한순간에 유라굴로 광풍에 휩쓸린 알렉산드리아 배는 통제력을 상실하고 말았습니다. 지중해 남쪽 리비아 해안의 바닷속에는 '모래언덕'으로 불리는 '스르디스'가 많았습니다. 어떤 배든 스르디스에 걸리기만 하면 더 이상 움직일 수 없었습니다. 선원들은 배가 스르디스에 걸릴지도 모른다는 두려움에 사로잡혔지만, 고작 돛을 내리고 속수무책으로 광풍에 휩쓸려 가는 것 이외에는 다른 방도가 없었습니다.

이튿날이 되자, 광풍은 더욱 위세를 떨쳤습니다. 선원들은 광풍 속에서 배가 전복하지 않도록 배의 무게를 줄이기 위해, 어쩔 수 없이 비상식량을 제외한 하물을 모두 바다에 내버렸습니다. 그것은 선주와 선장 그리고 하주들의 돈이었습니다. 그들은 그 돈을 지키기 위해, 위험을 무릅쓰고 뵈닉스 항해에 나선 사람들이었습니다. 그러나 눈앞에 닥친 죽음 앞에서 그들의 돈은 무거운 짐일 뿐이었습니다. 그들은 죽음의 광풍 속에서 살아남기 위해, 그동안 그토록 지키려 했던 그들의 돈을 모두 내버려야 했습니다. 사흘째가 되어도, 광풍의 위세는 조금도 꺾어지지 않았습니다. 선원들은 마지막으로 침구, 의자, 테이블 등을 포함하여, 배에 필수적으로 갖추어져 있어야 할 기구마저 모두 바닷속에 내던졌습니다.

그렇지만 상황이 호전될 기미는 전혀 보이지 않았습니다. 해도 별도 보이지 않는 칠흑 같은 어둠 속에서, 거대한 풍랑은 쉬지 않고 알렉산드리아 배를 삼키려 하였습니다. 그 옛날 나침반 역할을 해주던 해와 별이 며칠 동안이나 보이지 않았으니, 알렉산드리아 배에 승선한 사람들은 거대한 풍랑이 자신들을 어느 방향으로 휩쓸어 가고 있는지조차 가늠할 수 없었습니다. 그들은 배에 실린 자신들의 재산, 즉 자신들의 돈을 포함하여 버릴 수 있는 모든 것을 다 버렸지만, 그 어디에서도 구원의 희망을 찾아볼 수는 없었습니다. 그 순간의 상황을 20절이 다음과 같이 밝혀 주었습니다.

> 여러 날 동안 해도 별도 보이지 아니하고 큰 풍랑이 그대로 있으매, 구원의 여망마저 없어졌더라.

"여망"은 '남을 여餘'에 '바랄 망望', '남은 희망'이라는 의미입니다. 그들이 그토록 지키려 했던 그들의 돈을, 어떻게 바닷속에 몽땅 내버릴 수 있었겠습니까? 배에 필수적으로 갖추어져 있어야 할 기구마저, 왜 미련없이 바닷속에 모두 내던졌겠습니까? 그렇게 하면 살 수 있으리라는, 실낱 같은 희망이 그들에게 남아 있었기 때문입니다. 그러나 그들이 그 모든 것을 남김 없이 포기했지만, 해도 별도 보이지 않는 칠흑 같은 어둠의 나날만 계속될 뿐, 죽음의 풍랑은 조금도 잦아들지 않았습니다. 잦아들 조짐조차 보이지 않았습니다. 실낱 같은 마지막 희망마저 사그라질 수밖에 없었습니다.

죽음의 풍랑에 휩쓸린 사람들에게 가장 큰 위기는, 죽음의 풍랑 그 자체가 아니었습니다. 그들에게 가장 큰 위기는, 마지막 희망의 끈마저 스스로 놓아버린 절망이었습니다. 아무도 그들을 절망의 나락으로 밀어넣지 않았습니다. 그것은 자승자박이었습니다. 생명의 소중함을 일깨워 주던 바울의 경고를 묵살하고 돈을 지키려던 그들은 돈만 날린 것이 아니라, 그들의 전 존재가 죽음의 절망에 삼킴을 당하고 말았습니다. 그래서 그것으로, 모든 것이 끝나 버렸습니까?

만약 바울이 없었더라면, 알렉산드리아 배와 그 배에 승선한 사람들의 운명은 그것으로 끝나 버리고 말았을 것입니다. 그러나 그 배에는 바울도 있었습니다. 바울이 그 배에 승선해 있는 한, 알렉산드리아 배와 그 배에 승선한 사람들의 최후는 결코 그렇게 끝나 버릴 수는 없었습니다.
본문 21절의 증언입니다.

여러 사람이 오래 먹지 못하였으매 바울이 가운데 서서 말하되, 여러분이여 내 말을 듣고 그레데에서 떠나지 아니하여 이 타격과 손상을 면하였더라면 좋을 뻔하였느니라.

유라굴로 광풍이 몰아닥친 이래 며칠이 지나도록, 알렉산드리아 배에 승선한 사람들은 아무것도 먹지 못했습니다. 그 죽음의 광풍 속에서 무엇을 먹을 겨를이나 여유가 있었을 턱이 없습니다. 죽음의 광풍에 휩쓸려 오랫동안 먹지도 못하다가 급기야 마지막 희망의 끈마저 놓아버린 채 절망의 나락에 떨어진, 넋나간 그들의 모습이 눈에 선하지 않습니까? 바로 그때 바울이 그들에게 말했습니다. 자신의 말을 듣고 미항에서 출항하지 않았더라면, 이런 엄청난 타격과 손상을 면하지 않았겠느냐는 것이었습니다. 죽음의 절망에 빠진 사람들에게, 왜 진작 자신의 경고를 듣지 않았느냐고 비난하거나 탓하기 위해 한 말이 아니었습니다. 그것은 생명의 소중함을 다시 일깨워 주기 위한 말이었습니다. 죽음 앞에서는 돈이 아무 쓸모도 없음을 절감한 그들에게, 그들이 버린 돈보다 아직 남아 있는 생명이 더 소중함을 바울이 일깨워 주려 한 것이었습니다.

> 내가 너희를 권하노니 이제는 안심하라. 너희 중 아무도 생명에는 아무런 손상이 없겠고 오직 배뿐이리라(22절).

우리말 "안심하라"로 번역된 헬라어 동사 '유뒤메오εὐθυμέω'는 '기뻐하다'는 의미입니다. 마지막 희망의 끈마저 놓아 버리고 죽음의 절망에 삼킴을 당한 사람들에게, 바울이 오히려 '기뻐하라'고 선포한 것입니다. 까닭인즉, 비록 돈은 날렸을망정 사람들의 생명에는 아무 손상도 없을 것이기 때문이라고 했습니다. 그것은 절망의 나락으로 떨어진 그들을 위로하기 위한 바울의 허풍이거나 립서비스가 아니었습니다.

> 내가 속한 바 곧 내가 섬기는 하나님의 사자가 어젯밤에 내 곁에 서서 말하되, 바울아 두려워하지 말라. 네가 가이사 앞에 서야 하겠고, 또 하나님께서 너와 함께 항해하는 자를 다 네게 주셨다 하였으니, 그러므로 여러분이여 안심하라. 나는 내게 말씀하신 그대로 되리라고 하나님을 믿노라. 그런즉 우리가 반드시 한 섬에 걸리리라 하더라(23-26절).

바울이 절망의 나락에 떨어진 사람들에게 도리어 '기뻐하라'고 선포한 근거는 하나님, 곧 하나님의 말씀이었습니다. 바울은 로마 관광을 위해 알렉산드리아 배에 승선한 것이 아니었습니다. 바울이 지금 알렉산드리아 배에 있는 것은, 베스도 총독의 법정에서 로마 시민의 자격으로 황제에게 상소했기 때문입니다. 바울이 황제에게 상소한 것은 제국의 심장 로마에서, 특히 황제의 법정에서, 복음을 증언하기 위함이었습니다. 그것은 바울 개인의 계획이 아니라, 하나님의 계획이었습니다.

바울이 위대한 사도라고 해서 유라굴로 광풍이 바울만은 비켜간 것이 아니었습니다. 바울 역시 알렉산드리아 배에 승선한 다른 사람들과 똑같이 유라굴로 광풍에 휩쓸렸습니다. 통제력을 상실한 배 위에서 바울도 중심을 잡지 못해 여러 차례나 나뒹굴었을 것이고, 무엇 하나 먹을 겨를이나 여유도 없었을 것입니다. 그렇지만 바울은 다른 사람들처럼 절망에 삼킴을 당하기는커녕, 사람들에게 '기뻐하라'고 소망의 메시지를 선포하였습니다. 그 죽음의 광풍 속에서도, 하나님께서 당신의 말씀으로 바울과 함께해 주신 덕분이었습니다. 유라굴로 광풍이 아무리 죽음의 광풍이라 해도, 바울이 하나님의 섭리 속에서 반드시 황제의 법정에 서게 될 것임을 당신의 말씀으로 재확인시켜 주신 것이었습니다.

하나님께서 이번에만 그렇게 하신 것이 아니었습니다. 세 차례에 걸친 지중해 세계 전도 여행을 끝낸 바울은, 그의 생애 마지막으로 예루살렘을 찾았습니다. 그러나 바울을 죽이려는 유대인들의 소동으로, 바울은 로마군 요새의 감옥에 투옥당하고 말았습니다. 그때에도 주님께서 당신의 말씀으로 옥중의 바울과 함께해 주셨습니다.

그날 밤에 주께서 바울 곁에 서서 이르시되 담대하라. 네가 예루살렘에서 나의 일을 증언한 것 같이 로마에서도 증언하여야 하리라 하시니라 (행 23:11).

바울이 제국의 심장 로마에서도 주님의 증인이 되어야 한다면, 로마제국의 변방에 불과한 예루살렘의 감옥이 어찌 바울에게 걸림돌이 될 수 있겠습니까? 바울이 황제의 법정에 서는 것이 하나님의 뜻이라면, 유라굴로 광풍이 아무리 죽음의 광풍이라 해도 어떻게 황제의 법정으로 향하는 바울의 앞길을 가로막을 수 있겠습니까? 하나님께서 바울을 황제의 법정에 세우시려 죽음의 광풍에서 구해 주신다면, 하나님의 구원 속에는 바울과 함께 알렉산드리아 배에 승선해 있는 275명도 당연히 포함되지 않겠습니까? 바울은 그 사실을 알기에, 마지막 희망의 끈마저 놓아버린 채 절망의 나락에 떨어진 사람들에게 '기뻐하라'고 선포할 수 있었습니다.

오늘의 본문 중에서 우리가 특별히 주목해야 할 내용이 있습니다. 21절 상반절의 증언입니다.

여러 사람이 오래 먹지 못하였으매, 바울이 가운데 서서 말하되.

바울은 죽음의 풍랑에 휩쓸린 알렉산드리아 배의 갑판에 주저앉거나, 난간에 기대어 말한 것이 아니었습니다. 바울은 마지막 희망의 끈마저 놓아버리고 절망에 삼킴 당한 사람들 "가운데 서서" 말하였습니다. '서서' 말하기 위해서는 먼저 일어나야 합니다. 우리는 이 장면을 생생하게 그려볼 수 있습니다. 알렉산드리아 배에 승선한 사람들은 마지막 희망의 끈마저 놓아버린 채, 모두 절망의 나락 속에 떨어져 있습니다. 그 사람들 한가운데에서 바울은 일어났습니다. 절망의 나락 속에 떨어져 있는 275명의 사람들, 그들과는 정반대로 그들 한가운데에서 일어나는 단 한 사람—바울, 얼마나 대조적인 광경입니까? 바울의 그와 같은 모습은 우리로 하여금 예수님을 연상하게 해줍니다.

인간의 죗값을 대신 치르시기 위해 십자가의 제물로 죽임 당하신 예수님께서는, 삼 일 만에 죽음의 권세를 깨뜨리고 다시 살아나셨습니다. 부활하신 것입니다. 우리말 '부활'을 뜻하는 헬라어 명사는 '아나스타시스ἀνάστασις'입니다. 그러나 2천 년 전 사도들은 복음을 전하면서, 예수님께서 부활하셨다고 증언하지 않았습니다. 당시 헬라어를 사용하던 사람들의 '부활'이란 단어에 대한 인식 때문이라고 했습니다. 당시 사람들은 두 경우에 '부활'이란 단어를 언급하였습니다. '부활'은 없다는 식으로 부활을 부정하는 경우이거나, '부활'은 전설 혹은 신화 속의 이야기일 뿐임을 나타내기 위한 경우였습니다. 만약 사도들이 예수님의 '부활'을 '부활'이라는 단어로 증언하였다면, 당시 사람들은 예수님의 '부활'을 꾸며낸 거짓말이거나, 현실과는 동떨어진 전설 혹은 신화로 받아들일 것이 뻔했습니다.

그래서 사도들은 '부활'이라는 단어 대신에, '예수님께서 죽은 자 가운데서 살아나셨다'고 증언하였습니다. 우리말 '살아나다'로 번역된 헬라어 동사 '에게이로ἐγείρω'는 '일어나다'는 의미입니다. 따라서 한글 성경에 '예수님께서 죽은 자 가운데서 살아나셨다'고 번역된 헬라어 원문을 정확하게 옮기면, '예수님께서 시체, 즉 죽음 한가운데에서 일어나셨다'는 말입니다. 올해 우리 교회의 표어가 '삼 일 만에 살아나리라' 아닙니까? 여기에서 우리말 '살아나리라'로 번역된 헬라어 동사 '아니스테미ἀνίστημι' 역시 '일어나다'는 의미입니다. 사도들이 예수님의 부활을 이처럼 '시체, 즉 죽음 한가운데에서 일어나신' 것으로 증언한 것은, 예수님의 부활이 꾸며낸 거짓말이거나 허황한 전설이 아니라, 현실 속에서 실제로 일어난 역사적 사실임을 강조하기 위함이었습니다.

모든 인간은 코끝에서 호흡이 멎음과 동시에 죽음의 한가운데로 떨어져 시체가 되고 맙니다. 그러나 인간의 죗값을 대신 치르시기 위해 죽임 당하신 예수님께서는 삼 일 만에 죽음의 권세를 깨뜨리고 시체들 속에서, 죽음 한가운데에서, 다시 일어나셨습니다. 왜 예수님께서 우리의 구원자가 되십니까? 예수님만 우리의 죗값을 대신 치러 주셨을 뿐 아니라 시체들 속에서, 죽음 한가운데에서, 영원히 일어나셨기 때문입니다. 그 예수님, 코끝에서 호흡이 멎은 우리의 육체가 시체가 되어 죽음 한가운데로 떨어지는 순간, 그 죽음의 한가운데에서 우리를 영원히 일으켜 주실 수 있습니다.

알렉산드리아 배에 승선한 사람들은 마지막 희망의 끈마저 놓아버린 채, 모두 절망의 나락 속으로 떨어져 버렸습니다. 하지만 그 절망의 한가운데에서 일어나는 한 사람이 있었습니다. 사도 바울이었습니다. 유라굴로 광풍이 바울만은 비켜갔기 때문이 아니었습니다. 바울 역시 다른 사람들과 똑같이, 여러 날 동안 유라굴로 광풍에 시달렸습니다. 이미 인생 말년에 접어든 나이에 지병까지 지닌 바울은, 육체적으로 누구보다도 심하게 시달렸을 것이 분명합니다. 그 바울이 어떻게 모든 사람이 절망의 나락으로 떨어지는 그 순간에, 절망의 한가운데에서 홀로 일어날 수 있었겠습니까? 죽음 한가운에서 일어나신 예수님께서, 알렉산드리아 배에 승선한 사람들이 직면한 절망의 한가운데에서 바울을 친히 일으켜 세워 주셨기 때문입니다.

바울의 일어섬은, 바울 한 사람만의 일어섬을 의미하지 않았습니다. 절망의 한가운데에서 바울 한 사람이 일어섬으로, 이미 절망의 나락에 떨어진 275명에게도 꺼져 버린 희망의 불씨가 되살아나게 되었습니다. 바울 한 사람이 일어난 덕분에, 절망에 삼킴 당한 사람들 역시 절망의 한가운데에서 일어날 소망을 지니게 된 것입니다. 그래서 바울은 그들에게 '기뻐하라'고 선포하였습니다. 마지막 희망의 끈마저 스스로 놓아버린 사람들이, 절망의 한

가운데서 일어나는 소망을 얻는 것보다 더 기쁜 일이 어디에 있겠습니까?

바울 한 사람의 일어섬으로, 알렉산드리아 배에 승선하고 있던 275명 전원이 죽음의 광풍에서 살아났음을 우리는 잘 알고 있습니다. 그러나 만약 알렉산드리아 배에 승선한 사람들이 끝내 유라굴로 광풍에서 벗어나지 못했다면, 바울 역시 그 배에 승선한 275명과 함께 유라굴로 광풍 속에서 인생 최후를 맞아야 했다면, 그때 바울은 어떻게 했겠습니까? 바울도 다른 사람들처럼 마지막 희망의 끈마저 놓아버린 채, 코끝에서 호흡이 멎기도 전에 먼저 절망에 삼킴부터 당했겠습니까? 비록 그의 육체가 죽음 한가운데로 떨어지는 마지막 순간일지라도, 그의 심령은 시체들 속에서, 죽음 한가운데에서, 다시 일어났을 것입니다. 죽음 한가운데로 떨어지는 바울을, 죽음 한가운데에서 일어나신 예수님께서 영원토록 일으켜 주셨기 때문일 것임은 두말할 나위가 없습니다. 그래서 바울은 예수님을 위해 참수형을 기꺼이 감수하는 것으로 그의 인생을 마감할 수 있었습니다.

그 예수님께서, 바로 우리의 주님이심을 믿으십니까? 그 예수님을 믿는 사람에게는, 절망이 있을 수 없습니다. 그 예수님을 믿는 사람은, 모든 사람이 마지막 희망의 끈마저 놓아버린 절망의 한가운데에서 도리어 일어나는 사람입니다. 자기 한 사람이 일어섬으로, 절망에 삼킴 당한 많은 사람들에게 소망의 빛을 비추어 주는 사람입니다.

주님께서는 오늘도, 올해 우리 교회 표어를 통해 우리에게 약속하고 계십니다. "그들은 능욕하며 침 뱉으며 채찍질하고 죽일 것이나, 그는 삼 일 만에 살아나리라"(막 10:34). 우리의 육체가 죽음 한가운데로 떨어질 때, 삼 일 만에 죽음 한가운데에서 다시 일어나신 예수님께서 우리를 영원히 일으켜 세워 주실 것입니다. 시체들 속에서, 죽음 한가운데에서, 우리를 영원토록 일으켜 세워 주실 예수님께서 우리의 주님이신데, 이 세상 그 어떤 유라굴로 광풍이 우리를 절망시킬 수 있겠습니까? 유라굴로 광풍 속에서 모든 사람이 절망의 나락으로 떨어진다 해도, 우리는 도리어 절망의 한가운데에서 주님의 손을 붙잡고 일어설 수 있습니다.

우리의 일어섬은, 우리의 일어섬만으로 그치지 않습니다. 우리가 일어서는 순간부터, 우리의 가정도 일어서기 시작할 것입니다. 우리가 일어서는 순간부터, 우리의 일터도 일어서기 시작할 것입니다. 우리가 일어서는 순간부터, 우리 사회도 일어서기 시작할 것입니다. 그래서 우리를 강타한 유라굴로 광풍이 아무리 거세다 한들, 우리는 오히려 주님 안에서 기뻐할 수 있습니다. 유라굴로 광풍의 밤이 깊으면 깊을수록, 주님의 손 붙잡고 일어서는 소망의 아침이 더 빨리 동틀 것이기 때문입니다.

죽음의 권세를 깨뜨리고 시체들 속에서, 죽음 한가운데에서, 영원히 일어나신 예수님께서 우리의 주님이심을 감사합니다. 지난 세월 동안 내가 의식하지 못하는 중에도, 주님께서 절망의 나락에서 수도 없이 나를 일으켜 세워 주신 것을 감사합니다. 그리고 부족한 나를 여전히 믿으시고, 주님께서 구원하시려는 사람들을 승선시킨 알렉산드리아 배를 내게 맡겨 주셔서 감사합니다.

유라굴로 광풍이 아무리 거세어도, 절망의 한가운데에서 주님의 손을 붙잡고 일어서는 바울이 되게 해주십시오. 우리가 일어섬으로, 우리 가정이 일어서게 해주십시오. 우리가 일어섬으로, 우리의 일터가 일어서게 해주십시오. 우리가 일어섬으로, 우리 사회가 일어서게 해주십시오. 유라굴로 광풍 속에서도 오히려 기뻐하는 우리로 인해, 마지막 희망의 끈마저 놓아버린 죽음과 절망의 알렉산드리아 배가, 생명과 소망의 배로 승화되게 해주십시오.

코끝에 호흡이 멎은 우리의 육체가 시체로 죽음 한가운데로 떨어져 내릴 때, 도리어 죽음 한가운데에서 우리를 영원히 일으켜 세워 주실 예수님의 이름으로 기도드립니다. 아멘.

8. 내가 속한 바

사도행전 27장 21-26절

여러 사람이 오래 먹지 못하였으매 바울이 가운데 서서 말하되 여러분이여 내
말을 듣고 그레데에서 떠나지 아니하여 이 타격과 손상을 면하였더라면 좋을 뻔
하였느니라 내가 너희를 권하노니 이제는 안심하라 너희 중 아무도 생명에는 아
무런 손상이 없겠고 오직 배뿐이리라 **내가 속한 바** 곧 내가 섬기는 하나님의 사
자가 어젯밤에 내 곁에 서서 말하되 바울아 두려워하지 말라 네가 가이사 앞에
서야 하겠고 또 하나님께서 너와 함께 항해하는 자를 다 네게 주셨다 하였으니
그러므로 여러분이여 안심하라 나는 내게 말씀하신 그대로 되리라고 하나님을
믿노라 그런즉 우리가 반드시 한 섬에 걸리리라 하더라

알렉산드리아 배에 승선한 사람들이 항해의 위험성을 경고하는 바울의 말
을 묵살하고 미항을 출항한 것은, 그 배에 실린 자신들의 재산, 즉 돈을 지
키기 위함이었습니다. 지중해가 잠잠해지는 이듬해 봄이 오기까지 이왕 지
중해에서 겨울을 지내야 한다면, 미항보다 규모가 큰 뵈닉스 항구라야 자신

들의 돈을 확실하게 지킬 수 있다고 판단한 것입니다. 그러나 그들은 가장 중요한 사실을 모르고 있었습니다.

누가복음 12장은 예수님의 '한 부자 비유'를 소개하고 있습니다. 한 부자가 있었습니다. 이미 많은 재산을 소유하고 있는데도, 또다시 풍성한 수확을 거두었습니다. 곳간에는 더 이상 쌓아 둘 빈자리가 없었습니다. 부자는 현재의 곳간을 헐고 더 큰 곳간을 짓기로 하였습니다. 그리고 재산을 산처럼 쌓아 두었으니, 이제부터 편안하게 쉬면서 먹고 마시며 인생을 즐기리라 다짐했습니다. 돈만 있으면 마음먹은 대로 인생을 천년만년 안락하게 즐길 수 있으리라 믿은 것입니다. 그러나 예수님께서는 그 부자를 가리켜 이렇게 말씀하셨습니다.

> 하나님은 이르시되, 어리석은 자여 오늘 밤에 네 영혼을 도로 찾으리니, 그러면 네 준비한 것이 누구의 것이 되겠느냐 하셨으니, 자기를 위하여 재물을 쌓아 두고 하나님께 대하여 부요하지 못한 자가 이와 같으니라 (눅 12:20-21).

그 부자가 이 세상을 몽땅 살 수 있을 만큼 부요하다 해도, 하나님께서 오늘밤 그의 생명을 거두어 버리신다면, 태산처럼 쌓아 둔 그의 재산은 그와 아무 상관이 없어져 버립니다. 죽음과 동시에 하나님의 법정에 서야 하는 인간에게, 삶의 목적으로 삼았던 부요함은 오히려 무거운 짐일 따름입니다. 죽음에 직면하고서야 그 사실을 확인한 부자가 그제야 땅을 치며 후회한다 한들, 하나님께서 거두시는 생명을 인간이 되물릴 재간이 있겠습니까? 세상의 부요함만을 삶의 목적으로 살아갈 뿐, 생명의 근원이신 하나님에 대해 부요하려 하지 않는 인간의 결국은, 누구든 예외 없이 이와 같을 수밖에 없습니다.

알렉산드리아 배에 승선한 사람들도 마찬가지였습니다. 그들이 항해의 위험성을 경고하는 바울의 말을 묵살하고 뵈닉스 항해를 강행한 것은, 부자가 현재의 곳간을 헐고 더 큰 곳간을 지으려는 것과 같았습니다. 부자는 더 큰 곳간을 지어 더 많은 재산을 쌓아 두면, 마음먹은 대로 인생을 천년만년 안락하게 즐길수 있으리라 믿었습니다. 하지만 그는 그날 밤에 하나님께서 자신의 생명을 거두실 것이라는, 가장 결정적인 사실에 대해서는 무지하였습니다. 알렉산드리아 배에 승선한 사람들도 작은 항구 미항을 떠나, 서북쪽과 서남쪽으로 두 개의 해안이 바람막이 역할을 해주는 큰 항구 뵈닉스로 가기만 하면, 이듬해 봄이 오기까지 배에 실린 자신들의 재산을 무난히 지킬 수 있을 것이요, 마침내 이탈리아 반도에 도착하면 더 큰 돈을 벌어 더 부요한 삶을 살 수 있을 것으로 믿었습니다. 그러나 바로 그 순간, 유라굴로 광풍이 그들의 목전에서 그들을 노리고 있다는 사실을 그들은 전혀 알지 못했습니다.

유라굴로 광풍은, 그들이 지금까지 한 번도 경험해 보지 못한 죽음의 광풍이었습니다. 그 죽음의 광풍 앞에서는, 자신들이 지닌 그 무엇도 아무 쓸모가 없었습니다. 그들은 그토록 지키려 했던 자신들의 재산을 포함하여 버릴 수 있는 것을 바닷속에 모두 내버렸지만, 죽음의 풍랑은 조금도 수그러들지 않았습니다. 오히려 해도 별도 보이지 않는 칠흑 같은 어둠의 나날만 계속되자, 마침내 그들의 심중에서 구원의 여망마저 사라지고 말았습니다. 실낱 같은 마지막 희망의 끈마저 스스로 놓아버린 그들이 모두, 깊은 절망의 나락으로 떨어져버린 것이었습니다.

바로 그때, 그들 가운데에서 일어서는 한 사람이 있었습니다. 모든 사람들이 절망의 나락 속으로 떨어져 내린 그 순간, 그 절망의 한가운데에서 일어서는 한 사람이었습니다. 지난 시간에 확인한 것처럼, 사도 바울이었습니다. 그는 절망의 나락 속에 떨어져 있는 사람들에게 '안심하라'고 선포하였습니다. '안심하라'로 번역된 헬라어 동사 '유뒤메오'는 본래 '기뻐하다'는 의미라고 했습니다. 마지막 희망의 끈마저 스스로 놓아버린 채 절망의 나락 속으로 떨어져버린 사람들에게 바울이 기뻐하라고 선포할 수 있었던 것은, 바로 하나님의 말씀 덕분이었습니다. 바울이 위대한 사도라고 해서 죽음의 풍랑이 바울만은 비켜간 것이 아니었습니다. 바울 역시 다른 사람들과 똑같이 죽음의 풍랑에 휩쓸리며 시달렸습니다. 그러나 그 죽음의 풍랑 속에서도, 하나님께서 바울에게만은 당신의 사자를 통해 당신의 말씀으로 함께 해 주셨습니다.

> 바울아 두려워하지 말라. 네가 가이사 앞에 서야 하겠고, 또 하나님께서 너와 함께 항해하는 자를 다 네게 주셨다 하였으니(24절).

바울은 하나님의 섭리에 따라 제국의 심장 로마에서, 특히 황제의 법정에서 복음을 증언하기 위해 지금 알렉산드리아 배에 타고 있습니다. 아무리 죽음의 풍랑이 거세게 몰아친다 해도, 하나님께서는 당신의 섭리를 위해 반드시 바울을 구해 주실 것이었습니다. 하나님께서 바울을 구하시려 죽음의 광풍 속에서 알렉산드리아 배를 어느 섬이나 뭍에 닿게 하신다면, 그 배에 타고 있는 나머지 275명도 바울과 함께 죽음의 풍랑에서 벗어나게 될 것이었습니다. 그래서 바울은 죽음의 절망에 삼킴 당한 사람들에게 기뻐하라고 선포하였습니다.

이 시간에 우리가 주목할 것은 바울이 절망에 빠진 사람들에게 자신이 들은 하나님의 말씀을 전하면서, 하나님을 소개한 내용입니다.

> 내가 속한 바 곧 내가 섬기는 하나님의 사자가 어젯밤에 내 곁에 서서 말
> 하되(23절).

바울은 하나님을, '내가 속한 하나님'이라고 증언하였습니다. 이것은 먼저는, 문자 그대로 하나님에 대한 바울의 고백입니다. 바울에게 하나님은 아득하게 멀리 계시는, 누군가의 하나님이 아니었습니다. 바울에게 하나님은, '내가 속해 있는 나의 하나님'이셨습니다. '내가 속해 있는 나의 하나님'은 천지를 창조하신 하나님이시요, 당신의 독생자를 십자가의 제물 삼아 나의 죄를 용서해 주신 하나님이셨습니다. 그뿐 아니라 나의 코끝에서 호흡이 멎는 순간, 죽음 한가운데에서 나를 영원히 일으켜 세워 주실 하나님이셨습니다. 그 하나님께서 바울에게 '내가 속한 나의 하나님'이신 한, 그 어떤 죽음의 광풍도 하나님을 좇는 바울을 주저앉힐 수는 없었습니다.

'내가 속한 하나님'이라는 바울의 증언에는 또 하나의 의미가 담겨 있었습니다. 곧 바울 자신의 소속, 정체성을 천명하는 선언의 의미였습니다. '내가 속한 하나님', 그 고백은 '나는 하나님께 속한 사람'이라는 바울의 자기 선언이었습니다. 그와 동시에, 지금 마지막 희망의 끈마저 스스로 놓아 버리고 절망의 나락 속에 떨어져 있는 사람들, '당신들은 모두 세상에 속한 사람들이다'는 지적이었습니다. 나아가 최종적으로는, 그러므로 당신들도 모두 하나님께 속한 사람들이 되어야 한다는 권면이었습니다.

지금 절망의 나락 속에 떨어져 있는 사람들이 바울의 경고를 묵살하고 굳이 뵈닉스 항해에 나섰던 것은, 배에 실린 자신들의 재산—돈을 지키기 위함이었다고 했습니다. 그들은 모두 세상의 부요함을 삶의 목적으로 삼은,

세상에 속한 사람들이었습니다. 반면에 바울은 미결수 신분으로 알렉산드리아 배를 탔습니다. 황제에게 상소한 미결수로 백부장 율리오와 그 휘하 부하들에 의해 호송되는 바울에게, 선주나 하주들처럼 배에 별도로 실은 재산이 있을 리 만무하였습니다. 바울이 지닌 것이라고는, 배에 승선해 있는 자신의 몸 하나밖에 없었습니다. 한마디로 말해 바울은 세상에서 모든 것이 핍절하기만 한 사람이었습니다.

그러나 죽음의 광풍 앞에서 세상에서 부요한, 세상에 속한 사람들은 아무 힘도 쓰지 못했습니다. 그들의 부요함이 그들에게 도움이 되기는커녕, 모두 바다에 내버리지 않으면 안 될 무거운 짐일 뿐이었습니다. 결과적으로 그들은 그동안 삶의 목적으로 추구해 왔던 세상의 부요함 때문에, 죽음의 광풍 앞에서 모두 절망의 나락으로 떨어지고 말았습니다. 그 절망의 한가운데에서 일어난 사람은 역설적이게도, 세상에서 모든 것이 핍절하기만 한 바울이었습니다. 그는 하나님께 속한 사람이었습니다. 하나님을 '내가 속해 있는 나의 하나님'으로 모신 바울, '나는 하나님께 속한 사람'이라고 자신의 소속과 정체성을 선언한 바울, 그 바울은 하나님에 대해 부요한 사람이었습니다. 모든 사람들을 절망의 나락으로 떨어뜨린 죽음의 광풍 앞에서, 하나님에 대해 부요한 바울 한 사람만 일어설 수 있었습니다. 하나님에 대해 부요한 바울 한 사람이 일어섬으로, 나머지 275명도 비로소 절망을 딛고 일어설 수 있었습니다.

요즈음 매스컴은 장관 후보자들과, 그들에 대한 청문회 기사를 연일 보도하고 있습니다. 보도 내용을 접할 때마다 실소를 터뜨리게 됩니다. 청문회장에서 여야 의원들이 장관 후보자들에게 던지는 질문 내용, 그리고 후보자들에 대한 여야 의원들의 발언이나 성명 내용이 어떻습니까? 집권 여

당인 민주당 의원들은, 그 정도면 훌륭한 장관감이라며 후보자들을 옹호하고 있습니다. 그런데 그들의 발언 내용이, 불과 몇 년 전 박근혜 정부 초기에 장관 후보자들을 옹호하던 새누리당 의원들의 발언과 판박이 내용이 않습니까? 새누리당의 후신인 현 자유한국당과 바른정당 의원들은 혹평으로 후보자들을 몰아세우고 있습니다. 그 내용 역시, 예전에 장관 후보자들을 거세게 몰아붙이던 민주당 의원들의 발언 내용과 똑같지 않습니까? 민주당 의원들은 그토록 비판하던 옛 새누리당 의원들의 발언을 그대로 답습하고 있고, 옛 새누리당 의원들은 아무렇지도 않게 민주당 의원들의 발언을 녹음기처럼 되풀이하고 있습니다.

이렇게 우스꽝스러운 장면이 국회에서 연출되고 있는 까닭은, 의원들이 속해 있는 정당의 입지와 처지가 달라졌기 때문입니다. 여당이던 새누리당이 두 개의 야당이 되고, 야당이던 민주당이 여당이 된 것입니다. 여야 위치가 뒤바뀐 것이, 오래된 것도 아닙니다. 이제 겨우 한 달 열흘밖에 되지 않습니다. 그런데도 민주당 의원들은 태연하게 옛 새누리당 의원들처럼 발언하고, 새누리당에 속했던 의원들은 옛 민주당 의원들처럼 말하고 있습니다. 언젠가 여야 간에 정권교체가 다시 이루어진다면, 그때에는 국회에서 지금과는 정반대로 연출되는 코미디를 우리는 또다시 보게 될 것입니다. 이것은 정당에 속한 정치인에게만 국한된 이야기가 아닙니다.

사람들은 이 세상 어디엔가 속해 있기 마련입니다. 하지만 이 세상의 어떤 집단도 절대적이거나 영원할 수 없습니다. 세상의 집단은, 세상의 상황과 여건과 시대에 따라 추구하는 가치와 목표가 달라질 수밖에 없습니다. 세상이 늘 가변적일뿐 아니라, 세상의 집단을 구성하고 있는 인간 자체가 불완전한 존재인 까닭입니다. 그래서 사람들은 오늘 아무렇지도 않게 어제와 다른 말을 하고, 내일이면 오늘과 또 다른 말을 하면서도, 자기 자신에 대해 조금도 이상하게 생각하지 않습니다. 그런 사람들이 모인 집단이 어떻게 완전할 수 있겠습니까? 또 세상의 집단이 추구하는 목표는 아무리 미사여구로 포장해도, 결국은 세상의 부요함입니다. 하지만 이미 말씀드린 것처럼, 세상의 부요함은 죽음 앞에서는 무거운 짐일 따름입니다. 따라서 아무리 막강한 힘을 지닌 집단이라 해도 절대적인 피난처나 안식처가 될 수는 없습니다. 오히려 막강한 힘을 지닌 집단이, 바로 그 막강한 힘 때문에, 그 집단에 속한 사람들을 해치는 경우가 허다합니다.

아버지의 왕위를 찬탈하기로 작심한 아들 압살롬은, 거사를 위해 4년 동안이나 치밀하게 준비하였습니다. 압살롬은 아침마다 일찍이 성문 앞에서 기다리다가, 전국에서 아버지 다윗 왕에게 탄원하러 오는 사람들을 중간에서 가로채었습니다. 왕자인 자기에게 탄원토록 한 것입니다. 그들의 탄원을 다 들은 후에는, 그들을 이렇게 다독여 주었습니다. 당신이 얼마나 반듯한 사람이고, 또 얼마나 억울한 일을 당했는지는 잘 알겠소. 그러나 다윗 왕이 당신의 탄원을 들어주려 하지 않으니, 이 일을 어떻게 하면 좋겠소. 이 다음에 내가 이 나라의 재판관이 되면, 그때 내가 반드시 정의롭게 해결해 드리겠소. 왕자 압살롬의 말에 감격한 사람들이 그에게 몸을 굽혀 절을 하려 하면, 압살롬은 그들을 제지하면서 그들을 안고 입을 맞추어 주었습니다. 당신과 나는 군신관계가 아니라, 대등한 친구 관계라는 제스처였습니다. 압살롬은 4년 동안이나 그렇게 아버지 다윗 왕과 백성을 차단하여, 백성의 마음이 자기에게로 향하게 하였습니다. 사무엘하 15장 6절은 압살롬의 그와 같은 행동을 일컬어, "이스라엘 사람의 마음을 압살롬이 훔치니라"고 증언하였습니다. 압살롬이 백성의 마음을 불의하게 도적질한 것이었습니다.

마침내 민심이 자기 편이라고 여긴 압살롬은, 예루살렘의 유력자 200명을 불러 헤브론으로 내려갔습니다. 헤브론은 아버지 다윗이 왕위에 오른 곳이었습니다. 예루살렘의 유력자 200명은 무슨 영문인지도 모르고, 압살롬을 "그저 따라가기만 한 사람들"이었습니다(삼하 15:11). 헤브론에 도착한 압살롬은, 자신이 이스라엘의 왕이라고 선포하였습니다. 아버지 다윗 왕에 대한 쿠데타를 감행한 것입니다. 당시의 상황을 사무엘하 15장 12절이 다음과 같이 밝혀 주고 있습니다.

> 제사드릴 때에 압살롬이 사람을 보내 다윗의 모사 길로 사람 아히도벨을 그의 성읍 길로에서 청하여 온지라. 반역하는 일이 커가매 압살롬에게로 돌아오는 백성이 많아지니라.

압살롬의 청함을 받은 다윗 왕의 참모 아히도벨도 헤브론으로 왔습니다. 그러자 영문도 모르고 압살롬을 따라 갔던 예루살렘의 유력자 200명은, 대세는 이미 압살롬에게 기울었다고 판단하였습니다. 그들은 모두 압살롬의 쿠데타에 동조하였습니다. 압살롬을 정점으로 새로운 거대 권력집단이 생긴 것입니다. 압살롬의 집단이 다윗 왕의 집단보다 더 커 보이자, 그 집단에 속하는 사람의 수는 점점 더 많아졌습니다. 그 집단이 의롭거나 선하기 때문이 아니었습니다. 그 집단은, 아버지의 목에 비수를 겨눈 아들을 수장으로 삼은 반역 집단이었습니다. 하지만 그 집단이 권력을 장악한 것처럼 보이자, 그 집단에 속해야 현재의 부요를 지키거나 더 크게 누릴 수 있다고 판단한 사람들이 압살롬에게 모여들었습니다.

친아들이 쿠데타를 일으키리라고는 상상치도 못한 아버지 다윗 왕은, 황급히 예루살렘을 떠나 피신하였습니다. 예루살렘 왕궁에 무혈입성한 쿠데타군은 손쉽게 수도를 장악하였습니다. 압살롬에게 속한 사람들은 어제까지 다윗 왕을 칭송하던 입으로 압살롬을 왕으로 칭송하였습니다. 예루살렘을 장악한 그들에게 세상의 더 큰 부요함이 이미 보장된 것 같았습니다. 그러나 전열을 가다듬은 아버지 다윗 왕의 군대에 압살롬의 쿠데타군은 섬멸당했고, 그 와중에 압살롬 역시 목숨을 잃고 말았습니다. 압살롬에게 속했던 사람들은 세상의 부요함은 고사하고, 모두 죽거나 패가망신하고 말았습니다.

이 세상의 모든 집단은, 하나님 앞에서는 모두 압살롬의 집단과 같습니다. 아무리 거대하고 막강해 보이는 집단이라 해도, 영원하신 하나님 앞에서는 잠시 발흥했다가 이내 소멸해 버린 압살롬의 집단과 다를 바가 없습니다. 그래서 이 세상의 그 어떤 집단도, 그 집단에 속한 사람들의 영원한 보호자가 될 수 없습니다. 상황과 시대가 아무리 달라져도 말씀이 결코 달라지지 않는 절대자 하나님만, 당신께 속한 당신의 사람들을 영원히 지켜 주실 수 있습니다. 우리가 알렉산드리아 배의 사람들처럼 세상에 속한 사람이 아니라, 바울처럼 하나님께 속한 사람이 되어야만 하는 까닭이 여기에 있습니다.

현재 우리의 실상은 어떻습니까? 우리는 어디에, 누구에게 속해 있습니까? 이 세상에 속한 사람입니까, 아니면 하나님께 속한 사람입니까? 세상에 대해 부요합니까, 반대로 하나님께 대해 부요합니까? 우리가 어디에 속한 사람인지를 분별하는 간단한 방법을 주님께서 가르쳐 주셨습니다.

내가 진리를 말하므로 너희가 나를 믿지 아니하는도다. 너희 중에 누가 나를 죄로 책잡겠느냐? 내가 진리를 말하는데도 어찌하여 나를 믿지 아니하느냐? 하나님께 속한 자는 하나님의 말씀을 듣나니, 너희가 듣지 아니함은 하나님께 속하지 아니하였음이로다(요 8:45-47).

우리가 하나님께 속한 사람인지의 여부는, 우리가 하나님의 말씀을 듣고 좇느냐에 의해 분별됩니다. 대한민국에 속한 한국인은 한국의 법을 좇고, 일본에 속한 일본인은 일본의 법을 좇습니다. 민주당에 속한 의원들은 민주당의 정강을 따르고, 국민의당에 속한 의원들은 국민의당 정책을 따릅니다. 다윗 왕에게 속한 사람들은 비록 맨발로 피신할망정 다윗 왕의 명령에 복종했고, 압살롬에게 속한 사람들은 그것이 역모일지라도 압살롬의 명령에 복종했습니다. 이처럼 세상에 속한 사람들은 세상의 소리를 듣고 좇으며, 하나님께 속한 사람들은 하나님의 말씀을 듣고 좇습니다.

알렉산드리아 배에 승선한 사람들이 그들의 재산을 포함하여 버릴 수 있는 모든 것을 바다에 다 내버리고서도 죽음의 광풍에서 벗어날 수 없자, 그들이 들을 수 있었던 것은 스스로 무너져내리는 자포자기의 굉음, 공포에 찬 죽음의 아우성 밖에 없었습니다. 그것이 세상에 속한 그들이 죽음의 광풍 속에서 들을 수 있는 유일한 소리였습니다. 그 결과, 실날 같은 마지막 희망의 끈마저 놓아버린 그들은 모두 절망의 나라 속으로 떨어지고 말았습니다.

그 동일한 상황 속에서 바울은 전혀 다른 소리를 들었습니다. 로마에서 황제의 법정에 서야 할 것인즉, 두려워하지 말라는 하나님의 말씀이었습니다. 바울이 자포자기의 굉음과 죽음의 아우성만 난무하는 유라굴로 광풍 속에서 하나님의 말씀을 들을 수 있었던 것은, 그가 하나님께 속한 사람이었기 때문입니다. 하나님께 속한 사람은, 하나님의 말씀으로 하나님과 이어져 있습니다. 바울이 하나님의 말씀으로 하나님을 힘입어, 모든 사람이 빠져버린 절망의 한가운데에서 홀로 일어선 것은 조금도 이상한 일이 아니었습니다. 바울은 하나님의 말씀에 부요한 사람이었습니다.

우리는 지금 세상에 속한 채, 세상의 부요함만을 목적으로 살고 있는 것은 아닙니까? 그렇다면 우리는 언젠가, 세상에서 분명히 부요함을 누릴 수 있을 것입니다. 하지만 오늘밤이라도 하나님께서 우리의 생명을 거두신다면, 하나님 앞에서 이 세상의 부요함은 아무 쓸모도 없다는 사실을 잊지 마십시다. 목적이 되어 버린 세상의 부요함은, 하나님의 법정에 서야 하는 우리에게 도리어 무거운 짐이 될 것입니다.

우리 모두 바울처럼, '나는 하나님께 속한 사람'이라고 우리의 소속과 정체성을 분명하게 밝히고 살아가십시다. 하나님을 '내가 속한 나의 하나님'으로 모시고, 하나님의 말씀에 부요한 말씀의 사람들이 되십시다. 우리가 하나님의 말씀으로 하나님과 이어지면, 천지를 뒤흔드는 광풍의 굉음 속에서도 하나님의 말씀을 들을 수 있고, 흑암에 뒤덮힌 사막의 적막 속에서도 하나님의 말씀을 들을 수 있습니다. 우리가 하나님의 말씀 속에 거하는 한, 우리의 처지와 입장은 달라져도 우리의 언행이 달라지지는 않을 것입니다. 우리가 하나님의 말씀에 대해 부요한 한, 세상의 부요함을 위해 허황한 압살롬의 손짓에 현혹당하는 일도 없을 것입니다. 우리가 하나님의 말씀에 의지하여 살아가는 한, 이 세상의 모든 사람을 압도하는 죽음의 절망 한가운데에서도 말씀을 힘입어 바울처럼 일어설 수 있습니다. 하나님의 말씀이 육신을 입고 이 땅에 오신 분이, 우리의 죗값을 대신 치러 주시기 위해 십자가의 제물로 죽임 당하셨다가, 삼 일 만에 죽음 한가운데에서 영원히 일어나신 예수 그리스도이시기 때문입니다.

그동안 나는 세상에 속하여 세상의 부요함만을 위하여, 현재의 곳간을 헐고 더 큰 곳간을 짓는 일에만 몰두해 왔습니다. 그러나 하나님께서 오늘밤 내 생명을 거두시면, 지난 세월 동안 내가 삶의 목적으로 곳간에 쌓아 둔 것들이, 하나님의 법정에 서야 하는 내게 무거운 짐이 될 뿐임을 일깨워 주셔서 감사합니다.

이제부터 바울처럼 하나님을 '내가 속한 나의 하나님'으로 모시고, '하나님께 속한 하나님의 사람'으로 살아가기를 원합니다. 날마다 하나님의 말씀을 듣고 좇음으로, 내가 하나님께 속한 사람임이 나의 삶으로 입증되게 해주십시오. 광풍의 굉음 속에서도 하나님의 말씀을 듣고, 사막의 적막 속에서도 하나님의 말씀을 듣는, 하나님의 말씀에 대해 부요한 사람이 되게 해주십시오. 하나님의 말씀 때문에, 나의 입장과 처지가 달라져도 나의 언행이 달라지지는 않게 해주십시오. 하나님의 말씀 덕분에, 허황한 압살롬의 손짓에 현혹당하지 않게 해주십시오. 하나님의 말씀을 힘입어, 죽음의 절망 한가운데에서도 일어서게 해주십시오. 하나님께 속한 우리로 인해 이 세상이 더 이상 거대한 공동묘지가 아니라, 뭇사람이 주님을 향해 일어서는 생명의 발판이 되게 해주십시오. 아멘.

9. 내가 섬기는 하나님

사도행전 27장 21-26절

여러 사람이 오래 먹지 못하였으매 바울이 가운데 서서 말하되 여러분이여 내
말을 듣고 그레데에서 떠나지 아니하여 이 타격과 손상을 면하였더라면 좋을 뻔
하였느니라 내가 너희를 권하노니 이제는 안심하라 너희 중 아무도 생명에는 아
무런 손상이 없겠고 오직 배뿐이리라 내가 속한 바 곧 **내가 섬기는 하나님**의 사
자가 어젯밤에 내 곁에 서서 말하되 바울아 두려워하지 말라 네가 가이사 앞에
서야 하겠고 또 하나님께서 너와 함께 항해하는 자를 다 네게 주셨다 하였으니
그러므로 여러분이여 안심하라 나는 내게 말씀하신 그대로 되리라고 하나님을
믿노라 그런즉 우리가 반드시 한 섬에 걸리리라 하더라

알렉산드리아 배에 승선한 사람들은, 갑자기 몰아닥친 죽음의 유라굴로
광풍 속에서 모든 통제력을 상실하고 말았습니다. 유라굴로 광풍이 몰아닥
친 순간부터 알렉산드리아 배가 그들의 통제력을 벗어나 버렸습니다. 그들
은 여러 날 동안 해도 별도 보이지 않는 칠흑 같은 어둠 속에서, 그들이 타

고 있는 배가 어느 방향으로 휩쓸려 가고 있는지조차 알지 못했습니다. 항해의 위험을 무릅쓰면서까지 지키려 했던 재산도 그들의 통제력 밖에 있었습니다. 그들은 죽음의 광풍 속에서 일엽편주와 같은 알렉산드리아 배가 전복하지 않도록, 그토록 지키려 했던 그들의 재산마저 바닷속에 다 내버려야만 했습니다. 그렇다고 그들이 자신들의 미래를 통제할 수 있었던 것도 아니었습니다. 여러 날 동안 먹지도 마시지도 못했지만, 죽음의 광풍은 조금도 잦아들 기미가 보이지 않았습니다. 그 결과, 그들의 심중에서 '구원의 여망마저' 사라지고 말았습니다. 미래에 대한 희망마저 깡그리 증발해 버린 것입니다. 그들은 실날 같은 마지막 희망의 끈마저 스스로 놓아버린 채, 모두 죽음의 절망 속으로 떨어져 버리고 말았습니다. 만약 알렉산드리아 배에 그들만 타고 있었다면, 그들의 인생은 죽음의 광풍이 몰아치는 지중해 한가운데에서 그렇게 허망하게 끝나 버리고 말았을 것입니다.

그러나 그 알렉산드리아 배에는 사도 바울이 타고 있었습니다. 하나님의 섭리에 따라 황제의 법정에 주님의 증인으로 서야 할 바울이 그 배에 타고 있는 한, 죽음의 유라굴로 광풍도 바울이 탄 배를 삼켜 버릴 수는 없었습니다. 그래서 모든 통제력을 상실한 사람들이 죽음의 절망 속으로 떨어져 내린 그 순간, 바울만은 그 절망의 한가운데에서 도리어 일어섰습니다. 그리고 죽음의 절망 속에 빠져 있는 사람들에게 '안심하라'고 선포하였습니다.

'안심하라'로 번역된 헬라어 동사 '유뒤메오'는 본래 '기뻐하다'는 의미라고 했습니다. 마지막 희망의 끈마저 스스로 놓아버린 채 죽음의 절망 속으로 떨어져 버린 사람들에게 바울이 그렇게 선포할 수 있었던 것은, 전적으로 하나님의 말씀 덕분이었습니다. 바울이 위대한 사도라고 해서 죽음의 광풍이 바울만은 비켜간 것이 아니었습니다. 바울 역시 다른 사람들과 똑같이 죽음의 광풍에 휩쓸리며 시달렸습니다. 그러나 그 죽음의 광풍 속에서도, 하나님께서 바울에게만은 당신의 사자를 통해 당신의 말씀으로 함께해 주셨습니다.

> 바울아 두려워하지 말라. 네가 가이사 앞에 서야 하겠고, 또 하나님께서
> 너와 함께 항해하는 자를 다 네게 주셨다 하였으니(24절).

바울은 분명히 알고 있었습니다. 유라굴로 광풍이 아무리 죽음의 광풍이
라 해도, 천지를 창조하신 하나님의 말씀이 더 힘이 있다는 사실이었습니
다. 그 하나님의 말씀이 자신과 함께하고 계시는 한, 이 세상의 그 어떤 죽
음의 광풍도 그 하나님의 말씀을 좇아 로마로 향하는 바울의 앞길을 가로
막을 수는 없었습니다. 바울은 그 하나님의 말씀으로 죽음의 절망 속에 빠
져 있는 사람들을 격려하면서, 그들에게 하나님을 이렇게 증언하였습니다.

> 내가 속한 바 곧 내가 섬기는 하나님의 사자가 어젯밤에 내 곁에 서서 말
> 하되(23절).

바울은 먼저 하나님을, '내가 속한 하나님'이라고 증언하였습니다. 바울에
게 하나님은 아득하게 멀리 계시는, 누군가의 하나님이 아니었습니다. 바울
에게 하나님은, 언제나 '내가 속해 있는 나의 하나님'이셨습니다. 그것은 바
꾸어 말하면, '나는 하나님께 속한 하나님의 사람'이라는 바울의 자기 선언
이기도 하였습니다. 자신의 소속과 정체성을 분명하게 밝힌, 바울의 이 자기
선언의 의미와 중요성에 대해서는 지난 시간에 상세하게 생각해 보았습니다.

하나님에 대한 바울의 증언은 그것으로 그치지 않았습니다. 23절을 다시
보시겠습니다.

내가 속한 바 곧 내가 섬기는 하나님의 사자가 어젯밤에 내 곁에 서서
말하되.

바울에게 '내가 속한 하나님'은, 곧 "내가 섬기는 하나님"이셨습니다. '속
함'과 '섬김'은 동일한 의미가 아닙니다. 유대인들도 하나님께 속해 있었습니
다. 그러나 그들은 하나님을 하나님으로 섬기지는 않았습니다. 그들은 하나
님께서 메시아로 이 땅에 보내신 예수님을 십자가에 못박아 죽여 버렸습니
다. 그들이 하나님의 말씀보다, 유대교의 전통과 관습과 판단을 더 섬긴 결
과였습니다. 그런가 하면 바울은 유대인의 혈통에 속해 있었지만, 유대인들
이 십자가에 못박아 죽인 예수님을 임마누엘 하나님으로 섬겼습니다. 이처
럼 '속함'과 '섬김'은 동의어가 아닙니다. 외형적으로는 하나님께 속한 사람처
럼 보이지만, 실제로는 하나님을 섬기지 않는 사람이 얼마든지 있을 수 있
습니다. 그러나 하나님께 속한 바울은, 곧 하나님을 섬기는 바울이었습니
다. 우리가 정녕 하나님께 속한 사람이라면, 우리는 하나님을 섬기는 사람
이어야 합니다.

'섬기다'는 의미의 헬라어 동사 '라트류오λατρεύω'는 '경배하다', '예배하다'
는 의미이기도 합니다. 하나님을 섬기는 사람은 하나님을 예배하는 사람입
니다. 하나님을 예배하지 않고 하나님을 섬길 수는 없습니다. '예배'와 '섬김'
은 동전의 양면처럼, 어떤 경우에도 분리될 수 없습니다. 하나님을 예배하
는 것은 하나님에 대한 섬김의 시작입니다. 그리고 예배를 통해 하나님에
대한 섬김의 내용이 구체화됩니다. 예배의 결과가 섬김인 것입니다. 그러므
로 예배를 드리지는 않지만 하나님을 섬기기는 한다는 말은, 이론적으로는
성립될 수 있지만, 하나님을 섬기는 그리스도인에게 적용될 수는 없습니다.

하나님에 대한 예배와 섬김은 예배당 안에 국한되어 있지 않습니다. 예배

와 섬김의 출발지는 예배당 안이지만, 그 완결지는 예배당 밖 삶의 현장이어야 합니다. 예배당 안에서 예식으로 드려진 예배와 섬김이, 예배당 밖에서 삶의 예배와 섬김으로 완결되어야 한다는 말입니다. 예배당 안에서 예식으로 드려지는 예배와 섬김의 대상이 하나님이시라면, 예배당 밖에서 삶으로 이루어지는 예배와 섬김의 대상은 사람입니다. 예배당 안에서 드려지는 예배는 반드시, 예배당 밖 삶의 현장에서 사람에 대한 섬김으로 귀결되어야 한다는 의미입니다.

바울은 본래 유대교인이었습니다. 그는 다른 유대교인들처럼, 예수님을 부정하면서 교회를 짓밟는 일에 열심을 다하였습니다. 그는 그것이 하나님을 섬기는 것이라 확신하였습니다. 그가 예배하고 섬긴 하나님은 성경을 통해 당신을 계시해 주신 삼위일체 하나님이 아니라, 유대교의 전통과 관습에 의해 조작된 하나님의 허상이었습니다. 그러나 다메섹 도상에서 주님의 부르심을 받는 순간, 바울은 그동안 그릇 섬겨 온 하나님의 허상에서 벗어났습니다. 주님의 부르심을 받고 보니 그동안 자신이 부정했던 예수님이, 자신의 죗값을 대신 치러 주시기 위해 십자가의 제물로 죽임 당하셨다가, 삼 일 만에 죽음의 권세를 깨뜨리고 다시 살아나신 임마누엘 하나님이셨습니다. 그때부터 바울은 그 하나님만 예배하고 섬겼습니다. 그리고 하나님에 대한 바울의 예배와 섬김은 언제나 사람을 섬기는 삶으로 이어졌습니다.

다메섹 도상에서 자신에게 임하신 주님께 '누구시냐?'고 바울이 물었을 때, 주님께서는 "나는 네가 박해하는 예수라"(행 9:5)고 대답하셨습니다. 바울은 그때까지 예수님을 직접 박해한 적이 단 한 번도 없었습니다. 예수님께서 이 땅에 계시는 동안에는 바울이 예수님을 만난 적도 없었기 때문입니다. 그는 단지 예수 믿는 사람들을 박해했을 뿐이었습니다. 그런데도 예수님께서는 바울에게, 나는 네가 박해하는 예수라고 말씀하셨습니다. 예수님께서, 바울이 박해한 사람들과 당신 자신을 동일시하신 것이었습니다. 바울은 중요한 사실을 깨달았습니다. 하나님을 섬기는 것은, 하나님께서 사랑하시는 사람들을 섬김을 뜻한다는 사실이었습니다. 그가 온갖 어려움을 무릅쓰고 세 차례나 지중해 세계를 누비고 다녔던 것도, 한 사람이라도 더 많은 사람을 섬기는 것이 곧 하나님에 대한 예배요 섬김임을 알았기 때문입니다.

바울이 3차 전도 여행 중 고린도에서 로마의 그리스도인들에게 써보낸 편지가 로마서입니다. 그 편지에 이런 내용이 있습니다.

> 헬라인이나 야만인이나 지혜 있는 자나 어리석은 자에게 다 내가 빚진 자라. 그러므로 나는 할 수 있는 대로 로마에 있는 너희에게도 복음 전하기를 원하노라(롬 1:14-15).

바울이 3차 전도 여행 중 에베소에서부터 자신의 마지막 생을 던질 곳을 로마로 정한 것은, 제국의 수도 로마에 대한 호기심 때문이 아니었습니다. 복음을 통해 로마에 있는 사람들까지 섬기기 위함이었습니다. 하나님에 대한 바울의 예배와 섬김은 이처럼, 끝도 없이 사람 섬김으로 계속 이어져 갔습니다.

유라굴로 광풍 속에서도 마찬가지였습니다. 지금 유라굴로 광풍에 휩쓸려 죽음의 절망 속에 빠져버린 사람들은, 미항에서 항해의 위험성을 경고하는 바울의 말을 묵살했던 사람들입니다. 바울의 입장에서 보자면 괘씸한 사람들이었습니다. 바울은 그 괘씸한 사람들을 죽음의 절망 속에 그냥 내버려 둘 수도 있었습니다. 바울이 죽음의 광풍 속에서 자신을 붙들어 주신 하나님의 말씀을 그들에게 전해 주지 않는다고 해서, 알렉산드리아 배에 승선한 사람들 가운데 바울을 탓할 사람은 아무도 없었습니다. 그렇지만 바울은 죽음의 절망 속에 빠져 있는 그들에게 '기뻐하라'고 외치면서, 하나님께서 자신에게 주신 말씀으로 그들의 용기를 북돋아 주었습니다.

이때 바울은 젊은이가 아니었습니다. 이미 인생 말년에 접어든 바울은 지병에 시달리고 있었습니다. 그 바울이 죽음의 광풍에 휩쓸려 여러 날 동안 먹지도 마시지도 못했습니다. 알렉산드리아 배에 승선한 276명 가운데, 노쇠하고 병약한 바울이 체력적으로 가장 지쳐 있었을 것이 분명합니다. 그렇지만 바울은 죽음의 광풍 속에서 자기 육체의 안일을 꾀하려 하기보다, 죽음의 절망 속에 빠져 있는 사람들을 하나님의 말씀으로 섬겼습니다. 그는 하나님을 예배하고 섬기는 그리스도인이었고, 그에게 유라굴로 광풍 속에서 하나님을 섬기는 것은, 곧 죽음의 절망 속에 빠져 있는 사람들을 섬기는 것이었습니다.

바로 이것이, 우리가 바울을 존경하는 이유입니다. 바울이 하나님을 예배하고 섬기되 그의 예배와 섬김이 예루살렘성전이나 유대인의 회당 안에만 국한되어 있었다면, 우리가 바울을 알 턱도 존경할 까닭도 없을 것입니다. 그리스도인 우리가 바울을 본받기 원하는 것은, 하나님을 예배하고 섬기는 그의 삶이 사람을 섬기는 삶으로 계속 이어졌기 때문입니다. 또 그것이, 그가 가는 곳마다 세상이 새로워진 이유이기도 했습니다. 사람들이 모여 사는 세상이 오염되고 허물어지는 것은, 저마다 자기만을 위해 이기적으로 살아가는 탓입니다. 세상은, 사람을 섬기는 사람들에 의해서만 새로워질 수 있습니다. 사람을 섬기는 사람들을 통해, 그 사람들이 섬기는 하나님께서 역사하시기 때문입니다.

두 달 전 점심시간에 교회식당에서 만난 한 교우님께 가족의 근황을 물었습니다. 명문대학을 졸업한 그분의 딸은, 현재 아프리카에서 봉사활동 중이라고 했습니다. 그분은 당신의 딸이 학업을 마치고 교수가 되기를 원했는데 아프리카에서 살고 있다면서, 자식이 부모 원하는 대로 되지 않더라고 했습니다. 그래서 제가 그분께 이렇게 말씀드렸습니다. "얼마나 자랑스러운 따님입니까? 부모가 원하는 대로 사는 자식은 이 세상을 새롭게 할 수 없습니다. 세상은, 따님 같은 사람을 통해 새로워집니다." 이 세상 거의 대부분의 부모가 자식에게 원하는 것은, 출세해서 너 잘 먹고 잘 살라는 것입니다. 아프리카 빈민을 섬기라고 자식을 대학에 보내는 부모가 얼마나 있겠습니까? 부모가 비싼 등록금을 감수하면서까지 자식에게 고등교육을 시키는 것은 다, 너 잘 되라는 것입니다. 그래서 부모가 원하는 대로 사는 자식은 이 세상을 새롭게 할 수 없습니다. 오히려 고등교육을 받으면 받을수록 더 큰 이기심으로, 이 세상을 오염시키고 허물어뜨리는 데 더 크게 일조할 따름입니다. 세상을 새롭게 하는 사람은, 부모가 원하는 이기심의 굴레에서 벗어난 사람입니다. 그런 사람이 세상의 부귀영화가 아니라 사람을 섬기기 위한 삶을 살 수 있고, 그가 섬기는 하나님의 통로로 세상을 새롭게 할 수 있습니다.

바울은 이스라엘 열두 지파 가운데 초대왕을 배출한 베냐민지파 출신이었습니다. 바울이 태어났을 때, 바울의 아버지는 바울의 이름을 초대왕의 이름인 사울로 지어 주었습니다. 자신의 아들이 사람을 섬기기 위해 만난을 무릅쓰고 지중해 세계를 누비고 다니며, 죽음의 광풍 속에서도 노쇠하고 병약한 자기 몸보다 다른 사람들을 더 섬기라는 뜻으로, 바울의 아버지가 아들의 이름을 사울이라 지어 주었겠습니까? 그럴 리가 없습니다. 사울왕처럼, 너도 출세해서 잘 먹고 잘 살라고 그렇게 이름지어 주었음이 틀림없습니다. 만약 그 사울이 자기 아버지가 원하는 대로 살았다면, 우리가 알고 있는 바울은 이 세상에 결코 존재할 수 없었을 것입니다. 바울이 바울일 수 있었던 것은 아버지의 이기적인 염원이 담긴 이름 사울을 버리고, 오직 하나님만 섬기는 지극히 작고작은 바울이 되어, 일평생 하나님께서 사랑하시는 사람을 섬기는 삶으로 일관했기 때문입니다. 그것이 하나님을 섬기는 바울의 행복한 의무였습니다. 그리고 하나님께서는 그 바울을 통로로 삼아 이 세상을 새롭게 하셨습니다.

올해 초 두 번째 수요일 저녁에는, 교회 식당에서 77세의 노 교우님과 함께 저녁식사를 하였습니다. 합정동 토박이 주민인 그분은 우리 교회가 창립되기 이전에, 이곳 양화진과 주위가 얼마나 지저분하고 엉망이었는지 잘 알고 있는 산 증인이었습니다. 5년 전이었습니다. 어느 날 밤에 젊은이들이 줄을 지어 양화진으로 들어가는 것을 보았습니다. 한 젊은이에게 무슨 일이냐고 물었더니, 강의를 들으러 간다고 했습니다. 호기심에 그분도 젊은이들을 따라갔습니다. 홍보관 예배실에서 열린 〈새신자반〉 강의였습니다. 예배당에 앉은 것이 난생 처음이었는데도, 〈새신자반〉 내용이 그분의 마음에 와 닿았습니다. 그분은 내친 김에 〈새신자반〉에 이어 〈성숙자반〉과 〈사명자반〉까지 모두 수료하고, 주일예배에도 참석하기 시작하였습니다.

어느 주일이었습니다. 주일예배를 마친 그분이 1층 친교실에서 차를 마시고 있을 때였습니다. 한 교우님이 실수로 바닥에 커피를 쏟자, 다른 교우님이 얼른 걸레를 들고 와 바닥에 쏟아진 커피를 닦았습니다. 경제학을 전공하고 평생 경제활동에 종사해 온 그분이 보기에, 걸레질을 하는 교우님의 모습이 노동의 대가를 받는 사람의 행동이 아니었습니다. 노동의 대가를 받는 사람이라면, 그런 몸짓과 표정으로 걸레질을 할 수는 없었습니다. 그분은 그때까지 공공장소에서 그런 몸짓과 표정으로 걸레질을 하는 사람을 본 적이 없었습니다. 자신이 전공하고 실행해 온 경제학 논리로는 설명할 수 없는 일이었습니다. 그분은 그것이, 그리스도인의 섬김이요 행복이라는 사실을 알았습니다. 그 이후 그분 역시 그리스도인으로 살고 있습니다. 그분이 알고 있던 경제학의 논리로는 도저히 설명할 수 없는, 섬김의 행복을 누리며 살기 위함입니다. 그분이 그렇게 살아가는 한, 그분의 주위가 새로워지기 시작할 것은 두말할 나위도 없습니다.

국회에서 장관 후보자들에 대한 인사청문회가 계속되고 있습니다. 문재인 대통령은 후보 시절에 '공직배제 5대 원칙'을 공약으로 내걸었습니다. 부동산투기, 위장전입, 세금탈루, 논문표절, 병역비리의 전력이 있는 사람은 고위공직자로 세우지 않겠다는 공약이었습니다. 그러나 막상 문재인 대통령이 임명한 고위공직자 가운데 '공직배제 5대 원칙'에서 완전히 자유로운 사람은 없다고 해도 과언이 아닙니다. 대통령의 공약인 '공직배제 5대 원칙'에 저촉되지 않는 사람을 찾기가 그만큼 어려웠기 때문일 것입니다. 하지만 그것은, 우리 사회에서 많이 배우고 높은 직위에 있는 사람들일수록 이기적인 삶을 살고 있다는 반증이기도 합니다. 그래서야 사람이 아무리 바뀌어도, 우리 사회가 근본적으로 새로워질 수는 없을 것입니다.

우리 자신은 어떻습니까? 우리가 오늘이라도 하나님의 청문회장에 선다면, 우리에게는 국회 인사청문회장의 장관 후보자들보다 조금이라도 나은 점이 있기는 있습니까? 우리가 매 주일 하나님을 예배하고 섬기면서도, 우리의 예배와 섬김이 예배당 안에만 국한되어 있는 것은 아닙니까? 우리의 예배당 밖 삶은, 예배당 안 예배와 완전히 단절되어 있는 것은 아닙니까? 예배당 안에서 하나님을 예배하고 섬기는 내가, 예배당 밖에서는 누구보다 이기적인 삶을 살고 있는 것은 아닙니까? 부동산투기, 위장전입, 세금탈루, 논문표절, 병역비리, 그것은 모두 나 자신의 전력 아닙니까? 내가 당연한 듯 받고 있는 나의 고액 연봉 때문에, 여러 사람의 일자리가 사라져 버린 것은 아닙니까? 내가 누리고 있는 나의 기득권으로 인해, 이 세상의 양극화가 점점 더 심해지고 있는 것은 아닙니까? 이 세상에 수많은 교회가 있는데도 이 세상이 새로워지지 않는 것은, 이 땅의 교회가 바로 나 같은 사람들로 가득 차 있기 때문이 아닙니까? 그렇게 살아서야 아무리 많이 배우고 아무리 높은 지위에 올라도 일평생 불행한 경제논리의 굴레에 갇혀 살 뿐, 경제논리를 초월한 참그리스도인의 행복을 누릴 수는 없을 것입니다.

우리가 정녕 하나님을 예배하고 섬기는 그리스도인이라면, 나 자신만을 위한 이기적인 삶에 이제 마침표를 찍으십시다. 우리가 하나님을 섬기는 만큼, 하나님께서 사랑하시는 사람들을 섬기는 삶을 시작하십시다. 바울처럼, 헬라인이든 야만인이든 지혜 있는 사람이든 어리석은 사람이든, 하나님께 진 사랑의 빚을 사람들에게 갚으십시다. 내가 편할 때뿐만 아니라 바울처럼, 죽음의 광풍 속에서도 사람들을 섬기십시다. 젊었을 때만이 아니라 바울처럼, 나이 들어 갈수록 더더욱 사람들을 섬기는 참그리스도인이 되십시다. 언제 어디에서나 사람들을 섬기는 삶으로, 우리 자신이 하나님을 섬기는 그리스도인임을 스스로 입증하십시다. 그때 죽음을 깨뜨리고 삼 일 만에 다시 살아나신 주님께서 우리를 통로로 삼아, 죽음의 절망 속에 빠져 있는 이 세상을 새롭게 소생시켜 주실 것입니다. 바로 거기에, 경제논리를 초월한 우리의 행복이 있습니다.

바울은 하나님을 예배하고 섬기는 그리스도인이었기에, 죽을 때까지 말씀을 통해 사람들을 섬기는 삶으로 일관하였습니다. 그 바울 덕분에, 지구 반대편의 우리 역시 하나님을 예배하고 섬기는 하나님의 자녀가 되었습니다. 하나님에 대한 우리의 예배와 섬김도, 바울처럼 사람 섬김으로 이어지게 해주십시오.

나로 인해 한 사람이라도 더 많은 사람이 혜택을 누릴 수 있도록, 이제부터 내가 먼저 나의 기득권을 자발적으로 포기하는 참그리스도인이 되게 해주십시오. 나의 부모가 사람들을 섬기기 위해 당신의 재산을 사회에 환원시키기를 기도하는, 믿음의 자식이 되게 해주십시오. 내 자식이 힘 없고 연약한 사람들을 섬기기 위해 누구보다 열심히 공부하고 일하기를 축복하는, 섬김의 부모가 되게 해주십시오. 그리하여 하나님께서 사랑하시는 사람들을 섬기는 나의 삶이, 경제논리를 초월한 나의 행복이 되게 해주십시오. 아멘.

10. 어젯밤에 말하되 100주년기념교회 창립 12주년 기념주일

사도행전 27장 21-26절

여러 사람이 오래 먹지 못하였으매 바울이 가운데 서서 말하되 여러분이여 내 말을 듣고 그레데에서 떠나지 아니하여 이 타격과 손상을 면하였더라면 좋을 뻔 하였느니라 내가 너희를 권하노니 이제는 안심하라 너희 중 아무도 생명에는 아 무런 손상이 없겠고 오직 배뿐이리라 내가 속한 바 곧 내가 섬기는 하나님의 사 자가 **어젯밤에** 내 곁에 서서 **말하되** 바울아 두려워하지 말라 네가 가이사 앞에 서야 하겠고 또 하나님께서 너와 함께 항해하는 자를 다 네게 주셨다 하였으니 그러므로 여러분이여 안심하라 나는 내게 말씀하신 그대로 되리라고 하나님을 믿노라 그런즉 우리가 반드시 한 섬에 걸리리라 하더라

알렉산드리아 배에 타고 있던 사람들에게, 갑자기 몰아닥친 죽음의 유라 굴로 광풍 속에서 그들의 뜻대로 할 수 있는 것이라곤 아무것도 없었습니다. 그들은 자신들이 타고 있는 배의 통제력을 상실해 버렸습니다. 항해의 위험 을 무릅쓰면서까지 지키려 했던 그들의 재산도 모두 바닷속에 내버려야 했

습니다. 여러 날 동안 해도 별도 보이지 않는 칠흑 같은 어둠 속에서 아무것도 먹지도 마시지도 못했습니다. 그러나 알렉산드리아 배를 삼키려는 죽음의 광풍이 잦아들 기미가 전혀 보이지 않자, 마침내 그들의 심중에서 구원의 여망마저 사라지고 말았습니다.

바로 그때 죽음의 절망 한가운데에서 일어서는 한 사람이 있었습니다. 사도 바울이었습니다. 그는 사람들에게 '안심하라'고 선포하였습니다. '안심하라'로 번역된 헬라어 동사 '유뒤메오'는 본래 '기뻐하다'는 의미라고 했습니다. 바울이 구원의 여망마저 상실해 버린 사람들에게 '기뻐하라'며 구원의 희망을 선포한 것은, 그의 강철 같은 의지나 신념의 산물이 아니었습니다. 이때 이미 인생 말년에 접어든 바울은 지병까지 지니고 있었습니다. 그 노쇠하고 병약한 바울이 죽음의 광풍에 시달리며 여러 날 동안이나 먹지도 마시지도 못했으니, 알렉산드리아 배에 승선해 있는 276명 가운데 바울이 체력적으로 가장 지쳐 있었을 것이 분명합니다. 그런데도 그가 구원의 여망마저 상실한 사람들에게 '기뻐하라'고 외치며 구원의 희망을 선포할 수 있었던 것은, 그 죽음의 광풍 속에서도 하나님께서 바울과 함께해 주셨기 때문입니다.

바울은 그 사람들 앞에서 하나님을, '내가 속한 바 곧 내가 섬기는 하나님'이라고 고백하였습니다. 바울에게 하나님은 '내가 속한 나의 하나님'이신 동시에, '내가 섬기는 하나님'이셨습니다. 바울의 그 고백의 의미에 대해서는 지난 두 시간에 걸쳐 깊이 생각해 보았습니다. 바울이 그렇게 하나님께 속한 사람으로, 하나님만 섬기며 산 이유는 무엇이었겠습니까? 이 질문에 대해 바울이 직접 대답했었습니다.

내가 속한 바 곧 내가 섬기는 하나님의 사자가 어젯밤에 내 곁에 서서 말하되(23절).

바울에게 하나님은 당신의 사자를 통해 "내 곁에 서서 말하"시는 하나님이셨습니다. 바울의 이 증언은, 2천 년 전 당시로 거슬러 올라가야 그 의미와 무게를 제대로 파악할 수 있습니다. 2천 년 전 지중해 세계는, 그리스 신화에 등장하는 신들의 신상이 지배하는 세상이었습니다. 가는 곳마다 신전들이 있었고, 주요 장소마다 신상들이 세워져 있었습니다. 지금도 유럽 박물관에서 확인할 수 있는 당시의 신상들이 얼마나 정교하게 만들어져 있는지, 모두 살아 있는 것처럼 보이는 걸작들입니다. 하지만 그 신상들은 시편 115편 5-7절의 지적처럼, "입이 있어도 말하지 못하며 눈이 있어도 보지 못하며, 귀가 있어도 듣지 못하며 코가 있어도 냄새 맡지 못하며, 손이 있어도 만지지 못하며 발이 있어도 걷지 못하며 목구멍이 있어도 작은 소리조차 내지 못"했습니다. 살아 있는 것처럼 보이지만 사실은 듣지도, 보지도, 말하지도 못하는 금속이나 돌덩이에 지나지 않았습니다. 금속이나 돌덩이의 신상들이 사람을 찾아갈 수 없음은 말할 나위도 없었습니다. 그 신상들을 만나기 위해서는 사람들이 애써 신상들을 찾아다녀야만 했습니다.

그러나 바울이 속하여 섬긴 하나님은 금속이나 돌덩이로 만들어진 신상들과는 달리, 바울에게 친히 말씀하시는 하나님이셨습니다. 하나님께서 하늘 저 높이서, 저 멀리 산 너머에서, 아련한 목소리로 어렴풋하게 말씀하시는 것이 아니었습니다. 하나님께서는 언제나 바울 '곁에 서서' 말씀하셨습니다. 사람들이 찾아가야 하는 신상들과는 달리, 하나님께서 바울 곁으로 친히 다가오신 것입니다. 그것은 눈이 있어도 보지 못하는 신상들과 다르게, 하나님께서 바울이 어디에 있는지 친히 보고 계심을 의미했습니다. 이 광활한 세상 속에서 바울이 어디에 있는지 정확하게 보신 하나님께서 바울에게 다가오셔서, 바울 곁에서 친히 말씀하신 것이었습니다. 하나님께서는 금속이나 돌덩이로 만들어진 신상들과는 달리, 시간과 공간을 초월하여 살아 계신 하나님이셨습니다. 그래서 바울은 일평생 그 하나님께 속하여, 그 하나님만 섬기며 살았습니다.

중요한 것은, 하나님께서 유라굴로 광풍 속의 바울 곁에서 그에게 말씀하신 시점이 언제냐는 것입니다. 본문 23절을 다시 보시겠습니다.

내가 속한 바 곧 내가 섬기는 하나님의 사자가 어젯밤에 내 곁에 서서 말하되.

한글 성경에 의하면, 하나님께서 당신의 사자를 통해 바울 곁에서 바울에게 말씀하신 때는, 바로 "어젯밤"이었습니다. 이 증언을 따르자면, 지난밤에 하나님의 말씀을 들은 바울이 날이 밝자 사람들에게 그 사실을 밝힌 셈이 됩니다. 그러나 이것은 선뜻 납득하기가 어렵습니다. 지금 바울 일행은 여러 날 동안 해도 별도 보이지 않는 칠흑 같은 흑암 속에 갇혀 있습니다. 낮인지 밤인지 분간할 수 없는 날들이 계속된 것입니다. 당시에는 지금과 같은 손목시계가 없었습니다. 당시의 모래시계는 여행객이 휴대할 수 있는 품목이 아니었습니다. 알렉산드리아 배에 모래시계가 있었다 해도, 겨우 선장실에만 비치되어 있었을 것입니다. 그러므로 여러 날 동안 해도 별도 보이지 않는 흑암 속에서, 바울 역시 언제가 밤이고 언제가 낮인지 분간할 수 없었을 것입니다. 이런 관점에서, 바울이 '어젯밤'이라고 말한 것처럼 번역한 것은 적절한 번역이 아닙니다.

헬라어 원문 '타우테 테 뉙티τῇ νυκτί ταύτη'의 정확한 뜻은 '어젯밤'이 아니라, '바로 이 밤'입니다. 바울은 해도 별도 보이지 않는 가운데, 그때가 밤인지 낮인지 분간할 수 없었습니다. 분명한 것은 그때가 시간이 멎어 버린, 깊은 한밤중과 같았다는 것입니다. 그래서 바울은 '바로 이 밤에' 하나님께서 내 곁에서 말씀하셨다고 증언한 것입니다. '밤'을 의미하는 헬라어 명사 '뉙스νύξ'는 은유적으로 '흑암의 때'를 의미하기도 합니다. 유라굴로 광풍이 몰아닥친 이래, 사방을 분간할 수 없는 흑암이 계속되었습니다. 그래서 바울은 '바로 이 흑암 속에서' 하나님께서 내 곁에서 말씀하셨다고 증언한 것입니다. 헬라어 명사 '뉙스'는 또 '죽음의 시간'을 뜻하기도 합니다. 유라굴로 광풍은 사공들이 바다에서 흔히 만날 수 있는 태풍이 아니었습니다. 그것은 모든 것을 삼키려는 죽음의 광풍이었습니다. 그 죽음의 광풍 속에서 알렉산드리아 배에 승선해 있던 사람들은 구원의 여망마저 상실한 채, 모두 죽음에 직면해 있었습니다. 그래서 바울은 '바로 이 죽음의 순간에' 하나님께서 내 곁에서 말씀하셨다고 증언한 것입니다.

바울의 하나님은 햇볕 따스한 봄날, 한낮에만 말씀하시는 분이 아니었습니다. 하나님께서는 온 세상이 깊이 잠든 한밤중에도 바울에게 말씀하셨습니다. 하나님께서는 한 치 앞도 내다볼 수 없는 칠흑 같은 흑암 속에서도 바울에게 말씀하셨습니다. 하나님께서는 바울이 직면한 죽음의 순간에도 바울에게 말씀하셨습니다. 바로 그 밤에, 바로 그 흑함 속에서, 바로 그 죽음의 순간에, 하나님께서 바울 곁에서 바울에게 말씀해 주신 내용은 다음과 같았습니다.

바울아 두려워하지 말라 네가 가이사 앞에 서야 하겠고, 또 하나님께서 너와 함께 항해하는 자를 다 네게 주셨다 하였으니(24절).

황제의 법정에 당신의 증인으로 서야 할 바울을 하나님께서 지켜 주시겠다는 언약이었습니다. 바울뿐 아니라, 바울과 함께 알렉산드리아 배에 승선해 있는 사람들도 모두 바울을 통해 구원해 주시겠다는 언약의 말씀이었습니다. 하나님의 그 말씀에 대한 바울의 반응은 25절에 나타나 있습니다.

> 그러므로 여러분이여 안심하라. 나는 내게 말씀하신 그대로 되리라고 하나님을 믿노라.

바울에게 하나님의 말씀은 단순한 대화거리거나, 감상의 대상이 아니었습니다. 바울에게 하나님의 말씀은 믿음의 대상이었습니다. 바울은 하나님의 말씀을 온전히 믿었습니다. 그리고 하나님의 그 말씀을 힘입어, 유라굴로 광풍의 한밤중에서 벗어날 수 있었습니다. 그 말씀을 힘입어, 한 치 앞도 내다보이지 않는 칠흑 같은 흑암을 헤쳐나올 수 있었습니다. 그 말씀을 힘입어, 지중해 한가운데에서 죽음의 순간을 극복할 수 있었습니다.

개인도 단체도 때로는 그 어떤 운신도 불가능한, 깊은 한밤중과 맞닥뜨릴 수 있습니다. 때로는 한 치 앞도 내다보이지 않는, 흑암의 터널 속에 갇혀 버릴 수 있습니다. 때로는 구원의 여망마저 보이지 않는, 죽음의 순간과 직면할 수도 있습니다. 그러나 잊지 마십시오. 우리 하나님께서는 입이 있어도 말하지 못하며, 눈이 있어도 보지 못하며, 귀가 있어도 듣지 못하며, 코가 있어도 냄새 맡지 못하며, 손이 있어도 만지지 못하며, 발이 있어도 걷지 못하며, 목구멍이 있어도 작은 소리조차 내지 못하는, 금속이나 대리석 조각상이 결코 아니십니다.

살아 계신 하나님께서는 언제나 우리를 보고 계시며, 언제나 우리에게 먼저 다가오시며, 언제나 우리 곁에서 우리에게 친히 말씀해 주시는 하나님이십니다. 우리가 맞닥뜨린 깊은 한밤중에도, 하나님께서는 졸지도 주무시지도 않고 우리 곁에서 우리에게 말씀해 주십니다. 한 치 앞도 내다보이지 않는 흑암의 터널 속에서도, 하나님께서는 우리 곁에서 우리에게 말씀해 주십니다. 구원의 여망마저 사라져 버린 죽음의 순간에도, 하나님께서는 우리 곁에서 우리에게 말씀해 주십니다. 누구든지 하나님의 그 말씀을 듣고, 그 말씀을 믿고, 그 말씀을 좇으면, 그 말씀을 힘입어, 그 깊은 한밤중에서 벗어날 수 있습니다. 그 말씀을 힘입어, 그 흑암의 터널을 헤쳐나올 수 있습니다. 그 말씀을 힘입어, 그 죽음의 순간도 극복할 수 있습니다. 이것이, 오늘 창립 12주년을 맞이한 우리에게 주님께서 오늘의 본문을 통해 주시는 언약입니다.

우리 교회 창립 12주년을 맞은 올해는 종교개혁 500주년이기도 합니다. 타락한 중세 로마 가톨릭교회는, 진리의 시계가 멎어 버린 깊은 한밤중이었습니다. 교회가, 어느 방향으로 나아가야 할지 분간조차 불가능한 흑암의 터널 속에 갇혀 있었습니다. 교회가 죽음의 순간에 직면한 것이었습니다. 중세 로마 가톨릭교회가 생명력을 상실한 채 그렇듯 형해화된 데는 여러 이유가 있겠지만, 우리 교회 양화진문화원 원장을 역임한 박흥식 집사님 같은 서양 사학자들은 14세기에 유럽 대륙을 휩쓴 흑사병을 주요 이유 가운데 하나로 지목합니다.

14세기에 유럽 인구 가운데 무려 3분의 1이 흑사병으로 목숨을 잃었습니다. 두 사람 건너 한 사람씩 흑사병으로 죽어 나간 것입니다. 그 무서운 전염병으로 인한 사망자의 시신 수습은 전적으로 사제들의 몫이었습니다. 자연히 흑사병에 노출된 사제들의 감염 사망률이 일반인보다 월등 높았습니다. 그 결과 사제직은, 사람들이 지원을 꺼리는 위험 직종이 되었습니다. 로마 가톨릭교회는 거대한 체제를 유지하기 위해, 흑사병으로 죽어 나간 수많은 사제들의 빈자리를 무자격자로 메웠습니다. 자격을 따지지 않고 자원자들에게 사제 서품을 먼저 준 뒤에 사제 교육을 받게 한 것입니다. 하지만 역량을 갖추지 못한 사람들이 사제 교육을 받는 것은 쉬운 일이 아니었습니다.

당시 로마 가톨릭교회의 미사는 라틴어로 집례되었고, 성경도 라틴어 역본인 불가타 성경만 사용하였습니다. 그러다 보니 라틴어를 몰라, 라틴어 성경을 읽지도 못하는 무자격 사제들에 의해 미사가 드려지는 웃지 못할 촌극이 벌어지게 되었습니다. 하나님의 말씀인 성경도 읽지 못하는 사람들이 사제들인 로마 가톨릭교회, 하나님의 말씀과는 무관한 미사가 드려지는 로마 가톨릭교회가 타락하지 않았다면, 오히려 그것이 더 이상한 일이었을 것입니다.

진리의 시계가 멎어 버린 그 깊은 한밤중에, 어느 방향으로 나아가야 할지 분간조차 불가능한 그 흑암의 터널 속에서, 교회가 직면한 그 죽음의 순간에, 1517년 10월 31일 마르틴 루터가 그 유명한 '95개조 반박문'을 발표하였습니다. 그 반박문의 1조부터 3조의 내용이 다음과 같습니다.

1. 우리의 주님이자 선생이신 예수 그리스도께서 '회개하라'고 말씀하셨습니다(마 4:17). 이것은 그리스도인들의 삶 전체가 회개하는 삶이 되어야 함을 의미하신 것입니다.
2. 예수님께서 말씀하신 회개는 참회의 예전, 즉 사제에 의해 집행되는 고해와 사죄의식으로 이해될 수 없습니다.
3. 또 회개는 내적 뉘우침만을 의미하지 않습니다. 육욕을 죽이는 다양한 외적 행위로 드러나지 않는 내적 뉘우침은 아무 의미도 없습니다.

오늘날 우리가 보기에는 지극히 당연한 내용이어서, 조금도 대수롭게 보이지 않습니다. 그러나 500년 전에는, 가히 혁명적인 내용이었습니다. 마르틴 루터가 언급한 '회개'는 마태복음 4장 17절에 기록되어 있는 예수님의 말씀, "회개하라 천국이 가까이 왔느니라"에서 인용한 것입니다. 당시 로마 가톨릭교회가 사용하던 라틴어 성경은, '회개하라'는 예수님의 말씀을 '속죄하라'로 번역하였습니다. '회개하라'는 예수님의 말씀이 '죗값을 치루어라'는 의미로 바뀌어 버린 것입니다. 세월이 흐르면서 로마 가톨릭교회는 그 라틴어 성경 구절을 근거로, 인간이 죗값을 치를 수 있는 보속補贖 교리를 만들었습니다. 인간이 스스로 죗값을 치르고 죄를 사함 받을 수 있는 다양한 방안을 만들어 낸 것입니다. 그중에서 가장 대표적인 것이 면죄부였습니다. 돈을 내고 면죄부를 사기만 하면, 어떤 죄든 사함 받는다는 것이었습니다. 그 보속 교리를 통해 세상의 권력뿐 아니라 금력과도 야합한 로마 가톨릭교회가 부패한 것은 역사적인 필연이었습니다. 그러나 대부분의 무자격 사제들은 무엇이 잘못되었는지조차 알지 못했습니다.

바로 그때 마르틴 루터가 예수님께서 말씀하신 '회개'라는 단어로 종교개혁의 기치를 올린 것이었습니다. 예수님께서 마태복음 4장 17절에서 언급하신 '회개하라'가 헬라어 원문에는 '메타노에오μετανοέω'로 기록되어 있습니다. 그것은 죄악의 길에서 십자가의 예수님을 향해 돌아서는 행동을 의미합니다. 죄인인 인간은 어떤 방법으로든 자신의 죗값을 스스로 치를 수 없습니다. 인간의 죗값을 대신 치를 수 있고 또 치르신 분은, 인간을 위해 십자가의 제물로 돌아가신 하나님의 독생자 예수님 한 분뿐이십니다. 그러므로 그 예수님을 향하여 확실하게 돌아서는 삶의 수반이 회개요, 믿음은 그 회개로부터 시작됩니다. 바꾸어 말해 예수님을 향해 돌아서는 삶의 수반 없이는, 인간의 어떤 보속행위도 회개일 수는 없습니다.

그래서 마르틴 루터는 '95개조 반박문' 6조에서 '교황은 하나님께서 죄를 사하셨다는 것을 선언하거나 확증하는 것 이외에는 어떤 죄도 면제할 수 없다'고 선언하였습니다. 구원자이신 예수님을 향해 확실하게 돌아서는 회개가 없다면, 설령 교황이라 해도 죄사함을 줄 수는 없다는 말이었습니다. 한마디로 말해 로마 가톨릭교회가 금과옥조로 삼아 온 보속교리를 전면 부정한 것이었습니다. 마르틴 루터의 이 선언으로부터 개신교가 태동되었고, 결과적으로 로마 가톨릭교회도 자체적으로 내부 개혁을 추진하게 되었습니다.

마르틴 루터가 권력과 금력을 장악한 거대한 중세 로마 가톨릭교회에 맞서 이처럼 종교개혁의 기치를 올릴 수 있었던 것은, 진리의 시계가 멎어 버린 그 깊은 한밤중에도, 어느 방향으로 나아갈지 분간조차 불가능한 그 흑암의 터널 속에서도, 당시 교회가 직면한 죽음의 순간에도, 그의 곁에서 말씀하시는 주님의 말씀을 듣고, 그 말씀을 믿으며, 그 말씀을 좇은 결과였습니다. 그렇다고 마르틴 루터의 앞길이 순탄하기만 했던 것은 아니었습니다. 마르틴 루터를 파문한 로마교황청은 심지어 그를 죽이려 하였습니다. 마르틴 루터 개인적으로도 깊은 한밤중과 맞닥뜨렸고, 한 치 앞도 내다보이지 않는 흑암의 터널 속에서, 죽음의 순간과 직면해야 했습니다. 그러나 마르틴 루터는 그 한밤중에도, 그 흑암의 터널 속에서도, 그 죽음의 순간에도, 자기 곁에서 말씀하시는 주님의 말씀만 믿고 좇았습니다. 그 결과 그는 그 자신뿐 아니라 그 한밤중으로부터, 그 흑암의 터널 속에서, 그 죽음의 순간에, 이 땅의 교회도 새롭게 일으켜 세울 수 있었습니다. 그것은 오직 주님의 은혜였습니다. 마르틴 루터를 비롯한 당시의 개혁자들이 '오직 말씀', '오직 믿음', '오직 은혜'를 표방한 것은, 결코 우연한 일이 아니었습니다.

지난 12년 동안, 모든 것이 하나님의 은혜였습니다. 하나님의 은혜가 없었더라면, 12년 전 불모지와 같은 양화진을 지키기 위해 세워진 우리 교회가 12년 만에 오늘날과 같은 모습일 수는 없을 것입니다. 잘 아시는 것처럼, 양화진외국인선교사묘원과 용인순교자기념관의 법적 소유주인 100주년기념재단에 의해 설립된 우리 교회에는 두 가지의 소명이 부여되어 있습니다. 첫 번째는 두 성지를 관리 보존하면서 신앙 선조들의 믿음을 계승하는 것이고, 두 번째는 한국 교회의 새로운 미래를 위한 길닦이가 되는 것입니다. 이것은 우리 교회가 계속하여 교회다운 교회로 존속할 때에만 감당할 수 있는 소명입니다. 교회다운 교회는 두말할 것도 없이 하나님의 말씀을 듣고, 믿고, 좇는 교회입니다.

교회가, 교회의 주인이신 하나님의 말씀을 믿고 좇는 것은 지극히 당연한 일인 것처럼 여겨집니다. 하지만 성경을 보십시오. 구약시대와 신약시대를 통틀어, 하나님을 믿는 모든 무리가 항상 하나님의 말씀을 바르게 믿고 좇은 적이 있었습니까? 지난 2천 년간 교회의 역사를 보더라도 마찬가지입니다. 어느 시대 어느 곳에서든 대부분의 교회는 하나님의 말씀을 바르게 믿고 좇는 좁은 길이 아니라, 세상을 향한 넓은 길을 지향하였습니다. 그래서 하나님의 말씀을 바르게 믿고 좇으려는 교회는, 항상 여러 형태의 도전에 시달렸습니다.

지난 12년 동안 이미 경험했듯이 우리가 하나님의 말씀을 바르게 믿고 좇으려 하는 한, 앞으로도 여러 양상의 도전에 직면할 수 있습니다. 예기치 못한 유라굴로 광풍의 한밤중과 맞닥뜨릴 수도 있고, 한 치 앞도 내다보이지 않는 흑암의 터널 속에 갇힐 수도 있으며, 죽음의 순간과 대면할 수도 있습니다. 그러나 그 한밤중에도, 그 흑암의 터널 속에서도, 그 죽음의 순간에도, 하나님께서 우리 곁에서 당신의 말씀으로 우리와 함께해 주고 계심을 잊지 마십시다.

내일부터 사흘 동안 우리 교회 창립 12주년을 기념하기 위하여, '종교개혁의 환희와 고뇌'라는 주제로 신앙대강좌가 열릴 예정입니다. 500년 전 종교개혁자들로부터 여전히 본받아야 할 것은 무엇이며, 그들의 실수를 통해 바로잡아야 할 것은 무엇인지를 가늠해 보기 위해 마련한 특별 강좌입니다. 현장 참석이든 인터넷 생중계 시청이든, 가능한 한 많은 교우님들의 참여를 부탁드립니다. 그래서 우리 모두 그 신앙대강좌를, 한국 교회의 새로운 미래를 위한 길닦이로서, 어떤 도전 속에서도 하나님의 말씀을 바르게 믿고 좇기 위해 우리의 허리띠를 다시 한 번 졸라매는 계기로 삼으십시다. 그때 그 어떤 죽음의 유라굴로 광풍이 몰아친다 해도, 우리 역시 이 세상을 향하여 바울처럼 고백할 수 있을 것입니다.

죽음의 광풍이 몰아치는 바로 이 밤에도, 하나님께서 우리 곁에서 우리에게 말씀해 주셨습니다. 한 치 앞도 내다보이지 않는 바로 이 흑암의 터널 속에서도, 하나님께서 우리 곁에서 우리에게 말씀해 주셨습니다. 우리가 직면한 바로 이 죽음의 순간에도, 하나님께서 우리 곁에서 우리에게 말씀해 주셨습니다. 하나님께서 우리를 불러 이 시대를 위한 100주년기념교회로 세우셨고, 또 우리를 길닦이 삼아 한국 교회의 미래를 새롭게 한다 하셨으니, 그러므로 세상의 조롱거리로 전락한 한국 교회로 인해 탄식하는 사람들이여, 안심하십시오. 우리는 하나님께서 우리에게 말씀하신 그대로 되리라고, 하나님을 믿습니다.

바울에게 하나님은 그동안 바울이 숱하게 보아왔던, 눈이 있어도 보지 못하고 귀가 있어도 듣지 못하고 입이 있어도 말하지 못하는 금속이나 돌덩이 조각상이 아니었습니다. 바울에게 하나님은 시간과 공간을 초월하여, 언제 어디에서나 바울 곁에서 말씀으로 함께해 주시는, 살아 계신 하나님이셨습니다. 그래서 바울은 죽음의 광풍이 몰아친 바로 그 한밤중에도, 바로 그 흑암의 터널 속에서도, 바로 그 죽음의 순간에도, 하나님의 말씀을 듣고 믿었습니다. 그 결과 바울은 자신뿐 아니라 알렉산드리아 배에 승선한 사람 전원을 바로 그 한밤중으로부터, 바로 그 흑암의 터널 속에서, 바로 그 죽음의 순간에 살리는 구원의 통로가 되었습니다. 로마 가톨릭교회의 시계가 멎어 버린 바로 그 한밤중에, 바로 그 흑암의 터널 속에서, 교회가 직면한 바로 그 죽음의 순간에, 마르틴 루터도 자기 곁에서 말씀하시는 주님의 말씀을 듣고, 믿고, 좇았습니다. 그 마르틴 루터에 의해 교회도 바로 그 한밤중으로부터, 바로 그 흑암의 터널 속에서, 바로 그 죽음의 순간에, 새롭게 소생되었습니다.

오늘 창립 12주년을 맞는 우리에게 이 말씀으로 함께해 주심을 감사합니다. 지난 12년 동안 그렇게 해주셨던 것처럼, 앞으로도 우리 모두 오직 하나님의 말씀만 믿고 좇게 해주십시오. 설령 그 어떤 죽음의 유라굴로 광풍이 우리를 덮친다 해도 바로 그 광풍의 한밤중에도, 바로 그 흑암의 터널 속에서도, 바로 그 죽음의 순간에도, 우리 곁에서 말씀하시는 하나님의 말씀에 귀 기울이며, 그 말씀에 순종하여 나아가게 해주십시오. 그리하여 오늘 바울의 고백이 우리 모두의 고백이 되게 해주시고, 100주년 기념교회가 있음으로 인해 이 땅의 교회와 이 나라의 미래가 새로워지게 해주십시오. 삼 일 만에 다시 살아나셔서, 언제나 우리 곁에서 말씀해 주시는 예수님의 이름으로 기도드립니다. 아멘.

11. 두려워하지 말라

사도행전 27장 21-26절

여러 사람이 오래 먹지 못하였으매 바울이 가운데 서서 말하되 여러분이여 내
말을 듣고 그레데에서 떠나지 아니하여 이 타격과 손상을 면하였더라면 좋을 뻔
하였느니라 내가 너희를 권하노니 이제는 안심하라 너희 중 아무도 생명에는 아
무런 손상이 없겠고 오직 배뿐이리라 내가 속한 바 곧 내가 섬기는 하나님의 사
자가 어젯밤에 내 곁에 서서 말하되 바울아 **두려워하지 말라** 네가 가이사 앞에
서야 하겠고 또 하나님께서 너와 함께 항해하는 자를 다 네게 주셨다 하였으니
그러므로 여러분이여 안심하라 나는 내게 말씀하신 그대로 되리라고 하나님을
믿노라 그런즉 우리가 반드시 한 섬에 걸리리라 하더라

바다에 크고 작은 풍랑이 계속되는 것은, 바다가 살아 있기 때문입니다.
크고 작은 풍랑을 통해 바닷물은 정화되며 생명력을 유지합니다. 인생을 흔
히 항해에 비유합니다. 인간의 삶 속에 크고 작은 문제가 멈추지 않는 것 역
시, 인간이 살아 있다는 증거입니다. 죽은 사람에게는, 그 어떤 문제도 있을

수 없습니다. 하지만 동일한 인생 문제라도, 그리스도인에게는 문제의 의미가 본질적으로 다릅니다. 그리스도인이 인생의 항해길에서 겪는 크고 작은 문제들은 주님께서 우리의 생각과 마음을 정화시켜 주시고, 우리의 생명을 보석처럼 연마시켜 주시려는 은총의 손길입니다. 이런 관점에서 우리가 4주째 살펴보고 있는 바울의 고백은 대단히 중요한 의미를 지니고 있습니다. 우리가 인생의 항해길에서 죽음의 유라굴로 광풍과 직면했을 때 어떻게 대응해야 하는지, 그리고 어떻게 그 광풍을 극복할 수 있는지를, 바울의 고백이 일깨워 주고 있기 때문입니다.

알렉산드리아 배에 승선한 사람들은, 죽음의 유라굴로 광풍이 몰아닥침과 동시에 배에 대한 통제력을 상실해 버렸습니다. 항해의 위험을 무릅쓰면서까지 지키려 했던 그들의 재산과, 배의 중요한 기구들마저 모두 바닷속에 내버려야 했습니다. 여러 날 동안 해도 별도 보이지 않는 칠흑 같은 어둠 속에서 아무것도 먹지도 마시지도 못했습니다. 그렇지만 알렉산드리아 배를 삼키려는 죽음의 광풍이 잦아들 기미가 전혀 보이지 않자, 마침내 그들의 심중에서 구원의 여망마저 사라지고 말았습니다.

바로 그때, 그들 가운데에서 일어서는 한 사람이 있었습니다. 구원의 여망마저 상실한 모든 사람들이 죽음의 절망 속으로 떨어져내리는 그 순간, 도리어 그 절망의 한가운데에서 일어서는 한 사람이었습니다. 사도 바울이었습니다. 그것은 바울의 강철 같은 의지나 신념의 산물이 아니었습니다. 바울에게 그것이 가능할 수 있었던 것은, 그 죽음의 광풍 속에서도 하나님께서 바울과 함께해 주셨기 때문입니다. 바울은 그 하나님을, '내가 속한 바 곧 내가 섬기는 하나님'이라고 고백하였습니다. 바울에게 하나님은 '내가 속한 나의 하나님'이신 동시에, '내가 섬기는 하나님'이셨습니다.

바울이 속하여 섬긴 하나님은 '입이 있어도 말하지 못하며 눈이 있어도 보지 못하며, 귀가 있어도 듣지 못하며 코가 있어도 냄새 맡지 못하며, 손이 있어도 만지지 못하며 발이 있어도 걷지 못하며 목구멍이 있어도 작은 소리조차 내지 못하'는(시 115:5-7) 금속이나 대리석 조각상이 아니었습니다. 바울이 속하여 섬긴 하나님은, 바울 곁에서 말씀해 주시는 하나님이셨습니다. 아득하게 높은 저 하늘 위에서, 저 멀리 산 너머에서, 아련한 목소리로 어렴풋하게 말씀하시는 것이 아니었습니다. 햇볕 따스한 봄날, 백주의 대낮에만 말씀하시는 분도 아니었습니다. 바울이 속하여 섬긴 하나님은 낮인지 밤인지 분간할 수도 없는 바로 그 한밤중에, 지중해 한가운데에서 죽음의 유라굴로 광풍에 휩쓸린 바울에게 친히 다가오셔서, 바로 그의 곁에서 직접 말씀해 주시는 분이셨습니다.

이 시간부터 우리가 주목하고자 하는 것은, 죽음의 광풍이 몰아치는 그 한밤중에 하나님께서 바울에게 친히 말씀해 주신 내용입니다.

> 바울아 두려워하지 말라. 네가 가이사 앞에 서야 하겠고, 또 하나님께서 너와 함께 항해하는 자를 다 네게 주셨다 하였으니(24절).

하나님께서 바울에게 하신 첫 번째 말씀은, "두려워하지 말라"는 것이었습니다.

두 사람이 우리 앞에 있을 경우에, 우리는 한 사람의 말만으로도 나머지 또 한 사람의 정황을 알 수 있습니다. 이를테면 퇴근 시간의 남편으로부터 전화를 받은 아내가 '오늘도 고주망태로 귀가할 건가요?' 하고 남편에게 묻는다면, 그녀의 남편은 허구한 날 술독에 빠져 사는 사람임을 의미합니다. 아이에게 '너 여태 게임하고 있니?'라는 엄마의 말은, 아이가 엄마와 약속한 공부 시간을 어겼다는 말입니다. 고령의 아버지에게 '이제부터 밤에는 운전하지 마십시오'라는 자식의 말을 통해, 우리는 고령의 아버지가 야간 운전으로 여러 차례 사고를 일으켰음을 알 수 있습니다.

하나님께서 유라굴로 광풍 속의 바울에게 하신 첫 번째 말씀은, '두려워하지 말라'였습니다. 이것은 바울이 그 죽음의 광풍 속에서 두려워하고 있었음을 뜻합니다. 바울이 전혀 두려워하지 않았다면, 하나님께서 두려워하지도 않는 바울에게 '두려워하지 말라'고 말씀하실 필요도, 까닭도 없었을 것입니다. 사도 바울이라고 해서 우리와는 본질적으로 다른 초인이 아니었습니다. 바울 역시 우리와 똑같은 성정을 지닌, 연약한 인간에 지나지 않았습니다. 그가 강할 수 있었던 것은, 죽음을 깨뜨리고 삼 일 만에 다시 살아나신 주님의 강하심을 의지할 때뿐이었습니다. 만약 한순간이라도 그의 시야에 주님께서 계시지 않는다면, 그 역시 매사에 불안해하고 초조해하며 두려워하는 우리와 조금도 다를 바가 없었습니다.

마태복음 14장의 베드로도 마찬가지였습니다. 제자들이 한밤중에 배를 타고 갈릴리 바다를 건널 때였습니다. 갑자기 몰아닥친 거센 바람이 배에 타고 있는 제자들을 괴롭혔습니다. 산 위에서 기도하며 그 광경을 목격하신 주님께서, 거센 바람이 몰아치는 바다 위를 걸어서 제자들의 배에 다가오셨습니다. 주님께서 바다 위를 걸어오시리라고는 상상치도 못한 제자들은 주님을 유령이라 착각하고, 모두 공포에 사로잡혀 비명을 질렀습니다. 주님께서 그 제자들에게 말씀하셨습니다.

안심하라. 나니, 두려워하지 말라(마 14:27).

"나니, 두려워하지 말라." 그 말씀에 제자들이 정신을 차리고 보니, 거센 바람이 몰아치는 바다 위를 걸어오신 분은 유령이 아니라 주님이셨습니다. 베드로가 주님께 요청하였습니다. 당신이 정말 주님이시라면, 베드로 자신도 물 위를 걸을 수 있게끔 명령해 달라는 요청이었습니다. 주님께서 베드로에게 바다 위를 걸어오라고 명령하셨고, 베드로는 주님의 명령을 의지하여 거센 바람이 몰아치는 바다 위를 걸어 주님을 향해 다가갔습니다. 그때 갑자기 바람이 더 거세어졌습니다. 베드로는 고개를 돌려 거세게 몰아치는 바람을 보았고, 그 즉시 베드로는 두려움에 사로잡혀 비명을 지르며 바다에 빠지고 말았습니다. 주님께서 베드로의 손을 붙잡아 바다에서 끌어올리시며 그에게 말씀하셨습니다.

    믿음이 작은 자여, 왜 의심하였느냐(마 14:31)

베드로가 어쩌다가 "믿음이 작은 자"로 전락했습니까? 그리고 왜, 무엇을 의심하였습니까? 베드로의 시야에 주님께서 계시는 한 그에게는 거센 바람도, 갈릴리바다도, 아무 문제가 되지 않았습니다. 베드로는 거센 바람을 헤치며 갈릴리바다 위를 걸어 주님을 향해 한 걸음 한 걸음 다가갔습니다. 하지만 베드로가 주님에게서 고개를 돌려 더욱 거세지는 바람을 보는 순간, 다시 말해 베드로의 시야에 거센 바람만 몰아치는 순간, 베드로는 그 바람의 위세에 압도당하여 두려움에 사로잡히고 말았습니다. 그의 시야에 더 이상 주님께서 계시지 않을 때, 그가 비명을 지르며 바다에 빠지는 것 이외에 할 수 있는 것이라고는 아무것도 없었습니다. 그가 주님보다 거센 바람을 더 크게 여기는 순간에 그는 '믿음이 작은 자'로 전락했고, 주님을 믿는다면서도 도리어 주님을 의심하는 결과를 초래하고 말았습니다.

누가 믿음이 큰 사람이겠습니까? 어떤 상황 속에서든, 이 세상 그 어떤 것보다 삼위일체 하나님께서 더 크신 분이심을 믿는 사람입니다. 그러나 아무리 믿음이 큰 사람이라도 그의 시야에 하나님께서 계시지 않으면, 베드로처럼 한순간에 믿음이 작은 자로 전락하여 세상의 풍랑 속에 침몰해 버릴 수 있습니다. 그의 시야에 하나님이 보이지 않는 사람에게 세상의 온갖 풍랑은, 늘 두려움의 대상이기 때문입니다.

바울은 3차 전도 여행 중 마게도냐에서 기록한 고린도후서 11장 25절에서, 자신이 "세 번 파선하고 일주야를 깊은 바다에게 지냈"다고 증언하였습니다. 세 차례에 걸쳐 지중해 세계를 누비고 다닌 바울이, 본문 이전에도 바다에서 세 번이나 폭풍을 겪었던 것입니다. 그러나 유라굴로 광풍은, 예전에 겪었던 세 번의 폭풍과 같지 않았습니다. 유라굴로 광풍은 전무후무한 죽음의 광풍이었습니다.

그 죽음의 광풍이 몰아닥침과 동시에 사람들의 통제력에서 벗어난 배가 마구 흔들리며 광풍에 휩쓸려 갈 때, 온갖 비명을 질러대는 사람들 틈에서 바울 역시 두렵지 않았겠습니까? 사람들이 그토록 지키려던 재산마저 바다에 모두 내버려도 배가 뒤집어질 듯이 요동치기만 할 때, 바울 역시 두렵지 않았겠습니까? 여러 날 동안 해도 별도 보이지 않는 칠흑 같은 어둠 속에서 아무것도 먹지도 마시지도 못했지만, 죽음의 광풍이 기세가 꺾어지기는커녕 계속하여 배를 집어삼키려 할 때, 바울 역시 두렵지 않았겠습니까? 배에 타고 있는 사람들이 구원의 여망마저 상실한 채 모두 죽음의 절망 속으로 떨어져 내릴 때, 노쇠하고 병약한 바울 역시 두렵지 않았겠습니까? 그의 시야에서 다시 하나님이 보이기까지, 바꾸어 말해 그의 시야에 죽음의 광풍만 보이는 동안은, 그는 다른 사람들과 똑같이 두려워할 수밖에 없었습니다. 그래서 하나님께서 그에게 던지신 첫 번째 말씀이, '두려워하지 말'라는 것이었습니다.

하나님께서는 알렉산드리아 배에 타고 있는 모든 사람들에게, 혹은 불특정 다수에게 '두려워하지 말라'고 말씀하신 것이 아니었습니다. 하나님께서는 바울의 이름을 부르시며 '바울아, 두려워하지 말라'고, 바울에게만 개인적으로 그렇게 말씀하셨습니다.

베드로가 물 위로 걸어오라는 주님의 명령에 순종하여 주님을 향해 걸어갈 때, 거센 바람은 아무 문제도 되지 않았습니다. 하지만 베드로가 주님에게서 얼굴을 돌려 거센 바람을 보았을 때, 그의 시야에 주님 대신 거센 바람만 보였을 때, 베드로는 그 바람의 위세에 압도되어 바닷속에 빠지고 말았습니다. 바울은 그 반대였습니다. 지중해를 항해하는 바울의 시야가 갑자기 몰아닥친 죽음의 유라굴로 광풍으로만 채워졌을 때, 그 죽음의 광풍에 휩쓸린 바울 역시 다른 사람들과 똑같이 두려워하였습니다. 그러나 그의 이름을 부르시며 '두려워하지 말라'고 말씀하시는 하나님이 그의 시야에 보이는 순간부터, 죽음의 광풍은 바울에게 더 이상 문제가 되지 않았습니다. 오히려 바울은 그 죽음의 광풍 속에서 일어나, 구원의 여망마저 상실한 사람들에게 '기뻐하라'고 외치며 희망의 메시지를 선포할 수 있었습니다. 이번에만 그랬던 것은 아닙니다.

바울이 2차 전도 여행 중 처음으로 그 유명한 타락의 도시, 고린도를 방문하였을 때의 일입니다. 바울은 지금까지 그랬던 것처럼, 고린도에서도 유대인의 회당을 찾아 복음을 전하였습니다. 하지만 고린도의 유대인들은 바울을 유대교의 배교자로 간주하여 조직적으로 바울을 배척하였습니다. 바울을 그들의 회당에서 쫓아내어 버린 것입니다. 마침 유대인 회당 바로 옆집 주인인 디도 유스도가 자기 집을 제공하였고, 바울은 그 집을 복음의 거점으로 삼았습니다. 그러나 그것은 위험하기 짝이 없는 일이었습니다. 바울을 조직적으로 배척하여 회당에서 쫓아내어 버린 유대인들의 입장에서 생각해 보십시오. 바울이 다른 곳도 아닌, 자신들의 회당 바로 옆집을 복음의 거점으로 삼았으니, 바울을 대적하던 유대인들이 그 괘씸한 바울을 가만히 두려 했겠습니까? 어떻게든 바울에게 조직적으로 위해를 가하려 하지 않았겠습니까? 바울로서는 그 타락의 도시에서 언제, 어디에서, 무슨 봉변을 당할지 모를 일이었습니다. 그 상황만 생각하면, 바울이 자기도 모르게 두려움에 사로잡히지 않았겠습니까? 그래서 그때에도 주님께서 바울에게 이렇게 말씀하셨습니다.

> 두려워하지 말며, 침묵하지 말고 말하라. 내가 너와 함께 있으매, 어떤 사람도 너를 대적하여 해롭게 할 자가 없을 것이니, 이는 이 성중에 내 백성이 많음이라(행 18:9하-10).

그때에도 주님께서 바울에게 가장 먼저 하신 말씀이, '두려워하지 말라'는 것이었습니다. 아시아 대륙 출신의 바울이 난생 처음 찾아간 유럽 대륙의 소문난 타락의 도시 고린도에서 예기치 않은 상황을 맞아, 자기도 모르게 두려워하고 있었던 것입니다. 바울의 시야가 그 두려운 상황으로만 가득 차 있었던 것입니다. 바울에게 '두려워하지 말라'고 하신 주님께서 계속하여 말씀하셨습니다. 고린도에서 어떤 사람도 바울을 대적하여 해롭게 할 사람이 없을 것인즉, 그것은 주님께서 언제나 바울과 함께하고 계시기 때문이라는 것이었습니다. 바울이 의식하지 못하는 순간에도 주님께서 항상 바울의 시야 속에 계심을, 주님께서 바울에게 그렇게 재확인시켜 주셨습니다. 바울은 그 주님을 의지하여, 유대인들이 조직적으로 배척하는 고린도에서 1년 6개월이나 담대하게 복음을 전하였습니다. 그뿐이 아니었습니다. 3차 전도 여행 중에 다시 고린도를 방문한 바울은, 그 타락의 도시에서 복음의 진수로 불리는 로마서를 집필하였습니다. 그의 시야에 언제나 주님께서 계실 때, 그를 둘러싸고 있는 상황은 그 어떤 상황도 아무 문제가 되지 않았던 것입니다.

태초에 하나님께서 흙으로 사람을 지으시고 당신의 생기를 그 코에 불어 넣으심으로, 사람이 생령이 되게 하셨습니다(창 2:7). 하지만 범죄한 인간은 하나님의 생기를 상실해 버렸습니다. 흙으로 지어진 인간이 하나님의 생기로 생령이 되었는데, 생령에서 하나님의 생기를 제하니 인간이 도로 흙으로 회귀하고 말았습니다. 그래서 모든 인간은 죽음과 동시에, 반드시 흙으로 돌아가 버립니다. 지금 우리가 이렇게 멀쩡하게 보이지만, 실은 우리 모두 미래의 흙인 셈입니다. 고작 흙으로 끝나 버릴 우리 육체의 호흡은 결코 영원하지 않습니다. 1학기 구역 성경공부 시간에 배운 것처럼, 우리 육체의 호흡은 거듭하면 할수록 그 횟수와 정비례하여 우리의 육체가 소멸하기 마련입니다.

여러분은 이 세상에 태어난 이래 몇 년 동안이나 호흡하셨습니까? 20년? 50년? 혹은 70년입니까? 그 호흡의 길이만큼 사실은, 여러분 자신이 소멸한 것입니다. 제가 지금 이렇게 한 번 호흡하였습니다. 제 육체가 그 호흡의 길이만큼 소멸해, 흙에 그만큼 더 가까워진 것입니다. 재산을 태산처럼 쌓아 둔 사람도, 누구보다 높은 직위에 오른 사람도, 하늘의 별처럼 빛나는 명성을 지닌 사람도, 모두 현재진행형으로 매일 매 순간 흙으로 소멸되어 가고 있다는 사실에는 아무 차이가 있을 수 없습니다.

호흡하면 할수록 계속 흙으로 소멸해 가는 인생 그 자체에, 무슨 대단한 가치가 있을 수 있겠습니까? 겨우 한 줌의 흙으로 끝나 버릴 인생에, 무슨 확고한 미래가 보장될 수 있겠습니까? 한 줌의 흙에 불과한 인생이, 거대한 죽음의 광풍 앞에서 과연 무엇을 할 수 있겠습니까? 생각하면 할수록 매 순간 흙으로 소멸해 가는 인생 그 자체는 아무것도 아니요, 허망하기 짝이 없습니다. 그래서 모든 인간은 그렇듯 불완전한 자기 존재로 인한 두려움과 근심에 사로잡혀 살고 있습니다. 인생에 조그마한 비바람이 몰아쳐도 두려워하고, 먹을 것을 태산처럼 쌓아 두고서도 내일을 근심하며, 칠팔십 년이나 살고서도 암 선고를 받으면 죽음을 두려워합니다. 흙으로 소멸되어 가는 인간의 시야에는 언제나, 이 세상의 문제만 커다랗게 클로즈업 되기 때문입니다.

그러나 그 인간의 시야에 주님께서 등장하시는 순간부터, 인간은 모든 두려움에서 해방됩니다. 인간의 죗값을 대신 치러 주시기 위해 십자가의 제물로 죽임 당하신 주님께서는, 삼 일 만에 죽음의 권세를 깨뜨리고 다시 살아나셨습니다. 그 주님께서 함께하고 계시는데, 이 세상에 극복하지 못할 광풍이 무엇이겠습니까? 그 주님께서 개입해 계시는데, 주님의 신비로운 섭리 아닌 광풍이 어디에 있겠습니까?

바울의 시야가 순식간에 몰아닥친 유라굴로 광풍으로만 가득 찼을 때, 그것은 두렵기 짝이 없는 죽음의 광풍이었습니다. 하지만 바울의 시야에 '두려워하지 말라'고 말씀하시는 하나님이 보이기 시작함과 동시에, 유라굴로 광풍은 더 이상 죽음의 광풍이 아니었습니다. 그것은 황제의 법정에 서야 할 바울의 심령을 더욱 새롭게 정화시켜 주시고, 이미 인생 말년에 접어든 그의 속사람을 더욱 강건하게 세워 주시려는 은총의 손길이었습니다. 나아가 그 유라굴로 광풍은, 바울을 통해 알렉산드리아 배에 승선한 275명을 구원하시려는 하나님의 신비로운 섭리였습니다. 바울 홀로는 죽음의 광풍에 두려워 떠는 노쇠하고 병약한 인간에 지나지 않았지만, 그의 시야에 주님을 모신 바울은 바로 그 죽음의 광풍 속에서 275명을 담대하게 구원해 내는 위대한 사도였습니다.

그 바울은, 천신만고 끝에 찾아간 로마에서 주님을 위해 참수형을 당해 죽었습니다. 참수형은 목이 잘려 죽는 것입니다. 참수형을 당하기 전날 밤, 쇠사슬에 묶인 채 감옥에서 날이 밝기를 기다리는 바울이 두렵지 않았겠습니까? 형장으로 끌려가는 바울에게 두려움이 없었겠습니까? 그의 시야에 그가 당할 참수형만 클로즈업 되는 한, 인간인 그에게는 반드시 두려움이 있었을 것입니다. 그런데도 그가 어떻게 자기 목이 잘려 나가는 참수형마저 피하지 않고, 주님의 휘페레테스와 마르튀스의 사명을 완수할 수 있었겠습니까? 그때에도 주님께서 바울의 시야 속에서, 바울을 향해 당신의 두 팔을 벌리시며 말씀하셨을 것입니다. "바울아. 나니, 두려워하지 말라. 내가 반드시 죽음의 한가운데에서 너를 영원히 일으켜 세워 주리라." 바울은 그 주님을 위해 두려움 없이 자신의 목숨을 기꺼이 바쳤고, 주님께서는 그 바울을 통해 인류의 역사를 새롭게 하셨습니다. 그리고 삼 일 만에 다시 살아나신 당신 안에서 그 바울을, 시간과 공간을 초월하여 영원히 살게 해주셨습니다.

지난 일주일 동안 우리의 시야에는 무엇으로 가득 차 있었습니까? 지난 7일 동안 우리의 시야에서 주님이 보인 적은 몇 번이나 되었습니까? 우리의 시야가 온통 세상으로만 가득 차 있어, 주님께서 개입하실 틈이라고는 바늘구멍만큼도 없었던 것은 아닙니까? 그렇다면 매일 흙으로 소멸해 가는 우리는 인생의 항해길에서, 앞으로도 두려움과 근심의 노예로 살아갈 수밖에 없습니다. 잊지 마십시오. 주님께서는 저 멀리 산 너머, 바다 건너, 혹은 높은 하늘 위에 계시지 않습니다. 주님께서는 언제나 우리의 시야 속에서, 우리와 함께하고 계십니다. 그리고 세상의 크고 작은 풍랑을 두려워하는 우리 각자의 이름을 부르시며, 지금도 '두려워하지 말라'고 우리에게 말씀하고 계십니다.

믿음은 말씀과 기도를 통해 매 순간 그 주님을 인식하면서, '두려워하지 말라'는 주님의 음성에 담대하게 응답하며 살아가는 것입니다. 그때부터 세상의 크고 작은 풍랑은 우리의 심령을 정화시켜 주고, 우리의 생명을 보석처럼 빛나게 연마해 주는 은총의 손길이 됩니다. 그 결과 우리 홀로는 죽음의 광풍 속에서 소멸해 가는 한 줌의 흙에 지나지 않지만, 주님과 함께라면 우리는 죽음의 광풍 속에서도 담대하게 275명을 구원해 내는 이 시대의 사도 바울이 될 수 있습니다. 삼 일 만에 다시 살아나신 주님을 주님으로 모시고 살아가는 그리스도인의 감격과 환희가, 바로 거기에 있습니다.

주님께서는, 죽음의 광풍에 휩쓸려 두려움에 사로잡힌 바울을 꾸짖지 않으셨습니다. 오히려 그 죽음의 광풍 속에서도 바울의 시야에 이미 임해 계신 당신을 바울에게 재확인시켜 주시며, '두려워하지 말라'고 바울의 믿음을 북돋아 주셨습니다. 그 바울의 주님께서 우리의 주님이심을 감사합니다.

지난 한 주간 동안에도 우리의 시야는 세상으로만 가득 차 있었습니다. 우리의 시야에서 주님을 찾아뵐 겨를조차 없었습니다. 그래서 하루하루 흙으로 소멸해 가는 우리의 삶에서 두려움과 근심이 떠날 날이 없었습니다. 그런데도 우리를 내치지 않으시고 오늘도 불러 주셔서, 이 시간에 우리 각자의 이름을 부르시며, '두려워하지 말라'고 격려해 주시니 감사합니다.

이제부터 말씀과 기도를 통해 세상의 어떤 광풍 속에서도, 이미 우리의 시야에 임해 계시는 주님을 매 순간 인식하면서, '두려워하지 말라'는 주님의 음성에 응답하며 담대하게 살아가게 해주십시오. 그리하여 세상의 크고 작은 광풍이 우리의 심령을 정화시켜 주고, 우리의 생명을 보석처럼 빛나게 연마해 주는 은총의 손길이 되게 해주십시오. 항상 담대하게 믿음이 큰 사람으로 살아가되, 한순간이라도 믿음이 작은 자로 전락하지 않게 해주십시오. 그렇게 살아가는 우리 한 사람 한 사람을 통해 구원의 여망마저 상실한 수많은 사람들에게, 삼 일 만에 다시 살아나신 주님의 구원의 빛이 비춰지게 해주십시오. 아멘.

12. 가이사 앞에 서야

사도행전 27장 21-26절

여러 사람이 오래 먹지 못하였으매 바울이 가운데 서서 말하되 여러분이여 내 말을 듣고 그레데에서 떠나지 아니하여 이 타격과 손상을 면하였더라면 좋을 뻔 하였느니라 내가 너희를 권하노니 이제는 안심하라 너희 중 아무도 생명에는 아무런 손상이 없겠고 오직 배뿐이리라 내가 속한 바 곧 내가 섬기는 하나님의 사자가 어젯밤에 내 곁에 서서 말하되 바울아 두려워하지 말라 네가 **가이사 앞에 서야** 하겠고 또 하나님께서 너와 함께 항해하는 자를 다 네게 주셨다 하였으니 그러므로 여러분이여 안심하라 나는 내게 말씀하신 그대로 되리라고 하나님을 믿노라 그런즉 우리가 반드시 한 섬에 걸리리라 하더라

먼저, 저의 부실한 건강으로 인해 지난 주일에 강단에 서지 못한 것을 진심으로 죄송스럽게 생각합니다. 2013년에 전립선암 수술을 받은 저는 후속 조치로 방사선치료와 호르몬치료까지 받았습니다. 그 덕분에 말기암의 고비를 넘어설 수 있었습니다. 하지만 얻는 것이 있으면 잃는 것도 있는 법이

지 않습니까? 31번의 방사선치료와 25개월에 걸친 호르몬치료 이후, 제 몸에는 예전에 없던 여러 증상들이 나타났습니다. 그중에 하나가, 갑자기 양 눈두덩 속에 안검황색종으로 불리는 일종의 종양이 발생한 것입니다. 처음에는 대수롭지 않게 생각했는데, 날이 갈수록 점점 커졌습니다. 눈을 뜰 때마다 납덩이가 짓누르는 것 같아, 눈을 뜨고 있는 것 자체가 적잖은 고통이었습니다.

전문가는, 그대로 두면 계속 커지고 또 돌처럼 굳을 위험이 있으므로 제거하는 것이 좋겠다고 했습니다. 그래서 병원 일정에 맞추어 지난 7월 31일 안검황색종 제거 수술을 받았습니다. 제 양 눈 쌍꺼풀의 윗선을 절개하여 황색종 종양을 긁어내고, 그로 인해 쳐진 눈꺼풀을 절제한 뒤에 쌍꺼풀을 다시 봉합하였습니다. 그 결과, 이제는 힘들이지 않고 눈을 뜰 수 있습니다. 눈을 뜨고 있는데도 눈꺼풀의 무게가 전혀 느껴지지 않는 것이 신기하게 여겨질 정도입니다. 하지만 여기에도 얻는 것이 있는 만큼 잃는 것이 있었습니다. 지금은 붓기가 현저하게 빠졌습니다만 그래도 절개했다가 다시 봉합한 쌍꺼풀이 진정되지 않아, 마치 없던 쌍꺼풀을 인공적으로 만들어 넣은 것처럼 두드러져 보입니다. 제 얼굴이 크게 클로즈업 되는 스크린 예배실에서 예배드리는 분들에게는, 제 눈이 매우 어색하고 거북하게 보일 것입니다. 저 역시 마찬가지입니다. 수술 후 일주일 만에 밴드와 거즈를 떼고 처음 본 제 눈은, 참 가관이었습니다. 의사의 말에 의하면, 지금처럼 화가 나 있는 쌍꺼풀이 예전의 모습으로 회복되기 위해서는 앞으로도 6개월 이상 소요될 것이라고 합니다.

제 막내누님 주위에도 저와 유사한 수술을 받은 분들이 있는데, 서로 적응하는 것이 중요하더라고 했습니다. 수술받은 사람도 어색한 자기 모습에 적응해야 하지만, 주위 사람들 역시 그 사람의 모습에 적응해야 서로 편하다는 말이었습니다. 제 앞 머리카락만 검은 색인 것을 두고 부분 염색이냐, 부분 가발이냐, 묻는 분이 하도 많으셔서 2년 전에 100퍼센트 자연산이라고 해명해 드린 적이 있었습니다. 교우님들이 예배 시간에 제 머리카락 색깔로 인해, 제가 전하려는 메시지를 놓치지 않게 해드리기 위함이었습니다. 앞으로 제 쌍꺼풀이 예전의 모습으로 회복될 때까지, 낯설고 어색해 보이더라도 현재의 제 눈에 빨리 적응해 주시기를 부탁드립니다. 그래야 제 눈 때문에 제가 전하려는 메시지를 놓치시는 일이 없을 것입니다.

알렉산드리아 배를 강타한 유라굴로 광풍은, 한 번도 경험해 본 적이 없는 죽음의 광풍이었습니다. 그 배에 승선한 사람들은 배가 전복하지 않도록, 자신들의 재산과 배의 중요한 기구들마저 모두 바닷속에 내버려야 했습니다. 여러 날 동안 먹지도 마시지도 못했지만 죽음의 광풍이 잦아들 기미가 보이지 않자, 그만 사람들의 심중에서 구원의 여망마저 사라지고 말았습니다. 모두 죽음의 절망에 삼킴 당해 버린 것입니다. 그러나 사도 바울만은 그 절망 속에서 일어섰습니다. 그것은 그의 강철 같은 의지나 신념의 산물이 아니라고 했습니다. 바울에게 그것이 가능할 수 있었던 것은, 그 죽음의 광풍 속에서도 하나님께서 당신의 사자를 통해, 당신의 말씀으로 바울을 붙들어 주신 덕분이었습니다.

하나님께서 바울에게 하신 첫 번째 말씀은, '두려워하지 말라'는 것이었습니다. 죽음의 광풍에 휩쓸려 다른 사람들과 똑같이 두려움에 사로잡혀 있던 바울은, '두려워하지 말라'는 하나님의 말씀을 힘입어 죽음의 절망 한가운데에서 결연히 일어설 수 있었습니다. 우리가 온갖 종류의 광풍과 맞닥뜨려야 하는 인생의 바다를 항해하기 위해서는, 우리에게 용기가 필요합니다. 용기 있는 사람만, 남을 흉내 내지 않고 자기 인생을 살 수 있습니다. 하지만 그 용기의 출처가 자기 자신이라면, 그것은 만용에 지나지 않습니다. 공동묘지에서 고작 한 줌의 흙으로 끝나 버릴 인간에게 무슨 참된 용기가 있을 수 있겠습니까? 천지를 창조하신 하나님, 그 하나님의 말씀만, 시공을 초월하는 진정한 용기의 원천이십니다.

하나님께서 죽음의 유라굴로 광풍 속에서 계속하여 바울에게 말씀하셨습니다.

> 바울아 두려워하지 말라. 네가 가이사 앞에 서야 하겠고, 또 하나님께서 너와 함께 항해하는 자를 다 네게 주셨다 하였으니(24절).

'두려워하지 말라'고 말씀하신 하나님께서는, 바울이 "가이사 앞에 서야" 할 것임을 그에게 재확인시켜 주셨습니다. 유라굴로 광풍이 아무리 죽음의 광풍이라 해도, 그 광풍이 지중해 위에서 바울을 삼키지는 못할 분명한 이유가 있었습니다. 바울이 '가이사 앞에', 다시 말해 황제의 법정에 서야 하는 것이었습니다. 황제에게 상소한 바울은, 지금 미결수의 신분으로 호송당하고 있습니다. 범죄한 바울이 자신의 억울함을 호소하기 위함이 아니었습니다. 바울은 로마제국의 실정법을 어기고 범죄를 저지른 적이 없었습니다. 그럼에도 바울이 황제에게 상소한 것은, 바울을 황제의 법정에 세우시려는 하나님의 신비로운 섭리였습니다.

주님께서는 다메섹 도상에서 바울을 불러내시고, "이 사람은 내 이름을 이방인과 임금들과 이스라엘 자손들에게 전하기 위하여 택한 나의 그릇이라"(행 9:15)고 천명하셨습니다. 이방인과 이스라엘 자손들 그리고 임금들이라면, 남녀노소 빈부귀천을 불문하고 이 세상 모든 사람을 일컫습니다. 바울은 이 세상 모든 사람에게 주님의 이름을 전하기 위해 주님께서 택하신

'주님의 그릇'이었습니다. 바울은 베스도 총독이 아그립바 왕을 위해 개최한 청문회장에서, 자신이 '주님의 그릇'이란 말이 무슨 의미인지, 더욱 구체적으로 증언하였습니다.

> 왕이여, 정오가 되어 길에서 보니, 하늘로부터 해보다 더 밝은 빛이 나와 내 동행들을 둘러 비추는지라. 우리가 다 땅에 엎드러지매 내가 소리를 들으니 히브리 말로 이르되, 사울아 사울아 네가 어찌하여 나를 박해하느냐? 가시채를 뒷발질하기가 네게 고생이니라. 내가 대답하되 주님 누구시니이까? 주께서 이르시되, 나는 네가 박해하는 예수라. 일어나 너의 발로 서라. 내가 네게 나타난 것은 곧, 네가 나를 본 일과 장차 내가 네게 나타날 일에 너로 종과 증인을 삼으려 함이니(행 26:13-16).

바울이 '주님의 그릇'이라는 것은 구체적으로, 세상 모든 사람을 위한 주님의 '종'과 '증인'이라는 의미였습니다. 하나님께서 바울로 하여금 황제에게 상소하도록 섭리하신 것은, 지중해 세계를 제패한 로마제국 제1인자인 황제의 법정에 그를 당신의 '종'과 '증인'으로 내세우시기 위함이었습니다.

1월 둘째 주일에 사도행전 26장 16절을 설교할 때 말씀드린 것처럼, 우리말 '종'으로 번역된 헬라어 명사 '휘페레테스ὑπηρέτης'는 배 밑장에서 노를 젓는 노예를 일컫습니다. 배 밑창에는 바깥을 내다볼 수 있는 창문이 없기에, 휘페레테스는 자신이 노를 젓는 배가 어느 방향으로 가는지 알 수 없습니다. 그에게는 배와 관련하여 그 어떤 결정권도 없습니다. 그는 단지 고수가 치는 북의 속도에 맞추어, 자신의 힘과 의지를 다해 노를 저을 뿐입니다. 그 배가 어느 방향으로 어느 정도의 속도로 항해할 것인가, 어디에서 멈출 것인가, 그것은 전적으로 함장의 소관입니다. 바울은 그와 같은 주님의 휘페레테스로 부르심을 받았습니다.

또 우리말 '증인'으로 번역된 헬라어 명사 '마르튀스'에서 '순교자'를 뜻하는 라틴어 '마르티르μάρτυς'가 유래하였습니다. 참된 증인은, 자신의 증언에 대해 목숨을 거는 사람입니다. 자신이 알고 있는 진실을 위해 생명을 걸기는 커녕 도리어 왜곡하거나 거짓되게 전하는 사람은, 위증인일 뿐 어떤 경우에도 참된 증인일 수 없습니다. 참된 증인은 언제나 생명을 걸고 진실을 증언하기에, 증인과 순교자는 동의어와 같습니다. 바울은 그렇게, 이미 본 것과 앞으로 보게 될 것을 증언하기 위해 자신의 생명을 걸어야 하는 주님의 마르튀스로 부름 받은 사람이었습니다.

사도행전 26장 16절에서 우리말 '종'과 '증인'이 헬라어로 '휘페레테스'와 '마르튀스'임을 밝힌 이후, 저는 주일 설교시간에 '종'과 '증인'을 언급할 필요가 있을 때마다 헬라어 '휘페레테스'와 '마르튀스'로 대체해 왔습니다. 거기에는 까닭이 있습니다. 본래의 뜻을 상실해 버린 우리말 '종'과 '증인'은, 헬라어 '휘페레테스'와 '마르튀스'의 바른 의미를 제대로 반영할 수 없기 때문입니다.

그리스도인들은 목사, 장로, 권사, 집사, 교인 할 것 없이, 모두 자신이 주님의 종이라고 고백합니다. 그런데 어떻습니까? 우리는 정말 주님의 종으로 살고 있습니까? 우리가 스스로 주님의 종이라 고백할 때, 우리의 정체성이 배 밑창에서 노를 젖는 노예라는 의미로 그렇게 고백하는 것입니까? 우리의 주머니나 명예와는 상관 없이, 오직 주님의 뜻을 이루기 위한 주님의 휘페레테스로 살고 있다는 뜻으로 그렇게 고백하는 것입니까? 전혀 그렇지 않지 않습니까? 주님의 종이라고 말은 하면서도, 실은 자신의 요구 사항을 매일 주님께 명령하기만 하는 주님의 주인으로 살고 있지 않습니까?

2010년에 입적하신 법정 스님은, 제가 존경하는 스님 가운데 한 분입니다.

그분이 쓰신 글은 거의 읽었을 정도입니다. 그분이 입적하신 후, 모 TV에서 추모특집을 방영하였습니다. 그 속에는 스님의 설법 영상도 포함되어 있었습니다. 영상 속의 스님께서 말씀하셨습니다. "앞으로 나를 법정 큰스님이라고 부르지 마십시오." 저는 역시 법정 스님다우시다고 생각했습니다. 불교의 승려는 본래 자신을 중이라 불렀습니다. '스님'은 다른 사람이 중을 부를 때 사용하는 높임말이었습니다. 예전의 선사들은 예외 없이 자신을 '중'이라고 불렀습니다. 그런데 언제부턴가 불교의 승려들이 자기에게 '님' 자를 붙여 자기 스스로 '스님'이라고 부르기 시작하더니, 이제 자신을 '중'이라 부르는 승려를 볼 수 없게 되어 버렸습니다. 신문에 기고하고서도 아무 거리낌 없이, 자신을 '스님'이라고 표기합니다. 우리 사회에서 소위 성직자라 불리는 사람들 가운데, 공식적으로 자기 호칭에 '님' 자를 붙이는 성직자들은 불교의 승려들밖에 없습니다. 그래서 저는 법정 스님의 말씀을 들으며, 불교의 잘못된 호칭문화를 교정하시려는 것으로 이해하였습니다. 하지만 그 뒤에 이어진 법정 스님의 말씀에 적이 실망하고 말았습니다. "앞으로 나를 법정 큰스님이라고 부르지 마십시오. 앞으로 나를 법정 스님이라고 부르십시오. 부처님 앞에서는 모두 스님이요, 큰스님 작은 스님 구별이 없습니다."

한국 교회 목사 가운데, 자기에게 '님' 자를 붙여 자기 스스로 '목사님'이라는 목사는 없습니다. 그러나 적잖은 교인들이 자기 교회 목사를 가리켜 '주의 종님'이라고 부르는 것은 엄연한 사실입니다. '종'은 본래 '님' 자가 붙을 수 없는 호칭입니다. 교인이 자기 교회 목사를 '종님'이라고 부를 때, 그 교인에게 그 목사는 이미 주님의 종일 수 없습니다. 또 한국 교회 거의 대부분의 목사는 노소를 막론하고, 자기 아내를 공식 석상에서 '사모'라고 부릅니다. '사모'는 다른 사람이 목사의 아내를 높여 부르는 호칭인데도, 승려가 자신을 '스님'이라고 부르는 것처럼, 목사 스스로 자기 아내를 '사모'로 높여 부르고 있습니다. 이것은 목사 스스로 자신을 종으로 여기고 있지 않다는 단적인 예입니다. 오늘날 한국 그리스도인들이 사용하는 '종'이란 단어는, 이처럼 성경이 전하는 '휘페레테스'의 의미와 완전히 동떨어져 있습니다.

우리는 또 우리가 주님의 '증인'이라고 고백합니다. 우리가 주님의 '증인'이라고 할 때, 우리가 증언할 곳은 법원 청사가 아닙니다. 우리가 살고 있는 이 세상이 온통, 우리의 삶으로 주님의 말씀을 증언해야 할 주님의 법정입니다. 어떻습니까? 우리는 이 세상의 법정에서 주님의 증인으로 살기 위해, 날마다 우리의 생명을 걸고 있습니까? 불이익을 감수하고 세상의 명예를 잃으면서까지 우리의 삶으로 주님의 말씀을 증언하고 있습니까? 법조인에게 확인해 보니 2015년 한 해 동안 위증죄로 기소된 사람의 수가 약식사건 959명, 일반공판사건 1,250명, 총 2,209명이나 되었습니다. 단 한 해 동안 사법부에 기소된 위증만 이 정도이니, 우리 사회에서 실제로는 얼마나 많은 거짓 증언이 횡행하고 있겠습니까? 이처럼 거짓은 오래전부터 우리의 삶 속에 깊이 뿌리내리고 있습니다. 그런데도 우리는 스스럼없이 주님의 '증인'을 자처합니다. 우리말 '증인'이란 단어 역시 성경의 '마르튀스'와는 거리가 멀어도 한참 먼 실정입니다.

본래의 의미를 상실한 말은 결국 인간의 삶에서 퇴출당하고 맙니다. 그 말로는, 더 이상 바른 의미를 전달하는 것이 불가능하기 때문입니다. 제가 어릴 때만 해도 사람들은 '애국애족'이란 말을 일상생활 속에서 아주 자연스럽게 사용하였습니다. 하지만 그 소중한 말이 정치인들에 의해 오염되고 말았습니다. 정치인들이 '애국애족'을 빙자하여 자신들의 야욕을 추구한 것입니다. 그 결과 우리의 일상생활 속에서 그 아름다운 '애국애족'이란 말이 퇴출되어 버렸습니다. 그 말을 사용하면, 자칫 정치모리배로 오해받기 십상인 까닭입니다. 그리스도인들이 사용하는 '종'과 '증인'이라는 단어 역시, 앞에서 확인한 것처럼 세속화되고 오염되어 버렸습니다. 그 오염된 단어로는 성경의 '휘페레테스'와 '마르튀스'를 바르게 표현할 도리가 없습니다. 그래서 저는 사도행전이 끝날 때까지 앞으로도 '종'과 '증인'이라는 말을 언급해야 할 필요가 있을 경우, 계속하여 헬라어 원문에 기록되어 있는 '휘페레테스'와 '마르튀스'를 사용할 예정입니다.

하나님께서 바울로 하여금 황제에게 상소하도록 신비롭게 역사하신 것은 바울을 황제의 법정에, 황제의 법정이 있는 제국의 심장 로마에, 바울을 당신의 휘페레테스와 마르튀스로 내세우시기 위함이었습니다. 바울이 적당하게 살면서 자기 주머니나 명성을 위해 거짓 증언마저 서슴지 않는 인간이었더라도, 하나님께서 그렇게 하셨겠습니까? 바울은 다메섹 도상에서 주님의 부르심을 받은 이후, 일평생 주님의 휘페레테스와 마르튀스로 일관하였습니다. 자신의 마음과 의지를 다해 주님의 말씀을 좇았고, 그 말씀의 휘페레테스와 마르튀스로 살기 위해 자신의 생명을 걸었습니다. 주님께서 자신의 죗값을 대신 치러 주시기 위해 십자가의 제물로 죽임 당하셨다가, 죽음의 권세를 깨뜨리고 삼 일 만에 다시 살아나신 메시아이심을 확실히 알고 믿었기 때문입니다. 그런 바울이었기에, 하나님께서 그를 황제의 법정에 당신의 휘페레테스와 마르튀스로 세우시기 위해 그토록 신묘막측하게 섭리하신 것이었습니다.

그렇다면 하나님께서 당신의 소중한 휘페레테스와 마르튀스인 바울이, 황제의 법정이 있는 로마에 도착하기까지 그의 여정을 반드시 책임져 주시지 않겠습니까? 유라굴로 광풍이 아무리 죽음의 광풍이라 해도, 하나님께서 그 광풍 속에서 바울을 온전히 건져내어 주시지 않겠습니까? 여러 날 동안 먹지도 마시지도 못해 구원의 여망마저 사라졌다 해도, 하나님께서 당신의 방법으로 바울을 친히 지켜 주시지 않겠습니까? 그래서 지중해 한가운데에서 죽음의 유라굴로 광풍에 휩쓸린 바울에게 하나님께서 '두려워하지 말라'고 말씀하시면서, 그가 황제의 법정에 서야 할 당신의 휘페레테스와 마르튀스임을 재확인시켜 주셨습니다. 바울이 그 사실을 잊지 않는 한, 근심할 것도 두려워할 것도 없었습니다. 주님의 휘페레테스와 마르튀스로 살아가는 것이 바울의 의무였다면, 당신의 휘페레테스와 마르튀스를 지키고 보호하는 것은 바울의 주인이신 주님의 책임이었습니다.

최근에 부산에 살고 있는 남성과 전화로 이야기를 나누었습니다. 올해 51세인 그분은 경제적으로 실패했고, 아내와 이혼하여 가정적으로도 실패한 실패자라고 자신을 소개했습니다. 그리고 제가 쓴 《새신자반》을 인용하면서, 하나님의 말씀을 붙잡으면 하나님께서 책임져 주신다는 것이 사실이냐고 단도직입적으로 물었습니다. 제가 대답했습니다.

"대부분의 그리스도인들이 오해하듯이 하나님의 말씀을 붙잡는다는 것을 방 안에서 성경만 읽는 것으로 받아들이고, 그렇게 하기만 하면 하나님께서 책임져 주실 것이라고 믿는다면, 그것은 망상입니다. 그런 삶은 내일을 위해 뿌리는 씨가 있을 수 없으므로, 내일이면 삶이 더 악화될 것입니다. 당신이 51년 동안 살고서도 인생을 실패했다면, 그것은 지난 51년 동안 당신이 잘못 살아온 결과입니다. 하나님의 말씀을 붙잡는다는 것은, 하나님의 말씀을 좇아 바른 삶을 살아가는 것입니다. 경제적으로 어렵다고 하였으니 설령 리어카를 끌거나 공사판 노무자로 일하더라도, 지금부터 매일 하나님의 말씀을 따라 바르게 살아가십시오. 그렇게 하면 반드시 오늘의 결과인 새로운 미래가 보장될 것입니다."

그렇지 않습니까? 하나님의 말씀은, 인간을 창조하신 하나님의 인생사용설명서라고 했습니다. 인생사용설명서를 따르지 않으면, 아무리 그럴 듯해 보여도 어긋난 인생을 살 수밖에 없습니다. 반면에 어긋난 인생이라도 인생 사용설명서를 따르는 순간부터, 반드시 오늘의 결과로 새로운 미래가 축적됩니다. 더욱이 하나님의 말씀을 좇아 산다는 것이 그 말씀의 휘페레테스와 마르튀스로 살아가는 것을 의미함에야 두말할 나위가 있겠습니까? 자신의 삶으로 생명을 걸고 말씀의 휘페레테스와 마르튀스로 살아가는 사람을, 그 말씀의 주인이신 하나님께서 당신의 방법으로 책임져 주심은 너무나도 당연한 일 아니겠습니까?

한 달 전에는, 한 여인이 보낸 한 맺힌 사연의 편지를 받았습니다. 서울 시내 모 교회를 대를 이어 섬기고 있는 그 여인의 남편도 같은 교회 장로였습니다. 하지만 오랫동안 암으로 투병한 그 여인에게 남편이 이혼을 요구하면서, 아예 집을 나가 다른 여자와 동거생활을 하고 있습니다. 그 여인은 최근에, 남편이 동거녀와 함께 100주년기념교회를 행복하게 다니고 있다는 사실을 알게 되었습니다. 그래서 제게 하소연하는 편지를 보낸 것입니다. 우리 교회 교인명부를 확인해 보니, 그 여인의 남편이 등록되어 있지는 않았습니다. 따라서 누가 그 여인의 남편인지도 알지 못하는 제게는, 딱히 그 여인을 도와드릴 방도가 없습니다. 그러나 그분의 편지 내용이 모두 사실이라면, 저는 오늘도 우리 교회 어느 예배실에선가 예배드리고 있을 그 여인의 남편에게 이렇게 물어보고 싶습니다. "장로님은 지금 왜 예배드리고 있습니까? 장로님은 대체 무엇의 휘페레테스이며, 누구의 마르튀스입니까? 말씀의 휘페레테스이자 주님의 마르튀스입니까, 아니면 욕망의 휘페레테스요 자기 자신의 마르튀스입니까?"

이것이 어떻게 그 여인의 남편에게만 국한된 이야기이겠습니까? 우리 각자는, 지금 무엇의 휘페레테스로 살아가고 있습니까? 우리의 언행은, 우리 자신이 누구의 마르튀스임을 스스로 입증하고 있습니까? 자기 욕망과 자기 욕정과 자기 이기심의 휘페레테스인 것은 아닙니까? 오직 자기를 드러내기 위한, 자기 자신의 마르튀스로 살아가고 있는 것은 아닙니까? 그렇다면 우리는 언젠가, 한순간에 우리를 덮칠 죽음의 유라굴로 광풍에 속수무책으로 삼킴 당하고 말 것입니다. 솔로몬의 증언(전 1:2)처럼 "헛되고 헛되며 헛되고 헛되니 모든 것이 헛"된 인생은 죽음의 밥일 뿐, 죽음을 이길 그 어떤 힘도 능력도 갖고 있지 않습니다.

우리 모두 말씀의 휘페레테스와 마르튀스로 살아가십시다. 우리가 말씀의 휘페레테스와 마르튀스로 살아가는 한, 그 어떤 죽음의 유라굴로 광풍 속에서도 우리에게는 새로운 미래가 보장될 것입니다. 우리가 우리의 생명을 건 그 말씀이 곧, 죽음을 깨뜨리고 삼 일 만에 다시 살아나신 주님이시기 때문입니다.

주님의 종이라 고백하면서도, 나의 삶을 온전히 주님께 맡기는 주님의 휘페레테스로는 살지 않았습니다. 주님의 증인을 자처하면서도, 나의 삶으로 주님의 말씀을 증언하기 위해 생명을 거는 주님의 마르튀스로는 살지 않았습니다. 그래서 겉으로는 멀쩡해 보이지만, 내 욕망의 휘페레테스와 나 자신의 마르튀스로 살아온 나의 삶에는 많은 균열이 생겼고, 내가 가는 곳에는 늘 분열과 파열음이 뒤따르고 있습니다. 천하보다 귀한 인생을 이렇게 헛날려 온 나의 어리석음과 무지를 용서해 주십시오.

이제부터 우리 모두, 말씀의 휘페레테스와 주님의 마르튀스로 살아갈 수 있도록 도와주십시오. 주님 안에서 어제와는 확연하게 구별된, 새로운 미래를 누리게 해주십시오. 주님의 휘페레테스와 마르튀스로 살아가는 우리로 인해, 우리와 함께 인생 바다를 항해하는 사람들이 절망의 광풍 속에서도 소망을 잃지 않게 해주십시오.

이틀 후는 광복절입니다. 우리나라가 일제의 식민통치에서 광복한 지 72년이 지났지만, 안타깝게도 이 나라의 안보는 아직도 광복을 맞지 못했습니다. 북한의 노골적인 핵 위협, 미국과 중국의 갈등과 대립 속에서, 우리나라가 할 수 있는 일이라고는 아무것도 없어 보입니다. 이 죽음의 유라굴로 광풍 속에서 우리의 안보를 책임져 줄 분은, 오직 주님 한 분이십니다. 우리 사회 각계각층에 포진되어 있는 그리스도인들이 모두 주님의 투철한 휘페레테스와 마르튀스로 살아가게 해주십시오. 그리하여 주님의 휘페레테스와 마르튀스인 바울이 타고 있는 알렉산드리아 배를 지켜 주신 것처럼, 주님의 휘페레테스와 마르튀스로 살아가는 우리가 승선한 대한민국호도 주님께서 친히 책임져 주시기를 간구드립니다. 아멘.

13. 항해하는 자를 다 네게

사도행전 27장 21-26절

여러 사람이 오래 먹지 못하였으매 바울이 가운데 서서 말하되 여러분이여 내 말을 듣고 그레데에서 떠나지 아니하여 이 타격과 손상을 면하였더라면 좋을 뻔 하였느니라 내가 너희를 권하노니 이제는 안심하라 너희 중 아무도 생명에는 아 무런 손상이 없겠고 오직 배뿐이리라 내가 속한 바 곧 내가 섬기는 하나님의 사 자가 어젯밤에 내 곁에 서서 말하되 바울아 두려워하지 말라 네가 가이사 앞에 서야 하겠고 또 하나님께서 너와 함께 **항해하는 자를 다 네게** 주셨다 하였으니 그러므로 여러분이여 안심하라 나는 내게 말씀하신 그대로 되리라고 하나님을 믿노라 그런즉 우리가 반드시 한 섬에 걸리리라 하더라

알렉산드리아 배를 강타한 유라굴로 광풍은, 그 배에 승선한 사람들이 한 번도 경험해 본 적이 없는 죽음의 광풍이었습니다. 사람들은 배가 전복하지 않도록, 자신들의 재산과 배의 중요한 기구들마저 모두 바닷속에 내버려야 했습니다. 여러 날 동안 먹지도 마시지도 못했지만, 죽음의 광풍은 조금도

잦아들 기미를 보이지 않았습니다. 마침내 사람들의 심중에서 구원의 여망마저 사라지고 말았습니다. 자신들의 재산을 지키기 위해 기세등등하게 미항을 출발했던 사람들이 모두, 죽음의 절망에 삼킴 당해 버린 것이었습니다. 그러나 사도 바울만은 그 죽음의 절망 속에서 일어섰습니다. 그것은 그의 강철 같은 의지나 신념의 산물이 아니라고 했습니다. 바울에게 그것이 가능할 수 있었던 것은, 그 죽음의 광풍 속에서도 하나님께서 당신의 사자를 통해 당신의 말씀으로 바울을 붙들어 주신 덕분이었습니다.

하나님께서 바울에게 하신 첫 번째 말씀은, '두려워하지 말라'는 것이었습니다. 죽음의 광풍에 휩쓸린 바울 역시, 다른 사람들과 똑같이 두려움에 사로잡혀 있었던 것입니다. 하나님께서는 바울에게 계속하여, 그가 '가이사 앞에 서야' 할 당신의 휘페레테스와 마르튀스임을 재확인시켜 주셨습니다. 바울이 하나님의 소중한 휘페레테스와 마르튀스인 이상, 바울의 주인이신 하나님께서 바울을 마땅히 지켜 주실 것임을 다시 한 번 확인시켜 주신 것입니다. 대체 이 세상 그 어떤 광풍이 하나님의 손에서 하나님의 휘페레테스와 마르튀스를 빼앗을 수 있겠습니까? 바울이 하나님의 휘페레테스와 마르튀스인 자신의 정체성을 잊지 않는 한, 바울에게는 두려워할 것도 염려할 것도 없었습니다.

하나님께서는 당신의 사자를 통해 다음과 같이 당신의 말씀을 끝맺으셨습니다.

바울아 두려워하지 말라. 네가 가이사 앞에 서야 하겠고, 또 하나님께서 너와 함께 항해하는 자를 다 네게 주셨다 하였으니(24절).

하나님의 사자가 바울에게 말했습니다. "하나님께서 너와 함께 항해하는 자를 다 네게 주셨다." 알렉산드리아 배에는, 그 배의 소유주인 선주가 타고 있었습니다. 배의 항해를 책임지는 선장도 물론 승선해 있습니다. 대로마제국 장교인 백부장 율리오도 휘하 병사들과 함께 그 배에 있었습니다. 하지만 하나님께서는 그 배에 승선한 사람들을 선주나, 선장이나, 백부장에게 맡기시지 않았습니다. 하나님께서는 그 배에 승선해 있는, 바울을 제외한 275명 전원을 늙고 병약한 바울에게 맡기셨습니다. 바울이 비록 늙고 병약할망정, 바로 그가 하나님의 휘페레테스와 마르튀스였기 때문입니다. 하나님께서 죽음의 유라굴로 광풍 속에서 당신의 휘페레테스와 마르튀스인 바울을 구해주신다면, 바울과 함께 알렉산드리아 배에 승선해 있는 사람들도 바울 덕분에 모두 구원받게 될 것임은 자명한 일이었습니다.

그래서 하나님의 사자는 바울에게 '하나님께서 너와 함께 항해하는 자를 다 네게 주셨다'고 선언하였습니다. 한글 성경은 헬라어 원문에 기록되어 있는 중요한 한 단어의 번역을 빠뜨리고 있습니다. 우리말로 '보라'는 의미의 헬라어 감탄사 '이두ἰδού'입니다. 그 원문의 뉘앙스를 그대로 옮기면 이런 말이 됩니다. '보라, 하나님께서 바울 너와 함께 항해하는 자를 다 바울 너에게 주셨도다.' 하나님의 사자가 감탄사를 터뜨리면서까지 바울에게 이렇게 말한 것은, 하나님의 사자인 천사마저 바울을 부러워하였다는 말입니다. E. T. 카셀이 작사한 찬송가 508장 1절의 가사가 다음과 같습니다.

우리가 지금은 나그네 되어도
화려한 천국에 머잖아 가리니
이 세상 있을 때 주 예수 위하여
끝까지 힘써 일하세
주 예수 내게 부탁하신 일

천사도 흠모하겠네

화목케 하라신 구주의 말씀을

온 세상 널리 전하세

이 찬송가는 우리에게, 세상에는 천사도 흠모하는 일이 있음을 일깨워 주고 있습니다. 하나님께서는 사람의 생명을 천하보다 귀하게 여기십니다. 그런데 한두 명도 아니고, 무려 275명의 생명을 한꺼번에 바울 한 사람에게 맡기시니, 천사인들 어찌 그 바울을 부러워하고 흠모하지 않겠습니까? 그래서 천사는 감탄사를 터뜨리며 바울에게 말했습니다. '보라, 하나님께서 바울 너와 함께 항해하는 자를 다 바울 너에게 주셨도다.'

바울은 권력자가 아니었습니다. 그렇다고 재력가였던 것도 아닙니다. 지닌 것 없는 바울은 이미 인생 말년에 접어든, 노쇠하고 병약한 인간에 지나지 않았습니다. 알렉산드리아 배에 승선한 276명 가운데, 어쩌면 바울이 가장 늙고 가장 볼품없는 인간이었는지도 모릅니다. 하지만 하나님께서는 죽음의 유라굴로 광풍 속에서 275명의 생명을, 그 바울 한 사람에게 맡기셨습니다. 이미 말씀드린 것처럼, 그가 하나님께서 신뢰하시는 당신의 휘페레테스와 마르튀스였기 때문입니다. 하나님께서 이번에만 그렇게 하신 것이 아니었습니다. 바울은 주님의 휘페레테스와 마르튀스의 소명을 다하기 위해 지중해 세계를 세 차례나 누비고 다녔습니다.

세 차례에 걸친 지중해 세계 전도 여행을 통해 바울이 방문한 도시는 연 57개 도시였고, 그가 누비고 다닌 누적 거리는 무려 1만 3,300킬로미터에 달하였습니다. 주님께서는 그 바울에게, 그가 가는 곳에서마다 수많은 사람을 맡기셨습니다. 구브로에서도, 비시디아 안디옥에서도, 루스드라에서도, 빌립보에서도, 데살로니가에서도, 베뢰아에서도, 아테네에서도, 고린도에서도, 동일한 일이 반복되었습니다. 교회를 짓밟던 바울이 다메섹 도상에서 주님의 부르심을 받은 이후, 그의 일생에 걸쳐 하나님께서 그에게 그렇게 맡기신 사람들이 정확하게 몇 명인지, 그 수를 헤아리는 것 자체가 불가능할 정도입니다.

이처럼 하나님께서는 당신의 휘페레테스와 마르튀스에게 당신의 사람들을 맡기십니다. 하나님의 휘페레테스와 마르튀스는 궁극적으로 이 세상 사람을 사랑하고 살리시기 위한 하나님의 도구이기 때문입니다. 이와 같은 관점에서 바울은 우리가 본받아야 할 이정표이긴 하지만, 동시에 그는 우리를 주눅들게 하고 있습니다. 우리 역시 하나님의 휘페레테스와 마르튀스로 살아야 할 그리스도인들입니다. 그러나 우리는 바울처럼 사람을 사랑하고 살리기 위한 하나님의 휘페레테스와 마르튀스로 57개 도시를 방문한 적도 없고, 1만 3,300킬로미터를 누비고 다닌 적도 없습니다. 우리가 하나님의 사람들을 한꺼번에 275명이나 살려낸 적은 더더욱 없습니다. 그러므로 천사가 감탄사를 터뜨리면서까지 부러워했던 본문의 바울 앞에서 우리는 주눅들지 않을 수 없습니다.

하나님께서는 시간과 공간을 초월한 분이십니다. 그 하나님의 평가가, 시간과 공간의 울타리 속에 갇혀 사는 우리와 동일할 수는 없습니다. 갈릴리의 나사렛은 빈민촌 달동네였습니다. 유식하고 세련된 예루살렘 사람들에 비한다면, 무식하고 가난한 나사렛 사람들은 비천하기 짝이 없었습니다. 그 나사렛 사람이 무얼 한들, 이 세상에 무슨 대단한 영향을 미칠 수 있겠습니까? 그러나 메시아이신 예수님을 낳은 여인은, 바로 그 달동네 나사렛의 마리아였습니다. 마리아가 한 것이라곤 처녀가 아이를 낳으면 돌에 맞아 죽어야 하는 위험을 감수하면서까지, 하나님의 명령에 순종하여 동정녀의 몸으로 예수님을 낳아 기른 것밖에 없습니다. 하지만 그 보잘것없는 나사렛의 마리아가 온 인류를 구원하신 예수님의 거룩한 어머니가 되었습니다. 얼마나 위대한 일입니까? 그래서 천사가 마리아에게 예수님을 잉태하게 될 것을 알려줄 때에도, 천사는 감탄사 '이두'를 터뜨렸습니다.

보라, 네가 잉태하여 아들을 낳으리니 그 이름을 예수라 하라(눅 1:31).

천사가 감탄사를 터뜨렸던 것은 온 인류를 구원할 하나님의 아들, 예수님을 잉태할 동정녀 마리아가 천사도 부러웠던 것입니다. 그러므로 이 구절에 오늘의 본문을 대입시키면 이런 말이 됩니다. '보라, 하나님께서 마리아 네가 낳을 예수를 통해 구원받을 인류를 다 마리아 너에게 주셨도다.' 처녀의 몸으로 생명을 걸면서까지 하나님의 명령에 순종한 마리아의 그 순결한 믿음에, 하나님께서 시공을 초월하여 당신의 독생자를 통해 구원하시려는 온 인류를 맡기신 것입니다. 어디 그것이 예수님의 어머니, 마리아만의 이야기이겠습니까?

잘 아시는 것처럼, 구약성경 39권 가운데 여자의 이름으로 제목이 붙은 책은 '룻'과 '에스더'가 유일합니다. 에스더는 유대 여인이면서도 페르시아제국 아하수에로 왕의 왕비였기에, 그 이름이 구약성경 책 제목으로 사용될 만 하다고 생각할 수 있습니다. 하지만 룻은 유대인들이 짐승보다 못하게 여기는 이방 여인이었고, 더욱이 젊은 나이에 남편과 사별한 과부였습니다. 룻이 잘한 것이 있다면 남편을 여읜 후에도 홀시어머니를 극진히 모시다가, 시어머니의 주선으로 보아스에게 개가하여 오벳이란 이름의 아들을 낳은 것밖에 없습니다. 아들을 낳은 후에도, 옛 시어머니 나오미에게 갓 태어난 아이를 양육하는 기쁨을 누리게 해주었습니다. 그렇게 착한 룻은, 그저 평범한 가정주부일 뿐이었습니다. 하지만 룻이 보아스와의 사이에서 아들을 낳았음을 전해 주는 성경의 증언은 다음과 같습니다.

> 나오미가 아기를 받아 품에 품고 그의 양육자가 되니, 그의 이웃 여인들이 그에게 이름을 지어 주되, 나오미에게 아들이 태어났다 하여 그의 이름을 오벳이라 하였는데, 그는 다윗의 아버지인 이새의 아버지였더라. 베레스의 계보는 이러하니라. 베레스는 헤스론을 낳고 헤스론은 람을 낳았고 람은 암미나답을 낳았고 암미나답은 나손을 낳았고 나손은 살몬을 낳았고 살몬은 보아스를 낳았고 보아스는 오벳을 낳았고 오벳은 이새를 낳고 이새는 다윗을 낳았더라(룻 4:16-22).

룻이 낳은 핏덩이 오벳의 손자가 아직 태어나지도 않은 다윗임을, 다시 말해 룻이 미래에 태어날 다윗의 증조할머니임을 성경이 두 번씩이나 되풀이하여 강조하고 있습니다. 다윗은 이스라엘의 역사를 새롭게 한 신앙 위인입니다. 오늘날에도 이스라엘인들은 그들의 국기에 별을 그려 놓고 다윗의 별이라 부릅니다. 이스라엘인들의 신앙에 관한 한, 다윗은 시공을 초월한 구심점입니다. 따라서 룻이 태어나지도 않은 그 다윗의 증조할머니임을 두 번씩이나 강조하고 있는 룻기의 증언도 오늘의 본문으로 조명하면, 그것 역시 룻을 향한 이런 의미의 선언입니다. '보라, 하나님께서 룻 너의 핏줄을 이어 받을 다윗을 통해 새로워질 이스라엘 백성을 다 룻 너에게 주셨도다.'

바울이 로마의 감옥에서 기록한 에베소서와 골로새서에는 두기고라는 사람의 이름이 등장합니다.

나의 사정 곧 내가 무엇을 하는지 너희에게도 알리려 하노니, 사랑을 받은 형제요 주 안에서 진실한 일꾼인 두기고가 모든 일을 너희에게 알리리라(엡 6:21).

두기고가 내 사정을 다 너희에게 알려 주리니, 그는 사랑받는 형제요 신실한 일꾼이요 주 안에서 함께 종이 된 자니라(골 4:7).

옛날에는 통신이 발달되지 않아 우체국이나 우편 집배원이 없었습니다. 그러므로 편지는 반드시 누군가가 수신자를 찾아가 직접 전달해 주어야 했습니다. 바울이 로마의 감옥에서 에베소의 교인들과 골로새의 교인들에게 쓴 편지는, 두기고가 에베소와 골로새를 찾아가 그곳의 교인들에게 직접 전달해 주었습니다. 로마에서 에베소까지의 거리는 약 1,500킬로미터였고, 골로새는 약 2,000킬로미터 떨어져 있었습니다. 경부고속도로 서울 톨게이트에서 부산 톨게이트까지의 거리가 겨우 370킬로미터밖에 되지 않으니, 1,500킬로미터와 2,000킬로미터라면 얼마나 먼 거리인지 짐작할 수 있습니다. 2천 년 전 일반인의 교통수단은 선박과 도보였습니다. 선박과 도보를 이용하여 1,500킬로미터, 2,000킬로미터의 거리를 여행한다는 것은 여간 힘든 일이 아니었습니다.

두기고는 오늘날 터키 대륙의 서부지역을 일컫는 아시아 출신(행 20:4)이라는 것 이외에는 알려진 것이 아무것도 없는, 무명의 인물이었습니다. 하지만 두기고는, 로마의 감옥에서 바울이 쓴 편지를 들고 그 먼 거리의 에베소와 골로새를 직접 찾아가 교인들에게 바울의 편지를 전달해 주었습니다. 언뜻 그것은 하찮은 일처럼 보입니다. 그러나 만약 두기고가 하찮아 보이는 그 일을 하지 않았더라면, 신약성경이 확정되기 이전인 그때에 에베소와 골로새의 교인들이 바울의 편지를 통해 영적인 힘을 얻고 자신들의 신앙을 바르게 추스를 수 있었겠습니까? 어디 그뿐입니까? 두기고가 없었더라면, 2천 년의 시공을 뛰어넘어 21세기를 살아가고 있는 우리가 하나님의 말씀인 신약성경 속에서 에베소서와 골로새서를 어떻게 접할 수 있겠습니까? 그러므로 에베소서와 골로새서를 직접 전달한 장본인이 두기고임을 두 번이나 밝히고 있는 성경의 증언을 오늘의 본문으로 조명하면, 그 또한 이런 의미의 선언이 됩니다. '보라, 하나님께서 두기고 네가 전달한 바울의 편지를 시공을 초월하여 읽을 사람들을 다 두기고 너에게 주셨도다.'

마리아는 달동네 나사렛의 배운 것 없고 지닌 것 없는 빈민이었습니다. 룻은 유대인들이 상종하기조차 꺼리는 이방 여인이었습니다. 두기고는 내세울 것이라고는 아무것 없는 무명의 인물이었습니다. 하지만 그들에게는 한 가지 공통점이 있었습니다. 그들 모두 바울처럼, 사람을 사랑하고 살리기 위한 하나님의 휘페레테스와 마르튀스였다는 점입니다. 그리고 하나님께서는 당신의 휘페레테스와 마르튀스인 그들을 통해 시공을 초월하여 당신의 사람들을 살리셨습니다.

달동네 나사렛의 마리아처럼, 우리에게 배운 것이 없고 지닌 것이 없어도 상관없습니다. 우리가 하는 일이 두기고처럼, 하찮아 보이는 일이어도 무방합니다. 우리가 룻처럼, 평범한 가정주부라도 괜찮습니다. 우리의 국적이 어느 나라이든, 그것도 문제가 되지 않습니다. 우리가 사람을 사랑하고 살리기 위한 하나님의 휘페레테스와 마르튀스로 살기만 하면, 하나님께서는 시공을 초월하여 보잘것없는 우리를 통해 당신의 사람들을 살리십니다.

저 자신의 이야기를 드리는 것을 양해해 주시기 바랍니다. 저는 지난 6월 말에 제주도 방주교회 집회에 다녀왔습니다. 제 소식을 듣고 뭍에서 일부러 제주도까지 찾아온 제 친구들이 있었습니다. 그 가운데, 대학교수직에서 정년퇴임하고 현재 진주에서 살고 있는 친구도 있었습니다. 저녁식사 시간에 제 옆자리에 앉은 그 친구가 제게 말했습니다. "1984년 8월 2일 새벽 2시에 회심해 주어서 감사합니다." 무슨 의미인지 의아해하는 제게 그 친구는, "그 날 목사님의 회심이 없었더라면 저의 회심도 없었을 것입니다"라면서 설명을 덧붙여 주었습니다. 그 친구는 제가 쓴 《새신자반》을 읽고 주님을 인격적으로 만났습니다. 그 이후 제 책들과 설교를 들으면서, 저의 회심이 1984년 8월 2일 새벽 2시에 일어났고, 그 회심의 결과로 제가 《새신자반》을 쓰게 되었음을 알았습니다. 따라서 그 덕분에 자신도 회심하게 되었다는 의미로 그렇게 말한 것이었습니다. 저는 친구에게, 모두 주님께서 이루신 일이라고 대답했습니다. 그리고 숙소로 돌아가는 길에 참 신비한 생각이 들었습니다.

아시는 분은 다 아시지만, 선데이 크리스천이던 제가 84년 8월 2일 새벽 2시에 주님을 인격적으로 만난 것은 제 아내의 일기장을 통해서였습니다. 허구한 날 술독에 빠져 사는 저로 인해 죽음까지 생각했으면서도, 그래도 주님께서 사랑하라 명령하신 남편이므로 사랑해야 한다는 내용이었습니다. 아내의 그 일기장을 통해 다메섹 도상의 바울을 불러내시듯, 주님께서 저를 사로잡아 주셨습니다. 만약 그때 아내가 허랑방탕하던 저를 포기해 버렸더라면, 오늘날 이런 모습의 저는 결코 존재하지 않을 것입니다. 아내의 믿음 덕분에 제가 주님 안에서 바른길을 찾았고, 《새신자반》을 쓸 수도 있었고, 제 친구가 《새신자반》을 통해 주님을 만날 수도 있었습니다. 아내는 제주도에서, 저의 회심이 감사하다고 말한 제 친구를 그날 처음 보았습니다. 그러나 오늘 본문의 관점으로 조명해 보면 하나님께서 저뿐만 아니라, 제가 쓴 《새신자반》을 통해 주님을 만난 제 친구까지 결과적으로 시공을 초월하여 제 아내에게 맡기신 셈이 되지 않습니까? 33년 전 가정주부였던 아내는 아무것도 알지 못한 채 결과적으로, 시공을 초월하여 제 친구까지 구원하시는 주님의 도구로 쓰임 받은 것입니다.

지금 알렉산드리아 배에 바울과 함께 승선하고 있는 275명 중에는, 바울의 조력자인 누가와 아리스다고도 있습니다. 사도행전을 기록한 누가는 바울의 2차 전도 여행 중 드로아에서 바울을 만나, 바울이 로마에서 참수형을 당해 죽을 때까지 바울을 곁에서 도왔습니다. 그 기간이 약 20년에 이릅니다. 아리스다고는, 3차 전도 여행을 마무리한 바울이 예루살렘으로 돌아갈 때 고린도에서 바울과 합류하였습니다. 그리고 그 역시 바울이 생을 마감할 때까지 바울의 곁을 지켰습니다. 그 기간은 대략 10년 정도 됩니다. 알렉산드리아 배에 승선한 275명 중에 누가와 아리스다고를 제외하면, 남은 사람은 273명입니다. 바울 덕분에 유라굴로 광풍에서 살아난 그들은 바울과 함께 멜리데 섬에서 겨울을 지내고, 이듬해 봄에 이탈리아 반도에 도착하여 바울과 헤어졌습니다. 그들이 바울과 함께 지낸 기간은 겨우 몇 달밖에 되지 않았습니다. 이처럼 알렉산드리아 배에 승선한 사람들이 바울과 함께 지낸 기간은 다 동일하지 않았지만, 바울은 그들 앞에서 사람을 사랑하고 살리기 위한 주님의 휘페레테스와 마르튀스의 소명을 다하였고, 주님께서는 그 바울을 통해 그들 모두를 구해 주셨습니다. 천사가 부러워하고 흠모하지 않을 수 없는 주님의 신비로운 섭리였습니다.

우리가 인생의 바다에서 만나는 사람들과 함께 항해하는 기간은 다 같지 않습니다. 어떤 사람과는 평생 항해할 것이고, 어떤 사람과는 몇 년, 또 어떤 사람과는 몇 달 혹은 몇 날만 항해할 수도 있습니다. 그 기간의 길이는 중요하지 않습니다. 중요한 것은, 우리가 어떤 상황 속에서든 사람을 사랑하고 살리기 위한 주님의 휘페레테스와 마르튀스로 살아가는 것입니다. 그때 주님께서는 우리의 인생 항해길에서 우리를 통해, 시공을 초월하여 반드시 당신의 백성을 살려내실 것입니다. 우리가 인생의 항해길에서 만나는 사람들 가운데에는 우리를 시기하여 미워하거나, 심지어는 모함하며 헐뜯는 사람들도 있을 수 있습니다. 바울 역시 가는 곳마다 그런 사람들에게 시달리지 않았습니까? 그러나 우리가 사람을 사랑하고 살리기 위한 주님의 휘페레테와 마르튀스로 살아가는 한, 그런 사람들로 인해 실망하거나 좌절할 필요는 없습니다. 바울은 '사랑장'으로 불리는 고린도전서 13장 8절에서 이렇게 증언하였습니다.

사랑은 언제까지나 떨어지지 아니하되, 예언도 폐하고 방언도 그치고 지식도 폐하리라.

예언이나 방언, 지식과 같은 은사는 언젠가는 더 이상 쓸모없게 되지만, 사랑은 언제까지나 떨어지지 않습니다. 우리말 '떨어지다'로 번역된 헬라어 동사 '에크핍토ἐκπίπτω'는 '소멸하다', '실패하다'는 의미입니다. 우리가 사람을 사랑하고 살리기 위한 주님의 휘페레테스와 마르튀스로 살아가는 데도 누군가가 우리를 시기하여 미워하고 심지어 모함하며 헐뜯는다면, 그것은 그 사람의 문제일 뿐, 결코 우리의 사랑이 소멸했거나 실패한 것을 의미하지 않습니다. 주님께서 당신의 휘페레테스와 마르튀스인 우리의 삶을 통로로 삼아, 지금도 시공을 초월하여 누군가를 살려내고 계시기 때문입니다.

우리가 살아 생전에는 주님께서 우리를 통해 누구를 살리시는지, 얼마나 많은 사람을 살리시는지, 전혀 알지 못할 수 있습니다. 그러나 우리가 사람을 사랑하고 살리기 위해 삼 일 만에 다시 살아나신 주님의 휘페레테스와 마르튀스로 살아가는 한, 이 다음에 하나님의 나라에서, 주님께서 시공을 초월하여 얼마나 많은 사람을 우리를 통해 살리셨는지 확인하며 우리 자신이 깜짝 놀라게 될 것입니다. 그 사실을 알고 있는 하나님의 사자는 오늘 본문을 통해 감탄사를 터뜨리며, 우리에게 이렇게 선언하고 있습니다.

'보라, 하나님께서 너와 함께 인생 항해길에 승선한 사람들을 다 너에게 주셨도다.'

빈민촌 나사렛의 마리아에게, 시간과 공간을 초월하여 예수님 안에서 구원받을 인류를 맡기신 주님. 이방 여인 룻에게, 시간과 공간을 초월하여 다윗을 통해 새로워질 이스라엘 민족의 미래를 맡기신 주님. 무명의 인물 두기고에게, 시간과 공간을 초월하여 에베소서와 골로새서를 읽을 그리스도인들을 맡기신 주님. 죽음의 유라굴로 광풍 속에서 바울에게, 시간과 공간을 초월하여 알렉산드리아 배에 승선한 275명 전원을 맡기신 주님. 십자가의 제물로 죽임 당하셨다가 삼 일 만에 다시 살아나신 주님께서 우리를 불러 주신 것은, 우리를 그들과 같은 주님의 휘페레테스와 마르튀스로 삼으시기 위함임을 깨닫게 해주셔서 감사합니다.

인생의 항해길에서 만나는 사람들 앞에서, 그들과 함께 항해하는 기간이나 그들의 반응과는 상관없이, 설령 죽음의 유라굴로 광풍이 몰아친다 해도, 사람을 사랑하고 살리기 위한 주님의 휘페레테스와 마르튀스로 살아가게 해주십시오. 그리하여 이 다음에 하나님의 나라에서, 우리의 삶을 통해 하나님께서 시공을 초월하여 얼마나 많은 사람을 구해 내셨는지 확인하며 하나님을 찬양하게 해주십시오. 그와 같은 우리의 삶이, 천사마저 부러워하고 흠모하는 주님의 작품이 되게 해주십시오. 아멘.

14. 나는 하나님을 믿노라

사도행전 27장 21-26절

여러 사람이 오래 먹지 못하였으매 바울이 가운데 서서 말하되 여러분이여 내 말을 듣고 그레데에서 떠나지 아니하여 이 타격과 손상을 면하였더라면 좋을 뻔 하였느니라 내가 너희를 권하노니 이제는 안심하라 너희 중 아무도 생명에는 아무런 손상이 없겠고 오직 배뿐이리라 내가 속한 바 곧 내가 섬기는 하나님의 사자가 어젯밤에 내 곁에 서서 말하되 바울아 두려워하지 말라 네가 가이사 앞에 서야 하겠고 또 하나님께서 너와 함께 항해하는 자를 다 네게 주셨다 하였으니 그러므로 여러분이여 안심하라 **나는** 내게 말씀하신 그대로 되리라고 **하나님을 믿노라** 그런즉 우리가 반드시 한 섬에 걸리리라 하더라

바울은 알렉산드리아 배에 승선해 있는 사람들에게, 하나님께서 당신의 사자를 통해 들려주신 하나님의 말씀을 증언하였습니다. 그리고 바울은 그들에게 다음과 같이 선언하였습니다.

그러므로 여러분이여, 안심하라. 나는 내게 말씀하신 그대로 되리라고 하나님을 믿노라(25절).

22절에서 '안심하라'는 말로 하나님의 말씀을 증언하기 시작한 바울이, 다시 '안심하라'고 선언하였습니다. 우리말 '안심하다'로 번역된 헬라어 동사 '유뒤메오'는 본래 '기뻐하다'는 의미라고 했습니다. 바울이 알렉산드리아 배에 승선한 사람들에게 '기뻐하라'고 선언한 것이었습니다. 그리고 바울은 계속하여 '나는 내게 말씀하신 그대로 되리라고 하나님을 믿노라'고 선언하였습니다. 바울은 하나님께서 자기에게 말씀하신 그대로 되리라고, 그렇게 말씀하신 하나님을, 하나님의 그 말씀을 믿는답니다. 바울이 지금 대체, 어떤 상황 속에서 이런 선언을 하고 있는 것입니까?

그런데 섬의 미항을 출항한 알렉산드리아 배에 갑자기 유라굴로 광풍이 몰아닥쳤습니다. 그 배에 승선한 사람들이 여태까지, 단 한 번도 경험해 보지 못한 죽음의 광풍이었습니다. 그 죽음의 광풍이 몰아닥치는 순간부터, 알렉산드리아 배에 승선한 사람들은 모든 통제력을 상실해 버렸습니다. 순식간에 그들이 타고 있는 알렉산드리아 배가 그들의 통제력을 벗어나 버렸습니다. 여러 날 동안 해도 별도 보이지 않는 칠흑 같은 어둠 속에서, 그들은 알렉산드리아 배가 어느 방향으로 휩쓸려 가는지조차 알지 못했습니다. 항해의 위험을 무릅쓰면서까지 지키려 했던 그들의 재산도 그들의 통제력 밖에 있었습니다. 그들은 죽음의 광풍 속에서 일엽편주와 같은 알렉산드리아 배가 전복하지 않도록, 그토록 지키려 했던 자신들의 재산과 배의 중요한 기구들마저 모두 바닷속에 내버려야만 했습니다. 그렇다고 그들이 자신들의 미래를 통제할 수 있었던 것도 아니었습니다. 여러 날 동안 먹지도 마시지도 못했지만, 죽음의 광풍은 조금도 잦아들 기미가 보이지 않았습니다.

결국 그들의 심중에서 '구원의 여망마저' 사라지고 말았습니다. 절망의 커튼이 미래를 향한 희망의 창을 차단시켜 버린 것입니다. 그들은 모두 죽음의 절망에 삼킴 당하고 말았습니다.

바울은 바로 그 절망적인 상황 속에서 "나는 하나님을 믿노라"고 선언하였습니다. 하나님께서 말씀하신 그대로 되리라고, 하나님의 말씀을 믿는다는 것이었습니다. 바울에게 믿음은, 위기에 대처하기 위한 자기 신념이거나 자기 최면이 아니었습니다. 바울 자신의 적극적 사고방식이나, 긍정적 마음가짐을 의미하는 것도 아니었습니다. 어떤 경우에도 바울 자신이 자기 믿음의 대상일 수 없었다는 말입니다.

바울에게 믿음의 대상은 오직, 자신과는 본질적으로 다른, 자기 밖에 계시는, 그럼에도 자기에게 임해 주신 하나님이셨습니다. 바울이 그 하나님의 말씀을 믿는다는 것은 대부분의 사람들이 범하는 오류처럼, 자신의 판단과 신념을 하나님께 투사시킨 뒤에 그것을 하나님의 말씀으로 포장하여 다시 수용하는 것을 의미하지 않았습니다. 바울에게 하나님의 말씀은 자신의 판단이나 신념, 적극적 사고방식이나 긍정적 마음가짐과는 상관없이, 그 원천이 오직 하나님만이신 말씀이었습니다. 그래서 바울은 모든 사람이 죽음의 절망에 삼킴 당한 그 유라굴로 광풍 속에서, "나는 내게 말씀하신 그대로 되리라고 하나님을 믿노라"고 선언하였습니다. 바울에게 하나님께서 어떤 분이셨기에, 바울이 그 죽음의 유라굴로 광풍 속에서 "나는 하나님을 믿노라"고 이렇게 당당하게 선언할 수 있었겠습니까?

이 질문에 대한 해답을 얻기 위해서는 우리가 지난 6주 동안 함께 살펴보았던 바울의 증언, 즉 본문 23-24절의 내용을 되짚어 볼 필요가 있습니다.

내가 속한 바 곧 내가 섬기는 하나님의 사자가 어젯밤에 내 곁에 서서 말하되, 바울아 두려워하지 말라. 네가 가이사 앞에 서야 하겠고, 또 하나님께서 너와 함께 항해하는 자를 다 네게 주셨다 하였으니.

바울에게 하나님은, '내가 속한 나의 하나님'이셨습니다. 그것은 하나님께서, 바울이 당신께 속할 수 있도록 그를 받아 주셨기에 가능한 일이었습니다. 이 세상의 어떤 단체나 조직에 소속되기 위해서는, 반드시 거쳐야 할 과정이나 치러야 할 값이 있습니다. 고등학생이 특정 대학교에 소속된 대학생이 되기 위해서는 입학시험의 관문을 뚫지 않으면 안 됩니다. 아무나 골프장 회원이 될 수도 없습니다. 특정한 골프장에 속한 회원이 되기 위해서는, 막대한 비용을 치르고 그 골프장의 회원권을 구입해야 합니다. 고급 골프장일수록 회원권은 비쌉니다. 그래서 골프장 회원권은 곧 재산으로 간주되고 있습니다.

이와 같은 세상의 이치로 따지자면, 더러운 죄인이 도대체 어떤 과정을 거치고 얼마만한 값을 치러야 거룩하신 하나님께 속한 하나님 나라의 회원이 될 수 있겠습니까? 인간이 죽었다 깨어나기를 백 번이나 거듭하고, 온 천지를 값으로 치른다 한들, 공동묘지에서 한 줌의 흙으로 끝나 버릴 유한한 인간이 영원하신 하나님께 소속될 수 있겠습니까? 죄인인 인간이 거룩하고 영원하신 하나님께 속한다는 것은 애당초 불가능한 일입니다. 그런데도 바울이 하나님께 속한 하나님의 사람이 될 수 있었던 것은, 그것이 가능하게끔 하나님께서 바울을 대신하여 값을 치러 주신 덕분이었습니다. 당신의 독생자로 하여금 십자가의 제물이 되어 바울의 죗값을 대신 치르게 하심으로, 바울이 하나님께 속한 하나님 나라의 회원이 되게 해주신 것입니다. 그래서 바울에게 하나님은 언제나, '내가 속한 나의 하나님'이실 수 있었습니다.

바울에게 하나님은, 또 '내가 섬기는 하나님'이셨습니다. '섬기다'는 의미의 헬라어 동사 '라트류오'는 '경배하다', '예배하다'는 의미이기도 하다고 했습니다. 이것은 옛날 노예가 주인을 섬길 때 사용되던 단어입니다. 노예는 무릎을 꿇고 주인의 발에 입맞춤으로 주인을 경배했습니다. 주인의 발 앞에 아예 납작 엎드리기도 했습니다. 노예가 그렇게 주인을 경배하는 순간, 노예 자신은 없어져 버립니다. 노예의 몸도 인격도 보이지 않고, 보이는 것은 그 노예의 경배를 받는 주인뿐입니다. 그러므로 노예가 어디에서든 주인만 드러내 보이고, 무엇을 하든 주인의 인격으로 생각하고 행동하겠다는 마음의 표시가, 주인에게 무릎을 꿇어 주인의 발에 입맞추는 경배로 나타났습니다. 이처럼 헬라어 동사 '라트류오'는 섬기고 경배하는 대상의 유일성을 강조하는 단어입니다.

바울은 하나님을 섬기면서 동시에 세상도 섬기는, 이중 플레이를 하지 않았습니다. 그의 섬김과 경배의 대상은 복수이거나 다수가 아니라, 언제나 유일하신 하나님 한 분뿐이었습니다. 그 하나님만 인간이 당신께 속할 수 있게끔, 인간이 치를 수 없는 값을 대신하여 치러 주신 은혜의 하나님이셨습니다. 바울에게 그 하나님 이외의 그 누구, 혹은 그 무엇을 섬기고 경배한다는 것은 꿈도 꿀 수 없는 일이었습니다. 더욱이 바울에게는, 그 하나님만 섬기고 경배해야 할 보다 많은 이유들이 있었습니다.

바울이 속한 하나님, 바울이 섬기는 하나님은, 당시 인간들을 지배하던 그리스로마 신화 속의 그 어떤 신상과도 같지 않았습니다. 2천 년 전 지중해 세계는 가는 곳마다, 인간의 경배를 받는 신상들의 세상이었습니다. 당대 최고의 예술가들이 빚어낸 신상들은 얼마나 섬세하고 정교한지, 마치 살아 있는 것처럼 보였습니다. 그러나 그 모든 신상들은 어느 것 하나 예외 없이, 시편 115편 5-7절의 지적처럼, "입이 있어도 말하지 못하며 눈이 있어도 보지 못하며, 귀가 있어도 듣지 못하며 코가 있어도 냄새 맡지 못하며, 손이 있어도 만지지 못하며 발이 있어도 걷지 못하며 목구멍이 있어도 작은 소리 조차 내지 못"하는 금속이나 돌덩이에 지나지 않았습니다.

하지만 바울이 속한 하나님, 바울이 섬기는 하나님은, 바울에게 친히 말씀하시는 하나님이었습니다. 바울이 하나님의 말씀을 듣기 위해 하나님을 찾아나선 것이 아니었습니다. 그래야만 했다면 죽음의 유라굴로 광풍에 휩쓸린 바울이 어떻게, 어디로 하나님을 찾아나설 수 있었겠습니까? 하나님께서는 눈부신 한낮에만, 혹은 햇볕 따스한 봄날에만 말씀하시는 분인 것도 아니었습니다. 하나님께서는 지중해 한가운데에서 죽음의 유라굴로 광풍에 휩쓸려, 여러 날 동안 해도 별도 보이지 않는 칠흑 같은 어둠에 갇혀 있는 바울을 친히 찾아오시어 그에게 말씀해 주셨습니다. 그 순간 유라굴로 광풍에 휩쓸린 바울이 지중해 한가운데에서 죽음의 고비와 맞서고 있다는 사실을, 이 세상 사람 중에 누가 알았겠습니까? 오직 하나님만 그 모든 사실을 다 아시고, 지중해 한가운데 칠흑 같은 어둠 속의 바울을 정확하게 찾아가시어, 그에게 친히 말씀해 주셨습니다.

하나님께서 바울에게 말씀하신 첫마디는, '두려워하지 말라'는 것이었습니다. 죽음의 유라굴로 광풍에 휩쓸려 다른 사람들과 똑같이 두려움에 사로잡혀 있는 바울에게, 하나님께서 '두려워하지 말라'고 그의 용기를 북돋아 주신 것입니다. 알렉산드리아 배의 선주와 선장도 그 배에 승선해 있었습니다. 하지만 선주도, 선장도, 그 누구에게도 두려워하지 말라고 말하지는 못했습니다. 바다 폭풍의 무서움을 누구보다 잘 아는 그들이었기에, 여태까지 단 한 번도 경험해 보지 못한 죽음의 유라굴로 광풍 속에서 누구보다 두려워했을 그들이 대체 누구의 두려움을 거두어 줄 수 있었겠습니까? 그 배에 로마 황제가 승선해 있다 한들, 그에게 다른 사람의 두려움을 막아 줄 재간이 있었겠습니까? 그 자신이 두려움으로 벌벌 떨었을 로마 황제는, 어린아이의 두려움도 가셔 주지 못했을 것입니다. 하나님께서는 당신의 말씀으로 천지를 창조하신 창조주이십니다. 그래서 하나님께서는 천지를 창조하신 바로 그 말씀으로, '두려워하지 말라'고 바울을 품으시며 그의 용기를 북돋아 주셨습니다.

바울이 속한 하나님, 바울이 섬기는 하나님은, 바울을 당신의 휘페레테스와 마르튀스로 삼은 하나님이시기도 했습니다. 바울은 남녀노소 빈부귀천을 막론하고, 이 세상 모든 사람을 위한 하나님의 휘페레테스와 마르튀스였습니다. 바울이 제국의 심장인 로마를 향해 아드라뭇데노 배로 가이사랴를 출항하였다가, 무라에서 알렉산드리아 배로 갈아탄 것도, 하나님의 휘페레테스와 마르튀스로 황제의 법정에 서기 위해 황제에게 상소했기 때문이었습니다. 그 바울이 지중해에서 유라굴로 광풍에 휩쓸려 죽음의 위기에 빠졌다고 하여, 하나님께서 바울을 단념하거나 포기하시지 않았습니다. 하나님께서는 그 바울을, 변함 없이 로마 황제의 법정에 당신의 휘페레테스와 마르튀스로 세우실 것임을 천명하셨습니다. 유라굴로 광풍이 아무리 죽음의 광풍이라 해도, 황제의 법정에 당신의 휘페레테스와 마르튀스로 서게 될 바울의 앞길을 가로막을 수는 없다는 말씀이었습니다. 다시 말해 죽음의 유라굴로 광풍이 아무리 거세다 해도, 하나님께서 당신의 휘페레테스와 마르튀스인 바울을 그 광풍 속에서 반드시 구해 주시겠다는 굳은 언약이었습니다.

더욱이 바울이 속한 하나님, 바울이 섬기는 하나님은, 죽음의 유라굴로 광풍에 휩쓸린 알렉산드리아 배에서 바울 한 사람만 구해 주시는 하나님이 아니었습니다. 하나님께서는 알렉산드리아 배에 승선해 있는 사람들을 모두 바울에게 맡기셨습니다. 그 사람들은 몇 명, 혹은 몇십 명 정도가 아니었습니다. 그들의 수는, 무려 275명이나 되었습니다. 바울이 미항에서 계절적인 이유를 들어 항해의 위험성을 경고하였을 때, 그들은 바울의 말을 들은 척도 하지 않았습니다. 선장과 선주가 뵈닉스에서 겨울을 지내야 자신들의 재산을 안전하게 지킬 수 있다고 하는 판에, 미결수 신분의 노인이 주제 넘는 소리를 한다고 바울의 말을 묵살해 버린 것입니다. 미항을 출항한 그들이 만약 죽음의 유라굴로 광풍에 휩쓸리지 않았더라면, 그들은 바울이 무슨 말을 해도 계속 묵살하였을 것입니다. 그러나 하나님께서 죽음의 유라굴로 광풍 속에서 그들이 바울의 말을 듣지 않을 수 없도록 섭리하심으로, 275명 전원이 바울 한 사람을 통해 구원받게 하셨습니다.

우리가 지난 6주 동안 확인하였던 이상과 같은 내용은, 바울이 하나님의 뜻이라고 하나님께 투사시킨 바울 자신의 생각이나 신념이 아니었습니다. 그것은 모두 죽음의 유라굴로 광풍 속에서 바울의 이성이나 지성은 감히 다다를 수조차 없었던, 오직 하나님만 원천이신 하나님의 말씀이었습니다. 그 하나님의 말씀으로 채움 받은 바울은, 구원의 여망마저 상실한 채 죽음의 절망에 삼킴 당한 사람들에게 확신에 찬 목소리로 선언하였습니다. '그러므로 여러분이여, 안심하라. 나는 내게 말씀하신 그대로 되리라고 하나님을 믿노라.'

믿음의 참됨 여부는 믿음의 행위가 아니라, 믿음의 대상에 의해 판가름 난다고 했습니다. 누구보다 열심히 믿는 것처럼 보여도, 믿음의 대상이 고작 무당이 굿판에서 좌지우지하는 잡신에 불과하다면, 그 사람의 믿음이 참된 믿음일 수는 없습니다. 믿음의 대상이 자기 자신일 수도 없습니다. 자기 신념이나 자신의 적극적인 사고방식 혹은 긍정적인 마음가짐 자체가 바른 믿음일 수도 없다는 말입니다. 그런 믿음으로, 그런 믿음의 소유자가 구원받을 리는 더더욱 없습니다. 우리에게 참된 믿음의 대상은 오직, 우리 자신과는 본질적으로 다른, 우리 밖에 계시는, 그럼에도 우리에게 임해 주신 하나님뿐이십니다.

하나님께서는 우리가 하나님 나라의 회원이 되는 데에, 우리에게 지불 불가능한 값을 요구하시지 않았습니다. 오히려 죄인인 우리는 결코 치를 수 없는 값을, 당신의 독생자로 하여금 십자가의 제물로 대신 치르게 하심으로, 우리에게 하나님의 자녀가 되는 권세를 거저 주셨습니다. 그래서 그 하나님 한 분만, 우리의 섬김과 경배를 받기에 합당하신 분입니다. 그렇다고 하나님께서 가만히 가부좌 틀고 앉아, 아무 반응도 없이 우리의 경배를 받기만 하는 분이 아니십니다.

하나님께서는 우리에게 친히 말씀해 주시는 로고스이십니다. 하나님께서는 백주의 대낮뿐 아니라, 칠흑 같은 어둠 속에서도 우리에게 말씀해 주십니다. 따스한 봄날에는 말할 것도 없고, 엄동설한의 한겨울에도 우리에게 말씀해 주십니다. 감미로운 미풍 속에서도, 이 세상의 모든 것을 쓸어 버리는 죽음의 광풍 속에서도 우리에게 말씀해 주십니다. 우리가 예배당에서 예배드릴 때뿐만 아니라, 이 세상 아무도 모르는 외딴 곳에 우리가 버려져 있어도 하나님께서는 우리를 정확하게 찾아오셔서 우리에게 말씀해 주십니다. 그리고 이 세상의 온갖 두려움에 사로잡혀 떨고 있는 우리에게, '두려워하지 말'라며 당신의 말씀으로 우리를 품어 주시고 우리의 용기를 북돋아 주십니다.

더욱이 하나님께서는 세상에서 내세울 것 하나 없는 우리를, 당신의 소중한 휘페레테스와 마르튀스로 삼아 주셨습니다. 우리가 하나님의 휘페레테스와 마르튀스로 살아가는 한, 하나님께서는 이 세상의 그 어떤 죽음의 유라굴로 광풍 속에서도 우리를 반드시 지키시고 책임져 주십니다. 더 놀라운 사실은 하나님의 휘페레테스와 마르튀스인 우리가 가는 곳마다, 우리가 인식하지도 못하는 가운데, 하나님께서 언제나 우리를 통해 시간과 공간을 초월하여 뭇사람을 살려내고 계신다는 것입니다.

그러므로 우리 역시 바울처럼, 그 하나님을 믿지 않을 수 없습니다. 하나님을 믿는 것은, 곧 하나님의 말씀을 믿는 것입니다. 그리고 하나님의 말씀을 믿는 것은, 하나님의 모든 말씀이 그 어떤 죽음의 유라굴로 광풍 속에서도 반드시 성취될 것을 믿는 것입니다. 따라서 우리도 바울처럼, 그 하나님만 우리 믿음의 대상으로 모시고 살지 않을 수 없습니다.

혹 지금, 죽음의 유라굴로 광풍에 휩쓸려 있습니까? 그래서 인생의 통제력을 상실하셨습니까? 재산을 포함하여, 그동안 중요하게 여긴 것들마저 모두 잃으셨습니까? 사방이 칠흑처럼 어두워, 미래를 향한 출구조차 보이지 않습니까? 이미 죽음의 절망에 삼킴 당하셨습니까? 그렇다면 우리 모두, 오늘의 본문에 귀를 기울이십시다. 우리에게 몰아닥친 유라굴로 광풍이 아무리 죽음의 광풍처럼 모질고 거세어도, 그 광풍은 하나님께서 우리를 더욱 강하게 세워 주시려는 생명의 폭풍임을 잊지 마십시다. 그러므로 지금이야말로 더욱 하나님을 믿을 때입니다. 더욱 하나님의 말씀을 믿을 때입니다. 하나님의 말씀은 시간과 공간을 초월하여 반드시 성취됨을 더더욱 믿을 때입니다. 바로 지금이, 우리의 믿음이 한 단계 더 상승할 때입니다.

지난 5월 첫째 주일 4부 예배의 기도자는 조성빈 청년이었습니다. 그 청년의 기도 중에 이런 내용이 있었습니다.

세상의 벽이 나를 가로막고, 괴로운 일들에 가슴이 찢어집니다. 그러나 주님께서 벽을 계단으로 만들어 주시고, 내 가슴속 찢어진 틈새에 꽃을 심어 주실 것을 믿습니다.

그렇습니다. 온갖 세상의 벽이 우리의 앞길을 가로막고 있고, 괴로운 일들에 우리의 가슴은 하루에도 몇 번씩이나 찢어집니다. 하지만 이 세상 누구도 우리를 거들떠보거나, 우리의 힘이 되어 주지 않습니다. 갈가리 찢어진 우리의 가슴을 봉합해 주려는 사람도 없습니다. 그러나 우리가 믿는 하나님은, 세상 사람과 같지 않습니다. 하나님의 말씀 역시, 사람의 말과는 본질적으로 다릅니다. 하나님의 말씀이 육신을 입고 이 땅에 오신 분이 예수 그리스도, 우리의 주님이십니다. 주님께서는 우리가 하나님 나라의 회원이 될 수 있도록, 우리를 대신하여 당신 자신이 친히 값을 치러 주셨습니다. 당신이 십자가의 제물로 죽임 당하심으로, 우리가 받아야 할 죄의 형벌을 대신 받아 주신 것입니다. 하지만 주님께서는 죽음의 밥이 되시지 않았습니다. 주님께서는 모든 것을 삼키는 죽음의 권세를 깨뜨리고, 삼 일 만에 다시 살아나셨습니다. 그 주님께서는 우리의 앞길을 가로막고 있는 세상의 벽을 계단이 되게 해주심으로, 우리에게 유라굴로 광풍이 몰아닥칠 때마다 오히려 우리의 믿음이 한 단계씩 더 올라서게 해주십니다. 그리고 죽음을 깨뜨리고 삼 일 만에 다시 살아나신 당신의 말씀으로 우리의 가슴속 찢어진 틈새에 새로운 생명의 꽃이 피게 해주셔서, 주님의 휘페레테스와 마르튀스인 우리로 하여금 유라굴로 광풍 속에서도 사람을 살리는 생명의 향기를 풍기게 해주십니다.

그래서 그 삼위일체 하나님만 우리 믿음의 대상이실 수 있습니다. 우리 모두, 그 어떤 유라굴로 광풍 속에서든 삼위일체 하나님을 믿으십시다. 하나님의 말씀을 믿으십시다. 하나님의 말씀은 시간과 공간을 초월하여 반드시 성취됨을 믿으십시다. 믿음의 참됨 여부는 믿음의 행위가 아니라, 믿음의 대상이 누구냐에 의해 판가름 납니다. 삼위일체 하나님을 믿음의 대상으로 모신 믿음만 우리를 살리고, 세상을 살리고, 미래를 살리는 까닭이 바로 여기에 있습니다.

바울은 배부르고 편안한 상태에서, 나는 하나님을 믿는다고 고백한 것이 아니었습니다. 바울이 출세하고 성공하였기에, 나는 하나님께서 말씀하신 그대로 될 것을 믿는다고 선언한 것도 아니었습니다. 그 바울의 모습 앞에서, 배부르고 성공했을 때에만 하나님을 믿노라고 과시해 온 우리의 어리석음을 일깨워 주셔서 감사합니다.

유라굴로 광풍이 몰아칠 때, 그 광풍이 아무리 죽음의 광풍처럼 모질고 거세어도, 나의 신앙을 한 단계 더 상승시켜 주시려는 생명의 폭풍임을 잊지 말게 해주십시오. 오히려 광풍이 몰아칠 때마다 하나님을, 더욱 믿게 해주십시오. 하나님의 말씀을, 더욱 믿게 해주십시오. 하나님의 말씀은 시간과 공간을 초월하여 반드시 성취됨을, 더더욱 확신하게 해주십시오. 그리하여 우리의 앞길을 가로막는 세상의 벽이 우리의 믿음을 상승시켜 주는 계단이 되게 해주십시오. 우리의 가슴속 틈새에 말씀의 꽃이 피게 해주셔서, 유라굴로 광풍 속에서도 생명의 향기를 풍기는 주님의 휘페레테스와 마르튀스로 살아가게 해주십시오. 믿음의 참됨 여부는 믿음의 행위가 아니라 믿음의 대상에 의해 가려짐을 마음에 새기고, 우리의 코끝에서 호흡이 멎는 순간까지, 오직 삼위일체 하나님만 우리 믿음의 대상으로 모시고 살아가게 해주십시오. 아멘.

15. 한 섬에 걸리리라 I

사도행전 27장 21-26절

여러 사람이 오래 먹지 못하였으매 바울이 가운데 서서 말하되 여러분이여 내 말을 듣고 그레데에서 떠나지 아니하여 이 타격과 손상을 면하였더라면 좋을 뻔 하였느니라 내가 너희를 권하노니 이제는 안심하라 너희 중 아무도 생명에는 아무런 손상이 없겠고 오직 배뿐이리라 내가 속한 바 곧 내가 섬기는 하나님의 사자가 어젯밤에 내 곁에 서서 말하되 바울아 두려워하지 말라 네가 가이사 앞에 서야 하겠고 또 하나님께서 너와 함께 항해하는 자를 다 네게 주셨다 하였으니 그러므로 여러분이여 안심하라 나는 내게 말씀하신 그대로 되리라고 하나님을 믿노라 그런즉 우리가 반드시 **한 섬에 걸리리라** 하더라

우리가 지난 7주 동안 그 의미를 깊이 생각해 보았던 본문 23-25절은, 하나님의 말씀에 대한 바울의 신앙고백인 동시에 선언이었습니다.

내가 속한 바 곧 내가 섬기는 하나님의 사자가 어젯밤에 내 곁에 서서 말

하되, 바울아 두려워하지 말라. 네가 가이사 앞에 서야 하겠고, 또 하나님께서 너와 함께 항해하는 자를 다 네게 주셨다 하였으니, 그러므로 여러분이여 안심하라. 나는 내게 말씀하신 그대로 되리라고 하나님을 믿노라.

바울은 육신이 안락하고 부요한 상태에서 이렇게 고백한 것이 아니었습니다. 바울은 지금, 죽음의 유라굴로 광풍에 휩쓸려 있습니다. 여러 날 동안 먹지도 마시지도 못했을 뿐 아니라, 해도 별도 보이지 않는 칠흑 같은 어둠 속에서, 자신이 타고 있는 알렉산드리아 배가 어디로 휩쓸려 가는지조차 알지 못합니다. 다른 사람들은 구원의 여망마저 상실한 채, 모두 죽음의 절망에 삼킴 당해 버리고 말았습니다. 한마디로 말해, 알렉산드리아 배에 승선한 사람들이 그 죽음의 유라굴로 광풍에서 생존할 확률은 제로에 가깝습니다. 그와 같은 절망적인 상황 속에서 바울이 본문과 같이 고백하고 선언한 것입니다. 음미하면 음미할수록, 위대한 신앙고백이자 선언이 아닐 수 없습니다.

인생은 잔잔한 호수가 아니라, 크고 작은 폭풍이 연이어 일어나는 바다와 같다고 했습니다. 우리가 그동안 인생을 항해해 온 연수의 길이가 얼마이든 상관없이 지나온 항해길을 되돌아보면, 크고 작은 많은 폭풍이 있지 않았습니까? 그러나 그 폭풍 덕분에 우리는, 마치 폭풍 속에서 단단하게 단련된 뱃사람의 근육처럼, 우리의 영적 근육이 단단하게 단련되지 않았습니까? 우리가 살아 있는 한, 앞으로도 인생 항해길에서 크고 작은 폭풍을 계속 만나게 될 것입니다. 그중에는 분명히 우리를 통째로 삼키려는 죽음의 유라굴로 광풍도 있을 것입니다. 그러나 우리가 지난 7주 동안 살펴보았던 바울의 신앙고백과 선언을 우리 자신의 것으로 삼는다면, 그 어떤 죽음의 유라굴로 광풍도 우리의 믿음을 한 단계 더 상승시켜 주는 생명의 폭풍으로 승화될 것입니다.

바울의 위대한 신앙고백이자 선언은, 마침내 다음과 같이 결론을 맺고 있습니다.

그런즉 우리가 반드시 한 섬에 걸리리라 하더라(26절).

바울은 '우리가 어떤 섬에 걸릴 수 있다'거나, '어떤 섬에 걸릴지도 모르겠다'고 말하지 않았습니다. 혹은 '우리가 어떤 육지에 걸릴 것'이라고 말하지도 않았습니다. 바울은 단정적으로, "우리가 반드시 한 섬에 걸리리라"고 결론을 맺었습니다. 그것은 현재 주어진 상황에 대한 바울의 해석이었습니다.

하나님께서 유라굴로 광풍 속에서도 바울을 당신의 휘페레테스와 마르튀스로 황제의 법정에 세우실 것이며, 배에 승선한 사람들을 모두 바울에게 맡기신다고 천명하시지 않았습니까? 그것은 바울에게 주신 하나님의 말씀이었습니다. 바울은 그 말씀에 대해, '나는 내게 말씀하신 그대로 되리라고 하나님을 믿노라'고 선언하였습니다. 그것은 하나님의 말씀에 대한 바울의 신앙고백이었습니다. 그리고 바울은 하나님의 그 말씀에 기인하여, '우리가 반드시 한 섬에 걸리리라'고 현재의 상황을 해석하였습니다.

그레데 섬 미항을 출항한 알렉산드리아 배가 갑자기 죽음의 유라굴로 광풍에 휩쓸려 통제력을 상실해 버리자, 선원들은 배가 "스르디스에 걸릴까 두려워"하지(17절) 않았습니까? '스르디스'는 리비아 해안의 '모래언덕'으로, 어떤 배든 '스르디스'에 걸리기만 하면 더 이상 움직일 수 없었습니다. 바울 역시 선원들처럼 해도 별도 보이지 않는 칠흑 같은 어둠 속에서 알렉산드리아 배가 리비아해안 쪽으로 휩쓸려 간다고 생각하였다면, '우리가 반드시 육지에 걸리리라'고 말하였을 것입니다. 리비아는 섬이 아니라, 북아프리카 대륙에 속한 육지이기 때문입니다.

바울은 죽음의 광풍에 통제력을 상실한 알렉산드리아 배가 리비아해안 쪽으로 휩쓸려 가리라는 생각은 아예 하지도 않았습니다. 지중해 전체를 놓고 보면, 리비아는 지중해 남쪽에 위치하고 있습니다. 바울이 가야 할 제국의 수도 로마는 지중해의 서북쪽에 위치해 있어, 리비아는 그 반대 방향입니다. 죽음의 유라굴로 광풍마저 하나님의 섭리 속에 있다면, 로마에 있는 황제의 법정에 하나님의 휘페레테스와 마르튀스로 서야 할 자신을, 하나님께서 로마의 반대 방향으로 이끌어 가실 리가 없었습니다. 죽음의 광풍 속에서 알렉산드리아 배가 어느 방향으로 휩쓸려 가는지조차 알 수 없어도, 바울은 하나님께서 황제의 법정이 있는 로마 쪽으로 배를 떼밀고 계심을 믿었습니다. 그것이 사실이라면, 알렉산드리아 배는 로마로 향하는 지중해 길목의 어느 섬에 닿게 될 것이 분명했습니다. 그래서 바울은 '우리가 반드시 한 섬에 걸리리라'고 자신 있게 해석하였습니다.

그리고 바울의 해석은 그대로 맞아떨어졌습니다. 앞으로 살펴보겠습니다만, 바울을 포함하여 알렉산드리아 배에 타고 있던 276명 전원은 한 섬에 무사히 상륙하여 이듬해 봄이 오기까지 그곳에서 겨울을 지냈습니다. 28장 1절에 의하면, 그 섬의 이름은 멜리데였습니다. 오늘날 지중해의 몰타 섬입니다. 지도를 확인해 보면 몰타 섬은 놀랍게도, 알렉산드리아 배가 출항한 그레데 섬에서 제국의 수도 로마에 이르는 거의 중간 길목에 위치해 있습니다.

바울은 '우리가 반드시 한 섬에 걸리리라'고 선언하면서, 우리말 '걸리다'로 번역된 동사를 헬라어 '에크핍토'로 표현하였습니다. 그 동사는 본래 '떨어지다'는 의미입니다. 바울이, 하나님께서 자신들을 반드시 어떤 섬에 떨어뜨려 주실 것이라고 선언한 것이었습니다. 바울은 유라굴로 광풍이 아무리 죽음의 광풍이라 해도, 하나님께서 황제의 법정에 서야 할 자신이 타고 있는 알렉산드리아 배를 들어, 황제의 법정이 있는 로마로 향하는 지중해 길목의 어느 섬에 떨어뜨려 주실 것을 믿고, 그렇게 해석한 것이었습니다. 그리고 그가 믿고 해석한 대로 이루어졌습니다. 바울이 믿는 하나님은 그런 분이셨습니다.

〈사명자반〉에서 믿음을 재정립하면서, 믿음은 '해석'이라고 하였습니다. 하나님의 말씀으로 주어진 상황을 어떻게 해석하느냐에 따라 과정과 결과는 판이하게 달라집니다.

형이 받아야 할 장자의 축복을 부당하게 탈취한 동생 야곱은, 자신을 죽이려는 형을 피해 밧단 아람의 외삼촌 집으로 도망갔습니다. 그곳에서 큰 가문을 일군 야곱은, 20년 만에 고향 가나안으로 귀향하였습니다. 귀향 길 베들레헴에서, 야곱이 가장 사랑하던 아내 라헬이 아들을 낳다가 난산 끝에 그만 숨을 거두고 말았습니다.

> 그가 죽게 되어 그의 혼이 떠나려 할 때에 아들의 이름을 베노니라 불렀으나, 그의 아버지는 그를 베냐민이라 불렀더라(창 35:18).

라헬은 운명하면서, 자신의 태에서 막 태어난 핏덩이 아들의 이름을 '베노니'라 지어 주었습니다. '슬픔의 아들'이라는 의미였습니다. 태어나는 순간부터 어미를 잃어 생모의 젖도 빨 수 없게 되었으니, 죽어가는 생모의 눈으로 그 아들을 슬프디슬픈 아들로 해석한 것입니다. 하지만 야곱은 그 즉시 아이의 이름을 '베냐민'으로 고쳐 주었습니다. '오른손의 아들'이라는 뜻입니다. 성경에서 '오른손' 혹은 '오른편'은 '탁월', '능력'을 상징합니다. 인간의 생사는 하나님께 달려 있지 않습니까? 야곱은 막 태어나는 아이를 하나님의 오른손에 사로잡힌 아들, 즉 하나님의 능력을 힘입어 태어나는 아들로 해석한 것입니다. 갓 태어난 핏덩이에 대한 어미 라헬과 아비 야곱의 '해석'은 이처럼 달랐습니다. 하지만 아버지 야곱이 해석한 대로, 하나님의 오른 손에 사로잡힌 베냐민의 지파에서 이스라엘의 초대 왕 사울과 위대한 사도 바울이 배출되었습니다. 비록 야곱의 인생이 문제투성이였다 해도, 그는 이렇게 바른 해석이 가능한 믿음의 조상이었습니다.

노욕으로 영안이 흐려진 늙은 제사장 엘리는 바른 분별력을 상실해 버렸습니다. 두 아들 홉니와 비느하스가 성막에서 참람한 범죄를 저질러도 그냥 묵과하였습니다. 그런 제사장 아래에서 백성들이 바로 설 수 있을 리가 없었습니다. 이스라엘은 블레셋과의 전투에서 패하였을 뿐 아니라, 하나님의 법궤마저 빼앗기고 말았습니다. 그 와중에 엘리 제사장의 두 아들 홉니와 비느하스도 죽임 당하고 말았습니다. 그 소식을 전해 들은 98세의 엘리 제사장이 얼마나 충격을 받았던지, 그만 뒤로 넘어져 목이 부러져 죽었습니다. 마침 엘리 제사장 둘째 며느리의 해산 날이 임박해 있었습니다. 그 여인이, 남편 형제와 시아버지가 죽고 하나님의 법궤까지 빼앗겼다는 소식을 접하고는 갑자기 진통을 시작하였습니다. 그리고 난산 끝에 그 여인도 숨을 거두었습니다. 그리고 죽기 전에, 자신이 방금 낳은 아들의 이름을 '이가봇'이라고 지어 주었습니다(삼상 4:21). '하나님의 영광이 떠났다'는 뜻이었습니다. 자기 아들이 할아비도 아비도 어미도 삼촌도 없이 태어났으니, 하나님의 영광이 떠나 버린 것으로 그 상황을 해석한 것이었습니다.

엘리 제사장 집안의 불행은, 아버지와 두 아들과 며느리가 한날에 목숨을 잃었다는 것이 아니었습니다. 그 집안의 가장 큰 불행은, 그 집안에는 그렇듯 잘못된 해석을 바로잡아 줄 야곱이 없었다는 것입니다. 하나님께서는 당신의 백성이 잘못할 때, 때로 엄하게 치시기도 합니다. 하지만 하나님의 치심은 완전한 멸절을 위함이 아니라, 언제나 다시 세워 주시기 위함입니다. 다음은 호세아 선지자의 증언입니다.

> 오라. 우리가 여호와께로 돌아가자. 여호와께서 우리를 찢으셨으나 도로 낫게 하실 것이요, 우리를 치셨으나 싸매어 주실 것임이라. 여호와께서 이틀 후에 우리를 살리시며, 셋째 날에 우리를 일으키시리니, 우리가 그의 앞에서 살리라. 그러므로 우리가 여호와를 알자. 힘써 여호와를 알자. 그의 나타나심은 새벽 빛같이 어김없나니 비와 같이, 땅을 적시는 늦은 비와 같이 우리에게 임하시리라 하니라(호 6:1-3).

하나님께서 우리를 치고 찢으시는 것은 고름투성이인 우리의 환부를 도려내어, 새살이 돋아나게끔 싸매어 주시기 위함입니다. 그러므로 하나님께서 우리를 치고 찢으시는 순간이 실은, 우리가 하나님께로 돌아가 하나님의 치유를 입을 은혜의 시간입니다. 이런 관점에서 엘리 제사장의 집안에도 '이가봇'이라 이름 지어진 아이를 보고, "아니다. 이 아들은 결코 하나님의 영광이 떠난 '이가봇'이 아니다. 이 아들은 하나님의 영광을 되찾을 '하나님의 아들', '벤하엘로힘'이다"라고 해석해 줄 야곱이 있어야만 했습니다. 그랬더라면 그 아이의 출생이, 엘리 집안의 남은 사람들이 하나님께로 되돌아가는 은혜의 계기가 되었을 것입니다.

이처럼 하나님의 말씀으로 주어진 상황을 어떻게 해석하느냐에 따라 과정과 결과는 판이하게 달라집니다. 현재 주어진 상황에 대한 바른 해석을 위해서는, 반드시 지금까지 걸어온 길을 되돌아봄과 동시에, 주님 안에서 나아가야 할 길을 내다보아야 합니다. 그때 주님의 말씀에 의한 바른 해석이

가능합니다.

바울이 2차 전도 여행 중에 드로아를 방문하였을 때의 일입니다. 드로아에 도착한 날 밤에, 바울이 환상을 보았습니다. 마게도니아 사람이 바울에게 '마게도니아로 건너와서 우리를 도와달라'(행 16:9)고 요청하는 환상이었습니다. 오늘날 터키 대륙의 서쪽에 위치한 드로아는 아시아 대륙에 속해 있었습니다. 그 반면 마게도니아는 오늘날의 그리스로, 에게해 건너 유럽 대륙에 속해 있었습니다. 아시아 대륙에서 태어나 아시아 대륙에서만 살아온 바울에게는, 아시아 대륙이 그가 알던 세상 전부였습니다. 그때까지 유럽 대륙은 그의 안중에도 없었습니다. 따라서 바울은 마게도니아 사람의 환상을 얼마든지 헛것으로 치부해 버릴 수도 있었습니다. 하지만 바울은 그 환상을 다음과 같이 해석하였습니다.

> 바울이 그 환상을 보았을 때 우리가 곧 마게도냐로 떠나기를 힘쓰니, 이는 하나님이 저 사람들에게 복음을 전하라고 우리를 부르신 줄로 인정함이러라(행 16:10).

우리말 '인정하다'로 번역된 헬라어 동사 '쉼비바조συμβιβάζω'는 '결론짓다'는 의미입니다. 바울이 그 환상을, 자신을 유럽 대륙의 마게도니아로 이끄시는 주님의 부르심으로 해석한 것입니다. 그것은 바울의 주관적인 해석이 아니었습니다. 바울이 그렇게 해석한 데는 분명한 이유가 있었습니다.

2차 전도 여행을 시작한 바울은 오늘날 터키 대륙의 중부 지방에서 복음을 전하려고 하였지만, 웬일인지 주님께서 길을 열어 주시지 않았습니다. 그래서 바울은 터키 대륙의 북부 지방으로 진출하려 했지만, 주님께서는 그것도 허락해 주시지 않았습니다. 그래서 바울은 반대쪽으로 방향을 바꾸어 터키 대륙의 서쪽에 위치한 드로아에 갔다가, 바로 그날 밤에 도움을 요청하는 마게도니아 사람의 환상을 본 것입니다. 바울은 천하를 주유하는 유람객이나 방랑객이 아니었습니다. 바울은 어디에서든 주님을 증언해야 하는 주님의 휘페레테스와 마르튀스였습니다. 하지만 주님께서는 아시아 대륙에서 주님을 증언하려는 바울의 계획을 계속 막으셨습니다. 그대신, 아시아 대륙 서쪽 끝에 위치한 항구 드로아에서 마게도니아 사람의 환상을 보게 하셨습니다. 바울이 지금까지 지나온 여정을 되돌아보면서, 주님의 휘페레테스와 마르튀스로 앞으로 나아갈 길을 내다볼 때, 그 환상이 그동안 상상치도 못한 유럽 대륙으로 이끄시는 주님의 부르심이라고 해석한 것은 당연한 귀결이었습니다. 바울은 지체 없이 배를 타고 에게해를 넘어 마게도니아로 건너가, 유럽 대륙에 복음을 전하는 주님의 첫 번째 휘페레테스와 마르튀스가 되었습니다. 바울의 인생 최종 목적지가 제국의 수도 로마에 있는 황제의 법정이 될 수 있었던 것도, 드로아에서 바울이 마게도니아 사람의 환상을 바르게 해석하고 유럽 대륙에 첫발을 내디뎠던 결과였습니다.

오늘 본문에서도 마찬가지였습니다. 지금 바울이 탄 알렉산드리아 배가 죽음의 유라굴로 광풍에 휩쓸리고 있긴 하지만, 하나님께서 다메섹 도상의 바울을 당신의 휘페레테스와 마르튀스로 불러내신 이후, 숱한 죽음의 고비에서 언제나 바울을 지켜 주셨습니다. 그리고 죽음의 유라굴로 광풍 속에서도 바울을 황제의 법정에 변함 없이 당신의 휘페레테스와 마르튀스로 세우실 것을 천명하셨습니다. 바울은 하나님의 그 말씀으로 자신의 현재 상황을 해석하였습니다. 하나님께서 작정하신 자신의 최종 목적지가 황제의 법정이 있는 제국의 수도 로마인 이상, 자신이 탄 배가 어느 방향으로 휩쓸려 가는지조차 알 수 없어도, 하나님께서 죽음의 광풍 속에서 자신이 탄 배를 들어 로마로 향하는 지중해 길목 어느 섬엔가 반드시 떨어 뜨려주실 것이라고 해석한 것입니다. 그의 해석은, 알렉산드리아 배에 탄 사람 전원이 몰타 섬에 상륙함으로 그대로 맞아떨어졌습니다. 바울이 일평생 주님의 휘페레테스와 마르튀스로 초지일관할 수 있었던 것은, 이처럼 어떤 상황 속에서든 하나님 말씀 안에서 주어진 상황을 바르게 해석할 수 있었기 때문입니다.

라헬은 아들을 낳고 죽으면서 어미 없는 자식이라고 '슬픔의 아들', '베노니'라 불렀습니다. 하지만 야곱이 보기에, 그것은 천부당만부당한 이름이었습니다. 야곱의 온갖 잘못과 허물에도 불구하고 하나님께서는 지난 20년 동안 객지의 그를 지켜 주셨습니다. 그리고 야곱은 하나님의 명령을 좇아 지금 언약의 땅, 가나안으로 되돌아왔습니다. 언약의 땅에서 태어나 언약의 땅에서 살아갈 그 아들이 단지 어미를 잃었다고 해서, 하나님께서 일평생 '슬픔의 아들'로 내버려 두실 리가 없었습니다. 야곱은 하나님의 전능하신 손이 터치해 주시지 않았다면 그 아들이 태어날 수도 없었을 것이라 해석하고 하나님의 '오른손의 아들', '베냐민'이라 이름 지어 주었습니다. 만약 야곱이 그 아들을 '슬픔의 아들'을 뜻하는 '베노니'로 내버려 두었다면, 베노니의 인생은 우리가 성경을 통해 알고 있는 베냐민의 인생과는 전혀 다르게 전개되었을 것입니다.

엘리 제사장의 둘째 며느리도 아이를 낳고 죽었습니다. 그의 남편도, 그의 시아버지도, 시아주버니도, 모두 하나님을 등지고 살다가 죽었습니다. 그 집안의 지난 여정은, 제사장 집안이면서도 믿음의 길에서 완전히 벗어나 있었습니다. 그렇다면 그 여인은 자기 아들의 태어남을, 이제는 자기 집안이 하나님께 돌아갈 때로 해석하고, 자신의 해석이 남은 사람들을 위한 유언이 되게 하여야 했습니다. 그랬더라면 자신의 죽음이 갓 태어난 아들에게, 일평생 하나님과 동행하게 해주는 출발점이 되었을 것입니다. 그러나 자기 아들의 태어남을 하나님의 영광이 떠난 징조로 해석함으로, 엘리 제사장의 집안은 하나님 앞에서 영영 몰락하고 말았습니다.

혹 지금 죽음의 유라굴로 광풍에 휩쓸려 있습니까? 그렇다면 우리 모두, 우리 각자의 지난 여정을 되돌아보십시다. 지금까지 우리가 온갖 어려움 속에서도 주님의 말씀을 좇아 살아왔습니까? 그 경우라면 두려워하지 말고 죽음의 광풍을 헤치며, 계속 앞으로 나아가십시다. 하나님께서 그 광풍 속에서 우리를 당신의 휘페레테스와 마르튀스 삼아 분명히 누군가를 구해 내실 것이요, 그 광풍을 통해 우리가 반드시 거쳐가야 할 은혜와 섭리의 섬에 우리를 이르게 해주실 것입니다. 반대로, 지금까지 하나님을 믿는다면서도 실제로는 하나님을 등지고 살아왔습니까? 그렇다면 현재의 유라굴로 광풍은, 지금까지 걸어온 길에서 벗어나 하나님을 향해 돌아서라는 하나님의 경고임을 잊지 마십시다. 하나님의 경고를 받고서도 지금까지처럼 하나님과 등진 길을 계속 가려 한다면, 그때는 정말 하나님의 영광이 떠나버린 '이가봇'이 될 수밖에 없습니다.

그 바른 선택은 언제나 바른 '해석'으로만 가능합니다. 믿음은 하나님의 말씀에 기인한 '해석'입니다.

주님께서는 겟세마네동산에서 땀에 피가 스며나기까지, 할 수만 있다면 십자가의 죽음을 피하게 해달라고 기도하셨습니다. 그러나 하나님께서는 주님의 기도에 무응답으로 일관하셨습니다. 주님께서는 하나님의 무응답을, 십자가의 죽음을 받아들이라는 하나님의 명령으로 해석하고 순종하셨습니다. 그리고 삼 일 만에 다시 살아나시어, 우리 모두를 위한 그리스도가 되셨습니다. 가룟 유다는 3년 동안 주님을 모시고 살았어도, 주님보다 돈의 권세가 더 크다고 해석하였습니다. 그래서 은 30냥에 주님을 배신하였지만, 그 결과는 스스로 목을 매는 죽음이었습니다.

주님! 그동안 매사를 세상의 출세와 성공의 관점으로만 해석하고 살아왔습니다. 그래서 주님을 믿는다면서도, 언뜻 성공처럼 보이나 결국엔 실패로 끝나 버릴 가룟 유다의 길을 치달아 왔습니다. 계속 이렇게 살아서는 정말 하나님의 영광이 떠나 버리는, '이가봇'이 되고 만다는 사실을 이 시간에 깨닫게 해주셔서 감사합니다. 겟세마네동산의 주님을 본받아 하나님의 무응답 속에서도, 지나온 길을 되돌아보고 가야 할 길을 내다보면서, 하나님의 말씀으로 주어진 상황을 언제나 바르게 해석하게 해주십시오. 그리하여 바울처럼 그 어떤 유라굴로 광풍 속에서도 우리의 인생이, 하나님께서 예비해 두신 섭리와 은혜의 섬에 반드시 이르게 해주십시오. 어떤 상황 속에서도 주님과 동행하는 삶보다 더 형통한 삶이 없음을, 일평생 잊지 말게 해주십시오. 아멘.

16. 한 섬에 걸리리라 II

사도행전 27장 21-26절

여러 사람이 오래 먹지 못하였으매 바울이 가운데 서서 말하되 여러분이여 내 말을 듣고 그레데에서 떠나지 아니하여 이 타격과 손상을 면하였더라면 좋을 뻔 하였느니라 내가 너희를 권하노니 이제는 안심하라 너희 중 아무도 생명에는 아무런 손상이 없겠고 오직 배뿐이리라 내가 속한 바 곧 내가 섬기는 하나님의 사자가 어젯밤에 내 곁에 서서 말하되 바울아 두려워하지 말라 네가 가이사 앞에 서야 하겠고 또 하나님께서 너와 함께 항해하는 자를 다 네게 주셨다 하였으니 그러므로 여러분이여 안심하라 나는 내게 말씀하신 그대로 되리라고 하나님을 믿노라 그런즉 우리가 반드시 **한 섬에 걸리리라** 하더라

오늘은 9월 17일 주일입니다. 그리스도인에게 주일은 일요일이 아닌 주님의 날로, 삼위일체 하나님을 예배하는 특별한 날입니다. 그래서 우리는 주일인 오늘 만사를 제쳐놓고, 다 함께 예배당에서 하나님께 예배드리고 있습니다. 그리스도인에게 오늘이 이렇게 중요한 것은 오늘이 주일이기 때문이지,

오늘의 날짜가 9월 17일이기 때문이 아닙니다. 지금 주일예배를 드리고 있는 교우님들 가운데에는, 오늘이 며칠인지 알지 못하는 분들도 있을 것입니다. 오늘이 9월 17일인 것을 아는 교우님들도 얼마 지나지 않으면, 거의 대부분 오늘의 날짜는 잊어버리고 말 것입니다. 그래서 언젠가 오늘을 언급해야 할 필요가 있다면, 9월 17일이 아니라 9월 셋째 주일이라고 표현할 것입니다.

반면에 교우님들 중에는 오늘의 요일이 아니라, 9월 17일이라는 오늘의 날짜가 중요한 분도 분명히 있을 것입니다. 예를 들어 오늘이 이 세상에 태어난 생일인 분들, 오늘이 사랑하는 사람과 가정을 이룬 결혼기념일인 분들, 오늘이 사랑하는 사람과 이 세상에서 영영 작별한 추모의 날인 분들에게는, 오늘의 요일보다 날짜가 더 중요할 것입니다. 그분들에게 9월 17일은 단순히 1년 365일 중의 하루가 아닙니다. 그분들에게 9월 17일은, 그분들의 인생에서 특별한 의미를 지닌 절대적인 날입니다. 1년이 365일이나 되어도, 아무리 세월이 흘러도, 사람들은 특별한 의미를 지닌 날은 잊지 않습니다. 그날에는 자기 인생의 의미가 함축되어 있고, 그날이 또 자기 인생의 의미를 새롭게 반추하게 해주기 때문입니다.

도시를 벗어나면, 돌이 지천에 널려 있습니다. 가치가 없기 때문입니다. 수석처럼 가치가 있는 것이라면, 벌써 누군가가 집어 갔을 것입니다. 그러나 어떤 사람의 집 거실에 아무 가치도 없어 보이는 돌, 지천에 널려 있는 돌과 전혀 구별되지 않는 돌이 진열되어 있다면, 그 집 주인에게는 그 돌이 특별한 의미를 지니고 있기 때문일 것입니다. 어린 시절 고향을 떠나면서 시골집 마당에서 주워 온 돌이라면, 그 돌은 그냥 돌일 수 없습니다. 그 돌 속에는, 그의 어린 시절이 고스란히 간직되어 있습니다. 어디 그뿐이겠습니까? 이미 세상을 떠난 부모님에 대한 추억도 그 돌 속에 담겨 있습니다. 그 돌은, 자기 인생의 한 부분이 새겨져 있는 반도체 칩과도 같습니다. 지천에 널려 있는 돌이라도 그렇듯 특별한 의미가 담기면, 그것은 더 이상 무가치한 돌일 수 없습니다. 의미를 지닌 돌은 이 세상 무엇과도 바꿀 수 없는, 절대적 가치의 집합체가 됩니다.

바둑판은 가로 세로 각 19개의 줄로 이루어져 있어, 돌을 놓을 수 있는 착지점이 361개 있습니다. 그 바둑판에 두 기사가 평균 250개의 흰 돌과 검은 돌을 번갈아 놓으면서 승부를 가립니다. 프로 기사와 아마추어의 차이는, 복기에 달려 있다고 말씀드린 적이 있습니다. 프로 기사는 대국이 끝난 뒤에도, 250개의 돌을 서로 어떻게 번갈아 놓았는지 정확하게 순서대로 복기할 수 있습니다. 아마추어는 꿈도 꿀 수 없는 일입니다. 아마추어에게 바둑돌은 그저 동일한 크기의 돌일 뿐입니다. 따라서 대국이 끝난 뒤에 그 많은 돌의 순서를 일일이 기억한다는 것은 아예 불가능합니다. 프로 기사에게 바둑돌은 그냥 돌이 아닙니다. 프로 기사의 바둑돌은, 그가 의도하는 의미의 표현입니다. 프로 기사의 바둑판 위에는 단순히 돌이 놓이는 것이 아니라, 두 기사가 의도하는 의미가 한데 어우러지는 셈입니다. 그러므로 프로 기사는 대국이 끝난 뒤에도, 그 의미를 따라 250개에 달하는 바둑돌의 순서를 정확하게 복기할 수 있습니다. 똑같은 모양을 지닌 돌의 순서는 기억할 수 없어도, 각각의 돌이 지녔던 의미의 순서는 잊혀지지 않기 때문입니다.

사람들은 누군가와 대화를 나누면서 일반적으로 손동작도 겸합니다. 하지만 대화가 끝난 뒤에 자신이 어떤 손동작을 했는지, 그리고 손동작의 순서가 어떻게 이어졌는지 기억하는 사람은 없습니다. 손동작이 무의미한 움직임이었기 때문입니다. 그러나 발레리나는 근 두 시간에 걸친 공연 내내 자기 몸동작의 순서를 정확하게 기억하며 춤을 춥니다. 발레리나의 발레 역시 의미의 연속인 까닭입니다. 어느 손짓이나 몸짓치고 의미 없는 동작이 없습니다. 그 의미를 따라 춤을 추는 것이 발레입니다.

의미는 이렇게 중요합니다. 1년이 365일이나 되어도, 의미를 지닌 날은 그냥 날이 아닙니다. 지천에 돌이 널려 있어도, 의미를 지닌 돌은 더 이상 돌이 아닙니다. 평균 250개에 달하는 바둑돌에 의미를 부여하고, 그 의미를 좇아가는 사람이 전문 기사입니다. 의미 있는 동작의 연결이 발레입니다. 신앙생활도 이와 똑같습니다.

바울이 탄 배가 죽음의 유라굴로 광풍에 휩쓸렸습니다. 알렉산드리아 배에 승선한 사람들은 여러 날 동안 먹지도 마시지도 못했을 뿐 아니라, 해도 별도 보이지 않는 칠흑 같은 어둠 속에서, 자신들이 탄 배가 어디로 휩쓸려 가는지조차 알지 못했습니다. 결국 사람들은 구원의 여망마저 상실한 채, 모두 죽음의 절망에 삼킴 당해 버리고 말았습니다. 그러나 그 죽음의 절망 한가운데에서 일어서는 한 사람이 있었습니다. 사도 바울이었습니다. 그것은 그의 강철 같은 의지나 신념의 산물이 아니라고 했습니다. 모든 사람들이 삼킴 당한 그 죽음의 절망 한가운데에서 바울 홀로 일어설 수 있었던 것은, 하나님께서 당신의 말씀으로 바울을 붙들어 주신 덕분이었습니다.

하나님께서는 죽음의 유라굴로 광풍 속에서도 바울을 변함 없이 당신의 휘페레테스와 마르튀스로 황제의 법정에 세우실 것이며, 배에 승선한 사람들을 모두 바울에게 맡기신다고 천명하셨습니다. 그것은 하나님께서 바울에게 주신 하나님의 말씀이었습니다. 유라굴로 광풍이 아무리 가공스러운 죽음의 광풍이라 해도, 하나님의 휘페레테스와 마르튀스로 황제의 법정에 서야 할 바울의 앞길을 가로막을 수는 없다는 말씀이었습니다. 바울은 하나님의 그 말씀에 대해, '나는 내게 말씀하신 그대로 되리라고 하나님을 믿노라'고 선언하였습니다. 그것은 하나님의 말씀에 대한 바울의 신앙고백이었습니다.

그리고 바울은 다음과 같은 선언으로 결론을 맺었습니다.

그런즉 우리가 반드시 한 섬에 걸리리라 하더라(26절).

바울은 '우리가 어떤 섬에 걸릴 수 있다'거나, '어떤 섬에 걸릴지도 모르겠다'고 말하지 않았습니다. 바울은 단정적으로, '우리가 반드시 한 섬에 걸리리라'고 결론을 맺었습니다. 지난 시간에 말씀드린 바와 같이, 그것은 현재 주어진 상황에 대한 바울의 해석이었습니다. 바울은 죽음의 유라굴로 광풍 속에서도 하나님께서 주신 말씀에 기인하여, '우리가 반드시 한 섬에 걸리리라'고 현재의 상황을 해석한 것이었습니다. 죽음의 유라굴로 광풍마저 하나님의 섭리 속에 있다면, 로마에 있는 황제의 법정에 당신의 휘페레테스와 마르튀스로 세우실 바울을, 하나님께서 로마의 반대 방향으로 이끌어 가실 리는 없었습니다. 죽음의 광풍 속에서 알렉산드리아 배가 어느 방향으로 휩쓸려 가는지 분간할 수는 없어도, 바울은 하나님께서 황제의 법정이 있는 로마 쪽으로 배를 떼밀고 계심을 믿었습니다. 그것이 사실이라면, 알렉산드리아 배는 로마로 향하는 지중해 길목의 어느 섬에 닿게 될 것이 분명했습니다. 그래서 바울은 '우리가 반드시 한 섬에 걸리리라'고 자신 있게 해석하였습니다.

그리고 지난 시간에 말씀드린 것처럼, 바울을 포함하여 알렉산드리아 배에 타고 있던 276명 전원은 멜리데 섬에 무사히 상륙하여, 이듬해 봄이 오기까지 그곳에서 겨울을 지냈습니다. 지도를 확인해 보면 그 섬은 놀랍게도, 알렉산드리아 배가 출항한 그레데 섬에서 제국의 수도 로마에 이르는 거의 중간 길목에 위치해 있습니다. 바울이 해석한 대로 이루어진 것입니다. 그것은 다른 선택의 여지가 없는 외딴길에서 일어난 일이 아니었습니다. 광활하

기 그지 없는, 여러 날 동안 해도 별도 보이지 않는 칠흑 같은 어둠 속의 지
중해 위에서 일어난 일이었습니다.

　유럽 대륙과 아시아 대륙 그리고 아프리카 대륙에 둘러싸여 있는 지중해
는, 동서의 길이가 약 4,000킬로미터에 남북의 최대 길이는 약 1,600킬로미
터로, 총 바다 면적은 296만 9,000제곱킬로미터입니다. 남한의 면적이 약
10만 제곱킬로미터이니, 지중해는 남한의 30배에 해당하는 면적입니다. 지
금 알렉산드리아 배는 선장의 통제하에 정상항로를 항해하는 배가 아닙니
다. 죽음의 유라굴로 광풍 속에서 이미 통제력을 상실한 알렉산드리아 배
는 정상항로에서 벗어나, 그 배에 승선한 사람들은 배가 어디로 휩쓸려 가
는지조차 알지 못했습니다. 배가 어느 섬에 닿을 수도 있지만, 남한 면적의
30배에 달하는 광활한 지중해에서 계속 표류하기만 하다가, 배에 탄 사람
들이 모두 목숨을 잃을 수도 있었습니다. 그러나 알렉산드리아 배에 승선
한 사람들은 바울이 해석한 대로, 제국의 수도 로마에 이르는 지중해 길목
의 멜리데 섬에 상륙하여, 단 한 사람의 예외도 없이 모두 구원받았습니다.
　섬은 사방이 바다로 둘러싸인 바위나 땅을 일컫습니다. 지중해는 평균 수
심이 1,458미터이고, 최대 수심은 4,404미터나 됩니다. 따라서 지중해에 섬
이 솟아 있다는 것은, 상당한 길이에 달하는 그 섬의 밑부분이 바다 아래쪽
으로 버티고 있음을 의미합니다. 바닷속에 아무리 넓은 면적이 포진되어 있
어도 그 높이가 수심보다 낮으면, 그것은 섬이 될 수 없습니다. 그러나 죽음
의 유라굴로 광풍에 휩쓸린 알렉산드리아 배 앞길에 우뚝 솟은 멜리데 섬이
버티고 있었고, 그 섬 덕분에 그 배에 승선해 있던 276명 전원이 구원을 받
았습니다. 만약 죽음의 광풍에 휩쓸린 알렉산드리아 배 앞길에 그 섬이 버
티고 있지 않았더라면, 그 배에 타고 있던 276명이 무슨 화를 입었을는지

모릅니다. 그러므로 '우리가 반드시 한 섬에 걸리리라'고 해석했던 바울에게, 그 섬은 단순히 그냥 섬일 수만은 없었습니다.

교회를 짓밟던 바울이 다메섹 도상에서 주님의 휘페레테스와 마르튀스로 부르심을 받을 때, 그 현장에 바울 혼자 있었던 것이 아니지 않습니까? 그 현장에는 분명히 바울의 일행이 있었습니다. 바울과 함께 다메섹의 그리스도인들을 잡으러 가는 체포조 일행이었습니다. 그러나 그들 가운데, 바로 그 현장에서 주님의 부르심을 받은 사람은 바울 한 명뿐이었습니다. 바울이 가장 윤리적이고 모범적인 인간이기 때문이 아니었습니다. 바울은 다메섹의 그리스도인들을 잡으러 가는 그 체포조의 우두머리였습니다. 그들 중에 바울이 주님의 가장 큰 대적인 셈이었습니다. 그런데도 주님께서는 다른 사람들은 다 제쳐놓고, 당신의 대적인 바울만 당신의 휘페레테스와 마르튀스로 불러내셨습니다. 바울은 자신을 향한 주님의 그 불가사의한 선택과 부르심을, 자신의 이성과 지성으로는 도저히 이해할 수도, 설명할 수도 없었습니다. 마침내 그가 자신의 이성과 지성을 뛰어넘어, 주님 안에서 믿음으로 얻은 답이 에베소서 1장 3-6절입니다.

우리 주 예수 그리스도의 하나님 아버지께 찬양을 드립니다. 하나님께서는 그리스도 안에서, 하늘에 속한 온갖 신령한 복을 우리에게 주셨습니다. 하나님께서는 우리를 사랑하셔서, 하나님 앞에서 거룩하고 흠이 없게 하시려고, 창세 전에 우리를 그리스도 안에서 택하여 주셨습니다. 그리고 하나님의 기뻐하시는 뜻대로, 예수 그리스도로 말미암아 우리를 하나님의 자녀로 예정하셔서, 하나님의 사랑하시는 아들 안에서 우리에게 거저 주신 하나님의 영광스러운 은혜를 찬미하게 하셨습니다(표준새번역).

하나님께서는 창세 전부터 시간과 공간을 초월하여 바울을 예수 그리스도 안에서 선택하시고, 당신의 자녀 삼기로 예정하신 하나님이셨습니다. 그래서 당신의 때가 이르렀을 때에, 다메섹 도상의 체포조 가운데에서 바울만 집게로 집어내듯 불러내어 당신의 휘페레테스와 마르튀로스로 삼으신 것이었습니다. 하나님께서 다메섹 도상의 일행 중에서 바울 자신만 불러내신 하나님의 불가사의한 구원에 대해 바울이 믿음으로 얻은 답은, 창세 전부터 자신을 선택하고 예정해 주신 하나님, 그 하나님께 있었습니다. 그 하나님 이외의 다른 답은 있을 수 없었습니다.

바울을 포함하여 알렉산드리아 배에 승선한 사람 전원이 상륙한 멜리데 섬 역시 마찬가지였습니다. 그 섬은, 그냥 바다 위에 떠 있는 많은 섬 가운데 한 섬이 아니었습니다. 그 섬은, 다른 섬과는 의미 자체가 달랐습니다. 그 섬은, 죽음의 유라굴로 광풍에 휩쓸린 바울을 황제의 법정에 당신의 휘페레테스와 마르튀로스로 세우기 위해, 하나님께서 바울이 타고 있는 배의 앞길에 미리 예비해 두신 생명의 징검다리였습니다. 하나님께서 죽음의 유라굴로 광풍에 휩쓸린 지중해의 바울을 보시고, 그제야 그를 구하시려 그의 앞길에 없던 섬을 부랴부랴 만드신 것이 아닙니다. 그 섬은, 하나님께서 천지를 창조하실 때부터 그곳에 그렇게 만들어 두신 섬이었습니다. 그때부터 그 섬은, 하나님께서 시간과 공간을 초월하여 바울을 위해 예비해 두신 섬이었습니다. 한 걸음 더 나아가 바울 자신의 고백을 따르자면, 그 섬은 하나님께서 창세 전부터 바울을 위해 예비해 두신 생명의 징검다리였습니다.

42-44절은 알렉산드리아 배가 그 섬의 해안에 좌초되었을 때의 상황을 다음과 같이 전해 주고 있습니다.

군인들은 죄수가 헤엄쳐서 도망할까 하여 그들을 죽이는 것이 좋다 하였으나, 백부장이 바울을 구원하려 하여 그들의 뜻을 막고, 헤엄칠 줄 아는 사람들을 명하여 물에 뛰어내려 먼저 육지에 나가게 하고, 그 남은 사람들은 널조각 혹은 배 물건에 의지하여 나가게 하니, 마침내 사람들이 다 상륙하여 구조되니라.

죄수들의 호송을 맡은 군인들은 좌초한 배에서 죄수들이 도망칠 경우 자신들이 처벌받을 것을 두려워하여, 죄수들을 차라리 죽여 버리는 것이 낫겠다고 생각하였습니다. 하지만 호송 책임자인 백부장 율리오가 그들을 제지하였습니다. 자신들을 유라굴로 광풍에서 구해낸 미결수 바울을 살리기 위함이었습니다. 백부장은 헤엄칠 줄 아는 사람들은 헤엄을 쳐서, 헤엄칠 줄 모르는 사람들은 널조각이나 물건에 의지하여 멜리데 섬에 상륙하게 하였습니다. 그 결과 44절이 "마침내 사람들이 다 상륙하여 구조되니라"고 확증하고 있습니다.

'마침내 사람들이 다 상륙하여 구조되니라.' 하나님께서 창세 전부터 바울을 위해 예배해 두신 생명의 징검다리에 마침내 사람들이 다 상륙하여, 구원의 여망마저 앗아갔던 죽음의 유라굴로 광풍의 여파에서 완전히 벗어났습니다. 그때 바울의 감격이 얼마나 컸겠습니까? 이듬해 봄에 바울이 그 섬을 떠나 로마로 향하였다고 해서, 바울이 그 섬을 잊어버릴 수 있었겠습니까? 그의 몸이 로마의 감옥에 갇혀 있을 때에도 지중해만 생각하면, 하나님께서 창세 전부터 자신을 위한 생명의 징검다리로 예비해 두셨던 멜리데 섬이 마음속에서 새록새록 되살아나지 않았겠습니까?

어디 그 멜리데 섬뿐이겠습니까? 주님의 휘페레테스와 마르튀스로 살아가는 바울에게는, 그가 이 세상에서 접하는 모든 것이 하나님께서 창세 전부터 그를 위해 예비해 두신 은혜의 손길이요, 그가 맞는 하루하루 역시 하나님께서 창세 전부터 그를 위해 예비해 두신 은혜의 날들 아니었겠습니까? 주님의 휘페레테스와 마르튀스로 살아가는 바울의 삶 자체가 주님 안에서 의미의 연속이었다는 말입니다. 그 의미의 연속은 바울이 주님을 위해 참수형을 당해 죽은 뒤에도, 퇴색하거나 사라지지 않았습니다. 바울이 삶으로 엮었던 그 의미의 연속은 그가 죽은 뒤에 오히려 하나님에 의해 하나님의 영원한 말씀으로, 성경 속 사도행전으로 영원히 건져 올려졌습니다. 바울의 삶이 엮어낸 의미의 연속인 사도행전을, 하나님께서 시간과 공간을 초월하여 창세 전부터 우리를 위한 생명의 징검다리로 예비해 주신 것입니다.

〈새신자반〉, 〈성숙자반〉, 〈사명자반〉을 공부하면서 헬라어 동사 '엑사고라조ἐξαγοράζω'에 대해 여러 차례 배웠습니다. '건져 올리다'는 의미입니다. 바울은 에베소서 5장 16절을 통해 우리에게, '세월을 아끼라'고 권면하고 있습니다. 여기에서 우리말 '아끼다'로 번역된 헬라어 동사가 '엑사고라조'입니다. 세월 즉 시간을 아끼는 것은 흔히 세상 사람들이 생각하듯이, 분초를 다투어 가며 많은 일을 효율적으로 처리하는 것이 아닙니다. 바울이 시간을 아끼라는 것은, 시간을 건져 올리라는 말입니다. 하루 종일 분초를 다투면서 많은 일을 효율적으로 처리했다 해도 그 결과가 모두 물거품처럼 사라져 버리고 말 것이라면, 그 사람은 시간을 아낀 것이 아닙니다. 고작 물거품처럼 사라져 버리고 말 것을 위해, 자신의 소중한 생명인 시간을 흩날려 버리고 만 것입니다.

시간을 아끼는 것은, 매 순간 우리를 스쳐 지나가는 1초1초를 건져 올리는 것입니다. 시간은 오직 영원한 의미로만 건져 올려지고, 영원한 의미는 죽음을 깨뜨리고 삼 일 만에 다시 살아나신 주님 안에만 있습니다. 주님 안에서 영원한 의미로 건져 올려진 시간은 퇴색하지도, 사라지지도 않습니다. 1년이 365이나 되어도, 의미를 지닌 날은 그냥 또 하루의 날이 아닙니다. 지천에 돌이 널려 있어도, 의미가 담긴 돌은 더 이상 돌이 아닙니다. 프로 기사에게는 바둑돌이 돌이 아니라, 의미의 집합체입니다. 발레가 예술인 것도, 의미의 연속이기 때문입니다. 오늘 있다가 내일 아궁이에 던져질 세상의 것들에도 이렇게 의미가 절대적이라면, 하물며 주님 안에서 영원한 의미로 건져 올려진 시간이 어찌 퇴색하거나 소멸될 수 있겠습니까?

우리 모두 매일 아침, 주님의 휘페레테스와 마르튀스로 눈을 뜨십시다. 하루 종일 무슨 일을 하든, 그 일이 궁극적으로 주님을 위한 수단이 되게 하십시다. 하루의 일과를 마친 뒤에는, 주님을 가슴에 모시고 잠자리에 드십시다. 그렇게 살아가는 우리의 하루하루는, 하나님께서 우리를 위해 창세 전부터 예비해 두신 생명의 징검다리로 이어질 것입니다. 날마다 그 생명의 징검다리를 뛰어넘는 우리의 시간은 영원한 의미로 건져 올려질 것이요, 건져 올려진 그 의미가 모여 이 시대를 위한 신사도행전으로 승화될 것입니다.

지금까지 내가 세월을 아끼며 살아왔는지, 지난 세월을 되돌아봅니다. 매일 분초를 다투며 눈코 뜰 새 없이 바쁘게 살아왔는데, 그 많던 세월이 순식간에 흔적도 없이 다 사라져 버리고 말았습니다. 지금까지 나의 인생에 무슨 의미가 있었는지, 지나온 나의 인생도 되돌아봅니다. 인생무상 이외에는, 그 어떤 의미도 찾을 수 없습니다.

시간은 오직 영원한 의미로만 건져 올려지고, 영원한 의미는 죽음을 깨뜨리고 삼 일 만에 다시 살아나신 주님 안에만 있음을, 오늘 본문 말씀을 통해 재확인시켜 주셔서 감사합니다. 우리의 하루하루가 주님 때문에, 특별한 의미를 지닌 주님의 날들로 건져 올려지게 해주십시오. 지천에 널려 있는 돌처럼 우리가 보잘것없다 해도, 창세 전부터 하나님에 의해 선택된 우리 존재의 의미를 잊지 말게 해주십시오. 우리의 동작이 주님 안에서 의미의 연속이게 해주시고, 우리의 삶이 주님을 위한 의미의 집합체가 되게 해주십시오.

그리하여 우리가 매일 맞는 하루하루가, 하나님께서 시간과 공간을 초월하여 창세 전부터 우리를 위해 예비해 두신 생명의 징검다리로 계속 이어지게 해주십시오. 아멘.

17. 고대하니라

사도행전 27장 27-29절

열나흘째 되는 날 밤에 우리가 아드리아 바다에서 이리 저리 쫓겨가다가 자정쯤 되어 사공들이 어느 육지에 가까워지는 줄을 짐작하고 물을 재어 보니 스무 길이 되고 조금 가다가 다시 재니 열다섯 길이라 암초에 걸릴까 하여 고물로 닻 넷을 내리고 날이 새기를 **고대하니라**

오늘 본문은 "열나흘째 되는 날 밤"에 일어난 일에 대한 증언입니다. 알렉산드리아 배가 그레데 섬의 미항을 출항한 지 '열나흘째 되는 날 밤', 다시 말해 미항을 출항한 알렉산드리아 배가 유라굴로 광풍과 맞닥뜨린 지 '열나흘째 되는 날 밤'이었습니다.

열나흘째 되는 날 밤에 우리가 아드리아 바다에서 이리 저리 쫓겨가다가 자정쯤 되어 사공들이 어느 육지에 가까워지는 줄을 짐작하고(27절).

그날 밤, 알렉산드리아 배는 '아드리아 바다에서 이리 저리 쫓겨가고' 있었습니다. '아드리아 바다'는 알렉산드리아 배에 승선한 사람들이 극적으로 상륙하게 될 멜리데 섬, 즉 오늘날 지중해 몰타 섬 앞 바다를 일컫는 이름입니다. 거리상으로는, 알렉산드리아 배가 출항한 그레데 섬 미항에서 약 800킬로미터 떨어져 있습니다. 미항을 출항하자마자 유라굴로 광풍을 만난 알렉산드리아 배가 열나흘 동안, 무려 800킬로미터나 떨어진 아드리아 바다까지 휩쓸려 간 것이었습니다.

열나흘 동안, 아침이면 해가 뜨고 밤이면 별들이 빛난 것이 아니었습니다. 해도 별도 보이지 않는 칠흑 같은 어둠만 계속되었습니다. 그런 상황 속에서 날수를 제대로 계산하는 것은 불가능한 일이었습니다. 더욱이 본문의 시각은 '열나흘째 되는 날 밤'이었습니다. 그 캄캄한 밤에, 알렉산드리아 배가 광활하기 그지 없는 지중해에서 아드리아 바다에 이른 것을 육안으로 확인할 수도 없었습니다. 그런데도 사도행전을 기록한 누가가 본문에 날수와 위치를 정확하게 기술한 것은, 그가 멜리데 섬에 상륙한 뒤에 사후 인지한 것임을 알 수 있습니다.

알렉산드리아 배가 '아드리아 바다'에 이르렀다고 해서 바다가 잔잔해진 것은 아니었습니다. 아드리아 바다에서도 알렉산드리아 배는 여전히 '이리 저리 쫓겨가고' 있었습니다. 유라굴로 광풍의 여세가 그때까지도, 완전히 소멸된 것이 아니었습니다. 바로 그날 밤 "자정쯤" 되었을 때였습니다. 헬라어 원문상의 의미로는 오늘날의 시계로 밤 12시쯤이라는 말이 아니라, '깊은 한밤중'이란 뜻입니다. 그 시각에 "사공들"이, 알렉산드리아 배가 "육지에 가까워지는 줄을 짐작"하였습니다. 많은 선원들 가운데 단 한 명만 그렇게 생각한 것이 아니었습니다. 복수의 선원들이 동시에, 지금 배가 뭍에 가까워지고 있다는 것을 육감적으로 알았습니다.

더없이 넓은 태평양에 산재해 있는 많은 섬들의 원주민들은, 예외 없이 단일 인종인 폴리네시아인들입니다. '폴리네시아'는 '많은 섬들'이라는 의미입니다. 폴리네시아인들은 이미 3천 년 전에, 동남아시아에서 필리핀을 거쳐 태평양으로 진출하기 시작한 것으로 알려져 있습니다. 그 옛날 폴리네시아인들이 아무 장비도 없이 어떻게 수백 킬로미터씩 떨어져 있는 섬들을 정확하게 찾아가 정착하면서, 마침내 1200년 전에 수천 킬로미터나 떨어진 하와이까지 이를 수 있었는지, 그들의 항해술은 아직까지 풀리지 않는 수수께끼로 남아 있습니다.

오래전에 이와 관련된 글을 읽은 적이 있습니다. 폴리네시아인들은 바다의 물결을 읽는 탁월한 능력을 지니고 있었다는 것입니다. 수평선에 이르기까지 아무 섬이 보이지 않아도, 수평선 너머에 섬이 있는 방향은 바다의 물결이 다르다는 것입니다. 폴리네시아인들은 바다 물결의 그 미세한 변화를 탐지하고, 그 방향으로 계속 항해하였다는 것입니다. 그 결과 그들이 연이어 새로운 섬들을 발견하면서, 마침내 하와이까지 이를 수 있었다는 것입니다. 설령 그 이론이 맞다 하더라도, 그 이론을 본문에 적용시킬 수는 없습니다. 본문의 시각이 물결의 변화를 확인할 수 있는 대낮이 아니라, 사방을 분간할 수 없는 캄캄한 한밤중이었기 때문입니다.

옛날 선원들이 아무것도 보이지 않는 어둠 속에서 뭍이 가까워짐을 인지할 수 있었던 방법은 '소리'뿐이었다고 합니다. 뭍이 가까워지면, 바람과 파도 소리가 뭍에 부딪혀 되돌아오는 반향이 일어나게 됩니다. 일반인은 뭍에 이르러서야 바람과 파도 소리의 반향을 확인할 수 있지만, 베테랑 선원들은 먼 거리에서도 그 반향을 육감적으로 감지할 수 있다고 합니다. 알렉산드리아 배의 선원들은 아무것도 보이지 않는 어둠 속에서 바람과 파도 소리의 반향을 육감적으로 감지하고, 자신들이 타고 있는 배가 뭍에 가까워지고 있음을 안 것이었습니다.

본문 28절의 증언입니다.

물을 재어 보니 스무 길이 되고, 조금 가다가 다시 재니 열다섯 길이라.

바람과 파도 소리의 반향을 감지한 선원들은 곧 배의 난간에서 "물을 재어" 보았습니다. 우리말 '재다'로 번역된 헬라어 동사 '볼리즈βολίζω'는, 창과 같이 '던지는 무기'를 뜻하는 명사 '볼리스βολίς'에서 파생된 동사입니다. 선원들이 수심을 측량하기 위해, 줄 끝에 무거운 금속을 매달아 바다에 던진 동작을 그렇게 표현한 것입니다. 측량 결과 수심은 '스무 길'이었습니다. 우리말 '길'로 번역된 헬라어 명사 '오르귀아ὀργυια'는 성인 남자가 두 팔을 벌렸을 경우, 한쪽 손 중지 끝에서부터 다른 손 중지 끝까지의 길이를 뜻합니다. 그 길이를 1.8미터로 잡으면, 수심 '스무 길'은 36미터에 해당합니다. 선원들은 조금 기다렸다가 다시 수심을 측량해 보았습니다. 수심이 '열다섯 길', 즉 27미터였습니다. 처음 측량했을 때보다 수심이 9미터나 얕아져 있었습니다. 수심이 그렇게 급격하게 얕아지고 있다는 것은, 그들이 짐작한 대로 뭍에 가까워지고 있다는 확실한 증거였습니다.

암초에 걸릴까 하여 고물로 닻 넷을 내리고 날이 새기를 고대하니라(29절).

한글 성경에는 '두려워하다'는 의미의 헬라어 동사 '프호베오φοβέω'의 번역이 빠져 있습니다. 항구가 없는 뭍에 큰 배가 접근을 시도할 때, 가장 조심해야 할 일은 바닷속 암초와의 충돌을 피하는 것입니다. 본문의 시각은, 바닷속 암초를 육안으로는 분간할 수 없는 캄캄한 한밤중이었습니다. 선원들은 측량을 통해 수심이 급격하게 얕아지고 있음을 확인하고는, 그 캄캄한 한밤중에 배가 암초에 걸릴지도 모른다는 두려움에 사로잡혔습니다. 그들은 '고물', 다시 말해 배꼬리 부분인 선미로 "닻 넷을" 내렸습니다. 배가 더 이상 나아가지 못하도록 정박하기 위함이었습니다.

본래 배를 정박할 때는 이물, 즉 뱃머리 부분인 선수에서 닻을 내립니다. 그렇지만 알렉산드리아 배의 선원들은 배의 뒤꼬리 부분인 선미에서 네 개의 닻을 내렸습니다. 그것은 그 시점의 풍세 방향 때문이었습니다. 그레데 섬 미항을 출항한 알렉산드리아 배는 유라굴로 광풍에 휩쓸려, 열나흘 동안 미항에서 800킬로미터나 떨어진 아드리아 바다까지 떼밀려 왔습니다. 떼밀려 왔다는 것은, 열나흘 내내 광풍이 뒤쪽에서 몰아쳤다는 말입니다. 아드리아 바다에서도 알렉산드리아 배는 계속 "이리 저리 쫓겨" 갔습니다. 아드리아 바다에 이르러서도, 뒤쪽에서 몰아치는 바람이 잦아들지 않았던 것입니다. 그런 상황 속에서 만약 뱃머리에서 닻을 내리면, 뒤쪽에서 몰아치는 바람을 이기지 못한 배가 뱃머리를 중심으로 360도 회전하며 요동칠 것이 분명했습니다. 그래서 선원들은 배꼬리에서 네 개의 닻을 내렸습니다. 그래야 배의 무게 중심이 배꼬리로 이동하여, 뒤쪽에서 몰아치는 바람을 버텨낼 수 있기 때문이었습니다. 역시 베테랑 선원들다웠습니다.

그리고 선원들은 그 한밤중에, '날이 새기를 고대'하였습니다. 날이 새기 무섭게 암초를 피하여, 어딘가 가까이에 있을 것이 분명한 뭍에 이르기 위함이었습니다. 그것이야말로 지중해 한가운데에서 맞닥뜨린 유라굴로 광풍의 여세에서 완전히 벗어나는 유일한 길이었습니다. 어디 선원들뿐이었겠습니까? 수심을 측량하던 선원들이 닻을 내려 배를 정박시켰다는 것은, 뭍이 가까이에 있다는 확실한 증거였습니다. 알렉산드리아 배에 승선한 승객들 역시 선원들과 똑같은 마음으로, 한순간이라도 속히 날이 밝기를 고대하였을 것입니다. 유라굴로 광풍과 맞닥뜨린지 열나흘째 되는 날 한밤중이 되어서야 이제 살 수 있다는 희망을 품고, 속히 날이 새기를 고대하는 그들의 심정을 우리는 충분히 이해할 수 있습니다.

여기에서 근본적인 질문이 제기됩니다. 유라굴로 광풍은 지중해를 항해하는 배들이 흔히 조우하는 일반적인 태풍이 아니었습니다. 그것은 모든 것을 집어삼키는 죽음의 광풍이었습니다. 그 광풍 속에서 선원들이 배를 통제할 수 있었던 것도 아니었습니다. 죽음의 유라굴로 광풍이 몰아닥침과 동시에 알렉산드리아 배는 선원들의 통제력에서 벗어나 버리고 말았습니다. 이튿날에는 죽음의 광풍 속에서 배가 전복하지 않도록 비상식량을 제외한 하물들, 그 배에 타고 있는 하주들이 그토록 지키려 했던 그들의 재산을 모두 바다에 내버려야 했습니다. 그래도 광풍의 위세가 꺾어지지 않자 사흘째 되는 날에는, 선원들이 배의 중요한 기구들마저 포기해야만 했습니다. 백주의 대낮에 그런 일들이 일어난 것이 아니었습니다. 해도 별도 보이지 않아 낮인지 밤인지도 분간할 수 없는, 칠흑 같은 어둠 속에서 일어난 일들이었습니다. 사람들은 통제력을 상실한 배가 어둠 속에서, 어느 방향으로 휩쓸려 가고 있는지조차 알지 못하였습니다.

그렇듯 요동치는 배에서 중심을 잡기도 힘들었을 사람들에게, 무엇을 먹고 마실 여유나 여건이 허락될 리가 없었습니다. 사람들은 여러 날 동안, 아예 먹지도 마시지도 못했습니다. 당시의 상황을 20절이 밝혀 주었습니다.

여러 날 동안 해도 별도 보이지 아니하고 큰 풍랑이 그대로 있으매 구원의 여망마저 없어졌더라.

해도 별도 보이지 않는 칠흑 같은 어둠 속에서 먹지도 마시지도 못한 사람들은, 마침내 "구원의 여망"마저 상실해 버리고 말았습니다. 그 가공스러운 죽음의 광풍에서 살아날 수 있으리라는 마지막 희망의 끈마저 스스로 놓아 버린 것입니다. 그들은 모두 자포자기, 죽음의 절망 속으로 떨어져 버리고 말았습니다. 당시의 사람들은, 바다는 신들이 범죄한 인간들에게 벌을 주는 장소라고 여겼습니다. 알렉산드리아 배에 승선한 사람들 역시, 자신들이 신들의 벌을 받아 죽는다고 생각하였을 것입니다. 그와 같은 자포자기와 자기 절망의 날들이 사나흘도 아니고, 무려 열나흘이나 계속되었습니다.

혹 며칠 굶어 보신 적이 있습니까? 만약 우리가 해도 별도 보이지 않는 칠흑 같은 어둠 속에서 먹지도 마시지도 못해 마지막 희망의 끈마저 스스로 놓아버린 지 열나흘이나 되었다면, 과연 우리에게 육감이 남아 있겠습니까? 혹 남아 있다 한들, 절망 속의 열나흘 동안 먹지도 마시지도 못한 우리 육체의 육감이 제대로 작동할 수 있겠습니까? 그러나 알렉산드리아 배의 선원들은 달랐습니다. 죽음의 절망 속에서 마지막 희망의 끈마저 스스로 놓아 버렸던 그들은 열나흘째 되는 날 한밤중에, 바람과 파도 소리가 뭍에 부딪혀 되돌아오는 반향을 육감적으로 감지하였습니다. 그들은 곧장 일어나 두 번씩이나 수심을 측량하였습니다. 수심이 급격하게 얕아지고 있음을 확인한 그들은 캄캄한 한밤중에 배가 암초에 부딪히지 않도록, 배꼬리에서 네 개의 닻을 내려 배를 정박하였습니다. 그리고 한순간이라도 속히 날이 새기를 고대하였습니다. 그 과정을 지켜본 승객들 역시 한마음으로 날이 새기를 고대하였습니다.

그들은 조금 전까지 구원의 여망마저 상실했던 사람, 자신들이 살 수 있으리라는 마지막 희망의 끈마저 스스로 놓아버린 절망의 사람들이었습니다. 그런데 그들이 지금은, 속히 아침이 밝아오기를 고대하고 있습니다. 그들이 고대하는 아침은, 단순히 하루의 시작을 알리는 시간상의 아침이 아니었습니다. 그들이 고대하는 아침은, 그들도 이제 살 수 있다는 새로운 희망의 아침이었습니다. 죽음의 절망에 삼킴 당했던 절망의 사람들이, 희망의 새 아침을 고대하는 희망의 사람들로 180도 바뀌었습니다. 어떻게 그런 일이 가능할 수 있었습니까? 그들의 절망과, 그 반대의 희망 사이에, 대체 무엇이 있었습니까? 우리가 잘 알고 있는 것처럼, 사도 바울이 있었습니다. 더 정확하게 말하면, 거기에 하나님께서 계셨습니다. 하나님께서 죽음의 유라굴로 광풍에 휩쓸린 바울을 당신의 말씀으로 붙들어 주셨고, 바울은 죽음의 절망에 삼킴 당한 사람들에게 하나님께서 주신 소망의 말씀을 선포하였습니다.

> 내가 속한 바 곧 내가 섬기는 하나님의 사자가 어젯밤에 내 곁에 서서 말하되, 바울아 두려워하지 말라. 네가 가이사 앞에 서야 하겠고 또 하나님께서 너와 함께 항해하는 자를 다 네게 주셨다 하였으니, 그러므로 여러분이여 안심하라. 나는 내게 말씀하신 그대로 되리라고 하나님을 믿노라. 그런즉 우리가 반드시 한 섬에 걸리리라 하더라(23-26절).

모든 사람들이 스스로 자기 죽음을 재촉하던 그 절망의 순간에, 하나님께서 우리를 살려 주실 것이라고 소망의 말씀을 선포한 사람은 바울 한 사람밖에 없었습니다. 죽음의 절망에 삼킴 당한 사람들은, 실오라기를 붙잡는 심정으로 바울이 선포한 소망의 말씀을 믿었습니다. 믿음은, 언제나 새로운 힘을 공급합니다. 바울이 선포한 소망의 말씀을 믿은 사람들의 육체에서 육감이 되살아나기 시작했습니다. 죽음의 절망 속에서 열나흘 동안이나 먹지도 마시지도 못한 선원들이 기적처럼, 바람과 파도 소리의 반향을 육감적으로 감지하였습니다. 그들은 언제 구원의 여망마저 상실한 사람이었느냐는 듯 벌떡 일어나 두 번이나 수심을 측량하고, 닻을 내려 배를 정박시키고, 승객들과 함께 속히 날이 새기를 고대하였습니다. 우리말 '고대하다'로 번역된 헬라어 동사 '유코마이εὔχομαι'는 본래 '기도하다'는 뜻입니다. 그들이 모두, 아무 일 없이 속히 희망의 새 아침이 밝기를 간절히 기도한 것입니다. 바울을 통해 소망의 말씀을 주신 하나님을 향한 기도였음은 두말할 나위도 없습니다.

죽음의 유라굴로 광풍에 휩쓸려 구원의 여망마저 상실했던 사람들. 그들에게는 지켜야 할 재산이 있었습니다. 사회적인 신분과 지위도 있었습니다. 물론 사랑하는 가족과 친구도 있었을 것입니다. 그러나 그 누구도, 그 무엇도, 그들을 삼켜 버린 죽음의 절망으로부터 그들을 건져 줄 수는 없었습니다. 절망 속의 그들을, 희망의 새 아침을 고대하며 기도하는 사람으로 바꾸어 주실 수 있는 분은 하나님뿐이셨습니다. 그러나 그 배에 사도 바울이 승선해 있지 않았더라면, 죽음의 절망 속에 빠져 있는 그들에게 하나님에 의한 새 희망이 주어질 수는 없었습니다. 영이신 하나님께서는 언제나 사람을 당신의 통로로 삼아 역사하십니다. 죽음의 유라굴로 광풍 속에서도 하나님께서 당신의 휘페레테스와 마르튀스인 바울을 통로로 삼아, 죽음의 절망에 삼킴 당한 사람들에게 구원의 새 희망을 안겨 주신 것입니다.

바울은 그의 서신서에서 '희망', '소망'을 뜻하는 헬라어 명사 '엘피스ἐλπίς'를 30번이나 사용하였습니다. "오호라, 나는 곤고한 사람이로다. 이 사망의 몸에서 누가 나를 건져내랴"(롬 7:24). 죽을 수밖에 없는 죄인인 자신을 죽음의 구렁텅이에서 건져낼 수 있는 분은, 당신의 독생자로 하여금 자신의 죗값을 대신 치르게 하신 하나님 한 분뿐이셨습니다. 바울에게 그 하나님은 언제나 소망의 하나님이셨고, 하나님께서 주시는 소망 아니고는 바울은 존재할 수도 없었습니다. 그래서 바울은 소망의 하나님께 자신의 생을 던졌습니다. 중요한 사실은 바울이 소망의 하나님께 자신의 생을 던졌을 때, 하나님께서 그 바울을 통로로 삼아, 유라굴로 광풍 속에서 죽음의 절망에 삼킨 당한 사람들에게 구원의 새 희망을 안겨 주셨다는 것입니다.

우리는 최근에 구역성경공부를 통해 모세에 대해 배웠습니다.

> 레위 가족 중 한 사람이 가서 레위 여자에게 장가 들어, 그 여자가 임신하여 아들을 낳으니(출 2:1-2상).

히브리인 남자 노예가 히브리인 여자 노예와 결혼하여 히브리인 노예 사내아이를 낳았습니다. 남자가 여자와 결혼하여 아이를 낳는 것은 세상 어디에서나 볼 수 있는 평범한 일로, 조금도 대수로울 것이 없습니다. 하지만 하나님의 역사는 언제나 평범한 일상의 삶을 통해 일어납니다. 그 히브리인 남자 노예와 여자 노예가 결혼하여 모세를 잉태하는 순간부터, 모세를 통해 이스라엘 백성을 이집트의 노예살이에서 해방시키시려는 하나님의 구원이 시작되었습니다. 겉으로 당장 드러나 보이는 변화는 아무것도 없는 것 같습니다. 이스라엘 백성은 여전히 노예살이의 노역에 시달리고 있습니다. 그러나 히브리인 남자 노예와 여자 노예가 결혼하여 모세를 잉태하는 순간부터, 하나님의 구원은 이미 카운트다운이 시작된 것입니다.

모세의 부모도 소망의 하나님을 믿었습니다. 그들은, 노예가 사내아이를 낳으면 나일 강에 던져 죽이라는 파라오의 명령을 지키지 않았습니다. 하나님께서 자신들을 믿고 맡겨 주신 하나님의 아이를 살리기 위해, 자신들의 생명을 건 것입니다. 하나님께서 그 아이를 반드시 책임져 주실 것이란 소망이 있었기 때문입니다. 그 부모 덕분에 살아난 모세 역시, 소망의 하나님께 자신의 생명을 걸었습니다. 하나님의 명령에 따라, 하나님의 백성에게 소망의 해방을 안겨 주기 위해 혈혈단신으로 파라오와 맞선 것입니다. 그 모세를 통해 하나님의 구원이 이스라엘 백성에게 임하였습니다. 이스라엘 백성에게도 하나님이 소망의 하나님이 되신 것입니다. 어디 그뿐입니까? 3400년의 시간과 공간을 초월하여, 소망의 하나님께 생명을 걸었던 모세 가족의 삶을 전해 주는 출애굽기를 통해, 하나님께서는 오늘도 절망 속에 빠져 있는 지구상의 수많은 사람들의 심령에 당신의 소망을 부어 주고 계십니다.

이것이 중요합니다. 한 사람이 소망의 하나님께 생명을 거는 것은, 그 한 사람만의 신앙 행위로 끝나지 않습니다. 하나님께서는 그 한 사람을 통로로 삼아 그의 가정에, 그의 민족에게, 나아가 온 인류에게 당신의 소망이 스며들게 하십니다. 우리는 지금까지 삶의 궁극적인 소망을 무엇에 두고 살아왔습니까? 돈입니까? 학벌입니까? 출세입니까? 권력이나 명예입니까? 이 세상을 사노라면, 때로 그런 것들이 중요할 수도 있습니다. 그러나 인생에는 돈으로 해결할 수 없는 문제가 얼마나 많습니까? 오히려 돈이 있어서 절망하는 일은, 또 얼마나 많습니까? 학벌이나 출세가 우리를 삼키려는 세상의 절망을 막아 주지 못하지 않습디까? 이 땅의 정치판을 보십시오. 이 땅에서 권력은 곧, 머지않아 절망의 족쇄가 되고 있지 않습니까? 이 세상의 것은 그 무엇도, 이 세상의 절망에서 우리를 건져 주지 못합니다. 우리를 삼키려는 이 세상의 온갖 절망에서 우리를 책임져 줄 수 있는 분은, 우리를 위해 당신의 독생자를 십자가의 제물 삼으셨다가 삼 일 만에 다시 살아나게 하신 하나님 한 분밖에 없습니다. 그래서 하나님은, 그 어떤 절망 속에서도 우리에게 희망의 새 아침을 고대하게 하시는 소망의 하나님이십니다.

우리 모두 소망의 하나님께 우리의 생을 거십시다. 소망의 하나님께서 우리를 소망의 통로로 삼아, 오늘도 죽음의 절망 속에 빠져 있는 수많은 사람들로 하여금 희망의 새 아침을 고대하게 하실 것입니다. 죽음의 절망에 삼킴 당한 사람을 위해, 소망의 하나님께서 사용하시는 소망의 통로로 살아가는 것보다 더 소망에 찬 삶은 없습니다. 그래서 죽음의 유라굴로 광풍 속에서도 소망의 하나님에 의해 소망의 통로로 쓰임 받았던 바울은, 오늘도 로마서 15장 13절을 통해 우리를 위해 이렇게 기원하고 있습니다.

소망을 주시는 하나님께서, 믿음에서 오는 모든 기쁨과 평화를 여러분에게 충만하게 주셔서, 성령의 능력으로, 소망이 여러분에게 차고 넘치기를 바랍니다(표준새번역).

날이 갈수록 밤거리는 더욱 휘황찬란해지고 있습니다. 그러나 사람들의 마음은 칠흑 같은 어둠으로 뒤덮여 있습니다. 온 세상을 둘러보아도 암울한 사건, 암울한 사고, 암울한 이야기밖에 없습니다. 정치, 경제, 사회, 국방 등, 어느 분야에서도 소망을 찾아보기 어렵습니다. 오히려 절망의 소리가 판을 치고 있습니다.

주님! 소망은 결코 아래로부터나 옆으로부터 주어지는 것이 아니라, 오직 위로부터, 하나님으로부터만 주어짐을 잊지 말게 해주십시오. 세상에서 소망을 구하다가 절망하는 어리석음을, 더 이상 되풀이하지 않게 해주십시오. 삼 일 만에 다시 살아나신 예수 그리스도 안에서, 소망의 하나님께 우리의 생을 걸게 해주십시오. 그리하여 우리를 통해, 죽음의 절망 속에 빠진 사람들이 희망의 새 아침을 고대하게 해주십시오. 일평생 소망의 하나님에 의해 소망의 통로로 쓰임 받는, 소망에 찬 삶을 살아가게 해주십시오. 아멘.

18. 사공들이 도망하고자

사도행전 27장 30-32절

사공들이 도망하고자 하여 이물에서 닻을 내리는 체하고 거룻배를 바다에 내려 놓거늘 바울이 백부장과 군인들에게 이르되 이 사람들이 배에 있지 아니하면 너희가 구원을 얻지 못하리라 하니 이에 군인들이 거룻줄을 끊어 떼어 버리니라

그레데 섬 미항을 출항한 알렉산드리아 배는, 죽음의 유라굴로 광풍이 몰아닥침과 동시에 사람들의 통제력에서 벗어나 버렸습니다. 선원들은 배가 전복하지 않도록 하물들과 배의 주요 기구들마저 모두 바다에 내버렸지만, 유라굴로 광풍의 기세는 조금도 꺾어지지 않았습니다. 해도 별도 보이지 않는 칠흑 같은 어둠 속에서 사람들은, 자신들이 타고 있는 배가 어느 방향으로 휩쓸려 가고 있는지조차 알지 못했습니다. 심지어 여러 날 동안 먹지도 마시지도 못했지만 상황이 호전될 기미가 전혀 보이지 않자, 마침내 사람들은 구원의 여망마저 상실해 버리고 말았습니다. 죽음의 유라굴로 광풍 속에

서 살 수 있으리라는 마지막 희망의 끈마저 스스로 놓아버린 채, 그들은 1초 1초 죽음의 구렁텅이로 빠져들고 있었습니다. 바로 그때 바울이 일어났습니다. 그리고 그 위대하고도 감동적인 신앙고백을 선포하였습니다.

내가 속한 바 곧 내가 섬기는 하나님의 사자가 어젯밤에 내 곁에 서서 말하되, 바울아 두려워하지 말라. 네가 가이사 앞에 서야 하겠고, 또 하나님께서 너와 함께 항해하는 자를 다 네게 주셨다 하였으니, 그러므로 여러분이여 안심하라. 나는 내게 말씀하신 그대로 되리라고 하나님을 믿노라. 그런즉 우리가 반드시 한 섬에 걸리리라 하더라(23-26절).

참된 믿음은, 언제나 생명력을 지니고 있습니다. 참된 믿음은 전이되고, 확산된다는 말입니다. 확신에 찬 바울의 선포는, 1초1초 죽음의 구렁텅이로 빠져들고 있던 사람들의 심령을 뒤흔들어 깨웠습니다.

열나흘째 되는 날 밤이었습니다. 정상적인 삶 속에서 맞은 열나흘째 되는 날 밤이 아니었습니다. 먹지도 마시지도 못한 상태에서 맞이한 열나흘째 되는 날 밤이었습니다. 아무것도 보이지 않는 캄캄한 한밤중에, 선원들은 바람과 파도소리의 반향을 통해 뭍이 가까워지고 있음을 육감적으로 감지하였습니다. 그들은 언제 구원의 여망마저 상실했던 사람이었느냐는 듯 벌떡 일어나, 두 번씩이나 수심을 재어 보았습니다. 수심이 급격하게 얕아지고 있었습니다. 뭍이 가까워지고 있다는 확실한 증거였습니다. 그와 동시에 선원들은, 배가 암초에 걸릴지도 모른다는 두려움에 사로잡혔습니다. 그들은 배가 더 이상 휩쓸려가지 않도록, 배꼬리에서 네 개의 닻을 내려 배를 정박시켰습니다. 선원들이 평소와 같이 뱃머리에서 닻을 내리지 않았던 것은, 뒤에서 몰아치는 뒤바람을 배가 버텨 낼 수 있도록 배의 무게 중심을 뒤쪽으로 이동시키기 위함이었습니다. 역시 베테랑 선원들다웠습니다.

그리고 선원들과 승객들은 날이 새기를 고대하였습니다. 우리말 '고대하다'로 번역된 헬라어 동사 '유코마이'는 본래 '기도하다'는 뜻이라고 했습니다. 그들이 아무 일 없이, 속히 희망의 새 아침이 밝기를 간절히 기도한 것입니다. 날이 밝는 대로, 어딘가 가까이에 있을 것이 분명한 뭍을 찾아 오르기 위함이었습니다. 구원의 여망마저 상실했던 사람들이 확신에 찬 바울의 선포에 힘입어, 캄캄한 한밤중에 뭍이 가까워지고 있음을 육감적으로 감지하고 수심을 확인한 뒤, 닻을 내려 배를 정박시키고 속히 날이 새기를 고대하며 기도하는 것은 놀라운 반전이 아닐 수 없습니다. 만약 화가가 이 장면을 화폭에 담는다면, 얼마나 감동적인 그림이 되겠습니까?

하지만 오늘의 본문에 접어들면, 또 한 번의 반전이 일어나고 있습니다. 먼젓번 반전이 긍정적인 반전이었다면, 오늘 본문의 반전은 정반대의 부정적인 반전입니다.

> 사공들이 도망하고자 하여 이물에서 닻을 내리는 체하고 거룻배를 바다에 내려놓거늘(30절).

속히 날이 새기를 기도하던 선원들이 누가 먼저랄 것도 없이, 마치 약속이나 한 듯 뱃머리 쪽으로 다가갔습니다. 그들은 이미 배꼬리로 네 개의 닻을 내려 배가 정박해 있는데도, 뱃머리에서도 닻을 내리는 척하며, 구명정을 의미하는 거룻배를 슬그머니 바다에 내렸습니다. 거룻배를 이용하여 자기들끼리만 도망치기 위함이었습니다. 그들은 조금 전까지 이제는 죽었구나 하며, 구원의 여망마저 상실한 절망의 인간들이었습니다. 방금 전에는 급격하게 얕아지는 수심을 통해 뭍이 가까워졌음을 확신하면서, 희망의 새 아침이 속히 밝기를 고대하며 기도하던 사람들이었습니다. 그러나 지금은 승객들을 버리고, 승객들 몰래, 자기들끼리만 거룻배를 타고 도망치려 하고 있습니다. 어안이 벙벙해지는 반전에 반전이 아닐 수 없습니다.

누구보다 바다의 무서움을 잘 아는 선원들은, 가공스러운 죽음의 유라굴로 광풍 속에서 살 소망마저 포기했었습니다. 그들은 모두, 1초1초 죽음의 구렁텅이로 빠져들고 있었습니다. 시체가 되기 일보 직전인 셈이었습니다. 그러나 확신에 찬 바울의 선포를 통해, 그들은 아무것도 보이지 않는 캄캄한 한밤중인데도 뭍이 가까워지고 있음을 확인하였습니다. 이제 살 수 있다는 사실이 입증된 것입니다. 그들은 감격하면서, 속히 날이 밝기를 고대하며 기도하였습니다. 그러나 그 감격의 순간은 잠깐이었습니다. 그들이 죽음의 유라굴로 광풍 속에서 살 수 있게 되었다는 사실이 현실적으로 분명해지자, 그들의 생각이 달라졌습니다. 그들의 머릿속에서 전광석화처럼 계산이 이루어진 것입니다.

급격하게 얕아지는 수심의 확인으로 뭍이 가까워지고 있음은 입증되었지만, 그 캄캄한 한밤중에 뭍이 어느 정도의 거리에 위치해 있는지, 자신들이 정박해 있는 주위 여건이 어떤지는 전혀 알 수 없었습니다. 아직 유라굴로 광풍의 여세가 잦아들지 않은 만큼, 날이 밝았을 때 숱한 돌발변수가 발생할 수 있었습니다. 더욱이 그 배에 승선한 사람은 총 276명이나 되었습니다. 만약 배가 암초에라도 걸릴 경우, 그 많은 사람들이 모두 무사하게 뭍에 이를 수 있다는 보장도 없었습니다. 그렇다면 그 상황 속에서 확실하게 살아나는 길은 날이 밝기 전에 선원들, 자기들끼리만 거룻배를 타고 도망치는 것밖에 없었습니다. 아직 사방은 캄캄했습니다. 그들은 뱃머리로 다가가 닻을 내리는 척하면서, 사실은 거룻배를 바다에 내렸습니다. 그러나 어둠 속에서 그들의 심중을 꿰뚫어 보며, 그들의 일거수일투족을 주시하는 사람이 있었습니다. 바울이었습니다.

> 바울이 백부장과 군인들에게 이르되, 이 사람들이 배에 있지 아니하면 너희가 구원을 얻지 못하리라 하니(31절).

바울이 백부장 율리오와 군인들을 향해 경고했습니다. "이 사람들이 배에 있지 아니하면, 너희가 구원을 얻지 못하리라." 바울은 선원들이 도망치면, '우리가' 구원을 얻지 못할 것이라고 경고하지 않았습니다. 바울은 '너희가' 구원을 얻지 못할 것이라고 경고하였습니다. 하나님께서는 죽음의 유라굴로 광풍 속에서도 바울에게, 당신의 휘페레테스와 마르튀스인 바울을 반드시 황제의 법정에 세우실 것이라고 천명하셨습니다. 그러므로 바울은 자신의 생존에 대해서는 염려하지 않았습니다. 어떤 상황이 전개되더라도, 자신이 황제의 법정에 서기까지 하나님께서 책임져 주실 것이기 때문이었습니다. 그러나 다른 승객들의 처지는 달랐습니다. 날이 밝아 어딘가 근처에 있을 뭍에 오르기 위해서도, 가능한 한 알렉산드리아 배를 그 뭍 가까이에 접안시켜야 했습니다. 게다가 그 뭍에서 겨울을 지내고 이듬해 봄에 로마로 다시 출발하기 위해서도, 유라굴로 광풍에 손상을 입은 알렉산드리아 선체를 손보아야만 했습니다. 만약 선원들이 도망쳐 버린다면 배에 대해 문외한인 승객들은, 뭍을 가까이에 두고서도 배에 앉아 죽음을 기다릴 수밖에 없었습니다. 그래서 바울은 백부장 율리오와 군인들을 향해, '이 사람들이 배에 있지 아니하면 너희가 구원을 얻지 못하리라'고 경고하였습니다.

> 이에 군인들이 거룻줄을 끊어 떼어 버리니라(32절).

바울의 경고에, 군인들이 백부장의 명령을 받아 거룻배에 연결된 거룻줄을 끊어 버렸습니다. 선원들이 바다에 내린 거룻배를 아예 내버려 버린 것입니다. 바울의 경고로, 거룻배를 이용하여 자신들끼리만 도망치려던 선원들의 계획은 그렇게 수포로 돌아가고 말았습니다. 캄캄한 지중해에서 자신들만 살려다가 바울 때문에 실패한 선원들이, 바울을 원망하고 비난하는 소리가 귀에 선하게 들리지 않습니까?

그 선원들은 열나흘이나 먹지도 마시지도 않고서도, 캄캄한 한밤중에 바람과 파도 소리의 반향만으로 뭍이 가까워지고 있음을 감지하였습니다. 그 한밤중에 배가 암초에 걸리지 않도록 배를 정박시킬 때에도, 뒤에서 몰아치는 뒤바람을 배가 버텨 낼 수 있게끔, 배의 무게 중심을 뒤쪽으로 이동시키기 위해 닻을 뱃머리가 아니라 배꼬리에서 내렸습니다. 그들은 그 정도로 베테랑 선원들이었습니다. 하지만 그들은 기능적으로만 베테랑이었을 뿐 그보다 더 중요한, 선원이라면 반드시 지니고 있어야 할 기본정신을 결여하고 있었습니다.

누구든 배를 탈 때에는 뱃삯을 지불해야 합니다. 그렇지만 오히려 돈을 받고 배를 타는 사람들도 있습니다. 선원들입니다. 승객들이 뱃삯을 지불해야 배를 탈 수 있는 반면에, 선원들은 승객들이 지불한 돈을 받고 배를 타는 이유는 간단합니다. 그들의 수고로 배를 운항하여, 돈을 지불한 승객들을 목적지까지 무사히 운송하는 근로를 그들이 제공하기 때문입니다. 그뿐 아닙니다. 선원들은 위급한 상황이 발생하였을 때 승객의 안전을 최우선으로 삼아야 합니다. 조난당한 배에서 마지막 한 명의 승객까지 대피시킨 뒤에야 선원이 대피하는 것은, 선원이 반드시 지켜야 할 철칙이요 직업윤리입니다. 그래서 어떤 승객도 선원들에게, 왜 당신들은 우리가 지불한 돈을 받고 배를 타느냐고 이의를 제기하지 않습니다. 오히려 승객들은 자신들의 돈을 받는 선원들에게 고마워하는 마음으로 배에 오릅니다.

지금 알렉산드리아 배에는 총 276명이 승선해 있습니다. 그중에서 돈을 받고 배에 승선한 사람들이 바로 본문의 선원들입니다. 그들이 알렉산드리아 배의 운항과 승객들의 안전을 책임졌기 때문입니다. 그레데 섬 미항을 출항하자마자 죽음의 유라굴로 광풍에 휩쓸린 알렉산드리아 배는, 열나흘째 되는 날 밤인 본문의 시점에 이르러서야 겨우 광풍의 여세에서 벗어날 기회를 맞았습니다. 그렇다면 승객들의 돈을 받고 배에 승선한 선원들은 날이 새기 무섭게, 승객들을 위해 어딘가에 가까이에 있을 뭍으로 배를 접안하기 위해 최선을 다함이 마땅하였습니다. 하지만 그들은 이제 살 수 있다는 사실이 현실적으로 확인됨과 동시에, 날이 새어 돌발변수가 발생하기 전에 거룻배를 이용하여 자기들끼리만 도망치려 하였습니다. 마지막 순간까지 승객의 안전을 책임지겠다며 승객의 돈까지 받았으면서도, 승객들 몰래 자기들끼리만 살려 한 것입니다.

43-44절에 의하면 알렉산드리아 배는 멜리데 섬 해안에 좌초하였고, 백부장은 사람들로 하여금 헤엄을 치거나 널조각을 붙잡고 섬에 상륙하게 하였습니다. 그 사실에 미루어 알렉산드리아 배의 거룻배는, 선원들이 몰래 타고 도망치려 했던 그 한 척밖에 없었음을 알 수 있습니다. 만약 그날 밤 선원들이 거룻배로 도망쳐 버렸더라면, 날이 새어 알렉산드리아 배가 암초에 걸려 거룻배 없이는 승객들이 구조될 수 없는 상황이 전개되었을 경우, 승객들은 배 속에서 속수무책으로 죽어야만 했습니다. 이런 의미에서, 승객들의 안전을 책임지겠다며 승객들의 돈까지 받은 선원들이 하나밖에 없는 거룻배로 자기들만 살기 위해 도망치려 한 것은, 여전히 유라굴로 광풍의 여세에 휩싸여 있는 승객들에 대한 살인행위였습니다.

얼마나 이기적이고, 또 한심한 선원들입니까? 그러나 이것이 과연 그 선원들의 이야기이기만 하겠습니까?

　본문의 알렉산드리아 배를 대한민국이라고 생각해 보십시다. 오늘 본문의 관점에서, 대한민국에 속한 사람들을 크게 두 부류로 나눌 수 있습니다. 세금을 납부하는 국민과, 국민이 납부하는 세금으로 먹고 사는 사람들입니다. 국민이 납부하는 세금으로 먹고 사는 사람들은 공무원, 정치인, 공기업 직원 등입니다. 그들이 국민의 세금으로 먹고 사는 것은 국민을 섬기기 위해 존재하는, 대한민국이라는 알렉산드리아 배의 선원들이기 때문입니다. 그래서 국민의 세금으로 먹고 사는 사람들은, 주권을 가진 국민의 수임자로 언제든지 국민에 대하여 책임을 지며, 공익을 추구하고 맡은 바 임무를 성실히 수행할 의무를 지닌 국민의 공복입니다. 그들이 그 임무와 의무에 충실하다면, 국민은 그들을 존중하고 존경할 것입니다. 그러나 국민의 세금으로 살아가는 사람들은 헤아릴 수 없을 정도로 많은데, 그 많은 사람들 중에 국민의 존중과 존경을 받는 이는 흔치 않습니다. 그것은 오늘 본문의 선원들처럼 그들이 대한민국이라는 알렉산드리아 배의 승객들보다, 그들의 권한을 이용하여 오히려 자신들의 유익과 권리를 더 따지고 있기 때문인 것은 아니겠습니까?

　대한민국이라는 알렉산드리아 배에 승선해 있는 사람들은, 또 이렇게 구별될 수도 있습니다. 하나님으로부터 구원의 은혜를 입은 그리스도인들과, 아직 그 은총을 입지 못한 사람들입니다. 구원의 은혜를 먼저 입은 그리스도인들은, 그렇지 못한 사람들을 복음으로 인도해야 하는 하나님 나라의 선원들입니다. 그 소명을 감당하라고 하나님께서 그리스도인들에게 구원의 은혜를 먼저 베풀어 주신 것입니다.

10여 일 전, 우리는 씁쓸한 뉴스를 접해야 했습니다. 길에서 돈뭉치를 습득하고도 신고하지 않고 착복했다가 절도혐의로 검거된 두 여인에 관한 이야기입니다. 부산에서 살고 있는 두 여인이 길에서 돈뭉치를 발견하였습니다. 5만 원짜리 지폐가 100장씩 묶여 있는 두 묶음, 그러니까 총 천만 원의 돈뭉치였습니다. 두 여인은 서로 모르는 사이였습니다. 그들은 사이좋게 500만 원 한 묶음씩 돈을 나누어 가졌습니다. 그 돈은 올해 77세의 노인이 손자들의 대학 등록금을 위해 지난 4년 동안, 매달 20만 원씩 모아 온 피 같은 돈이었습니다. 나중에 절도혐의로 불구속 입건된 두 여인 가운데 한 여인이 경찰 조사에서 이렇게 말한 것으로 알려졌습니다. "나는 기독교 신자인데, 그동안 너무 착하게 살아와서 하나님이 상을 주시는 줄 알았다." 그래서 길에서 습득한 돈뭉치를 신고하지 않고 착복했다는 것입니다. 길에 떨어진 돈뭉치를 발견한 그리스도인이라면, 그 돈뭉치를 잃고 넋이 나가 있을 돈 주인이 먼저 떠올라야 하지 않겠습니까? 그런데도 그 돈뭉치를 착하게 살아온 자기에게 주시는 하나님의 상인 줄 알았다면, 그 그리스도인은 승객들을 내팽개치고 도망치려 했던 본문의 이기적인 선원들과 똑같지 않겠습니까? 그런 그리스도인이 천만 명에 이른다 한들, 과연 그런 그리스도인들이 세상 사람들을 복음으로 인도하는 하나님 나라의 선원이 될 수 있겠습니까?

저는 주중에 교회의 공적 회의나 모임에 참석하기로 한 교우님이 일터의 사정상 참석할 수 없게 되었다고 사전 연락할 경우, 조금도 미안해하지 말고 주중에는 일터를 최우선으로 삼으라고 말씀해 드립니다. 일터에서 봉급을 받는 그리스도인들에게 주중 제1선교지는 바로 일터입니다. 그리스도인들은 자신의 일터가 하나님의 통로로 쓰임 받을 수 있도록, 근무시간에 하나님 나라의 선원으로 최선을 다하는 사람이어야 합니다. 그런 사람이 세상을 살리는 소금과 빛이 될 수 있습니다. 일터에서 봉급을 받으면서도 일터에 충실해야 할 근무 시간에 도리어 교회 일에 정신이 팔려 있다면, 그 사람은 믿음이 좋은 사람이 아닙니다. 그 사람은 자신을 그 일터에 심어 주신 하나님의 뜻에 둔감한, 단지 기능적인 그리스도인에 지나지 않습니다. 일터의 동료들이 보기에, 그런 그리스도인과 본문의 이기적인 선원들 사이에 무슨 차이가 있을 수 있겠습니까? 일터의 동료들이 그런 그리스도인의 말을 신뢰하기나 하겠습니까?

본문의 알렉산드리아 배를, 이번에는 범위를 축소하여 교회라고 생각해 보십시다. 교회에 속한 사람들도 크게 두 부류로 나뉘어집니다. 교회에 헌금을 바치는 사람들과, 그 헌금으로 먹고사는 사람들입니다. 교회에 헌금을 바치는 사람들은 교인들이고, 교인들의 헌금으로 먹고사는 사람들은 교역자들과 직원들입니다. 그들이 교인들의 헌금으로 먹고사는 것은, 주님 안에서 교인들을 섬기기 위해 존재하는 까닭입니다. 주님 안에서 말씀으로, 몸으로, 삶으로 교인들을 섬기면서, 교인들을 위해 주어진 소명에 헌신하는 것이 그들의 의무이자 책임입니다. 그러나 교인들의 헌금으로 먹고사는 교역자들과 직원들이 교인들을 섬기는 것보다 자신들의 이로움을 더 크게 여긴다면, 그런 교역자들과 직원들 역시 본문의 이기적인 선원들과 아무 차이가 없을 것입니다. 한국 교회는 날이 갈수록 점점 생명력을 상실해가고 있습니다. 그것은 안타깝게도 이 땅의 많은 교회가 교인들의 헌금으로 먹고사는 교역자들과 직원들의 소명지가 아니라, 그들의 이로움을 위한 직장이 되어 버린 현실과도 무관하지 않을 것입니다.

오늘날 우리 사회는 거의 모든 분야에 걸쳐 기강이 해이해져 있습니다. 어떤 분야든, 시스템이 바르고 정직하게 작동하는 곳을 찾아보기 쉽지 않습니다. 그것은 우리 사회 각계 각층에, 하나밖에 없는 거룻배로 남몰래 자기만 살겠다는 본문의 이기적인 선원들이 포진해 있기 때문인 것은 아닙니까? 승객들로부터 돈을 받고서도 승객들은 내팽개치고 자기만 살겠다고, 지금 뱃머리에서 닻을 내리는 척하면서 사실은 거룻배를 내리고 있는 그 이기적인 선원이 대체 누구입니까? 바로 나, 나 자신 아닙니까? 하나님을 믿는다면서도 나밖에 모르는 나, 길에 떨어진 돈뭉치를 보고서도 하나님의 상이라고 기뻐하는 나, 유라굴로 광풍이 몰아치면 당신의 뜻대로 살겠다고 기도하다가 위기에서 벗어나면 즉시 나 혼자 잘 살겠다고 발버둥치는 나, 종교 행위에만 익숙한 기능적인 베테랑 그리스도인일 뿐 정작 십자가의 정신은 결여하고 있는 나, 그런 모습의 나 자신 말입니다.

우리 모두, 오늘 본문을 통한 바울의 경고에 귀를 기울이십시다. 그리스도인인 우리마저 본문의 이기적인 선원들처럼 살아서는, 대한민국이라는 알렉산드리아 배는 침몰할 수밖에 없습니다. 대한민국이 침몰하는데, 그 배에 승선해 있는 우리인들 어떻게 무사할 수 있겠습니까? 우리 모두, 우리만 살려는 이기심의 거룻배가 매달린 거룻줄을 과감하게 끊어 버리십시다. 승객들의 돈을 받고서도 자신들만 살겠다며 승객들을 내팽개친 본문의 선원들이 아니라, 그들로부터 욕을 듣더라도 그들의 잘못을 지적하고 경고하며 시정하는 바울이 되십시다. 그리고 우리를 위해 십자가의 제물로 죽임 당하셨다가 삼 일 만에 다시 살아나신 주님의 십자가 정신을 본받아, 이 세상 사람들을 복음으로 인도하는 하나님 나라의 선원들로 살아가십시다. 우리는 부족하고 연약해도 우리를 통로로 삼아, 대한민국이라는 알렉산드리아 배의 선장이신 하나님께서 대한민국을 반드시 책임져 주실 것입니다.

오늘 본문을 통해 나의 실상을 확인시켜 주셔서 감사합니다. 나는 기능적으로만 베테랑이었을 뿐 기본정신도 갖추지 못한, 비윤리적인 선원이었습니다. 나는 뭍이 가까워졌음을 알고 날이 새기를 기도하였으면서도 나 혼자만 살려 했던, 이기적인 선원이었습니다. 나는 승객들의 돈을 받고서도 승객들을 내팽개치고 도망치려 한, 부도덕한 선원이었습니다. 나는 닻을 내리는 척하며 사실은 아무도 모르게 거룻배를 내린, 사기꾼 선원이었습니다. 이런 몹쓸 나를, 하나님께서 버리시지 않고 오늘도 여전히 믿으시고 불러 주셔서 감사합니다.

이제 우리만 살겠다는 이기심의 거룻배가 매달린 거룻줄을, 과감하게 끊어 버리게 도와주십시오. 우리를 위한 십자가의 제물로 죽임 당하셨다가 삼 일 만에 다시 살아나신 주님의 십자가 정신으로, 우리를 무장시켜 주십시오. 그리하여 승객들의 돈을 받고서도 승객들을 내팽개친 본문의 선원들이 아니라, 세상 사람들을 복음으로 인도하는 하나님 나라의 선원들로 살아가게 도와주십시오. 그렇게 살아가는 우리를 통해, 대한민국이라는 알렉산드리아 배가 새로운 희망의 내일을 향해 순항하게 해주십시오. 아멘.

19. 끊어 떼어 버리니라

사도행전 27장 31-32절
바울이 백부장과 군인들에게 이르되 이 사람들이 배에 있지 아니하면 너희가
구원을 얻지 못하리라 하니 이에 군인들이 거룻줄을 **끊어 떼어 버리니라**

알렉산드리아 배에 승선한 사람들은 갑자기 몰아닥친 죽음의 유라굴로 광풍에 휩쓸려, 해도 별도 보이지 않는 칠흑 같은 어둠 속에서 열나흘 동안이나 먹지도 마시지도 못했습니다. 그래도 상황이 호전될 기미가 전혀 보이지 않자, 마침내 사람들은 구원의 여망마저 상실해 버리고 말았습니다. 그 죽음의 유라굴로 광풍 속에서 살 수 있으리라는 마지막 희망의 끈마저 스스로 놓아 버린 것입니다. 그 상황 속에서 그들이 할 수 있는 것이라고는, 절망 속에서 죽음을 기다리는 것밖에 없었습니다. 그들 가운데에는, 물론 그 배의 선원들도 포함되어 있었습니다.

바로 그 순간에 바울이 일어섰습니다. 그리고 죽음의 유라굴로 광풍이 아

무리 가공스러워도, 하나님께서 반드시 알렉산드리아 배에 승선한 사람들을 다 구원해 주실 것이라고 선포하였습니다. 믿음은 봄볕 따스한 순풍의 날보다도, 죽음의 광풍이 몰아치는 절망의 날에 더욱 필요합니다. 확신에 찬 바울의 믿음은, 절망 속에서 죽음을 기다리던 사람들에게 전이되었습니다. 그와 동시에, 자포자기에 빠져 있던 선원들의 육감이 되살아났습니다. 선원들은 아무것도 보이지 않는 캄캄한 한밤중에, 바람과 파도 소리의 반향만으로 뭍이 가까워지고 있음을 육감적으로 감지하였습니다. 그들은 언제 구원의 여망마저 상실한 사람이었느냐는 듯 벌떡 일어나, 두 번에 걸쳐 수심을 재어 보았습니다. 수심이 급격하게 얕아지고 있었습니다. 어딘가 뭍이 가까워지고 있다는 확실한 증거였습니다. 그들이 죽음의 광풍에서 벗어나, 이제 살 수 있음이 입증된 셈이었습니다. 그들은 그 한밤중에 배가 암초에 걸리지 않도록, 배꼬리에서 네 개의 닻을 내려 배를 정박시켰습니다. 그리고 그들은 아무 일 없이 속히 날이 새기를 고대하였습니다. 우리말 '고대하다'로 번역된 헬라어 동사 '유코마이'는 본래 '기도하다'는 의미라고 했습니다. 방금 전까지 죽음을 기다리던 그들이 감격 속에서, 희망의 새 아침이 속히 밝기를 고대하며 기도한 것입니다.

하지만 그 감격의 순간은 잠깐이었습니다. 절망 속에서 죽음을 기다리던 선원들이 이제 살 수 있게 되었음이 확인되자, 그들의 생각이 돌변했습니다. 어딘가 뭍이 가까이에 있다는 것은 입증되었지만, 그 캄캄한 한밤중에 뭍이 어느 정도의 거리에 위치해 있는지는 전혀 알 수 없었습니다. 자신들이 정박해 있는 바다 주위 상황에 대해서도 아무것도 몰랐습니다. 아직 광풍의 여세가 완전히 잦아들지 않은 만큼, 날이 새면 숱한 돌발변수가 발생할 수 있었습니다. 게다가 배에 승선하고 있는 사람들은 총 276명이나 되었습니다. 만약 배가 암초에 부딪치는 것과 같은 사고라도 당한다면, 그 많은 사람들이 모두 무사하게 뭍에 이를 수 있다는 보장도 없었습니다. 그렇다면 그 시점에서 확실하게 살 수 있는 길은, 지난 시간에 확인한 것처럼, 날이 새기 전에 선원들 자기들끼리만 하나뿐인 거룻배로 도망치는 것밖에 없었습니다.

> 사공들이 도망하고자 하여 이물에서 닻을 내리는 체하고 거룻배를 바다에 내려놓거늘(30절).

선원들은 누가 먼저랄 것도 없이 마치 약속이라도 한 듯, 함께 뱃머리로 다가갔습니다. 알렉산드리아 배는 배꼬리에서 네 개의 닻을 내려 이미 정박해 있는데도, 선원들은 뱃머리에서도 닻을 내리는 척하면서 슬그머니 거룻배를 바다에 내렸습니다. 자기들끼리만 거룻줄을 타고 내려가, 거룻배로 도망가기 위함이었습니다.

바로 그 순간에 또다시 바울이 나섰습니다. 그 배에는 배의 선주와 선장, 그리고 로마제국의 백부장 율리오도 승선해 있었습니다. 하지만 그들은 더 이상 그 배의 지휘자가 아니었습니다. 캄캄한 한밤중의 그 지중해 위에서 그 배의 지휘자는, 인생 말년에 접어들기까지 지닌 것이라곤 아무것도 없이 노쇠하고 병약하기만 한 바울이었습니다. 바울은 어둠 속에서 자기들끼리만 도망치려는 선원들의 심중을 꿰뚫어 보며, 그들의 일거수일투족을 주시하고 있었습니다. 그리고 백부장과 군인들에게 다음과 같이 경고하였습니다.

> 바울이 백부장과 군인들에게 이르되, 이 사람들이 배에 있지 아니하면 너희가 구원을 얻지 못하리라 하니(31절).

거대한 알렉산드리아 배를 운항해야 할 선원들이 도망쳐 버린다면, 남은 사람들은 오도가도 못할 알렉산드리아 배 속에서 그대로 죽임에 삼킴 당하고 말 것이었습니다.

본문 32절이 바울의 경고에 대한 결과를 밝혀 주고 있습니다.

이에 군인들이 거룻줄을 끊어 떼어 버리니라.

군인들이 백부장의 명령을 받아 거룻배에 연결된 거룻줄, 다시 말해 선원들이 이미 바다에 내려놓은 거룻배로 타고 내려갈 거룻줄을 '끊어 떼어 버려 버렸습니다.' 승객들 몰래 도망치려던 선원들의 계획은, 그렇게 수포로 돌아가고 말았습니다. 승객들의 안전을 끝까지 책임진다는 조건으로 승객들의 돈까지 받고서도 승객들 몰래 자기들끼리만 도망치려다가 실패한 선원들은, 수치심에 한동안 승객들의 얼굴을 제대로 보지도 못했을 것입니다.

이 시간에 우리가 주목하고자 하는 것은 '끊어, 떼어, 버리니라'는 본문의 표현입니다. 군인들이 거룻줄을 끊어 버렸다고만 표현해도 의미는 충분히 전달됩니다. 알렉산드리아 배 위에서 거룻줄을 끊어 버리기만 하면, 그 누구도 거룻줄을 타고 거룻배로 내려갈 수 없기 때문입니다. 그런데도 본문은 군인들이 거룻줄을 '끊어, 떼어, 버렸다'고 증언하고 있습니다. 하나의 헬라어 동사를 우리 성경이 이렇듯 요란하게 번역한 것이 아닙니다. 헬라어 원문에, 각각 다른 세 개의 동사로 기록되어 있습니다. 군인들이 거룻줄을 끊은 그 동작의 의미를 강조하기 위함입니다.

우리말 '끊다'로 번역된 헬라어 동사 '아포콥토ἀποκόπτω'는 한글 성경에 번역되어 있는 대로 '끊다', '절단하다'는 의미입니다. 우리말 '떼다'로 번역된 헬라어 동사 '에크핍토ἐκπίπτω'는 '떨어지다', '떼어 버리다'는 뜻입니다. 그리고 우리말 '버리다'로 번역된 '에아오έάω'는 '내버려 두다'는 의미입니다. 이 세 동사를 모두 합치면, 거룻줄을 끊은 군인들의 동작을 더욱 구체적으로 알 수 있습니다. 한 군인이 알렉산드리아 배에 묶여 있는 거룻줄을 손으로 잡았습니다. 그리고 또 한 군인이 칼을 빼어, 거룻줄의 윗부분을 절단하였습니다. 그러자 거룻줄을 잡고 있던 군인이 절단된 거룻줄을 바다를 향해 멀리 던져 버렸습니다. 그 거룻줄이 바다에 떨어짐과 동시에, 하나밖에 없는 거룻배는 알렉산드리아 배에서 분리되어 파도에 휩쓸려 가버렸습니다. 알렉산드리아 배에 승선해 있는 그 누구도 거룻배를 이용할 수 없게 되고 만 것입니다.

알렉산드리아 배에 승선한 사람들은 순풍 속에서 정상적인 항해를 해온 사람들이 아니었습니다. 죽음의 유라굴로 광풍 속에서, 열나흘 동안이나 먹을 수도 마실 수도 없는 죽음의 위기 속에 방치되어 있던 사람들이었습니다. 조금 전까지만 해도 삶을 포기한 채 죽음을 기다리던 그들은, 확신에 찬 바울의 선포 덕분에 몸과 마음을 추스를 수 있었습니다. 그리고 캄캄한 한밤중임에도 뭍이 가까워지고 있음을 확인하고, 배를 정박시킨 뒤 속히 희망의 새 아침이 밝기를 고대하며 기도하였습니다. 날이 밝아 어딘가 가까이에 있을 뭍이 육안으로 확인되면, 모두 합심하여 상륙작전을 감행하여, 유라굴로 광풍의 여세에서 완전히 벗어나기 위함이었습니다.

그 중차대한 시점에서 가장 중요한 것은, 배에 타고 있는 276명 전원이 자기만 살겠다는 이기적인 마음을 버리는 것이었습니다. 그러지 않을 경우 276명이나 타고 있는 알렉산드리아 배가, 또다시 어떤 위험에 봉착할지 알 수 없었습니다. 그런데도 승객들의 안전을 끝까지 책임지겠다며 승객들의 돈까지 받은 선원들이, 승객들 몰래 자기들끼리만 거룻배를 타고 도망치려 하였습니다. 그래서 군인들이 거룻배에 연결된 거룻줄을 '끊어, 떼어, 버려 버렸습니다.' 그 누구도 그 거룻줄에 더 이상 미련을 갖지 못하게 하기 위함이었습니다. 그 거룻줄은 자기만 살려는 자기 이기심의 거룻줄이요, 자기만 편하려는 자기 안일의 거룻줄이요, 자기 몫만 챙기려는 자기 욕망의 거룻줄이었습니다. 군인들이 그 거룻줄을 끊어, 떼어, 버려 버림으로, 역설적이게도 알렉산드리아 배에 승선한 276명은 비로소 동일한 목표를 지닌 진정한 공동체가 되었습니다.

이와 같은 사실을 증언해 주는 오늘의 본문은, 그리스도인인 우리가 우리에게 주어진 공동체를 지키기 위해 선행해야 할 것이 무엇인지 일깨워 주고 있습니다. 그것은 나 자신만을 위해 남 모르게 매달아 둔 자기 이기심의 거룻줄, 자기 안일의 거룻줄, 자기 욕망의 거룻줄을 끊어, 떼어, 버려 버리는 것입니다.

공동체를 지키고 보호하기 위해서는 공동체를 이룬 개개인이 주님 안에서, 바울처럼 성령의 열매를 맺는 삶을 살아야 합니다. 지닌 것이나 내세울 것이 없는 사람들이라 해도, 성령의 열매로 서로 섬기는 사람들의 공동체는 반석처럼 견고하여, 어떤 광풍 속에서도 무너지지 않습니다. 반면에 가진 것 많고 지체 높은 사람들로 이루어진 공동체라도 성령의 열매가 없다면, 그 공동체는 모래 위의 집과 같아 작은 비바람에도 무너지고 맙니다. 성령의 열매가 없는 곳에는, 자신들만 살겠다고 도망치려던 본문의 선원들처럼 육체의 열매만 있기 마련이고, 육체의 열매는 대단해 보여도 이내 썩어 문드러지고 마는 까닭입니다. 견고한 집은 철골과 콘크리트로 짓지만, 사람의 공동체는 성령의 열매로 지탱됩니다.

바울은 갈라디아서 5장 16-23절을 통해, 육체의 열매와 성령의 열매를 다음과 같이 비교하여 증언하고 있습니다.

내가 또 말합니다. 여러분은 성령께서 인도하여 주시는 대로 살아가십시오. 그러면 육체의 욕망을 따라 살아가지 않게 될 것입니다. 육체의 욕망은 성령을 거스르고, 성령이 바라시는 것은 육체를 거스릅니다. 이 둘이 서로 적대 관계에 있으므로, 여러분은 자기가 원하는 일을 할 수 없게 됩니다. 그런데 여러분이, 성령께서 인도해 주시는 것을 따르면, 율법 아래 있는 것이 아닙니다. 육체의 행실은 분명합니다. 곧 음행과 더러움과 방탕과 우상 숭배와 마술과 원수 맺음과 다툼과 시기와 분노와 이기심과 분열과 분파와 질투와 술취함과 흥청거리는 연회와, 또 이와 비슷한 것들입니다. 내가 전에도 여러분에게 경고하였지만, 이제 또다시 경고합니다. 이런 일을 하는 사람들은 하나님의 나라를 유업으로 받지 못할 것입니다. 그러나 성령의 열매는 사랑과 기쁨과 평화와 인내와 친절과 선함과 신실과 온유와 절제입니다. 이런 것들을 금할 법은 없습니다(표준새번역).

육체의 열매와 대비되는 성령의 열매는 사랑, 기쁨, 평화, 인내, 친절, 선함, 신실, 온유, 절제, 이렇게 총 아홉 가지입니다. 그렇다면 '열매'를 뜻하는 헬라어 명사 '카르포스καρπός'는 헬라어 문법상 반드시 복수형으로 표기되어야 합니다. 하지만 헬라어 원전에 '카르포스'는 단수형으로 명기되어 있습니다. 이것은 매우 중요한 의미를 지니고 있습니다. 성령의 열매는 흔히 오해하듯이, 각각 다른 아홉 가지의 열매들을 가리키지 않습니다. 성령 하나님 안에서 맺어지는 성령의 열매는 단 하나의 열매이지만, 그 한 열매가 각각 다른 아홉 가지의 모양으로 드러납니다. 하나인 성령의 열매가 때로는 사랑의 모양으로, 때로는 기쁨의 모양으로, 때로는 평화의 모양으로, 때로는 인내의 모양으로, 때로는 친절의 모양으로, 때로는 선함의 모양으로, 때로는 신실의 모양으로, 때로는 온유의 모양으로, 때로는 절제의 모양으로 드러난다는 말입니다. 이처럼 성령의 열매는, 각각 다른 아홉 가지 모양을 지닌 하나의 열매입니다.

중요한 것은 그 열매의 마지막 모양이 '절제'라는 것입니다. 성경이 말하는 '절제'에 대해서는 여러 차례 말씀드린 적이 있습니다. 우리말 '절제節制'의 사전적 의미는 '정도에 넘지 않도록 알맞게 조절하여 제한하는 것'입니다. 그래서 술독에 빠져 술을 끊지 못하는 아들에게 어머니가, 술을 좀 절제하라고 말합니다. 술을 끊으라는 의미가 아니라, 주량을 좀 줄여서 적당하게 마시라는 말입니다. 하지만 한글 성경에서 '절제'라고 번역된 헬라어 명사 '엥크라테이아ἐγκράτεια'는, 하지 말아야 할 것을 조금 조절하여 적당하게 하는 것이 아니라, 아예 제쳐 버린다는 말입니다.

그리스도인은 적당하게 불의와 타협하고, 적당하게 거짓말도 하고, 적당하게 불륜도 저지르고, 봉급 받는 근무 시간을 적당하게 때우는 사람을 일컫지 않습니다. 그런 사람들에 의해서는 공동체가 지켜지기는커녕, 도리어 와해될 뿐입니다. 그런 사람들의 삶 속에는, 공동체를 지탱시켜 줄 성령의 열매가 거두어질 수 없는 탓입니다. 생각해 보십시오. 하지 말아야 할 것을 계속 하는 사람의 삶 속에, 어떻게 사랑의 열매가 결실될 수 있겠습니까? 끊어야 할 것을 끊지 못하는 사람의 사랑이, 어떻게 기쁨, 평화, 인내, 친절, 선함, 신실, 온유와 동의어가 될 수 있겠습니까?

그리스도인은 하지 말아야 할 것을 칼로 무를 자르듯, 하지 않는 사람입니다. 그런 관점에서 성경이 말하는 '엥크라테이아'는 조금 조절하여 적당하게 하는 '절제節制'가 아니라, 칼로 잘라 베어 버린다는 의미의 '절제切除'입니다. 오늘 본문의 표현을 빌리자면 잘라야 할 거룻줄을 끊어, 떼어, 버려 버리는 것입니다. 하지 말아야 할 것을 의지를 다해 끊어, 떼어, 버려 버리는 사람의 사랑이 기쁨, 평화, 인내, 친절, 선함, 신실, 온유와 동의어인 성령의 열매가 되고, 결과적으로 그런 사람에 의해 그가 속한 공동체가 견고해집니다.

한 교우님의 가정에서 근래에 일어난 일입니다. 교우님의 아들이 국가가 주관하는 한 분야의 경연대회에 나갔다가, 최종 4인 안에 들었습니다. 그리고 경연대회 관계자의 제안을 받았습니다. 심사위원들에게 얼마의 금액을 전하면, 대상을 받을 수 있다는 것이었습니다. 그 경연대회의 대상은, 단순히 명예 혹은 경력만을 위한 대상이 아니었습니다. 남자가 대상을 수상할 경우, 군입대가 면제되는 특전이 주어지는 대상이었습니다. 그 교우님은 제안받은 금액을 지불할 경제력도 지니고 있었지만 남편과 상의한 후, 그 제안을 거절하였습니다. 그리고 아들에게 말했습니다.

"네가 네 실력으로 대상을 받으면, 그것은 축하할 일이다. 그러나 대상 실력이 되지 않는데도 돈으로 수상하고 군을 면제받는다면, 그것은 비굴한 일이다. 네가 지금부터 비굴하게 처신하면, 너는 일평생 비굴하게 살게 된다. 네 실력으로 대상을 받지 못하면, 너도 다른 집 아들들처럼 당당하게 국방의 의무를 다해라."

아들도 부모의 뜻에 동의하였습니다. 얼마나 자랑스러운 부모요, 아들입니까? 저는 그 교우님께, 그렇게 살아 주셔서 감사하다고 인사를 드렸습니다. 하나님께서 저로 하여금 그런 분들과 함께 신앙생활하게 해주신 것은, 제게 베풀어 주신 크나큰 선물이요 과분한 은총입니다.

적지 않은 부모들이, 남의 집 아들들의 수고와 헌신에 의한 국가 안보는 당연한 듯 누리면서도, 자기 아들만은 온갖 거룻줄을 이용하여 군입대에서 빼돌리고 있지 않습니까? 그러나 그 교우님 부부는 아들의 군입대 면제 제안을 받고서도, 고민하지 않고 일거에 거절하였습니다. 어떻게 그런 결단이, 그렇게 쉽게 실행될 수 있었겠습니까? 그동안 평소에 자기 절제의 삶을 살아왔기 때문입니다. 하지 말아야 할 것을 조금 조절하여 적당하게 행하는 '절제節制'가 아니라, 하지 말아야 할 것을 칼로 무를 자르듯 아예 잘라내어 버리는 '절제切除' 말입니다. 오늘 본문 말씀으로 표현하자면, 평소에 우리 가족만 잘 살겠다는 자기 이기심의 거룻줄을 끊어, 떼어, 버려 버리는 삶을 실천해 온 것입니다. 그러지 않았던들 그 부부 역시 국가공동체는 아랑곳하지 않고, 아들을 위해 아무 거리낌 없이 돈과 아들의 군면제를 맞바꾸지 않았겠습니까? 그러나 그 부부가 평소에 실천해 온 절제의 삶이 성령의 열매가 되어, 결정적인 순간에 '선함'과 '신실'의 모양으로 드러난 것입니다.

우리 교회에는 그 부부처럼 살아가는 가정이 참 많습니다. 저는 그런 가정들을 볼 때마다 하나님을 찬양하지 않을 수 없습니다. 교회가 세상의 지탄을 받는 이 시대에 우리 교회가 교회다움을 견지할 수 있는 것은, 그런 가정들이 우리 교회 공동체를 지탱해 주고 있기 때문입니다. 온갖 혼란과 다툼과 갈등과 분열 속에서도 우리 국가 공동체가 이 정도나마 건재하고 있는 것도, 우리나라 도처에 그런 가정들이 버티고 있기 때문입니다. 그렇다면 하나님께서 삶이 온통 성령의 열매였던 바울을 유라굴로 광풍 속에서도 지켜 주셨듯이, 그런 가정들로 이 세상의 광풍 속에서 책임져 주시지 않겠습니까? 그런 가정들을 당신의 통로로 사용하시지 않겠습니까? 그런 가정들을 통해, 이 시대를 위한 신사도행전을 엮어 가시지 않겠습니까?

믿음은 하지 말아야 할 것을 조금 조절하여, 적당하게 행하는 것이 아닙니다. 그렇게 살아서는 육체의 열매만 거두어질 뿐입니다. 육체의 열매는 아무리 화려하고 값져 보여도, 머지 않아 썩어 문드러지기 마련입니다. 그래서 육체의 열매를 추구하는 사람들이 바로 그 육체의 열매로 자기 가정을, 우리 사회를 썩어 문드러지게 만들고 있지 않습니까?

믿음은 칼로 무를 자르듯, 하지 말아야 할 것을 우리의 삶 속에서 아예 잘라내어 버리는 것입니다. 우리 모두 나만 잘 살겠다는 이기심의 거룻줄을 주님 안에서 끊어, 떼어, 버려 버리십시다. 자기 혼자만 편하게 살려는 자기 안일의 거룻줄도 주님 안에서 끊어, 떼어, 버려 버리십시다. 자기 몫만 챙기려는 자기 욕망의 거룻줄 역시 주님 안에서 끊어, 떼어, 버려 버리십시다. 한 번이 아니라, 주님 안에서 날마다 끊어, 떼어, 버려 버리십시다. 주님 안에서 날마다 끊어, 떼어, 버려 버리는 우리의 '절제切除'는 성령의 열매가 되어, 때로는 사랑의 모양으로, 때로는 기쁨의 모양으로, 때로는 평화의 모양으로, 때로는 인내의 모양으로, 때로는 친절의 모양으로, 때로는 선함의 모양으로, 때로는 신실의 모양으로, 때로는 온유의 모양으로 드러나게 될 것입니다.

그렇게 살아가는 우리를, 삼 일 만에 다시 살아나신 주님께서 우리의 가정 공동체를, 우리의 교회 공동체를, 우리의 국가 공동체를 더욱 견고케 하는 하나님 나라의 선원으로 사용하시지 않겠습니까? 우리가 지금 무엇을 끊어, 떼어, 버리느냐에 따라, 우리의 미래가 달라질 것입니다. 우리의 미래는 너가 아니라, 지금 이 순간의 나에게 달려 있습니다.

승객들의 안전을 책임진다는 조건으로 돈까지 받은 선원들은 승객들을 위해, 자기들끼리만 도망치려는 이기심의 거룻줄을 스스로 끊어 버려야만 했습니다. 그러나 오히려 거룻줄을 타고 내려가 거룻배로 도망치려다가, 군인들이 거룻줄을 끊어, 떼어, 버려 버리는 수치를 당했습니다. 지난 세월 동안 우리 사회에서 하지 말아야 할 것을 계속하던 사람들이 지금은 적폐청산의 대상이 되어, 그들이 그토록 집착했던 그들의 거룻줄이 타인에 의해 끊어, 떼어, 버려지는 수모를 겪고 있습니다.

그들의 모습 속에서, 나 자신의 실상을 보게 해주셔서 감사합니다. 오늘 본문을 통해 믿음은 하지 말아야 할 것을 조금 조절하여 적당하게 하는 것이 아니라, 칼로 무를 자르듯 아예 잘라내어 버리는 것임을 재확인시켜 주심도 감사합니다. 자기 이기심의 거룻줄, 자기 안일의 거룻줄, 자기 욕망의 거룻줄을 날마다 주님 안에서 끊어, 떼어, 버리게 해주십시오. 그와 같은 우리의 삶이 성령의 열매로 드러나게 해주셔서, 우리가 속한 공동체가 우리로 인해 진리 안에서 더욱 반듯하게 세워져 가게 해주십시오. 우리의 미래는 너가 아니라, 지금 이 순간의 나에게 달려 있음을 잊지 말게 해주십시오. 아멘.

20. 안심하고 받아 먹으니

사도행전 27장 33-37절

날이 새어 가매 바울이 여러 사람에게 음식 먹기를 권하여 이르되 너희가 기다리고 기다리며 먹지 못하고 주린 지가 오늘까지 열나흘인즉 음식 먹기를 권하노니 이것이 너희의 구원을 위하는 것이요 너희 중 머리카락 하나도 잃을 자가 없으리라 하고 떡을 가져다가 모든 사람 앞에서 하나님께 축사하고 떼어 먹기를 시작하매 그들도 다 **안심하고 받아 먹으니** 배에 있는 우리의 수는 전부 이백칠십육 명이더라

그런데 섬 미항을 출항한 알렉산드리아 배가 죽음의 유라굴로 광풍에 휩쓸린지 열나흘째 되는 날 밤이었습니다. 해도 별도 보이지 않는 칠흑 같은 어둠 속에서 먹지도 마시지도 못해 구원의 여망마저 상실해 버렸던 사람들은, 확신에 찬 바울의 선포에 힘입어 기력을 회복하였습니다. 선원들은 아무것도 보이지 않는 한밤중인데도, 바람과 파도 소리의 반향만으로 뭍이 가까워지고 있음을 육감적으로 감지하였습니다. 그들은 두 차례에 걸쳐 급격

하게 얕아지고 있는 수심을 확인하고, 배가 암초에 걸리지 않도록 배꼬리에서 네 개의 닻을 내려 배를 정박시켰습니다. 죽음의 광풍 속에서 나뭇잎처럼 요동치던 알렉산드리아 배가 열나흘 만에, 비로소 한 위치에 정박한 것입니다. 아직 모든 것이 불확실한 상황 속에서, 자기들끼리만 거룻배로 도망치려던 선원들의 계획은 바울에 의해 무산되었습니다. 바울의 경고에 따라 군인들은 선원들이 거룻배로 타고 내려가려던 거룻줄을 끊어, 떼어, 버려 버렸습니다. 군인들이 그 거룻줄을 끊어, 떼어, 버려 버림으로써, 역설적이게도 알렉산드리아 배에 승선한 사람들은 비로소 동일한 목표를 지닌 진정한 공동체가 되었습니다. 그들에게 남은 일은, 속히 날이 밝기를 고대하는 것이었습니다.

오늘의 본문은 그 이후에 있었던 일에 대한 증언입니다.

> 날이 새어 가매 바울이 여러 사람에게 음식 먹기를 권하여 이르되, 너희가 기다리고 기다리며 먹지 못하고 주린 지가 오늘까지 열나흘인즉(33절).

드디어 뿌옇게 날이 밝으려 하였습니다. 그때 바울이 또다시 일어섰습니다. 지난 시간에 말씀드린 것처럼, 그 배의 지휘관은 더 이상 선장이나 선주 혹은 로마제국의 백부장 율리오가 아니었습니다. 그 배의 지휘관은 지닌 것이라곤 아무것도 없는, 이미 인생 말년에 접어들어 노쇠하고 병약하기만 한 바울이었습니다. 참된 지도력은 위기 속에서 빛나는 법이고, 평소에 남을 위해 자신을 던지는 사람을 통해서만 그런 지도력이 발휘됩니다. 바울이 바로 그런 사람이었습니다.

먹지도 마시지도 못한 지가 열나흘이나 되었으니, 사람들이 얼마나 주리고, 또 주렸겠습니까? 그래서 본문은, '바울이 여러 사람에게 음식 먹기를 권하였다'고 증언하고 있습니다. "여러 사람"은 모든 사람 가운데 많은 사람을 일컫습니다. 따라서 '여러 사람' 속에 포함되지 않는 사람도 있기 마련입니다. 그러나 헬라어 형용사 '하파스ἅπας'는 '여러 사람'이 아니라 '모든 사람'을 의미합니다. 죽음의 광풍 속에서 요동치다가 열나흘 만에 정박한 알렉산드리아 배의 갑판 위에서 속히 날이 밝기를 고대하고 있는 사람 모두에게, 바울이 배에 비축되어 있는 비상식량 먹기를 권한 것입니다.

음식 먹기를 권하노니, 이것이 너희의 구원을 위하는 것이요 너희 중 머리카락 하나도 잃을 자가 없으리라 하고(34절).

바울은 갑판 위에 모여 있는 모든 사람들에게 한 번 더 음식 먹기를 권하였습니다. 그리고 자신이 음식 먹기를 권하는 것은 구원을 위함이기에, 음식을 먹고 머리카락 한 올이라도 해를 입을 사람은 없을 것이라고 역설하였습니다.

떡을 가져다가 모든 사람 앞에서 하나님께 축사하고 떼어 먹기를 시작하매(35절).

그리고 바울은 모든 사람들이 보는 앞에서 빵을 들고 하나님께 감사기도 드린 후, 직접 빵을 떼어 먹기 시작하였습니다.

그들도 다 안심하고 받아 먹으니(36절).

배 위에 있던 모든 사람들은 바울이 직접 빵을 먹는 것을 확인하고서야,

비로소 안심하고 그들도 빵을 먹기 시작하였습니다.

  이상과 같은 오늘의 본문 내용은 의문투성이입니다. 사람이 극한 상황 속에서 열나흘이나 굶었다면, 상황이 호전되는 즉시 누가 말하지 않아도 먹을 것부터 찾는 것이 인간의 본능 아니겠습니까? 하지만 바울은 배에 타고 있는 모든 사람들에게 두 번씩이나 음식 먹기를 권하였습니다. 헬라어 원문을 보면, 33절의 '권하다'는 동사가 미완료형으로 기록되어 있습니다. 바울이 계속하여 권하였다는 의미입니다. 그것은, 바울의 권유를 그들이 받아들이려 하지 않았음을 뜻합니다. 사람은 먹지 않으면 결국엔 죽고 맙니다. 열나흘씩이나 굶은 사람이라면, 생존을 위해서라도 반드시 먹어야만 합니다. 그런데도 사람들은 먹으려 하지 않았습니다. 그래서 바울은, 자신이 음식 먹기를 권하는 것은 구원을 위함이므로, 음식을 먹고 머리카락 한 올이라도 해를 입을 사람은 없을 것이라고 역설하였습니다. 그래도 먹으려고 나서는 사람은 없었습니다. 바울은 모든 사람들이 보는 앞에서 빵을 들어 하나님께 감사기도 드린 후, 직접 빵을 떼어 먹었습니다. 바울의 일거수일투족을 면밀하게 관찰하던 사람들은, 그제야 안심하고 빵을 먹기 시작하였습니다.

  얼마나 이상한 일입니까? 죽음의 광풍 속에서 열나흘이나 굶은 사람들이 왜, 아무도 먹으려 하지 않았습니까? 그들은 무슨 까닭에, 계속하여 음식을 먹으라는 바울의 권유를 외면하였습니까? 자신이 음식 먹기를 권하는 것은 구원을 위함이기에, 음식을 먹고 머리카락 한 올이라도 해를 입을 사람은 없을 것이라는 바울의 역설은 대체 무슨 의미이겠습니까? 바울이 빵을 먹어도 아무 일이 없는 것을 확인하고서야 모든 사람들이 안심하고 빵을 먹기 시작한 이유는, 또 무엇이겠습니까?

  오늘의 본문은 이렇게 의문투성이지만, 단 한 번이라도 며칠 간의 금식을 해본 사람이라면, 난해해 보이는 본문을 쉽게 이해할 수 있습니다. 누구든 금식하기 위해서는 반드시 금식 기간과 동일한 기간의 사전 준비와 사후 조치를 취해야만 합니다. 예를 들어 일주일간 금식하려면, 금식 시작 일주일 전부터 식사 조절에 들어가야 합니다. 식사량을 줄일 뿐 아니라 일상식에서 연한 음식, 죽, 미음의 순서로 음식을 조절하여, 금식을 시작할 때에는 위장이 완전히 비어 있어야 합니다. 그러지 않을 경우, 위장 속에 남아 있는 배설물이 배출되지 못한 채 돌처럼 딱딱하게 굳어지면서 복통과 두통을 유발합니다. 그 복통과 두통은, 장 속에서 돌처럼 굳어진 배설물이 몸 밖으로 빠져나가기까지 며칠이고 계속됩니다.

금식 기간 동안에는 위장 운동이 정지 상태에 머물게 됩니다. 따라서 금식이 끝난 뒤에도, 금식 기간에 상응하는 기간만큼의 음식 조절이 필수적입니다. 금식 사전 준비 때와는 거꾸로 미음, 죽, 연한 음식의 순서로 음식을 조절한 뒤에 일상식을 하여야 합니다. 금식을 끝낸 뒤에 배가 고프다고 그냥 일상식을 할 경우, 정지 상태에 있던 위장에 과부하가 걸려 급체가 일어나고, 그로 인해 심한 경우에는 목숨을 잃게 됩니다. 결과적으로 일주일간 금식하기 위해서는 사전 준비 일주일, 사후 조치 일주일을 포함하여, 총 3주 동안 유의하지 않으면 안 됩니다.

제가 난생 처음으로 일주일간 금식한 것은 20대 청년 시절이었습니다. 주위에서 사전 준비의 중요성을 일러 주는 분들이 있었지만, 젊은이의 혈기로 흘려들었습니다. 금식이 시작되는 전날 밤까지 먹고 싶은 것 다 먹고, 마시고 싶은 것 다 마셨습니다. 젊으니까, 어떤 상황도 이겨낼 수 있다는 자만심 때문이었습니다. 하지만 사전 준비 없이 시작한 금식은, 젊은이의 혈기만으로 이겨낼 수 있는 것이 아니었습니다. 첫째 날은 그런대로 견뎠지만, 이틀날이 되자 사정이 달라졌습니다. 만 하루 동안 먹은 것이 없으니 위가 비어 있을 수밖에 없었고, 위가 비어 있으니 아랫배에 힘을 줄 수 없었고, 아랫배에 힘을 줄 수 없으니 장에 남아 있는 배설물을 배출할 도리가 없었습니다. 사흘째에 접어들자, 배출할 수 없는 장 속의 배설물이 돌처럼 굳어지면서 심한 복통과 두통이 시작되었습니다. 그로 인한 역겨움도 견디기 어려웠습니다. 그 고통스러운 복통과 두통 그리고 역겨움은, 나흘째 되는 날 장 속에서 돌처럼 굳은 배설물이 기적적으로 배출됨과 동시에 끝났습니다. 그때 얼마나 고생을 했던지, 일주일의 금식이 끝난 뒤에는 주위 사람들의 권고를 충실하게 따랐습니다. 일주일 동안 미음, 죽, 연한 음식의 순서로 음식을 조절한 뒤에 일상식을 한 것입니다. 그 이후에는 일주일간 금식을 할 때마다, 한 주간에 걸친 사전 준비도 철저하게 이행하였음은 두말할 나위도 없습니다.

알렉산드리아 배에 승선한 사람들이 열나흘 동안이나 먹지도 마시지도 못한 것은, 사전에 계획된 일이 아니었습니다. 그들은 그레데 섬 미항을 출항하는 날 아침까지도 먹고 싶은 것 다 먹고, 마시고 싶은 것 다 마셨습니다. 미항을 출항할 때만 해도 남풍이 순하게 불어, 그들은 뵈닉스까지의 항해길이 순탄하리라고 믿었습니다. 하지만 갑자기 몰아닥친 죽음의 유라굴로 광풍으로 인해 그들은 열나흘 동안이나 먹을 수도, 마실 수도 없었습니다. 그들이 아무런 사전 준비도 없이, 무려 열나흘 동안이나 금식하지 않을 수 없게 된 것이었습니다. 따라서 그들 가운데 대부분은, 갑작스러운 금식으로 배출되지 못한 배설물이 장 속에서 돌처럼 굳어 극심한 복통과 두통에 시달렸을 것입니다.

2천 년 전 지중해 세계에서 가장 중요한 교통수단은 선박이었습니다. 당시의 지중해도 늘 잔잔하지 않았습니다. 유라굴로와 같은 죽음의 광풍은 아니라 해도, 크고 작은 폭풍이 시도 때도 없이 끓어올랐습니다. 당시 선박을 이용하는 사람들이라면, 배가 폭풍에 휩싸여 며칠씩 굶은 경험을 한 번쯤은 다 해보았을 것입니다. 따라서 선원들은 말할 것도 없고, 당시 선박 여행객들에게도 며칠 굶은 후에 곧장 일상식을 하면 안 된다는 것은 상식에 속하였습니다.

알렉산드리아 배에 승선한 사람들이 죽음의 광풍 속에서 열나흘 동안 먹지도 마시지도 못했다는 것은, 반드시 열나흘에 걸친 사후 음식 조절 기간이 수반되어야 함을 의미하였습니다. 그런데도 바울이 배에 승선한 모든 사람들에게 뜬금없이 음식을 먹으라고 권하였습니다. 바울의 그 권유를 받아들이는 사람이 있을 리가 없었습니다. 그것은 비상식적인 제안이었기 때문입니다. 바울은 계속하여 음식 먹기를 권했지만, 그런다고 바울의 권유를 받아들일 사람도 없었습니다. 바울은 음식 먹기를 권하는 것은 구원을 위함이기에, 음식을 먹고 머리카락 한 올이라도 해를 입을 사람은 아무도 없을 것이라고 역설하였습니다. 그래도 음식을 먹겠다고 나서는 사람은 없었습니다. 바울은 빵을 들어 하나님께 감사기도를 드린 뒤, 모든 사람들이 보는 앞에서 자신이 직접 빵을 먹어 보였습니다. 열나흘 만에 바울이 일상식인 빵을 먹었지만, 바울에게 급체와 같은 이상 징후는 전혀 나타나지 않았습니다. 그 사실을 확인하고서야, 사람들은 모두 안심하고 빵을 먹기 시작하였습니다.

여기에서 또 다른 질문이 제기됩니다. 바울은 본문에서 생애 처음으로 선박 여행을 한 것이 아닙니다. 지중해 세계를 세 차례나 누비고 다닌 바울은 여러 번이나 선박을 이용하였습니다. 특히 고린도후서 11장 25절에 의하면, 바울은 본문 이전에 "세 번 파선하고 일 주야를 깊은 바다에서" 표류한 적이 있었습니다. 선박 여행 중에 먹지도 마시지도 못한 경험이 이미 있었고, 그런 경우에는 반드시 사후 음식 조절이 필요함을 바울도 잘 알고 있었다는 말입니다. 그런데도 바울은 열나흘이나 먹지도 마시지도 못한 본문 속에서, 왜 사람들에게 평소처럼 음식을 먹으라고 계속하여 권한 것입니까? 더욱이 그들이 보는 앞에서 바울이 평소처럼 빵을 직접 먹었는데도, 어떻게 그가 급체에 걸리지 않고 멀쩡할 수 있었습니까? 그 바울을 보고 안심하며 빵을 먹은 275명 가운데, 급체에 걸린 사람이 단 한 명도 없었던 까닭은 또 무엇입니까?

신약성경에서 '먹다'는 의미로 사용된 헬라어 동사는 '에스디오ἐσθίω' 혹은 '화고φάγω'입니다. 마른 빵처럼 굳은 음식을 아작아작 씹어 먹는 동작을 나타내는 동사는 '트로고τρώγω'입니다. 누군가와 함께 음식을 먹을 경우에는 '쉬네스디오συνεσθίω'란 동사가 사용됩니다. 이처럼 헬라어에는 '먹다'는 동작을 표현하는 다양한 동사가 있는데도, 본문에서 바울이 사람들에게 음식을 '먹으라'고 권할 때에 사용된 단어는 전혀 다른 동사입니다. 헬라어 원문에는 '함께 취하다'는 의미의 헬라어 동사 '메타람바노μεταλαμβάνω'와, '…목적을 지니고 취하다'는 의미의 동사 '프로스람바노προσλαμβάνω'가 절묘하게 얽혀 있습니다. 우리 교회 교우님으로 헬라어에 능통한 서양고전학자 김헌 교수님의 자문을 받아 오늘 본문의 헬라어 원문을, 원문의 뜻과 뉘앙스를 그대로 살려 우리말로 옮기면, 이런 내용이 됩니다.

날이 막 밝으려 할 때까지 바울은 모든 사람들에게 음식을 '함께 취하자'고 계속하여 권면하며 말했다. "오늘로 열나흘째가 되기까지 여러분은 구원을 기다리면서도, 구원을 얻기 위한 '목적으로 취한' 것은 아무것도 없이 그냥 굶기만 했습니다. 그래서 제가 여러분께 음식을 '함께 취하자'고 권하는 것입니다. 이것은 여러분의 구원을 위함이기에, 여러분 가운데 그 누구도 머리카락 한 올이라도 떨어지는 해를 입지 않을 것이기 때문입니다." 이렇게 말한 후, 바울은 모든 사람들 앞에서 빵을 '취하여' 하나님께

기도드리고 조각내어 먹었다. 그러자 사람들도 모두 안심하고 빵을, 구원을 얻기 위한 '목적으로 취하기' 시작하였다.

이렇게 원문의 뜻과 뉘앙스를 정확하게 알고 나면, 바울이 음식을 '먹자'고 말하지 않고 '함께 취하자'고 표현한 까닭을 이해할 수 있습니다. 바울은 열나흘이나 굶은 사람들에게, 언젠가 썩어 문드러질 육체의 양식을 취하자고 말한 것이 아닙니다. 늘 먹던 빵을 통해 지금부터는 참생명, 영원한 생명을 '취하자'고 계속하여 권한 것입니다. 열나흘 동안이나 먹지도 마시지도 못한 그들이 본문에서 썩어 문드러질 육체의 양식을 취하였더라면, 그들 대부분은 급체에 걸려 사경을 헤매었을 것입니다. 바울은 확신하고 있었습니다. 비록 열나흘을 굶었을망정 위로부터 주어지는 참생명을 '취하기' 위해 음식을 먹는 한, 참생명이신 하나님께서 반드시 책임져 주실 것이라는 믿음이었습니다. 그래서 바울은 참생명을 '취하기' 위하여 음식을 먹으면, 그 누구도 머리카락 한 올이라도 해를 입지 않을 것이라고 역설하였습니다. 그리고 바울은 비록 열나흘 동안 먹지도 마시지도 못하였을망정, 참생명을 '취하기' 위해 빵을 먹을 때 하나님께서 책임져 주심을 모든 사람들에게 자신의 행동으로 직접 보여 주었습니다. 사람들은 그제야 안심하고, 바울이 말하는 참생명을 '취하기 위한 목적으로' 모두 빵을 먹기 시작하였습니다.

오늘 본문의 바울은, 다메섹 도상에서 주님의 부르심을 받은 직후의 바울을 연상하게 해줍니다. 바울은 다메섹 도상에서 주님의 빛에 사로잡힘과 동시에 시력을 상실하고 말았습니다. 사흘 동안 보지도, 먹지도, 마시지도 못하던 바울은 주님께서 보내 주신 아나니아의 안수로, 눈에서 비늘 같은 것이 벗어지며 시력을 회복하고 세례를 받았습니다. 그리고 사도행전 9

장 19절에 의하면, 바울은 "음식을 먹고 강건하여"졌습니다. 여기에서 10년 전 그 구절을 설교한 내용을 다시 상기할 필요가 있습니다. 헬라어 원문에는 그 구절에도 우리말 '먹다'로 번역된 헬라어 동사가 '취하다'는 의미의 헬라어 동사 '람바$\lambda\alpha\beta\grave{\omega}\nu$'로 기록되어 있습니다. 사흘 동안 식음을 전폐하였던 바울이 세례를 받은 이후부터 육체의 양식을 탐하던 옛 삶으로 회귀한 것이 아니라, 위로부터 주어지는 참생명을 '취하기' 위해 음식을 먹기 시작하였다는 말입니다.

다메섹 도상에서 주님의 부르심을 받기 이전에도 바울은 하루에 세 끼씩, 어김없이 음식을 먹었습니다. 그러나 그것은 단지 육체를 위해서였습니다. 매 끼니마다 산해진미로 육체를 채운다 한들, 육체는 반드시 죽기 마련입니다. 그러므로 육체를 위해 먹고 마시는 것은 긴 안목에서 보면, 결국 죽기 위해 열심을 다해 먹고 마시는 것과 같습니다. 한평생 수고하고 애쓰면서 단지 죽기 위해 열심을 다해 먹고 마신다면, 인간에게 그보다 더 비참한 일이 있겠습니까? 그러나 눈에서 비늘이 벗겨져 영안이 열리고 세례를 통해 예수 그리스도와 연합한 바울은, 주님께서 주시는 참생명—영원한 생명을 '취하기' 위해 먹고 마시는 사람이 되었습니다. 더 이상 죽기 위함이 아니라, 참되고 영원한 생명의 삶을 살기 위함이었습니다. 그동안 육체를 위해 먹고 마시던 바울의 육체가 머지않아 썩어 문드러질 고깃덩어리에 불과했다면, 참생명을 '취하기' 위해 먹고 마시기 시작한 바울의 육체는 영원한 생명의 통로로 승화되었습니다. 그 결과 세월의 흐름 속에서 병약한 바울의 육체는 점점 노쇠해졌지만, 그를 통한 참생명의 역사는 조금도 위축되거나 축소되지 않았습니다.

그래서 인생 말년에 접어든 병약한 바울은 오늘의 본문 속에서도 죽음의 광풍에서 살아남은 사람들을 향해, 지금부터 참생명을 '함께 취하기' 위해 빵을 먹자고 계속하여 권했습니다. 죽음의 유라굴로 광풍에서 살아남은 사람들이 예전처럼 단지 육체를 위해 다시 먹고 마신다면, 그들은 결국 죽기 위해 유라굴로 광풍에서 살아남은 것밖에 더 되겠습니까? 긴 안목에서 보자면 어차피 순식간에 죽고 말 텐데, 유라굴로 광풍에서 살아남은 것이 뭐 그리 대단하거나 기쁜 일이 될 수 있겠습니까? 그러나 그들이 죽음의 유라굴로 광풍을 통해 참생명을 '취하기' 위해 먹고 마시기 시작하는 사람이 된다면, 언젠가 그들의 육체가 썩어 문드러질 때에도 그들은 삼 일 만에 다시 살아나신 주님 안에서 영원한 생명을 누릴 것이었습니다. 그러므로 단지 육체를 위해 먹고 마시는 사람의 삶과, 참생명을 '취하기' 위해 먹고 마시는 사람의 삶은, 결코 동일할 수 없습니다.

여리고의 라합이 자기 육체를 위해 먹고 마실 때, 그녀는 천한 기생에 불과했습니다. 그러나 참생명을 '취하기' 위해 먹고 마시기 시작하면서, 그녀는 그 이름이 예수님의 족보에 오르는 신앙의 푯대가 되었습니다. 자신의 정욕을 위해 먹고 마시던 삼손은 적군에 생포되어, 두 눈이 뽑힌 노예로 전락하였습니다. 그러나 짐승 같은 노예일망정 참생명을 '취하기' 위해 먹고 마시기 시작하면서, 삼손은 노예로 죽으면서도 이스라엘을 구해 내는 위대한 사사가 되었습니다. 자신의 탐욕을 위해 먹고 마시던 삭개오는 모든 사람이 증오하는 탐관오리였습니다. 그러나 참생명을 '취하기' 위하여 먹고 마시기 시작하면서, 그는 참된 회개의 표징이 되었습니다.

우리말 '얼굴'의 본딧말은 '얼꼴'이라고 말씀드리지 않았습니까? 얼의 꼴, 즉 우리 영혼의 모습이 드러나는 곳이 얼굴이라는 말입니다. 인간의 영혼 그 자체는 보이지 않습니다. 그러나 인간 영혼의 상태는 당사자의 얼굴을 통하여 고스란히 드러납니다. 자신을 위해 먹고 마시는 음탕한 기생 라합의 얼굴과, 하나님의 참생명을 '취하기' 위해 먹고 마시는 라합의 얼굴이 같을 수 있겠습니까? 정욕을 위해 먹고 마시는 삼손의 얼굴과, 두 눈을 잃었을망정 참생명을 '취하기' 위해 먹고 마시는 삼손의 얼굴이 동일할 수 없지 않습니까? 불의한 뇌물을 챙기기 위해 먹고 마시는 삭개오의 얼굴과, 부정축재한 전 재산을 내어 놓고 참생명을 '취하기' 위해 먹고 마시는 삭개오의 얼굴이 비교되지 않습니까? 자신의 육체가 원하는 대로 먹고 마시던 청년 바울의 얼굴이 아름답습니까? 아니면 노쇠하고 병약하면서도, 알렉산드리아 배에 승선한 모든 사람들에게 참생명을 '함께 취하자'고 계속하여 권하는 늙은 바울의 얼굴이 아름답습니까?

우리의 영혼은 보이지 않는 것이 아닙니다. 우리의 영혼은 우리 자신의 얼굴을 통해 반드시 드러나기 마련입니다. 더 이상 죽기 위해 열심을 다해 먹고 마시는 어리석은 사람으로 살지 마십시다. 고린도전서 10장 31절을 통한 바울의 권면처럼, 무엇을 먹든지 마시든지 오직 하나님의 영광을 위하여, 다시 말해 하나님의 참생명을 '함께 취하기' 위해 먹고 마시는 사람들이 되십시다. 단지 육체를 위해 먹고 마시면 산해진미도 암처럼 육체를 해치는 독이 될 수 있지만, 암을 지닌 육체라도 참생명을 '함께 취하기' 위해 먹고 마시면, 삼 일 만에 다시 살아나신 주님 안에서 영원한 생명의 통로로 살 수 있습니다. 혹 죽은 사람의 얼굴을 본 적이 있습니까? 육체를 위해 먹고 마시던 시신의 얼굴과, 참생명을 '취하기' 위해 먹고 마시던 시신의 얼굴이 판이하게 다르지 않습디까? 우리의 삶의 족적은, 우리의 코끝에서 호흡이 멈춘 뒤에도 우리의 얼굴 위에 고스란히 남습니다. 우리의 얼굴은, 우리 얼의 꼴입니다.

오늘 본문 말씀을 통해, 내가 그동안 무엇을 위해 먹고 마시며 살아왔는지, 나 자신을 성찰하게 해주셔서 감사합니다. 머지 않아 썩어 문드러질 육체를 위해 먹고 마시는 것은, 단지 죽기 위해 열심을 다해 먹고 마시는 어리석은 짓임을 일깨워 주신 주님! 참생명을 '함께 취하기' 위하여 먹고 마시자는 오늘 본문 속 바울의 권면이, 바로 나 자신을 향한 주님의 초청임을 잊지 말게 해주십시오.

이제부터 무엇을 먹든지 마시든지 오직 하나님의 영광을 위하여, 하나님의 참생명을 '취하기' 위하여 먹고 마시게 해주십시오. 우리의 육체는 쇠퇴해 갈지라도, 하나님의 생명은 날로 흥왕하는 생명의 통로로 살아가게 해주십시오. 그리하여 우리의 코끝에서 호흡이 멎는 순간 우리의 얼굴이, 하나님의 참생명으로 살아온 우리의 영혼을 드러내는, 참생명의 이정표가 되게 해주십시오. 아멘.

21. 전부 이백칠십육 명

사도행전 27장 33-37절
날이 새어 가매 바울이 여러 사람에게 음식 먹기를 권하여 이르되 너희가 기
다리고 기다리며 먹지 못하고 주린 지가 오늘까지 열나흘인즉 음식 먹기를 권
하노니 이것이 너희의 구원을 위하는 것이요 너희 중 머리카락 하나도 잃을 자
가 없으리라 하고 떡을 가져다가 모든 사람 앞에서 하나님께 축사하고 떼어 먹
기를 시작하매 그들도 다 안심하고 받아 먹으니 배에 있는 우리의 수는 **전부 이
백칠십육 명**이더라

그런데 섬 미항을 출항하자마자 죽음의 유라굴로 광풍에 휩쓸렸던 알렉
산드리아 배는 열나흘째 되는 날 한밤중이 되어서야, 어딘지도 알지 못하는
바다에 닻을 내려 겨우 정박할 수 있었습니다. 해도 별도 보이지 않는 칠흑
같은 어둠 속에서 열나흘 동안이나 먹지도 마시지도 못해 구원의 여망마저
상실한 채, 죽음의 늪 속으로 빠져들던 사람들의 심령을, 바울이 하나님의
말씀으로 뒤흔들어 깨운 결과였습니다.

날이 뿌옇게 밝으려 하자, 바울이 배에 타고 있는 모든 사람들에게 계속하여 음식을 '함께 취하자'고 권하였습니다. 하지만 바울의 권유에 따라 선뜻 음식을 먹으려는 사람은 아무도 없었습니다. 열나흘 동안이나 먹지도 마시지도 못한 상태에서 곧바로 일상식을 하면, 정지 상태에 있던 위장에 과부하가 걸려 치명적인 결과가 초래될 것이기 때문이었습니다. 그러나 바울은, 단지 육체를 위해 다시 먹고 마시자고 계속하여 권한 것이 아니었습니다. 죽음의 광풍에서 살아남은 사람들이 예전처럼 단지 육체를 위해 먹고 마시기를 되풀이한다면, 긴 안목에서 볼 때 그 육체는 머지 않아 썩어 문드러질 고깃덩어리에 지나지 않을 것이었습니다. 바울은 죽음의 광풍에서 살아남은 그들에게, 이제부터 하나님의 참생명을 '함께 취하기' 위하여 먹고 마시자고 계속하여 권한 것이었습니다. 그렇게 해야 언젠가 육체가 썩어 문드러질 때에도, 삼 일 만에 다시 살아나신 주님 안에서 영원히 살 것이기 때문이었습니다.

그리고 바울은 빵을 '취하여' 하나님께 감사기도 드린 후, 사람들이 보는 앞에서 그 빵을 조각내어 자신이 직접 먹어 보였습니다. 사람들은 바울의 일거수일투족을 면밀하게 주시하였습니다. 열나흘 동안이나 먹지도 마시지도 않은 바울이 일상식인 빵을 곧장 '취하여' 먹었지만, 그에게 급체와 같은 치명적인 부작용은 전혀 나타나지 않았습니다. 그 사실을 확인하고서야 사람들은 모두 안심하고, 바울이 말한 참생명을 '함께 취하기' 위하여 빵을 먹기 시작하였습니다. 그들이 먹고 마시는 의미와 목적이 달라진 것입니다.

그리고 본문은 37절에서 이렇게 끝나고 있습니다.

배에 있는 우리의 수는 전부 이백칠십육 명이더라.

짧지만, 큰 울림과 깊은 의미를 내포한 증언입니다. 먼저 주어가 다시 "우리"로 바뀌었습니다. 우리가 잘 아는 것처럼, 사도행전을 기록한 사람은 누가입니다. 바울의 2차 전도 여행 때 드로아에서 바울과 합류한 누가는, 그 이후 특별한 경우를 제외하곤 항상 바울과 동행하며 바울을 도왔습니다. 그리고 사도행전을 기록하면서, 어떤 역사적 사실 속에 자신도 포함되어 있음을 밝힐 필요가 있을 때에는 '우리'라는 주어를 사용하였습니다. 바울의 로마행을 증언한 사도행전 27장 1절에서 누가가, '우리가 배를 타고 이달리야로 가기로 작정되매'라고 기록한 까닭도 여기에 있습니다. 바울의 로마행에 누가 자신도 동행하였기 때문입니다. 누가는 가이사랴에서 바울과 함께 아드라뭇데노 배에 동선하였다가, 루기아의 무라에서 바울과 함께 이탈리아로 향하는 알렉산드리아 배로 갈아탔습니다. 본문의 알렉산드리아 배 속에, 지금 누가도 함께 승선해 있는 것입니다.

누가는 죽음의 유라굴로 광풍이 알렉산드리아 배에 몰아닥치자 18절에, "우리가 풍랑으로 심히 애썼다"고 기록하였습니다. 헬라어 원문 '습호드로스데 케이마조메 헤몬Σφοδρῶς-δὲ χειμαζομένων ἡμῶν'은, '우리가 풍랑으로 격하게 요동쳤다'는 의미입니다. 죽음의 유라굴로 광풍에 휩쓸려 나뭇잎처럼 요동치는 알렉산드리아 배에서, 누가 자신도 중심을 잡지 못해 이리저리 나뒹굴었음을 그렇게 표현한 것입니다.

죽음의 유라굴로 광풍이 알렉산드리아 배에 몰아닥치자, 젊은 누가라고 달리 뾰쪽한 수가 있을 리 없었습니다. 누가 역시 배에 타고 있는 다른 사람들과 마찬가지로 광풍의 피해자가 되었습니다. 광풍에 배가 요동칠 때마다, 중심을 잡지 못해 이리저리 나뒹굴지 않을 수 없었습니다. 배에 실린 하물을 모두 바다에 내버린 선원들은 그것도 모자라, 배의 주요 기구들마저 바다에 내던졌습니다. 배 속의 중요한 알맹이를 모두 내버린 알렉산드리아 배는, 빈 껍데기만 남은 셈이었습니다. 그래도 죽음의 광풍은 잦아들 기미가 보이지 않았습니다. 해도 별도 보이지 않는 칠흑 같은 어둠 속에서 누가 역시 열나흘 동안 먹을 수도, 마실 수도 없었습니다.

바울의 경우는 더 심했습니다. 죽음의 광풍으로 배가 요동칠 때마다 젊은 누가가 중심을 잡지 못해 이리저리 나뒹굴었다면, 인생 말년에 접어들어 늙고 병약한 바울은 더 자주, 더 많이 나뒹굴지 않았겠습니까? 젊은 누가에게도, 해도 별도 보이지 않는 칠흑 같은 어둠 속에서 열나흘이나 먹지도 마시지도 못한 것은 죽음 같은 고통이었을 것입니다. 하물며 늙은 바울이야 두말해 무엇하겠습니까? 알렉산드리아 배에서 열나흘 동안이나 먹지도 마시지도 못한 사람들 가운데, 늙고 병약한 바울의 체력적 소모가 가장 컸을 것입니다. 그런데, 모든 사람들이 구원의 여망마저 상실한 절망적인 순간에 바울이 일어서는 것이었습니다. 그리고 열나흘 동안이나 먹지도 마시지도 못한 사람이라고는 믿어지지 않을 정도로 확신에 찬 목소리로, 하나님의 구원의 메시지를 선포하였습니다. 누가는, 믿을 수 없는 그 광경을 자신의 두 눈으로 생생하게 목격하였습니다.

그리고 바울의 선포 이후에 전개된 일들도, 누가는 주의 깊게 관찰하였습니다. 바울의 확신에 찬 선포로, 구원의 여망마저 상실했던 사람들의 심중에서 꺼져 가던 희망의 불씨가 되살아났습니다. 캄캄한 한밤중이지만 어딘가 뭍이 가까이에 있고, 수심이 급격하게 얕아지고 있음을 확인한 선원들은, 배가 죽음의 광풍에 휩쓸린 지 열나흘 만에 닻을 내려 배를 정박시켰습니다. 자기들끼리만 거룻배를 타고 도망치려던 선원들의 계획도 백부장이나 군인들이 아니라, 바울에 의에 발각되어 무산되었습니다. 그리고 바울은 사람들에게 계속하여, 참생명을 '함께 취하기' 위해 음식을 먹자고 권하였습니다. 계속된 바울의 권유에 그 누구도 응하려 하지 않자, 바울은 빵을 취하여 하나님께 감사기도 드린 후에, 모든 사람들 앞에서 자신이 직접 빵을 먹어 보였습니다. 바울의 일거수일투족을 주시하고 있던 사람들은 그제야, 오랜 금식 끝에 곧장 일상식을 하면 안 된다는 그들의 상식을 접고, 모두 안심하며 바울이 말한 참생명을 '함께 취하기' 위해 빵을 먹었습니다.

그 놀라운 광경을 처음부터 끝까지 상세하게 목격한 누가가 가장 먼저 한 일은, 자신을 포함하여 빵을 '함께 취한' 사람들의 수를 세는 것이었습니다. 누가는 그 배의 선장이나 선주, 혹은 선원이 아니었습니다. 황제의 법정에 호송당하는 바울과 동행하기 위한 승객일 뿐이었습니다. 승객인 누가가 그 배에 승선해 있는 사람들의 수를 정확하게 알 이유도, 필요도 없었습니다. 하지만 사람들이 모두 참생명을 '함께 취하기' 위해 빵을 먹자, 누가는 그 모든 사람의 수를 일일이 세었습니다. 그리고 본문에, "배에 있는 우리의 수는 전부 이백칠십육 명이더라"고 기록하였습니다. 그 수를 확인하고 기록하는 누가의 감격이 고스란히 전해지는 문장입니다.

바울은 사람들에게 하나님의 말씀을 선포하면서 22절을 통해, '안심하라. 너희 중 아무도 생명에는 아무런 손상이 없겠다'고 단정하였습니다. 유라굴로 광풍이 모든 것을 삼키는 죽음의 광풍이라 해도, 알렉산드리아 배에 승선해 있는 사람은 그 누구도 해치지 못할 것이라는 말이었습니다. 따라서 누가가 확인한 276명은, 루기아의 무라에서 알렉산드리아 배에 승선한 사람들과 동일한 숫자였습니다. 다시 말해 해도 별도 보이지 않는 어둠 속에서 열나흘 동안이나 먹지도 마시지도 못한 그 죽음의 광풍을 거치면서, 목숨을 잃은 사람은 단 한 사람도 없었습니다. 누가는 대체 무슨 까닭으로, 그 많은 사람들의 수를 일일이 세어 하나님의 말씀인 사도행전의 본문에 기록으로 남겼겠습니까?

2천 년 전 안전장치가 미흡하였던 고대 선박이 여러 날 동안 심한 폭풍에 휩싸이면, 배 안에서 종종 사망자들이 나왔습니다. 갑판에서 중심을 잡지 못해 바다에 빠져 죽기도 하고, 요동치는 선체에 머리가 부딪쳐 뇌진탕으로 죽기도 하고, 배를 덮치는 산더미 같은 파도에 심장이 멎어 쇼크사로 죽기도 하고, 허약한 체질에 먹지도 마시지도 못해 아사하기도 했습니다. 만약 배가 파손되거나 전복하면, 사람들의 생존 확률은 제로에 가까워졌습니다. 알렉산드리아 배는 죽음의 유라굴로 광풍에 휩쓸려 열나흘 동안 요동쳤지만, 그 요동치는 배 속에서 열나흘 동안 먹지도 마시지도 못한 사람 가운데 단 한 명의 사망자도 나오지 않았습니다. 무라에서 알렉산드리아 배에 승선하였던 276명이 전부 그대로 살아 있었습니다. 누가가 그 사실을 강조하기 위해, 그 많은 사람들의 수를 일일이 세어 확인했겠습니까? 누가는 요즈음 말로, 행정안전부 직원이 아니었습니다. 만약 누가가 그런 의도로 사람들의 수를 확인하였다면, 본문에 '이백칠십육 명'이라고 기록하면서, 우리말 '명'에 해당하는 헬라어를 당시의 용례에 따라 '사람'을 뜻하는 '안드로포스ἄνθρωπος'나 '남자'를 의미하는 '아네르ἀνήρ'로 표현하였을 것입니다.

누가는 헬라어 원문에 우리말 '명'에 해당하는 헬라어를, 육체와 구별된 '영혼'을 뜻하는 '프쉬케ψυχή'로 기록하였습니다. 본문을 기록한 누가의 관심은 276명이나 되는 많은 사람들의 육체가, 죽음의 유라굴로 광풍 속에서 단 한 명의 손상도 없이 다 살아남았다는 데 있지 않았습니다. 그의 관심은 그 배에 탄 사람들이, 바울과 참생명을 '함께 취하는' '프쉬케', 즉 영혼으로 거듭났다는 데 있었습니다. 루기아의 무라에서 알렉산드리아 배에 오를 때, 인간의 죗값을 대신 치러 주시기 위해 십자가의 제물로 죽임 당하셨다가 삼일 만에 다시 살아나신 예수님을 영적으로 믿는 사람은 바울과 누가, 그리고 2절에 언급된 데살로니가 사람 아리스다고, 이렇게 단 세 명밖에 없었습니다. 나머지 273명은, 모두 육체를 위해 먹고 마시는 사람들일 뿐이었습니다. 그런데 아무것도 먹을 수도 마실 수도 없는 죽음의 유라굴로 광풍을 열나흘 동안 거치면서, 요동치는 그 배에 승선한 사람들이 모두 참생명을 '함께 취하기' 위해 먹고 마시는 '프쉬케'로 입문한 것이었습니다. 누가로서는 상상할 수도 없었던 일이었습니다. 누가는 그 영적 장관을 하나님의 말씀인 사도행전에 정확하게 기록하기 위하여, 현장에 있던 사람들의 수를 일일이 확인하였습니다. 그리고 자신을 포함하여, '배에 있는 우리의 수는 전부 이백칠십육 명이더라'고 감격에 찬 기록을 남겼습니다.

그것은, 죽음의 광풍 속에서 경이로운 영적 대전환을 이끌어 낸 바울을 칭송하기 위함이 아니었습니다. 직업이 의사였던 누가는 바울의 2차 전도 여행 때 바울과 합류한 이래, 지난 10여 년 동안 바울의 건강을 돌보면서 바울을 곁에서 지켰습니다. 그래서 누가는 평생 지병에 시달려 온 노년의 바울이 얼마나 병약한 인간인지, 누구보다 잘 알고 있었습니다. 그 늙고 병약한 바울이, 죽음의 광풍으로 요동치는 배 속에서 중심을 잡지 못해 이리저리 나뒹굴었습니다. 열나흘 동안 먹지도 마시지도 못했습니다. 배에 있는 누구보다도, 늙고 병약한 바울이 체력적으로 가장 지쳐 있을 것은 뻔한 일이었습니다. 그런데도 모든 사람들이 구원의 여망마저 상실한 채 죽음의 늪 속으로 빠져들던 그 절망적인 순간에, 하나님의 말씀으로 그들의 심령을 뒤흔들어 깨운 사람은 그 늙고 병약한 바울이었습니다. 그 덕분에, 죽음의 광풍에 휩쓸리던 알렉산드리아 배는 열나흘 만에 정박할 수 있었습니다. 하지만 바울은 그것으로 만족하지 않았습니다.

바울은 갑판 위에서 속히 날이 밝기를 고대하는 모든 사람들에게, 날이 밝을 때까지 쉬지 않고 계속하여 참생명을 '취하기' 위해 빵을 먹을 것을 권유하였습니다. 그리고 마침내는 빵을 '취하여' 하나님께 감사기도 드리고 자신이 직접 빵을 먹어 보임으로, 사람들이 다 안심하고 참생명을 '함께 취하기' 위해 빵을 먹는 영적 대전환이 일어났습니다. 의사인 누가는 잘 알고 있었습니다. 그것은, 늙고 병약한 바울의 체력이나 능력으로는 결코 가능한 일이 아니었습니다. 그것은, 황제의 법정에 당신의 휘페레테스와 마르튀스로 바울을 세우기로 작정하신 하나님께서 죽음의 유라굴로 광풍 속에서도 그 늙고 병약한 바울을 당신의 능력으로 붙들어 주시며, 당신의 통로로 계속 사용해 주신 결과였습니다. 그래서 누가는 배에 타고 있는 사람의 수를 일일이 확인하고, '배에 있는 우리의 수는 전부 이백칠십육 명이더라'고 사도행전에 기록하였습니다. 바울처럼 늙고 병약한 인간도 하나님께 자신을 온전히 드렸을 때, 하나님께서 죽음의 광풍 속에서도 그 늙고 병약한 바울을 당신의 통로로 삼아 그토록 많은 사람들을 살려내셨다는 사실을, 시간과 공간을 초월하여 우리에게 생생하게 증언해 주기 위함이었습니다.

그런 의미에서 늙고 병약한 바울에게는 죽음의 유라굴로 광풍에 휩쓸린 것도, 요동치는 배 속에서 이리저리 나뒹굴며 열나흘 동안이나 먹지도 마시지도 못한 것도, 모두 감사의 조건이었습니다. 바울이 죽음의 유라굴로 광풍 속에서 그 극한적인 상황과 맞닥뜨리지 않았더라면, 그와 같은 극한적인 상황 속에서도 늙고 병약한 자신을 통해 그토록 엄청난 일을 행하시는 하나님의 능력을 경험할 수도, 알 수도 없었을 것이기 때문입니다. 이때의 체험이 바울의 남은 생애에서 더욱 귀한 영적 자양분으로 승화되었을 것임은 재론의 여지도 없습니다.

누가는 본문 이외에도, 사도행전 곳곳에서 사람의 수를 소중하게 다루었습니다. 모두 하나님을 찬양하고 하나님의 능력을 우리에게 증언해 주기 위함이었습니다.

세 차례에 걸친 전도 여행을 매듭지은 바울이, 생애 마지막으로 예루살렘을 방문하였을 때였습니다. 그곳 유대교인들이 거짓 모함으로 바울을 고발하여, 바울은 로마군 요새의 감옥에 투옥되었습니다. 예루살렘의 천부장은 왜 유대인들이 바울을 고발하는지 이유를 알기 위해 공회를 소집하였지만, 바울에게는 아무 죄가 없어 보였습니다. 오히려 천부장은, 바울을 죽이기 전에는 먹지도 마시지도 않겠다고 맹세한 유대인 40명이 바울 암살단을 조직했다는 정보를 입수하였습니다. 천부장은 로마 시민인 바울의 재판권을 가진 가이사랴의 벨릭스 총독에게 바울을 이송하면서, 암살단으로부터 바울을 보호하기 위해 백부장 2명, 보병 200명, 기병 70명, 창병 200명, 총 472명의 로마제국 군인들을 동원하였습니다. 그때에도 누가는 사도행전 23장 23절에 그 군인들의 수를 정확하게 기록하였습니다. 바울의 권위를 드높여 주기 위함이 아니었습니다. 비록 세상에서는 가진 것 하나 없이 보잘것없는 바울일지라도, 하나님께서 당신의 휘페레테스와 마르튀스인 바울을 얼마나 소중하게 책임져 주시는지를, 우리에게 전해 주기 위함이었습니다.

그런 의미에서 바울이 예루살렘에서 유대교인들의 거짓 모함으로 투옥되고, 암살단의 살해 위협에 시달리고, 죄수의 신분으로 가이사랴의 벨릭스 총독에게 이송된 것도, 감사의 조건이었습니다. 바울이 편안하게 안방에 앉아 그런 상황과 마주치지 않았던들, 천하무적의 로마제국 군인을 472명이나 동원하여 자신을 눈동자처럼 지켜 주시는 하나님의 사랑을, 바울은 절대로 알 수 없었을 것입니다.

로마 황제에게 상소한 로마 시민은 황제의 법정에 서기까지 로마제국이 보호해야 했습니다. 베스도 총독은, 황제에게 상소한 바울을 황제의 법정이 있는 로마로 이송하기 위해 십부장이나 오십부장을 호송 책임자로 삼지 않았습니다. 베스도 총독이 바울을 위해 임명한 호송 책임자는 백부장 율리오였습니다. 백부장은 휘하에 100명의 군인을 거느리는 지휘관입니다. 그가 책임자가 되었다는 것은, 바울을 황제의 법정이 있는 로마로 호송하기 위해 100명의 군인이 동원되었다는 의미였습니다. 제국의 심장 로마는, 바울이 일찍부터 자신의 마지막 생을 던지기로 작정한 곳이었습니다. 만약 바울이 미결수 신분이 아니었더라면, 그는 자기 발로 로마를 찾아갔을 것이요, 그는 로마에 이르기도 전에 그를 죽이려는 암살단에 의해 쥐도 새도 모르게 죽고 말았을 것입니다. 하지만 바울은 황제의 법정에 상소한 미결수 신분이었기에, 로마 군인 100명의 경호를 받으며 가이사랴에서 로마까지 2,240킬로미터에 달하는 먼 거리를 안전하게 이동할 수 있었습니다. 그래서 누가는 사도행전 27장 1절에, 바울의 호송 책임자가 '아구사도대의 백부장 율리오'라고 그의 소속과 계급과 이름까지 명확하게 명기하였습니다. 하나님의 휘페레테스와 마르튀로스로 자신의 마지막 생을 로마에서 던지려는 바울을 하나님께서 얼마나 완벽하게 책임져 주셨는지를, 우리에게 알려주기 위함이었습니다.

그런 관점에서 바울이 가이사랴에서 로마까지 2,240킬로미터의 그 먼거리를 자유인의 신분이 아니라, 황제에게 상소한 미결수의 신분으로 이동해야 했던 것도, 감사의 조건이었습니다. 그러지 않았던들, 어떤 경우에도 자신을 완벽하게 책임져 주시는 하나님의 은혜를 그토록, 진하게 체험할 수는 없었을 것입니다.

누가는 또 사도행전 2장 41절에, 오순절에 성령을 받은 베드로의 설교를 듣고 주님을 영접하며 세례를 받은 사람의 수가 하루에 '3천 명'이나 되었다고 기록하였습니다. 그것 역시 베드로의 업적을 기리기 위함이 아니었습니다. 단 한 번도 정규교육을 받아 본 적이 없는 어부 베드로의 능력이나 실력으로는, 결코 그런 일이 일어날 수 없었습니다. 베드로가 비록 배운 것 없는 어부였을망정 하나님의 영에 사로잡혔을 때, 하나님께서 그 베드로를 통해 하루에 3천 명이 회개하고 세례 받는 생명의 대역사를 일으키셨습니다. 그래서 누가는 그 '3천 명'의 숫자도 사도행전에 기록하였습니다. 하나님의 그 놀라운 능력을 찬양하며, 우리에게 밝혀 주기 위함이었습니다.

그런 관점에서 베드로가 아무것도 배운 것 없는 어부 출신이었던 것도, 감사의 조건이었습니다. 그가 만약 배운 것 많은 예루살렘의 엘리트였다면, 자신의 죄를 위해 죽임 당했다가 삼 일 만에 다시 살아나셨다는 주님을 온전히 믿기 어려웠을 것이요, 온전히 믿지 못하는 만큼 그를 통한 주님의 역사도 지극히 제한되었을 것입니다. 하지만 배운 것 없는 베드로는 삼 일 만에 다시 살아나신 주님을 의심하지 않고 믿었기에, 무식한 자신의 설교를 통해서도 하루에 3천 명을 회개하게 하시는 하나님의 능력을, 온몸으로 체험할 수 있었습니다.

이상과 같은 사실은, 인간의 상상을 초월하는 하나님 앞에서는 어느 것하나 감사의 조건 아닌 것이 없음을 일깨워 줍니다. 다음 주일은 올 한 해동안 하나님께서 베풀어 주신 은혜에 감사하는 '감사주일'입니다. 올 한 해동안의 삶이 어떠하였습니까? 혹 경제적으로나 신체적으로, 요동치는 죽음의 유라굴로 광풍을 만났습니까? 그 결과 경제적 손실을 입고, 육체의 건강을 잃었습니까? 누구보다 성실하게 살았는데도, 억울하게 모함당했습니까? 올 한 해 동안에도 열심을 다해 노력했지만 여전히 하는 일도, 소위 스펙도, 딱히 내세울 것이 없습니까? 온 마음을 다해 사랑했는데, 그 사람을 잃었습니까? 그래서 감사는커녕, 도리어 원망과 불평거리뿐입니까?

만약 우리의 눈이 우리의 육체에만 초점이 맞추어져 있다면, 이 불공평한 세상에서 우리에게는 원망과 불평거리가 더 많을 수밖에 없습니다. 하지만 우리는, 단지 썩어 문드러질 우리의 육체를 위해 먹고 마시는 사람들이 아니지 않습니까? 하나님께서 우리에게 하나의 눈이 아니라, 두 눈들을 주셨다고도 말씀드리지 않았습니까? 하나의 눈으로는 나의 현실을 직시하면서 또하나의 눈으로는 하나님께 초점을 맞추면, 우리의 상황에 대한 해석은 전혀 달라집니다. 그때 요동치는 죽음의 유라굴로 광풍을 만났기 때문에, 생명이신 하나님을 더욱 인격적으로 만나지 않았습니까? 그때 육체의 건강을 잃었기 때문에, 영혼이 더욱 강건해지지 않았습니까? 그때 억울하게 모함당했기 때문에, 나를 위해 십자가의 죽음마저 마다하시지 않았던 주님의 사랑을 바르게 이해하고, 더 깊이 체험하지 않았습니까? 내가 하는 일도, 소위 스펙도 딱히 내세울 것이 없기에, 오히려 하나님께서 나의 요새요 산성이요 피할 바위가 되어 주고 계시지 않습니까?

죽음의 유라굴로 광풍 속에서 늙고 병약한 바울을 통해, 그 배에 타고 있는 276명 전원의 영적 대전환을 이끌어 내신 하나님이, 바로 우리가 믿는 우리의 하나님이심을 아십니까? 세상에서 내세울 것이라고는 아무것도 없는 바울을 암살단의 마수에서 지켜 주시기 위해 로마제국의 군인 472명을 동원하시고, 황제의 법정에 서기 위해 2,240킬로미터의 먼거리를 이동하는 바울에게 로마 군인 100명을 경호원으로 붙여 주신 하나님이, 바로 우리가 믿는 우리의 하나님이시지 않습니까? 베드로가 정규 교육을 받아 본 적이 없는 어부였기에, 도리어 그를 통해 하루에 3천 명을 회개하게 하시던 하나님이, 바로 우리가 믿는 우리의 하나님이십니다. 그 하나님께서는 지금 이 순간에도 우리를 언젠가 썩어 문드러질 고깃덩어리가 아니라, 하나님의 참 생명을 '취하는' 생령으로 가꾸어 주고 계십니다. 그 하나님 앞에서는 감사의 조건 아닌 것이 없습니다. 그 사실을 깨닫는 순간부터 우리의 매 주일은 감사주일, 우리의 매일은 감사의 날로 승화될 것입니다. 그리고 하나님께서는 범사에 감사하는 우리를 통해, 암울한 이 시대를 위한 영적 대전환을 이끌어 내실 것입니다.

바울은 부자가 아니었습니다. 다메섹 도상에서 주님의 부르심을 받은 이후, 바울은 늘 가난했습니다. 바울은 건강하지도 못했습니다. 그는 평생 지병에 시달렸습니다. 바울은 의로운 사람이었습니다. 그래서 일생 동안 모함 속에서 살았습니다. 협박, 살해 위협, 억울한 태형과 옥살이로 그의 삶은 편안한 날이 없었습니다. 끝내는 거짓 모함에 의한 고발로, 죄수가 되고 말았습니다.

만약 바울이 육체를 위해 먹고 마시는 사람이었다면, 그는 자기 인생을 한탄만 하다가 세상을 떠나고 말았을 것입니다. 하지만 삼 일 만에 다시 살아나신 주님을 믿는 바울에게는, 그 모든 것이 감사의 조건이었습니다. 그래서 그는 "범사에 감사하라"(살전 5:18)면서, "내가 나 된 것은 하나님의 은혜로 된 것이라"(고전 15:10)라고 고백하였습니다. 하나님께서 그 모든 상황을 통해 자신을 하나님의 사도로 빚어 주시고, 날이 갈수록 더욱 우뚝 세워 주고 계심을 알았기 때문입니다.

이제 감사주일을 앞두고, 지난 한 해 동안 우리의 삶을 되돌아볼 수 있는 은혜를 주셔서 감사합니다. 지난 한 해 동안 잃은 것만 보고 한탄하는 것이 아니라, 그 잃음을 통해 하나님께서 우리의 삶 속에 부어 주신 은혜를 헤아려 보는 눈을 지니게 해주십시오. 그 눈으로, 잃은 것은 썩어 문드러질 육체를 위한 것이요, 잃음을 통해 얻은 것은 영원한 생명을 위한 것임을 분별하게 해주십시오. 하나님 앞에서는, 우리의 삶 속에서 일어나는 일들 가운데 감사의 조건 아닌 것이 없음을 잊지 말게 해주십시오. 그리하여 우리의 가정, 우리의 학교, 우리의 일터, 우리의 교회, 우리의 사회, 우리의 시대를 위한 영적 대전환이 우리를 통해 이루어지게 해주십시오. 아멘.

22. 죽이는 것이 좋다 _{감사주일}

사도행전 27장 38-44절

배부르게 먹고 밀을 바다에 버려 배를 가볍게 하였더니 날이 새매 어느 땅인지
알지 못하나 경사진 해안으로 된 항만이 눈에 띄거늘 배를 거기에 들여다 댈 수
있는가 의논한 후 닻을 끊어 바다에 버리는 동시에 키를 풀어 늦추고 돛을 달
고 바람에 맞추어 해안을 향하여 들어가다가 두 물이 합하여 흐르는 곳을 만
나 배를 걸매 이물은 부딪쳐 움직일 수 없이 붙고 고물은 큰 물결에 깨어져 가
니 군인들은 죄수가 헤엄쳐서 도망할까 하여 그들을 **죽이는 것이 좋다** 하였으
나 백부장이 바울을 구원하려 하여 그들의 뜻을 막고 헤엄칠 줄 아는 사람들
을 명하여 물에 뛰어내려 먼저 육지에 나가게 하고 그 남은 사람들은 널조각 혹
은 배 물건에 의지하여 나가게 하니 마침내 사람들이 다 상륙하여 구조되니라

예수님께서 이 땅에 계시는 동안 행하신 많은 이적 가운데, 사복음서에
모두 기록되어 있는 이적은 '오병이어의 이적'밖에 없다고 했습니다. '오병이
어의 이적'은, 예수님께서 다섯 개의 빵과 두 마리의 물고기만으로 대인파
를 배부르게 먹이신 이적을 일컫습니다. 어느 날 빈 들에 계신 예수님께 대

인파가 몰려들었습니다. 모두 가난한 사람들이었고, 특히 병자들이 많았습니다. 그들을 불쌍하게 여긴 예수님께서는, 그들의 병을 일일이 고쳐 주셨습니다. 어느덧 땅거미가 내리기 시작했지만, 빈 들에 운집한 인파는 흩어지려 하지 않았습니다.

> 저녁 때가 되니, 제자들이 예수께 다가와서 말하였다. "여기는 빈 들이고, 날도 이미 저물었습니다. 그러니 무리를 헤쳐 보내어, 제각기 먹을 것을 사먹게, 마을로 보내시는 것이 좋겠습니다." 예수께서 그들에게 말씀하셨다. "그들이 물러갈 필요 없다. 너희가 그들에게 먹을 것을 주어라"
> (마 14:15-16, 새번역).

그 빈 들에 운집한 인파는, 여자와 아이를 제외한 남자 장정만도 5천 명이나 되었습니다. 남자 한 명당 아내 혹은 아이를 한 명씩만 대동했더라도, 인파의 수는 무려 만 명에 이릅니다. 빈민들이 모여 사는 갈릴리의 어느 마을에, 그 거대한 인파가 한꺼번에 저녁 끼니를 해결할 식당이나 가게가 있겠습니까? 또 갈릴리의 빈민들에게, 식당에서 돈을 내고 식사할 정도의 경제적 여유가 있기나 했겠습니까? 그런데도 제자들이 예수님께 저들을 보내어 먹을 것을 사먹게 하시라고 말한 것은, 저들을 위함이 아니라, 바로 자기 자신들을 위함이었습니다. 땅거미가 내리기 시작했지만, 인파는 미동도 하지 않았습니다. 그 많은 병자들을 일일이 고쳐 주시는 예수님께서도, 그만 일어설 기미를 보이시지 않습니다. 그대로 있다가는, 그 빈 들에서 저녁도 거른 채 꼬박 밤을 새워야 할 판이었습니다. 제자들은 그와 같은 끔찍한 상황을 모면하기 위해 예수님께, 저들을 보내어 먹을 것을 사먹게 하시라고 그럴 듯하게 말한 것이었습니다.

제자들의 그 말에 예수님께서는 "그들이 물러갈 필요 없다. 너희가 그들에게 먹을 것을 주어라"고 명령하셨습니다. 해가 저물어도 빈 들에서 흩어질 생각조차 하지 않는 대인파는, 제자들에게는 단지 귀찮고 성가신 존재일 뿐이었습니다. 그들에게 어떤 책임감을 느낄 필요도, 까닭도 없었습니다. 그러나 예수님께서는 제자들에게 인파를 물러가게 하지 말고, '너희가 그들에게 먹을 주어라'고 명령하셨습니다. 빈 들의 대인파에 대해 그 어떤 책임감도 느끼지 않는 제자들에게, 너희가 저들을 책임지라고 명령하신 것입니다.

빌립이 예수께 이렇게 대답하였다. "이 사람들에게 모두 조금씩이라도 먹게 하려면, 빵 이백 데나리온어치를 가지고서도 충분하지 못합니다" (요 6:7, 새번역).

계산이 빠른 빌립은 분석적이고 비판적인 제자였습니다. 그가 제자들을 대표하여 예수님을 반박하였습니다. 이곳의 인파에게 조금씩만 먹게 하더라도, 200데나리온어치의 빵도 어림없다는 것이었습니다. 한 데나리온은, 당시 근로자 한 명의 하루분 임금이었습니다. 유대인들에게는 안식일뿐 아니라, 일하지 않는 절기가 많았습니다. 그러므로 200데나리온이라면, 근로자의 1년 연봉과 맞먹는 큰 금액이었습니다. 빌립은 그런 거금이 당장 손 안에 있다 해도, 이 거대한 인파의 저녁 끼니를 해결할 수는 없다고 예수님께 반박한 것입니다. 한마디로, 너희들이 책임지라는 예수님의 명령은 어불성설이라는 반박이었습니다.

하지만 제자들이 다 빌립과 같았던 것은 아니었습니다.

제자 가운데 하나이며, 시몬 베드로와 형제간인 안드레가 예수께 말하였다. "여기에 보리빵 다섯 개와 물고기 두 마리를 가지고 있는 한 아이가 있습니다. 그러나 이렇게 많은 사람들에게 그것이 무슨 소용이 있겠습니까?"(요 6:8-9, 새번역)

　안드레만은, 너희가 책임지라는 예수님의 명령에 순종하였습니다. 그는 인파를 헤치고 다니며 먹을 것을 지닌 사람을 찾았습니다. 그리고 "보리빵 다섯 개와 물고기 두 마리를 가지고 있는 한 아이"를 발견하였습니다. 흔히 이 아이가 지니고 있던 빵과 물고기를 일반적인 크기의 빵과 물고기로 생각하기 쉽습니다. 그러나 '오병이어의 이적'과 동일한 양식의 '칠병이어 이적'을 전해 주는 마태복음 15장 34절의 헬라어 원문에는, '물고기'가 지소사指小辭 형태인 '이크뒤디온ἰχθύδιον'으로 기록되어 있습니다. 지소사는 원래의 크기보다 작은 모양을 나타내는 표현입니다. 비올라와 모양은 같지만 크기는 작은 악기를 바이올린이라 부릅니다. 바이올린이 비올라의 지소사 형태인 셈입니다. 송아지는 소, 그리고 망아지는 말의 지소사 형태입니다. 따라서 본문의 뉘앙스를 그대로 옮기면, 그 어린아이가 지닌 것은 작은 빵 다섯 조각과 물고기 두 토막에 불과하였습니다. 즉 어머니가 아이에게 싸준 어린이 한 끼분 양식이었습니다. 안드레가 빈 들의 인파 속에서 찾아낸 먹거리는 그것이 유일하였습니다. 그러나 그 작은 빵 다섯 조각과 물고기 두 토막이, 대체 그 거대한 인파에게 무슨 소용이 있겠습니까? 안드레의 상식으로는 이해할 수 없었지만, 너희가 책임지라는 예수님의 명령에 순종하기 위해 안드레는 그 작은 빵 다섯 조각과 물고기 두 토막을 예수님 앞으로 들고 나갔습니다.
　예수님께서는 어린아이 한 명의 한 끼분 양식에 불과한 그 작은 빵 다섯 조각과 물고기 두 토막으로, 날 저문 빈 들의 그 거대한 인파를 모두 배부르게 먹이셨습니다. 이른바 오병이어의 이적이었습니다. 오병이어 이적의 참된 의의는, 예수님께서 작은 빵 다섯 조각과 물고기 두 토막으로 빈 들의 대인 파를 배부르게 먹이셨다는 데에만 있지 않습니다. 오병이어 이적의 참된 의의는 그 이적을 전하는 사복음서의 증언을 통해, 지난 2천 년 동안 전 세계의 수많은 그리스도인들이 절망 속에서 새로운 힘과 용기와 소망을 얻었다는 사실에 있습니다. 비록 내게 지닌 것이 작은 빵 다섯 조각과 물고기 두 토막뿐이라 해도, 예수님께서 나와 함께하고 계시기에, 예수님 안에서 그 어떤 난관도 능히 극복할 수 있다는 힘과 용기와 소망 말입니다. 그러나 빈 들의 대인파를 책임지려 했던 안드레가 없었더라면, 인류의 역사 속에서 그 의미심장한 오병이어의 이적은 일어날 수 없었을 것입니다.

예수님께는 열두 명의 제자들이 있었습니다. 그날 저녁 빈 들의 인파를 너희가 책임지라는 예수님의 명령은, 열두 명의 제자 모두를 향한 명령이었습니다. 그러나 예수님의 명령에 순종하여 그 거대한 인파를 책임지기 위해 직접 행동에 나선 사람은 안드레, 단 한 사람뿐이었습니다. 그리고 안드레 그한 사람을 통해, 사복음서가 유일하게 모두 증언하고 있는 예수님의 오병이어 이적이 이루어졌습니다.

알렉산드리아 배에 승선한 사람들이 죽음의 유라굴로 광풍에 휩쓸린지 열나흘째 되는 날 밤이었습니다. 그날 한밤중에 알렉산드리아 배는 열나흘 만에, 어딘지도 알지 못하는 바다에 겨우 정박할 수 있었습니다. 사람들은 해도 별도 보이지 않는 칠흑 같은 어둠 속에서 열나흘 동안이나 먹지도 마시지도 못했지만, 참생명을 '함께 취하기' 위해 빵을 먹자는 바울의 권유와 시범에 따라, 모두 안심하고 빵을 먹었습니다. 단지 육체를 위해 먹고 마시던 사람들이 참생명을 '취하기' 위해 먹고 마시는, 영적 대전환이 이루어진 것이었습니다. 사도행전을 기록한 누가는 그 영적 장관을 정확하게 기록하기 위해, 그 현장에 있는 사람들의 수를 일일이 세었습니다. 그리고 '배에 있는 우리의 수는 전부 이백칠십육 명이더라'고 감격적인 기록을 남겼습니다.

오늘의 본문은 그 이후에 전개된 일에 대한 증언입니다.

> 배부르게 먹고 밀을 바다에 버려 배를 가볍게 하였더니(38절).

사람들은 날이 완전히 밝으면 근처에 있을 뭍으로 상륙 작전을 감행하기 위해 음식을 든든하게 취한 후에, 배의 중량을 줄이기 위해 마지막 비상식량마저 바다에 버렸습니다.

> 날이 새매, 어느 땅인지 알지 못하나 경사진 해안으로 된 항만이 눈에 띄거늘 배를 거기에 들여 댈 수 있는가 의논한 후(39절).

날이 밝아가면서, 어느 섬인지는 알 수 없지만 "경사진 해안으로 된 항만"이 점점 뚜렷하게 눈에 들어왔습니다. 우리말 '항만'으로 번역된 헬라어 '콜포스κόλπος'는 인공적으로 만들어진 항만이나 방파제가 아니라, 자연적인 해변을 일컫습니다. 본래 곡물수송선이던 알렉산드리아 배는 대형선박이었습니다. 죽음의 광풍 속에서 곡물을 포함하여 모든 하물과 배의 주요 기구들을 바다에 다 내버렸지만, 아직도 그 배에는 사람들이 276명이나 타고 있었습니다. 선장과 선주는 선원들과 함께, 과연 알렉산드리아 배와 같은 대형선박을 그 해변에 들여 댈 수 있을지를 숙의하였습니다.

> 닻을 끊어 바다에 버리는 동시에 키를 풀어 늦추고 돛을 달고 바람에 맞추어 해안을 향하여 들어가다가, 두 물이 합하여 흐르는 곳을 만나 배

를 걸매 이물은 부딪쳐 움직일 수 없이 붙고, 고물은 큰 물결에 깨어져 가니(40-41절).

선원들은 배꼬리에서 내렸던 네 개의 닻을 끊어 버렸습니다. 그리고 배의 방향을 조절할 수 있게끔 키에 연결된 줄을 늦추고, 돛을 올려 바람의 힘을 빌어 해변으로 나아갔습니다. 그러나 두 해류가 합류하는 곳을 통과하다가, 알렉산드리아 배의 뱃머리가 그만 바닷속 모래톱에 쳐박혀 버렸습니다. 더 이상 움직이지 못하는 배의 꼬리 부분이 심한 파도에 깨어져 나가기 시작하였습니다. 급박한 위기상황이 돌발한 것이었습니다.

군인들은 죄수가 헤엄쳐서 도망할까 하여 그들을 죽이는 것이 좋다 하였으나(42절).

그 급박한 위기상황 속에서 군인들이 가장 먼저 생각한 것은, 혹 도망쳐 버릴지도 모를 죄수들을 차라리 죽여 버리는 것이 좋겠다는 것이었습니다. 사도행전 27장 1절에 의하면, '다른 죄수 몇 사람'도 바울과 함께 로마로 이송되었습니다. 해당 구절을 살펴볼 때 말씀드렸습니다만, 로마 시민으로 황제에게 상소한 미결수 바울과는 달리 본문이 그들을 '죄수'라고 단정적으로 표현한 것으로 보아, 그들은 로마의 원형경기장에서 맹수의 밥으로 던져질 사형수들인 것으로 추정되고 있습니다. 로마제국의 군법에 따르면, 사형수를 놓치면 경비병이나 호송병이 사형을 당하게 되어 있었습니다. 뱃머리가 모래톱에 쳐박히고 배꼬리가 파도에 깨어져 나가는 그 급박한 위기상황 속에서 죄수가 한 명이라도 도망친다면, 그 책임은 군인들 자신들이 져야만 했습니다. 그 책임에서 가장 손쉽게 벗어나는 길은, 아예 모든 죄수들을 죽여 버리는 것이었습니다.

> 백부장이 바울을 구원하려 하여 그들의 뜻을 막고(43절 상).

군인들은 급박한 위기상황 속에서 자신들이 지게 될지도 모를 책임을 미리 피하기 위해 죄수들을 죽이려 했지만, 백부장 율리오는 바울을 살리기 위해 군인들의 시도를 제지하였습니다. 만에 하나라도 도망치는 죄수가 나올 경우, 호송책임자인 백부장 자신이 모든 책임을 지겠다는 뜻이었습니다. 만약 백부장 역시 그 급박한 위기상황 속에서 자기 보신을 최우선적 과제로 삼았다면, 알렉산드리아 배는 바울을 포함한 죄수들을 죽이는 군인들에 의해 피비린내 나는 살육의 현장으로 돌변하고 말았을 것입니다. 그리고 바울은, 죽음의 광풍 속에서 자신이 살려낸 군인들의 칼에 맞아 황제의 법정이 아니라, 지중해 바다 위에서 인생 최후를 맞고 말았을 것입니다.

> 백부장이 바울을 구원하려 하여 그들의 뜻을 막고, 헤엄칠 줄 아는 사람들을 명하여 물에 뛰어내려 먼저 육지에 나가게 하고, 그 남은 사람들은 널조각 혹은 배 물건에 의지하여 나가게 하니, 마침내 사람들이 다 상륙하여 구조되니라(43–44절).

한 명이라도 도망치는 죄수가 나온다면 전적으로 자신이 책임지겠다는 백부장 한 사람의 결단에 따라, 알렉산드리아 배에 승선해 있던 276명 전원은 헤엄을 치거나 부유물에 의지하여, 모두 안전하게 뭍에 상륙하였습니다.

군인들은 방금 전에, 참생명을 바울과 '함께 취하기' 위해 빵을 먹었습니다. 단지 육체를 위해 먹고 마시던 고깃덩어리들이 참생명을 '취하기' 위해 먹고 마시는 '프쉬케', '영혼'으로 입문한 것이었습니다. 그러나 그것은 그야말로 입문, 겨우 시작일 뿐이었습니다. 감동적인 그 순간이 지나고 현실 속으로 되돌아온 그들은 급박한 위기상황 속에서 그 어떤 책임도 지지 않으려, 단지 자신들의 보신을 위해, 바울을 포함한 죄수들을 모두 죽여 버리려고 했습니다. 알렉산드리아 배에 승선해 있는 101명의 군인들 가운데, 바울을 포함한 죄수들을 자신의 책임으로 살리기 위해 행동에 나선 군인은 백부장 율리오, 단 한 사람밖에 없었습니다.

어떤 일에 대해 책임을 진다는 것은, 그 책임에 수반되는 희생과 불이익을 기꺼이 감수하는 것을 의미합니다. 대부분의 사람들이 책임지기를 꺼려 하는 까닭이 거기에 있습니다. 책임에 수반되는 희생과 불이익이 싫은 것입니다. 그러나 하나님의 뜻은, 바로 그 희생과 불이익을 두려워하지 않는 사람을 통해 이루어짐을 잊어서는 안 됩니다.

안드레는 그날 저녁 빈 들의 인파를 책임지기 위해, 그 거대한 인파를 홀로 헤치고 다니며 먹거리를 찾는 수고와 희생을 주저하지 않았습니다. 안드레가 겨우 찾아낸 것이라곤, 어린아이의 한 끼분 양식에 불과한 작은 빵 다섯 조각과 물고기 두 토막뿐이었습니다. 그곳의 인파에 비한다면 아무 쓸모도 없는 양이었습니다. 하지만 안드레는, 그것만으로도 그곳의 인파를 책임지기 위해 예수님 앞으로 나아갔습니다. 예수님께서 자신의 행동을 어리석다고 질책하시면 공개적으로 조롱거리가 될 수밖에 없었지만, 그곳의 인파를 책임지기 위해서라면 안드레는 개의치 않았습니다. 그리고 안드레, 그 한 사람을 통하여 주님의 신비로운 오병이어의 이적이 일어났습니다.

미결수인 바울을 포함하여 알렉산드리아 배에 승선한 죄수들을 로마까지 호송하는 최종적인 책임은, 호송 책임자인 백부장 율리오에게 있었습니다.

군인들이 급박한 위기상황 속에서 한 명의 죄수라도 도망칠 경우의 책임을 피하기 위해 아예 모든 죄수들을 죽이려 하였다면, 정작 호송 책임자인 백부장의 사정은 더 절박하지 않았겠습니까? 사형수 가운데 한 명이라도 도망친다면, 이유 여하를 막론하고 최종 책임은 호송 책임자인 백부장 자신이 져야만 했습니다. 그러나 백부장은 손쉽게 책임을 피하기 위해 죄수들을 죽여 버리려는 군인들을 제지하고, 도리어 바울을 살리기 위해 자신의 책임을 다하였습니다. 바울을 살리기 위해, 하나밖에 없는 자신의 목숨을 건 것입니다. 그리고 그 백부장을 통해, 바울을 황제의 법정에 당신의 휘페레테스와 마르튀스로 세우시려는 하나님의 뜻이 성취되기에 이르렀습니다.

이상과 같은 사실을 통해 우리는 중요한 깨달음을 얻게 됩니다. 하나님의 뜻은 결코 다수결의 원칙으로 이루어지지 않습니다. 2천 년의 시간과 공간을 초월하여 이 세상의 모든 그리스도인들에게 힘과 용기와 소망을 북돋아 주었고, 지금도 북돋아 주고 있으며, 앞으로도 주님 다시 오실 때까지 북돋아 줄 오병이어의 이적을 보십시오. 결코 다수결의 원칙을 통해 이루어진 것이 아니었습니다. 사복음서에 모두 기록되어 있는 유일한 그 오병이어의 이적은, 너희들이 책임지라는 예수님의 명령을 반박한 열한 명의 제자들이 아니라, 작은 빵 다섯 조각과 물고기 두 토막만으로도 그 거대한 인파를 책임지려 했던 안드레 단 한 사람을 통해 이루어졌습니다. 오늘의 본문도 마찬가지입니다. 바울을 황제의 법정에 당신의 휘페레테스와 마르튀스로 세우시려는 하나님의 섭리는, 책임을 피하기 위해 죄수들을 죽이려는 100명의 군인들이 아니라, 바울을 살리는 책임을 다하기 위해 자신의 목숨을 건 백부장 한 사람을 통해 성취될 수 있었습니다.

그리스도인이라고 해서 모두 이 세상을, 이 세상의 사람들을 책임지는 삶을 사는 것은 아닙니다. 육체를 위해 먹고 마시던 고깃덩어리가 참생명을 위해 먹고 마시는 '프쉬케'로 입문하였다고 해서, 당장 누군가를 책임지기 위한 희생과 불이익을 감수하는 것도 아닙니다. 오히려 그리스도인이면서도 져야 할 책임은 지려 하지 않고, 자기 보신과 유익만 꾀하는 사람들이 더 많습니다. 하지만 하나님의 뜻은 언제나, 져야 할 책임을 지기 위해 희생과 불이익을 두려워하지 않는 한 사람을 통하여 이루어집니다. 성자 하나님이신 예수님께서 인간의 몸으로 이 땅에 오신 까닭이 무엇입니까? 죄로 말미암아 죽어가는 우리의 구원을 책임져 주시기 위함이 아니었습니까? 그 책임을 다 하시기 위해 예수님께서는, 당신 자신이 십자가의 제물로 죽임 당하는 희생과 불이익을 기꺼이 감수하셨습니다. 그 예수님께서 인간의 다수결 원칙이 아니라, 져야 할 책임을 지기 위한 희생과 불이익을 개의치 않는 한 사람을 통해 당신의 뜻을 성취하시는 것은, 너무나도 당연한 사필귀정 아니겠습니까?

오늘은 올 한 해 동안 하나님께서 우리에게 베풀어 주신 은혜에 감사하는 감사주일입니다. 우리가 온갖 인생의 광풍 속에서도, 왜 하나님께 감사해야 하는지에 대해서는 지난 시간에 깊이 생각해 보았습니다. 인간의 상상을 초월하는 하나님 앞에서는 감사의 조건 아닌 것이 없습니다. 우리가 모든 것을 다 잃은 것 같을 때에도, 하나님께서 주신 두 눈들로 보면, 우리의 잃음을 통해 하나님께서 우리에게 부어 주신 것들이 훨씬 더 많습니다. 우리가 잃은 것이 썩어 문드러질 육체의 것들이라면, 그 잃음을 통해 얻은 것들은 영원한 생명을 위한 것들입니다. 그래서 우리는 바울처럼, 어떤 상황 속에서도 범사에 감사할 수 있습니다.

그렇다면 우리가 하나님께, 대체 무엇으로 감사할 수 있겠습니까? 하나님께서 정녕 기뻐하실 감사의 예물이 무엇이겠습니까? 하나님께서 오늘 본문을 통해, 우리에게 받기 원하시는 감사의 예물이 무엇인지 이미 일깨워 주셨습니다. 져야 할 책임을 다하기 위한 희생과 불이익을 기꺼이 감수하는, 우리 각자의 삶입니다. 우리의 구원을 책임지게 하시려고 당신의 독생자로 하여금 십자가의 제물 되게 하신 하나님께, 져야 할 책임을 다하기 위한 희생과 불이익을 개의치 않는 우리의 삶보다 더 기뻐하실 예물이 있을 수 있겠습니까? 오늘날 우리 사회를 둘러보십시오. 왜 우리 사회 곳곳에 문제 없는 곳이 없습니까? 그런데도 왜 아무도 책임지지 않는 무책임 사회가 되고 말았습니까? 명색이 그리스도인인 우리 자신들마저 그동안 빌립을 포함한 열한 명의 제자들처럼, 져야 할 책임을 지기 위한 희생과 불이익을 외면해 왔기 때문 아닙니까? 오늘 본문의 군인들처럼 다른 사람은 아랑곳하지 않고 오직 자기 보신, 자기 유익만을 위해 살아온 까닭 아닙니까? 계속 이렇게 살아서야, 우리의 삶을 통해 대체 주님의 무슨 뜻인들 이루어질 수 있겠습니까?

하나님의 뜻은 결코 인간의 다수결 원칙에 의해 이루어지지 않습니다. 이 세상 절대다수의 사람들이 마땅히 져야 할 책임을 회피하며 자기 보신과 자기 유익만을 꾀해도, 우리는 져야 할 책임을 다하기 위한 희생과 불이익을 기꺼이 감수하는 한 명의 그리스도인이 되십시다. 그날 저녁 그 빈 들의 인파를 책임지려 홀로 수고하고 애쓴, 안드레로 살아가십시다. 자신의 목숨을 걸면서까지 바울을 살리기 위한 책임을 다한, 본문의 백부장처럼 살아가십시다. 우리는 보잘것없어도, 우리의 삶을 감사의 예물로 기쁘게 받으실 하나님께서 우리를 통해, 이 시대를 반드시 살리고 밝히시는 오병이어의 이적을 베풀어 주실 것입니다.

내가 져야 할 책임을 지지 않았기에, 지금 내 가정이 흔들리고 있습니다. 내가 져야 할 책임을 외면해 왔기에, 나의 일터가 무너지고 있습니다. 내가 져야 할 책임을 회피한 까닭에, 이 땅의 교회가 신뢰를 상실했습니다. 내가 자기 보신과 자기 유익만을 꾀해 왔기에, 우리 사회가 무책임한 사회로 전락했습니다. 나의 이 모든 허물을 용서해 주십시오.

이제부터 빈 들의 인파를 책임지는, 한 사람의 안드레가 되게 해주십시오. 바울을 살리는 책임을 다하기 위해 자신의 목숨을 거는, 한 사람의 백부장이 되게 해주십시오. 삼 일 만에 다시 살아나신 주님 안에서, 져야 할 책임을 다하기 위한 희생과 불이익을 기꺼이 감수하는 우리의 삶을 통해, 거룩하신 하나님의 뜻이 날마다 이루어져 가게 해주십시오. 그와 같은 우리의 삶이, 하나님께서 기뻐하시는 감사의 예물이 되게 해주십시오. 진흙탕 속에 유입되는 맑은 물 한 방울이 이내 진흙탕에 흡입되는 것이 세상의 법칙이라면, 주님의 오병이어의 법칙은, 져야 할 책임을 다하는 한 사람에 의해 도리어 진흙탕 전체가 정화되는 것임을 잊지 말게 해주십시오. 아멘.

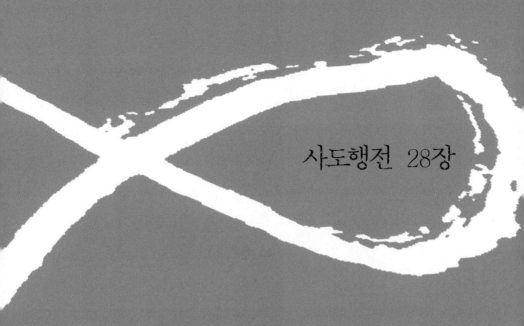

사도행전 28장

바울이 당한 참수형은

하나님의 은혜에 응답하기 위한

일상의 삶이었을 뿐입니다.

23. 구조된 후에 안즉 대림절 첫째 주일

사도행전 28장 1절
우리가 **구조된 후에 안즉** 그 섬은 멜리데라 하더라

죽음의 유라굴로 광풍에 휩쓸린 알렉산드리아 배는 열나흘째 되는 날 밤이 되어서야, 어딘지도 모르는 바다에 겨우 정박할 수 있었습니다. 해도 별도 보이지 않는 칠흑 같은 어둠 속에서 열나흘 동안이나 먹지도 마시지도 못한 사람들은, 참생명을 '함께 취하기' 위해 빵을 먹자는 바울의 권유와 시범에 따라, 모두 안심하고 빵을 먹었습니다. 날이 밝아가자, 예상한 대로 인근에 뭍이 보였습니다. 어느 곳인지는 알 수 없지만, 경사진 해변이 또렷하게 보였습니다. 선원들은 대형선박인 알렉산드리아 배의 하중을 줄이기 위해 마지막 비상식량마저 바다에 내버렸습니다. 그 해변으로 상륙작전을 감행하기 위함이었습니다. 선원들은 배꼬리에 매달린 네 개의 닻을 끊어 버리고, 배의 방향을 조절할 수 있게끔 키에 연결된 줄을 늦춘 다음, 돛을 올

려 바람을 타고 해변으로 다가갔습니다. 그러나 두 해류가 합류하는 곳에서, 그만 배의 뱃머리가 바닷속 모래톱에 쳐박혀 버리고 말았습니다. 꼼짝달싹도 못하는 배의 배꼬리가 심한 파도에 깨어져 나가기 시작하였습니다.

그 급박한 위기상황 속에서 군인들이 가장 먼저 생각한 것은, 혹 도망쳐 버릴지도 모를 죄수들을 차라리 죽여 버리는 것이 좋겠다는 것이었습니다. 알렉산드리아 배에는 미결수인 바울 외에도 사형수들이 승선해 있었습니다. 로마제국의 군법에 따르면, 사형수를 놓치면 경비병이나 호송병이 사형을 당하게 되어 있었습니다. 뱃머리가 모래톱에 쳐박히고 배꼬리가 파도에 깨어져 나가는 그 급박한 위기상황 속에서 한 명의 죄수라도 도망친다면, 그 책임은 군인들 자신들이 져야만 했습니다. 혹 지게 될지도 모를 그 책임을 가장 손쉽게 피하는 길은, 바울을 포함하여 모든 죄수들을 아예 죽여 버리는 것이었습니다. 하지만 백부장 율리오가 그들의 시도를 가로막았습니다. 바울을 살리기 위함이었습니다. 그것은, 혹 도망치는 죄수가 있다면 호송 책임자인 백부장 자신이 모든 책임을 지겠다는 뜻이었습니다. 백부장이 바울을 살리기 위해, 하나밖에 없는 자신의 목숨을 건 것이었습니다.

군인들은 방금 전에, 참생명을 바울과 '함께 취하기' 위해 빵을 먹었습니다. 오로지 육체를 위해 먹고 마시던 고깃덩어리들이 참생명을 '취하기' 위해 먹고 마시는 '프쉬케', '영혼'으로 입문한 것이었습니다. 그러나 그것은 그야말로 입문, 겨우 시작일 뿐이었습니다. 감동적인 그 순간이 지나고 현실 속으로 되돌아온 그들은 급박한 위기상황 속에서 그 어떤 책임도 지지 않으려, 단지 자신들의 보신을 위해, 바울을 포함한 죄수들을 모두 죽여 버리려고 했습니다. 알렉산드리아 배에 승선해 있는 101명의 군인들 가운데, 바울을 포함한 죄수들을 자신의 책임으로 살리기 위해 목숨을 건 행동에 나선 군인은 백부장 율리오, 단 한 사람밖에 없었습니다. 바로 그 백부장 한 사람의 결단에 의해, 알렉산드리아 배에 승선해 있던 276명 전원은 헤엄을 치거나 부유물에 의지하여, 모두 안전하게 뭍에 상륙하였습니다.

하나님의 뜻은, 결코 다수결의 원칙으로 이루어지지 않는다고 했습니다. 2천 년의 시간과 공간을 초월하여 수많은 그리스도인들에게 힘과 용기와 소망을 북돋아 준 오병이어의 이적은, 너희들이 책임지라는 예수님의 명령을 반박한 열한 명의 제자들이 아니라, 작은 빵 다섯 조각과 물고기 두 토막만으로도 거대한 인파를 책임지려 했던 안드레 단 한 사람을 통해 이루어졌습니다. 바울을 황제의 법정에 당신의 휘페레테스와 마르튀스로 세우시려는 하나님의 섭리 역시, 혹 지게 될지도 모를 책임을 미리 피하기 위해 죄수들을 모두 죽이려 한 100명의 군인들이 아니라, 바울을 살리는 책임을 다하기 위해 자신의 목숨을 건 백부장 한 사람을 통해 성취될 수 있었습니다.

그리스도인이라고 해서 모두 이 세상을, 이 세상의 사람들을 책임지는 삶을 사는 것도 아니라고 했습니다. 육체를 위해 먹고 마시던 고깃덩어리가 참 생명을 위해 먹고 마시는 '프쉬케'로 입문하였다고 해서, 당장 누군가를 책임지기 위한 희생과 불이익을 감수하는 것도 아닙니다. 오히려 그리스도인이면서도 져야 할 책임은 지려하지 않고, 자기 보신과 유익만 꾀하는 사람들이 훨씬 더 많습니다. 하지만 하나님의 뜻은 언제나, 져야 할 책임을 지기 위해 희생과 불이익을 두려워하지 않는 한 사람을 통해 이루어집니다. 우리는 그 한 사람의 그리스도인으로 우리 자신을 곧추세우기 위해, 오늘도 이 자리에 나와 있습니다.

오늘의 본문은 다음과 같이 증언하고 있습니다.

우리가 구조된 후에 안즉, 그 섬은 멜리데라 하더라(1절).

본문의 주어는, 사도행전을 기록한 누가를 포함하여 바울 일행을 일컫는 "우리"입니다. 뭍에 오른 바울 일행이 가장 먼저 한 일은, 자신들이 상륙한 뭍이 대체 어느 곳, 어느 섬인지 확인하는 것이었습니다. 확인 결과 그곳은 멜리데 섬, 오늘날의 지명으로 몰타 섬이었습니다. 시실리 섬 남쪽 100킬로미터 지점에 위치한 멜리데 섬의 역사는 주전 천 년경, 페니키아인들이 이주하여 살기 시작하면서 막이 올랐습니다. 그리고 주전 218년에 로마제국의 식민지가 되었습니다. 로마 황제 아우구스투스가 멜리데 섬을 관할하는 행정관을 세운 이후에는, 적잖은 퇴역 군인들이 그 섬으로 이주하여 정착하였습니다. 그런 까닭에, 당시 지중해를 항해하는 사람들에게 멜리데는 잘 알려진 섬이었습니다. 사도행전을 기록한 누가는 자신들이 상륙한 섬이 멜리데임을 확인하고, "우리가 구조된 후에 안즉, 그 섬은 멜리데라 하더라"고 또다시 감격에 찬 기록을 남겼습니다. 그러나 멜리데 섬에 오른 276명 중에서, 바울의 감격이 가장 컸을 것임은 두말할 나위가 없습니다.

죽음의 유라굴로 광풍에 휩쓸린 알렉산드리아 배 속에서 열나흘 동안이나 먹지도 마시지도 못한 사람들이, 마침내 구원의 여망마저 상실해 버렸을 때였습니다. 그때 하나님께서 바울만은, 당신의 말씀으로 붙들어 주셨습니다. 유라굴로 광풍이 아무리 죽음의 광풍이라 해도, 하나님께서 반드시 바울을 황제의 법정에 당신의 휘페레테스와 마르튀스로 세우실 것이라는 언약의 말씀이었습니다. 하나님께서는 바울을 통해 알렉산드리아 배에 승선해 있는 사람들도 모두 구원해 주실 것이라는 언약도 주셨습니다. 바울은 하나님의 그 언약의 말씀으로, 구원의 여망마저 상실한 채 죽음의 늪 속으로 빠져들던 사람들의 심령을 흔들어 깨웠습니다. 그리고 27장 26절을 통해 '그런즉 우리가 반드시 한 섬에 걸리리라'고 선언하였습니다. 바울은 '우리가 어떤 섬에 걸릴 수 있다'거나, '어떤 섬에 걸릴지도 모르겠다'고 말하지 않았습니다. 바울은 '우리가 반드시 한 섬에 걸리리라'고 단정적으로 선언하였습니다.

알렉산드리아 배는 바울 일행이 루기아의 무라에서 갈아탄 배였습니다. 알렉산드리아 배는 서쪽에 위치한, 이틀 뱃길의 니도를 향해 출항하였습니다. 그 방향이, 무라에서 제국의 심장 로마에 이르는 최단코스였습니다. 그러나 무라를 출항한 알렉산드리아 배는 거센 풍랑으로, 여러 날이 걸려서야 이틀 뱃길인 니도 앞바다에 간신히 이르렀습니다. 그리고 거기서부터는 서쪽으로 더 이상 나아갈 수조차 없었습니다. 더욱 거칠어진 풍세가 알렉산드리아 배의 서진을 아예 허락하지 않았기 때문입니다. 알렉산드리아 배는 남쪽 그레데 섬으로 밀려나, 그 섬의 미항에 간신히 기항하였습니다. 그때는 이미 거칠어지기 시작한 지중해의 항해 금지 시점이 코앞에 다가와 있었습니다. 지중해가 잠잠해지는 이듬해 봄이 오기까지 지중해에서 겨울을 나야만 했던 것입니다. 바울은 알렉산드리아 배가 기항한 미항에서 겨울을 나기를 권했지만, 선주와 선장을 비롯한 하주들은 자신들의 재산을 지키기에는 작은 미항보다, 그레데 섬에서 가장 큰 항구인 뵈닉스가 낫다고 판단하여 배를 출항시켰습니다. 지중해가 거칠어도, 미항에서 65킬로미터에 불과한 뵈닉스까지의 항해는 문제가 없을 것이라고 자신한 것이었습니다.

하지만 미항을 출항한 알렉산드리아 배는 이내 유라굴로 광풍에 휩쓸리고 말았습니다. 유라굴로 광풍은 사람들이 그동안 단 한 번도 경험해 본 적이 없는, 모든 것을 삼키는 죽음의 광풍이었습니다. 그 죽음의 광풍 속에서 열나흘 동안이나 먹지도 마시지도 못했지만, 광풍이 잦아들 기미가 보이지 않자 사람들은 구원의 여망마저 상실해 버리고 말았습니다. 살 수 있으리라는 마지막 희망의 끈마저 스스로 놓아 버린 것입니다. 하나님께서 그와 같은 죽음의 절망 속에서 바울을 통해 모든 사람들을 구해 주시기로 약속하셨다면, 그들이 겨울을 지낼 수 있게끔 유라굴로 광풍에 휩쓸린 배가 반드시 어느 섬에 닿아야 하지 않습니까? 그 이외에는, 이듬해 봄이 오기까지 지중해에서 겨울을 날 방도가 달리 있을 수 없었습니다. 바울이 '우리가 반드시 한 섬에 걸리리라'고 단정적으로 선언한 까닭이 바로 거기에 있었습니다. 과연 바울이 선언한 대로 알렉산드리아 배에 승선한 276명 전원은 한 섬의 상륙작전에 성공하였습니다. 그리고 알고 보니, 그 섬은 놀랍게도 멜리데 섬이었습니다.

알렉산드리아 배가 출항한 그레데 섬에서 서쪽으로 800킬로미터 지점에 위치해 있는 멜리데 섬은, 그레데 섬에서 로마에 이르는 길목에 자리 잡고 있습니다. 그레데 섬과 멜리데 섬 사이에는, 다른 섬은 하나도 없습니다. 그레데 섬에서 서진할 경우에 처음 만나게 되는 섬이 800킬로미터 떨어진 멜리데 섬입니다. 지중해 한가운데 위치한 그레데 섬을 출항한 알렉산드리아 배는, 죽음의 유라굴로 광풍이 몰아닥침과 동시에 사람들의 통제력에서 벗어나 버리고 말았습니다. 해도 별도 보이지 않는 칠흑 같은 어둠 속에서, 사람들은 배가 어느 방향으로 휩쓸려 가는지조차 알지 못했습니다. 그러나 알렉산드리아 배는 동쪽 팔레스타인 쪽으로 휩쓸려 가지 않았습니다. 북쪽으로, 그리스나 터키 대륙 쪽으로 휩쓸려 간 것도 아니었습니다. 남쪽 리비아나, 서쪽 스페인까지 휩쓸려 간 것도 아니었습니다. 그레데 섬에서 800킬로미터 떨어진, 로마로 향하는 길목인 멜리데 섬으로 정확하게 휩쓸려 갔습니다.

그렇다고 멜리데가, 지중해에서 표류하는 배들이 쉽게 가 닿을 만큼 거대한 섬인 것도 아닙니다. 멜리데 섬은 길이 29킬로미터에 너비는 15킬로미터에 불과한, 지극히 작은 섬에 지나지 않습니다. 유럽 대륙과 아시아 대륙 그리고 아프리카 대륙에 둘러싸여 있는 지중해는, 동서의 길이가 약 4,000킬로미터에 남북의 최대 길이는 약 1,600킬로미터로, 총 바다 면적은 296만 9,000제곱킬로미터입니다. 남한의 면적이 약 10만 제곱킬로미터이므로, 지중해는 남한의 30배에 해당하는 면적이라고 했습니다. 그에 반하여 멜리데 섬의 면적은 겨우 435제곱킬로미터로, 지중해 총 면적의 0.01465퍼센트밖에 되지 않습니다. 그 정도의 크기라면, 지중해 전체를 놓고 보면 작은 점에 불과해, 실제로는 없는 것과 마찬가지입니다.

가로 세로 각 10미터의 큰 나무판이 있다고 가정하십시다. 그 나무판의 총 면적인 100제곱미터의 0.01465퍼센트는, 가로 세로 각 3.8밀리미터의 작은 점에 지나지 않습니다. 그 작은 점이, 그 큰 나무판 어딘가에 과녁으로 찍혀 있다고 하십시다. 한국 양궁선수의 랭킹이 아무리 세계 1위라 해도, 그 작은 점에 불과한 과녁이 양궁 선수의 눈에 보이기나 하겠습니까? 어디에 있는지 보이지도 않는 그 작은 과녁을 화살로 맞힌다는 것은, 더더욱 불가능한 일 아니겠습니까?

광활하기 그지 없는 지중해의 작은 섬 멜리데가 바로 그와 같았습니다. 그레데 섬에서부터 죽음의 유라굴로 광풍에 휩쓸린 알렉산드리아 배가 무려 800킬로미터나 떨어져 있고, 로마로 향하는 길목인 그 작은 멜리데 섬으로 정확하게 휩쓸려 갈 수 있는 확률을 생각해 보십시오. 그것은 커다란 나무판 위의 보이지도 않는 작은 점을 양궁선수가 화살로 맞히는 것처럼, 확률상으로는 제로와 같습니다. 그러나 확률상으로 제로와 같은 일이, 노쇠하고 병약한 바울의 삶 속에서 현실로 이루어졌습니다. 하나님께서 황제의 법정에 당신의 휘페레테스와 마르튀스로 세우실 바울을 위해 한 치의 오차도 없이 신비롭게 섭리하신 결과였습니다.

멜리데 섬의 역사는 주전 천 년경, 페니키아인들이 이주하여 살기 시작하면서 막이 올랐다고 말씀드리지 않았습니까? 멜리데라는 섬의 이름 역시 그때부터 페니키아인들이 붙인 것인데, 멜리데는 페니키아인들이 본래 살던 가나안의 언어로 '피난처'를 의미합니다. 하나님께서 태초부터 로마로 향하는 길목에 멜리데 섬을 바울을 위한 피난처로 예비해 두시고, 죽음의 유라굴로 광풍 속에서 바울이 탄 알렉산드리아 배를 정확하게 그 멜리데 섬으로 휩쓸려 가게 섭리하신 것이었습니다.

바울이 27장 26절에서 '우리가 반드시 한 섬에 걸리리라'고 선언할 때, 우리말 '걸리다'로 번역된 동사가 헬라어 원문에 '에크핍토'로 기록되어 있습니다. 그 동사는 본래 '떨어지다'는 의미라고 했습니다. 바울이, 하나님께서 자신을 반드시 한 섬에 떨어뜨려 주실 것이라고 선언한 것이었습니다. 유라굴로 광풍이 아무리 죽음의 광풍이라 해도, 하나님께서 황제의 법정에 당신의 휘페레테스와 마르튀스로 서야 할 자신을 들어, 황제의 법정이 있는 로마로 향하는 지중해 길목의 어느 섬에 떨어뜨려 주실 것을 확신하면서, 바울이 그렇게 선언한 것이었습니다. 그리고 바울이 믿었던 대로 하나님께서 죽음의 유라굴로 광풍 속에서 바울을 핀셋으로 집어내시듯 이끌어 내시어, 로마로 향하는 길목인 그 작고 작은 멜리데 섬, 하나님께서 바울을 위해 태초부터 예비해 두셨던 그 피난처에 정확하게 떨어뜨려 주셨습니다. 바울은 그 멜리데 섬을 징검다리 삼아, 마침내 로마에 있는 황제의 법정에 하나님의 휘페레테스와 마르튀스로 설 수 있었습니다.

그 멜리데 섬이 성경 속에만 있거나, 2천 년 전 바울만을 위해 존재했던 것은 아닙니다.

지난 11월 21일에는 제33회 유아세례식이 거행되었습니다. 그날 유아세례를 받은 예순한 명의 아가들 중에, 생후 11개월 된 김윤슬 아기도 있었습니다. 아시는 것처럼, 유아세례는 부모의 신앙고백으로 아기들이 세례를 받는 예식입니다. 김윤슬 아기의 아빠 김동규 형제도 아기의 세례를 위해 신앙고백문을 제출했습니다. 그 고백문의 첫 단락을 당사자의 허락을 받아 읽어 드리겠습니다.

돌이 지나지 않은 아기가 세상이 낯설 듯, '아빠'라는 호칭이 아직 낯설다. 신앙도 마찬가지였다. 30년을 넘게 불교 가정에서 자라고, 대학 시절에는 무신론을 주장하고, CCC동아리 회원들에게 욕을 하던 내가 예수쟁이로 불리는 아내를 만난 건, 참 낯선 운명이었다. 예쁘고 인성도 좋은 여자친구가 교회를 다닌다는 사실에, 나는 덜컥 겁이 나기도 했다. 연애 기간 중 1년 정도, 일요일 데이트를 위해 100주년기념교회 주변을 서성거렸다. 예상과는 달리, 그녀는 나에게 함께 예배를 드리자고 한 번도 권하지 않았다. 하지만 내가 예배에 참석하기를 매일 기도했다고 한다. 그리고 1년 후 내가 먼저, 딱 세 번만 예배에 참석해도 좋겠냐고 물었다. 그녀가 그리도 열심히 다니는 교회와 하나님이 어떤 분인지 알고 싶은 아이 같은 호기심 때문이었다. 하지만 불과 2년이 지나지 않아 그것은 호기심이 아니라, 하나님께서 핀셋으로 나를 집어서 그곳에 데려다 놓으셨고, 나를 위하여 그녀를 당신의 도구로 삼으셨다는 사실을 깨닫게 되었다. 2007년 가을에 100주년기념교회 주일예배에 처음으로 참석한 나는, 2013년 3월 27일 100주년기념교회에서 세례를 받았다. 그 이후 구역모임을 통해 다른 사람들의 신앙에 대해서도 귀 기울이게 되었고, 교육관에서 유년부 교사로 2년 정도 초등학교 1, 2학년 어린이들을 섬겼다. 이때부터 나의 기도는, 나와 내 가족의 테두리를 벗어나 타인으로 향하기 시작했다.

어떻습니까? 윤슬 아빠에게는 윤슬 엄마가, 하나님께서 그를 위해 예비해 두신 멜리데 섬 아니었습니까? 하나님께서는 핀셋으로 윤슬 아빠를 집어내시고 윤슬 엄마를 멜리데 섬의 징검다리로 삼아, 예수 그리스도 안에서 당신의 거룩한 자녀로 세워 주셨습니다. 이것이 어떻게 윤슬 아빠에게만 국한된 이야기이겠습니까?

오늘은 주님의 성탄을 기리고, 주님의 다시 오심을 대망하는 대림절 첫째 주일입니다. 성자 하나님이신 예수님께서 왜 이 땅에 오셨습니까? 예수님께서 왜 십자가의 제물로 죽임 당하셨다가, 삼 일 만에 죽음의 권세를 깨뜨리고 다시 살아나셨습니까? 죄로 인해 죽을 수밖에 없는 우리를 위한 영원한 생명의 피난처, 멜리데 섬이 되어 주시기 위함이 아니었습니까? 우리는 십자가의 그 예수 그리스도를 징검다리 삼아, 거룩하신 하나님 앞에 구원받은 하나님의 자녀로 설 수 있게 되었습니다. 그뿐만이 아닙니다. 주님께서는 우리 각자를 핀셋으로 집어내시어 생명의 피난처인 당신께 이끄시기 위해, 그동안 우리의 인생길에 수많은 사람과 사건의 멜리데 섬들을 포진시켜두기도 하셨습니다. 우리는 그 많은 사람들의 멜리데 섬들을 피난처 삼고, 그 숱한 사건들의 멜리데 섬들을 징검다리로 삼아, 오늘 이런 모습의 그리스도인으로 이 자리에 앉아 있습니다.

대림절 첫째 주일인 오늘은 올해의 마지막 달인 12월 첫째 주일이기도 합니다. 이제 올 한 해의 끝자락에 서서, 우리 모두 지난 한 해를 되돌아보십시다. 올 한 해 동안 어느 하룬들, 주님께서 우리를 위해 예비해 두신 멜리데 섬이 아니었던 날이 없지 않습니까? 올 한 해 동안에도 주님께서 우리의 인생길에 포진시켜 두셨던 사람들의 멜리데 섬이 얼마나 많았습니까? 그때는 죽음의 유라굴로 광풍 같았는데, 지금 돌이켜 보니, 오늘의 멜리데 섬으로 인도해 주시기 위한 주님의 섭리는 또 얼마나 많았습니까? 올해의 끝자락에서 돌이켜 보면 볼수록 올 한 해가 온통, 하나님께서 2018년을 향한 길목에 우리 각자를 위해 예비해 두신 멜리데 섬 아니었습니까? 이 사실을 분명하게 깨달을 때에만, 우리는 주님 안에서 올해를 멜리데 섬의 징검다리로 삼아, 하나님께서 우리 각자를 위해 태초부터 예비해 두신 2018년도로 건너갈 수 있습니다.

착각하지 마십시다. 한 달 후부터 시작될 2018년은, 가만히 있어도 우리의 삶 속에 저절로 새해로 임하는 것은 결코 아닙니다. 올해의 끝자락인 지금, 우리 각자가 주님 안에서 올해를 어떻게 수용하고 해석하며 매듭짓느냐에 따라 2018년이 진정한 새해가 될 수도 있고, 무의미한 묵은 해의 연장이 될 수도 있습니다. 해마다 새해를 맞는 사람에게 세월은 삼 일 만에 다시 살아나신 주님 안에서 깊은 인생 연륜과 신앙 경륜으로 축적되지만, 무의미한 묵은 해의 연장은 거듭될수록 인간의 생명을 덧없이 갉아먹을 따름입니다. 우리 각자의 2018년이 어떤 해가 될 것이냐는, 지금 이 순간 우리 각자의 선택과 결단에 달려 있습니다.

주님께서는 죄로 인해 죽을 수밖에 없는 우리를 위한 생명의 피난처, 멜리데 섬이 되어 주기 위해 이 땅에 오시고, 우리를 위한 십자가의 제물로 죽임 당하시고, 삼 일 만에 다시 살아나셨습니다. 그래서 우리는 주님을 생명의 징검다리 삼아, 거룩하신 하나님의 자녀로 하나님 앞에 설 수 있게 되었습니다. 그 주님의 성탄을 기리는 대림절 첫째 주일을 맞아, 올 한 해가 온통 우리 각자를 위한 멜리데 섬이었음을 깨닫게 해주셔서 감사합니다. 하나님께서 죽음의 유라굴로 광풍 속에서 바울을 핀셋으로 집어내어 떨어뜨리신 곳은, 지중해의 0.01465퍼센트에 불과한 작은 멜리데 섬이었습니다. 하지만 바울에게 그 섬의 크기는 조금도 문제가 되지 않았습니다. 바울은 지중해의 한 점에 지나지 않는 그 멜리데 섬을 징검다리 삼아 이듬해에 인생 최종 목적지인 로마에 입성함으로, 하나님께서 예비해 두신 진정한 새해를 누렸습니다. 그리고 그의 인생 연륜과 신앙 경륜은 그만큼 더 깊어졌습니다.

우리 각자의 올 한 해의 외형적인 크기가 다른 사람의 0.01465퍼센트에 불과하다 해도 개의치 않게 해주십시오. 올 한 해를 멜리데 섬의 징검다리로 삼아 하나님께서 우리 각자를 위해 예비해 두신 2018년으로 건너가게 해주십시오. 그리하여 2018년이 주님 안에서 진정한 새해가 되게 해주시고, 우리를 스쳐 지나가는 1초1초가 깊은 인생 연륜과 신앙 경륜으로 축적되어 가게 해주십시오. 아멘.

24. 비가 오고 날이 차매 대림절 둘째 주일

사도행전 28장 1-2절

우리가 구조된 후에 안즉 그 섬은 멜리데라 하더라 **비가 오고 날이 차매** 원주민
들이 우리에게 특별한 동정을 하여 불을 피워 우리를 다 영접하더라

죽음의 유라굴로 광풍에 휩쓸렸던 알렉산드리아 배는 열다섯째 되는 날
아침에, 이름도 알 수 없는 섬으로 상륙작전을 감행하였습니다. 그러나 뱃
머리가 그만 바닷속 모래톱에 처박히면서, 배꼬리가 심한 파도에 깨어져 나
가기 시작하였습니다. 배에 승선해 있던 276명은 헤엄을 치거나 부유물을
의지하여, 모두 안전하게 섬에 상륙하였습니다. 알고 보니, 놀랍게도 그 섬
은 멜리데 섬이었습니다. 그레데 섬에서 서쪽으로 800킬로미터 떨어져 있
는 멜리데는, 로마에 이르는 길목에 위치한 섬이었습니다. 죽음의 광풍 속에
서 사람들은 자신들이 타고 있는 배가 어디로 휩쓸려 가는지조차 알지 못
했지만, 해도 별도 보이지 않는 칠흑 같은 어둠 속에서 열나흘 동안이나 휩

쓸려 간 곳은, 로마에 이르는 길목인 멜리데 섬이었습니다. 광활한 지중해에서 광풍에 휩쓸린 배가 작은 점에 불과한 멜리데 섬으로 정확하게 휩쓸려 가는 것은, 확률상으로는 제로와 같은 일이었습니다. 그러나 늙고 병약한 바울의 삶 속에서, 확률상으로 제로와 같은 일이 현실로 이루어졌습니다. 바울을 황제의 법정에 당신의 휘페레테스와 마르튀스로 세우시려는 하나님의 오묘한 섭리였습니다.

오늘의 본문 2절은 그 이후의 일에 대한 증언입니다.

> 비가 오고 날이 차매, 원주민들이 우리에게 특별한 동정을 하여 불을 피워 우리를 다 영접하더라.

이 짧은 증언 속에 우리가 주목하지 않을 수 없는 중요한 내용이 있습니다. 멜리데 섬에 상륙한 사람들을 발견한 그 섬의 원주민들이 "우리에게 특별한 동정"을 하였다는 내용입니다. 멜리데 섬에 상륙한 사람은 모두 276명이었습니다. 그러나 본문에 언급된 '우리'는 이 이후에 전개되는 내용을 보면, 사도행전을 기록한 누가를 포함하여 바울과 아리스다고, 즉 바울 일행을 일컫고 있습니다. 멜리데 섬의 주민들은 바울 일행을 보고 '특별한 동정'을 하였습니다. 우리말 '동정'으로 번역된 헬라어 명사 '휠란드로피아φιλανθρωπία'는 '박애심', '친절'을 의미합니다.

어느 섬이든, 섬 주민들은 이따금씩 바다에서 조난 당한 사람들을 만납니다. 조난자들에게 필요한 도움을 유무상으로 제공하는 것은, 섬 주민들 삶의 일부이기도 합니다. 멜리데 섬의 주민들 역시 살아오면서, 그동안 적잖은 조난자들과 조우하였을 것입니다. 이번에는 한꺼번에 276명의 조난자들이 섬으로 몰려왔습니다. 그런데도 그곳 주민들은 바울 일행에게 '특별한 동정'을 베풀었습니다. 그들의 행동이 사도행전을 기록한 누가가 보기에도 얼마나 이례적이었으면, 그들이 '우리에게 특별한 동정'을 베풀었다는 증언을 성경에 남겼겠습니까? 그 사실 자체가 중요한 의미를 지니고 있었기 때문입니다.

11절에 의하면, 바울 일행은 이듬해 봄이 오기까지 멜리데 섬에서 석 달 동안 겨울을 지냈습니다. 그 긴 기간 동안 군인들의 숙식비는 응당 로마제국이 부담하였을 것입니다. 선장과 선원들의 숙식비는 함께 동행한 선주가 책임졌을 것이며, 나머지 승객은 자비로 해결하였을 것입니다. 하지만 바울 일행은 본래 가난했습니다. 누가나 아리스다고에게 소액의 비상금은 있었을는지 모르지만, 세 사람이 석 달이나 양식을 매일 사먹을 거금을 지니고 있었을 리가 없습니다. 그러나 멜리데 섬 주민들이 바울 일행을 '특별한 동정'의 대상으로 간주하고 불을 피워 주며 영접했기에, 앞으로 살펴보겠습니다만, 바울 일행과 섬 주민들 사이에 특별한 관계가 형성되었습니다. 그 결과 10절은, "후한 예로 우리를 대접하고 떠날 때에 우리 쓸 것을 배에 실었더라"고 증언하고 있습니다. 섬 주민들이 석 달 동안 바울 일행의 숙식을 책임져 주었을 뿐 아니라, 바울 일행이 이듬해 봄에 멜리데 섬을 떠날 때에는 배에서 필요한 것들까지 챙겨 주었습니다. 멜리데 섬 주민들이 바울 일행을 '특별한 동정'의 대상으로 간주하지 않았더라면 불가능했을 일이었습니다. 멜리데 섬 주민들은 한꺼번에 몰려든 276명의 조난자들 가운데, 왜 유독 바울 일행만 '특별한 동정'의 대상으로 간주했겠습니까?

멜리데 섬의 해변으로 이동하던 알렉산드리아 배는, 그만 바닷속 모래톱에 처박혀 버리고 말았습니다. 알렉산드리아 배는 작은 나룻배가 아니라, 곡물을 수송하는 대형선박이었습니다. 그 대형선박이 바닷속 모래톱에 처박혔다면, 그 위치는 멜리데 섬의 해변에서 상당히 떨어진 곳이었음이 분명합니다. 그곳에서부터 사람들은 상당한 거리를 헤엄을 치거나 널조각에 의지하여 멜리데 섬에 상륙해야 했습니다. 인생 말년의 병약한 바울 역시 지중해 바닷속으로 뛰어내려 헤엄을 치거나, 아니면 널조각에 의지하여, 온몸으로 파도를 헤치며 멜리데 섬으로 나아가야 했을 것임은 두말할 나위도 없습니다.

이때 지중해는 시기적으로 이미 겨울의 문턱을 넘어서고 있었습니다. 노년의 병약한 바울이, 차디찬 겨울바닷속에서 상당한 거리를 온몸으로 파도를 헤치며 나아가는 것은 여간 힘든 일이 아니었을 것입니다. 천신만고 끝에 섬에 오르고 보니, 그 섬은 로마에 이르는 길목인 멜리데 섬이었습니다. 하나님께서 바울을 황제의 법정에 당신의 휘페레테스와 마르튀스로 세우기 위해 신비롭게 섭리하신 결과였습니다. 그렇다면 그 하나님께서, 차디찬 겨울바다를 헤치고 나온 노년의 병약한 바울을 위해, 멜리데 섬의 해변에 뜨거운 햇볕이 쨍쨍 내리쬐게 섭리해 주심이 타당하지 않겠습니까? 그것이 당신의 소중한 휘페레테스와 마르튀스인 바울을 지켜 주시는 길이 아니겠습니까?

그러나 본문의 증언은 오히려 그 반대였습니다.

> 비가 오고 날이 차매, 원주민들이 우리에게 특별한 동정을 하여 불을 피워 우리를 다 영접하더라(2절).

바울 일행이 힘겹게 상륙한 멜리데 섬은 '비가 오고 날이 찼습니다'. 헬라어 원문의 뜻을 그대로 옮기면 '소낙비가 쏟아지면서 추위가 몰려왔다'는 말입니다. 알렉산드리아 배에 승선했던 276명이 멜리데 섬에 상륙하였을 때 만약 뜨거운 햇볕이 쨍쨍 내리쬐고 있었다면, 섬 주민들에게 276명의 조난자들 가운데 한 명일 뿐인 바울이 두드러지게 보일 까닭은 없었습니다. 그리고 돈도 없는 바울 일행은, 석 달 동안이나 멜리데 섬에서 겨울을 나기 위해 큰 어려움을 겪어야만 했을 것입니다. 하지만 그들이 차가운 겨울 지중해의 파도를 헤치며 힘겹게 상륙한 멜리데 섬에는, 엎친 데 덮친 격으로 겨울 소낙비가 쏟아지면서 추위가 기승을 부리고 있었습니다.

멜리데 섬에 상륙한 276명은, 그날 새벽 바울과 함께 참생명을 취하기 위해 빵을 먹은 것을 제외하면, 지난 열나흘 동안 먹지도 마시지도 못한 사람들이었습니다. 그러나 군인들과 선원들은 기본적으로 단련된 체력을 지니고 있었습니다. 평소 바울보다 여유로운 삶을 살던 다른 승객들의 상태도 바울보다는 훨씬 나았을 것입니다. 하지만 노년의 병약한 바울은 사정이 달랐습니다.

평생 지병에 시달리던 인생 말년의 바울이 열나흘 동안이나 먹지도 마시지도 못했으니, 그의 체력적 소모는 누구보다 더 컸을 것입니다. 그 늙고 병약한 바울이 차가운 겨울 바닷속으로 뛰어내려, 온몸으로 파도를 헤치며 상당한 거리를 이동하여야만 했습니다. 그러나 겨우 상륙한 멜리데 섬에는, 설상가상으로 겨울 소낙비가 쏟아지며 추위가 기승을 부리고 있었습니다. 겨울 바다와 겨울 소낙비에 젖은 몸이 추위에 얼어붙어 입술마저 새파랗게 변한 늙고 병약한 바울은, 추위를 이기지 못해 속수무책으로 덜덜 떨지 않았겠습니까? 멜리데 섬 주민들의 눈에는 276명의 조난자들 중에, 그 노쇠하고 병약한 바울의 가련한 모습이 가장 두드러지게 드러나 보였습니다. 바울을 위해 당장 무엇이라도 해주지 않으면, 무슨 큰 일이라도 곧 일어날 것 같았습니다. 섬 주민들이 바울과 그의 일행인 누가와 아리스다고에게 '특별한 동정'을 베풀어, 그들을 위해 모닥불을 피워 주며 영접한 까닭이 거기에 있었습니다. 그로 인해 앞에서 말씀드린 것처럼 섬 주민들과 바울 일행 사이에 특별한 관계가 형성되었고, 바울 일행이 멜리데 섬에서 겨울을 나는 석 달 동안 주민들이 바울 일행의 숙식을 일체 책임져 주기에 이르렀습니다.

그 놀라운 일은, 바울 일행이 멜리데 섬에 상륙하던 날 아침에 겨울 소낙비가 쏟아지며 추위가 기승을 부리는 것으로부터 시작하였습니다. 늙고 병약한 바울이 겨울 바다의 파도를 헤치며 겨우 상륙한 멜리데 섬에 설상가상으로 겨울 소낙비가 쏟아지며 추위가 기승을 부리고 있다고 해서, 바울은 하나님을 원망하거나 불평하지 않았습니다. 늙고 병약한 바울이 강철 같은 체력을 지닌 군인들과 선원들 틈에서, 자신도 아무렇지 않다는 듯 자신을 위장하려 하지도 않았습니다. 늙고 병약한 바울은 아무 대책 없이 겨울 소낙비를 그냥 맞으며, 겨울 추위에 그냥 덜덜 떨었을 뿐입니다. 그리고 그 극한적인 상황을 통해 섬 주민들로 하여금 석 달 동안 바울 일행의 숙식을 책임지게 해주시려는 하나님의 섭리가 한 치의 오차도 없이 이루어졌습니다.

우리는 올해 구역성경공부를 통해 창세기의 야곱에 대해 상세하게 공부하였습니다. 야곱은, 쌍둥이 형인 에서가 아버지 이삭으로부터 받아야 할 장자의 축복을 부당한 방법으로 중간에서 가로채었습니다. 그 사실을 뒤늦게 알고 분노한 형 에서가 야곱을 죽이려 하자, 야곱은 밧단아람에 있는 외삼촌의 집으로 피신하였습니다. 야곱은 거기서도 외삼촌 라반과 서로 속이고 속는 삶을 살면서, 20년 만에 외삼촌의 가축 떼 가운데 상당 부분을 자신의 소유로 만들었습니다. 마침내 그곳에서도 더 이상 살 수 없게 된 야곱은, 20년 만에 고향땅인 가나안으로 되돌아가야만 했습니다. 먼 고향으로 되돌아가는 길 위에서 야곱의 마음은, '어떻게 하면 자신을 죽이려던 형 에서의 마음을 누그러뜨릴 수 있을까' 하는 염려로 편치 않았습니다.

형 에서가 거처하는 세일 땅이 가까워지자, 야곱은 형이 400명을 거느리고 자신을 향해 오고 있다는 소식을 접하였습니다. 사냥꾼인 에서가 동원한 400명은 야곱을 죽이기 위한 칼잡이들이었습니다. 야곱은 죽은 목숨과 다를 바가 없었습니다. 그러나 정작 20년 만에 동생 야곱을 대면한 에서는, 야곱의 상상을 초월하는 반응을 보였습니다.

> 에서가 달려와서 그를 맞이하여 안고 목을 어긋맞추어, 그와 입맞추고 서로 우니라(창 33:4).

동생 야곱을 보자마자 형 에서는 야곱을 향해 달려와, 야곱을 끌어안고 목을 어긋맞추어 야곱과 입을 맞추며 그를 영접하였습니다. 예상하지 못한 형 에서의 영접에, 동생 야곱도 형을 끌어안고 형과 함께 울었습니다. 그로써, 형 에서가 20년 동안이나 동생 야곱을 죽이려던 원한은 눈 녹듯 사라지고 말았습니다. 형 에서는 야곱을 죽이려고 동원한 400명의 칼잡이들로 야곱의 가족들을 위한 길잡이가 되게 해주려 했지만, 야곱이 사양하였습니다. 에서와 야곱 사이에 이런 상상 밖의 대역전극이, 어떻게 가능할 수 있었겠습니까?

그 전날 밤이었습니다. 내일이면 형 에서를 만날 야곱은 근심으로 잠을 이룰 수 없었습니다. 그는 밤이 새도록 하나님께 간절히 기도하였습니다. 칼잡이 400명을 동원한 형 에서의 칼날에서 살려 달라는 기도였습니다. 야곱의 기도에 응답하신 하나님께서는, 에서가 동원한 칼잡이 400명을 제압할 수 있게끔 야곱에게 천 명의 칼잡이를 붙여 주시지 않았습니다. 야곱이 에서를 피해 또다시 도망칠 수 있도록, 에서 몰래 은밀한 은신처를 제공해 주신 것도 아니었습니다. 하나님께서는 야곱의 기도에 대한 응답으로 야곱의 허벅지 관절을 치셨고, 허벅지 관절이 위골된 야곱은 그때부터 다리를 절지 않을 수 없었습니다.

　동생 야곱을 죽이려고 칼잡이를 400명이나 동원한 에서가 상상하던 야곱은, 고약한 인상의 사기꾼 모습이었습니다. 하지만 에서 앞에 20년 만에 나타난 동생 야곱은, 에서가 상상하던 모습과는 전혀 딴판이었습니다. 밤을 꼬박 새면서 땅바닥에 엎드려 하나님께 사생결단의 기도를 한 야곱의 옷은 마구 구겨져 있었고, 헝클어진 머리에 얼굴은 초췌하기 짝이 없었습니다. 게다가 자신을 향해 걸어오는 야곱이 다리를 절고 있었습니다. 그 옛날 멀쩡했던 동생이, 20년 만에 다리를 절면서 나타난 것입니다. 상상치 못한 동생 야곱의 그 모습을 보는 순간, 형 에서의 마음속에서 오래전에 실종되었던 형제애가 되살아났습니다. 야곱을 죽이려던 에서는 불구자로 되돌아온 동생 야곱에게 달려가 그를 끌어안고 입을 맞추어 영접했고, 그 순간 원수 같았던 형제의 화해가 극적으로 이루어졌습니다.

　살려 달라고 밤을 새워 기도한 야곱은, 왜 살려 달라는 내 다리를 절게 만드셨느냐고 하나님을 원망하지 않았습니다. 20년 만에 만나는 형 앞에서 자존심을 상하지 않으려, 절지 않는 것처럼 위장하려 하지도 않았습니다. 만약 그렇게 했더라면, 야곱은 에서의 단칼에 목숨을 잃고 말았을 것입니다. 밤을 새워 기도한 야곱은 하나님께서 다리를 절게 하신 모습 그대로, 그냥 다리를 절면서 형 에서를 향해 걸어갔습니다. 그리고 불가능할 것 같기만 했던 형 에서와의 화해가 극적으로 이루어졌습니다. 하나님께서 살려 달라는 야곱의 허벅지 관절을 치셔서 다리를 절게 하신 것은, 야곱과 에서의 형제애를 회복시켜 주시려는 하나님의 신비한 섭리였습니다.

　모세도 마찬가지였습니다. 이집트의 파라오가, 히브리 노예들이 사내아이를 낳으면 반드시 나일 강에 던져 죽이라는 무시무시한 왕명을 내렸습니다. 그러나 모세의 부모는 갓 태어난 사내아기 모세를 석 달 동안 숨겨 키웠습니다. 더 이상 숨겨 키우는 것이 불가능해지자, 모세의 부모는 아기를 갈대 상자에 넣어 나일 강 갈대 사이에 두었습니다. 마침 이집트의 공주가 나일 강에 목욕하러 나왔다가, 그 갈대 상자를 발견하고 열어 보았습니다. 히브리 아기가 들어 있었습니다. 파라오가 반드시 나일 강에 던져 죽이라고 엄명을 내린 히브리 노예의 사내아기였습니다. 공주는 파라오의 딸이었습니다. 공주는 아버지의 명령에 순종하여, 그 노예 사내아기를 나일 강에 던져 죽여야 했습니다. 하지만 바로 그 순간에, 히브리 노예아기가 울음을 터뜨렸습니다. 출애굽기 2장 6절에 의하면, 공주는 갈대 상자 속에서 울고 있는 그 어린 아기를 불쌍히 여겼습니다. 숨이 넘어갈 듯한 아기의 울음이 공주의 모성 본능을 자극한 것이었습니다. 공주는 아버지 파라오의 명령을 거역하고, 나일 강에 내버려진 그 불쌍한 히브리 노예 아기를 자신의 양자로 삼았습니다. 그 덕분에 모세는 40년 동안, 이집트 왕궁에서 왕자의 신분으로 제왕 교육을 받았습니다.

만약 공주가 갈대 상자를 열었을 때 히브리 노예아기가 불쌍하게 울지 않았더라면, 공주는 아버지의 명령에 따라, 시녀로 하여금 히브리 노예 아기를 나일 강에 던져 죽여 버리게 했을 것입니다. 당시 이집트인들에게 히브리 노예는 사람이 아니었기 때문입니다. 그러나 하나님께서는 갈대 상자 속의 히브리 노예아기 모세가 불쌍하게 울게 하심으로, 80년 후 이스라엘 민족을 이집트의 노예살이에서 해방시키는 도구로 모세를 사용하시려는 당신의 섭리를 신비롭게 이루셨습니다.

올해의 끝자락인 지금 어떤 상황 속에 처해 있습니까? 겨우 죽음의 유라굴로 광풍에서 벗어나는가 했는데, 설상가상으로 지금 인생이 겨울 소나비와 추위에 떨고 있습니까? 하나님께 살려 달라고 목이 메도록 울부짖었는데, 오히려 하나님께서 인생 관절을 치셔서, 지금 인생이 절고 있습니까? 갈대 상자처럼 보잘것없는 현재의 인생 형편이, 엉엉 울지 않고는 버틸 수조차 없을 정도입니까?

오늘은 예수님의 성탄을 기리고 다시 오심을 대망하는 대림절 둘째 주일입니다. 성자 하나님이신 예수님께서는 인간의 구원을 위해 이 땅에 오셨습니다. 그러나 하나님 아버지께서는 당신의 독생자를 로마 황제가 아니라, 비천한 갈릴리 빈민으로 태어나 살게 하셨습니다. 예수님께서는 왜 빈민이냐고, 자존심 상해하시지 않았습니다. 예수님께서는 이 땅을 떠나시기까지 당당하게 빈민으로 사셨습니다. 예수님께서는 십자가의 죽음을 앞두고 땀에 피가 배기까지 그 죽음을 피하기 위해 간절히 기도하셨지만, 하나님 아버지께서는 독생자의 기도에 무응답으로 일관하셨습니다. 예수님께서는 하나님의 무응답을 하나님의 응답으로 받아들이고, 하나님 아버지의 뜻을 이루기 위해 십자가의 제물로 기꺼이 죽임 당하셨습니다. 하나님 아버지께서는 그 예수님을 삼 일 만에 죽음 한가운데에서 일으키시고, 영원한 그리스도로 세워 주셨습니다. 하나님 아버지께서 당신의 독생자인 예수님을 갈릴리의 빈민으로 태어나 살게 하시고 십자가의 제물로 죽임 당하게 하신 것은, 빈부귀천을 막론하고 이 세상 모든 사람을 구원하는 그리스도의 영원한 새날을 예수님께 주시기 위함이었습니다.

죽음의 유라굴로 광풍에서 막 벗어난 바울이 겨우 상륙한 멜리데 섬에 겨울 소낙비가 쏟아지며 추위가 기승을 부린 것은, 노년의 병약한 몸으로 추위에 덜덜 떠는 바울에게 '특별한 동정심'을 느낀 멜리데 섬 주민들로 하여금 석 달 동안 바울을 책임지게 하심으로, 바울에게 마침내 로마로 입성하는 이듬해, 즉 새해를 주시려는 하나님의 섭리였습니다. 하나님께서 밤이 새도록 살려 달라고 울부짖는 야곱의 허벅지 관절을 쳐 다리를 절게 하신 것은, 야곱을 죽이려는 형 에서와의 사이에 새로운 관계가 시작되게 해주시기 위함이었습니다. 이집트의 공주가 갈대 상자를 열었을 때 히브리 노예 아기 모세가 잠들어 있지 않고 불쌍하게 울었던 것은, 80년 후 모세를 출애굽의 지도자로 세우시려는 하나님의 신묘막측한 섭리였습니다.

지금 하나님께서 우리의 인생에 겨울 소낙비와 추위가 몰아닥치게 하셨다면, 그 겨울 소낙비와 추위를 통해 우리에게 하나님께서 예정하신 새해를 주시기 위함입니다. 하나님께서 우리 인생의 관절을 치셔서 우리의 인생이 지금 절고 있다면, 우리가 누군가와의 사이에서 새로운 관계를 시작하게 해주시기 위함입니다. 하나님께서 갈대 상자처럼 보잘것없는 인생 형편 탓에 우리가 울지 않을 수 없게 하셨다면, 그 울음을 통해 우리에게 당신이 작정하신 새로운 기회를 주시기 위함입니다.

그러므로 우리의 인생이 춥지 않은 것처럼, 절지 않는 것처럼, 울지 않는 것처럼, 위장하려 해서는 안 됩니다. 위장해서는 하나님께서 주시려는 새로운 것들을 우리의 인생에 담을 수 없습니다. 우리 모두 그냥 겨울 소낙비를 맞으며, 겨울 추위에 그냥 온몸을 덜덜 떠십시다. 하나님께서 우리 인생의 관절을 치신 대로, 그냥 저는 인생 그대로 나아가십시다. 하나님 앞에서 그냥 불쌍하게, 엉엉 소리내어 우십시다. 예수님께서 그 모든 과정을 통해 우리 각자로 하여금, 하나님께서 주시려는 새로운 해, 새로운 관계, 새로운 기회를 반드시 얻고 누리게 해주실 것입니다. 왠지 아십니까? 우리가 믿는 예수님께서는 모든 것을 과거로 삼켜 버리는 죽음을 깨뜨리고, 새로운 미래를 향해 삼 일 만에 다시 살아나신 그리스도이시기 때문입니다.

주님! 죽음의 유라굴로 광풍을 벗어나는가 했는데, 여전히 내 인생에는 겨울 소낙비가 쏟아지며 추위가 기승을 부리고 있습니다. 살려 달라고 그토록 간절하게 기도했는데, 주님께서 내 인생 관절을 치셔서, 지금 내 인생이 절고 있습니다. 갈대 상자처럼 보잘것없는 내 인생 형편 탓에, 엉엉 소리내어 울지 않고는 버티기조차 힘이 듭니다.

그러나 주님! 바울처럼, 야곱처럼, 모세처럼, 위장하지 않겠습니다. 겨울 소낙비를 그냥 맞으며, 겨울 추위에 그냥 온몸을 덜덜 떨겠습니다. 저는 인생 그대로, 그냥 나아가겠습니다. 그냥 엉엉 소리내어 울겠습니다. 대림절 둘째 주일을 맞이하여, 비천한 갈릴리의 빈민으로 사시다가 십자가의 제물로 죽임 당하신 주님께서, 삼 일 만에 다시 살아나신 그리스도이심을 잊지 않겠습니다. 이 모든 과정을 통해, 하나님께서 우리 각자에게 주시려는 새로운 해, 새로운 관계, 새로운 기회를, 우리 모두 삼 일 만에 다시 살아나신 주님 안에서 다 함께 얻고 누리게 해주십시오. 아멘.

25. 기도하고 낫게 하매 대림절 셋째 주일

사도행전 28장 3-10절

바울이 나무 한 묶음을 거두어 불에 넣으니 뜨거움으로 말미암아 독사가 나와 그 손을 물고 있는지라 원주민들이 이 짐승이 그 손에 매달려 있음을 보고 서로 말하되 진실로 이 사람은 살인한 자로다 바다에서는 구조를 받았으나 공의가 그를 살지 못하게 함이로다 하더니 바울이 그 짐승을 불에 떨어 버리매 조금도 상함이 없더라 그들은 그가 붓든지 혹은 갑자기 쓰러져 죽을 줄로 기다렸다가 오래 기다려도 그에게 아무 이상이 없음을 보고 돌이켜 생각하여 말하되 그를 신이라 하더라 이 섬에서 가장 높은 사람 보블리오라 하는 이가 그 근처에 토지가 있는지라 그가 우리를 영접하여 사흘이나 친절히 머물게 하더니 보블리오의 부친이 열병과 이질에 걸려 누워 있거늘 바울이 들어가서 **기도하고** 그에게 안수하여 **낫게 하매** 이러므로 섬 가운데 다른 병든 사람들이 와서 고침을 받고 후한 예로 우리를 대접하고 떠날 때에 우리 쓸 것을 배에 실었더라

알렉산드리아 배에 승선해 있던 사람들은 뱃머리가 바닷속 모래톱에 처박혀, 배꼬리가 심한 파도에 깨어져 나가기 시작하자, 일제히 지중해 바다로

뛰어내렸습니다. 그들은 차가운 겨울 바닷속에서 헤엄을 치거나 널조각을 의지하여, 심한 파도를 헤치며 천신만고 끝에 멜리데 섬에 상륙하였습니다. 엎친 데 덮친 격으로, 멜리데 섬에는 겨울 소낙비가 쏟아지며 추위가 기승을 부리고 있었습니다. 평생 지병에 시달려 온 노년의 바울에게는, 여간 힘든 상황이 아니었을 것입니다. 그래서 멜리데 섬의 원주민들이 보기에도, 한꺼번에 몰려든 276명의 조난자들 가운데 늙고 병약한 바울이 가장 가련해 보였습니다. 섬 주민들은 바울과 그의 일행에게 '특별한 동정'을 베풀어, 즉시 모닥불을 피워 주었습니다. 무엇보다 먼저, 추위로 잃어버린 바울의 체온을 회복시켜 주기 위함이었습니다.

> 바울이 나무 한 묶음을 거두어 불에 넣으니, 뜨거움으로 말미암아 독사가 나와 그 손을 물고 있는지라(3절).

불을 쬐던 바울이 마른 나무 한 다발을 거두어 불 속에 넣었습니다. 그 순간, 나무 다발 속에 붙어 있던 독사가 불의 열기에 놀라 뛰어오르면서 바울의 손을 물었습니다. 그러고는 떨어지지 않았습니다. "독사"를 의미하는 헬라어 '에키드나ἔχιδνα'는, 예수님께서 외식하는 바리새인들을 "독사의 자식들"(마 12:34)이라고 질타하실 때 사용하셨던 바로 그 단어입니다. 예나 지금이나 독사에게 물리면 치명상을 입거나, 목숨을 잃기 마련입니다.

> 원주민들이 이 짐승이 그 손에 매달려 있음을 보고 서로 말하되, 진실로 이 사람은 살인한 자로다. 바다에서는 구조를 받았으나 공의가 그를 살지 못하게 함이로다 하더니(4절).

섬 주민들은 바울이 살인자가 틀림없다고 단정하였습니다. 그들의 토속신앙에 따르면, 독사에 물려 죽는 사람은 살인자였습니다. 그들은 살인자인 바울이 죽음의 광풍에서는 살아남았을망정, 공의의 심판을 피하지는 못했다고 수군거렸습니다.

> 바울이 그 짐승을 불에 떨어 버리매 조금도 상함이 없더라(5절).

바울은 독사를 불 속에 떨쳐 버렸고, 바울에게는 그 어떤 이상도 나타나지 않았습니다.

> 그들은 그가 붓든지 혹은 갑자기 쓰러져 죽을 줄로 기다렸다가, 오래 기다려도 그에게 아무 이상이 없음을 보고 돌이켜 생각하여 말하되, 그를 신이라 하더라(6절).

섬 주민들은 독사에 물린 바울의 손이 치명적으로 부어오르든지, 아니면 바울이 곧 급사할 것으로 생각했습니다. 하지만 오랜 시간이 지나도, 바울은 멀쩡하기만 했습니다. 주민들의 상식이나 경험으로는 처음 겪는 일이었습니다. 그들은 이번에는, 바울이 신이라고 다시 수군거렸습니다. 주민들은 독사에 물린 바울을, 처음에는 공의의 심판을 피하지 못한 살인자가 틀림없다고 단정했었습니다. 그러나 독사에 물린 바울이 죽지도 않고 아무 이상도 보이지 않으니, 그들이 보기에 바울은 신일 수밖에 없었습니다.

바울이 루스드라에서 선천성 하반신마비인을 일으켜 세우자, 그곳 사람들이 바울을 신으로 경배하려 했습니다. 바울은 자신의 옷을 찢으며 그들을 만류하였습니다. 자신이 그들의 경배를 받는 것은, 하나님 앞에서 그들과 자신을 동시에 파멸시키는 범죄행위이기 때문이었습니다. 만약 바울이 자신을 가리켜 신이라는 멜리데 섬 주민들의 말을 들었다면, 바울은 응당 손사래를 치며 그들의 그릇된 생각을 교정하여 주었을 것입니다. 하지만 바울이 아무 반응을 보이지 않은 것으로 보아, 주민들이 바울을 신이라고 수군거리는 소리를 누가만 듣고 본문에 기록하였음을 알 수 있습니다.

사람 간의 첫 만남은, 그 이후의 관계에 지대한 영향을 미칩니다. 섬 주민들은 조난 당해 온, 늙고 병약한 바울을 '특별한 동정'의 대상으로 만났습니다. 그 이외의 반전이 없었다면, 섬 주민들은 석 달 후 바울이 떠날 때까지 그를 동정의 대상으로만 간주하였을 것입니다. 바울의 말에 특별히 권위를 부여할 필요도 없었고, 석 달 동안 바울 일행을 계속하여 지성으로 모실 까닭도 없었습니다. 그러나 동정의 대상이었던 바울의 위상이 독사에 물리는 사건을 통해, 섬 주민들 사이에서 신적 존재로 수직상승하였습니다. 우연히 그렇게 된 일이 아니었습니다. 그것은 멜리데 섬 주민들 앞에서 바울을 높여 주시려는 하나님의 섭리였습니다.

이집트 왕자의 신분으로 이집트 왕궁에서 40년 동안 제왕 교육을 받은 모세는, 그 이후 미디안 광야의 양치기로 전락하고 말았습니다. 제왕 교육을 마친 모세에 대한 하나님의 영적 훈련이 시작된 것이었습니다. 40년의 세월이 흘러 모세의 나이 80세가 되었습니다. 세상의 관점으로 보면, 모세의 인생은 이미 끝난 것과 같았습니다. 그 나이에 이르기까지 장인 집에 얹혀 살던 모세가 무슨 대단한 일을 할 수 있으리라고는, 모세 자신도 믿지 않았습니다. 하지만 하나님께서는 그 팔십 노인 모세를 부르셔서, 이집트의 노예살이에서 이스라엘 백성을 해방시키라고 명령하셨습니다. 아연실색한 모세는 하나님께, 늙고 쓸모 없는 자기 대신에 자격을 갖춘 사람을 보내시라고 간청하였습니다. 하나님께서 그 모세에게 붙여 주신 사람이, 모세보다 세 살 많은 모세의 친형 아론이었습니다. 형제의 서열이 엄격한 유대인 사회에서, 모세가 친형을 수하 사람으로 부리는 것 역시 가당찮은 일이었습니다. 난색을 표하는 모세에게 하나님께서 화를 내시며 말씀하셨습니다.

> 너는 그에게 말하고 그의 입에 할 말을 주라. 내가 네 입과 그의 입에 함께 있어서, 너희들이 행할 일을 가르치리라. 그가 너를 대신하여 백성에게 말할 것이니, 그는 네 입을 대신할 것이요, 너는 그에게 하나님같이 되리라(출 4:15-16).

하나님께서는 두려워하며 주저하는 모세에게, '하나님 같은' 신적 존재로 세워 주실 것을 약속하셨습니다. 모세가 출애굽의 소명을 감당할 수 있도록, 친형 아론뿐 아니라 모든 사람들 앞에서 모세에게 신적 권위를 부여해 주시겠다는 말씀이었습니다. 팔십 노인이 되기까지 미디안 광야의 보잘것없는 양치기였던 모세는, 하나님께서 부여하신 신적 권위를 힘입어 출애굽의 소명을 완수할 수 있었습니다.

하나님께서는 당신의 휘페레테스와 마르튀스들에게, 당신의 뜻을 이룰 수 있게끔 당신의 신적 권위를 부여해 주십니다. 하나님께서 당신의 신적 권위를 부여해 주시지 않았더라면, 선지자 엘리야가 어떻게 혈혈단신으로 바알과 아세라 선지자 850명을 일거에 제압할 수 있었겠습니까? 하나님의 신적 권위가 아니었던들, 어부 출신 베드로의 설교에 하루에 3천 명이 회개하는 역사도 일어날 수 없었을 것입니다. 하나님을 위해 자신의 삶을 던진 사람만 이처럼, 하나님께서 당신의 신적 권위로 자신을 높여 주시는 것을 자신의 삶으로 확인할 수 있습니다. 그리고 그 사람은 더욱 겸손하게 됩니다. 자신이 낮아지면 낮아질수록 자신의 삶을 통해, 하나님께서 당신의 영광을 위해 당신의 신적 권위를 더 크게 드러내심을 알기 때문입니다.

추운 겨울 바다에서 멜리데 섬에 오른 바울이 겨울 소낙비와 추위에 얼마나 덜덜 떨었으면, 섬 주민들이 276명의 조난자들 가운데 바울을 '특별한 동정'의 대상으로 간주하였겠습니까? 그러나 바울은 지중해에서 조난 당해 어쩌다가 멜리데 섬에 상륙한 여행객이거나 상인이 아니었습니다. 바울은 하나님의 휘페레테스와 마르튀스였습니다. 하나님께서는 섬 주민들 보기에 '특별한 동정'의 대상이기만 했던 바울에게, 그가 독사에 물리는 사건을 통해 신적 권위를 부여하셨습니다. 멜리데 섬에서도 바울을 통해 이루실 당신의 뜻이 있었기 때문입니다.

독사에 물리고서도 죽지 않는 신적 존재가 나타났다는 소문은, 삽시간에 섬 전체로 퍼져나갔습니다.

> 이 섬에서 가장 높은 사람 보블리오라 하는 이가 그 근처에 토지가 있는지라, 그가 우리를 영접하여 사흘이나 친절히 머물게 하더니(7절).

멜리데 섬의 제1인자로 보블리오라는 사람이 있었습니다. 그가 로마제국의 행정관이었는지, 혹은 원주민들 중에 가장 높은 사람이었는지는 불분명합니다. 어느 쪽이든, 그는 섬 주민들에게 가장 큰 영향력을 미치는 사람이었습니다. 그 보블리오 역시, 독사에 물리고도 죽지 않았다는 바울의 소문을 접했습니다. 그는 바울 일행을 자신의 사유지로 초청하여 사흘 동안 극진하게 대접하였습니다. 만약 바울에게 독사에 물리는 사건이 일어나지 않았더라면, 멜리데 섬의 제1인자인 보블리오가 노년의 병약하고 볼품없는 바울을 초청하여 사흘 동안이나 극진하게 대접할 리는 만무하였습니다.

평생 지병에 시달리던 노년의 바울은, 죽음의 유라굴로 광풍에 휩쓸려 열 나흘 동안이나 먹지도 마시지도 못했습니다. 모래톱에 쳐박힌 알렉산드리아 배에서 차가운 겨울 바다로 뛰어내려, 멜리데 섬까지 거친 파도를 헤치며 상당한 거리를 이동해야만 했습니다. 섬에 상륙하여서는, 겨울 소낙비와 추위에 덜덜 떨어야만 했습니다. 그렇게 상할 대로 상한 병약한 바울의 체력을 제대로 추스르기 위해서는 사흘도 부족하였을 것입니다. 그러나 바울은 보블리오의 극진한 대접을 가만히 앉아서 받기만 한 것이 아니었습니다.

> 보블리오의 부친이 열병과 이질에 걸려 누워 있거늘, 바울이 들어가서 기도하고 그에게 안수하여 낫게 하매(8절).

바울이 살펴보니, 보블리오의 부친이 열병과 이질로 누워 있었습니다. 바울이 보블리오 부친의 증세를 그렇게 예단한 것이 아닙니다. 본문을 기록한 누가는 직업이 의사였습니다. 의사인 누가가 보블리오 부친의 증세를 열병과 이질로 확인하고, 그렇게 기록한 것이었습니다. 당시의 의학으로는 열병과 이질 모두 다스리기 쉬운 병이 아니었습니다. 심한 경우에는 목숨을 잃는 경우가 다반사였습니다. 보블리오가 바울에게 자기 부친의 병을 고쳐 달라고 부탁한 것도 아니었습니다. 바울이 보블리오의 부친이 열병과 이질에 시달리고 있는 것을 먼저 보고, 그의 방으로 들어가 그에게 손을 얹고 기도하였고, 그 결과 그가 깨끗하게 나음을 입었습니다. 그것은 끝이 아니라, 겨우 시작이었습니다. 바울에 의해 보블리오 부친의 열병과 이질이 나았다는 소문 역시, 온 섬에 순식간에 퍼졌습니다.

이러므로 섬 가운데 다른 병든 사람들이 와서 고침을 받고(9절).

"다른 병든 사람들"이라고 번역된 표현이 헬라어 원문에는 "남은 병자들"이라고 기록되어 있습니다. 2천 년 전에는 당시의 의학으로 고칠 수 없는 병이 많았습니다. 그래서 계속 병자로 남아 있을 수밖에 없는 사람들이 바울을 찾아와 고침을 받았습니다. 헬라어 원문에는 '오다'는 동사와 '고침을 받다'는 동사가 모두 미완료형으로 기록되어 있습니다. 불치의 병자들이 계속 바울을 찾아와 고침을 받았다는 말입니다. 하나님의 휘페레테스와 마르튀스인 바울이 단순히 육체의 질병만 고쳐 주었겠습니까? 자신을 찾아오는 사람들에게 구원의 복음을 함께 전하였음은 당연한 일 아니었겠습니까? 그런 관점에서, 겨울 소낙비가 쏟아지고 추위가 기승을 부리던 바로 그날 아침에 겨울 바다에서 상륙한 늙고 병약한 바울은, 그 섬 주민들을 영육 간에 구원해 주시기 위해 하나님께서 보내 주신 하나님의 특별한 선물이었습니다.

후한 예로 우리를 대접하고 떠날 때에 우리 쓸 것을 배에 실었더라(10절).

바울을 통해 하나님의 은혜를 입은 섬 주민들은 "후한 예로" 바울 일행을 "대접"하였습니다. 바울 일행이 멜리데 섬에 머무는 동안 그들의 숙식을 지성을 다해 책임져 준 것입니다. 석 달 후에 바울 일행이 멜리데 섬을 떠날 때에는, 배에서 필요한 물품들을 챙겨 주기까지 하였습니다.

이스라엘에 대기근이 닥쳤을 때입니다. 하나님께서는 선지자 엘리야로 하여금 사르밧의 과부를 찾아가 끼니를 해결하게 하셨습니다. 엘리야는 사르밧으로 가서, 하나님께서 말씀하신 과부를 만나 빵을 요구하였습니다.

그가 이르되, 당신의 하나님 여호와께서 살아 계심을 두고 맹세하노니, 나는 떡이 없고 다만 통에 가루 한 움큼과 병에 기름 조금뿐이라. 내가 나뭇가지 둘을 주워다가 나와 내 아들을 위하여 음식을 만들어 먹고 그 후에는 죽으리라. 엘리야가 그에게 이르되, 두려워하지 말고 가서 네 말대로 하려니와 먼저 그것으로 나를 위하여 작은 떡 한 개를 만들어 내게로 가져오고, 그 후에 너와 네 아들을 위하여 만들라. 이스라엘의 하나님 여호와의 말씀이 나 여호와가 비를 지면에 내리는 날까지 그 통의 가루가 떨어지지 아니하고, 그 병의 기름이 없어지지 아니하리라 하셨느니라 (왕상 17:12-14).

사르밧의 과부는 경제적으로 여유가 있는 부자가 아니었습니다. 오히려 정반대였습니다. 과부에게 있는 것이라곤 밀가루 한 움큼과 약간의 기름뿐이었습니다. 과부는 그것으로 빵을 만들어 아들과 마지막 식사를 한 뒤엔, 그냥 굶어 죽을 판이었습니다. 엘리야는 그 가련한 과부에게, 자기를 위한 빵을 먼저 만들어 줄 것을 요구하였습니다. 그 가련한 과부 모자의 마지막 생명을 떼어 달라는 요구였습니다. 엘리야는 그렇게 해주면, 기근이 끝날 때까지 빵을 만들 밀가루와 기름을 하나님께서 책임져 주실 것이라는 하나님의 언약도 덧붙였습니다. 마지막 생명을 떼어 달라는, 생판 처음 보는 남자의 부탁을 들어줄 여인이 어디에 있겠습니까? 그러나 사르밧 과부는 엘리야가 전하는 하나님의 언약을 믿고, 마지막 양식으로 엘리야에게 먼저 빵을 만들어 주었습니다. 하나님의 언약을 전하는 엘리야에게 하나님께서 부여하신 신적 권위가 있었기 때문입니다. 그리고 엘리야가 전한 하나님의 언약대로, 기근이 끝날 때까지 그 과부의 집에는 밀가루와 기름이 떨어지지 않았습니다.

지난 9월 넷째 주간에 구역장 성경공부를 인도한 정재규 목사님은 이와 관련하여 중요한 언급을 하였습니다. 하나님께서는 대기근에서 엘리야를 살리시기 위해 사르밧 과부에게 보내셨지만, 동시에 그 과부 모자를 살리시기 위해 엘리야를 그들에게 보내신 것이기도 하다는 겁니다. 아주 적절한 지적입니다. 엘리야는 하나님께서 사르밧 과부를 통해 끼니를 해결하게 하셨다고 해서, 그 과부 모자가 굶어 죽든 말든, 자기 배만 채우려 하지 않았습니다. 엘리야는 과부로부터 한 끼니분의 빵을 공궤받는 대신, 그 과부 모자를 기근에서 살리시려는 하나님의 통로 역할을 충실하게 이행하였습니다. 사르밧 과부는 엘리야를 통해, 기근이 끝날 때까지 밀가루 통과 기름 병이 마르지 않는 하나님의 은혜를 입었습니다. 사르밧 과부는 자기 배가 부르게 되었다고 엘리야를, 나 몰라라 하지 않았습니다. 그녀는 자신을 위해 하나님의 통로가 되어 준 엘리야를 계속하여 공궤하였습니다. 이번에는 사르밧 과부가 엘리야를 위한 하나님의 통로가 되어 준 것입니다. 두 사람 가운데 누구도, 하나님 은혜의 종착역이 되려 하지 않았습니다. 그들은 계속하여 서로 상대를 위한 하나님의 통로가 되어 주었습니다. 사르밧 과부는 대기근 속에서 엘리야를 위한 멜리데 섬이었고, 엘리야는 사르밧 과부를 위한 또 다른 멜리데 섬이었습니다. 그 두 사람의 만남을 통해, 죽음의 대기근 속에서도 하나님의 생명은 사방으로 퍼져나갔습니다.

오늘 본문의 경우도 마찬가지입니다. 멜리데 섬은 이미 말씀드린 것처럼, 황제의 법정에 당신의 휘페레테스와 마르튀스로 바울을 세우시려는 하나님께서, 죽음의 유라굴로 광풍에 휩쓸린 바울을 위해 태초부터 예비해 두신 피난처였습니다. 그래서 멜리데 섬 주민들은 처음부터 바울을 '특별한 동정'의 대상으로 간주하였고, 역설적이게도 독사에 물려 신적 권위를 부여받은 바울은 제1인자인 보블리오의 특별 대접을 받기도 했습니다. 하지만 바울은 그것이 자신의 마땅한 권리인 양, 홀로 즐기거나 누리려 하지 않았습니다. 바울은 열병과 이질에 시달리는 보블리오 부친을 필두로, 멜리데 섬의 병자들을 계속하여 주님의 이름으로 고쳐 주었습니다. 섬 주민들은 그 보답으로 석 달 동안 바울 일행의 숙식을 지성을 다해 책임져 주었을 뿐 아니라, 바울 일행이 섬을 떠날 때에는 배에서 필요한 물품들을 챙겨 주기까지 하였습니다.

정재규 목사님의 표현을 빌리자면, 멜리데 섬은 하나님께서 바울을 위해 태초부터 예비해 두신 피난처였지만, 동시에 그 섬 주민들에게는 바울이 하나님께서 그들의 구원을 위해 태초부터 예비해 두신 또 다른 멜리데 섬이었습니다. 그들 가운데 누구도, 하나님 은혜의 종착역이 되려 하지 않았습니다. 바울도, 섬 주민들도, 계속하여 서로 상대를 위한 하나님 은혜의 통로가 되어 주었습니다. 그 결과 멜리데 섬은 새 생명의 섬으로 승화되었습니다. 이처럼 하나님의 은혜를 입은 사람은, 어떤 경우에도 하나님 은혜의 종착역이 되려 하지 않습니다. 스스로 하나님 은혜의 종착역이 되어, 하나님의 은혜를 자기 홀로 누리려는 사람은, 아직 하나님의 은혜를 알지 못하는 사람입니다. 하나님 은혜의 특성은 어느 한 곳에 머묾이 없이, 계속하여 흘러갑니다. 그래서 하나님의 은혜를 체험한 사람이 계속하여 그 은혜의 통로가 되고, 그 사람의 삶을 통해 새 생명의 역사가 일어납니다.

도심지에서 전시장을 경영하는 교우님의 경험담입니다. 주님을 믿는 지인의 요청으로, 예술가인 그분 아들의 작품 전시회를 위해 전시장을 무료로 대관해 주었습니다. 젊은 예술가는 자신이 기도하면서 원했던 전시장과 똑같은 전시장을 하나님께서 허락해 주셨다고, 전시장의 주인 앞에서 하나님께 감사하였습니다. 그러나 그는 전시회가 끝날 때까지, 그 전시장을 무료로 대관해 준 전시장 주인에게는 단 한마디의 감사도 표하지 않았습니다. 기도한 전시장과 똑같은 전시장을 허락해 주신 하나님의 은혜가 그 젊은 예술가에게, 그냥 하늘에서 뚝 떨어졌습니까? 그 전시장의 주인을 통해 주어지지 않았습니까? 전시장 주인이 그 젊은 예술가를 위해, 일주일 간의 대관료를 포기한 것입니다. 그렇다면 하나님에 대한 그 젊은 예술가의 감사는, 그를 위해 기꺼이 하나님의 통로가 되어 준 전시장 주인에게까지 이어짐이 마땅하지 않겠습니까? 그러나 그는 그렇게 하지 않았습니다. 스스로 하나님 은혜의 마지막 종착역이 되어 버린 그는, 실은 하나님의 은혜를 알지 못하는 사람입니다. 한 번이라도 그를 겪어 본 사람이라면, 그를 위해 또다시 하나님 은혜의 통로가 되어 주려 하겠습니까? 그런 사람의 삶을 통해, 과연 새 생명의 역사가 일어날 수 있겠습니까? 그런데 어떻습니까? 그 젊은 예술가가, 실은 우리 자신의 모습인 것은 아닙니까?

오늘은 예수님의 성탄을 기리고 주님의 다시 오심을 대망하는 대림절 셋째 주일입니다. 이 땅에 인간의 몸을 입고 오신 성자 하나님이신 예수님께서는, 하나님 아버지의 은혜와 사랑을 독점하시려 하지 않았습니다. 예수님께서는 하나님의 구원의 은혜와 사랑을 인간에게 나누어 주는 통로의 사명을 다하시기 위해 십자가의 제물로 죽임 당하셨다가, 죽음의 권세를 깨뜨리고 삼 일 만에 다시 살아나셨습니다. 예수님께서 십자가를 통해 완성하신 그 구원의 은혜와 사랑이 우리에게 어떻게 전해졌습니까? 하늘에서 그냥 뚝 떨어진 것이 아니지 않습니까? 누군가, 사람을 통해 전해지지 않았습니까? 그렇지만 우리는 그 사람을 까맣게 잊어버리고 살아가는 것은 아닙니까? 우리가 이렇게 스스로 하나님 은혜의 마지막 종착역으로 살아가는 한, 우리를 겪어 본 사람들이 또다시 우리를 위한 하나님의 통로가 되어 주려 하겠습니까?

이제 올해가 끝나기까지 남은 2주 동안, 올 한 해에도 우리 각자를 위한 하나님 은혜의 통로가 되어 준 분들이 누구인지, 우리 각자의 삶을 복기해 보십시다. 그리고 우리 각자를 위해 기꺼이 하나님의 통로가 되어 주었던 분들에게 전화로, 편지로, 감사의 인사를 전해 드리십시다. 가능하다면 그분들을 찾아가서, 차라도 한 잔 따뜻하게 대접해 드리십시다. 어떤 경우에도 우리 스스로 하나님 은혜의 마지막 종착역이 되려는 어리석음을 더 이상 되풀이 하지 마십시다. 하나님의 은혜에 대한 감사는, 그 은혜의 통로가 되어 준 사람들에게까지 이어져야 함을 잊지 마십시다. 그동안 수많은 사람들이 우리를 위한 멜리데 섬이 되어 주었던 것처럼, 우리 역시 수많은 사람들이 거쳐 가는 멜리데 섬으로 살아가십시다. 그와 같은 우리의 삶을 산 제물로 받아 주실 하나님께서, 우리가 이 세상에서 보잘것없는 존재라 해도, 우리에게 당신의 신적 권위를 부여해 주실 것입니다. 그때부터 우리의 삶을 통해, 삼 일 만에 다시 살아나신 주님의 새 생명이 사방으로 확산되는 진정한 새날, 새해가 시작될 것입니다.

하나님께서는 대기근에서 엘리야를 살리시기 위해 사르밧 과부에게 보내셨지만, 동시에 그 과부 모자를 살리시기 위해 그들에게 엘리야를 보내셨습니다. 엘리야와 사르밧 과부는 서로 상대를 위한 하나님 은혜의 통로 역할에 충실하므로, 죽음의 기근 속에서도 하나님의 생명의 역사가 멈추지 않게 했습니다. 하나님께서는 당신의 휘페레테스와 마르튀스인 바울을 위한 피난처로 태초부터 멜리데 섬을 예비해 두셨지만, 그 섬 주민들에게는 바울이 하나님께서 그들의 구원을 위해 예비해 두신 또 다른 멜리데 섬이었습니다. 바울과 그들 역시 서로 상대를 위한 하나님 은혜의 통로 역할에 충실함으로, 토속신앙이 판을 치던 멜리데 섬이 하나님의 생명으로 넘치게 되었습니다.

예수님께서는 당신의 십자가 구원의 은총을 누군가, 사람을 통해 나에게 베풀어 주셨습니다. 그러나 나는 그 사람을 까맣게 잊고 살아왔습니다. 하나님께서는 올해에도, 많은 사람들을 통로로 삼으셔서 내게 많은 은혜를 베풀어 주셨습니다. 그러나 하나님의 은혜에 대한 나의 감사는, 정작 하나님 은혜의 통로가 되어 주었던 사람들에게까지 이어지지는 못했습니다. 이렇게 스스로 하나님 은혜의 마지막 종착역으로 살아오느라, 주위 사람들과의 관계를 그동안 단절시켜 온 나의 어리석음을 용서해 주십시오.

대림절 셋째 주일을 맞아 올해가 끝나기 전에, 우리 각자를 위해 하나님 은혜의 통로가 되어 주었던 분들을 기억하고 감사할 줄 아는 사르밧 여인, 멜리데 섬 주민들이 되게 해주십시오. 그동안 수많은 사람들이 우리를 위한 멜리데 섬이 되어 주었듯이, 우리 역시 수많은 사람들이 거쳐 가는 멜리데 섬이 되게 해주십시오. 우리가 비록 보잘것없는 존재라 해도, 하나님께서 부여해 주실 신적 권위를 힘입어, 우리의 삶을 통해 삼 일 만에 다시 살아나신 주님의 새 생명이 사방으로 확산되는 진정한 새날, 새해가 날마다 엮어지게 해주십시오. 아멘.

26. 석 달 후에 _{신년주일}

사도행전 28장 11-14절

석 달 후에 우리가 그 섬에서 겨울을 난 알렉산드리아 배를 타고 떠나니 그 배의 머리 장식은 디오스구로라 수라구사에 대고 사흘을 있다가 거기서 둘러가서 레기온에 이르러 하루를 지낸 후 남풍이 일어나므로 이튿날 보디올에 이르러 거기서 형제들을 만나 그들의 청함을 받아 이레를 함께 머무니라 그래서 우리는 이와 같이 로마로 가니라

오늘은 2018년 새해 들어 처음 맞는 신년주일입니다. 그리고 오늘의 우리를 위해 하나님께서 2천 년 전부터 예비해 두신 본문 11절 말씀은 다음과 같습니다.

석 달 후에 우리가 그 섬에서 겨울을 난 알렉산드리아 배를 타고 떠나니, 그 배의 머리 장식은 디오스구로라.

바울이 멜리데 섬에 조난당한 지 석 달이 지났습니다. 바울이 그 섬에 조난당한 것은 그 전해 겨울이 시작될 무렵이었고, 본문의 시점은 그로부터 석 달이 지난 이듬해 봄이었습니다. 바울이 멜리데 섬에 체류하는 동안, 그 섬에서 우리처럼 새해를 맞이한 것입니다. 따라서 우리는 엿새 전 신년 0시 예배 시간에 제기했던 동일한 질문을, 2천 년 전 조난당한 멜리데 섬에서 새해를 맞은 바울에게도 던지게 됩니다.

바울이 그의 전 생애를 통틀어 멜리데 섬에서 새해를 맞은 것은 본문이 처음이자 마지막이었습니다. 그런 의미에서, 전혀 예정이나 계획에도 없이 조난당한 멜리데 섬에서 맞이한 새해는 바울에게 분명히 남다른 감회를 안겨 주었을 것입니다. 그렇게 남다른 감회의 새해를 바울이 멜리데 섬에서 맞았다고 해서, 특별히 바울의 수명이 늘어났습니까? 그렇지 않았습니다. 멜리데 섬에서 새해를 맞은 바울의 수명은, 그 섬에 체류한 석 달만큼 단축되었습니다. 바울이 멜리데 섬에서 석 달 동안 살았지만, 따지고 보면 그는 석 달의 길이만큼 멜리데 섬에서 죽은 셈이었습니다. 바울도 매 순간 살기 위해 숨을 쉬었습니다. 그러나 바울 역시 숨을 쉴 때마다 숨을 쉰 만큼 계속 죽어가는 '에노스'에 지나지 않았습니다.

바울은 멜리데 섬에 체류하는 석 달 동안, 연이어 찾아오는 병자들을 주님의 능력으로 모두 고쳐 주었습니다. 그렇지만 정작 바울 자신은 불치의 지병에 계속 시달렸습니다. 이때의 시기는 대략 주후 61년으로, 바울의 나이는 쉰세 살경이었던 것으로 추정되고 있습니다. 당시의 평균 수명을 훌쩍 넘긴 노년의 나이에 불치의 지병에 시달리던 바울이 멜리데 섬에서 새해를 맞았습니다. 말이 좋아 새해이지, 노쇠하고 병약한 바울이 자신의 죽음에 석 달만큼 더 가까이 다가간 것입니다. 그런 바울에게 무슨 새것이 생성될 수 있으며, 그가 맞은 새해가 어떻게 새해일 수 있겠습니까? 만약 바울 홀로였다면, 그가 멜리데 섬에서 맞은 새해는 달력상의 새해에 지나지 않았을 것입니다. 그러나 바울은 홀로가 아니었습니다. 하나님께서 바울과 함께 계셨습니다. 그래서 비록 노년의 나이에 지병에 시달릴망정, 바울이 조난당한 멜리데 섬에서 평생 처음 맞은 새해 역시 눈부시게 새로운 새해였습니다.

11절을 다시 보시겠습니다.

> 석 달 후에 우리가 그 섬에서 겨울을 난 알렉산드리아 배를 타고 떠나니,
> 그 배의 머리 장식은 디오스구로라.

최종 목적지가 로마였던 바울이 멜리데 섬에 조난당한 것은, 그가 승선했던 알렉산드리아 배가 죽음의 유라굴로 광풍에 열나흘 동안이나 휩쓸렸다가, 멜리데 섬 인근 해역에 좌초한 까닭이었습니다. 그리고 바울은 겨울철 지중해 항해 금지가 해제될 때까지 그 섬에서 석 달간 체류하였습니다. 새해를 맞은 바울이 항해 금지 해제에 맞추어 로마로 떠나가기 위해서는 새로운 배가 필요했습니다. 좌초한 알렉산드리아 배에서 멜리데 섬에 상륙한 조난자는, 바울을 포함하여 총 276명이었습니다. 그들이 다 함께 승선하기 위해서는, 좌초한 알렉산드리아 배와 같은 대형선박이 필요했습니다. 놀랍게도 멜리데 섬에는, "그 섬에서 겨울을 난 알렉산드리아 배"가 정박해 있었습니다. 그 배의 이름이 좌초한 배와 동일하게 알렉산드리아인 것은, 그 배 역시 이집트의 곡물을 알렉산드리아에서 로마로 수송하는 대규모 곡물 수송 선단에 속한 배였음을 의미합니다.

본문은 좌초한 종전의 알렉산드리아 배와 구별하기 위해 멜리데 섬에 정박해 있던 알렉산드리아 배를, "그 배의 머리 장식은 디오스구로"라고 특정하고 있습니다. 헬라어 명사 '디오스쿠로이Διόσκουροι'는 '쌍둥이 형제'라는

뜻으로, 헬라 신화 속 제우스의 쌍둥이 아들 '카스토르'와 '폴리데우케스'를 가리킵니다. 즉 그 배는, 양 뱃머리가 각각 '카스토르'와 '폴룩스'의 형상으로 장식된 배였습니다. 당시의 뱃사람들이, 제우스의 쌍둥이 아들을 뜻하는 쌍둥이 별자리 '게미니'가 항해의 안전을 보장해 준다고 믿은 데서 유래한 장식이었습니다. 중요한 것은, 바로 그 알렉산드리아 배가 멜리데 섬에서 '겨울을 난 배'였다는 사실입니다.

바울 일행이 승선했던 종전의 알렉산드리아 배는 겨울철 항해 금지 조치를 경홀히 여기고 무리하게 항해에 나섰다가 죽음의 유라굴로 광풍의 여파로 좌초되었고, 승객들은 조난당하고 말았습니다. 그러나 또 다른 알렉산드리아 배는 지중해를 항해하다가 항해 금지 시기가 다가오자, 아예 멜리데 섬에 기항하여 그곳에서 겨울을 지냈습니다. 그 덕분에 바울 일행이 멜리데 섬에 조난당했을 때, 그 섬에는 이미 그 배가 정박해 있었습니다. 바울의 발이 멜리데 섬에 닿기도 전에, 하나님께서 석 달 후에 멜리데 섬을 떠날 바울을 위해 또 다른 알렉산드리아 배를 그 섬에 미리 대기시켜 두신 것이었습니다. 그 배를 건조한 사람들은 헬라 신화 속 제우스의 쌍둥이 아들의 형상으로 뱃머리를 장식했지만, 사실 그 배는 바울을 위한 하나님의 도구였습니다. 하나님께서는 올해 우리 교회의 표어처럼, 바울을 그렇듯 '마음과 정성을 다하여' 심어 주셨습니다.

신년0시예배 시간에 말씀드린 바와 같이, 올해 우리 교회의 표어는 예레미야 32장 41절에 기인한 '마음과 정성을 다하여 심으리라'입니다. 주전 6세기 말, 바빌로니아제국 느부갓네살 대왕의 군대가 예루살렘을 포위한 가운데, 예루살렘 멸망은 이미 초읽기에 들어가 있었습니다. 강대국의 침공으로 나라가 무너져 내리는데도, 누구 한 명 책임지려는 지도자는 없었습니다. 사람들은 하나님의 말씀이 아니라, 자신들이 듣기 원하는 말만 들으려 했습니다. 그로 인해 거짓 승리를 외치는 거짓 선지자들의 거짓 외침은 사람들을 더욱 미혹하였고, 하나님의 말씀을 받들어 예루살렘 멸망을 예고한 선지자 예레미야는 왕의 미움을 사서 도리어 감옥에 갇히고 말았습니다. 다윗 왕 때 견고하기만 했던 이스라엘의 역사는, 그렇게 막을 내리는 것 같았습니다. 그러나 그것은 하나님의 뜻이 아니었습니다. 역사의 어둠과 절망 속에서, 감옥에 갇혀 있는 예레미야에게 하나님의 말씀이 임하였습니다.

> 보라. 내가 노여움과 분함과 큰 분노로 그들을 쫓아 보내었던 모든 지방에서 그들을 모아들여 이 곳으로 돌아오게 하여 안전히 살게 할 것이라. 그들은 내 백성이 되겠고 나는 그들의 하나님이 될 것이며, 내가 그들에게 한 마음과 한 길을 주어 자기들과 자기 후손의 복을 위하여 항상 나를 경외하게 하고, 내가 그들에게 복을 주기 위하여 그들을 떠나지 아니하리라 하는 영원한 언약을 그들에게 세우고 나를 경외함을 그들의 마음에 두어 나를 떠나지 않게 하고, 내가 기쁨으로 그들에게 복을 주되 분명히 나의 마음과 정성을 다하여 그들을 이 땅에 심으리라(렘 32:37-41).

하나님께서 예루살렘의 멸망을 허락하시는 것은 당신을 등진 이스라엘 백성을 버리시기 위함이 아니라, 그들을 당신의 백성으로 되품어 주시기 위함이었습니다. 하나님께서 이스라엘 백성이 바빌로아의 말발굽에 짓밟히게 하시는 것은, 그들을 믿음의 백성으로 되세워 주시기 위함이었습니다. 하나님께서 이스라엘 백성을 바빌로니아에 포로로 끌려가게 하시는 것은, 그들을 언약의 백성으로 되심어 주시기 위함이었습니다. 그리고 그들의 심령이 하나님을 향해 회복되고 확정되었을 때, 하나님께서는 당신의 언약대로 그들을 부르시어 되심어 주셨습니다. 그냥 되심어 주신 것이 아니라, '당신의 마음과 정성을 다하여' 새롭게 심어 주셨습니다. 그들에게 영원한 생명을 주시기 위해 당신의 독생자를 십자가의 제물 삼으시기까지, '분명히 당신의 마음과 정성을 다하여' 완전히 새롭게 심어 주셨습니다.

그러므로 '분명히 나의 마음과 정성을 다하여 그들을 이 땅에 심으리라'는 하나님의 약속 가운데 하나님께서 언급하신 '이 땅'은, 지리적으로 그들이 살던 가나안 땅만을 가리키신 말씀이 아닙니다. 하나님께서 당신의 백성을 당신의 영원한 복음 속에, 당신의 영원한 생명과 사랑 속에, 당신의 영원한 나라에, '분명히 당신의 마음과 정성을 다하여' 심어 주시리란 약속이었습니다. 그런 하나님이시기에 조난당한 바울의 발이 멜리데 섬에 닿기도 전에, 하나님께서는 석 달 후에 그 섬을 떠날 바울을 위해 그 섬에 또 다른 알렉산드리아 배를 미리 대기시켜 두실 정도로, '당신의 마음과 정성을 다하여' 바울을 심어 주셨습니다. 바울이 하나님의 휘페레테스와 마르튀스였기 때문입니다. 신년0시예배 시간의 용어로 표현하자면, 바울이 이 세상을 살리시기 위한 하나님의 대책이었기 때문입니다.

교회를 짓밟던 바울은 다메섹 도상에서 하나님의 대책으로 부르심을 받은 이후, 어떤 상황 속에서든 일평생 하나님의 대책으로 살기 위해 자신의 삶을 하나님께 산 제물로 드렸습니다. 하나님께서 당신의 대책으로 살아가는 바울이 어느 곳으로 가든, 그를 '분명히 당신의 마음과 정성을 다하여 이 땅에' 심어 주신 것은 너무나도 당연한 일이었습니다. 하나님께서 '분명히 당신의 마음과 정성을 다하여' 바울을 심어 주신 '이 땅'은, 1차적으로는 그동안 그가 살아온 과거의 모든 시간을 의미했습니다. '이 땅'의 2차적인 의미는 지금 그가 맞닥뜨리고 있는 현재의 시간이었고, 3차적 의미는 하나님의 대책으로 황제의 법정에 서기까지 앞으로 그가 살아야 할 미래의 시간이었습니다. 바울의 발이 멜리데 섬에 닿기도 전에, 석 달 후에 그 섬을 떠날 바울을 위해 또 다른 알렉산드리아 배를 그 섬에 미리 대기시켜 두신 것은, 하나님께서 바울을 그 미래의 시간에 '당신의 마음과 정성을 다하여' 심어 주신 것이었습니다. 그러나 그것이 끝이 아니었습니다. 바울에게 하나님께서 심어 주실 '이 땅'의 궁극적인 의미는, 시간과 공간을 초월한 영원이었습니다. 하나님께서는 로마에서 당신의 대책으로 참수형을 당한 바울을, '분명히 당신의 마음과 정성을 다하여' 영원 속에 영원한 사도로 영원히 심어 주셨습니다. 그래서 바울은 하나님의 영원하신 말씀 속에서, 지금도 우리 가운데 영원한 사도로 영원히 살아 있습니다.

멜리데 섬에서 새해를 맞은 바울은 그 섬에 조난당했던 석 달 전과 비교하여, 오히려 석 달만큼 더 늙었습니다. 당시의 평균수명을 훌쩍 넘긴 노년의 나이로 지병에 시달리던 바울의 육체는, 석 달만큼 더 쇠퇴하였습니다. 그가 멜리데 섬에서 새해를 맞았지만, 석 달만큼 죽음에 더 가까이 다가간 바울 자신에게는 새로울 것이 아무것도 없었습니다. 그러나 하나님께서 바울과 함께하고 계셨습니다. '분명히 당신의 마음과 정성을 다하여' 바울을 과거 속에 심어 주셨던 하나님, '분명히 당신의 마음과 정성을 다하여' 바울을 현재 속에 심어 주고 계시는 하나님, '분명히 당신의 마음과 정성을 다하여' 바울을 미래 속에 심어 주실 하나님, 시간과 공간을 초월하여 '분명히 당신의 마음과 정성을 다하여' 바울을 영원 속에 영원히 심어 주실 하나님께서 바울과 함께하고 계셨기에, 비록 늙고 병약한 바울일망정 조난당한 멜리데 섬에서도 눈부신 새해를 맞았습니다.

그 하나님께서 2018년 신년주일 예배를 드리는 우리에게도, '분명히 나의 마음과 정성을 다하여 너희들을 이 땅에 심으리라'고 지금 약속해 주고 계십니다.

저 자신에 대해 말씀드리는 것을 양해해 주시기 바랍니다. 몇 달 전부터 저는 류마티즘을 앓고 있습니다. 류마티즘으로 확인되기 전까지는, 어깨 손목 무릎 발목의 통증으로 밤에 잠을 자지 못했습니다. 주일예배 시간에 설교할 때에도 30여 분 서 있는 것이 너무 고통스러워, 여차하면 교우님들의 양해를 구하고 앉아서 설교하기 위해 뒤쪽에 항상 높은 의자를 비치해 두었습니다. 다행히도 최근에 병원에서 제 증세에 맞는 약을 처방해 준 덕분에 격심한 통증에서는 벗어났습니다. 그 대가로 하루 종일 얼굴이 부어 있습니다. 그래서 요즈음 사정을 알지 못하는 교우님들로부터, 얼굴과 화색이 좋아졌다는 인사를 많이 받고 있습니다. 하루 종일 제 뜻대로 움직이지도 않는 부은 얼굴로 일상의 삶을 사는 것은 여간 힘들지 않습니다. 그러나 그렇다고 제가 약 복용을 중단해 버리면 어떻게 되겠습니까? 얼굴의 붓기는 빠지겠지만 류마티즘 증세는 더 악화될 것이요, 저는 날이 갈수록 더 격심한 통증에 시달리지 않겠습니까? 제가 류마티즘이 완치될 수 있겠다는 의사의 말을 믿는다면, 앞으로 상당한 기간 동안 부은 얼굴로 불편하게 살더라도, 의사의 지시에 따라 매일 성실하게 약을 복용해야 하지 않겠습니까? 그렇게 하면 언젠가는 류마티즘에서도, 얼굴의 붓기에서도, 완전히 벗어나는 새로운 날이 반드시 이르지 않겠습니까?

새로울 것도, 새로워진 것도 없는 우리에게 하나님께서 2018년을 새해로 주시고, '분명히 나의 마음과 정성을 다하여 너희들을 이 땅에 심으리라'고 당신의 말씀을 통해 약속해 주셨습니다. 하나님께서 '우리를 이 땅에 심으신다'는 것은 우리의 가정을, 우리의 일터를, 이 땅의 교회를, 우리 사회를, 이 시대를, 새롭게 심어 주시겠다는 하나님의 약속입니다. 우리가 하나님의 이 약속을 정녕 믿는다면 바울처럼, 우리 자신이 먼저 이 세상과 이 시대를 위한 하나님의 대책이 되어야 합니다. 우리가 하나님을 믿는다면서도 자기 마음대로 살기 위해 하나님의 대책이 되기는 거부한다면, 그것은 제가 얼굴 붓기를 빼려고 류마티즘 약을 거부하는 것과 같습니다. 우리가 그렇게 살아서는, 해마다 달력을 교체하면 할수록 점점 죽음에 다가갈 뿐인 우리에게 본질적인 새해 새날은 영영 불가능할 것입니다. 그러나 우리가 보잘것없는 존재라 해도 바울처럼 하나님의 대책으로 살기 위해 우리의 삶을 하나님께 산 제물로 드린다면, 하나님께서 우리를 통로로 삼아 우리의 가정을, 우리의 일터를, 이 땅의 교회를, 우리 사회를, '분명히 당신의 마음과 정성을 다하여' 새롭게 심어 주실 것입니다. 그리고 그 결과로 우리의 2018년은 새해 새날로 승화될 것입니다.

저 개인적으로는, 우리 교회가 제 퇴임 이후에 실시하기로 결의한 공동 담임목회를 위한 하나님의 대책이 되기 위해, 저 자신을 하나님께 산 제물로 드리려고 합니다. 작년에 우리는 네 분의 목회자를 제 후임 공동 담임목사로 확정하였습니다. 저는 제 남은 임기 동안, 그 네 분의 목회자를 중심으로 교회를 운영하기로 했습니다. 그분들이 제 퇴임 후에 100주년기념교회 공동 담임목사직을 차질 없이 수행할 수 있게끔 그분들을 앞세우고, 저는 그분들을 위한 '밑가지'가 될 계획입니다.

우리는 《새신자반》에서 그리스도인의 섬김과 봉사는 궁극적으로 '밑가지'가 되는 것이라고 배웠습니다. 하나님께서 창조하신 이 세상의 모든 나무는 오래 되고 굵은 가지일수록 '밑가지'가 됩니다. 윗자리는 언제나 새롭고 여린 가지의 몫입니다. 크고 높은 사람일수록 높은 자리를 차지하기에 그 무게를 이기지 못해 쉽게 무너져내리는 인간 조직과는 달리, 나무가 어떤 경우에도 무너지지 않는 조화와 균형을 견지하는 것은, 크고 굵은 가지일수록 밑가지가 되어 나무를 든든하게 받쳐 주는 까닭입니다. 교회 역시 나무와 같아야 한다고 했습니다. 오래된 교인일수록 보이지 않는 든든한 밑가지가 되어야, 그 위로 계속 새로운 생명의 가지들이 이어지는 참된 교회를 이룰 수 있습니다. 그래서 저는 제 후임 공동 담임목사님들을 위한 밑가지가 되는 것을, 100주년기념교회에서의 제 마지막 소명으로 받아들이고 있습니다.

대외업무는 벌써부터, 대외업무를 총괄할 담임으로 예정된 김영준 전도사님 중심으로 운영되고 있습니다. 참고로 1972년생인 김영준 전도사님은 올 가을에 목사 안수를 받을 예정입니다. 교회학교는 지난 12월 1일부터, 교회학교 총괄 담임 예정자인 이영란 목사님 중심으로 운영되기 시작하였습니다. 교구 관리 및 목회와 행정 업무 역시 올 1월 1일부터, 목회와 행정 총괄 담임 예정자인 김광욱 목사님 중심으로 운영되고 있습니다. 앞으로 상임위원회도 김광욱 목사님 주재로 운영할 예정입니다. 영성총괄 담임 예정자인 정한조 목사님도 올 1월 1일부터, 매주 화요일에서 금요일까지 네 번의 새벽기도회 설교를 시작하였습니다. 구역 성경공부와 장년교구 수련회도 정 목사님이 책임지고 인도하게 될 것입니다. 주일예배 설교는, 6월 말까지 상반기에는 정 목사님과 제가 매달 두 번씩 설교할 예정입니다. 이번 달부터 매달 첫째 주일과 셋째 주일에는 제가, 둘째 주일과 넷째 주일에는 정 목사님이 설교하겠습니다. 다섯째 주일이 있을 경우에는, 목회와 행정을 총괄하는 김광욱 목사님이 담당하겠습니다. 하반기가 시작되는 7월부터는, 저는 한 달에 세 번째 주일 한 번만 설교할 계획입니다. 7월부터 매달 첫째 주일에는 김광욱 목사님이, 둘째 주일과 넷째 주일에는 상반기처럼 정한조 목사님이 설교하고, 다섯째 주일이 있는 달에는 이영란 목사님과 김영준 전도사님이 돌아가며 담당하겠습니다. 제가 퇴임한 이후에는 청빙위원회의 합의에 따라 정한조 목사님이 매달 첫째 주일부터 셋째 주일까지 한 달에 세 번, 김광욱 목사님이 매달 마지막 넷째 주일 한 번, 그리고 다섯째 주일은 이영란 목사님과 김영준 전도사님이 주일설교를 담당하겠습니다.

저는 이제 그분들을 위한 '밑가지'로, 제 퇴임 후에 그분들이 100주년기념 교회의 공동 담임목사로서 최선의 역량을 발휘할 수 있게끔 그분들을 최대한 떠받쳐 드릴 작정입니다. 교우님들께서도 그분들을 위해 기도해 주시고, 그분들의 동역자가 되어 주시기를 당부드립니다. 한국 교회 미래를 위한 길 닦이의 사명을 부여받은 우리 교회로 하여금 공동 담임목회의 새로운 길을 열게 하신 하나님께서, 당신이 세운 네 분의 후임 담임목사님들을 이곳 양화진에, 한국 교계에, 이 시대에, 다가올 미래에, '분명히 당신의 마음과 정성을 다하여' 심어 주실 것을, 저는 확신하고 있습니다.

바울의 발이 멜리데 섬에 닿기도 전에, 석 달 후에 로마로 떠날 바울을 위해 그 섬에 또 다른 알렉산드리아 배를 미리 대기시켜 두실 정도로, '분명히 당신의 마음과 정성을 다하여' 바울을 심어 주셨던 하나님께서 바로 우리의 하나님이심을 믿으십니까? 그 하나님께서 우리에게 2018년의 새로운 기회를 주시고, '분명히 나의 마음과 정성을 다하여 너희들을 이 땅에 심으리라'고 지금 약속해 주고 계십니다. 그 하나님께 올 한 해 동안 우리의 삶을 산 제물로 드리십시다. 1년 내내 이 세상을 위한 하나님의 대책으로 살아가십시다. 하나님께서 우리를 통로로 삼아, '분명히 당신의 마음과 정성을 다하여' 우리의 가정을 새롭게 심어 주실 것입니다. 하나님께서 '분명히 당신의 마음과 정성을 다하여', 우리의 일터를 새롭게 심어 주실 것입니다. 하나님께서 '분명히 당신의 마음과 정성을 다하여', 이 땅의 교회를 새롭게 심어 주실 것입니다. 하나님께서 '분명히 당신의 마음과 정성을 다하여', 우리 사회를 새롭게 심어 주실 것입니다.

한 해 더 죽음에 가까이 다가간 우리 자신에게는 새로울 것이 아무것도 없지만, '분명히 당신의 마음과 정성을 다하여' 우리를 새롭게 심어 주실 하나님의 은혜로, 우리의 2018년은 날마다 눈부신 새해 새날로 엮어져 갈 것입니다.

바울의 발이 멜리데 섬에 닿기도 전에, 석 달 후에 로마로 떠날 바울을 위해 그 섬에 다른 알렉산드리아 배를 미리 대기시켜 두실 정도로 바울을 '마음과 정성을 다하여' 심어 주셨던 하나님께서, 2천 년의 시간과 공간을 초월하여 우리의 하나님이심을 감사합니다. 그 하나님께서 지금, 우리와 함께하고 계심을 감사합니다. 그 하나님께서 우리에게 2018년의 새로운 기회를 주시고, '분명히 나의 마음과 정성을 다하여 너희들을 이 땅에 심으리라' 약속해 주시니 감사합니다.

한 해 더 죽음에 가까이 다가간 우리 자신에게는 새로운 것이 없고, 우리를 둘러싸고 있는 여건 또한 새로울 것이 아무것도 없어도, '당신의 마음과 정성을 다하여' 심어 주시리라는 하나님의 약속을 믿고, 우리 모두 2018년도 속으로 힘차게 발을 내딛습니다. 올 한 해 동안, 어떤 상황 속에서도 이 세상을 위한 하나님의 대책으로 살아가게 해주십시오. 우리가 2018년을 맞기도 전에, 우리 각자를 위해 2018년 속에 미리 대기시켜 두신 또 다른 알렉산드리아 배를 발견하는 믿음의 눈을 허락하여 주십시오. 그리하여 우리 각자의 또 다른 알렉산드리아 배에 승선하는 우리의 2018년이, 우리가 거쳐 온 그 어느 해보다 눈부신 새날 새해로 엮어지게 해주십시오. 아멘.

27. 떠나니

사도행전 28장 11-14절

석 달 후에 우리가 그 섬에서 겨울을 난 알렉산드리아 배를 타고 **떠나니** 그 배의 머리 장식은 디오스구로라 수라구사에 대고 사흘을 있다가 거기서 둘러가서 레기온에 이르러 하루를 지낸 후 남풍이 일어나므로 이튿날 보디올에 이르러 거기서 형제들을 만나 그들의 청함을 받아 이레를 함께 머무니라 그래서 우리는 이와 같이 로마로 가니라

죽음의 유라굴로 광풍으로 멜리데 섬에 조난당한 바울은 생애 처음이자 마지막으로, 그 섬에서 새해를 맞았습니다. 그리고 석 달 후, 지중해 항해 금지가 해제되는 즉시 바울은 다시 항해에 나섰습니다. 바울이 그의 최종 목적지인 로마를 향해 멜리데 섬을 떠난 것입니다. 멜리데 섬에서 겨울을 난 바울이 만약 그 섬을 떠나지 않고, 편안한 여생을 위해 그 섬에 정착해 버렸더라면 어떻게 되었겠습니까? 다른 사람과 전혀 구별되지 않는 그 노인 바울의 언행이 성경에 기록될 리도 만무했을 것이요, 2천 년의 시간과 공간을

초월하여 우리가 그런 노인을 본받으려 할 이유나 필요도 없을 것입니다. 바울이 우리 믿음의 영원한 표상인 것은, 그가 언제나 떠나야 할 때 주저하거나 머뭇거리지 않고 단호하게 떠나는 사람이었기 때문입니다.

인생은 멈춤 없이 계속 떠나는 것입니다. 우리가 어떻게 오늘을 맞았습니까? 어제를 떠났기 때문입니다. 어제가 이미 지나갔는데도 아직 어제를 떠나지 못한 사람이 있다면, 두 경우에 국한된 사람입니다. 첫 번째 경우는, 어제에 집착하고 있는 사람입니다. 어제에 집착하고 있는 사람은, 비록 오늘을 살고 있어도 그에게 오늘은 있을 수 없습니다. 그의 시간과 사고가 어제에 머물러 있기 때문입니다. 오늘이 없는 그 사람에게는 당연한 결과로, 내일도 있을 수 없습니다. 다음은 사도 바울의 증언입니다.

> 내가 어렸을 때에는 말하는 것이 어린아이와 같고, 깨닫는 것이 어린아이와 같고, 생각하는 것이 어린아이와 같다가, 장성한 사람이 되어서는 어린아이의 일을 버렸노라(고전 13:11).

우리말 '버리다'로 번역된 헬라어 동사 '카타르게오καταργέω'는, '완전히 쓸모 없게 폐기처분하다'는 의미입니다. 성인이 되는 것은, 어린아이의 언행과 사고방식을 폐기처분하고 떠나는 것입니다. 그렇게 하지 않으면, 성인이 되어서도 삶의 전반에 걸쳐 어린아이의 유치함을 탈피할 수 없습니다. 어제를 떠난 사람이 어제보다 나은 오늘과 내일을 얻고, 유년기의 나를 떠난 사람이 청장년기의 성숙한 나를 얻고 가꿀 수 있습니다.

어제를 떠나지 못한 사람에게 해당되는 두 번째 경우는, 죽음입니다. 어제 누군가가 죽었다면, 그 사람의 인생 시계가 어제 멈추었음을 뜻합니다. 인생 시계가 어제 멈춘 그는 영영, 어제에서 떠날 수 없습니다. 오늘 죽은 사람의 인생 시계는 오늘에서 멈추었습니다. 그 사람에게는 더 이상 내일이 있을 수 없습니다. 오늘 인생 시계가 멈춘 그 사람은 영영, 오늘을 떠날 수 없기 때문입니다. 그렇다고 해서 죽은 사람이 죽은 그대로 계속 존속하는 것은 아닙니다. 인생 시계가 멈추어 더 이상 시간을 떠날 수 없게 된 망자亡者는, 그 대신 아예 세상을 떠나야 합니다. 이처럼 인간은 이 세상에 태어나는 순간부터 이 세상을 떠나기까지, 계속 떠나는 존재입니다. 청정한 생명도, 바른 정신도, 빛나는 영성도, 매일 오늘의 나를 떠나는 사람의 삶 속에 둥지를 틉니다. 인간의 모든 문제는 따지고 보면, 오늘의 나를 떠나지 않으려는 집착과 정체에 기인하고 있습니다.

떠나는 것이 중요한 것만큼, 어떻게 떠나느냐는 것 역시 중요합니다. 멜리데 섬에 조난당한 바울이 석 달 후에 그 섬을 떠날 때의 광경을, 이미 우리가 살펴보았던 10절이 이렇게 증언해 주었습니다.

후한 예로 우리를 대접하고, 떠날 때에 우리 쓸 것을 배에 실었더라.

멜리데 섬 주민들은 석 달 동안 바울 일행의 숙식을 지성으로 책임져 주었을 뿐 아니라, 바울 일행이 멜리데 섬을 떠날 때 그들이 배에서 필요한 물품을 배에 실어 주기까지 하였습니다. 멜리데 섬 주민들은 바울의 떠남을 그 정도로 아쉬워하였습니다. 거기에는 충분한 이유가 있었습니다. 바울이 멜리데 섬에 조난당했을 때, 그 섬의 제1인자인 보블리보의 부친이 열병과 이질에 시달리고 있었습니다. 바울이 그의 병을 고쳐 준 것을 계기로 그 섬의 불치병 환자들이 연이어 바울을 찾아왔고, 바울은 주님의 이름으로 그들을 모두 치유해 주었습니다.

그때 바울은 원기 왕성한 젊은이가 아니라, 이미 인생 말년에 접어든 노년이었습니다. 평생 지병에 시달리던 노년의 바울이, 죽음의 유라굴로 광풍에 휩쓸려 열나흘 동안이나 먹지도 마시지도 못했습니다. 모래톱에 처박힌 알렉산드리아 배에서 차가운 겨울 바다로 뛰어내려, 거친 파도를 직접 헤치고 멜리데 섬에 상륙해야 했습니다. 멜리데 섬에 상륙해서는 겨울 소낙비와 추위에 덜덜 떨어야만 했습니다. 지병에 시달리던 늙은 바울의 체력은, 죽음의 유라굴로 광풍 속에서 그렇게 상할 대로 상했습니다. 따라서 노년의 바울은 멜리데 섬에 체류하는 석 달 동안, 망가진 그의 체력을 추스르는 데 주력함이 마땅하였습니다. 그에게는 황제의 법정에 서야 할 최후의 여정이 남아 있었기 때문입니다.

그러나 바울은 자신을 돌보기보다, 연이어 찾아오는 병자들을 돌보는 데 주력하였습니다. 지병에 시달리던 노년의 바울이 자신의 생명을, 시간을, 믿음을, 그들에게 아낌없이 나누어 준 것입니다. 그 바울을 통로로 삼아 주님의 생명과, 능력과, 은혜가, 그들에게 스며들었습니다. 그 사실을 보고 겪은 주민들이 바울을 극진하게 대하고, 그의 떠남을 아쉬워한 것은 조금도 이상한 일이 아니었습니다. 만약 노년의 바울이 멜리데 섬에 체류하면서 주위 사람은 아랑곳하지 않고 자기 몸과 자기 유익만 챙기는 데 급급했더라면, 섬 주민들은 그의 떠남을 아쉬워하기는커녕 오히려 속 시원해하였을 것입니다.

구약성경 역대하는 왕들의 죽음, 즉 왕들의 세상 떠남을 전하면서 우리가 주목하지 않을 수 없는 증언들을 남기고 있습니다.

> 여호람이 삼십이 세에 즉위하고 예루살렘에서 팔 년 동안 다스리다가, 아끼는 자 없이 세상을 떠났으며, 무리가 그를 다윗 성에 장사하였으나 열왕의 묘실에는 두지 아니하였더라(대하 21:20).

이스라엘은 솔로몬의 아들 르호보암 치하에서 남왕국과 북왕국, 다시 말해 유다왕국과 이스라엘왕국으로 분열되었습니다. 여호람은 분열된 유다왕국의 다섯 번째 왕이었습니다. 그는 유다왕국 내에서는 삼권을 장악한 절대군주였습니다. 그의 생전에 그의 주위는, 그에게서 이득을 취하려는 사람들로 항상 붐비지 않았겠습니까? 하지만 그의 코끝에서 그의 숨과 시간이 멎자, 오래전에 확인해 보았던 것처럼, 그를 '아끼는' 사람은 아무도 없었습니다. 그 누구도 그의 세상 떠남을 안타까워하거나 아쉬워하지 않았다는 말입니다. 심지어 사람들은 그의 시신을 왕의 묘실에 안치하지도 않았습니다. '너, 잘 죽었다'는 식이었습니다.

반면에, 분열된 유다왕국 열세 번째 왕인 히스기야의 죽음에 대한 역대하의 증언은 여호람의 경우와는 사뭇 다릅니다.

> 히스기야가 그의 조상들과 함께 누우매, 온 유다와 예루살렘 주민이 그를 다윗 자손의 묘실 중 높은 곳에 장사하여 그의 죽음에 그에게 경의를 표하였더라(대하 32:33상).

히스기야의 코끝에서 그의 숨과 시간이 멎자, 온 백성이 그의 시신을 왕의 묘실 중에서 높은 곳에 안치하고 그의 죽음에 "경의를 표하였"습니다. 그런가 하면, 유다왕국 열여섯 번째 왕인 요시야의 죽음에 대한 증언은 보다 애절합니다.

> 예루살렘에 이른 후에 그가 죽으니, 그의 조상들의 묘실에 장사되니라. 온 유다와 예루살렘 사람들이 요시야를 슬퍼하고, 예레미야는 그를 위하여 애가를 지었으며, 모든 노래하는 남자들과 여자들은 요시야를 슬피

노래하니 이스라엘에 규례가 되어 오늘까지 이르렀으며, 그 가사는 애가 중에 기록되었더라(대하 35:24하-25).

남녀노소를 막론하고 온 백성이 요시야 왕의 죽음을 슬퍼하였을 뿐 아니라, 선지자 예레미야는 그를 위하여 애가를 지었고, 사람들은 그 애가를 슬피 노래하였습니다. 이처럼 여호람에 대한 성경의 증언과, 히스기야 및 요시야에 대한 증언은 전혀 딴판입니다. 인생 시계가 멈춘 여호람을 아무도 아끼지 않은 것은, 그가 하나님께로부터 위임받은 권력으로 오로지 자기 욕망만을 위해 살았기 때문입니다. 반면에 히스기야와 요시야의 세상 떠남에 사람들이 경의를 표하며 슬퍼한 것은, 그들이 하나님께서 주신 것들을 하나님의 청지기로서 사람들을 위해 사용한 덕분이었습니다.

인생은 멈추지 않고 떠나는 것이라고 했습니다. 우리 자신은 어떻습니까? 우리는 스무하루 전에 새해를 맞았습니다. 그렇다면 우리는 스무하루 전에 정녕 작년을 떠났습니까? 새해를 맞은 지 스무하루가 지났지만, 우리의 마음과 생각은 여전히 작년에 머물러 있는 것은 아닙니까? 어제의 나를 떠나지 못하는 우리에게, 과연 새로운 오늘과 내일의 새해가 가능할 수 있겠습니까? 어제의 나를 떠나지 못해서는 해마다 나이는 더 많아진다 해도, 하나님 보시기에 우리의 언행과 사고방식은 늘 유치하기 짝이 없을 것입니다.

우리는 살기 위해 숨을 쉬지만, 실은 숨을 쉴 때마다 숨을 쉰 만큼 우리는 죽어간다고 했습니다. 그리고 우리의 코끝에서 우리의 숨과 시간이 멎는 순간, 현재진행형이던 우리의 죽음은 종결됩니다. 우리에게 이 세상에 남은 시간이 더 이상 없어, 우리가 영영 세상을 떠나야 하는 시점이 죽음인 것입니다. 그때 사람들은 우리 각자의 죽음을, 우리의 세상 떠남을 어떻게 대하겠습니까? 여호람처럼, 세상을 떠나는 우리를 아무도 아끼지 않는 것은 아니겠습니까? 혹은 히스기야나 요시야처럼, 우리의 죽음에 경의를 표하며 진심으로 슬퍼하는 사람이 몇 사람이나 있겠습니까? 그 해답은 우리 각자가 이미 알고 있습니다. 자신이 지닌 것들을 이용하여 지금 자기 자신만을 위해 살고 있다면, 그 사람은 아무도 아껴 주지 않는 가운데 세상을 떠나야 할 것입니다. 지금 누군가를 위해 자신이 지닌 것들을 기꺼이 사용하며 사는 사람이라면, 필경 많은 사람들이 그의 세상 떠남에 경의를 표하며 슬퍼할 것입니다. 그리스도인인 우리가 어느 쪽의 삶을 지향해야 할 것인지는, 굳이 말하지 않아도 다 아실 것입니다.

본문 11절을 다시 보시겠습니다.

> 석 달 후에 우리가 그 섬에서 겨울을 난 알렉산드리아 배를 타고 떠나니, 그 배의 머리 장식은 디오스구로라.

바울은 석 달 후에 멜리데 섬을 떠나면서, '그 섬에서 겨울을 난 알렉산드리아 배를 타고' 떠났습니다. 지난 시간에 말씀드린 것처럼 조난당한 바울의 발이 멜리데 섬에 닿기도 전에, 하나님께서는 석 달 후에 그 섬을 떠날 바울이 타고 갈 배를 미리 예비해 두고 계셨습니다. 그 배가 멜리데 섬 인근 해역에 좌초한 배와 동일하게 알렉산드리아 배인 것은, 그 배 역시 이집트의 곡물을 알렉산드리아에서 로마로 수송하는 대규모 곡물 수송 선단에 속한 배였기 때문이라고 했습니다. 멜리데 섬에서 바울 일행만 그 배에 승선한 것이 아니었습니다. 좌초한 알렉산드리아 배에 타고 있던 276명 전원이 멜리데 섬에 정박해 있던 그 배에 다 함께 승선하였습니다. 그들 속에는 좌초한 알렉산드리아 배를 통째로 잃은 선주와 선장, 그리고 그 배에서 자신들의 재산인 모든 하물을 바다에 내버려야 했던 하주들도 포함되어 있었습니다. 배와 하물을 송두리째 잃은 사람들이, 멜리데 섬에서 안전하게 겨울을 지낸 또 다른 알렉산드리아 배에 함께 승선한 것입니다. 그때 그들의 심정이 어떠했겠습니까?

좌초한 알렉산드리아 배는, 바울 일행이 루기아의 무라에서 갈아탄 배였습니다. 그 알렉산드리아 배는 무라를 출항하자마자 거센 역풍을 만나 여러 날 동안 애쓰다가, 천신만고 끝에 지중해 한가운데에 위치한 그레데 섬 미항으로 밀려났습니다. 그때는 겨울철 지중해 항해 금지 시기가 이미 코앞에 닥쳐와 있었습니다. 그 시점에 다시 항해에 나서는 것은 위험한 도박과도 같았습니다. 바울은 항해의 위험성을 경고하면서, 순리에 따라 미항에서 겨울을 보낼 것을 권했습니다. 그러나 선주와 선장, 그리고 하주들은 바울의 말에 귀를 기울이지 않았습니다. 그들은 이듬해 봄이 오기까지 겨울을 지내기 위해서는 작은 미항보다, 그레데 섬에서 가장 큰 항구인 뵈닉스가 자신들의 배와 재산을 지키기에 더 안전하다고 속단하고, 무모하게 겨울철 항해의 도박에 나섰습니다. 그들은 미항에서 뵈닉스까지는 65킬로미터밖에 되지 않아, 그 정도의 거리라면 겨울철 지중해 폭풍이 불어닥치더라도 충분히 감당할 수 있다고 믿었습니다. 그들이 그들의 것들에 집착하느라 어제의 나를 떠나지 못해, 항해 금지가 시작되는 오늘의 나를 받아들이지 못한 것이었습니다.

그러나 그 결과는 너무나도 참담하였습니다. 그들은 유례 없는 죽음의 유라굴로 광풍 속에서 배도, 하물도, 통째로 잃고 말았습니다. 겨울철 항해의 도박길에서 패가망신한 것입니다. 만약 그 배에 바울이 타고 있지 않았더라면, 그 죽음의 유라굴로 광풍 속에서 그들의 인생 시계마저 멈추고 말았을 것입니다.

바울의 발이 멜리데 섬에 닿기도 전부터 그 섬에 정박해 있던 배 역시 알렉산드리아 선단에 속한 배였습니다. 그러나 그 배의 선장은 좌초한 배의 선장과는 완전히 달랐습니다. 그는 지중해를 항해하다가 항해 금지 시기가 다가오자, 이탈리아 반도가 얼마 남지 않았는데도 멜리데 섬에 기항하여 그곳에서 겨울을 지냈습니다. 당시 대형선박의 선장들은 항해에서 얻는 수익금 가운데 일정 비율의 배당을 받았습니다. 선원들과 함께 지중해에서 최소한 석 달 동안 겨울을 지내기 위해서는 얼마나 많은 경비가 과외로 소요되겠습니까? 선장은, 가능한 한 지중해에서 겨울을 나지 않아야 자신의 몫을 극대화할 수 있었습니다. 하지만 그 배의 선장은 이탈리아 반도가 멀지 않았다고 해서, 항해 금지를 무릅쓰고 더 많은 이득을 챙기려 항해를 강행하는 도박에 나서지 않았습니다. 그는 순리에 따라 주저하지 않고 그 작은 멜리데 섬에 기항하여, 그곳에서 겨울을 지냈습니다. 그 선장 덕분에 그 배의 선주는 죽음의 유라굴로 광풍 속에서도 배를 잃지 않았고, 그 배에 승선한 하주들도 그들의 하물을 온전히 지킬 수 있었습니다.

중요한 사실은, 항해 금지의 위험에도 불구하고 자신들의 욕망을 위해 겨울철 항해의 도박에 나섰다가 모든 것을 잃은 사람들이, 순리에 따라 작은 멜리데 섬에 배를 정박시켜 모든 것을 지킨 선장의 배에 자신들을 의탁하고 그 섬을 함께 떠났다는 것입니다. 겨울철 항해의 도박으로 패가망신한 선주와 선장이, 순리에 따라 모든 것을 지킨 선장 앞에서 얼마나 수치스러웠겠습니까? 죽음의 광풍 속에서 자신들의 하물을 몽땅 잃은 하주들은, 하물에 아무 손상도 입지 않은 그 배를 타고서, 무모한 겨울철 항해의 도박에 동의했던 자신들의 어리석은 행동을 얼마나 후회했겠습니까?

멜리데 섬을 떠난 본문의 알렉산드리아 배는, 이 세상의 축소판이라 할 수 있습니다. 그 배에는 두 부류의 사람이 승선해 있었습니다. 첫 번째 부류는 순리를 따라 사는 사람들로, 바울 일행과 그 배의 선장이었습니다. 차이가 있다면 바울 일행은 하나님의 말씀 안에서 순리를 따랐고, 선장은 자연의 순리에 충실하였습니다. 그러나 겨울철이면 지중해가 거칠어지는 자연의 순리를 만드신 분이 하나님이시기에, 그 선장 역시 자신이 의식하지도 못하는 가운데 하나님의 순리에 충실한 사람이었다고 할 수 있습니다. 두 번째 부류는 좌초한 알렉산드리아 배의 선주와 선장 그리고 하주들로, 순리를 무시하고 겨울철 항해의 도박에 나섰다가 모든 것을 잃고 패가망신한 사람들이었습니다. 주목할 사실은 순리를 따른 사람들이, 순리를 거스르며 겨울철 항해의 도박에 나섰다가 패가망신한 사람들의 로마행을 책임져 주었다는 것입니다.

이 세상에도 본문의 알렉산드리아 배처럼, 순리를 따르는 사람들과 순리를 거스르는 두 부류의 사람들이 살고 있습니다. 순리를 따르는 사람들의 시간은 정체되는 법이 없습니다. 순리는 마치 흐르는 강물과 같아, 순리를 따르는 사람은 언제나 어제와 오늘의 나를 떠나 새로운 내일의 나를 맞기 때문입니다. 순리를 따르는 사람들의 영성과 생각이 날이 갈수록 깊어지고 오묘해지는 까닭이 거기에 있습니다. 그런 사람들이 자신의 것들에 집착하지 않고, 오히려 자신의 것들로 사람들을 섬기며 살아갈 수 있습니다. 반면에 순리를 거스르는 사람들의 삶은 겉모양과는 상관없이, 본질적으로는 도박과 다를 바가 없습니다. 순리를 거스르는 것은 자신의 시간을 자기에게 집착하는 어제의 나에게 고정시켜, 새로운 오늘과 내일을 쓸모없이 탕진하는 어리석은 행위이기 때문입니다. 그래서 이 세상을 책임지는 사람들도 언제나 순리를 따르는 사람들입니다. 순리를 거스르는 사람들이 자기 육체의 고깃덩어리를 기름지게 할 수는 있지만, 이 세상은 오직 하나님의 말씀 안에서 순리를 따르는 사람들에 의해서만 새로워질 수 있습니다. 그 사람들만 어제의 나를 떠나, 오늘의 나를 거쳐, 새로운 내일의 나를 맞을 수 있기 때문입니다.

멜리데 섬을 떠난 본문의 알렉산드리아 배는 또 우리의 죽음, 다시 말해 우리의 세상 떠남의 상징이라고 할 수도 있습니다. 멜리데 섬에서 겨울을 난 본문의 알렉산드리아 배가 그 섬을 떠났습니다. 섬 주민들이 바울과 함께 지낸 기간은 겨우 석 달밖에 되지 않았지만, 그들은 바울의 떠남을 아쉬워하며 바울 일행이 배에서 사용할 물품을 배에 실어 주기까지 하였습니다. 좌초한 알렉산드리아 배의 선주와 선장 그리고 하주들은, 순리에 따라 배와 하물을 온전히 지킨 그 배의 선장에게 경의를 표하였을 것입니다. 그러나 겨울철 항해의 도박에 나섰다가 패가망신한 그들의 삶을 아끼고 본받으려는 사람은 아무도 없었을 것입니다. 멜리데 섬을 떠난 본문의 알렉산드리아 배처럼 우리도 이 세상을 떠날 때, 우리 각자는 전자의 경우와 같겠습니까, 아니면 후자의 경우이겠습니까?

하나님께서 창조하신 날들은, 어느 한순간에 멈추는 법이 없습니다. 오늘은 반드시 떠나가고, 어김없이 내일이 찾아오기 마련입니다. 그것이 하나님의 순리입니다. 믿음은 하나님의 말씀 안에서 하나님의 순리에 따라, 매일 오늘의 나를 떠나는 여정의 연속입니다. 어제의 나에게 멈춘 사람에게는 오늘의 내가 있을 수 없고, 오늘의 나를 떠나지 않는 사람은 내일의 나를 얻을 수 없습니다. 그런 사람이 설령 일확천금을 얻는다 해도, 내일이 있을 수 없는 그의 인생은, 생명이 아닌 것을 위해 생명을 탕진하는 도박에 지나지 않습니다. 우리 모두 하나님의 말씀 안에서 순리에 따라, 날마다 오늘의 나를 떠나는 믿음의 여정을 시작하십시다. "나는 날마다 죽노라"(고전 15:31)고 고백한 바울처럼 나에게 집착하는 오늘의 나를 날마다 떠남으로, 나이 들어 지병에 시달려도 하나님께서 우리에게 주신 것들로 사람들을 섬기는 멜리데 섬의 바울이 되십시다. 하나님께서 그와 같은 우리를, 분명히 당신의 마음과 정성을 다하여 날마다 새로운 내일 속에 심어 주실 것입니다. 그리고 우리가 아무리 보잘것없는 존재라 해도, 하나님께서 우리를 이 시대를 위한 알렉산드리아 배의 선장으로 삼으셔서, 순리를 거스르며 인생을 도박처럼 탕진하고 있는 수많은 사람들을 책임져 주실 것입니다. 그리하여 언젠가 우리의 인생 시계가 멎는 순간 우리는, 당신의 마음과 정성을 다하여 우리를 영원한 당신의 나라에 영원히 심어 주실 하나님을 향해 휘파람을 불며, 일말의 후회도 없이 이 세상을 떠나게 될 것입니다.

예수님께서 하나님의 보좌를 떠나셨기에, 이 땅에서 하나님의 복음이 되셨습니다. 예수님께서 십자가에 못박혀 이 세상을 떠나셨기에, 삼 일 만에 다시 살아나 부활의 그리스도가 되셨습니다. 예수님께서 이 땅을 떠나 승천하셨기에, 성령님께서 우리에게 강림하셨습니다. 예수님께서 이처럼 떠남의 본을 보여 주시고, 믿음은 떠남의 연속임을 깨닫게 해주셔서 감사합니다.

우리 모두 하나님의 말씀 안에서 순리에 따라, 날마다 오늘의 나를 떠나는 믿음의 여정을 시작하게 해주십시오. 나에게 집착하는 오늘의 나를 매일 떠남으로, 하나님께서 우리에게 주신 것들로 사람들을 섬기며 사는 멜리데 섬의 바울이 되게 해주십시오. 매일 떠남으로, 하나님께서 마음과 정성을 다하여 심어 주시는 새날을 날마다 맞게 해주십시오. 오늘의 나를 떠나지 않는 삶은 내일이 있을 수 없기에, 일확천금을 얻어도 도박에 지나지 않음을 잊지 말게 해주십시오. 그리하여 순리에 따라 매일 오늘의 나를 떠나는 우리의 삶이, 순리를 거스르는 사람들을 바르게 세워 주는 진리의 등불이 되게 해주십시오. 아멘.

28. 머리 장식은 디오스구로라

사도행전 28장 11-14절

석 달 후에 우리가 그 섬에서 겨울을 난 알렉산드리아 배를 타고 떠나니 그 배의 **머리 장식은 디오스구로라** 수라구사에 대고 사흘을 있다가 거기서 둘러가서 레기온에 이르러 하루를 지낸 후 남풍이 일어나므로 이튿날 보디올에 이르러 거기서 형제들을 만나 그들의 청함을 받아 이레를 함께 머무니라 그래서 우리는 이와 같이 로마로 가니라

70년대 말, 그러니까 제가 사회생활을 하던 20대 청년 시절의 일입니다. 어느 날 퇴근시간 즈음에 어머님께서 제 사무실로 전화를 하셨습니다. 말씀인즉, 어떤 분이 저를 꼭 만나기를 원하므로 퇴근하는 즉시 귀가하면 좋겠다는 내용이었습니다. 퇴근 후에 집으로 갔더니, 한 외국인이 어머님과 함께 거실에 앉아 있었습니다. 어머님께서는, 그 외국인이 미국인 선교사님이라고 소개시켜 주셨습니다. 어머님을 만나기 위해 저희 집을 방문했던 그 선교사님이, 몇 시간 동안이나 저를 기다리고 있었던 데는 까닭이 있었습니다.

당시 제가 살던 아파트 거실 벽에는 유리에 새겨진 용 그림이 걸려 있었고, 벽 아래쪽에는 용이 조각된 바둑판이 놓여 있었습니다. 용 그림은 제가 구입한 것으로 소재가 특이하게 유리일 뿐, 대단한 예술 작품이었던 것은 아니었습니다. 그러나 바둑판은 달랐습니다. 그 바둑판은 제 가족 중 한 분이 선물 받은 것이었습니다. 그러나 그분이 바둑의 문외한이어서, 당시 바둑을 즐겨 하던 제게 양도해 주신 것이었습니다. 흔히 볼 수 있는 바둑판이 아니라, 바둑판을 한가운데 두고 두 마리의 용이 각각 다른 방향으로 바둑판을 휘감고 있는 조각품이었습니다. 그리고 두 용의 등에는 각각 흰 돌과 검은 돌을 넣는 그릇이 파여 있었습니다. 여러 나무를 잇대어 만든 것이 아니라 하나의 거대한 통나무를 그렇듯 정교하게 조각한 바둑판이어서, 누가 보아도 단순한 바둑판이 아니라 대단한 예술 작품임을 알 수 있었습니다. 그 바둑판으로 바둑을 두면, 돌 하나하나의 의미가 더욱 새롭게 느껴지곤 했습니다.

어머님을 만나러 저희 집을 방문했던 미국인 선교사님이 유리에 새겨진 용 그림과, 용이 조각된 바둑판을 보았습니다. 그리고 어머님께, 그 그림과 바둑판을 당장 내버리라고 말했습니다. 용은 사탄의 상징일 뿐 아니라, 자기가 보기에 그 그림과 바둑판에 이미 귀신이 집을 짓고 있다는 것이었습니다. 어머님께서는, 그 그림과 바둑판은 아들 것이므로 당신이 함부로 처분할 수 없다고 응대하셨습니다. 어머님 식의 거절이었습니다. 그러나 그 선교사님은 물러서지 않았습니다. 사탄의 상징일 뿐더러, 더욱이 귀신이 집을 지어 살고 있는 용 그림과 바둑판을 집에 그대로 두면 반드시 큰 화를 입을 것이라고 닦달하였습니다. 40여 년 전만 하더라도 외국인 선교사님의 말은 절대적이었습니다. 심하게 표현하면, 그 시절 대부분의 그리스도인들에게 외국인 선교사님의 말은 하나님의 말씀과 같았습니다. 용 그림과 바둑판을 당장 내버리라고 계속 닦달하는 선교사님을 어머님께서는 더 이상 감당하실 수가 없었습니다. 그래서 제게 전화를 하신 것이었습니다. 저더러 직접 와서 최종 결정을 내리게 하신 것이었습니다.

몇 시간 동안 저를 기다리고 있던 미국인 선교사님은, 저를 보자마자 어머님을 닦달하던 당신의 주장을 제게도 설파하기 시작했습니다. 저 용들은 사탄의 상징이며, 이미 귀신이 집을 짓고 살고 있어 당장 내버리지 않으면 큰일 난다는 것이었습니다. 어머님의 의견을 여쭈었더니, 선뜻 내키지는 않지만, 선교사님으로부터 그런 이야기를 듣고서도 용 그림과 바둑판을 집 안에 그대로 둘 수는 없지 않겠느냐고 말씀하셨습니다. 할 수 없이 제가 선교사님께, 날이 밝으면 그림과 바둑판을 처분하겠다고 말했습니다. 그러자 그분은 이 세상 모든 그리스도인들이 자신의 뜻을 따라야 하는 것처럼, 마치 조선시대 양반이 머슴에게 명령하듯이, 안 된다고, 당신이 보는 앞에서 당장 내버리라고 제게 말했습니다. 당시 제가 살던 아파트 단지에는 중고 가구를 매입하여 판매하는 가게가 있었습니다. 마침 가게 주인이 퇴근하지 않고 있었습니다. 전화를 받고 달려온 그 가게 주인에게, 용 그림과 바둑판을 그냥 가져가라고 말했습니다. 바둑판을 본 가게 주인의 눈이 휘둥그레지며, 정말 거저 주는 것이냐고 반문했습니다. 그가 보기에도 바둑판이 예술 작품이었던 것입니다. 그는 제게 연신 감사의 인사를 하면서 용 그림과 바둑판을 들고 나갔습니다. 어머님과 선교사님 그리고 저, 세 사람 가운데 그 상황을 흡족해한 사람은 선교사님 한 분뿐이었습니다. 그 후, 선교사님은 마치 큰 일을 치렀다는 표정으로 돌아갔습니다.

저는 모태신앙인으로 태어났으면서도, 그때까지 단 한 번도 성경을 제대로 읽어 본 적이 없었습니다. 그날 생판 처음 보는 선교사님으로부터 제가 애지중지하던 용 그림과 바둑판을 당장 내버리라는 강요를 받고서도, 과연 그분의 주장이 성경에 근거한 것인지, 성경을 확인해 볼 생각은 전혀 하지 못했습니다. 그 이후 그날 일이 이따금 생각날 때마다, '그리스도인의 집에는 왜 용 그림이나 조각이 있으면 안 되는가', '귀신이 용 그림이나 조각에 집을 짓고 산다는 것은 과연 사실인가', 하는 의문을 떨쳐 버릴 수 없었습니다. 그리고 그 의문은, 제가 직접 하나님의 말씀인 성경을 읽기 시작하면서 간단하게 해소되었습니다. 40여 년 전, 제가 타의에 의해 처분했던 용 그림과 바둑판에는 아무 문제가 없었습니다. 문제는 저 자신의 영적 무지와 더불어 그 선교사님에게 있었습니다. 그 선교사님이 귀신에 매여 사는 분이었습니다. 만약 그와 똑같은 일이 지금 제 앞에서 다시 전개된다면, 저는 용 그림과 바둑판을 당장 내버리라고 명령조로 강요하는 선교사님의 잘못을 일깨워 줄 것입니다. 그래도 선교사님이 막무가내라면, 저는 선교사님의 등을 떼밀어서라도 제 집에서 나가게 할 것입니다. 삼위일체 하나님을 믿는 제게 용 그림이나 조각품은, 단순한 미술품 혹은 예술작품 이상의 의미는 있을 수 없기 때문입니다.

오늘의 본문 11절을 함께 보시겠습니다.

> 석 달 후에 우리가 그 섬에서 겨울을 난 알렉산드리아 배를 타고 떠나니, 그 배의 머리 장식은 디오스구로라.

조난당한 멜리데 섬에서 생애 처음이자 마지막으로 새해를 맞은 바울은, 봄이 되어 지중해 항해 금지 조치가 해제되는 즉시 로마를 향해 그 섬을 떠났습니다. 조난당한 지 석 달 만이었습니다. 바울이 그 섬을 떠나면서 이용한 선박은, "그 섬에서 겨울을 난 알렉산드리아 배"였습니다. 우리가 잘 알고 있는 것처럼, 하나님께서는 유라굴로 광풍에 휩쓸린 바울의 발이 멜리데 섬에 닿기도 전에, 석 달 후에 그 섬을 떠날 바울을 위해 또 다른 배를 이미 그 섬에 대기시켜 두고 계셨습니다. 그 배 역시 알렉산드리아 선단에 속한 배였지만, 본문을 기록한 누가는 멜리데 섬 인근 해역에 좌초한 알렉산드리아 배와 확실하게 구별하기 위해, 그 배의 특징을 "그 배의 머리 장식은 디오스구로라"고 증언하였습니다.

이미 말씀드린 바와 같이 헬라어 명사 '디오스쿠로이'는 헬라 신화 속에서 제우스의 쌍둥이 아들 '카스토르'와 '폴리데우케스'를 일컫는 명칭입니다. 바울이 멜리데 섬을 떠나기 위해 탄 배의 양 뱃머리에 '카스토르'와 '폴리데우케스'의 형상이 조각되어 있었던 것입니다. '카스토로'와 '폴리데우케스', 즉 '디오스쿠로이'는 주전 5세 경부터 로마인들 사이에서 신으로 경배되기 시작하여, 로마에는 '디오스쿠로이'를 위한 신전도 있었습니다. 제우스 신은 쌍둥이 아들의 우애를 높이 사 그들을 하늘의 별자리에 '게미니', 곧 '쌍둥이자리雙子宮座'로 심어 주었다는데, 그 이후로 뱃사람들은 '디오스쿠로이'를 항해의 안전을 보장해 주는 수호신으로 섬겼습니다. 멜리데 섬에서 겨울을 난 바울이 그 섬을 떠나면서 승선한 알렉산드리아 배의 양 뱃머리에 '디오스쿠로이', 즉 '카스토르'와 '폴리데우케스'의 형상이 조각되어 있었던 데는 그런 연유가 있었습니다.

중요한 사실은 바울이 그 배를 타면서, '디오스쿠로이'의 형상을 조금도 개의치 않았다는 사실입니다. 바울은 이방신의 우상이 새겨진 배라고, 혹은 귀신이 저 우상에 집을 짓고 있다며, 그리스도인인 나는 절대로 저 배를 탈 수 없다고, 나는 이 섬에서 우상이 새겨지지 않은 배가 올 때까지 계속 기다리겠다고 우기거나 억지를 부리지 않았습니다. 바울은 '디오스쿠로이'의 형상을 보고서도, 그 어떤 이의도 제기하지 않고 그 배에 승선하였습니다.

우상을 믿는 사람만, 우상의 지배를 받습니다. 귀신을 의식하고 귀신에 매여 있는 사람만, 매사에 귀신의 속박 속에 살아갑니다. 그 배에 '디오스쿠로이'의 형상을 조각한 그 배의 건조자들, 그 배를 구입한 선주, 그리고 그 배를 운행하는 선장과 선원들은, 그 배 양 뱃머리의 '디오스쿠로이'를 자신들의 수호신으로 모신 사람들이었습니다. '디오스쿠로이'의 형상이 무엇으로 만들어졌든지 간에, 그들에게 그것은 단순한 조각품이 아니었습니다. 그들에게 그것은, 그들의 항해를 안전하게 보장해 주는 살아 있는 신이었습니다. 선장과 선원들은 배에 오르내리면서, 그 '디오스쿠로이'의 형상을 향해 종교적인 예를 갖추기도 하였을 것입니다.

그러나 그 '디오스쿠로이'가 바울에게는 아무 영향도 미치지 못했습니다. 바울에게 그것은, 단순한 조각품 이상의 의미를 지닐 수는 없었습니다. 그래서 사도행전을 기록한 누가는 본문에서, '그 배의 머리 장식은 디오스구로라'고 증언하였습니다. 뱃사람들이 '디오스쿠로이'를 그 배에 신으로 모셨을 망정, 삼위일체 하나님 앞에서 그것은 단순한 뱃머리의 장식품에 지나지 않는다는 의미였습니다. 특이한 사실은 우리말 '배의 머리 장식'으로 번역된 헬라어 '파라세모스παράσημος'가 영어로는 'figurehead'로 번역되는데, 영어 'figurehead'는 '선수상船首像' 즉 '뱃머리의 형상'을 뜻함과 동시에 '허수아비'를 뜻하기도 합니다. 얼마나 의미심장합니까? 뱃사람들은 '디오스쿠로이'의 형상을 신으로 그 배에 모셨습니다. 하지만 바울에게 그것은 허수아비에 지나지 않았습니다. 그래서 그리스도인인 바울과 그의 일행은 아무 거리낌 없이 그 배를 탔고, 그 배로 무사히 목적지에 이르렀습니다.

헬라 신화 속의 '디오스쿠로이' 형상이 새겨진 배였다고 해서 하나님의 통치가 미치지 못하는 것은 결코 아니었습니다. 뱃머리에 조각되어 있는 '디오스쿠로이'의 형상과는 상관 없이, 그 배는 멜리데 섬에서 로마로 떠나야 할 바울을 위해 하나님께서 시간과 공간을 초월하여 동원하신 하나님의 도구였습니다.

　바울이 3차 전도 여행 중에 2년이나 체류하면서 복음을 전했던 에베소는, 그 유명한 아데미신전이 절대적인 영향력을 행사하던 우상의 도시였습니다. 사도행전 19장을 살펴볼 때 말씀드린 것처럼, 아데미는 헬라 신화 속의 여신 아르테미스를 일컫습니다. 헬라 신화 속에서 태양의 신 아폴론의 쌍둥이 누이로 '달과 수렵의 신'으로 불리던 아데미는, 로마 신화에서는 '다이아나'로 불립니다. 그리고 소아시아반도에서는 동양적인 풍요와 다산의 상징이 되었습니다. 풍요와 다산의 유방을 스물네 개나 지닌 아데미여신상을 모신 아데미신전은, 고대세계 7대 불가사의 중의 하나였을 정도로 그 규모가 사람의 상상을 초월하였습니다. 그 거대한 신전 속에서 일하는 여사제만 3천 명이 넘었고, 신전 노예들의 숫자는 헤아리는 것이 불가능할 만큼 많았습니다. 그 아데미신전 덕분에, 로마제국 각처에서 몰려드는 참배객들로 에베소는 항상 붐볐습니다. 그들에게 음식과 숙소를 제공하는 업주들, 은으로 아데미여신상과 신전의 모형을 만들어 판매하는 은 세공장이들, 각종 기념품을 판매하는 상인들, 그리고 그들에게 딸린 가족들을 모두 포함하면, 당시 25만 명이었던 에베소 시민 대부분이 직접적이든 간접적이든 경제적으로 아데미신전과 관련되어 있다고 해도 과언이 아니었을 것입니다. 그들에게 아데미여신은 그들의 생존을 보장해 주는 살아 있는 신이었습니다.

　그러나 바울은 바로 그 에베소에서 아데미신전의 아데미여신을 가리켜, "사람의 손으로 만든 것들은 신이 아니라"(행 19:26)고 공개적으로 선포하였습니다. 아데미여신상이 아무리 유방을 스물네 개나 지닌 거대한 신상이라 해도, 삼위일체 하나님을 믿는 바울에게는, 사람에 의해 만들어진 그 신상은 단순한 금속이나 돌덩이에 지나지 않았습니다. 에베소 사람들이 그 바울을 가만히 내버려둘 리가 없었습니다. 그들은 자신들의 생존을 보장해 주는 신을, 신이 아니라고 부정하는 바울을 죽이려고 했습니다. 그러나 그 결과가 어떻게 되었습니까? 에베소 사람들이 신봉하던 아데미여신상도, 아데미신전도, 더 이상 이 세상에 존재하지 않습니다. 하지만 에베소 사람들이 죽이려 했던 바울은 시간과 공간을 초월하여 영원한 사도로, 그의 말은 영원하신 하나님의 말씀으로, 영원히 살아 있습니다. 바울이 믿은 하나님이 살아 계신 하나님이신 반면, 에베소 사람들이 그토록 신봉했던 아데미여신은 생명 없는 허수아비에 불과했기 때문입니다.

32년 전 제가 합정동으로 이사 왔을 때, 우리 집 옆집은 무당집이었습니다. 양화진묘지 곁에서 서양귀신을 모셔 영험하기로 소문난 무당이라고 했습니다. 그때만 해도 서울 시내에서도 굿이 잦았습니다. 그 무당집 마당에서도 토요일이면 으레 하루 종일 꽹과리를 치며 굿판이 벌어졌습니다. 3층 옥탑방에 있는 제 서재로 통하는 외부 철제 계단을 오르내릴 때마다, 토요일이면 그 집 마당과 장독대 위에서 요란하게 굿춤을 추는 무당이 내려다 보였습니다. 제가 주님의교회를 섬길 때 매주 토요일이면 무당은 어김 없이 자기 집 마당에서 굿을 했고, 저는 그 무당의 굿을 보며 3층 서재로 올라가, 굿판의 꽹과리 소리를 들으면서 주일 설교를 준비했습니다. 하지만 무당의 굿과 꽹과리 소리가 제게 아무런 영향도 미치지 못했습니다. 하나님을 믿는 제게, 그 무당이 믿는다는 귀신은 허수아비와 다를 바 없었기 때문입니다.

세월이 흐르면서 무당의 굿 횟수가 점점 줄어들기 시작하였습니다. 제가 3년 동안 스위스 제네바한인교회를 섬기고 돌아오니, 무당 집에서는 더 이상 굿소리가 들리지 않았습니다. 소문에 의하면, 무당의 신빨이 달려 더 이상 찾는 사람이 없기 때문이라고 했습니다. 얼마 후 무당이 세상을 떠나면서 자식들에게, 너희들은 예수 믿으라는 유언을 남겼다고 했습니다. 그리고 우리 교회가 창립된 후, 그 무당 집은 우리 교회가 매입하여 현재의 알림방과 양화진봉사관의 일부가 되었습니다. 무당이 귀신을 모셨다며 평생 굿을 했던 집이지만, 그 집 역시 살아 계신 하나님의 통치 속에 있었습니다.

옛 사람들은 이 세상의 모든 신들도 사람처럼, 반드시 형체를 지니고 있다고 믿었습니다. 형체를 지니지 않은 신은, 인간 세상에서 아예 존재할 수 없었습니다. 사람들은, 신이라면 이런 형체를 지녔거나 지녀야 한다는 생각, 상상, 바람을 좇아, 자신들의 손으로 수많은 신상들을 빚어 만들었습니다. 유사 이래 전 세계에 걸쳐 출현한 모든 신상들의 출처는 이렇게, 모두 인간 자신이었습니다. 인간이 금속이나 돌덩이로 만든 신상이 비록 위대한 예술 작품이라 해도, 인간의 피조물에 불과한 그 신상이 인간의 생사화복을 주관하는 살아 있는 신이 될 수 없음은 너무나도 자명한 이치입니다. 아무리 좋게 보아 주어도, 인간의 형상을 한 허수아비 이상일 수는 없습니다. 그러나 하나님께서는 전혀 다른 분이십니다.

모세가 하나님께 당신이 누구시냐고 여쭈었을 때, 하나님께서는 "나는 스스로 있는 자"(출 3:14)라고 대답하셨습니다. 하나님께서는 누구에 의해 만들어진 피조물이 아니라, 처음부터 '스스로 계시는 자존자自存者'이십니다. 자존자이신 하나님께서는 형체를 갖지 않은, '영'이십니다(요 4:24). 눈에 보이는 형체를 지닌 것은, 설령 하늘을 찌를 듯이 거대한 신상이라 해도 시간과 공간의 지배 속에 있을 따름입니다. 반면에 영이신 하나님은 시간과 공간을 초월하시기에, 보이지 않는 영으로 자존하시는 하나님만 시간과 공간을 초월하여 살아 계신 하나님이실 수 있습니다. 신도 인간처럼 반드시 형상을 지니고 있고, 그 형상은 자신들의 손에 의해 빚어져야 한다고 믿던 인간들의 머리나 마음으로는, 보이지 않는 영으로 자존하시는 하나님은 상상조차 할 수 없었습니다. 보이지 않는 영으로 자존하시는 하나님께서 당신 자신을 인간에게 친히 계시해 주심으로, 인간은 비로소 그 하나님을 알고 믿고 좇을 수 있게 되었습니다. 그리고 보이지 않는 영이신 하나님을 믿고 경배하는 방식은 시대에 따라 점진적으로 발전되었습니다.

구약시대에 유대인들은 제사장을 통해서만 하나님께 제사드릴 수 있었습니다. 거룩한 성의聖衣를 입은, 눈에 보이는 제사장 없이는 하나님께 제사드릴 수 없었습니다. 율법은 제사장의 전유물이었습니다. 눈에 보이는 제사장을 통해 율법을 듣고 배웠습니다. 죄를 사함 받기 위해서도 짐승을 죽여, 적나라하게 눈에 보이는 제물로 바쳐야 했습니다. 이처럼 눈에 보이는 것을 통하지 않고서는 하나님을 경배할 길이 없었습니다. 따라서 그들의 경배는 눈에 보이는, 시간과 공간의 지배 속에 있는 예루살렘성전에 국한되지 않을 수 없었습니다. 눈에 보이는 제사장과 제사를 통해 하나님을 경배하는 예루살렘성전을 벗어나면, 보이지 않는 영이신 하나님이 더 이상 보이지 않기 때문이었습니다.

신약시대에 이르러, 예수님께서 인간의 죄를 대신 지고 십자가의 제물로 죽임 당하는 영원한 제사를 치러 주심으로, 눈에 보이는 짐승을 제물로 바치던 구약시대의 제사는 폐지되었습니다. 그 덕분에 그리스도인들은 눈에 보이지 않는 예수 그리스도 안에서, 눈에 보이지 않는 영이신 하나님께 직접 나아갈 수 있게 되었습니다. 하지만 천주교에서는 아직도 교인이 하나님께 직접 용서를 구할 수 없습니다. 교인들은 반드시 눈에 보이는 신부님에게 자신의 죄를 고해해야 하고, 신부님을 통해서만 하나님의 용서를 받을 수 있습니다. 예배 역시 눈에 보이는 신부님을 통해서만 하나님께 드릴 수 있습니다. 천주교에서는 신자들이 함께 모여 하나님을 경배하는 처소를 '성당聖堂'

이라고 부릅니다. 눈에 보이는 거룩한 성상聖像들이 즐비한 가운데, 신부님이 눈에 보이는 거룩한 성의를 입고 눈에 보이는 제사 형식의 미사를 드리는 성당은, 누가 보아도 예루살렘성전처럼 거룩해 보입니다. 그래서 천주교인들 역시 눈에 보이는 성당과 신부님을 벗어나면, 보이지 않는 영이신 하나님을 보기가 쉽지 않습니다.

반면에 개신교인들은 처음부터, 오직 말씀을 통해 보이지 않는 하나님을 보고 믿고 좇는 사람들입니다. 개신교인들은 목사를 통하지 않고, 자신의 죄를 하나님께 직접 고백하고 용서받을 수 있습니다. 개신교인들은 목사 없이도 얼마든지 예배드릴 수 있습니다. 개신교인들에게는 기도나 경배의 대상인, 눈에 보이는 성상이 아예 없습니다. 개신교인들의 예배처소는 눈에 보이는 성물聖物이나 성상들이 즐비한 '성전'이나 '성당'이 아니라, 아무 장식도 없는 단순한 '예배당'일 뿐입니다. 영이신 하나님을 믿는 그리스도인들이 함께 모여, 오직 말씀을 통해 보이지 않는 영이신 하나님께만 집중하기 위함입니다. 그러므로 적어도 이론적으로는, 개신교인들이 예배당 밖에서도 하나님을 가장 민감하게 의식하면서 가장 영적으로 살아야 합니다. 눈에 보이는 그 어떤 형체의 도움 없이도, 언제 어디에서나 오직 말씀만을 통해 보이지 않는 영이신 하나님을 보고 믿고 좇는 사람들이 바로 개신교인들이기 때문입니다.

지금도 에베소에 남아 있는 아데미신전의 유적터는, 2천 년 전 고대세계의 불가사의였던 그 신전이 얼마나 웅대했었는지를 웅변해 주고 있습니다. 당시의 사람들은 아데미신전을 보는 것만으로도 아데미여신에게 압도당했습니다. 그러나 아데미신전이 모든 인간을 압도하였던 그 에베소도, 보이지 않는 영이신 하나님의 통치 속에 있었습니다. 바울은 그 보이지 않는 하나님을 보고 믿었기에 눈에 보이는 아데미여신상을 가리켜, '사람의 손으로 만든 것들은 신이 아니라'고 단호하게 선포할 수 있었습니다. 바울이 멜리데 섬에서 탄 배는 뱃사람들의 수호신인 '디오스쿠로이'의 형상을 뱃머리에 모신 배였습니다. 하지만 바울은 조금도 머뭇거리거나 꺼리지 않고 그 배에 승선하였습니다. 바울은 그 배의 주인이 사람에 의해 만들어진 눈에 보이는 '디오스쿠로이'가 아니라, 보이지 않는 영으로 자존하시는 하나님이심을 보고 알고 있었기 때문입니다. 보이지 않는 영이신 하나님을 믿는 바울에게는, 눈에 보이는 것이라면 아데미여신상이든 '디오스쿠로이'상이든, 모두 허수아비일 뿐이었습니다.

바울은 다메섹 도상에서 주님의 부르심을 받은 이후 일평생 하나님을 믿으면서, 단 한 번이라도 눈에 보이는 것에 얽매이거나 연연해한 적이 없었습니다. 그는 눈에 보이지 않는, 영이신 하나님을 믿는 그리스도인이었기 때문입니다. 그래서 그는 낮에도, 밤에도, 새벽에도, 군중 속에서도, 외딴 고독 속에서도, 감옥 속에서도, 심지어 죽음의 유라굴로 광풍 속에서도, 시간과 공간을 초월하여 자신과 함께하고 계시는, 보이지 않는 영이신 하나님을 보고, 믿고, 좇았습니다. 이 세상 어느 곳치고, 보이지 않는 영이신 하나님이 보이지 않는 곳이 없었고, 그분의 통치가 미치지 않는 곳이 없었습니다. 바울은 그 하나님의 휘페레테스와 마르튀스로 살기 위해 자신의 삶을 던졌고, 하나님께서는 그 바울을 시간과 공간을 초월한 영원 속에, 당신의 마음과 정성을 다하여 영원한 사도로 심어 주셨습니다. 보이지 않는 영이신 하나님을 오직 말씀으로 보고 믿고 좇아야 하는 우리 개신교인들에게 바울은, 영원한 믿음의 표상이 아닐 수 없습니다.

용 그림이나 조각품이 진열되어 있는 곳이라고 하나님의 통치가 미치지 않는 것은 아닙니다. 무당이 굿을 하는 집이라고 하나님의 섭리가 닿지 않는 것도 아닙니다. 보이지 않는 하나님은 영이시기에, 시간과 공간을 초월하여 언제, 어디에나 계십니다. 이 세상이, 우리의 인생이, 온통 그 하나님의 통치 속에 있습니다. 무엇이든 눈에 보이는 것은, 지금 소멸 중에 있음을 의미합니다. 그러므로 영원한 분은, 보이지 않는 영이신 하나님 한 분밖에 없습니다.

결코 보이는 것에, 연연해하지 마십시다. 눈에 보이는 이 세상의 온갖 아데미신전과 광풍이 우리를 압도하는 것처럼 보여도, 주눅들지 마십시다. 우리가 승선해야 할 알렉산드리아 배에 '디오스쿠로이'가 위용을 떨치고 있다 한들, 피하지 마십시다. 우리의 앞길에 무당의 요란한 굿판이 벌어지고 있어도, 개의치 마십시다. 눈에 보이는 것들은 모두, 보이지 않는 영이신 하나님 앞에서 허수아비일 뿐임을 잊지 마십시다. 언제 어디에서나 보이지 않는 영이신 하나님을 말씀으로 보고 믿고 좇으며, 개신교인다운 개신교인으로 살아가십시다. 하나님께서 우리가 두 발 딛고 서 있는 곳이 어느 곳이든 그곳에, 분명히 당신의 마음과 정성을 다하여 당신의 나라를 심어 주실 것입니다.

보이지 않는 영이신 하나님께서, 우리를 불러 주시고 구원해 주신 것을 감사합니다. 보이지 않는 영이신 하나님을, 보지 않고도 믿을 수 있는 은총을 주신 것을 감사합니다. 보이지 않는 영이신 하나님께서 보이지 않는 당신을, 당신의 말씀으로 보고 믿고 좇게 해주신 것을 감사합니다. 하나님께서 보이지 않는 영이시기에, 시간과 공간을 초월하여 계시지 않는 곳이 없고, 하나님의 통치가 미치지 않는 곳이 없음을 찬양합니다.

그 하나님을 믿는 그리스도인이기에 우리 모두 바울처럼, 눈에 보이는 것에 연연해하지 않게 해주십시오. 우리를 압도하려는 이 세상의 온갖 아데미신전에도, 우리를 집어삼키려는 죽음의 유라굴로 광풍에도 주눅들지 말게 해주십시오. 우리의 앞길에 '디오스쿠로이'가 위용을 떨치고 있다고, 돌아가지도 말게 해주십시오. 오직 하나님의 말씀 속에서 우리 영혼의 안테나를 높이 올리고, 보이지 않는 영이신 하나님만 좇으며 개신교인답게 살아가게 해주십시오. 그와 같은 우리의 삶 속에, 하나님께서 당신의 마음과 정성을 다하여 당신의 나라를 이미 심어 주셨음을, 날마다 우리의 삶으로 확인하는 기쁨을 누리게 해주십시오. 아멘.

29. 이와 같이 로마로 I 사순절 첫째 주일

사도행전 28장 11-14절

석 달 후에 우리가 그 섬에서 겨울을 난 알렉산드리아 배를 타고 떠나니 그 배의 머리 장식은 디오스구로라 수라구사에 대고 사흘을 있다가 거기서 둘러가서 레기온에 이르러 하루를 지낸 후 남풍이 일어나므로 이튿날 보디올에 이르러 거기서 형제들을 만나 그들의 청함을 받아 이레를 함께 머무니라 그래서 우리는 **이와 같이 로마로** 가니라

바울의 생애에서 지중해 세계에 대한 전도 여행은 세 차례 이루어졌습니다. 그 기간 동안에 바울은 지중해 세계를 총 1만 3,300킬로미터나 누비고 다니며, 무려 57개의 도시를 방문하였습니다. 바울의 교통수단은 선박과 도보가 유일하였습니다. 당시 대부분의 선박들은 항구마다 기항하여 하물을 부리고 실었습니다. 또 대형선박은 모두 범선이어서 바람이 불어야 움직일 수 있었습니다. 바람이 불지 않거나 반대로 정도 이상 심하게 불면, 배는 정박한 항구에서 움직일 수 없었습니다. 세 차례에 걸친 바울의 전도 여행 중

이와 같이 로마로 I 375

에 바울이 거쳐간 항구와, 그 모든 항구에서 배가 다시 출항하기를 기다려야 했던 날수는 헤아리기 어려울 정도로 많았을 것입니다.

그러나 사도행전을 기록한 누가는 바울의 전도 여행을 상세하게 기록하면서도, 바울이 배를 타고 거쳐간 모든 항구의 이름이나 각각의 항구에서 바울이 머문 날수를 일일이 밝히지는 않았습니다. 누가가 사도행전에 바울의 전도 여행을 기록한 목적이 그의 여행 스케줄을 밝히는 데 있지 않고, 그가 주님의 휘페레테스와 마르튀스의 소명을 어디에서 어떻게 완수했었는지를 증언하는 데 있었기 때문입니다. 이런 관점에서 오늘의 본문은 특별한 의미를 지니고 있습니다.

조난당한 멜리데 섬에서 생애 처음이자 마지막으로 새해를 맞았던 바울은, 봄이 되어 지중해 항해 금지 조치가 해제되는 즉시 최종 목적지인 로마를 향해 그 섬을 떠났습니다. 그때 바울은 그 섬에서 겨울을 난, 또 다른 알렉산드리아 배를 이용하였습니다. 죽음의 유라굴로 광풍에 휩쓸린 바울의 발이 멜리데 섬에 닿기도 전에, 하나님께서 석 달 후에 그 섬을 떠날 바울을 위해 미리 그 섬에 대기시켜 두신 배였습니다. 그 배의 뱃머리에는 제우스 신의 쌍둥이 아들을 가리키는 '디오스쿠로이'의 형상이 조각되어 있었습니다. 그러나 지난 시간에 살펴본 것처럼, 그것은 하나님 앞에서는 생명 없는 허수아비의 형상일 뿐이었습니다. 그 배는, 하나님께서 바울을 위해 동원하신 하나님의 도구였기 때문입니다. 그리고 오늘의 본문 12-14절은 이렇게 증언하고 있습니다.

수라구사에 대고 사흘을 있다가, 거기서 둘러가서 레기온에 이르러 하루를 지낸 후 남풍이 일어나므로 이튿날 보디올에 이르러, 거기서 형제들을 만나 그들의 청함을 받아 이레를 함께 머무니라. 그래서 우리는 이와 같이 로마로 가니라.

바울을 태우고 멜리데 섬을 떠난 또 다른 알렉산드리아 배, 그러니까 좌초한 배와는 달리 뱃머리에 '디오스쿠로이'의 형상이 조각된 알렉산드리아 배는 북쪽에 위치한, 지중해 최대의 섬인 시칠리아의 수라구사에 기항하였습니다. 그리고 그 항구에 사흘이나 정박해 있었습니다. 사흘 후 수라구사를 출항한 알렉산드리아 배는 시칠리아의 해안을 따라 올라가 이탈리아 반도의 레기온에 기항하여, 그곳에서 또 하루를 정박해 있었습니다. 하루가 지나서야 남풍이 일어나, 알렉산드리아 배는 시칠리아 섬과 이탈리아 반도 사이의 메시나 해협을 통과하여, 이튿날에 로마의 외항인 보디올에 기항하였습니다. 마침내 바울이 그의 최종 목적지인 로마를 220킬로미터 앞두고 이탈리아 반도에 역사적인 첫발을 내디딘 것이었습니다. 그러나 바울은 그곳에서도 곧장 로마로 향하지 못했습니다. 바울은 그곳에 있는 그리스도인들의 요청으로 그곳에서 이레나 머문 후에야 대망의 로마행에 나설 수 있었습니다.

이처럼 본문을 기록한 누가는 마치 항해사가 항해일지를 기록하듯, 멜리데 섬을 출발한 바울이 로마를 향해 보디올을 출발할 때까지 어디에서 정박하여 몇날을 소요하였는지 이례적으로 일일이 기록하였습니다. 그리고 14절 하반절에서 이렇게 결론을 맺었습니다.

그래서 우리는 이와 같이 로마로 가니라.

이 구절에서 우리가 유의할 단어는 부사 "이와 같이"입니다. 본문은 바울이 그냥 로마로 간 것이 아니라, '이와 같이 로마로' 갔다고, 부사 '이와 같이'를 특별히 강조하고 있습니다. 우리는 본문의 부사 '이와 같이'를 먼저 넓은 의미에서, 바울 인생 전체에 적용하여 해석할 수 있습니다. 우리는 그동안 사도행전을 통해, 교회를 짓밟던 바울을 하나님께서 어떻게 부르시어 어떻게 훈련시키시고 어떻게 사용하셔서 마침내 로마로 향하게 하셨는지, 오랜 기간 동안 확인해 왔습니다. 따라서 본문의 '이와 같이'는, 바울이 '우리가 그동안 확인해 온 것과 같이' 로마에 이르게 되었다는 의미로 해석할 수 있습니다. 이와 관련하여서는 다음 시간에 상세하게 생각해 보도록 하겠습니다.

본문의 부사 '이와 같이'는 다음으로 좁은 의미에서, 오늘의 본문에 국한하여 해석할 수 있습니다. 멜리데 섬을 출발한 바울은 시칠리아 섬의 수라구사에서 사흘 동안 기다렸고, 시칠리아의 해안을 따라 올라가 기항한 이탈리아 반도의 레기온에서도 하루를 기다려야 했고, 이튿날에 도착한 보디올에서는 그곳 그리스도인들의 요청으로 무려 이레 동안 머문 뒤에야, 비로소 로마로 향하게 되었다고 해석하는 것입니다. 이처럼 본문의 부사 '이와 같이'를 본문에 국한시켜 해석하면, 부사 '이와 같이'가 본문에 언급된 날수를 강조하고 있음을 알게 됩니다. 바로 그날들 속에 중요한 의미가 내포되어 있기 때문입니다.

베스도가 유대 지방의 신임총독으로 부임하였을 때, 유대교 지도자들에게 고발당한 바울이 2년째 가이사랴의 감옥에 구금당해 있었습니다. 신임총독 베스도는 바울에 대한 재판과 청문회를 통해 바울의 무죄를 확인하였습니다. 그러나 바울이 로마 황제에게 상소하였기에, 베스도 총독은 백부장 율리오를 책임자로 삼아 바울을 황제의 법정이 있는 로마로 호송하게 하였습니다. 사도행전 27장 1-2절에 의하면, 백부장 율리오는 휘하의 군사들과 함께 바울을 로마로 호송하기 위해 가이사랴에서 아드라뭇데노 배를 탔습니다. 그때까지만 해도, 지중해 항해 금지 시기가 이르기 전에 로마에 도착할 수 있다고 확신한 것이었습니다. 만약 그 시점이 지중해 항해 금지 시기가 임박한 때였다면, 총독 베스도나 백부장 율리오는 이듬해 봄에 바울을 출발시켰을 것입니다.

하지만 총독 베스도와 백부장 율리오의 판단은 처음부터 빗나가고 말았습니다. 가이사랴를 출발한 아드라뭇데노 배가 얼마 가지도 않아, 거센 맞바람으로 정상 항로에서 이탈해 버린 것입니다. 남쪽 구브로 섬으로 밀려난 아드라뭇데노 배는, 그 섬의 해안선을 의지하여 겨우 목적지인 루기아의 무라에 이르느라 많은 날들을 허비하고 말았습니다. 그곳에서 바울이 갈아탄 알렉산드리아 배의 사정도 다르지 않았습니다. 무라를 출항한 알렉산드리아 배도 심한 역풍으로, 겨우 이틀 뱃길의 니도 앞 바다까지 이르는 데 많은 날들이 소요되었습니다. 설상가상으로 거기서부터는 아예 한 치도 앞으로 나아가지 못했습니다. 오히려 지중해 한가운데의 그레데 섬으로 밀려난 알렉산드리아 배는, 천신만고 끝에 그 섬의 미항에 간신히 닻을 내렸습니다. 예기치 못한 역풍 속에서 그렇듯 많은 날들을 허송하다 보니, 지중해 항해 금지 시기가 코앞에 닥쳐와 버렸습니다. 바울은 더 이상의 항해는 위험함을 경고했습니다. 그러나 바울의 경고를 묵살한 사람들이 무리하게 알렉산드리아 배를 출항시켰다가, 그만 죽음의 유라굴로 광풍에 휩쓸리고 말았습니다. 결국 알렉산드리아 배에 승선해 있던 276명은 모두 지중해의 작은 섬 멜리데에서 석 달 동안 겨울을 지내야만 했습니다.

베스도 총독은 그해 겨울이 이르기 전에 바울이 로마에 도착할 수 있으리라 확신하고 가이사랴에서 바울을 출발시켰지만, 지중해의 거센 역풍과 죽음의 광풍으로 바울의 여정은 이듬해 봄이 이르기까지 지연되고 말았습니다. 그리고 바울은 본문에 이르러서야 겨우 로마를 향해 멜리데 섬을 출발하였습니다. 바울은 사업이나 관광 목적으로 제국의 수도 로마를 찾아가려는 것이 아니었습니다. 바울의 방문 목적은 하나님의 섭리에 따라, 하나님의 휘페레테스와 마르튀스로 황제의 법정에 서기 위함이었습니다. 그렇다면 석 달 동안이나 멜리데 섬에서 겨울을 지낸 바울이 최종 목적지인 로마를 향해 출발한 이상, 하나님께서 이제는 바울이 로마에 가능한 한 빨리 도착할 수 있게끔 섭리해 주심이 마땅하지 않겠습니까?

그러나 멜리데 섬을 출발한 알렉산드리아 배는, 첫 번째 기항지인 수라구 사에서 사흘이나 정박해 있었습니다. 사흘 동안 하물을 부리기 위함이었는 지, 아니면 바람이 전혀 불지 않아 배가 움직일 수 없기 때문이었는지, 본문 은 그 원인에 대해서는 아무 언급도 하지 않습니다. 그것은 중요하지 않기 때문입니다. 중요한 것은 바울이 탄 알렉산드리아 배가 로마를 지척에 두고 서도 수라구사에서 사흘 동안 움직이지 않았다는 사실 그 자체입니다. 로마 로 향해야 할 바울은 사흘 동안이나 배 안에서 하릴없이 기다려야만 했습 니다. 그다음 기항지인 레기온에서도 마찬가지였습니다. 그곳에서 메시나 해 협을 거슬러 올라가기 위해서는 반드시 남풍이 불어야 했는데, 남풍은 하루 가 지나서야 불었습니다. 바울은 레기온에서도 만 하루 동안 남풍이 불기를 속수무책으로 기다려야만 했습니다.

알렉산드리아 배의 종착 항구인 보디올은 로마의 외항이라고 했습니다. 그곳에서 로마까지의 거리는 220킬로미터, 건장한 젊은이의 걸음걸이로 엿 새 길이었습니다. 평소의 바울이라면, 이탈리아 반도의 보디올에 첫발을 내 디딘 그는 지체 없이 인생 최종 목적지인 로마를 향해 걷기 시작했을 것입 니다. 그러나 바울이 보디올에 상륙하였다는 소문을 접한 그곳의 그리스도 인들이 바울을 찾아갔습니다. 바울은 3차 전도 여행 중 고린도에서 로마의 그리스도인들에게 로마서를 써보내었습니다. 로마 인근에 위치한 보디올의 그리스도인들 역시 그 로마서를 접하지 않았겠습니까? 그 로마서를 집필한 사도 바울이 보디올에 상륙하였다는 소식을 접하고, 그들이 감격해하며 바울에게 달려간 것입니다. 그리고 그들은, 바울이 보디올에서 하룻밤이라도 묵고 가기를 요청하였습니다. 바울에게 묻고 싶은 것도 많고, 듣고 싶은 것도 많았던 것입니다.

하지만 바울은 자신의 일정을 자기 마음대로 결정할 수 없었습니다. 바울은 로마로 호송당하고 있는 미결수였습니다. 바울에 대한 모든 결정권은 호송 책임자인 백부장 율리오에게 있었습니다. 그 백부장이 바울에게 보디올의 그리스도인들을 위해, 하루 이틀도 아니고 이레 동안이나 그곳에서 머물도록 허락해 주었습니다. 백부장 율리오는 총독 베스도의 명령을 수행하는 총독의 부하였습니다. 그의 임무는 총독의 명령에 따라, 하루라도 빨리 바울을 로마로 호송하는 것이었습니다. 멜리데 섬에서 겨울을 나느라 석 달을 지체한 백부장은 총독의 명령을 완수하기 위해 발걸음을 더욱 재촉해야 했습니다. 그런데도 백부장은 바울로 하여금 보디올의 그리스도인들을 위해 그곳에서 이레 동안이나 머물게 했습니다. 죽음의 유라굴로 광풍 속에서 바울을 통해 구원의 은혜를 입은 백부장이 바울과 헤어지기 전, 바울에게 베푼 마지막 선물이었을 수도 있습니다. 아무튼 호송 중인 미결수에게 임의로 이레 동안의 특별휴가를 준다는 것은, 공무를 수행 중인 백부장에게는 상식적으로는 용인될 수 없는 일이었습니다. 하지만 납득하기 힘든 백부장의 그 결정으로, 속히 로마에 이르러야 할 바울은 보디올에서 이레 동안 머물렀습니다.

로마로 향하는 바울의 일정은 멜리데 섬을 출발한 뒤에도 수라구사에서 사흘, 레기온에서 하루, 보디올에서 이레, '이와 같이' 총 열하루나 지체되었습니다. 멜리데 섬에서 석 달 동안이나 겨울을 난 바울이 로마를 향해 그 섬을 출발했는데도, 하나님께서 로마로 향하는 바울의 일정을 '이와 같이' 또 다시 열하루나 지연되게 하신 까닭이 무엇이겠습니까?

·

오늘의 본문은 우리로 하여금 창세기의 노아를 연상하게 해줍니다. 하나님께서는 죄에 찌든 인간들을 쓸어 버리기 위해, 홍수로 인간 세상을 심판하기로 작정하셨습니다. 하나님께서는 노아에게 당신의 계획을 일러 주시고 방주를 건조하게 하셨습니다. 노아만은 그의 가족과 함께 홍수의 심판 속에서 남기시어, 그로 하여금 인류의 역사를 새롭게 시작하게 하시기 위함이었습니다. 하나님께서 노아에게 명령하신 방주의 길이는, 오늘날의 축구장보다 더 길었습니다. 그 거대한 방주의 건조를 위해 하나님께서는 노아에게 그 무엇도 제공해 주시지 않았습니다. 단지 명령만 하셨을 뿐입니다. 하나님의 명령에 순종한 노아는 자신의 전 재산을 투입하여, 자신의 생을 걸고 방주를 건조하였습니다. 예수님께서 그 당시의 상황에 대해 다음과 같이 말씀하셨습니다.

> 홍수 전에 노아가 방주에 들어가던 날까지 사람들이 먹고 마시고 장가들고 시집 가고 있으면서 홍수가 나서 그들을 다 멸하기까지 깨닫지 못하였으니, 인자의 임함도 이와 같으리라(마 24:38-39).

노아는 홍수의 심판에 대비한 방주 건조에 자신의 생을 걸었지만, 세상 사람들은 노아가 방주에 들어가 홍수의 심판이 시작되는 순간까지, 노아가 말하는 홍수의 심판을 믿지 않았습니다. 그들은 마른 하늘에서 홍수가 터질 것이라며, 허구한 날 거대한 방주 건조에 여념이 없는 노아를 미친 사람 취급하였을 것입니다. 그러나 노아는 조금도 개의치 않고 방주를 완성하였고, 하나님의 명령에 따라 가족과 함께 방주에 들어갔습니다. 그렇다면 하나님께서 그 즉시 하늘에서 홍수를 쏟아부어 이 세상을 쓸어 버리심이 마땅하지 않겠습니까?

그러나 노아가 방주 속에 들어갔는데도 홍수는 쏟아져 내리지 않았습니다. 이튿날에도, 사흘째 되는 날에도, 마른 하늘에서는 비 한 방울 내릴 기미도 보이지 않았습니다. 창세기 7장 10절에 의하면, 홍수는 7일이 지나서야 시작되었습니다. 노아가 방주에 들어간 뒤에도 7일 동안이나 비가 내리지 않았던 것입니다. 그 7일 동안 세상 사람들은 날마다 방주 앞에서 노아를 조롱하며 소리쳤을 것입니다. 대체 홍수가 어디에서 쏟아지냐고, 이제 미친 짓 그만두라고, 당장 방주에서 나오라고, 소리소리 지르지 않았겠습니까? 그때 노아의 심정이 어떠하였겠습니까? 내가 정말 미친 짓 하고 있는 것은 아닌가, 내가 헛소리를 들은 것은 아닌가, 회의와 번민에 사로잡힐 수도 있지 않았겠습니까? 노아로 하여금 그의 생을 걸고 방주를 건조하게 하신 하나님께서 왜, 노아를 방주로 불러들이시고도 그 즉시 홍수가 쏟아지게 하시지는 않았습니까? 노아로 하여금 방주 속에서 7일 동안이나 마냥 기다리게 하신 이유는 무엇이었겠습니까?

우리는 흔히 노아와 바울을 이 세상에서부터 완성된 의인으로 착각합니다. 그러나 그것은 사실도, 사실일 수도 없습니다. 노아와 바울 역시 아담의 죄를 이어받은, 죄성을 지닌 인간이었습니다. 말년의 노아는 포도주에 대취하여 벌거벗은 채로 잠이 들었다가, 그 사실을 발설한 둘째 아들 함을 저주하는 어처구니없는 잘못을 저지르지 않았습니까? 자기 실수의 책임을 아들에게 전가한, 전혀 아비답지 못한 행동이었습니다. 바울은 로마서 7장 18-25절을 통해 다음과 같이 탄식하였습니다.

나는 내 속에, 곧 내 육신 속에 선한 것이 깃들여 있지 않다는 것을 압니다. 나는 선을 행하려는 의지는 있으나, 그것을 실행하지는 않으니 말입니다. 나는 내가 원하는 선한 일은 하지 않고, 도리어 원하지 않는 악한 일을 합니다. 내가 해서는 안 되는 것을 하면, 그것을 하는 것은 내가 아니라, 내 속에 자리를 잡고 있는 죄입니다. 여기에서 나는 법칙 하나를 발견하였습니다. 곧 나는 선을 행하려고 하는데, 그러한 나에게 악이 붙어 있다는 것입니다. 나는 속사람으로는 하나님의 법을 즐거워하나, 내 지체에는 다른 법이 있어서 내 마음의 법과 맞서서 싸우며, 내 지체에 있는 죄의 법에 나를 포로로 만드는 것을 봅니다. 아, 나는 비참한 사람입니다. 누가 이 죽음의 몸에서 나를 건져 주겠습니까? 우리 주 예수 그리스도를 통하여 나를 건져 주신 하나님께 감사를 드립니다. 그러니 나 자신은, 마음으로는 하나님의 법을 섬기고, 육신으로는 죄의 법을 섬기고 있습니다(새번역).

바울은 구원받은 그리스도인이면서도, 동시에 자신이 죄성을 지닌 인간임을 결코 잊지 않았습니다. 그래서 바울은 하나님 앞에서 "날마다 죽었고"(고전 15:31), "자기 몸을 쳐 복종하게"(고전 9:27) 하였습니다. 하루 한순간이라도 그렇게 하지 않으면, 이내 죄성에 사로잡혀 죄의 노예로 전락해 버리는 자신의 한계를 잘 알고 있었기 때문입니다.

만약 노아가 방주에 들어가자마자 하늘이 열리며 홍수의 심판이 시작되었더라면 어떻게 되었겠습니까? 노아에게 그것은 너무나도 당연한 일이기에, 홍수의 심판에서 자신이 살아남은 것은 자신의 전 재산과 생을 걸고 방주를 건조한 자신의 공로가 되고 말았을 것입니다. 노아가 자각하지도 못하는 가운데 쉽게 자기 교만에 빠지고 말았을 것이란 말입니다. 노아 역시 죄성을 지닌 인간이었기 때문입니다. 그러나 방주에 들어간 노아는 자기 교만에 빠질 여유가 없었습니다. 방주에 들어가긴 했지만 하루가 지나도, 이틀이 지나도, 사흘이 지나도, 홍수는 고사하고 비 한 방울 내릴 기미도 보이지 않았습니다. 비가 오지 않는 7일 동안 노아는 방주 속에서 오직 하나님만 우러러보며, 하루하루 더욱더 겸손해질 수밖에 없었습니다. 마침내 홍수의 심판이 시작되고 노아와 그의 가족만 살아남게 되었을 때, 그것은 결코 노아 자신의 공로일 수 없었습니다. 자신이 하나님의 선택을 받은 것도, 거대한 방주를 건조할 수 있었던 것도, 그 방주를 통해 홍수의 심판 속에서 자신의 가족만 살아남게 된 것도, 모두 하나님의 은혜였습니다. 노아가 방주에 들어간 뒤에도 7일 동안 홍수가 시작되지 않았던 것은, 하나님께서 당신의 마음과 정성을 다하여 노아를 보다 새로운 인류의 시조로 확실하게 심어 주시려는 하나님의 오묘한 섭리였습니다.

바울은 황제의 법정으로 이송되는 미결수였습니다. 그러나 알렉산드리아 배에 승선한 275명 전원은, 죽음의 유라굴로 광풍 속에서 바울 한 사람 덕분에 영육 간에 하나님의 구원을 얻었습니다. 조난당한 멜리데 섬에서도 바울은 석 달 동안 겨울을 지내면서 가만히 쉬거나 놀지 않았습니다. 그 섬의 제1인자인 보블리오의 부친의 열병과 이질을 고쳐 준 것을 계기로, 바울은 연이어 찾아오는 그 섬의 불치병 환자들을 모두 고쳐 주었습니다. 섬 주민들에게 바울은, 하늘에서 내려 준 은인인 셈이었습니다. 섬 주민들은 바울에게 감사를 표하기 위해 석 달 동안 바울 일행의 숙식을 책임져 주었을 뿐 아니라, 섬을 떠날 때는 바울 일행이 배에서 사용할 물품을 배에 실어 주기까지 하였습니다. 이를테면 바울은 죽음의 유라굴로 광풍에 휩쓸린 알렉산드리아 배에서도, 조난당한 멜리데 섬에서도, 자신의 의지와는 상관없이 최고의 VIP였습니다.

그 바울이 멜리데 섬을 출발하여 곧장 로마에 이르게 되었다면, 죄성을 지닌 바울 역시 자기도 모르게 쉽게 자기 교만에 빠지고 말았을 것입니다. 마치 자신의 불굴의 의지와 집념으로 로마에 입성한 것처럼 말입니다. 그러나 멜리데 섬을 출발한 바울의 로마행은 수라구사에서 사흘, 레기온에서 하루, 보디올에서 이레, '이와 같이' 총 열하루나 지연되었습니다. 자칫 자기 교만에 빠지기 쉬운 바울 스스로 하나님 앞에서 죽지 않을 수 없도록, 예수 그리스도의 십자가로 자신을 쳐 복종시키지 않을 수 없도록, 자신의 초심을 다시 한 번 새롭게 추스르지 않을 수 없도록, 하나님께서 마지막 기회를 주신 것이었습니다. 그 열하루 역시 하나님께서 당신의 마음과 정성을 다하여 바울을 당신의 보다 나은 휘페레테스와 마르튀스로 로마에 심어 주시려는 하나님의 섭리였습니다. 바로 이것이, 주님의 고난을 묵상하며 부활을 기리는 사순절 첫째 주일을 위한 주님의 메시지입니다.

예수님께서 우리의 죗값을 대신 치르시기 위해 십자가의 제물로 죽임 당하는 고난을 기꺼이 감수하셨습니다. 우리는 예수님의 그 십자가 보혈로 구원받은 그리스도인들입니다. 그 사실을 믿지 못한다면, 우리가 지금 이 자리에 앉아 있을 턱이 없습니다. 그러나 절대로 착각하지 마십시다. 우리가 구원받은 그리스도인이라는 말이, 우리가 이미 완성된 의인이라는 의미는 결코 아닙니다. 우리는 주님 안에서 구원받은 의인인 동시에, 육체를 입고 있는 한 여전히 죄성을 지닌 인간입니다. 한순간이라도 주님을 의지하지 않으면, 어느 순간이라도 주님을 의식하지 않으면, 우리는 이내 죄성에 사로잡힌 죄의 노예로 전락할 수밖에 없는 연약한 인간입니다. 그래서 하나님께서는 때로 우리의 계획이 어긋나게 하시고, 지연되게 하시며, 우리의 삶 속에 전혀 상상치도 못한 일이 일어나게도 하십니다. 우리가 어떤 경우에도 자기 교만에 빠지지 않고, 하나님 앞에서 항상 우리 자신이 죽고, 예수 그리스도의 십자가로 우리 자신을 쳐 하나님께 복종함으로, 보다 나은 그리스도인으로 살아가게 해주시기 위함입니다.

그동안 하나님의 명령을 좇아 추진해 온 계획이 막판에 어긋나거나 무산 되었습니까? 곧 끝날 것 같던 일이 기약 없이 지연되고 있습니까? 삶 속에 서 예기치 않은 일들이 벌어지고 있습니까? 그렇다면 도리어 하나님께 감 사하며, 하나님을 찬양하십시다. 그 모든 과정은, 하나님께서 당신의 마음 과 정성을 다하여 우리를 보다 나은 그리스도인으로 심어 주시려는 하나님 의 섭리임을 잊지 마십시다. 우리의 뜻은 늘 물거품처럼 사라져 버릴 세상 의 성공에 있지만, 하나님의 뜻은 예수 그리스도의 십자가로 우리를 보다 나은 그리스도인으로 영원히 세워 주시는 데 있습니다. 그 사실을 믿기에 우리 인생의 알렉산드리아 배가 어느 항구에선가 까닭 없이 움직이지 않아 도, 우리 각자의 로마로 향하는 우리의 발걸음은 흐트러짐이 없이, 우리는 주님 안에서 도리어 절대적인 평안을 누릴 수 있습니다. 우리의 계획이 어긋 나고 지연되는 만큼, 보다 나은 그리스도인으로 우리 각자의 로마에 입성할 수 있게끔, 주님께서 우리의 영혼을 더욱 빛나게 갈고닦아 주고 계심을 우 리가 알기 때문입니다.

사순절 첫째 주일을 맞아, 우리를 위해 십자가의 고난을 감수하신 주님을 찬양합니다. 주님의 고난을 통해, 우리가 구원받은 그리스도인으로 살 수 있게 해주신 것을 감사합니다. 그러나 우리가 이미 완성된 의인이라고 착 각하지 않게 해주십시오. 육체를 지니고 있는 한, 우리는 여전히 죄성을 지닌 인간에 불과함을 잊지 말게 해주십시오. 한순간이라도 주님을 외면 함으로 자기 교만에 빠져, 죄성에 사로잡힌 죄의 노예로 전락하는 어리석음을 범치 않게 해주십시오. 바울처럼 하나님 앞에서 날마다 죽으며, 예수 그리스도의 십자가로 나를 쳐 복종하게 해주십시오. 우리가 하나님의 명령에 순종하고도 우리의 계획이나 일정이 어긋나고 지연될 때, 노아처럼, 바울처럼, 보다 나은 그리스도인으로 살게끔 우리를 이끄시는 하나님을 더욱 겸손하게 우러러보게 해주십시오. '이와 같이' 우리의 영혼을 보석처럼 빛나게 갈고닦아 주시는 하나님을 절대적으로 신뢰하는 우리의 심령 속에, 세상이 줄 수 없는 평안이 언제나 넘쳐나게 해주십시오. 아멘.

30. 이와 같이 로마로 II ^{사순절 셋째 주일}

사도행전 28장 11-14절

석 달 후에 우리가 그 섬에서 겨울을 난 알렉산드리아 배를 타고 떠나니 그 배
의 머리 장식은 디오스구로라 수라구사에 대고 사흘을 있다가 거기서 둘러가
서 레기온에 이르러 하루를 지낸 후 남풍이 일어나므로 이튿날 보디올에 이르
러 거기서 형제들을 만나 그들의 청함을 받아 이레를 함께 머무니라 그래서 우
리는 **이와 같이 로마로** 가니라

우리가 4주에 걸쳐 숙고해 보았던 본문 11절에서 14절은, 14절에서 이렇
게 끝났습니다.

거기서 형제들을 만나 그들의 청함을 받아 이레를 함께 머무니라. 그래서
우리는 이와 같이 로마로 가니라.

사도행전을 기록한 누가는, 이 구절에서 부사 '이와 같이'를 특별히 강조하

였습니다. 우리는 지난 시간에, 부사 '이와 같이'를 좁은 의미로 본문에 국한하여 생각해 보았습니다. 죽음의 유라굴로 광풍으로 멜리데 섬에서 겨울을 지내느라 석 달이나 지체된 바울의 로마행이, 이듬해 봄에 바울이 멜리데 섬을 출발하고서도 왜 또다시 열하루나 지체되었는지, 그 까닭을 함께 생각해 본 것입니다. 그리고 지난 시간에 예고해 드린 것처럼, 오늘부터는 본문의 부사 '이와 같이'를 넓은 의미로, 바울의 전 생애에 적용시켜 숙고해 보도록 하겠습니다. 하나님께서 바울을 어떻게 부르셔서, 어떻게 훈련시키시고, 어떻게 사용하셔서, 어떻게 로마로 향하게 하셨는지, 몇 차례에 걸쳐 지도를 보면서 함께 생각해 보려 합니다. 제 머리가 지도를 비추는 스크린을 가리지 않도록, 지금부터 앉아서 말씀드리는 것을 양해해 주시기 바랍니다.

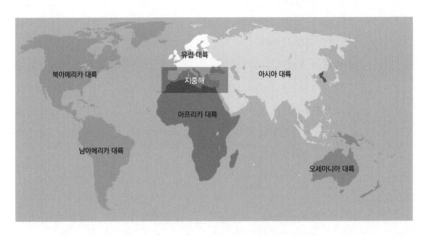

먼저 세계지도입니다. 남북 아메리카 대륙, 아시아 대륙, 오세아니아 대륙, 아프리카 대륙, 유럽 대륙을 보여 주는 이 세계지도에서 이 시간에 우리가 들여다볼 지역은, 바로 이 지중해 세계입니다. 이것이 지중해 세계, 다시 말해 당시의 로마제국을 확대한 지도입니다. 당시의 로마제국은 유럽 대륙의 이탈리아 반도를 중심으로 오늘날의 발칸 반도, 스위스, 독일, 프랑스, 스페인, 아프리카 대륙의 알제리, 튀니지, 이집트, 아시아 대륙의 팔레스타인과 터키 대륙을 포함한 거대한 제국이었습니다.

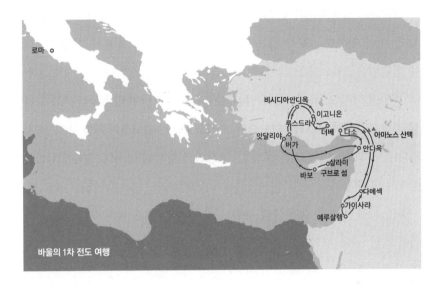

바울의 1차 전도 여행

이곳이 로마제국의 수도 로마입니다. 반면에 바울의 출생지는 오늘날 터키 대륙 동남쪽에 위치한 길리기아의 다소였습니다. 바울은 유대인 부모 사이에서 유대인으로 태어났습니다. 바울의 아버지가 유대인이면서도 로마 시민이었기에, 바울 역시 태어나면서부터 로마 시민이었습니다. 그러나 거대한 로마제국의 중심인 로마에서 볼 때, 다소는 아시아 대륙의 변방에 지나지 않습니다. 하나님께서는 로마제국을 새롭게 할 당신의 대책으로 제국의 수도인 로마 주류사회의 세도가를 선택하지 않고, 변방의 바울을 택하셨습니다. 어디 그뿐입니까? 하나님께서는 인류를 구원할 당신의 독생자인 예수 그리스도를, 다소보다 더 변방인 베들레헴에서 태어나게 하셨습니다. 예수님은 바울처럼 로마 시민도 아니셨습니다. 로마제국의 식민지에서 수탈당하는 식민지 백성으로 태어나신 것입니다.

우리는 이 사실을 잊지 말아야 합니다. 제국의 수도 로마에서 주류를 이루고 있는 사람들은 가진 것도, 누릴 것도, 믿을 것도 많아, 그들의 심령 속에 하나님을 모실 틈이 바늘구멍만큼도 없었습니다. 이것이 예수님께서도, 바울도, 로마제국의 주류사회에서 동떨어진 변방에서 태어나신 까닭입니다. 이미 대한민국의 주류사회에 들어가 있습니까? 그 속에 편입되기 위해 안간힘을 쓰고 있습니까? 우리가 날마다 우리의 심령을 주님께서 온전히 거하실 변방으로 견지하지 않는 한, 우리가 대한민국의 주류사회에 편입되는 순간부터, 우리는 겉모습만 그리스도인인 외식주의자가 되고 말 것입니다. 그리스도인의 경건 훈련은, 자신의 심령을 변방으로 견지하기 위함이어야 합니다.

젊은 시절 바울은 예루살렘 유학 길에 올랐습니다. 비록 변방일망정 자신이 속한 유대 사회에서 주류가 되기 위함이었습니다. 로마제국의 식민지인 유대 사회에서 주류에 편입되는 유일한 길은 종교 권력을 갖는 것이었습니다. 즉, 유대인들에게 절대적인 영향을 미치는 유대교의 지도자에 오르는 것이었습니다. 당시 유대인 남성들은 어느 곳에서 살든, 태어나 처음으로 예루살렘을 방문할 때에는, 아무리 먼 길이라도 반드시 걸어서 갔습니다. 거룩한 예루살렘을 순례자의 몸과 마음으로 찾기 위함이었습니다. 다소에서 육로로 약 800킬로미터 떨어진 예루살렘까지 걸어가기 위해서는, 해발 2천 미터의 아마노스 산맥을 넘어가야 합니다. 얼마나 높고 험한지, 오늘날 자동차를 타고서도 기어 올라가야 하는 산입니다. 젊은 바울은 예루살렘을 향해 그 험한 아마노스 산맥을 걸어 넘으면서, 어떻게든 유대교의 주류에 진입하리라 굳게 다짐하였을 것입니다.

예루살렘에서 당대 최고의 율법 선생인 가말리엘에게 율법을 수학한 바울은, 성공적으로 유대교 주류의 문턱을 넘어섰습니다. 유대교가 부정하는 교회를 짓밟는 데 누구보다 열심이었던 바울이 대제사장의 신임을 얻은 것입니다. 그는 다메섹의 그리스도인들을 색출하여 연행하는 원정대의 선봉장이 되었습니다. 다메섹은 예루살렘에서 213킬로미터나 떨어져 있었습니다. 그 임무를 성공적으로 완수하면, 바울은 확실하게 유대교 주류에 편입될 수 있었습니다. 그렇지만 주님께서는 바울이 유대교 주류에 편입되어, 당신과 무관한 인간이 되도록 내버려 두시지 않았습니다. 주님께서 다메섹 도상의 바울을 당신의 빛으로 사로잡아 주신 것이었습니다. 그와 동시에 바울은 시력을 상실하고 말았습니다. 조금 전까지 다메섹의 그리스도인들을 쓸어 버리기 위해 보무도 당당하게 다메섹으로 향하던 바울은 앞을 볼 수 없어, 다른 사람의 손에 이끌려서야 다메섹에 입성할 수 있었습니다. 그때 바울이 시력을 상실한 것은 은혜 중의 은혜였습니다. 고작 공동묘지에서 한 줌의 흙으로 끝나 버릴 세상의 주류가 되기 위한 목적으로 달려 있는 눈이라면, 차라리 아무것도 보지 못함만 못했습니다.

다메섹에서 사흘 동안이나 식음을 전폐하였던 바울은 아나니아의 안수기도로, 눈에서 비늘 같은 것이 벗겨지며 시력을 회복하였습니다. 바울의 눈을 뒤덮고 있던 세상의 백태가 벗겨지며, 비로소 주님을 향한 영안이 열린 것입니다. 자신이 그토록 부정하던 나사렛 예수가 인간을 구원하기 위해 강림하신 그리스도이심을 확인한 이상, 바울은 가만히 앉아서 침묵할 수는 없었습니다. 바울은 다메섹에서 시력을 회복하자마자 예수님를 부정하던 입으로 유대인들에게, 당신들이 못박아 죽인 예수가 부활하신 그리스도라고 증언하기 시작하였습니다. 다메섹의 유대교인들이 그 바울을 그냥 내버려 둘리가 없었습니다. 그들은 하루 아침에 유대교를 배신한 바울을 죽이려 하였습니다. 유대교의 주류가 되기를 열망하였던 바울이 도리어 유대교로부터, 죽여 마땅한 배교자로 낙인 찍혀 버리고 말았습니다. 다메섹의 신자들이 바울을 광주리에 넣어 성벽 위에서 달아내려 줌으로, 바울은 겨우 다메섹을 빠져나올 수 있었습니다.

그 이후 바울은 아라비아 광야에서 3년 동안 홀로 경건 훈련의 기간을 가졌습니다. 당시에는 오늘날의 아라비아 반도에서 시리아까지를 모두 아라비아라고 불렀으므로, 바울이 다메섹 근처의 광야에서 경건 훈련을 가졌던 것으로 추정됩니다. 그리고 바울은 예루살렘으로 올라갔습니다. 유대교의 주류가 되려 했던 바울이 유대교의 배교자가 되어 예루살렘으로 되돌아온 것입니다. 바울은 예루살렘에서 사도 야고보와 베드로를 만나, 예수님에 대한 그들의 증언을 직접 들었습니다. 그리고 예루살렘의 유대인들에게도, 예수님께서 그리스도이심을 담대하게 선포하였습니다. 예루살렘의 유대인들 역시 배교자인 바울을 죽이려 하였습니다. 예루살렘의 신자들은 바울을 보호하기 위해 그를 가이사랴까지 데리고 가, 그의 고향 다소로 내려가게 하였습니다. 가는 곳마다 유대교인들이 바울을 죽이려는 상황 속에서, 바울의 생명을 보장할 수 있는 곳은 그의 고향밖에 없다고 판단한 것이었습니다.

　지도에서 보는 것처럼, 가이사랴는 지중해의 항구 도시입니다. 예루살렘의 신자들은, 바울이 배를 타고 고향 다소로 돌아가게끔 그곳으로 데려다 준 것이 분명합니다. 그러나 당시에는 정기선이 없었습니다. 바울이 가이사랴에 이르렀다고 해서, 당장 다소로 출발하는 선박이 바울을 기다리고 있는 것은 아니었습니다. 앞으로 계속 살펴보겠습니다만, 바울은 주님 앞에서 생각을 정리하거나 중요한 결단을 내려야 할 필요가 있을 때, 배를 탈 수 있는 곳에서도 배를 타지 않고 걸었습니다. 그로 미루어 저 개인적으로는, 바울이 이때에도 가이사랴에서 고향 다소까지 걸어간 것으로 판단하고 있습니다. 인간적인 야욕에 사로잡혀 예루살렘으로 올라가던 그 길을, 바울이 그리스도의 심장으로 거꾸로 되걷고, 아마노스 산맥을 되넘어, 오직 주님의 이끄심에 따라 고향 다소로 낙향한 것입니다.

낙향한 바울은 고향 다소에서 무려 13년 동안 칩거해야 했습니다. 출세를 위해 예루살렘 유학길에 올랐던 바울이 어느 날 낙향하여 13년 동안 칩거한다면, 고향 사람들 보기에 바울은 실패자가 분명했습니다. 하지만 바울은 젊은 혈기에 고향을 박차고 뛰쳐나오지 않았습니다. 그는 주님을 신뢰하면서, 주님의 때가 이르기까지, 주님의 말씀으로 자신을 추스르고 또 추슬렀습니다. 마침내 주님께서 작정하신 기한이 찼을 때에, 주님께서는 바울이 상상치도 못한 길로 그를 불러내셨습니다. 안디옥교회의 담임목사인 바나바를 통해, 바울을 안디옥교회의 공동 담임목사로 불러내신 것입니다. 바울은 그때까지 자신이 목회자가 되리라는 생각은 꿈에서조차 해본 적이 없었습니다.

바울이 예루살렘에서 교회를 짓밟고 다닐 때, 많은 신자들이 박해를 피해 예루살렘을 떠나 사방으로 흩어졌습니다. 그들은 가는 곳마다 현지의 유대인들에게 복음을 전하였습니다. 그러나 구브로와 구레네에서 수리아의 안디옥에 이른 몇 명의 유대인들이 안디옥의 헬라인들에게 복음을 전하여, 수많은 헬라인들이 주님을 영접하게 되었습니다. 2천 년 교회 역사상 최초로 이방 지역에 최초의 이방인 교회가 탄생한 것입니다. 이를테면 안디옥교회는 이방 세계를 위한 최초의 전초기지였습니다. 그 소식을 접한 예루살렘교회가 바나바를 안디옥교회의 초대 담임목사로 파송하였고, 바나바의 헌신으로 안디옥의 더 많은 헬라인들이 주님을 영접했습니다. 혼자 힘이 부친 바나바는, 이미 그의 역량을 익히 알고 있던 바울을 다소로 찾아가 안디옥교회의 공동 담임목사가 되어 줄 것을 청하였습니다.

바울이 고향 다소에 칩거하고 있던 13년 동안 바울의 눈에는 아무것도 보이지 않았지만, 하나님께서는 그 바울을 위해 다소에서 175킬로미터 떨어진 수리아의 안디옥에서 치밀하게 섭리하고 계셨습니다. 바울은 자신을 찾아온 바나바를 따라 안디옥으로 가기 위해, 생애 세 번째로 아마노스 산맥을 넘었습니다. 바울의 합류로 안디옥교회는 더 많은 헬라인 신자들로 넘쳐났습니다. 그때부터 세상 사람들은 안디옥의 신자들을 '그리스도인'이라 부르기 시작하였습니다. 안디옥의 신자들이 세상 사람들은 감히 넘볼 수 없는, 확연하게 구별된 삶을 살았기 때문입니다. 그들은 모두 진짜 '예수쟁이들'이었습니다.

바울이 바나바와 함께 안디옥교회에서 공동 담임목회를 시작한 지 1년이 지났을 때였습니다. 주님께서 이번에는 바울과 바나바를 전도자로 불러내셨습니다. 그것 역시 바울의 예측에도, 계획에도, 전혀 없던 일이었습니다. 바울과 바나바는 주님의 명령에 순종하여, 바나바의 사촌동생 마가를 수행원으로 삼아 1차 전도 여행에 나섰습니다. 초대 전도팀의 우두머리는 바나바였습니다. 전도팀은 안디옥의 외항인 실루기아에서 배를 타고 구브로 섬으로 갔습니다. 전도팀의 첫 번째 전도지가 구브로 섬이었던 것은, 그곳이 바나바의 고향이었기 때문입니다. 전도팀의 우두머리였던 바나바가 자기 고향을 첫 전도지로 삼은 것이었습니다. 구브로 섬의 동쪽 항구 살라미에 도착한 전도팀이 섬을 관통하여 서쪽 항구 바보에 이르는 동안에, 바울에게 두 가지 역사적인 사건이 일어났습니다.

첫 번째 사건은 전도팀의 우두머리가 바나바에서 바울로 바뀐 것입니다. 교회 목회와는 달리, 전도 현장에서는 바울의 역량이 바나바보다 더 탁월하였습니다. 주님께서는 바울을 그렇게 전도 무대의 전면에 내세우기 위해 그토록 오랫동안 바울을 준비시키고 훈련시키신 것이었습니다. 두 번째 사건은, 바울의 이름이 사울에서 바울로 바뀐 것입니다. 바울은 초대 왕인 사울 왕을 배출한 베냐민 지파 출신이었습니다. 바울의 아버지는 자신의 아들에게, 사울 왕처럼 세상에서 크게 출세하라는 의미에서 사울이라 이름 지어 주었습니다. 그러나 바울은 첫 번째 전도지를 관통하면서 인간의 야욕에 물든 그 이름을 미련 없이 버렸습니다. 그리고 주님 앞에서 스스로 지극히 작고 작은 바울이 되었습니다. 주님의 손에 사로잡히면 사로잡힐수록, 바울은 미물보다 못한 자신을 절감하지 않을 수 없었던 것입니다. 첫 전도지인 구브로 섬에서 바울에게 일어난 이 두 가지의 역사적인 사건은 이 이후, 바울의 전 생애에 걸쳐 지대한 영향을 미쳤습니다.

구브로 섬에서 성공적으로 복음을 전한 전도팀은 바보에서 배를 타고, 오늘날 터키 대륙의 서남쪽에 위치한 밤빌리아의 버가로 갔습니다. 배가 버가에 도착하자마자 바울과 바나바의 수행원이었던 마가가 전도팀을 무단이탈하여, 자기 집으로 돌아가 버리고 말았습니다. 부잣집 외아들이었던 마가가 전도 여행의 어려움을 견디지 못한 것이었습니다. 당시의 전도 여행은 길에서 끼니를 해결하고 잠을 자는 일이 다반사여서 여간 힘든 일이 아니었습니다. 수행원인 마가가 돌아갔다고 해서, 바울과 바나바가 전도 여행을 포기한 것은 아니었습니다. 그들이 도착한 버가는 밤빌리아에서 가장 큰 도시였습니다. 1947년부터 발굴되기 시작한 버가의 유적지를 직접 찾아가보면, 옛 버가의 엄청난 규모에 압도당하지 않을 수 없습니다. 바울은 어느 도시든, 반드시 자신이 방문한 도시에서 복음을 전하였습니다. 그러나 이상하게도 바울은, 밤빌리아에서 가장 큰 도시인 버가만은 그냥 지나쳐 버리고 말았습니다.

바울과 바나바가 찾아간 다음 행선지는 해발 1천 미터의 고원지대인 비시디아 안디옥이었습니다. 바울은 갈라디아서 4장 13절에서, 자신이 버가에서 고원지대인 비시디아 안디옥을 곧장 찾아간 까닭이 '육체의 약함' 즉 질병 때문이었다고 밝혔습니다. 저지대인 버가에 도착한 바울이 말라리아와 같은 풍토병에 걸린 것이었습니다. 그러나 바울은 풍토병 치유를 위해 집으로 되돌아가지 않았습니다. 그 대신에 바울은, 저지대인 버가와는 정반대의 기후 조건인 고원지대 비시디아 안디옥을 먼저 찾아갔습니다. 전도 여행 중에 풍토병이 자연적으로 떨어져 나가게 하기 위함이었습니다. 주님께 사로잡힌 바울에게는 풍토병도 걸림돌이 되지는 못했습니다.

버가에서 비시디아 안디옥에 이르기 위해서는 2천 미터의 고봉들로 이어진 타우로스 산맥을 넘어야만 합니다. 얼마나 험산준령인지, 약 20년 전에 제가 버가에서 자동차를 타고 타우로스 산맥을 넘어 200킬로미터 거리의 비시디아 안디옥까지 가는 데 3시간 30분이나 걸렸을 뿐 아니라, 자동차 뒷좌석에 앉은 사람들은 모두 멀미를 하였습니다. 더욱이 2천 년 전 타우로스 산맥은 산적과 강도의 소굴이었습니다. 대비 없이 타우로스 산맥을 넘는 것은 생명을 거는 것과 같았습니다. 바울이 고린도후서 11장 26절에서, 복음을 전하기 위해 '강도의 위험'마저 감수하였다고 증언한 것은 타우로스 산맥을 넘을 때의 경험임이 틀림없습니다. 풍토병에 걸린 바울은 그 험하고 위험한 산길을 걸어서, 밤이 되면 노숙하면서, 비시디아 안디옥을 찾아갔습니다.

비시디아 안디옥에 도착한 바울은 안식일이 되자마자 유대인 회당을 찾아가 복음을 전하였습니다. 회당에는 유대인들뿐 아니라, 유대교에 입교한 헬라인들도 있었습니다. 그들은 생전 처음 들어 보는 바울의 설교에 큰 감동을 받았고, 그들을 통해 바울에 대한 입소문이 도시 전체로 퍼져나갔습니다. 다음 안식일이 되자, 바울의 설교를 듣기 위해 그 도시의 수많은 헬라인들이 회당으로 몰려들었습니다. 그 광경을 본 현지의 유대교 지도자들이 바울에 대한 시기심으로, 현지의 유력자들을 충동질하며 바울을 모함하여, 바울을 그 도시에서 추방해 버리고 말았습니다.

비시디아 안디옥에서 추방당한 바울과 바나바는 이고니온을 찾아갔습니다. 비시디아 안디옥에서 동남쪽으로 180킬로미터 떨어진 이고니온으로 가기 위해서는 크고 작은 산을 서른 개나 넘어야 했지만, 바울은 조금도 개의치 않았습니다. 바울은 이고니온에서도 복음을 전했습니다. 적잖은 사람들이 복음을 받아들였지만, 그곳에서도 유대교인들이 사람들을 선동하여 바울을 돌로 쳐죽이려고 하였습니다. 그 덕분에 바울은 이고니온 남쪽 45킬로미터 지점에 위치한 루스드라를 찾아갔습니다. 그곳에서 바울이 선천성 하반신 마비자를 주님의 이름으로 일으켜 세우자, 현지인들이 바울과 바나바를 신이라며 경배하려 하였습니다. 바울과 바나나는 옷을 찢으며 자신들이 그들과 똑같은 인간임을 강변하여, 그들의 경배를 겨우 물리쳤습니다. 그러나 바울이 루스드라에서 예수를 전하고 있다는 소식을 접한 비시디아 안디옥과 이고니온의 유대인들이 루스드라를 덮쳤습니다. 배교자인 바울을 제거하기 위해 비시디아 안디옥의 유대인들은 225킬로미터를, 이고니온의 유대인들은 45킬로미터를 멀다 않고 달려온 것입니다. 그들은 현지인들을 선동하여 바울에게 돌팔매질을 퍼부었습니다. 그들의 돌팔매질이 얼마나 심했던지, 사람들은 실신한 바울이 죽은 줄 알고 바울을 성 밖으로 끌어 내어 쓰레기장에 내던져 버렸습니다.

사람들이 실신한 바울을 죽은 것으로 간주할 정도로 유대인들이 바울에게 심한 죽음의 돌팔매질을 퍼부었지만, 바울과 한 팀을 이루었던 바나바는 그들의 돌팔매질을 저지하기 위해 그 어떤 시도도 하지 않았습니다. 단한마디의 이의도 제기하지 못했습니다. 바나바는 그 끔찍한 광경을 처음부터 끝까지 목격하면서도, 오로지 침묵으로 일관하였습니다. 두려웠기 때문일 것입니다. 공연히 잘못 나섰다가는 자신도 죽음의 돌팔매질을 당할 것이 뻔했습니다. 그러나 죽은 줄 알았던 바울이 일어났습니다. 그때 바나바가 바울 앞에서 얼마나 수치스러웠겠습니까? 바울의 눈인들 제대로 쳐다볼수 있었겠습니까? 침묵은 금입니다. 그러나 침묵하지 말아야 할 때 침묵하는 것은 비겁한 비굴일 따름입니다. 바울은 자신이 죽음의 돌팔매질을 당할 때 침묵으로 일관했던 바나바를 원망하거나 비난하지 않았습니다. 만약 바울이 사람의 도움과 위로를 절대시하였다면, 그는 비겁하게 침묵으로 일관한 바나바에게 크게 배신감을 느꼈을 것입니다. 바울에게 위로자는 오직 주님 한 분이셨습니다. 바울이 주님의 위로 속에 있을 때, 그에게 바나바는 자신이 계속하여 품고 이끌어 주어야 할 연약한 지체였습니다. 바울은 아무 일도 없었다는 듯, 상처투성이의 몸으로 바나바와 함께 다음 행선지인 더베로 향하였습니다.

루스드라에서 동쪽으로 140킬로미터 떨어진 더베에서도 많은 사람들이 복음을 영접하였습니다. 더베에서 동쪽으로 200킬로미터 못 미쳐 바울의 고향인 다소가 있었습니다. 바울이 더베까지 진출한 이상, 고향 다소를 거쳐 수리아의 안디옥으로 가는 것이, 출발지인 안디옥으로 귀환하는 최단코스였습니다. 고향 다소에 간다면, 풍토병에 시달리고 죽음의 돌팔매질을 당한 육체의 휴식을 취할 수도 있었습니다. 하지만 바울은 바나바와는 달리, 고향을 지척에 두고서도 고향을 거치는 최단코스를 택하지 않았습니다. 바울은 더베에서 180도 돌아서서, 왔던 길을 거꾸로 되돌아갔습니다. 루스드라, 이고니온, 비시디아 안디옥에서 난생 처음으로 복음을 영접했던 사람들을 다시 만나, 초신자들인 그들의 믿음을 다져 주기 위함이었습니다. 바울을 죽이려는 유대인들이 득실대는 그 도시들을 되찾아가는 것은 죽음의 돌팔매질을 자청하는 것과 같았습니다. 그러나 죽음의 돌팔매질도 바울의 앞길을 가로막지는 못했습니다. 바울은 자신이 복음을 전했던 도시들을 일일이 다시 찾아가, 초신자들의 믿음이 견고하게 뿌리내릴 수 있게 해주었습니다.

그리고 바울은 험산준령의 타우로스 산맥을 다시 넘어 버가로 되돌아가, 풍토병으로 그냥 지나쳤던 그곳에서도 복음을 전했습니다. 바울은 구브로

에서 배를 타고 버가에 도착했던 것과는 달리, 이번에는 버가에서 배를 타지 않았습니다. 바울은 버가에서 10킬로미터 떨어진 앗달리아까지 걸어가, 그곳에서 배를 타고 수리아의 안디옥으로 귀환하였습니다. 바울이 버가에서 앗달리아까지 굳이 걸어간 것은, 주님 안에서 자신의 첫 번째 전도 여행을 정리하기 위함이었을 것입니다. 최소 1년 이상 최대 2년이 소요된 것으로 추정되는 바울의 1차 전도 여행은, '이와 같이' 끝이 났습니다.

어떻습니까? 주님께서 바울을 다메섹 도상에서 사로잡아 주시지 않았더라면, 바울의 인생이 어떻게 되었겠습니까? 그는 필경 유대교의 주류에 진입하여, 유대교 최고 지도자의 반열에까지 올랐을 것입니다. 그렇다면 그것이 과연 진정한 성공일 수 있었겠습니까? 바울이 예루살렘에서 비록 유대교 주류의 최고봉에 이른다 한들, 로마의 주류들 보기에는 저 먼 변방 어린아이들의 소꿉장난에 지나지 않지 않았겠습니까? 바울이 온갖 재주를 다 부려 로마의 주류사회에 진입하였다면, 그것은 참된 성공일 수 있었겠습니까? 바울은 로마에서 잠시 위세를 부리며 호의호식하다가, 이미 한 줌의 흙으로 흔적도 없이 사라져 버리고 말지 않았겠습니까? 주님께서 다메섹 도상에서 그의 길을 가로막고 그의 계획을 무산시켜 주셨기에 그는 주님의 영원한 사도, 영원한 하나님 나라의 영원한 주류가 될 수 있었습니다.

주님께서는 고향에서 칩거하고 있는 바울을 위해 이방 세계의 전초기지인 안디옥교회를 미리 예비해 두시고, 당신의 때에 그 교회 공동 담임목사로 바울을 불러내셨습니다. 바울을 다시 이방 세계를 위한 전도자로 세우신 분도 주님이셨습니다. 첫 번째 전도 여행의 첫 전도지인 구브로 섬에서 주님께서 바울을 전도 무대의 전면에 내세우지 않으셨더라면, 다음 시간에 2차 전도 여행에서도 확인할 수 있겠습니다만, 전도팀의 우두머리였던 바나바는 자신의 고향 구브로 섬에서만 복음을 전하고 안디옥으로 되돌아갔을 것입니다. 첫 전도지인 구브로 섬에서 주님께서 바울로 하여금 인간의 야욕에 물든 사울이란 이름을 버리고 일평생 지극히 작고 작은 바울로 살게하시지 않았다면, 앞으로 전도지에서 초대교회 영웅으로 떠오를 바울 역시 인간의 죄성에서 벗어나지 못한 채, 사울 왕처럼 어느 날 자기 교만에 빠져 파멸하고 말았을 것입니다.

바울이 구브로 섬에서 터키 대륙의 버가까지 진출하였더라도 그곳에서 풍토병에 걸리지 않았더라면, 바울의 전도 여행은 버가와 인근 도시에 국한되고 말았을 것입니다. 그러나 주님께서 바울이 버가에서 풍토병에 걸리게 하심으로, 바울을 타우로스 산맥 너머 비시디아 안디옥까지 이르게 하셨습니다. 그리고 바울을 제거하려던 유대인들의 박해를 신호등 삼아 바울로 하여금 이고니온, 루스드라, 더베를 차례로 찾아가 복음을 전하게 하심으로, 복음은 그 누구도 막을 수 없는, 사방으로 퍼져나가는 생명의 원동력임을 직접 확인시켜 주셨습니다. 그리고 고향을 거치는 최단코스를 두고서도 초신자들을 위해 왔던 길을 되돌아가게 하심으로, 한 생명에 대한 소명감을 바울의 심령에 각인시켜 주셨습니다. 바울이 일평생 주님의 휘페레테스와 마르튀스로 살아갈 수 있게끔, 주님께서 바울의 역량과 자질을 '이와 같이' 키워 주고 다져 주셨습니다. 그 결과로, 앞으로 계속 살펴보겠습니다만, 바울은 마침내 주님의 휘페레테스와 마르튀스로 로마에 이를 수 있었습니다. 그러므로 이 지도는 단순한 지도가 아닙니다. 이 지도는, 주님께서 당신의 마음과 정성을 다하여 바울을 당신의 휘페레테스와 마르튀스로 심어 주신 신묘막측한 은혜의 지도요, 불가사의한 섭리의 지도입니다.

주님께서 바울에게 왜 그렇게 해주셨습니까? 당신의 핏값으로 바울을 사셨기 때문입니다. 바울의 죗값을 대신 치러 주시기 위해 당신이 십자가의 제물로 죽임 당하셨기 때문입니다. 바울이 영원한 하나님 나라의 영원한 주류가 될 수 있게끔, 삼 일 만에 죽음을 깨뜨리고 영원히 살아나셨기 때문입니다. 바울은 그 사실을 알고 믿었기에, 그 주님을 인격적으로 만났기에, 그 주님께 자신의 생을 걸었습니다. "내가 너희 중에서 예수 그리스도와 그가 십자가에 못박히신 것 외에는 아무것도 알지 아니하기로 작정하였음이라"(고전 2:2). 바울에게 인생의 목적은 오직 예수 그리스도, 예수 그리스도의 십자가, 십자가의 예수 그리스도밖에 없었습니다. 주님께서 그 바울의 인생을 '이와 같이' 찢어지지도, 색이 바래지도, 삭아 없어지지도 않는, 신묘막측한 은혜의 지도, 불가사의한 섭리의 지도로 엮어 주신 것은 너무나도 당연한 일이었습니다.

오늘은 주님의 십자가 고난을 묵상하고 부활을 기리는 사순절 셋째 주일입니다. 주님께서 십자가에 못박혀 죽임 당하시므로 우리의 죗값을 대신 치러 주셨음을 정녕 믿고 있습니까? 우리를 살려 주신 예수 그리스도의 십자가, 십자가의 예수 그리스도를 우리 삶의 목적으로 삼고 있습니까? 그렇다면 우리 모두 바울처럼 주님께 우리의 생을 거십시다. 이 시간에 우리가 확인한 것과 같이, 주님께서 당신의 마음과 정성을 다하여 우리의 인생을 신묘막측한 은혜의 지도, 불가사의한 섭리의 지도로 엮어 주실 것입니다. 우리가 믿는 주님께서, 2천 년 전 바울이 믿었던 바로 그 주님이시기 때문입니다.

사순절 셋째주일을 맞은 오늘, 십자가의 주님께서 바울을 위해 친히 엮어 주신 신묘막측한 은혜의 지도, 불가사의한 섭리의 지도를, 우리의 두 눈으로 직접 보게 해주셔서 감사합니다. 우리 모두 바울처럼, 우리의 죗값을 대신 치러 주신 십자가의 예수 그리스도, 예수 그리스도의 십자가를 우리 삶의 목적으로 삼게 해주십시오. 우리에게 예수 그리스도의 십자가보다 더 큰 자랑이 없게 해주십시오. 십자가의 예수 그리스도에게 우리의 생을 걸게 해주십시오. 마음과 정성을 다하여 심어 주시는 주님의 은혜 속에서 우리의 인생이 찢어지지도, 색이 바래지도, 삭아 없어지지도 않는, 신묘막측한 은혜의 지도, 불가사의한 섭리의 지도로 엮어져 가게 해주십시오. 오늘 있다가 내일 아궁이에 던져질 세상의 주류에 들지 못하였음을 안타까워하는 것이 아니라, 예수 그리스도 안에서 영원한 하나님 나라의 영원한 주류가 되었음을 기뻐하게 해주십시오. '이와 같이' 살아가는 우리를 통해, 이 세상이 날로 맑고 밝아지게 해주십시오. 아멘.

31. 이와 같이 로마로 III 사순절 다섯째 주일

사도행전 28장 11-14절

석 달 후에 우리가 그 섬에서 겨울을 난 알렉산드리아 배를 타고 떠나니 그 배의 머리 장식은 디오스구로라 수라구사에 대고 사흘을 있다가 거기서 둘러가서 레기온에 이르러 하루를 지낸 후 남풍이 일어나므로 이튿날 보디올에 이르러 거기서 형제들을 만나 그들의 청함을 받아 이레를 함께 머무니라 그래서 우리는 **이와 같이 로마로** 가니라

멜리데 섬에서 석 달 동안 겨울을 지낸 바울은 이듬해 봄이 되어 지중해 항해 금지가 해제되자, 마침내 로마를 향해 멜리데 섬을 출발하였습니다. 그 이후 바울의 여정을 밝혀 주는 본문의 14절 하반절은 이렇게 끝이 났습니다.

그래서 우리는 이와 같이 로마로 가니라.

사도행전을 기록한 누가는 이 구절에서, 부사 '이와 같이'를 특별히 강조하고 있습니다. 우리는 지난 시간부터 부사 '이와 같이'를 바울의 전 생애에 적용시켜, 하나님께서 바울을 어떻게 로마로 향하게 하셨는지, 지도를 보면서 바울의 전 생애를 복기하고 있습니다. 오늘도 제 머리가 지도를 비추는 스크린을 가리지 않도록, 제가 앉아서 말씀드리는 것을 양해해 주시기 바랍니다.

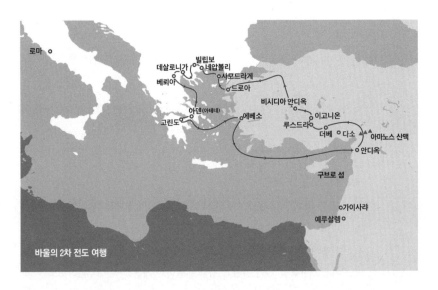

바울의 2차 전도 여행

1차 전도 여행을 성공적으로 마치고 수리아의 안디옥교회로 귀환한 바울과 바나바는, 다시 2차 전도 여행을 시작하기로 하였습니다. 1차 전도 여행 때 방문한 도시들을 재방문하여, 자신들로부터 복음을 영접했던 초신자들의 믿음을 새롭게 다져 주기 위함이었습니다. 그러나 수행원 문제로 바울과 바나바의 의견이 엇갈렸습니다. 바나바는 이번에도 사촌동생 마가를 수행원으로 대동하려 한 반면, 바울은 1차 전도 여행 도중에 무책임하게 무단이탈한 마가를 또다시 대동할 수는 없다고 반대하였습니다. 사도행전 15장 39절은, 이때 두 사람이 '서로 심히 다투어 피차 갈라섰다'고 전해 주고 있습니다. 마치 두 사람이 다시는 보지 않을 원수처럼 영영 헤어진 것처럼 보입니다. 그러나 헬라어 원문에 의하면, 그들은 서로 상대의 뜻을 존중하면서, 각자 자기 소명의 길을 떠나기로 한 것이었습니다. 먼저 바나바가 마가와 함께 배를 타고 구브로 섬으로 향하였습니다. 사촌동생 마가와 2차 전도 여행을 시작한 바나바의 첫 번째 행선지 역시 1차 전도 여행 때처럼, 그의 고향 구브로 섬이었습니다. 바나바의 관심사가 늘 그의 고향과 혈족에 있었음을 짐작하게 해주는 대목입니다.

바나바가 그의 고향인 구브로를 향해 떠났기에, 그와 결별한 바울은 예루살렘 출신의 실라와 함께, 1차 전도 여행의 최종 행선지인 더베를 향해 북쪽으로 올라갔습니다. 사도행전 15장 41절은 바울과 실라가 더베를 향해 가면서, '수리아와 길리기아의 교회를 견고하게 하였다'고 증언하고 있습니다. 수리아는 안디옥과 예루살렘이 속해 있는 로마제국의 행정구역이고, 길리기아는 바울의 고향 다소가 속해 있는 행정구역이었습니다. 당시의 교회는 모두 가정교회로, 수리아와 길리기아에도 흩어진 그리스도인들로 구성된 가정교회가 있었습니다. 바울과 실라는 그들을 만나 그들의 믿음을 격려해 주었습니다.

이처럼 바울이 길리기아 땅을 거쳐 더베로 간 까닭에, 많은 주석학자들은 이때 바울이 으레 고향 다소도 들른 것으로 단정하고 있습니다. 그것이 사실이라면, 바울의 전도 여정을 일기장처럼 세밀하게 기록한 누가는, 바울의 고향 방문 역시 반드시 기록으로 남겼을 것입니다. 그러나 누가는 바울의 고향 다소를 전혀 언급하지 않았습니다. 바울이 직접 쓴 서신서들 그 어디에도, 자신이 전도 여행 중에 고향을 재방문하였다는 내용을 찾아볼 수는 없습니다. 제 고향 부산은 행정상으로는 광역시이지만, 지리적으로는 경상남도 땅에 속해 있습니다. 제가 경상남도에 다녀왔다고 말한다면, 그것이 제 고향 부산까지 다녀왔다는 말은 아니지 않습니까? 따라서 바울이 길리기아 땅을 거쳐 더베로 갔다고만 누가가 기록한 것은, 바울이 길리기아 땅을 거치면서도 오히려 고향 다소에는 들리지 않았다는 말입니다. 누가는 그 사실을 통해, 굳이 사촌동생 마가를 다시 대동하여 2차 전도 여행 역시 자기 고향부터 찾아간 바나바와 바울을 대비하여 보여 주고 있습니다.

바울은 1차 전도 여행 때 고향을 지적에 둔 더베까지 진출하지 않았습니까? 그러나 고향 다소를 거쳐 안디옥으로 귀환하는 최단코스를 포기하고, 처음으로 복음을 영접한 초신자들을 위해, 왔던 길을 거꾸로 되돌아갔습니다. 바울은 이번에도 길리기아 땅을 거치면서도 고향 다소를 들르지 않고, 곧장 더베의 초신자들을 찾아갔습니다. 바울의 관심사는 바나바와는 달리, 자기 집안이나 혈족을 초월해 있었습니다. 그것은 바울이, 혈족을 아랑곳하지도 않는 비정한 인간이었음을 의미하지 않습니다. 다메섹 도상에서 주님의 부르심을 받은 바울은 고향에서 13년 동안 칩거해야 했습니다. 바울이 고향에 칩거했다는 것은 고향을 떠나지 않았다는 말이지, 아무것도 하지 않았다는 말이 아닙니다.

그 13년 동안 바울이 고향의 가족에게, 만나는 친척에게, 이웃에게, 복음을 증언하였을 것임은 두말할 나위가 없습니다. 주님의 부르심을 받은 바울이 한 도시에서 가장 오랜 기간 동안 주님을 삶으로 증언한 도시가 고향 다소였습니다. 그러므로 바울은, 주님께서 자기 혈족을 책임져 주실 것을 믿었습니다. 그 믿음으로, 고향을 다시 찾는 대신에 시간을 절약하여 더베의 초신자들에게 직행하였습니다. 주님을 믿는다면서도 내 집안, 내 가족, 내 사업의 우물 속에서 벗어나지 못하고 있는 우리에게 바울은, 큰 경종을 울려 주고 있습니다. 바울은 안디옥에서 길리기아로 가기 위해 생애 네 번째로 아마노스 산맥을 넘었습니다. 바울이 전 생애에 걸쳐 몇 차례나 아마노스 산맥을 넘은 의미에 대해서는 다음 시간에 말씀드리겠습니다.

더베에서 초신자들의 믿음을 북돋아 준 바울은 루스드라로 갔습니다. 루스드라는 바울이 얼마나 심한 돌팔매질을 당했던지, 사람들이 실신한 바울을 죽은 것으로 간주하여 성 밖 쓰레기장에 내버렸던 곳이었습니다. 바울의 입장에서는, 루스드라만은 피해야 할 곳이었습니다. 그러나 바울은 초신자들을 위해 목숨을 걸고 루스드라를 다시 찾아갔습니다. 주님께서는 바로 그 루스드라에서 바울에게, 후에 영적 아들이자 신실한 동역자가 된 청년 디모데를 붙여 주셨습니다. 바울이 돌팔매질의 트라우마에 사로잡혀 루스드라를 피하였더라면, 결코 누리지 못했을 주님의 은총이었습니다.

그 후 이고니온과 비시디아 안디옥의 초신자들까지 찾아가 믿음을 북돋아 준 바울은, 계속하여 터키 대륙의 중부 지역에서 복음을 전하려 하였지만, 웬 일인지 성령님께서 허락하시지 않았습니다. 바울은 북서쪽에 위치한 무시아 땅으로 올라가, 동쪽 비두니아 지역에서 복음을 전하려 하였습니다. 그러나 이번에도 성령님께서 바울의 길을 막으셨습니다. 바울은 방향을 180도 바꾸어 서쪽을 향해 내려가다가 항구도시 드로아에 도착하였습니다.

바로 그 드로아에서 바울은 누가를 만났습니다. 누가는 직업이 의사였습니다. 당시에도 의사는 부유했습니다. 그러나 주님을 영접한 누가는 부유한 의사의 삶을 포기하고, 가난한 전도자 바울의 동역자가 되었습니다. 그는 바울이 로마에서 참수형을 당해 죽을 때까지 곁에서 바울의 건강을 지켜 주었을 뿐 아니라, 바울의 일거수일투족을 사도행전 속에 기록으로 남겼습니다. 주님께 자신의 생을 걸었던 바울은 일평생 가난한 전도자로 살았습니다. 주님께서는 그 바울을 위해 의사 누가를 그의 주치의와 서기관으로 그의 곁에 심어 주셨습니다.

드로아에서 이루어진 주님의 섭리는 또 있었습니다. 드로아에 도착한 날 밤, 바울이 환상을 보았습니다. 마케도니아 사람이 '와서 도와주기를' 간청하는 환상이었습니다(행 16:9). 그것은 주님의 부르심이었습니다. 바울이 환상을 본 드로아는 아시아 대륙에 속한 반면, 환상 속의 마케도니아는 에게 해 너머 유럽 대륙에 속한 로마제국의 행정구역이었습니다. 그동안 아시아 대륙에서 태어나 아시아 대륙에서 살아온 바울의 머릿속에는 아시아 대륙밖에 없었습니다. 그러나 주님께서 바울로 하여금 유럽 대륙의 맞은 편에 위치한 드로아에서 유럽 대륙 마케도니아 사람의 환상을 보게 하심으로, 바울은 마침내 꿈에서조차 생각해 보지 못한 유럽 대륙으로 진출하게 되었습니다.

바울이 아시아 대륙의 드로아에서 탄 배는 에게 해의 사모드라게 섬을 거쳐, 유럽 대륙 마케도니아의 네압볼리에 상륙하였습니다. 바울이 유사 이래 유럽 대륙에 첫 발을 내디딘 첫 번째 그리스도인이 된 것입니다. 그 역사적인 순간에 의장대의 팡파르도, 군중의 환호도, 휘황찬란한 조명도 없었습니다. 유럽 사람들은 아시아 대륙에서 건너온 가난한 전도자 바울 일행을 거들떠보지도 않았을 것입니다. 그러나 바울만은 보고, 또 알고 있었습니다. 오직 주님의 손에 이끌려 에게 해 건너 유럽 대륙까지 찾아온 자신을, 주님께서 두 손을 벌려 환영하고 계신다는 사실을 말입니다.

바울은 네압볼리에서 14킬로미터 떨어진 빌립보로 갔습니다. 빌립보는 알렉산더 대왕의 아버지 필리포스 2세의 본거지였던 곳이었습니다. 빌립보에는 유대인 회당이 없었기에, 안식일을 맞은 바울은 기도할 곳을 찾기 위해 성 밖 강가로 나갔습니다. 아무 연고도 없는 유럽 대륙에서 바울이 할 수 있는 것이라곤 기도밖에 없었습니다. 바울은 그 강가에서 두아디라 출신의 여성 직물 사업가인 루디아를 만났습니다. 바울이 전하는 복음을 영접한 루디아는 바울을 자기 집으로 안내하여, 자기 집 권속들과 함께 바울에게 세례를 받았습니다. 루디아가 2천 년 교회 역사상 최초로 유럽 대륙에서 주님을 영접하고 세례를 받은 최초의 그리스도인이 된 것입니다.

유럽 대륙의 루디아를 구원하시기 위해 주님께서 유럽인을 동원하신 것이 아니었습니다. 머나먼 아시아 대륙 안디옥의 바울을 신비로운 섭리로 빌립보 강가까지 인도하시어, 루디아와 그의 권속들을 구원해 주셨습니다. 이것은 우리의 이야기이기도 합니다. 주님께서는 지난 2천 년 동안 구원의 복음이 대서양과 태평양을 돌아 한반도에 살고 있는 우리의 심령에 스며들게 하시기 위해, 세계 도처에서 수많은 사람들을 동원하시고, 헤아릴 수 없이 많은 사건들을 연출하셨습니다. 구원은 결코 싸구려 배급품이 아닙니다. 주님의 신비로운 구원의 은혜를 깊이 깨달은 루디아는, 바울 일행이 빌립보에 체류하는 동안 자기 집에서 묵을 것을 간청하였습니다. 유럽 대륙의 나그네인 바울 일행이 오히려 자신들의 숙식을 누구에겐가 부탁해야 할 처지였습니다. 그런데도 오히려 루디아가 바울 일행에게 자기 집에서 묵어 주기를 간청하였습니다. 루디아는 주님께 진 사랑의 빚을 바울 일행에게 갚았고, 주님께서는 빌립보에서 바울 일행의 숙식을 그렇게 책임져 주셨습니다.

빌립보에는 귀신 들린 여인이 있었습니다. 사람들에게 점을 쳐주고, 자신의 고용주들에게 경제적으로 큰 이득을 보게 해주는 가련한 여인이었습니다. 귀신 들린 여인을 고용하여 돈을 버는 고용주들은 한마디로, 인간성을 결여한 나쁜 사람들이었습니다. 며칠 동안 귀신 들린 여인이 계속하여 바울을 좇아오자, 바울이 예수 그리스도의 이름으로 그 여인을 귀신의 속박에서 해방시켜 주었습니다. 그것은 손뼉을 치며 축하해 주어야 할 일이었습니다. 그러나 그 여인의 고용주들은 바울과 실라를 붙잡아, 시장터의 관리들에게 개 끌 듯 끌고 갔습니다. 바울 때문에, 그 여인을 이용하여 더 이상 돈을 벌 수 없게 되었기 때문입니다. 그들은 관리들 앞에서, 바울과 실라가 몹

쓸 범법자인 것처럼 거짓으로 모함하면서 그곳에 모인 군중들을 선동하였습니다. 간단하게 선동당한 빌립보의 군중들은 영문도 알지 못한 채, 일제히 소리 소리치며 바울을 고발하였습니다.

부자를 대변하던 빌립보의 관리들은 바울에게 해명의 기회조차 허락하지 않았습니다. 그들은 바울과 실라에게 매질을 하게 한 다음, 감옥에 투옥시켜 버렸습니다. 그것도 모자라 바울과 실라의 발에 차꼬까지 채웠습니다. 바울은 선하고 의로운 일을 하고서도 억울하게 매 맞고 투옥되었지만, 전혀 비관하지 않았습니다. 바로 그 순간에도 주님의 섭리가 이루어지고 있음을 믿었기 때문입니다. 바울은 한밤중에 실라와 하나님께 기도하고, 한목소리로 찬송을 불렀습니다. 그 순간에 옥터가 움직이면서, 감옥 문이 열리고 바울과 실라의 발에 채워져 있던 차꼬까지 풀렸습니다. 그러나 바울과 실라는 감방 속에 그대로 앉아 있었습니다. 잠을 자다가 깜짝 놀라 깬 감옥 간수는, 감옥과 감방의 문들이 열린 것을 보고 죄수들이 도망친 것으로 알고 칼을 빼어 자살하려 했습니다. 그 광경을 목격한 바울이 감방 속에서 소리쳐, 간수의 자살을 제지하였습니다.

감옥 문이 열렸는데도 도망치지 않은 바울을 보고 감격한 간수가 바울 앞에 엎드려 '내가 어떻게 하여야 구원을 얻을 수 있겠느냐'(행 16:30)고 물었고, 바울이 그 유명한 답변을 하였습니다. '주 예수를 믿으라. 그리하면 너와 네 집이 구원을 받으리라'(행 16:31). 바울은 한 사람이 주님을 영접하면, 주님께서 그 한 사람을 통로로 삼아 그의 가족들까지 구원해 주실 것을 확신하였습니다. 바로 이 믿음으로 바울은 갈라디아 땅을 거치면서도 고향을 들르지 않고, 곧장 더베의 초신자들을 찾아간 것이었습니다. 간수는 확신에 찬 바울의 대답에 바울을 감옥 경내에 있는 자신의 관사로 데리고 가, 자기 가족과 함께 주님을 영접하고 세례를 받았습니다. 바울의 말대로, 그와 그의 집이 구원을 받았습니다. 바울이 억울하게 매맞고 투옥당한 대가로, 그날 밤 간수와 그의 가족에게 주님의 구원이 임하였습니다. 나의 억울함을 통해 누군가에게 주님의 구원이 임하는 것, 이것이 구원의 신비요 역설입니다.

이튿날 아침에, 바울을 투옥시킨 관리들이 감옥으로 전령을 보내어 바울과 실라를 석방시켜 주라고 했습니다. 그 소식을 접한 바울에게 불현듯, 자신이 유대인이긴 하지만 로마 시민이라는 생각이 났습니다. 그래서 로마 시민인 자신을 정식 재판도 없이 매질하고 투옥시키더니, 아무 일도 없었다는 듯 이렇게 석방시킬 수 있느냐고 반문했습니다. 바울이 로마 시민이라는 보고를 받은 관리들이 깜짝 놀라 감옥으로 달려왔습니다. 정식 재판 없이 로마 시민을 매질하거나 구금하는 것은, 법으로 엄격하게 금지되어 있었습니다. 로마 시민인 바울이 공식적으로 이의를 제기하면, 그를 부당하게 다룬 관리들은 문책당하거나 형벌을 받아야 할 판이었습니다. 관리들은 바울에게 정중하게 사과하면서, 자신들의 과오를 문제 삼지 말고, 제발 그냥 떠나주기를 간청하였습니다.

다메섹 도상에서 주님의 부르심을 받은 이후, 바울은 그동안 세상에서 자랑거리로 삼아 오던 모든 것을 배설물처럼 미련 없이 버렸습니다. 그에게는 예수 그리스도의 십자가보다 더 귀한 것은 있을 수 없었습니다. 그러나 빌립보 감옥에서의 경험은 바울에게 중요한 사실을 일깨워 주었습니다. 자신이 배설물처럼 버렸던 로마 시민권도, 주님의 복음을 전하는 데엔 소중한 도구로 사용될 수 있다는 깨달음이었습니다. 그리고 이 이후에 그의 로마 시민권은, 그가 로마로 가는 데 결정적인 기여를 해주었습니다. 바울은 빌립보에서 선하고 의로운 일을 하고서도 거짓 모함과 고발, 매질과 투옥을 당해야 했습니다. 그러나 그 결과로 감옥의 간수와 가족이 바울을 통해 구원을 얻었을 뿐 아니라, 바울은 세상의 배설물도 복음 전도를 위해서는 귀한 도구로 사용될 수 있다는 소중한 깨달음을 얻었습니다. 선하고 의롭게 살고서도, 지금 억울한 일을 당하고 있습니까? 우리에게 두 눈들이 있음을 잊지 마십시오. 한 눈으로는 세상을 직시하면서, 또 한 눈으로는 그 너머에서 우리를 위해 치밀하게 섭리하고 계신 주님을 바라보십시오. 오직 그분만이 우리로 하여금 세상을 이기고, 극복하고, 포용하게 해주시는 힘이요, 능력이십니다.

빌립보를 출발한 바울은 암비볼리와 아볼로니아를 거쳐, 빌립보에서 164킬로미터 떨어진 데살로니가로 갔습니다. 마케도니아의 행정수도인 데살로니가는 인구 20만 명의 대도시였습니다. 빌립보와는 달리 데살로니가에는 유대인 회당이 있었습니다. 그곳에 적잖은 유대인들이 살고 있었다는 말입니다. 바울은 안식일에 회당에서 복음을 전하였고, 데살로니가의 헬라인들과 귀부인들도 복음을 영접하였습니다. 그러자 바울을 시기한 데살로니가의 유대교인들이 시내 불량배를 동원하여 바울에게 위해를 가하려 하였습니다. 하지만 바울을 통해 주님을 영접한 그곳 신자들이 밤중에 바울을 베뢰아로 피신시켰습니다.

데살로니가에서 80킬로미터 떨어진 베뢰아에서도 바울은 회당에서 복음을 전했고, 역시 많은 사람들이 주님을 영접했습니다. 그러나 바울이 베뢰아에 나타났다는 소문을 접한 데살로니가의 유대교인들이 바울을 처단하기 위해 베뢰아를 덮쳤습니다. 그 상황이 얼마나 급박했던지 베뢰아의 신자들이 바울을 급히 항구로 빼돌려, 마침 출항하기 직전의 배에 태웠습니다. 바울이 타고 보니, 그 배는 아테네로 가는 배였습니다. 베뢰아에서 320킬로미터 떨어진 아테네는 마케도니아가 아니라, 로마제국의 행정구역 아가야에 속한 도시였습니다. 바울이 아시아 대륙의 드로아에서 에게 해를 넘어 유럽 대륙까지 건너간 것은 마케도니아 사람의 환상을 보았기 때문이었습니다. 만약 데살로니가의 유대교인들이 바울을 처단하려고 베뢰아를 덮치지 않았다면, 마케도니아의 베뢰아까지 복음을 전한 바울은 그곳에서 2차 전도 여행을 매듭짓고 수리아의 안디옥으로 귀환하였을 것입니다. 그러나 베뢰아를 급습한 데살로니가 유대교인들을 피해 바울이 엉겁결에 탄 배가 아테네 행이었기에, 바울의 전도 대상 지역이 계획에도 없던 아가야 땅까지 확장되었습니다. 신비롭기 그지 없는 섭리였습니다.

아테네는, 헬라신화 속에서 지혜와 전쟁의 여신으로 등장하는 '아테나'에서 유래한 지명이었습니다. 아테네에는 아테나 여신을 모신 그 유명한 파르테논신전을 포함한 크고 작은 신전들 외에도, 약 3만 개에 달하는 온갖 신상들이 온 도시를 가득 메우고 있었습니다. 그 광경을 목격한 바울은 인간의 어리석음에 격분하였습니다. 아테네에는 고대 귀족들의 회의 장소로 사용되던, 아레오바고라는 이름의 바위 언덕이 있습니다. '아레스 신의 언덕'이란 의미로, 아레스는 헬라신화에 등장하는 전쟁의 남신男神입니다. 그 아레오바고 언덕에 서면 아테나 여신의 페르테논신전이 올려다보입니다. 바울은 아레오바고에서 그 파르테논신전을 가리키며, '우주와 그 가운데 있는 만물을 지으신 하나님께서는 천지의 주재시므로, 사람이 손으로 지은 전에 갇혀 계시지 않는다'(행 17:24)고 설파하였습니다. 그리고 예수 그리스도의 죽음과 부활을 증언하였습니다. 아테네에서는 다른 도시처럼, 많은 사람들이 주님을 영접하지는 않았습니다. 그렇다고 실망할 일은 전혀 아니었습니다.

고린도전서 16장 15절에 의하면, 아테네에서 바울을 통해 주님을 처음으로 영접한 인물은 아테네 사람이 아니라, 고린도 사람 스데바나였습니다. 고린도 사람인 스데바나가 아테네에 갔다가 바울이 전하는 복음을 듣고, 아가야 땅에서 주님을 영접한 첫 번째 그리스도인이 된 것이었습니다. 다음 시간에 상세하게 말씀드리겠습니다만, 당시 고린도는 로마제국에서 타락의 도시의 대명사였습니다. 스데바나로부터 고린도의 타락상을 전해 들은 바울은 주저하지 않고 아테네에서 90킬로미터 떨어진 고린도를 찾아갔습니다. 고린도 사람 스데바나가 아테네에서 바울을 통해 주님을 영접하지 않았던들 바울은 수리아의 안디옥으로 귀환하였거나, 1차 전도 여행 때처럼 왔던 길로 되돌아갔을 것입니다. 그러나 주님의 섭리 속에서 고린도 사람 스데바나와의 만남을 통해, 바울의 2차 전도 여행은 고린도까지 이어지게 되었습니다. 더욱이 이 이후에 바울이 고린도의 그리스도인들에게 써보낸 편지는 신약성경의 고린도전후서가 되어, 2천 년이 지난 오늘날 우리의 심령까지 소생시켜 주고 있습니다. 사람의 머리로는 짐작조차 불가능한 신비로운 섭리입니다. 주님의 섭리는 거기에서 그치지 않았습니다.

아가야의 행정수도로, 그리스 본토와 펠로폰네소스 반도를 이어 주는 지협地峽에 위치한 고린도는 동서 양쪽에 두 개의 항구를 갖고 있었습니다. 동쪽으로 향하는 겐그레아 항과, 서쪽으로 향하는 레카이온 항이었습니다. 중요한 사실은 서쪽 항구인 레카이온에서 아드리아 해만 건너가면 제국의 수도 로마에 곧장 이르게 된다는 사실이었습니다. 당시 인구 75만 명으로 로마제국 4대 도시였던 고린도의 레카이온 항에는 매일 로마로 오가는 사람들과 물자들을 실어 나르는 배들이 드나들었습니다. 그 고린도에서 1년 6개월 동안 복음을 전하면서, 아시아 대륙 변방 출신인 바울의 마음속에 제국의 수도 로마가 뿌리내리게 된 것은 지극히 자연스러운 일이었습니다. 다음 시간에 살펴보겠습니다만, 바울이 3차 전도 여행 중에 자기 생의 마지막 종착지가 로마라고 천명한 동기는, 바로 이때 고린도에서부터 싹튼 것이었습니다.

주님께서는 고린도를 찾아올 바울을 위해, 오래전부터 천막 제조업자인 브리스길라와 아굴라 부부를 고린도에 예비해 두기도 하셨습니다. 그들은 천막 제조기술자인 바울을 만나 복음을 영접하였을 뿐 아니라, 바울을 위한 신실한 조력자가 되었습니다. 바울은 그들의 헌신적인 도움을 힘입어, 타락의 도시 고린도에서 1년 6개월 동안이나 성공적으로 복음을 전하였습니다. 고린도에서 2차 전도 여행을 매듭지은 바울은 고린도의 동쪽 항구인 겐그레아에서 배를 타고 에베소를 거쳐, 수리아의 안디옥으로 귀환하였습니다.

　우리는 지금 오늘의 본문 '이와 같이 로마로 가니라'를 놓고, 바울이 어떻게 로마로 향하게 되었는지 지도를 보면서 바울의 생애를 복기하고 있습니다. 로마제국의 변방 다소에서 유대인으로 태어난 바울이, 대체 어떻게 로마제국 주류 세력의 중심지인 수도 로마로 향하게 되었습니까?

　2차 전도 여행을 시작하기 전에 바울이 바나바의 사촌동생 마가 문제로 바나바와 결별하지 않았다면, 바울의 2차 전도 여행은 계획했던 대로 1차 전도 여행지를 순회하는 것으로 그쳤을 것입니다. 바나바와 결별한 바울이 바나바의 반대 방향을 선택하였다 해도, 성령님께서 그의 앞길을 계속하여 가로막지 않으셨더라면, 그의 2차 전도 여행은 터키 대륙을 벗어나지 못했을 것입니다. 성령님께서 바울을 드로아로 이끌어 가셨더라도, 마케도니아 사람의 환상을 보게 하시지 않았더라면, 아시아 대륙에 갇혀 살던 바울의 전도 대상지에 에게 해 너머 유럽 대륙이 포함될 수 없었을 것입니다. 유럽 대륙 마케도니아의 빌립보에서 선하고 의로운 일을 하고도 거짓 모함으로 매를 맞고 투옥당하지 않았던들, 자신이 로마 시민임을 상기하지 못했을 것이요, 배설물처럼 버렸던 로마 시민권이 자신의 로마행에 결정적으로 기여할 수 있음을 확인할 수도 없었을 것입니다. 데살로니가의 유대인들이 베뢰아까지 좇아와 바울을 제거하려 하지 않았던들, 바울의 유럽 전도는 마케도니아의 경계를 넘어서지 못했을 것입니다. 데살로니가의 유대교인들이 베뢰아를 덮친 급박한 상황 속에서 베뢰아의 신자들이 바울을 항구로 빼돌려 급히 태운 배가 아시아 대륙으로 가는 배였다면, 바울의 발길이 아가야 땅 아테네로 이어질 수는 없었을 것입니다. 아테네에서 바울에게 복음을 첫 번째로 영접한 인물이 고린도 사람 스데바나가 아니었다면 그의 전도 대상지가 고린도까지 확장되지 않았을 것이요, 아시아 대륙 변방 출신인 바울의 마음속에 제국의 수도 로마가 뿌리내릴 수도 없었을 것입니다. 그리고 바울이 가는 곳마다 주님께서 바울을 위해 미리 예비해 두신 사람들로 하여금 바울을 돕게 하셨습니다.

어떻습니까? 바울이 어떻게 로마로 가게 되었습니까? 바울의 뜻이나 계획대로 된 것은 아무것도 없었습니다. 처음부터 끝까지 주님께서 바울을 이끌어 주셨습니다. 한 치의 오차도 없는 주님의 섭리가, 시간이 지나갈수록 바울을 로마에 점점 더 가깝게 다가가게 하셨습니다. 바울의 위대함은, 억울한 순간에서조차 주님의 이끄심에 자신의 삶으로 온전히 순종한 것이었습니다. 그 결과 바울의 2차 전도 여행의 지도 역시 방금 우리 눈으로 확인한 것처럼, 주님께서 당신의 마음과 정성을 다하여 바울을 당신의 휘페레테스와 마르튀스로 심어 주신 신묘막측한 은혜의 지도요, 불가사의한 섭리의 지도가 되었습니다.

사순절 다섯째 주일을 맞은 오늘, 주님께서 바울의 삶 속에 마음과 정성을 다하여 엮어 주신 그 지도를 우리에게 보여 주시며, 너희들도 이렇게 살아보지 않겠느냐고 우리를 초청하고 계십니다. 주님께서 우리를 구원하시려 십자가의 제물로 죽임 당하셨다가, 삼 일 만에 죽음을 깨뜨리고 다시 살아나신 까닭이 무엇입니까? 우리의 인생을 바울처럼 신비로운 지도로 새롭게 엮어 주시기 위함입니다. 주님의 고난과 부활을 생각 속의 묵상과 기림으로 국한시키는 어리석음을 더 이상 범치 마십시다. 바울처럼 주님의 고난과 부활을 우리의 삶으로 기리고 실행하십시다. 우리의 계획이 무산되고, 선하고 의로운 일을 하고도 도리어 억울한 일을 당할 때, 더더욱 주님을 신뢰하며 그분의 이끄심에 순종하십시다. 주님께서 당신의 마음과 정성을 다하여 우리의 인생을 찢어지지도, 색이 바래지도, 삭아 없어지지도 않는, 신묘막측한 은혜의 지도, 불가사의한 섭리의 지도로 엮어 주실 것입니다. 잊지 마십시다. 우리의 궁극적인 승부는 세상의 것들로 나지 않습니다. 우리의 죽음 앞에서 세상의 것들은 배설물에 지나지 않을 것입니다. 우리의 코끝에서 숨이 멎는 순간 하나님 앞에서 우리의 승부는, 우리가 누구 안에서 어떤 인생 지도를 엮어 왔느냐로 판가름 날 것입니다.

오늘 이 시간에도 주님께서 바울의 삶 속에 엮어 주신 지도를 보여 주시고, 우리를 그 지도 속으로 초청해 주심을 감사합니다. 사순절을 지내면서, 우리를 위한 주님의 고난과 부활을 머릿속 생각으로만 묵상하고 기리는 어리석음을 더 이상 범치 않게 해주십시오. 우리를 십자가의 핏값으로 사신 주님의 고난과 부활을, 우리의 삶으로 기리고 실행하게 해주십시오. 선하고 의로운 일을 하고서도 억울한 일을 당할 때, 도리어 주님을 더욱 신뢰하며, 주님의 이끄심에 온전히 순종하게 해주십시오. 주님께서 마음과 정성을 다하여 신묘막측한 은혜의 지도, 불가사의한 섭리의 지도로 엮어 주실 우리의 삶을 통해 누군가의 심령 속에 구원의 복음이 스며들며, 황량하게 무너진 이 세상의 한 부분이 소생되게 해주십시오. 아멘.

32. 이와 같이 로마로 IV ^{부활주일}

사도행전 28장 11-14절

석 달 후에 우리가 그 섬에서 겨울을 난 알렉산드리아 배를 타고 떠나니 그 배의 머리 장식은 디오스구로라 수라구사에 대고 사흘을 있다가 거기서 둘러가서 레기온에 이르러 하루를 지낸 후 남풍이 일어나므로 이튿날 보디올에 이르러 거기서 형제들을 만나 그들의 청함을 받아 이레를 함께 머무니라 그래서 우리는 **이와 같이 로마로** 가니라

멜리데 섬에서 로마로 출발한 바울의 여정을 밝혀 주는 본문은 14절 하반절에서 이렇게 끝났습니다.

그래서 우리는 이와 같이 로마로 가니라.

본문이 특별히 강조하고 있는 부사 '이와 같이'를 오늘도 바울의 전 생애에 적용시켜, 하나님께서 바울을 어떻게 로마에 이르게 하셨는지, 지도를 보면

서 바울의 전 생애를 복기해 보겠습니다.

지난 시간에 확인한 것처럼, 아시아 대륙의 수리아 안디옥에 살던 바울의 2차 전도 여행은 신비로운 주님의 섭리 속에서 유럽 대륙의 마케도니아를 거쳐, 상상치도 못한 아가야의 고린도까지 이어졌습니다. 바울은 고린도에서 1년 6개월 동안이나 복음을 전했습니다. 1, 2차 전도 여행을 통틀어 가장 긴 기간이었습니다. 그곳에는 방해꾼들이 없었기 때문이 아닙니다. 고린도에서도 유대인들이 회당에서 바울을 쫓아내고, 심지어 총독에게 고발하기도 했습니다. 그 어려움 속에서도 바울이 1년 6개월 동안이나 고린도에서 복음을 전하면서 제국의 수도 로마를 가슴에 품을 수 있었던 것은, 천막 제조업자였던 브리스길라와 아굴라 부부의 헌신적인 조력 덕분이었습니다.

고린도에서 2차 전도 여행을 매듭지은 바울이 고린도를 떠날 때, 브리스길라와 아굴라 부부도 바울을 따라나섰습니다. 가난한 전도자 바울과 함께 생을 나누기 위함이었습니다. 바울이 그들 부부와 함께 고린도의 겐그레아항에서 탄 배는 에베소에 기항하여 하물을 부렸습니다. 당시의 무역선이 기항한 항구에서 하물을 내리고 싣는 데엔 며칠씩 소요되었습니다. 그 틈을 이용하여 바울은 에베소의 유대인 회당을 찾아가 복음을 전하였습니다. 많은 사람들이 바울에게 복음을 더 듣고 배우기를 원했습니다. 바울은 자기 대신에, 브리스길라와 아굴라 부부를 에베소에 머물게 하였습니다. 그 결과, 바울과 함께 생을 나누기 위해 바울을 따라 나선 그들이 2천 년 교회 역사상 우상의 도시 에베소에 최초의 전도자로 심겨져, 성경에 그들의 이름이 기록되었습니다. 누구와 함께 생을 나누느냐는 것은 이렇게 중요합니다. 바울을 만난 그들 부부가 바울과 함께 생을 나누려 하지 않았던들, 2천 년 전 그들은 고린도의 먼지로 사라져 버리고 말았을 것입니다. 우리 각자는 지금 누구와 생을 나누고 있습니까?

에베소에서 다시 배에 오른 바울은 예루살렘을 거쳐, 자신의 본거지인 수리아의 안디옥으로 귀환하였습니다. 주후 49년부터 52년까지 약 3년이 소요된 것으로 추정되는 바울의 2차 전도 여행이 끝난 것입니다. 아시아 대륙에서 유럽 대륙에 이르기까지, 총 5천여 킬로미터에 달하는 대장정이었습니다. 그러므로 3년 만에 다시 만난 안디옥의 신자들에게 바울이 들려줄 이야기가 얼마나 많았겠습니까? 인생은 매일 삶의 이야기를 엮어 가는 것입니다. 지금 어떤 삶의 이야기를 엮어 가고 있습니까? 순간적인 공기의 진동으로 끝나 버릴 덧없는 이야기입니까, 아니면 듣는 사람들의 마음속에 사라지지 않는 여운으로 새겨질 깊은 울림의 이야기입니까?

얼마 후 바울은 3차 전도 여행을 위해 다시 안디옥을 떠났습니다. 그리고 살아 생전 다시는 안디옥으로 되돌아오지 못했습니다. 3차 전도 여행을 끝낸 바울이 로마에서 참수형을 당해 죽었기 때문입니다. 이때 바울과 안디옥 신자들의 작별은, 이 땅에서 마지막 작별이 되고 말았습니다. 우리 가운데, 한 치 앞이라도 내다볼 수 있는 사람은 없습니다. 우리가 오늘 누군가와 헤어질 때, 우리에게는 그 사람을 다시 볼 수 있다는 보장이 없습니다. 그 헤어짐이 이 땅에서 마지막 작별일 수 있다는 말입니다. 우리가 매 순간 주어진 삶에 바른 책임과 의무를 다해야 할 까닭이 거기에 있습니다. 그것이 우리의 마지막 모습일 수 있기 때문입니다.

3차 전도 여행을 시작한 바울은 생애 다섯 번째로 아마노스 산맥을 넘었습니다. 똑같은 아마노스 산맥을 다섯 번이나 넘었지만, 그 의미는 다 동일하지 않았습니다. 바울이 아마노스 산맥을 처음으로 넘은 것은, 유대 사회의 주류가 되기 위해 예루살렘 유학길에 오를 때였습니다. 그때의 아마노스

바울의 3차 전도 여행

산맥은 자기 욕망, 자기 야망의 산맥이었습니다. 두 번째는, 바울이 주님께 사로잡혀 고향으로 낙향할 때였습니다. 바울에게 그때의 아마노스 산맥은, 주님 안에서 새로운 삶을 위한 결단의 산맥이었습니다. 안디옥교회 공동 담임목회자로 주님의 부르심을 받은 바울은 세 번째로 아마노스 산맥을 넘었습니다. 소명의 산맥이었습니다. 2차 전도 여행을 시작하면서 바울은 생애 네 번째로 아마노스 산맥을 넘었습니다. 주님께서 아시아 대륙의 바울을 유럽 대륙의 고린도까지 이끌어 가시기 위한 섭리의 산맥이었습니다. 그리고 3차 전도 여행을 시작한 바울은 생애 마지막으로 아마노스 산맥을 넘었습니다. 세 차례에 걸친 전도 여행을 마무리하기 위한 매듭의 산맥이었습니다.

인생은 반복의 연속입니다. 우리는 매일 동일하게 하루라는 아마노스 산맥을 넘고 있습니다. 그것이 인생입니다. 매일 동일한 아마노스 산맥을 넘는 우리 각자의 의미는 어떻습니까? 그 의미가 늘 동일하다면, 그것은 곧 퇴보를 의미합니다. 젊은이가 60대가 되어서도 하루의 산맥을 넘는 의미가 불변이라면, 그 얼마나 끔찍한 퇴보입니까? 바울처럼 동일한 하루의 산맥을 넘는 의미는 야망의 산에서 결단의 산, 소명의 산, 섭리의 산, 매듭의 산으로 그 의미가 계속 상승되어야 합니다. 그래야 우리를 스쳐가는 세월이 쇠퇴로 소멸되지 않고, 경륜과 연륜으로 축적될 수 있습니다.

바울은 1, 2차 전도 여행 때 방문하였던 더베, 루스드라, 이고니온, 비시디아 안디옥을 거쳐 에베소로 갔습니다. 브리스길라와 아굴라 부부를 심어 둔 곳이었습니다. 바울은 에베소에서 2년 동안 복음을 전하였습니다. 2차 전도 여행 때 고린도에서 1년 6개월 복음을 전한 것보다 6개월 더 긴 기간이었습니다. 그것 역시 고린도에서처럼, 에베소에 미리 정착해 있던 브리스길라와 아굴라 부부의 헌신 덕분이었습니다. 고린도전서 16장 19절에 의하면, 2천 년 교회 역사상 에베소의 첫 번째 교회는 바로 그들 부부의 집이었습니다.

에베소는 헬라신화 속의 아르테미스 여신을 모신 아데미신전이 인간을 압도하는 우상의 도시였습니다. 아데미신전은 그 규모가 얼마나 거대하던지, 고대세계 불가사의로 불렸습니다. 그러나 모든 사람이 아데미신전에 압도당하는 에베소에서 바울은 영적으로 조금도 주눅들지 않았습니다. 바울은 주님의 능력으로 많은 병자들을 고치고, 귀신들을 쫓았습니다. 천막 제조기술자였던 바울은 틈이 나는 대로 천막 제조업자였던 브리스길라와 아굴라 부부와 천막을 만들어 생계를 이어 갔습니다. 그럴 때면 바울은 작업용 앞가리개를 걸치고, 수건으로 흐르는 땀을 닦았습니다. 사람들이 바울의 그 수건과 앞가리개를 들고 가 병자 위에 얹어도 병이 떠나고 악귀가 쫓겨 나갔습니다. 그 광경을 목격한 수많은 사람들이 주님을 영접하였습니다. 심지어 점쟁이 역할을 하던 마법사들도 복음을 영접하고 회개하면서, 그들이 애지중지하던 마법책을 한데 모아 불사르기도 했습니다. 마법사가 밥벌이 원천인 마법책을 불살라 없애는 것은, 상식적으로는 있을 수 없는 일입니다. 지금부터 굶어 죽어도 좋다는 의미이기 때문입니다. 그러나 그리스도인의 삶은 이와 같아야 합니다. 살아 계신 주님을 믿는 그리스도인은, 세상의 우상을 섬기는 사람들이 생각할 수도 없는 것을 결단할 수 있어야 하고, 감히 넘볼 수도 없는 일을 실행할 수 있어야 합니다.

물론 에베소에도 바울을 배척하고 제거하려는 사람들이 많았습니다. 데메드리오는 대표적인 인물이었습니다. 바울은 아데미신전을 가리키며, '사람이 손으로 만든 것들은 신이 아니라'(행 19:26)고 공개적으로 설교하였습니다. 대부분의 시민이 경제적으로 아데미신전과 엮여 있는 에베소에서 그렇게 설교하는 것은, 바울이 자기 목숨을 내어놓는 것과 같았습니다. 아데미신전을 이용하여 주머니를 불리는 사람들이 바울을 내버려 둘 리가 없었습니다. 은으로 아르테미스 여신과 신전의 모형을 만들어 큰돈을 벌던 세공장이 데메드리오가 바울을 모함하며 사람들을 선동하였습니다. 격분한 사람들은 한목소리로 아르테미스를 외치며, 바울을 제거하기 위해 무리지어 거리로 쏟아져 나갔습니다. 도중에 바울의 동역자 가이오와 아리스다고를 만나자, 그들은 두 사람을 낚아채어 야외극장으로 끌고 갔습니다. 인민재판을 벌이기 위함이었습니다. 그 대소동으로, 삽시간에 거대한 인파가 야외극장에 몰려들었습니다. 그 소식을 접한 바울이 직접 야외극장으로 가려 했지만 주위 사람들이 만류하였습니다. 바울이 살아 나오지 못할 것이 분명했기 때문입니다. 야외극장에 운집한 사람들은 저마다 자기 주장을 내세우며 소리를 질러댔습니다. 그러나 사도행전 19장 32절은, '무리가 분란하여 태반이나 어찌하여 모였는지 알지 못하더라'고 전해 주고 있습니다. 자신들이 왜 그곳에 모여 있는지, 무슨 까닭에 소리소리 지르고 있는지, 태반이나 영문을 알지 못했습니다. 그 어리석은 무리는 에베소의 행정관이 현장에 출동하고서야 흩어졌습니다.

이처럼 에베소에서도 자기 이권을 위해 사람들을 선동하는 악행을 저지르는 무리와, 영문도 알지 못한 채 선동당하는 무지를 반복하는 무리들이 바울을 괴롭혔습니다. 그러나 그 에베소에서 바울은 제국의 수도 로마가 자기 생의 마지막 종착지가 될 것을 천명하였고, 신약성경의 은혜로운 고린도전서도 기록하였습니다. 바울을 무너뜨리려는 외부의 도전이 거셀수록 바울은 영성은 더욱 강하고, 또 빛났습니다. 온실이나 산 속에 갇혀 있는 영성은 그리스도인의 영성일 수 없습니다. 그리스도인의 영성은 온갖 도전과 맞닥뜨리는 세상 속의 영성이어야 합니다. 그때에만 세상을 포용하고, 세상을 극복하며, 세상을 새롭게 변화시킬 수 있습니다.

에베소에서 2년 동안 복음을 전한 바울은 에게 해를 너머 유럽 대륙, 마케도니아의 네압볼리로 다시 건너갔습니다. 고린도후서 7장 5절에 의하면, 바울이 다시 찾은 마케도니아는 변함없이 환난과 두려움의 땅이었습니다. 그를 해치려는 무리가 여전히 도처에 도사리고 있었습니다. 그러나 바울은 위험을 무릅쓰고 빌립보, 암비볼리, 아볼로니아, 데살로니가, 베뢰아를 재방문하여 현지 그리스도인들의 믿음을 북돋아 주었습니다. 그리고 아가야 땅 아테네를 거쳐 고린도를 찾아가, 이번에는 석 달 동안 머물렀습니다. 당시 인구 75만 명으로 로마제국 4대 도시였던 고린도는 쾌락과 음난이 난무하는 타락의 도시였습니다.

해발 575미터의 아크로고린도에는 아프로디테신전이 있었습니다. 헬라신화에서 성애性愛와 미의 여신으로 등장하는 아프로디테는 영어로 비너스입니다. 그 신전에서 일하는 1천 명의 여사제들은 모두 신의 이름으로 매음하는 매춘부들이었습니다. 신전이 그렇듯 매음의 소굴이었으니, 신전 밖이야 두말해 무엇하겠습니까? 고린도의 성적 타락이 얼마나 심했던지 '고린도 사람처럼 행동하다'는 말은 '음행하다'는 의미로, '고린도화되다'는 말은 '성적으로 문란하다'는 의미로, '고린도 사람'은 '포주'나 '기둥서방', '고린도 아가

씨'는 '매춘부'의 의미로 사용될 정도였습니다. 그 거대한 타락의 도시에서, 지병에 시달리는 노년의 연약한 바울이 할 수 있는 것이라곤 아무것도 없어 보입니다.

그러나 그 타락의 도시 고린도에서 바울은 복음의 진수로 불리는 로마서를 썼습니다. 바울의 로마서가 없다면 우리는 예수 그리스도도, 복음도, 제대로 이해할 수 없을 것입니다. 성경에서 로마서가 차지하는 비중은 아무리 강조해도 지나침이 없습니다. 바울은 그 중요한 로마서를, 속세와 격리된 수도원에서 쓴 것이 아닙니다. 타락의 도시 한가운데에서 썼습니다. 도를 넘는 고린도의 타락상도, 유대인들의 배척과 괴롭힘도, 바울의 영성에는 아무런 영향을 미치지 못했습니다. 흑암이 짙을수록 촛불이 더 밝게 빛나듯, 고린도가 극심한 타락의 도시였기에, 그 도시에서 로마서를 쓴 바울의 영성은 역설적이게도 더욱 두드러지게 빛났습니다. 세상의 어둠과 타락을 탓할 일이 아닙니다. 오히려 종이짝처럼 얇디얇은 우리의 영성을 탓해야 합니다. 깊은 영성은 세상의 어둠과 타락에 영향받지 않습니다. 참된 영성은, 세상의 타락이 극에 달하고 어둠이 짙을수록 더욱 빛나는 법입니다.

로마서 16장 3-5절에 의하면, 바울이 고린도에서 로마서를 쓸 때 브리스길라와 아굴라 부부는 에베소를 떠나 로마에 이주해 있었습니다. 바울의 최종 목적지가 로마임을 알고, 바울의 로마 방문에 미리 대비하기 위함이었습니다. 그들 부부는 로마에서도 자신들의 집을 이미 교회로 제공하고 있었습니다. 바울의 고린도 전도에도, 에베소 전도에도, 이 이후에 이루어질 로마 전도에도, 그들 부부는 결정적인 기여를 하였습니다. 그들은 바울을 통해 주님을 영접한 후, 바울을 이용하여 자신들의 유익을 추구하려 한 적이 없었습니다. 그들은 자신들의 삶을 송두리째 바울과 나누었습니다. 바울은 그들 부부가 '내 목숨을 위하여 자기들의 목까지도 내놓았다'고 밝혔습니다.

그들이 바울을 지키기 위해서라면 자신들의 목숨도 아까워하지 않았던 것입니다. 바울은 그들을 '나의 동역자들'이라 불렀고, 바울의 그 말이 하나님의 말씀인 로마서에 기록되었습니다. 하나님께서 그들 부부를 바울과 같은 반열에 올려 주신 것입니다. 우리의 인간관계는 어떻습니까? 누군가를 이용하여 자기 유익만 꾀하고 있습니까, 누군가를 위해 자기 삶을 기꺼이 나누어 주고 있습니까? 언젠가 하나님 앞에서 반드시 그 평가를 받게 될 것입니다.

유대인에게 이름의 순서는 매우 중요했습니다. 부부의 경우에는 반드시 남편의 이름이 아내의 이름을 앞섰습니다. 하지만 성경 속에서 브리스길라와 아굴라 부부는 예외입니다. 아내의 이름 브리스길라 혹은 애칭인 브리스가가 남편 앞자리에 위치하고 있습니다. 그것은 신앙의 주도권을 아내 브리스길라가 갖고 있었음을 의미합니다. 그렇다고 남편 아굴라를 폄훼하는 것은 아니었습니다. 남성우위의 가부장제도가 엄격하던 유대 사회에서 남편 아굴라는 자기보다 믿음이 앞선 아내의 뒷덜미를 끌어당기지 않았습니다. 오히려 자기보다 믿음이 출중한 아내를 적극 외조하여, 아내와 함께 바울의 신실한 동역자가 되었습니다. 아내 브리스길라도 위대한 신앙인이었고, 그 시대 상황 속에서 아내를 적극 외조한 남편 아굴라 역시 위대한 신앙인이었습니다. 그들이야말로 이상적인 믿음의 부부였습니다. 그리스도인으로서 우리의 부부관계는 어떻습니까? 교회에 다니면서도, 그저 세속적 의미의 부부일 뿐입니까, 주님 안에서 동일한 가치관과 인생관으로 함께 동역하는 믿음의 부부입니까?

브리스길라의 남편 아굴라는 본래 오늘날 터키 대륙의 본도에서 태어난 디아스포라 유대인이었습니다. 그의 조상이 이방 땅의 디아스포라 유대인이 된 것은, 주전 586년 유다왕국이 바빌로니아제국에 멸망당했기 때문이었습니다. 아굴라는 일찍이 수도 로마로 이주하여, 그곳에서 아내 브리스길라와 함께 천막 제조업자로 정착하였습니다. 아시아 대륙의 본도에서 태어난 아굴라가 유럽 대륙의 수도 로마로 이주할 수 있었던 것은, 헬라제국을 무너뜨린 로마제국이 본도를 포함한 지중해 세계를 제패하여, 제국의 영토 내에 사는 사람들에게 통행과 거주의 자유를 보장해 준 덕분이었습니다.

그러나 주후 50년경 로마에서 일어난 유대인 폭동으로 황제 클라우디우스는 유대인들을 수도 로마에서 추방해 버렸습니다. 그때 로마를 떠나야 했던 아굴라 부부가 이주한 곳이, 주후 51년 4월에 이스트미아 경기대회가 열릴 예정이었던 고린도였습니다. 2년마다 고린도 지협地峽에서 개최되는 이스트미아 경기대회는 체육대회와 음악경연대회가 겸하여 열리는 축제로, 참가 선수들 외에도 많은 외지인들이 몰려들었습니다. 당시에는 숙박시설이 턱없이 부족하였으므로, 축제에 참여하는 외지인들은 임시 숙소로 천막을 이용하였습니다. 아굴라 부부는 그 특수를 겨냥하고 고린도로 이주한 것이었습니다. 그리고 그 고린도에서, 아테네에서 고린도를 찾아온, 천막 제조기술자 바울을 만나 주님을 영접하고 바울의 신실한 동역자가 되었습니다. 바울은 그들 부부의 헌신적인 도움으로 고린도에서도, 에베소에서도, 이 이후 로마에서도, 복음전도의 소명을 완수할 수 있었습니다.

얼마나 놀랍습니까? 유다왕국이 바빌로니아제국에 멸망당하고, 헬라제국을 무너뜨린 로마제국이 지중해 세계를 석권하고, 수도 로마에서 유대인들이 폭동을 일으켜 황제가 유대인 추방령을 내리고, 헬라제국의 멸망과 함께 폐지되었던 고린도의 이스트미아 경기대회를 100년 후 로마제국 카이사르가 부활시킨 결과로, 고린도에서 아굴라 부부와 바울의 만남이 이루어질 수 있었습니다. 그들과는 아무 연관도 없어 보이는 역사적 사건들이, 실은 시간과 공간을 초월하여 그들을 만나게 하시려는 주님의 치밀한 섭리였습니다. 이 세상에는 우리가 동의하기 힘든 지도자도 많고, 정치적으로나 사회적으로 이해하기 힘든 사건들도 많습니다. 그 모두가 우리와는 무관한 것처럼 보입니다. 그러나 주님께서는 우리가 이해할 수 없는 그 사람들과 사건들을 통해, 지금도 우리를 위한 당신의 섭리를 한 치의 오차도 없이 이루어 가고 계십니다. 이것을 믿는 것이 믿음입니다.

고린도에서 3차 전도 여행을 매듭지은 바울은 예루살렘으로 귀환하기 위해 배를 타려 했습니다. 그러나 고린도의 유대교인들이 배에서 바울을 죽이려 한다는 음모가 바울에게 전해졌습니다. 바울은 배를 포기하고, 걸어서 마케도니아의 네압볼리까지 왔던 길을 되돌아갔습니다. 약 600킬로미터에 이르는 먼 길이었습니다. 그리고 네압볼리에서 배를 타고 에게 해를 건너 다시 드로아로 갔습니다. 그런데 이상한 일이 있었습니다. 바울이 고린도에서 드로아까지 각 도시를 거칠 때마다 성령님께서 바울에게, '환난과 결박이 예루살렘에서 너를 기다리고 있다'고 계속 일러 주시는 것이었습니다. 그러므로 예루살렘으로 가지 말라든지, 그럼에도 불구하고 가라든지, 결론까지 말씀해 주신 것은 아니었습니다. 성령님께서는 단지 예루살렘의 결박과 환난만 일러 주실 뿐이었습니다.

드로아의 다음 행선지는 앗소였습니다. 바울은 일행에게 배를 타고 앗소로 먼저 가서 자기를 기다리게 했습니다. 그리고 바울은 앗소까지 홀로 걸어가려 하였습니다. 지병에 시달리는 노년의 바울이 먼길을 홀로 걷겠다는데, 어떻게 일행이 편안하게 배를 타고 갈 수 있겠습니까? 일행은 바울을 만류하였지만, 바울은 자신이 시키는 대로 하라고 명령하였습니다. 누가를 포함한 일행은 할 수 없이 배를 타고 앗소로 갔고, 바울은 홀로 걷기 시작했습니다. 제가 2001년 자동차로, 드로아에서 앗소까지의 옛길을 직접 측정해 본 적이 있었습니다. 65킬로미터였습니다. 2천 년 전 왕성한 젊은이가 하루에 35킬로미터를 걸었습니다. 지병에 시달리던 인생 말년의 바울에게 65킬로미터는 사흘길에 해당하였습니다. 바울은 걷다가 밤이 되면 최소한 두 차례나 노숙하면서, 홀로 고독하게 그 길을 걷고 또 걸었습니다. 이유는 한 가지, 하나님과 독대하기 위함이었습니다. 낮이고 밤이고 하나님과 독대하면서, 예루살렘의 결박과 환난을 일러 주신 성령님의 예고가 예루살렘을 피하라는 말씀인지, 그래도 두려워 말고 가라 하시는 명령인지, 바르게 분별하기 위함이었습니다.

우리 앞에는 항상 여러 갈래의 길이 있습니다. 우리가 고독하게 하나님과 독대하지 않으면, 우리는 본능에 따라 단지 더 많은 유익을 취하려, 의와 불의를 따지지 않고 넓은 길을 선택하기 마련입니다. 고독하게 하나님과 독대하는 사람만, 주님을 위해 자기 희생을 감수하면서 바르고 좁은 길을 용기 있게 좇을 수 있습니다. 바울은 앗소까지 고독하게 걷고 또 걸으면서, 마침내 하나님과 독대를 통해 마음을 확정하였습니다. 앗소에서 일행과 합류한 바울은 그곳에 배를 타고 미둘레네, 기오, 사모를 거쳐 밀레도에 도착하였습니다. 바울은 밀레도에서 사람을 에베소로 보내어 교회 장로들을 오게 하였습니다. 그들은 모두 바울이 전도하고, 또 장로로 안수한 사람들이었습니다. 바울은 그들에게 마지막 유언을 남겼습니다. 우리의 심금을 울리는 유언입니다.

보라 이제 나는 성령에 매여 예루살렘으로 가는데 거기서 무슨 일을 당할는지 알지 못하노라. 오직 성령이 각 성에서 내게 증언하여 결박과 환난이 나를 기다린다 하시나, 내가 달려갈 길과 주 예수께 받은 사명, 곧 하나님의 은혜의 복음을 증언하는 일을 마치려 함에는 나의 생명조차 조금도 귀한 것으로 여기지 아니하노라(행 20:22-24).

바울이 사흘 밤낮을 걸으며 하나님과 독대를 통해 얻은 확답이었습니다. 이 이후 어느 누구도, 결박과 환난이 도사리고 있는 바울의 예루살렘행을 가로막을 수는 없었습니다. 눈물로 바울을 환송하는 에베소 장로들과 작별한 바울은 밀레도에서 다시 배를 타고 고스, 로도를 거쳐 바다라로 갔습니다. 다행히 그곳에서 바울은 두로로 직행하는 배를 만났습니다. 사도행전 21장 3절은 바울이 그 배 위에서 구브로 섬을 바라보았다고 증언하고 있습니다. 구브로는 1차 전도 여행의 첫 번째 전도지였습니다. 바울이 10여 년 만에 그 원점으로 되돌아왔음을 강조한 것입니다. 바울은 배 위에서 그 원점을 바라보며, 10여 년에 걸친 세 번의 전도 여행을 주님 앞에서 복기하고, 깊이 성찰했을 것입니다. 우리에게 주님을 만난 신앙의 원점은 대단히 중요합니다. 신앙의 원점은, 자신이 지금 어디에 있는지를 확인시켜 주는 기준입니다. 그 기준 없이는, 열심히 살면 살수록 우리 자신을 더욱 상실할 따름입니다.

바울이 탄 배가 두로에 기항하여 하물을 부리는 동안, 바울은 두로의 신자들을 만났습니다. 두로의 신자들은 결박과 환난이 도사린 바울의 예루살렘행을 눈물로 만류하였지만, 바울의 결심을 돌이키지는 못했습니다. 바울이 다시 탄 배는 마지막 종착지인 돌레마이에 도착하였습니다. 그곳의 신자들을 만난 바울은 걸어서 가이사랴로 갔습니다. 그곳에서 바울은 빌립 집사 집에 머물렀습니다. 마침 대흉년의 예언을 적중시켰던 선지자 아가보가 그 집에 왔습니다. 바울을 본 아가보는 바울의 허리띠로 자신의 손과 발을 묶고, 바울이 예루살렘에 가면 이렇게 결박당해 투옥당할 것이라고 밝혔습니다. 그 말을 들은 현장의 사람들이 모두 울면서 바울의 예루살렘행을 가로막았습니다. 바울은 그들에게 도리어 이렇게 선언하였습니다.

여러분이 어찌하여 울어 내 마음을 상하게 하느냐. 나는 주 예수의 이름을 위하여 결박당할 뿐 아니라, 예루살렘에서 죽을 것도 각오하였노라 (행 21:13).

그리고 바울은 오직 주님께 이끌려, 모든 사람이 그렇게도 만류하는 예루살렘으로 걸어갔습니다. 그로써, 약 6년이 소요된 것으로 추정되는 바울의 3차 전도 여행이 막을 내렸습니다. 바울의 3차 전도 여행 역시 주님께서 엮어 주신 신묘막측한 은혜의 지도, 불가사의한 섭리의 지도였음은 두말할 나위가 없습니다.

우리라면 어떻게 했겠습니까? 우리가 가려는 길이 결박과 환난의 길이라고 주님께서 일러 주신다면, 우리는 어떻게 하겠습니까? 주님께 감사드리면서, 당연히 그 길을 피하지 않겠습니까? 그러나 바울은 위험을 일러 주시는 주님의 예고를, 그럼에도 반드시 가라는 주님의 명령으로 받아들였습니다. 모든 사람들이 눈물로 만류하는 길, 자기 생명을 걸어야 하는 길, 그 위험한 길을 바울은 어떻게 주님을 위해 자기 생명조차 아까워하지 않으며 갈 수 있었겠습니까? 바울이, 부활하신 주님을 만났기 때문입니다. 예루살렘행을 눈물로 만류하는 사람들에게, '나는 주 예수의 이름을 위하여 결박당할 뿐 아니라 예루살렘에서 죽을 것도 각오하였노라'고, 어떻게 바울이 그렇듯 담대하게 선언할 수 있었겠습니까? 부활하신 주님께서 바울과 함께하시며, 그를 이끌어 주셨기 때문입니다. 바울이 천신만고 끝에 찾아간 로마에서, 어떻게 주님을 위해 비참한 참수형의 최후를 선택할 수 있었겠습니까? 부활하신 주님께서 자신의 생명을 영원히 책임져 주실 것을 믿었기 때문입니다. 십자가에 못박히시는 주님을 버리고 줄행랑을 쳤던 비겁한 제자들이, 어떻게 주님을 위한 순교자들이 될 수 있었습니까? 부활하신 주님께서 그들을 찾아 주셨기 때문입니다. 초대교회 신자들이 원형경기장에서 맹수의 밥이 되거나 불에 타 죽으면서도, 어떻게 예수 부활을 외칠 수 있었겠습니까? 부활하신 주님을 정말 만났기 때문입니다.

오늘은 주님의 다시 사심을 기리는 부활주일입니다. 주님께서는 박물관의 조각이거나, 미술관 성화 속의 그림이 아닙니다. 우리의 죗값을 대신 치러 주시기 위해 십자가의 제물로 죽임 당하셨던 주님께서는 삼 일 만에 죽음을 깨뜨리고 다시 살아나셔서, 언제 어디에서나 우리와 함께하고 계십니다. 오직 본능과 욕망을 위해, 그릇된 길인 줄 알면서도 지금 넓은 길을 마냥 치닫고 있습니까? 그렇다면 빨리 돌아서십시오. 부활하신 주님께서 살아 계시고, 지금 보고 계십니다. 지금 주님의 말씀을 따라 기꺼이 좁은 길을 좇고 있습니까? 절대로 그 길을 포기하지 마십시오. 부활하신 주님께서 살아 계시고, 지금 보고 계십니다. 다시 살아나신 주님과 고독하게 독대하며 그분과 시선을 맞출 때에만, 우리는 그 어떤 역경 속에서도 부활의 영광을 바라보며 의의 길, 진리의 길, 생명의 길을 바르게 좇을 수 있습니다. 부활하신 주님께서 당신의 마음과 정성을 다하여 우리의 인생을 찢어지지도, 색이 바래지도, 삭아 없어지지도 않는 신묘막측한 은혜의 지도, 불가사의한 섭리의 지도로 엮어 주실 것이기 때문입니다.

바울은 그리스도께서 다시 살아나지 못하셨으면, 우리의 믿음은 헛것이라고 고백했습니다(고전 15:14). 바울은 헛짓을 할 정도로 바보천치가 아니었습니다. 그는 세상의 부귀영화를 좇지 않고, 일평생 가난한 전도자로 살았습니다. 모든 사람들이 눈물로 만류하는, 결박과 환난이 도사린 예루살렘행을 피하지도 않았습니다. 그리고 끝내 주님을 위해 로마에서 비참한 참수형으로 생을 마감했습니다. 세상의 관점으로 보면, 바울은 일평생 헛짓만 했습니다. 그러나 바울에게 그것은 헛짓이 아니었습니다. 바울은 부활하신 주님을 만났고, 부활하신 주님을 좇았고, 부활하신 주님께서 그를 이끌어 주셨기 때문입니다. 그 결과, 그의 삶은 주님께서 당신의 마음과 정성을 다하여 엮어 주신 신묘막측한 은혜의 지도, 불가사의한 섭리의 지도로 오늘까지 남아 있습니다.

그 부활의 주님께서 우리를 불러 주셔서 감사합니다. 우리와 함께하시며, 우리를 이끌어 주심도 감사합니다. 다시 사신 주님 안에서만, 헛짓과 헛짓 아닌 것을 바르게 분별할 수 있음을 잊지 말게 해주십시오. 다시 사신 주님과 날마다 독대하면서, 다시 사신 주님의 이끄심을 받는 우리의 삶이, 이 세상을 회복시키는 생명의 지도로 엮어져 가게 해주십시오. 아멘.

33. 이와 같이 로마로 V

사도행전 28장 11-14절

석 달 후에 우리가 그 섬에서 겨울을 난 알렉산드리아 배를 타고 떠나니 그 배의 머리 장식은 디오스구로라 수라구사에 대고 사흘을 있다가 거기서 둘러가서 레기온에 이르러 하루를 지낸 후 남풍이 일어나므로 이튿날 보디올에 이르러 거기서 형제들을 만나 그들의 청함을 받아 이레를 함께 머무니라 그래서 우리는 **이와 같이 로마로** 가니라

멜리데 섬에서 로마로 출발한 바울의 여정을 밝혀 주는 본문은 14절 하반절에서 이렇게 끝났습니다.

그래서 우리는 이와 같이 로마로 가니라.

본문은 특별히 부사 '이와 같이'를 강조하고 있습니다. 우리는 지난 석 주에 걸쳐 부사 '이와 같이'를 바울의 전 생애에 적용시켜, 하나님께서 바울을

어떻게 로마에 이르게 하셨는지, 지도를 보면서 바울의 전 생애를 복기해 보았습니다. 오늘은 그 마지막 시간이 되겠습니다.

　모든 사람이 눈물로 만류하는 길, 자신의 목숨을 걸어야 하는 길, 그 위험한 예루살렘을 향해 바울은 가이사랴를 떠났습니다. 항구도시인 가이사랴는 지면이 해수면의 높이와 동일합니다. 반면에 예루살렘은 해발 800미터의 고지대였습니다. 그러므로 가이사랴에서 예루살렘까지 100킬로미터에 이르는 길은, 계속 오르막길이었습니다. 인생 말년에 접어든 노년의 바울에게, 최소한 닷새 길이었을 그 오르막길은 여간 힘들지 않았을 것입니다. 바울이 밤이면 노숙하면서 그 오르막길을 오르고 또 오른 것은, 예루살렘에서 주 예수의 이름을 위하여 환난과 결박을 당하기 위함이었습니다. 결코 즐겁거나 흥이 돋는 길이 아니었습니다. 숨을 헐떡이는 노년의 바울의 눈에 이슬이 맺히기도 했을 오르막길이었습니다. 그렇지만 바울은 그 길을 계속 걸어 올라갔습니다. 그것이 믿음이기 때문이었습니다. 믿음은 가고 싶은 길을 가는 것이 아니라, 눈물을 흘리면서도 가야 할 길을 걸어가는 것입니다. 그래서 믿음의 길만 부활로 이어집니다.

　예루살렘에 도착한 바울은, 초대교회 우두머리였던 야고보 사도와 장로들을 만나 자신의 3차 전도 여행에 대해 보고했습니다. 그리고 예루살렘성전에서 나실인 서원을 한 사람들을 도와 정결예식인 결례를 행하였습니다. 마침 오순절을 맞아 에베소에서 예루살렘성전을 찾은 유대인들이 있었습니다. 에베소에서도 바울을 제거하려 했던 유대인들이었습니다. 그들이 성전에서 바울을 보자마자, 바울이 이방인을 성전으로 끌어들여 성전을 더럽혔다며, 성전에 모인 유대인들을 선동하였습니다. 그것이 사실이라면, 바울은 그 이방인과 함께 성전모독죄로 죽어 마땅했습니다. 하지만 그것은 거짓 모함이었습니다. 그런데도 그 거짓 모함은, 삽시간에 예루살렘 시내로 퍼져 나갔습니다. 예루살렘의 유대인들은 그 거짓 모함의 진위 여부는 따져 보려고도 하지 않았습니다. 그들은 맹목적인 분노에 휩싸여 예루살렘성전으로 몰려갔습니다. 그리고 일제히 바울을 붙잡아 성전 밖으로 끌어내었습니다. 성전을 모독한 바울을 쳐죽이기 위함이었습니다.

당시 로마군은, 예루살렘성전 북서쪽의 안토니아 요새에 주둔하고 있었습니다. 안토니아 요새에서는 성전이 내려다보였습니다. 게다가 요새의 중간계단이 성전 바깥뜰과 연결되어 있어서, 성전에서 무슨 일이 일어나면, 요새의 로마군이 지체 없이 출동할 수 있습니다. 성전에서 소동이 일어났다는 보고를 받은 천부장 루시아는 급히 군사를 거느리고 달려갔습니다. 천부장이 현장에 도착했을 때에는, 바울이 유대인들에게 몰매를 맞고 있었습니다. 천부장은 그 바울을, 폭동을 일으켰다가 4천 명의 칼잡이들과 광야로 잠적한 이집트인으로 오인하였습니다. 천부장은 부하들에게 바울을 쇠사슬로 결박하여 로마군 요새로 연행해 가게 했습니다.

바울을 쳐죽이려던 유대인들은, 성전을 더럽힌 중죄인 바울을 졸지에 천부장에게 빼앗겨 버린 셈이 되었습니다. 분을 삭이지 못한 유대인들은 로마군에 연행당하는 바울에게 달려들어 폭행했고, 쇠사슬에 결박당한 바울은 땅바닥에 쓰러지고 말았습니다. 군인들은 쓰러진 바울을 들고 로마군 요새로 향하는 계단으로 올라갔습니다. 계단 위에서 정신을 차린 바울이 천부장의 허락을 받아, 여전히 계단 아래에서 큰 소리로 자신을 고발하고 있는 유대인들에게 자기 변증을 시작하였습니다. 그러나 유대인들은, 유대인들이 못박아 죽인 예수가 메시아라는 바울의 변증을 끝까지 들으려 하지 않았습니다. 유대인들이 또다시 소리를 지르며 소동을 일으키려 하자, 천부장은 군인들에게 바울을 요새 안으로 끌고 가게 했습니다. 그리고 바울이 유대인들에게 무슨 잘못을 범했는지, 채찍질로 심문하게 하였습니다. 그러나 채찍질은 시작도 하기 전에 중단되었습니다. 바울이 로마 시민임을 밝혔기 때문입니다. 그러나 그날 밤, 바울은 로마군 요새의 감방에 갇혀 있어야 했습니다.

이튿날 천부장 루시아는, 유대인들이 바울을 죽이려고 고발하는 이유를 알기 위해 유대인 최고 의결기구인 산헤드린공회를 소집하였습니다. 그러나 '부활'을 언급한 바울을 사이에 두고 사두개인들과 바리새인들이 몸싸움을 하며 격렬하게 대립해, 자칫 바울의 생명이 위태로울 수도 있었습니다. 천부장은 부하들을 시켜 급히 바울을 빼돌려 로마군 요새로 철수하였습니다. 바울은 그날 밤에도 로마군 요새의 감방에 갇혀 있었습니다. 바울은 모든 사람들이 눈물로 만류하던 길, 결박과 환난이 도사린 길인 줄 알면서도 오직 주 예수의 이름을 위하여 예루살렘을 찾았습니다. 그리고 바울은 그 예루살렘에서 거짓 모함을 당했고, 폭행당했고, 고발당했고, 쇠사슬에 결박당했고, 지금은 예루살렘 로마군 요새의 감방에 갇혀 있습니다. 이유는 오직 하나, 주 예수의 이름을 위해서였습니다. 그렇다면 주님께서, 당신이 예고하신 대로, 당신의 이름을 위해 결박과 투옥의 환난을 당하고 있는 바울을 그냥 내버려 두시겠습니까?

그날 밤, 주님께서 로마군 감방 속에 홀로 외롭게 갇혀 있는 바울에게 친히 말씀하셨습니다. '담대하라.' 이것이 주님께서 감방 속의 바울에게 하신 첫 말씀이었습니다. 무슨 의미이겠습니까? 그날 밤, 그 감방 속에서 바울이 두려워하고 있었다는 말입니다. 결박과 환난이 도사린 길임을 알고 갔지만, 막상 거짓 모함으로 폭행당하고, 고발당하고, 쇠사슬에 결박당하고, 로마군 요새의 감방에 홀로 수감될 때, 왜 그에게 두려움이 없었겠습니까? 그러나 '담대하라'는 주님의 말씀으로, 바울은 그 모든 두려움을 떨쳐 버릴 수 있었습니다. 오직 주님의 말씀만 우리 용기의 원천이 되십니다. 우리 홀로는, 이 세상은 너무도 무서운 곳입니다. 그러나 언제나 '담대하라'고 말씀하시며, 말씀으로 우리의 손을 잡아 주시는 주님께서 우리와 함께 계시기에, 우리는 이 세상의 모든 두려움을 극복할 수 있습니다. 그 주님의 음성에 집중하며 말씀으로 그분의 손을 잡는 것, 그것이 그리스도인의 영성입니다.

주님의 말씀은 계속 이어졌습니다. '담대하라. 네가 예루살렘에서 나의 일을 증언한 것같이, 로마에서도 증언하여야 하리라'(행 23:11하). 주님께서 바울로 하여금 예루살렘에서 결박당하고 투옥의 환난을 당하게 하신 것은, 그렇게 하여 바울을 제국의 수도 로마로 보내시기 위함이었습니다. 앞으로 계속 살펴보겠습니다만 결박과 투옥의 환난, 이것이 주님께서 바울을 로마로 보내시는 주님의 방식이었습니다. 지금 어떤 의미에서든, 인생이 결박과 투옥의 환난을 당하고 있습니까? 그 결박과 투옥의 환난으로, 황금 같은 것들을 그냥 날려 버리고 있습니까? 잊지 마십시다. 황금 같아 보이는 그것들은, 나를 위한 것들이 아닙니다. 그것들은 도리어 내게 화가 될 것이기에, 주님께서 그렇게 피하게 해주신 것입니다. 내가 주님 안에서 결박과 투옥의 환난을 당함으로 인해, 오히려 주님께서 내게 주시려는 새로운 미래가 지금 1초1초 내 인생 속으로 진입하고 있습니다. 이것을 믿는 사람과 믿지 못하는 사람의 인생 결과는, 결코 동일할 수 없습니다.

이튿날 바울을 죽이기 전에는 먹지도 마시지도 않겠다고 맹세한 유대인 40여 명이 암살단을 조직하였습니다. 그 무시무시한 예루살렘에서 바울에게 가장 안전한 곳은, 역설적이게도 로마군이 철통같이 경비하는 로마군 요새의 감방이었습니다. 유대인 암살단의 정보를 입수한 천부장은 로마 시민 바울을 지키기로 했습니다. 그는 재판권을 지닌 가이사랴의 총독 벨릭스에게 한밤중에 아무도 모르게 바울을 호송하기로 하고, 보병 200명, 기병 70명, 창병 200명에, 바울이 탈 말까지 동원하였습니다. 암살단으로부터 바울을 보호하기 위해, 천하무적의 로마 군인 470명을 동원한 것입니다. 천부장은, 바울에게는 로마법을 어긴 혐의가 없다는 소견서도 총독에게 보냈습니다. 바울이 가이사랴에서 예루살렘까지 힘겹게 걸어 오른 오르막길을, 이번에는 로마 군인 470명의 경호 속에 말을 타고 내려갔습니다. 예루살렘에서 당한 결박과 투옥의 환난 덕분이었습니다.

예루살렘의 유대인들은 날이 밝고서야 천부장이 바울을 가이사랴로 빼돌렸다는 사실을 알았습니다. 그렇다고 포기할 사람들이 아니었습니다. 유대교 지도자들은 가이사랴까지 벨릭스 총독을 찾아가, 바울을 다시 고발하였습니다. 고발 내용은 이번에도 모두 거짓 모함이었습니다. 바울은 총독의 법정에서도 자신을 변증하였습니다. 벨릭스 총독은 대표적인 탐관오리였습니다. 바울에게 뇌물을 기대하였지만 바울이 응하지 않자, 벨릭스는 바울을 2년 동안이나 감옥 속에 내버려 두었습니다. 바울에게 예루살렘의 결박과 투옥의 환난이 가이사랴까지 이어진 것입니다.

2년이 지나 베스도가 신임총독으로 부임하였습니다. 그러자 유대교 지도자들이 가이사랴로 내려와 또다시 바울을 고발하면서, 바울의 재판 장소를 예루살렘으로 옮겨 달라고 청원했습니다. 정식 재판을 통해서는 바울을 죽이기 어렵다고 판단한 유대교 지도자들이, 예루살렘으로 향하는 길에서 암살단을 시켜 바울을 암살하기 위함이었습니다. 로마 군인들이 바울을 호송해도 40여 명의 암살단이 한꺼번에 덮치면 바울을 죽일 수 있다고 생각한 것입니다. 유대교 지도자들도, 암살단원들도, 모두 하나님을 믿는 유대인었지만, 2년의 세월이 흘렀는데도, 그들의 언행에는 티끌만큼의 변화도 없었습니다. 믿음은 주님의 말씀으로 날마다 삶이 새롭게 변화되어 가는 것입니다. 우리 자신은 어떻습니까? 2년 전과 비교하여 우리의 삶은 어느 정도 새로워져 있습니까? 집요하게 바울을 죽이려던 유대인들처럼, 2년 전이나 지금이나 똑같은 것은 아닙니까? 믿음에서 정체는 퇴보일 뿐입니다. 2년 동안의 신앙생활에도 삶에 아무 진보가 없다면, 2년 동안 허송세월하였음을 의미하기에, 인생에서 2년의 기간만큼 퇴보한 것입니다. 유한한 인생길에서 반드시 피해야 할 퇴보입니다.

베스도 총독이 바울에게, 자신과 함께 예루살렘으로 올라가서 재판받을 의향이 있는지 물었습니다. 그러나 유대교 지도자들의 의중을 꿰뚫어 본 바울은 총독의 제안을 거절하면서, 도리어 로마 시민의 자격으로 로마 황제에게 상소하였습니다. 주님께서 바울로 하여금 가이사랴에서도 2년 동안이나 결박과 투옥의 환난을 당하게 섭리하신 까닭이 바로 거기에 있었습니다. 만약 2년 전에 전임총독 벨릭스가 바울을 즉각 무죄로 석방시켜 주었다면, 바울은 석방과 동시에 암살단의 칼에 맞아 죽고 말았을 것입니다. 그러나 탐관오리 벨릭스 총독은 바울이 단지 뇌물을 바치지 않았다는 이유로, 바울을 2년 동안이나 감옥 속에 내버려 두었습니다. 바울에게 그 2년은 억울하고 고통스럽기 짝이 없는, 또 다른 결박과 환난의 긴 기간이었습니다.

그러나 억울하고 고통스러운 그 결박과 환난의 긴 기간이 있었기에, 신임 총독 베스도의 부임에 맞추어 유대인들이 바울을 암살하기 위해 재판 장소를 예루살렘으로 변경하려 했을 때, 바울은 비로소 황제에 대한 상소를 생각해 낼 수 있었습니다. 로마 황제에게 상소한 로마 시민은 황제의 법정에 서기까지 로마제국이 안전하게 보호해 주어야만 했습니다. 따라서 바울이 로마법을 어긴 적이 없으면서도 황제에게 상소한 것은 바울의 생각이 모자라거나, 법률적 지식이 부족했기 때문이 아니었습니다. 바울이 유대인인 자신을 로마 시민으로 태어나게 하신 주님의 섭리를, 2년간의 옥살이가 끝에 새롭게 인식한 것이었습니다. 황제에 대한 상소를 통해 로마 시민인 자신을 안전하게 로마로 이끌어 가시려는 주님의 섭리였습니다. 유대인 암살단이 계속 바울의 생명을 노리는 상황 속에서, 가이사랴에서 2,240킬로미터나 떨어진 로마까지 바울이 가장 안전하게 가는 길은, 황제에게 상소하여 로마군의 보호를 받으며 가는 방법밖에 없었습니다. 이처럼 2년에 걸친 가이사랴의 결박과 투옥의 환난은 바울에게 은혜 중의 은혜였습니다. 오직 소명인만, 억울해 보이는 일도 주님의 은혜임을 깨닫고 감사할 수 있습니다. 소명인만 세상의 계산법과는 다른, 하나님의 계산법으로 살기 때문입니다.

바울의 상소를 받아들인 베스도 총독은 아구스도대의 백부장 율리오와 그의 부하에게 바울을 로마까지 호송하게 하였습니다. 주후 60년으로 추정되는 해 가을, 바울 일행은 아드라뭇데노 배를 타고 가이사랴를 출발하였습니다. 아드라뭇데노 배는 오늘날 터키 대륙의 무라가 종착지로, 항구마다 기항하여 하물을 부리고 싣는 연안 무역선이었습니다. 그러나 아드라뭇데노 배는 시돈을 지난 이후부터 심한 북풍으로, 정상 항로에서 벗어나 구브로 섬으로 밀려나고 말았습니다. 바울에게 구브로 섬은 전도의 원점 아니었습니까? 주님께서 생의 종착지인 로마로 향하는 바울로 하여금, 그 원점을 마지막으로 한 번 더 거쳐 가게 하신 것이었습니다. 바울이 주님의 휘페레테스와 마르튀스로, 주님에 의해 역사의 전면에 등장하게 된 곳이 바로 구브로 섬이었습니다. 주님의 그 은혜 앞에서 바울은 큰 인간의 대명사인 본래 이름 사울을 버리고, 지극히 작고 작은 바울이 되었습니다. 구브로 섬으로 밀려난 배 위에서 바울은 주님의 그 은혜를 깊이 되새기지 않을 수 없었습니다.

폭풍에 구브로 섬으로 밀려난 아드라뭇데노 배는 그 섬의 북쪽 해안을 따라, 구브로 섬 앞바다를 항해했습니다. 그런데도 사도행전 27장 5절은 바울이 탄 배가 이때, 터키 대륙의 '길리기아와 밤빌리아 바다'를 건넜다고 증언하고 있습니다. 이것은 목포를 출항하여 부산으로 가던 배가 폭풍에 제주도로 밀려나, 제주도 앞바다를 지나고서도 전라남도 완도 앞바다를 건넜다고 말하는 것처럼, 적합한 표현이 아닙니다. 그런데도 성경이 굳이 그렇게 표현한 것은, 바울이 탄 배가 구브로 섬 해안을 따라 항해하는 동안, 주님께서 바울로 하여금 구브로 건너편 길리기아와 밤빌리아의 은혜도 되새기게 해주셨다는 의미입니다.

바울은 길리기아의 다소에서 헬라어를 모국어로 사용하는 디아스포라 유대인으로, 더욱이 로마 시민으로 태어났습니다. 그러지 않았던들 바울은 이방인을 위한 주님의 휘페레테스와 마르튀스로 부름 받지도 못했을 것이요, 황제에게 상소하여 로마제국 군인들의 보호 속에서 로마로 향할 수는 더더욱 없었을 것입니다. 주님께서는 바울이 태어나기도 전부터 바울을 당신의 도구로 사용하시기 위해 그렇게, 신비롭게 섭리하셨습니다. 밤빌리아에는, 1차 전도 여행의 수행원이었던 마가가 전도팀을 중도이탈한 버가가 있었습니다. 2차 전도 여행을 앞두고 바울은, 다시 마가를 대동하려는 바나바와 결별하였습니다. 그 결과 바울은 유럽 대륙의 마케도니아를 거쳐 고린도까지 이르게 되었습니다. 그 고린도에서 바울의 마음속에 제국의 수도 로마가 자리 잡게 되었습니다. 아시아 대륙에서 태어나 아시아 대륙에 갇혀 살던 바울이 유럽 대륙으로 진출하고, 지금 로마로 향하게 된 것은 모두, 마가가 밤빌리아의 버가에서 전도팀을 중도이탈한 것으로부터 시작된 일이었습니다. 바울의 생각이나 계획을 초월하는 일이었습니다. 바울은 배를 타고 가면서 그 신비로운 밤빌리아와 길리기아의 은혜를 되새기고, 또 되새겼습니다. 하나님의 생각이 나와 똑같을 것이라고 여기는 것은 믿음이 아닙니다. 하늘이 땅보다 높음 같이 하나님의 생각은 우리의 생각과는 전혀 다릅니다. 그것을 인정하는 것으로부터 참된 믿음은 시작합니다.

바울 일행이 무라에서 알렉산드리아 배로 갈아탄 이후에도 항해 사정은 호전되지 않았습니다. 이번에는 북서풍이 몰아치기 시작했습니다. 이틀 뱃길인 니도까지 가는 데도 여러 날이나 소요되었습니다. 니도에서부터는 폭풍이 더 심해져서, 배는 전혀 전진할 수 없었습니다. 배는 남쪽 그레데 섬으로 밀려나, 그 섬 남쪽 해안의 미항에 간신히 기항하였습니다. 가이사랴를 출발한 바울 일행의 항해 여정이 심한 폭풍으로 이렇게 계속 지연되다 보니, 알렉산드리아 배가 미항에 기항하였을 때에는, 지중해 항해 금지 시기가 이미 코앞에 다가와 있었습니다. 이듬해 봄이 오기까지 지중해에서 겨울을 나야만 했습니다. 바울이 더 이상의 항해는 위험하다고 경고했지만, 미결수 신분인 바울의 말에 귀를 기울이는 사람은 아무도 없었습니다.

알렉산드리아 배의 선주와 선장 그리고 하주들은 겨울 동안, 배에 실린 그들의 재산인 하물을 안전하게 지키기 위해서는 미항보다 규모가 큰 뵈닉스가 더 낫다고 판단하고, 백부장의 동의하에 배를 출항시켰습니다. 항해 금지 시기가 다가오긴 했지만, 미항에서 뵈닉스까지는 65킬로미터밖에 되지 않는데다, 255킬로미터의 그레데 섬 해안이 바람막이처럼 펼쳐져 있어, 별일 없을 것이라고 낙관한 것입니다. 그러나 미항을 출항한 그들은 죽음의 유라굴로 광풍 속에 빠지고 말지 않았습니까? 그들은 그들의 재산을 지키려다, 오히려 죽음의 광풍 속에서, 어이없이 그들의 생명을 소진하고 말았습니다. 오늘도 많은 사람들이 재산을 지키거나 증식시키기 위해, 천하보다 귀한 자기 생명을 갉아먹는 무지를 범하고 있습니다. 지혜는 하나뿐인 자기 생명을 지키기 위해, 나머지 것은 무엇이든 수단으로 삼는 것입니다. 우리 각자는 어느 쪽입니까? 재산을 위해 생명을 갉아먹은 무지 쪽입니까, 아니면 생명을 위해 나머지 것을 수단으로 삼는 지혜 쪽입니까?

알렉산드리아 배에 승선한 사람들은 죽음의 유라굴로 광풍에 휩쓸린 배가 전복하지 않도록, 그들의 재산인 하물과 배의 주요 기구들마저 모두 바닷속에 내던졌지만, 유라굴로 광풍의 기세는 조금도 꺾어지지 않았습니다. 사람들은 그들의 통제력에서 벗어난 배가 어느 방향으로 휩쓸려 가는지조차 알지 못했습니다. 칠흑 같은 어둠 속에서 먹지도 마시지도 못한 날들이 열나흘 동안이나 이어지자, 마침내 사람들은 구원의 여망마저 상실하고 말았습니다. 살 소망을 포기해 버린 것이었습니다. 그 죽음의 문턱에서 그들은 바울이 선포한 하나님의 말씀을 듣고, 생기를 회복하기 시작했습니다. 그리고 그날 밤, 선원들은 바람과 파도의 반향으로 뭍이 가까웠음을 육감적으로 감지하고, 바다의 깊이를 확인한 후에 닻을 내려 배를 정박시켰습니다. 죽음의 광풍에 휩쓸린지 열나흘 만이었습니다. 주님께서 바울 한 사람을 통로로 삼아, 알렉산드리아 배에 승선해 있던 275명을 죽음의 광풍에서 구해 내신 것이었습니다. 믿음은 자기 한 사람의 역할이 얼마나 중요한지 아는 것입니다. 나 한 사람이 나의 욕망으로 모두를 죽일 수도 있고, 나 한 사람이 하나님의 말씀으로 모두를 살릴 수도 있습니다. 그리스도인은 두말할 것도 없이 후자이어야 합니다.

날이 새자 저 멀리 섬이 보였습니다. 선원들은 그 섬의 해안을 향해 알렉산드리아 배를 조심스레 운항했지만, 두 해류가 합류하는 곳에서 뱃머리가 그만 바닷속 모래톱에 처박혀 버렸습니다. 그와 동시에 배의 꼬리 부분이 심한 파도에 깨어져 나가기 시작하였습니다. 급박한 위기상황이었습니다. 백부장은 모든 사람을 바다로 뛰어내리게 하여 헤엄칠 줄 아는 사람은 헤엄쳐서, 아닌 사람은 널조각이나 부유물을 붙잡고 섬에 상륙하도록 하였습니다. 인생 말년에 지병으로 시달리던 바울 역시 차디찬 지중해의 겨울 바다에 뛰어내려, 온몸으로 파도를 헤치며 섬에 올랐습니다. 알고 보니 그 섬은 멜리데 섬이었습니다. 그레데 섬의 미항을 출항한 알렉산드리아 배가 죽음의 유라굴로 광풍에 열나흘 동안이나 휩쓸렸는데도, 놀랍게도 그 배는 정확하게 로마로 향하는 길목 멜리데 섬 앞에 이르러 있었습니다. 사람의 계획으로는 불가능한, 주님의 신비로운 섭리였습니다.

지병에 시달리던 노년의 바울이 차디찬 겨울 지중해를 온몸으로 헤치고 멜리데 섬에 올랐지만, 설상가상으로 겨울 소낙비가 내리는 멜리데 섬에는 추위가 기승을 부리고 있었습니다. 추위에 벌벌 떠는 바울의 모습이 얼마나 불쌍했던지, 섬 주민들이 바울을 위해 모닥불을 피워 주었습니다. 불을 쬐던 바울이 마른 나무 한 다발을 불 속에 넣었습니다. 그 순간, 나무 다발 속에 붙어 있던 독사가 불의 열기에 놀라 뛰어오르면서 바울의 손을 물고는, 떨어지지 않았습니다. 바울은 손을 털어, 독사를 불 속에 떨쳐 버렸습니다. 섬 주민들의 예상과는 달리, 독사에 물린 바울은 멀쩡하기만 했습니다. 그 놀라운 소문이 그 섬의 제1인자인 보블리오에게 전해졌습니다. 보블리오는 바울 일행을 초청하였고, 바울은 열병과 이질로 앓아누운 보블리오의 부친을 주님의 이름으로 치유하여 주었습니다. 그 일을 계기로 바울은 멜리데 섬의 온갖 병자들을 주님의 이름으로 고쳐 주었고, 섬 주민들은 바울이 멜리데 섬에서 석 달간 겨울을 지내는 동안 바울 일행의 숙식을 책임져 주었을 뿐 아니라, 이듬해 봄에 바울이 멜리데 섬을 떠날 때에는 배에서 사용할 물품을 챙겨 주기까지 하였습니다. 주님께서는, 아무 연고도 없는 멜리데 섬에서 석 달 동안 겨울을 나야 하는 바울의 숙식을 그렇게 오묘하게 책임져 주셨습니다.

멜리데 섬에는 좌초한 알렉산드리아 배와 동일한 이름의 또 다른 배 한 척이 겨울을 나고 있었습니다. 그 배는 바울의 발이 멜리데 섬에 닿기도 전에, 이듬해 봄에 그 섬을 떠날 바울을 위해 주님께서 그 섬에 미리 대기시켜 두셨던 배였습니다. 주님께서 멜리데 섬의 바울을 위해 모든 것을 그렇듯 치밀하게 섭리해 주셨다면, 멜리데 섬을 떠난 이후에는 바울이 최대한 빨리 로마에 이르게 해주심이 마땅할 것 같습니다. 그러나 석 달 후 멜리데 섬을 떠난 알렉산드리아 배는 시실리 섬의 수라구사에서 사흘 동안이나 정박해 있었습니다. 그다음 기항지인 레기온에서 메시나 해협을 거슬러 올라가기 위해서는, 반드시 남풍이 불어야 했습니다. 그러나 남풍은 하루가 지나서야 불었습니다.

드디어 바울은 로마의 외항인 보디올에 도착하였습니다. 그곳에서 로마까지는 육로로 220킬로미터였습니다. 평소의 바울이라면, 보디올에 상륙하자마자 지체없이 인생 최종 목적지인 로마를 향해 걷기 시작했을 것입니다. 그러나 바울은 보디올에서도 이레 동안 머물렀습니다. 백부장 율리오가 극히 이례적으로, 미결수인 바울이 보디올의 신자들과 이레 동안이나 함께 지내도록 해주었기 때문이었습니다. 주님께서는 로마로 향하는 바울의 여정이 멜리데 섬을 출발한 뒤에도 수라구사에서 사흘, 레기온에서 하루, 보디올에서 이레, 이렇게 총 열하루나 지체되게 하셨습니다. 어느 분야에서든 한 분야의 대가가 되는 것은 경륜과 역량이 깊어짐을 뜻합니다. 그러나 경륜과 역량이 깊어지면 대개의 경우, 초심을 상실해 버립니다. 한 분야의 대가가 자기 손으로 자기 분야를 허물어뜨리는 일이 비일비재한 것은, 모두 초심을 상실한 탓입니다. 주님께서는 멜리데를 출발한 바울의 여정을 또다시 열하루나 지연시키심으로, 로마에 입성하는 바울이 그의 초심을 잃지 않도록, 그의 초심을 마지막 순간까지 다지고 또 다져 주셨습니다. 어떻습니까? 우리 각자는 우리의 초심을 기억이나 하고 있습니까?

'이와 같이' 하여, 바울은 마침내 로마에 이르게 되었습니다. 그리고 넉 주에 걸친, 지도를 통해 바울의 전 인생을 복기해 보는 우리의 대장정도 오늘로 끝났습니다. 대체 바울이 어떻게 로마에 이르게 되었습니까? 바울의 결단이나, 의지나, 능력으로 인함이었습니까? 결코 아니었습니다. 주님께서 아시아 대륙의 바울을 처음부터 끝까지, 로마제국의 중심인 유럽 대륙의 로마로 이끌어 가셨습니다. 주님께서 바울을 친히 훈련시키고, 그의 내공이 깊어지기를 기다리시며, 조금도 조급함이 없이, 한 걸음씩 그리고 조금씩, 당신의 신비로운 방법으로 로마를 향해 바울을 이끌어 가셨습니다. 그 결과 20대에 주님의 부르심을 받은 바울은, 당시로서는 인생 말년인 50대가 되어서야 로마에 이르게 되었습니다. 주님의 휘페레테스와 마르튀스로 부르심을 받은 바울이 로마에 이르는 데, 무려 30년의 세월을 필요로 한 것입니다. 그 30년의 세월 동안 바울은 단 하루의 예외도 없이, 매일 매일 주님의 이끄심에 성실하게 자신의 삶으로 응답하였습니다.

그리스도인의 인생은, 매일 하루라는 색종이를 성실하게 붙여 가는 모자이크판이라고 말씀드린 적이 있습니다. 주님의 부르심을 받은 이후 바울은 30년 동안 하루도 거르지 않고, 오직 주님의 이끄심을 좇아 자신의 인생 모자이크판에 성실하게 하루라는 색종이를 붙여 나갔습니다. 젊은 나이에 까닭 없이 고향 다소에서 13년 동안 칩거할 때에도, 끊임없이 이어지는 유대인들의 거짓 모함 속에서도, 예루살렘의 결박과 환난 속에서도, 가이사랴에서 2년간 억울한 옥살이를 할 때에도, 폭풍 속에서 자신의 여정이 계속 지체될 때에도, 죽음의 유라굴로 광풍에 휩쓸렸을 때에도, 평생 지병에 시달리면서도, 바울은 날마다 주님 안에서 성실하게 하루라는 색종이를 붙여 나갔습니다. 그 결과 그의 인생 모자이크판은 마침내 30년 만에, 주님에 의해 로마에 이르는 신묘막측한 은혜의 지도, 불가사의한 섭리의 지도로 완성되었습니다.

언제나 중요한 것은 바로 오늘, 지금 이 순간입니다. 바로 오늘, 지금 이 순간이 쌓이고 쌓여 1년이 되고, 30년이 되며, 일생이 됩니다. 그러므로 바로 오늘, 지금 이 순간을 가볍게 여기는 사람의 인생은, 주님께서 작정하신 로마에 이를 수 없습니다. 그 사람은 내일이 오늘이 되면, 그 오늘 역시 가볍게 여길 것이기 때문입니다. 결심과 결단은 내일이 아니라 바로 오늘, 지금 이 순간부터 이루어져야 하는 까닭이 여기에 있습니다. 바로 오늘, 지금 이 순간이, 주님께서 우리 각자를 위해 작정하신 로마로 향하는 출발점이자 징검다리입니다. 우리 모두 바로 오늘, 지금 이 순간부터, 주님의 말씀을 좇아 매일, 하루라는 색종이를 우리 각자의 인생 모자이크판 위에 성실하게 붙여 나가십시다. 우리가 날마다 하루라는 색종이를 성실하게 붙여 갈수록, 주님께서 우리를 위해 작정하신 로마는 점점 더 가까워질 것입니다. 주님께서 우리의 인생 모자이크판을 로마에 이르는 신묘막측한 은혜의 지도, 불가사의한 섭리의 지도로, 당신의 마음과 정성을 다하여 심어 주실 것이기 때문임은, 두말할 나위가 없습니다.

다섯 주에 걸쳐 지도를 통해, 바울의 전 인생을 복기해 보는 특별한 은총을 베풀어 주셔서 감사합니다. 우리 모두 바울처럼 살기를 소망합니다. 바울이 30년에 걸쳐 완성한 인생 모자이크판을, 단기간에 흉내 내려는 우리의 영적 가벼움과, 조급함과, 교만함을 용서해 주십시오. 젊은 나이에 까닭 없이 칩거해야 하는 일이 있어도, 끊임없이 거짓 모함이 이어져도, 억울한 결박과 투옥의 환난 속에서도, 인생의 여정이 계속 지체되어도, 죽음의 유라굴로 광풍에 휩쓸려도, 평생 지병에 시달려도, 바울처럼 일평생 날마다 주님의 말씀을 좇아 성실하게, 우리 인생의 모자이크판에 하루라는 색종이를 붙여 나가게 해주십시오. 바로 오늘, 지금 이 순간이 쌓이고 쌓여 우리의 일생이 됨을 잊지 말게 해주십시오. 30년의 세월이 흘러도 우리의 초심이 변하지 않게 해주십시오. 그리하여 우리 인생의 모자이크판이 언젠가 물거품처럼 허망하게 사라져 버릴 야망의 지도가 아니라, 주님에 의해 우리 각자의 로마에 이르는 신묘막측한 은혜의 지도, 불가사의한 섭리의 지도로 승화되게 해주십시오. 찢어지지도, 색이 바래지도, 삭아 없어지지 않는 그 지도가, 이 세상을 살리는 주님의 통로로 쓰임받게 해주십시오. 아멘.

34. 바울이 그들을 보고 ^{가정주일}

사도행전 28장 11-15절

석 달 후에 우리가 그 섬에서 겨울을 난 알렉산드리아 배를 타고 떠나니 그 배의 머리 장식은 디오스구로라 수라구사에 대고 사흘을 있다가 거기서 둘러가서 레기온에 이르러 하루를 지낸 후 남풍이 일어나므로 이튿날 보디올에 이르러 거기서 형제들을 만나 그들의 청함을 받아 이레를 함께 머무니라 그래서 우리는 이와 같이 로마로 가니라 그곳 형제들이 우리 소식을 듣고 압비오 광장과 트레이스 타베르네까지 맞으러 오니 **바울이 그들을 보고** 하나님께 감사하고 담대한 마음을 얻으니라

우리 가곡인 〈가고파〉는, 비단 고향을 떠나 타향살이를 하는 사람이 아니더라도, 듣는 이의 가슴에 깊은 울림을 주는 감동력을 지니고 있습니다. 사람들이 잊고 살던, 어린 시절에 대한 향수를 불러일으켜 주기 때문일 것입니다. 그 유명한 〈가고파〉의 노랫말은, 시조 작가 이은상 선생이 1932년 29세의 나이에 지은 시조입니다. 그리고 1년 후인 1933년 김동진 선생이 그 시

조에 맞추어 작곡할 때, 그의 나이는 겨우 20세밖에 되지 않았습니다. 85년 전 한반도에서 처음으로 서양음악을 접한 청년 김동진은 단순히 서양음악을 흉내 내지 않고, 우리의 소리와 감정을 서양음악의 가락을 빌어 표현하였습니다. 그래서 가곡 〈가고파〉의 노랫말과 함께 곡조 역시, 시간과 공간을 초월하여 우리의 향수를 자극하고 있습니다.

내 고향 남쪽 바다 그 파란 물 눈에 보이네
꿈엔들 잊으리오 그 잔잔한 고향 바다
지금도 그 물새들 날으리, 가고파라 가고파

어릴 제 같이 놀던 그 동무들 그리워라
어디 간들 잊으리오, 그 뛰놀던 고향 동무
오늘은 다 무얼 하는고, 보고파라 보고파

그 물새 그 동무들 고향에 다 있는데
나는 왜 어이타가 떠나 살게 되었는고
온갖 것 다 뿌리치고 돌아갈까 돌아가

가서 한데 어울려 옛날같이 살고지고
내 마음 색동옷 입혀 웃고 웃고 지내고저
그날 그 눈물 없던 때를 찾아가자 찾아가

어린 시절을 애타게 그리워하는 이 노랫말의 다음 소절이 우리의 마음에 진한 여운을 남깁니다.

그날 그 눈물 없던 때를 찾아가자 찾아가

왜 29세의 청년 이은상이, 이런 내용의 시조를 읊조렸겠습니까? 왜 약관 20세의 김동진이, 이 소절에 그렇듯 애절한 곡조를 붙였겠습니까? 29세와 20세의 젊은 나이에, 그들의 인생이 이미 눈물 없는 인생이 아니었기 때문입니다. 그 젊은 나이에, 눈물 없이는, 하루하루 버티는 것조차 힘들었던 것입니다. 당시는 일제강점기였습니다. 수탈당하는 식민지의 젊은이가, 어찌 눈물 없이 하룬들 제대로 버틸 수 있었겠습니까?

반면에, 그들의 어린 시절은 어떻게 '눈물 없던 때'일 수 있었겠습니까? 그들의 부모가 어린 자식들을 지키고 책임지기 위해, 대신 눈물겨운 삶을 살아 주었기 때문입니다. 자존심이 상해도, 몸이 고달파도, 온갖 괴롭과 시련을 꿀꺽꿀꺽 삼키며 부모가 대신 눈물겨운 삶을 살아 준 덕분에, 그들은 걱정도 없고 눈물도 없는 어린 시절을, 마음껏 즐길 수 있었습니다. 그래서 이은상은 시조로, 김동진은 곡조로, '그날 그 눈물 없던 때를 찾아가자'고, 그렇듯 애절하게 노래했습니다. 그렇게 애절하게 노래하면, 과연 '그날 그 눈물 없던 때를' 다시 찾을 수 있겠습니까? 불가능합니다. 부모가 늙어, 더 이상 자식을 위해 눈물겨운 삶을 살아 줄 수 없는 까닭입니다. 설령 부모가 자식을 위해 계속 눈물겨운 삶을 살아 줄 수 있다 해도, 어린 시절에서 벗어난 자식의 삶엔 부모의 눈물로 해결할 수 없는 문제들이 산적해 있습니다. 더욱이 부모가 늙으면, 이번에는 자식이 늙은 부모를 위해서도 눈물겨운 인생을 살기 시작해야 합니다.

청년 이은상과 김동진도 결혼하여 자녀를 낳았을 것입니다. 그 자녀들 역시, 눈물 없는 어린 시절을 구가하였을 것입니다. 아버지 이은상과 김동진이 사랑하는 자식들을 대신하여 눈물겨운 삶을 살아 준 덕분입니다. 하지만 그 자녀들도 장성하여서는, '그날 그 눈물 없던 때를 찾아가자'고 애절하게 노래하며, 스스로 눈물겨운 인생을 살지 않을 수 없었을 것입니다. 그리고 그들을 위해 눈물겨운 인생을 살던 그들의 아버지도 늙어, 이은상 선생은 1982년에, 김동진 선생은 2009년에, 이 세상을 영영 떠나고 말았습니다.

이것이 인생입니다. 특별한 경우를 제외하고는, 이 세상에 태어난 인간은 대부분 눈물 없는 어린 시절을 지냅니다. 부모가 자식을 위해, 대신 눈물겨운 인생을 살아 주기 때문입니다. 그러나 그 어린 시절이 끝나면, 인간은 죽을 때까지 눈물겨운 하루하루를 살아야 합니다. 지금은 수탈당하는 일제강점기가 아닙니다. 그러나 어린 시절에서 벗어나 학교에 입학하면서부터 인간의 눈물겨운 인생은 시작됩니다. 입시를 앞둔 학생의 눈물겨운 하루하루를, 부모의 눈물로 대체할 수 있겠습니까? 광야와 같은 이 세상 속에서 온갖 풍파와 맞닥뜨려야 하는 젊은이의 눈물겨운 삶을, 부모가 자신의 눈물로 대신 해줄 수 있겠습니까? 오히려 때가 되면, 젊은이의 눈물겨운 삶은 늙은 부모 봉양까지 떠안게 될 것입니다. 그렇다고 늙은 부모의 눈물겨운 인생이 종식되는 것도 아닙니다. 평생 눈물겨운 인생을 살면서도, 그 눈물로 정작 중요한 것은 아무것도 해결할 수 없는 유한한 인간은, 그래서 늘 슬픈 존재일 수밖에 없습니다.

어제는 어린이날이었고, 모레는 어버이날이며, 오늘은 가정주일입니다. 젊은 부모는 어린이날을 맞아, 눈물겨운 인생살이 속에서도 어린 자식들을 위해 최선을 다해 주었을 것입니다. 그러나 그렇게 한다고, 어린 자식들의 눈물 없는 시절이 평생 지속될 수 있겠습니까? 장성한 자식들은 이틀 후 어버이날을 맞아, 눈물겨운 삶 속에서도 늙은 부모님께 감사를 표할 것입니다. 그러나 그것으로, 평생 눈물겨웠던 부모의 인생이 보상받을 수 있겠습니까? 자식의 눈물로, 하루하루 소멸해 가는 늙은 부모의 육체가 새롭게 소생할 수 있겠습니까?

그러므로 그리스도인들의 가정주일은 세상 사람들과는 달라야 합니다. 우리 자식들의 눈에서 평생 눈물을 닦아 주실 하나님, 우리 자식들의 평생에 그들을 위해 대신 울어 주실 하나님, 그 하나님께서 우리 자식들의 아버지이신가? 우리 부모님이 평생 흘린 눈물을 영원히 닦아 주실 하나님, 우리 부모님의 코끝에서 호흡이 멎는 순간 우리 부모님을 영원히 품어 주실 하나님, 그 하나님께서 우리 가정의 아버지가 되고 계신가? 그리스도인들의 가정주일은 이렇게, 하나님께서 우리 가정의 아버지시며 주인이신지, 온 가족이 함께 확인하는 날이어야 합니다. 하나님께서 우리 가정의 아버지가 되실 때에만, 우리는 눈물겨운 인생살이 속에서도 하나님 아버지께서 주시는 절대적인 행복과 평안을 누릴 수 있습니다. 하나님께서 우리 가정의 아버지 되실 때에만, 우리 가정은 혈육의 울타리를 넘어, 세상을 향해 확장될 수 있습니다.

주후 60년으로 추정되는 해 가을, 바울은 황제에게 상소한 미결수 신분으로 아드라뭇데노 배를 타고 로마를 향해 가이사랴를 출발했습니다. 그러나 계속된 폭풍과, 특히 죽음의 유라굴로 광풍으로 석 달 동안 멜리데 섬에서 겨울을 지내야 했던 바울은, 이듬해 봄이 되어서야 마침내 로마의 외항인 보디올에 도착하였습니다. 그곳에서 로마까지의 거리는 220킬로미터였습니다. 자기 생의 마지막 종착지인 로마를 목전에 둔 바울의 심장이 얼마나 두근거렸겠습니까? 평소의 바울이라면, 보디올에 첫발을 내디디자마자 로마를 향해 걷기 시작했을 것입니다.

그러나 바울이 보디올에 상륙하였다는 소문을 접한 현지의 그리스도인들이 바울을 찾아갔습니다. 바울은 3차 전도 여행 중, 고린도에서 로마의 그리스도인들에게 로마서를 써보내었습니다. 로마 인근에 위치한 보디올의 그리스도인들 역시 은혜로운 로마서를 접하지 않았겠습니까? 그 로마서를 집필한 사도 바울이 보디올에 상륙하였다는 소식을 접하고, 그들이 감격해하며 바울에게 달려간 것입니다. 그리고 그들은, 바울이 보디올에서 잠시라도 묵고 가기를 요청하였습니다. 위대한 사도 바울에게 묻고 싶은 것도 많고, 듣고 싶은 것도 많았던 것입니다.

하지만 바울은 자기 마음대로 일정을 결정할 수 없었습니다. 미결수인 바울의 일정에 대한 결정권은, 호송 책임자인 백부장 율리오에게 있었습니다. 본문 14절에 의하면 놀랍게도 백부장은, 바울이 보디올의 그리스도인들과 이레 동안이나 함께 머물도록 허락해 주었습니다. 사도행전 27장 3절을 보면, 바울이 탄 아드라뭇데노 배가 시돈에 기항하였을 때에도 백부장은, 바울이 그곳 그리스도인들의 돌봄을 받을 수 있도록 허락해 주었습니다. 하지만 그것은, 시돈에 기항한 아드라뭇데노 배가 하물을 부리고 싣는 시간 내에서 허락한 일이었습니다. 바울이 시돈 그리스도인들의 돌봄을 받게 해주어도, 전체 여정에는 아무 지장이 없었습니다.

그러나 이번에는, 그때의 경우와는 완전히 달랐습니다. 보디올은 중간 기항지가 아니라, 마지막 종착지였습니다. 게다가 백부장 율리오는 총독 베스도의 명령을 수행하고 있는 중이었습니다. 그의 임무는, 바울을 로마로 호송하는 것이었습니다. 멜리데 섬에서 겨울을 지내느라 석 달을 지체한 백부장은, 하루라도 빨리 임무를 완수하기 위해 발걸음을 재촉해야 할 상황이었습니다. 만약 백부장이 바울로 하여금 보디올의 그리스도인들과 지내도록 허락해 준다면, 그 기간만큼 그의 임무 완수는 지체될 수밖에 없었고, 그것은 그에게 심각한 과오가 될 수 있었습니다. 그런데도 백부장은 하루 이틀도 아니고, 바울이 이레나 머물도록 허락해 주었습니다. 상식적으로는 납득하기 힘든 일이었습니다. 당사자인 바울은 백부장의 호의에 감사하면서도, 그가 왜 그런 파격적인 허락을 해주었는지는 선뜻 이해하지 못했을 것입니다.

바울은 지금까지 늘 그랬듯이, 보디올에서도 어느 그리스도인의 가정에서 묵었을 것입니다. 어쩌면 이레 동안, 그리스도인들의 가정을 돌아가면서 묵었는지도 모릅니다. 당시의 교회는 모두 가정교회였습니다. 별도의 예배당이 없어, 그리스도인들이 누군가의 가정에서 함께 모여 예배를 드린 것입니다. 보디올에서 바울이 묵은 가정에는, 그곳의 그리스도인들이 다 모여 들었을 것입니다. 그들은 함께 찬양하고 기도하면서 바울에게 질문하고, 또 바울의 말에 귀를 기울였을 것입니다. 바울과 함께 그들이 모여 있는 그 가정이, 바로 교회였습니다. 그 가정의 주인이, 하나님 아버지셨습니다. 하나님 아버지 안에서, 그 가정에 모인 사람이 모두 한 가족이었습니다. 그날 그 가정이 혈육의 울타리를 넘어, 보디올의 모든 그리스도인들을 향해 확장된 것입니다. 그들은 바울이 전하는 하나님의 말씀을 통해, 힘겨운 인생을 살아가는 자신들의 눈에서 눈물을 닦아 주시는 하나님 아버지의 손길을 느꼈을 것입니다. 자신들을 위해 십자가에서 대신 울어 주시고, 당신의 마음과 정성을 다하여 자신들을 영원히 심어 주실 하나님 아버지의 넉넉한 사랑도 확인하였을 것입니다. 그 하나님 아버지를 힘입어, 그들은 바울이 떠난 뒤에도 눈물겨운 인생길을 꿋꿋하게 걸어갈 수 있었을 것입니다.

바울 역시 예외가 아니었습니다. 가이사랴를 출발하여 보디올에 이르기까지, 바울의 지중해 횡단은 눈물겨운 여정이었습니다. 크고 작은 폭풍과 죽음의 유라굴로 광풍에 시달렸고, 하루 편히 쉴 날도 없었습니다. 그 지중해 항해는, 바울의 인생 여정의 축소판과도 같았습니다. 다메섹 도상에서 주님의 부르심을 받은 이후 인생 말년의 노년에 접어들기까지, 30년에 걸친 바울의 인생은 눈물겨운 여정의 연속이었습니다. 그 바울이 생의 종착지인 로마 입성을 앞두고 보디올에서, 하나님을 아버지로 모신 믿음의 가정에서 이레 동안 묵었습니다. 그 믿음의 가정에서 믿음의 형제자매들과 함께 기도하고 찬양할 때, 하나님 아버지께서 그동안 수고하고 애쓴 바울의 눈물도 닦아 주시지 않았겠습니까? 그 믿음의 가정에서 믿음의 형제자매들과 하나님의 말씀을 함께 나눌 때, 비록 인생 말년의 바울이었을망정, 그의 속사람은 하나님 아버지의 말씀으로 더욱 강건해지지 않았겠습니까? 그리고 이레 후, 마침내 바울은 보디올을 떠나 로마로 향했습니다.

본문 15절 상반절의 증언입니다.

> 그곳 형제들이 우리 소식을 듣고 압비오 광장과 트레이스 타베르네까지 맞으러 오니.

여기에서 "그곳 형제들"은 로마의 그리스도인들을 의미합니다. 로마의 그리스도인들이 바울을 영접하기 위해, "압비오 광장"과 "트레이스 타베르네"까지 나와 기다리고 있었습니다. 남부 이탈리아에서 로마에 이르는 압비오 대로에 자리 잡고 있는 '압비오 광장'은, 로마에서 65킬로미터 떨어진 지점입니다. 그리고 '세 개의 여인숙'이라는 의미의 '트레이스 타베르네'는, 로마에서 50킬로미터 떨어져 있습니다. 로마의 그리스도인들이 두 그룹으로 나뉘어, 걸어서 각각 이틀 길과 사흘 길인 '트레이스 타베르네'와 '압비오 광장'까지 나와 바울을 영접한 것입니다.

> 바울이 그들을 보고 하나님께 감사하고 담대한 마음을 얻으니라(15절 하).

만약 우리가 뜻밖의 장소에서 예기치 못한 로마 그리스도인들의 영접을 받은 바울이었다면, 우리는 어떻게 했겠습니까? 그 먼 곳까지 우리를 영접하러 나온 로마의 그리스도인들에게, 먼저 감사하지 않겠습니까? 그러나 바울은 그들을 보고 먼저, "하나님께 감사하고 담대한 마음을" 얻었습니다. 바울이 '압비오 광장'과 '트레이스 타베르네'에서 생각지도 않은 로마 그리스도인들의 영접을 받는 순간, 백부장이 왜 보디올에서 파격적으로 이레 동안이나 머물게 해주었었는지, 그 까닭을 비로소 깨달았기 때문입니다.

만약 바울이 보디올에서 하루나 이틀만 머물고 로마를 향해 출발했더라면, 바울은 아무도 맞아 주는 사람이 없는 가운데 외로이 로마에 입성해야 했을 것입니다. 그러나 바울은 보디올에서 이레 동안 머물렀고, 보디올에서 로마까지의 거리는 220킬로미터였습니다. 체력이 왕성한 젊은이의 걸음으로는 엿새길, 일반에게는 이레길, 나이든 사람에게는 그보다 더 많은 날이 소요되는 길이었습니다. 바울이 보디올에 상륙하여 이레를 머물게 되자, 누군가가 220킬로미터를 걸어가 로마의 그리스도인들에게 바울에 대한 소식을 전해 주었습니다. 감격한 로마의 그리스도인들은 바울을 위해 두 그룹의 환영단을 만들어, 로마에서 각각 65킬로미터와 50킬로미터 떨어진 '압비오 광장'과 '트레이스 타베르네'로 갔습니다. 그리고 보디올에서 이레를 머물고 로마로 걸어가던 바울은, 그 두 장소에서 그들을 정확하게 만났습니다. 하나님께서 바로 그 만남을 바울에게 주시기 위해 시간과 공간을 초월하여, 백부장으로 하여금 바울을 보디올에서 이레 동안이나 머물도록 하신 것이었습니다. 그 사실을 확연하게 깨달은 바울에게, 자신을 영접하러 나온 로마의 그리스도인들은 단순히 사람들이기 이전에, 바울 자신을 향한 하나님 아버지의 말씀이었습니다.

바울이 예루살렘에서 로마군 요새의 감옥에 갇혀 있던 한밤중에, 하나님께서 감옥 속의 바울에게 이렇게 말씀하시지 않았습니까?

> 담대하라. 네가 예루살렘에서 나의 일을 증언한 것같이 로마에서도 증언
> 하여야 하리라(행 23:11하).

그 하나님께서 당신을 위해 로마에 입성하는 바울을, 로마의 그리스도인들을 '압비오 광장'과 '트레이스 타베르네'까지 보내어, 당신의 쌍수를 들어 환영해 주신 것입니다. 그리고 로마에서 당신의 휘페레테스와 마르튀스인 바울에게 눈물겨운 삶이 지속되어도, 당신의 복음을 위해 순교의 피를 흘려도, 예수 그리스도의 십자가 보혈로 영원히 닦아 주시겠다고 하나님 아버지께서 새롭게 약속해 주신 것입니다. 그래서 바울은 '그들을 보고 하나님께 감사하고, 담대한 마음을' 얻었습니다. '압비오 광장'에서, '트레이스 타베르네'에서, 바울과 로마의 그리스도인들은 모두 하나님을 아버지로 모신 교회요, 더없이 아름다운 가정이었습니다.

그들은 함께 로마를 향해 압비오 대로를 걸었습니다. 압비오 대로는, 로마의 개선장군이 개선행진을 벌이는 도로로 유명했습니다. 그 압비오 대로를 바울은 지금, 백부장과 그의 부하들 사이에서 미결수로 호송당해 가고 있습니다. 비록 로마의 그리스도인들이 그 뒤를 따른다 해도, 압비오 대로를 오가는 로마인들이 보기에는, 인생 말년에 초라한 행색의 바울은 개선장군과는 거리가 먼, 영락없는 죄수의 몰골이었을 것입니다. 그러나 바울을 부르신 하나님 아버지 앞에서 그는, 틀림없는 개선장군이었습니다. 그가 로마에 한 걸음 한 걸음 더 다가갈수록, 로마인들의 눈물을 영원히 닦아 주실 하나님 아버지 안에서, 로마인들이 큰 믿음의 가정을 이룰 시간이 점점 더 가까워지고 있었습니다.

제가 사랑하는 오랜 친구가 있습니다. 젊은 시절에 자수성가하여 큰 재산을 일궜지만, 유라굴로 광풍과 같은 국제 정세의 격변 속에서, 두 번이나 전 재산을 날렸습니다. 그러고도 오뚜기처럼 다시 일어선, 온유하면서도 강인한 성품의 친구입니다. 저는 오랜 세월 동안 그 친구와 교분을 나누면서, 그 친구가 눈물을 흘리는 것을 본 적이 없었습니다. 인생살이 자체가 본래 눈물겨운 것인 데다, 더욱이 두 번이나 전 재산을 날렸던 만큼, 그 친구에게 왜 눈물 흘릴 일이 없었겠습니까? 남몰래 눈물 흘리거나, 속 눈물을 흘린 적은 헤아릴 수 없이 많았겠지만, 적어도 제가 보는 앞에서 직접 눈물을 흘린 적은 한 번도 없었습니다. 그러던 친구가 최근에 제 앞에서 눈물을 흘렸습니다. 서른이 넘은 자식이 속 썩이는 이야기를 하다가 갑자기 말을 멈추더니, 그냥 눈물을 주루룩 흘렸습니다. 생전 처음 그 친구의 눈물을 보는 제 마음도, 찡했습니다. 저는 그 친구에게 스마트폰에서 성경앱을 찾는 방법을 가르쳐 주고, 아침 저녁으로 시편을 읽거나 스피커로 들으라고 했습니다. 하나님 아버지만, 당신의 말씀을 통해 그 친구의 마음을 어루만져 주시고, 눈물을 닦아 주실 수 있기 때문입니다. 하나님께서 아버지 되어 주실 때에만, 벽돌로 쌓아진 그 친구의 집이 믿음 안에서 사랑의 가정으로 세워질 수 있기 때문입니다.

우리의 가정은 어떻습니까? 우리는 하나님을, 우리 가정의 아버지로 모시고 있습니까? 하나님 아버지만, 부모가 세상을 떠난 뒤에도 이 험한 세상을 계속 살아갈 자식의 눈에서, 눈물을 닦아 주실 수 있습니다. 하나님 아버지만, 자식의 눈물로도 보상할 수 없는 부모의 눈물겨운 인생을, 영원히 품어 주실 수 있습니다. 하나님만, 우리를 영원히 살리시기 위해 십자가에서 당신이 울어 주신 우리의 아버지이십니다. 그 하나님 아버지께서 우리의 가정을, 당신의 마음과 정성을 다하여 참된 믿음의 가정으로 심어 주실 것입니다. 그 하나님 아버지 안에서, 우리의 가정은 혈육의 울타리를 넘어, 세상을 향해 날로 확장되어 갈 것입니다.

하나님! 우리는 누구나, 눈물 없던 어린 시절을 그리워합니다. 죄인인 우리의 인생살이 자체가 눈물겹기 때문입니다. 그러나 우리의 눈물로는 우리 자식의 삶도, 우리 부모님의 삶도 책임질 수 없습니다. 매일 울어도 우리의 눈물로는, 정작 중요한 것은 아무것도 해결할 수 없습니다.

오늘 가정주일을 맞아, 우리 각자의 가정을 다시 한 번 점검하게 해주셔서 감사합니다. 하나님께서 우리 가정의 아버지이심을, 오랫동안 잊고 살아온 우리의 어리석음을 용서해 주십시오. 이제 우리의 가정을, 하나님 아버지께 온전히 맡겨 드립니다. 하나님 아버지께서 우리 자식들의 눈물을 닦아 주시고, 눈물겨웠던 부모님의 인생을 영원히 품어 주시기를 간구합니다. '압비오 광장'과 '트레이스 타베르네'에서 로마 그리스도인들을 통해 바울을 격려해 주셨듯이, 우리 가족이 서로를 통해 하나님 아버지의 격려를 힘입게 해주십시오. 우리 가정을 마음과 정성을 다하여 믿음의 가정으로 심어 주시는 하나님 아버지 안에서, 우리의 가정이 혈육의 울타리를 넘어, 이 세상을 향해 점점 더 확장되게 해주십시오.

우리 가정의 아버지 되시는 하나님께 예수 그리스도의 이름으로 기도드립니다. 아멘.

35. 한 군인과 함께 따로 성령강림주일

사도행전 28장 16절

우리가 로마에 들어가니 바울에게는 자기를 지키는 **한 군인과 함께 따로** 있게 허락하더라

    이민을 허용하지 않는 스위스의 제네바에는, 제한된 한인만 거주하고 있습니다. 이를테면 주 제네바 한국대표부와 각종 국제기구에 파견 나간 외교관들과 공무원들, 그리고 민간인 직원들 등입니다. 그 외에 소수의 유학생들, 그리고 스위스인과 결혼한 한인들이 있습니다. 그들의 가족을 다 포함해도, 제네바에 거주하는 한인들의 수는 300여 명밖에 되지 않습니다. 그곳에서 근무하는 한인 남성들에게는 공통점이 있습니다. 제네바가 세계적인 유명 도시인데도, 한인 남성들이 대단히 가정적이라는 점입니다. 밤마다 고주망태로 귀가하는 남편을 제네바에서는 만나 볼 수 없습니다. 한국에서 아내와 소원했던 남편도, 제네바에서 근무하는 기간 동안에는 아내와

가정을 중심으로 살게 됩니다. 제네바에는 한국과 같은, 소위 밤문화가 없는 까닭입니다.

제네바는 밤이 되면 모든 상가가 철시하여, 온 시가지가 적막강산이 됩니다. 식당도 밤 9시가 넘으면 대부분 문을 닫습니다. 우리나라처럼 향락을 위한 술집은 찾아볼 수 없습니다. 남편이 퇴근 후에 갈 곳이라곤, 아내가 있는 자기 집밖에 없는 셈입니다. 주말도 마찬가지입니다. 주말에도 시내는 텅비기에, 제네바에서는 가족 단위로 움직이며 등산을 가든가 스키를 타면서, 온 가족이 함께 주말을 지낼 수밖에 없습니다. 제네바라는 공간이 이처럼, 한국에서 밖으로만 맴돌던 한인 남성들이 가정 중심으로 살지 않을 수 없게 만들어 주고 있습니다. 이런 의미에서 제네바가 젊은이들에게는 답답할 수 있지만, 결혼한 주부에게는 이상적인 공간이라 할 수 있습니다.

요즈음 시골에서 쓸쓸하게 노년을 홀로 보내는 여성 미술가가 있습니다. 그분도 70년대에는, 남편과 함께 제네바에서 행복했었습니다. 남편의 직장이 제네바로 바뀌면서, 남편과 함께 서울에서 제네바로 이주한 것입니다. 제네바에서 살던 기간은, 그분에게는 꿈 같은 세월이었습니다. 아내와 두 아이를 최우선 순위로 삼는 남편의 삶은 비가 오나, 눈이 오나, 늘 한결같았습니다. 제네바에서 능력을 인정받은 남편의 직장이 다시 프랑스의 파리로 바뀌었습니다. 미술가였던 아내는 더없이 기뻐했습니다. 파리에서는, 미술가인 자신의 역량을 마음껏 펼칠 수 있을 것이기 때문이었습니다. 기대에 부푼 그분은 남편을 따라, 두 아이와 함께 파리로 이주하였습니다. 하지만 파리에서 그분을 기다리는 것은, 꿈에서조차 예상치 못한 파경이었습니다. 제네바에서 그토록 가정적이었던 남편이 파리로 이주한 뒤, 아내와 두 자식을 버린 것이었습니다.

아내의 한참 후배가 파리로 유학을 왔습니다. 인정이 많은 아내는 본래 사람 거두어 주기를 좋아했습니다. 유학 온 어린 후배가 파리에서 정착할 때까지, 아내는 그 후배를 자기 집에서 묵게 배려해 주었습니다. 그러나 남편이 그 후배와 눈이 맞아 가정을 내팽개치고 새 살림을 차렸습니다. 남편을 빼앗은 후배는 미안해하기는커녕, 도리어 당당하기만 했습니다. 아내는 남편이 돌아오기를 20년도 넘게 기다렸지만, 한 번 가정을 버린 남편은 끝내 돌아오지 않았습니다. 아내는 어쩔 수 없이 프랑스의 법정에서 이혼서류에 서명하였습니다. 그것으로, 남편과의 관계가 법적으로도 종결되었습니다. 그것도 객지에서 말입니다. 아내가 법정을 나서는데, 그날따라 햇빛에 눈이 부셔 눈을 제대로 뜰 수도 없었습니다. 태양이 작열하는 사막에 홀로 떨어진 심정이었습니다. 정처 없이 터벅터벅 걸어가는 그분의 머릿속에는 단 하나의 생각밖에 없었습니다. "객지 생활 수십 년에, 남은 것이라곤 늙은 몸뚱이뿐이구나." 참으로 서글픈 이야기입니다.

제네바에서 가정적이기만 했던 남편이, 왜 파리에서 아내와 자식들을 버리고 끝내 되돌아오지 않았겠습니까? 프랑스의 파리는 세계적인 예술의 도시, 문화의 도시, 역사의 도시, 교육의 도시, 그리고 관광도시로 유명합니다. 그러나 그것뿐만이 아닙니다. 파리는 향락의 도시이기도 합니다. 남성을 위한 밤문화가 흥청대는 파리에는, 도처에 유혹이 도사리고 있습니다. 파리에 건강한 가정도 많겠지만, 저는 파리에서 파탄 난 한인 가정을 적잖게 보았습니다. 제가 3년 동안 살았던 제네바에서는 한 번도 보지 못한 일입니다. 제네바에서 가정적이기만 했던 남편과, 파리에서 아내와 자식들을 버린 남편은, 각각 다른 사람이 아니었습니다. 동일한 한 인간의 삶이 그렇듯 판이하게 달라졌습니다. 제네바라는 공간과, 파리라는 공간이, 동일한 공간이 아니기 때문입니다.

인간은 이처럼 자신이 살고 있는 공간의 지배 혹은 영향을 받습니다. 그러나 그리스도인은 자신이 처해 있는 공간을 도리어 새롭게 변화시키는 사람이어야 합니다.

〈사명자반〉 1과에서 추상명사인 믿음을 구체적인 단어로 재정립하면서, '믿음은 공간이다'라고도 정의하였습니다. 믿음과 공간은 불가분의 관계를 이루고 있다는 말입니다.

> 너희는 세상의 빛이라, 산 위에 있는 동네가 숨겨지지 못할 것이요. 사람이 등불을 켜서 말 아래에 두지 아니하고 등경 위에 두나니, 이러므로 집안 모든 사람에게 비치느니라(마 5:14-15).

캄캄한 밤길을 걷는 나그네는, 저 멀리 산 위에 마을이 있는지 알 도리가 없습니다. 그러나 그 마을에 빛이 있다면, 나그네는 멀리서도 그 마을을 볼 수 있습니다. 어둠에 뒤덮힌 마을의 공간과, 빛이 감싸고 있는 마을의 공간은 같은 공간일 수 없습니다. 호롱불이 켜진 방의 공간과, 전깃불이 들어오는 방의 공간도 동일할 수는 없습니다. 같은 이치로, 세상 사람들이 사는 공간과 그리스도인들이 살아가는 공간 역시 다를 수밖에 없습니다.

인생은 시간이라고 했습니다. 우리를 스쳐 지나가는 1초1초가 하루가 되고, 한 달이 되고, 한 해가 되고, 일생이 되는 까닭입니다. 우리의 인생이 시간이라면, 그 시간의 내용과 질은 우리의 공간을 통해 드러납니다. 그동안 우리를 스쳐 지나간 시간들은 우리의 육체라는 공간, 우리의 인생이라는 공간, 우리가 속해 있는 자연이라는 공간 속에 고스란히 축적되어 있습니다. 한평생 신실하게 살아온 사람의 인생 공간과, 알코올중독자 혹은 도박꾼으로 살아온 사람의 인생 공간이 동일할 수 있겠습니까? 똑같은 공간이라도 불량배들이 모이면 우범지대가 되고, 고시생들이 살면 고시촌이 됩니다. 쓰레기를 버리면 쓰레기장이 되지만, 꽃을 심으면 꽃동네가 됩니다. 죄수들을 수감하는 건물이 교도소인데, 그 건물에서 수도사들이 생활하면 수도원이 됩니다.

미국 캘리포니아에서 자동차로 멕시코 국경을 지나면, 곧장 자연 풍경이 달라집니다. 국경을 지나기 무섭게, 산에서 나무 한 그루, 풀 한 포기 보기 어렵습니다. 이집트의 시나이 광야에서 이스라엘 국경을 넘을 때에도, 오스트리아에서 옛 동구권의 슬로베니아 국경을 넘을 때에도, 동일한 산하지만, 누가 살고 있느냐에 따라 동일한 공간이 얼마나 달라지는지 생생하게 확인할 수 있었습니다. 요즈음은 전국 어딜 가나 나무 없는 산을 보기 어렵지만, 60년대까지만 해도 서울에서 부산에 이르는 철로변의 산은 거의 벌거벗은 민둥산들이었습니다. 하지만 그 속에 살던 사람들의 생각이 바뀜과 동시에, 전국의 민둥산들이 울창한 숲으로 공간 자체가 새로워졌습니다.

주님께서 우리를 향해 '너희는 세상의 빛이라' 하심은, 이 세상이라는 공간을 당신의 생명과 진리의 빛으로 새롭게 하라는 명령이십니다. 그것이 주님을 좇는 그리스도인의 믿음이며, 믿음의 참됨 여부는 우리가 살고 있는 공간을 통해 입증되기 때문입니다. 앞에서 언급한 미술가의 남편이 만약 그리스도인이었다면, 그는 제네바에서 파리로 삶의 공간이 바뀐 뒤에도 변함없이 이상적인 가장으로 살았을 것이요, 파리에서 파경을 맞는 한인 가정을 새로운 공간으로 소생시켜 주는 세상의 빛이 되었을 것입니다.

이레 동안 머물렀던 보디올을 출발하여 로마로 향하던 바울은 압비오 광장과 트레스 타베르네에서 로마 그리스도인들의 영접을 받았습니다. 바울의 소식을 접한 로마의 그리스도인들이 두 그룹으로 나뉘어, 로마에서 걸어서 각각 이틀 길과 사흘 길인 트레이스 타베르네와 압비오 광장까지 나와 바울을 영접한 것이었습니다. 주님께서 그들을 통해, 당신의 휘페레테스와 마르튀스인 바울을 그렇게 환영해 주신 것이었습니다.

바울은 그들과 함께 로마를 향해 압비오 대로를 걸었습니다. 압비오 대로는, 로마의 개선장군이 개선행진을 벌이는 도로로 유명하다고 했습니다. 지병에 시달리던 인생 말년의 미결수로 압비오 대로를 걸어가는 바울의 초라한 행색은, 마상의 개선장군과는 거리가 멀어 보였습니다. 그러나 바울은 그를 불러내신 주님 안에서, 시간과 공간을 초월하여 누구보다 위대한 개선장군이었습니다. 그가 로마에 한 걸음 한 걸음 더 다가갈수록, 로마제국이라는 거대한 공간이 새로워질 시간이 점점 더 가까워지고 있었습니다. 오늘 본문을 통해 우리가 확인하고자 하는 것은, 그 초라한 인생 말년의 미결수 바울 한 사람을 통해, 어떻게 로마제국의 거대한 공간이 새로워지는 단초가 마련될 수 있었느냐 하는 것입니다.

드디어 바울이 로마에 입성하였습니다. 로마 시민으로 황제에게 상소한 미결수의 경우, 호송 책임자는 로마 입성과 동시에 황제의 근위대장에게 미결수를 인계해야 했습니다. 가이사랴에서부터 바울을 호송해 온 백부장 율리오의 책임은 거기까지였습니다. 본문 당시의 근위대장은 아프라니우스 브루스였던 것으로 알려져 있습니다. 일반적으로 황제에게 상소한 미결수는 황제 근위대의 감옥인 프레토리움에 감금되었습니다. 그러나 근위대장은 바울에게는 그렇게 하지 않았습니다. 오늘 본문의 증언입니다.

우리가 로마에 들어가니, 바울에게는 자기를 지키는 한 군인과 함께 따로 있게 허락하더라(16절).

황제의 근위대장은 이례적으로, 바울만은 감옥 밖에서 혼자 따로 지낼 수 있도록 배려해 주었습니다. 바울을 심문했던 유대 총독 베스도의 보고서와, 호송 책임자였던 백부장 율리오의 보고서가 긍정적이기 때문이었을 수도 있지만, 궁극적으로는 주님의 오묘하신 섭리였습니다. 바울이 감옥 밖에 있어야, 비록 연금 상태일망정, 그를 찾아오는 사람들을 자유롭게 만나며 복음을 전할 수 있기 때문이었습니다. 30절에 의하면, 바울은 이때부터 만 2년 동안 '셋집'에서 머물렀습니다. '셋집'이라면, 요즈음처럼 반듯한 모양의 가옥을 연상하기 쉽습니다. 하지만 바울에게는, 반듯한 셋집을 얻을 경제적 여유가 없었습니다. 바울은 로마에서, 그곳 그리스도인들의 도움과 빌립보 교인들의 헌금으로(빌 4:18) 연명하였습니다. 그러므로 오랜 세월 동안 바울의 삶을 추적해 온 프랑스 학술회원 알랑 드코는, 이때 바울이 세를 내어 얻은 거처가 싸구려 '헛간'이었다고 말합니다. 바울이 처한 당시의 정황상, '셋집' 보다 싸구려 '헛간'이 더 적합한 표현입니다.

그렇다고 미결수인 바울이, 그 누구의 감시도 없이 그 헛간에서 혼자 지낸 것은 아니었습니다. 근위대장은 군인 한 명이 바울과 함께 지내면서 바울을 지키도록 하였습니다. 바울은 20절에서, 자신이 '쇠사슬에' 매어 있다고 밝혔습니다. 바울이 가이사랴의 감옥에 갇혀 있을 때였습니다. 베스도 총독은 자신을 찾아온 아그립바 왕을 위해 바울을 청문회장에 세웠습니다. 그곳에서 바울은 아그립바 왕에게 이렇게 말하는 것으로 자기 변증을 끝마쳤습니다.

> 말이 적으나 많으나 당신뿐만 아니라, 오늘 내 말을 듣는 모든 사람도 다 이렇게 결박된 것 외에는, 나와 같이 되기를 하나님께 원하나이다
>
> (행 26:29).

한글 성경의 '결박'이란 단어 때문에, 청문회장의 바울이 마치 포승줄이나 쇠사슬에 묶여 있는 것으로 착각하기 쉽습니다. 그러나 복수형인 헬라어 명사 '데스몬δεσμῶν'은 '구금' 혹은 '구속'을 뜻한다고 했습니다. 그래서 영어 성경도 이 단어를 '쇠사슬'을 의미하는 단수 'chain'이 아니라, '구금'을 뜻하는 복수형 'chains'로 번역하고 있습니다. 바울은 청문회장에 앉아 있는 고관대작들을 향해, 내가 이렇게 구금당해 있는 것 이외에는, 모두 나와 같은 그리스도인이 되기를 하나님께 기도한다고 선언한 것이었습니다.

반면에 로마의 헛간에서 지내던 바울에게 매어 있던 '쇠사슬'은 헬라어 원문에 '할뤼시스ἅλυσις'로 기록되어 있는데, 그것은 진짜 쇠사슬을 가리킵니다. 그래서 영어 성경 역시 그 단어를, 쇠사슬을 의미하는 단수 'chain'으로 번역하였습니다. 황제의 근위대장이 바울에게 감옥 밖에서 살 수 있도록 배려해 주면서도, 미결수인 바울이 도망칠 수는 없도록 쇠사슬에 매어 둔 것이었습니다. 당시의 관례로는 감옥 밖에서 머무는 미결수의 경우, 미결수의 한쪽 손목과 그 미결수를 지키는 군인의 한쪽 손목을 쇠사슬로 연결해 두었던 것으로 알려지고 있습니다. 어떤 경우에도 미결수가 도망칠 수 없게 하기 위함이었습니다. 요즈음 형사가 자기 손과 강력범의 손에 수갑을 함께 채우는 것과 같습니다.

한쪽 손목이 군인의 손목과 24시간 내내 쇠사슬로 연결되어 있다면, 밤낮 그렇게 살아야 하는 바울의 삶은 얼마나 불편했겠습니까? 그러나 그 불편한 쇠사슬 덕분에, 바울은 로마에서 자신을 온전히 지킬 수 있었습니다. 로마는, 바울이 그동안 거쳐 온 그 어떤 도시와도 같지 않은, 전혀 다른 공간이었습니다. 지중해 세계를 제패한 대로마제국의 수도인 로마는 정치·경제·문화·예술·교육의 중심지였을 뿐 아니라, 로마제국에서 가장 거대한 향락의 도시이기도 했습니다. 오로지 인간의 재미를 위해 원형경기장에서 사람들이 맹수의 밥이 되었고, 검투사들이 피를 흘리며 죽어야 했습니다. 성적 타락과 문란이 극에 달하여, 성인이 된 로마 시민 가운데 성병에서 자유로운 사람이 드물 정도였습니다. 바울이 로마에 입성한 것은, 로마제국에서 가장 거대한 그 향락의 공간 속으로 진입한 것을 의미했습니다.

바울도 우리처럼 죄성을 지닌 죄인이었습니다. 바울 역시 세상의 온갖 유혹에 흔들리며, 자신의 죄성에 굴복하기 쉬운 연약한 인간에 지나지 않았다는 말입니다. 그렇지만 바울은 주님의 말씀으로 날마다 자신을 쳐 복종시키고, 주님의 말씀 안에서 날마다 죽음으로, 주님의 말씀을 힘입어 자신을 지킬 수 있었습니다. 그래서 바울은 어느 공간에서든 공간의 지배를 받기보다는, 언제나 공간을 새롭게 하는 주님의 통로로 살 수 있었습니다. 하지만 로마에 입성한 바울은, 이미 인생 말년에 접어든 노년이었습니다. 노년에 접어들면, 많은 사람들이 자기 자신을 지킬 자제력을 상실해 버립니다. 노년에 접어들어 자신의 죄성에 굴복하여, 영적으로 퇴보해 버리는 사람들이 우리 주위에는 의외로 많습니다. 그런 사람은 더 이상 공간을 새롭게 하는 어른이 될 수 없습니다. 영적으로 퇴보해 버린 그 사람은, 이미 공간의 노예로 전락한 노인이기 때문입니다.

로마에 입성한 노년의 바울이 로마제국에서 가장 거대한 향락과 타락의 공간 속에서, 자신의 죄성에 굴복하여 영적으로 퇴보해 버렸다면, 제네바에서 누구보다 가정적이었다가 파리에서 매몰차게 가정을 내팽개친 남편처럼, 바울 역시 로마의 공간 속에서 그 자신이 변질되고 말았을 것입니다. 그래서 주님께서는 로마에 입성한 바울이 감옥 밖에서 살도록 자유를 주시면서도, 그의 손목은 밤낮으로 쇠사슬에 매어 있게 하셨습니다. 그 쇠사슬 덕분에 바울은, 로마제국에서 가장 거대한 향락과 타락의 공간 속에서 자신의 죄성에 굴복하지 않고, 오직 주님의 말씀으로 자신을 지킬 수 있었습니다. 육체적으로 불편하기 짝이 없는 그 쇠사슬이, 사실은 성령님께서 바울을 주님의 말씀에 묶어 두시는 은혜의 쇠사슬이었습니다. 그 은혜의 쇠사슬 덕분에, 싸구려 헛간 속에서도 바울의 속사람은 점점 더 강건해져 갔습니다. 주님께서 그 바울을 통로로 삼아 로마제국의 거대한 공간을 새롭게 소생시키기 시작하신 것은, 조금도 이상한 일이 아니었습니다.

우리는 요즈음 수요성경공부 시간에 정한조 목사님과 함께, 은혜 가운데 느헤미야서를 공부하고 있습니다. 느헤미야서는, 바빌론 포로에서 귀환한 느헤미야와 유대인들이 무너진 예루살렘 성벽을 재건한 내용을 다루고 있습니다. 성경을 보면, 하나님의 일을 하는 데엔 늘 방해꾼이 있습니다. 그러나 그 덕분에 하나님의 일은 세상 일과 구별되어, 명실공히 하나님의 일로 매듭지어지게 됩니다. 바빌론 포로기 당시의 예루살렘은 북쪽 사마리아에 편입되어 있었습니다. 사마리아의 총독이었던 산발랏은, 예루살렘 성벽이 재건되면 예루살렘에 대한 자신의 영향력이 축소될까 우려하였습니다. 느헤미야 4장에 따르면, 산발랏은 암몬 사람 도비야와 함께 집요하게 성벽 재건 공사를 방해하였습니다. 그들은 느헤미야를 조롱하고 모함하였을 뿐 아니라, 내통자들을 포섭하여 유언비어를 퍼뜨리기도 하고, 사람들을 동원하여 성벽을 재건하는 유대인들을 아예 살육하려 하였습니다.

이에 느헤미야는 유대인들의 절반은 성벽을 쌓게 하고, 나머지 절반은 갑옷을 입고 창과 방패와 활을 들고 경비를 서게 하였습니다. 성벽을 쌓는 사람들 역시 허리에 칼을 차고 일하게 하였습니다. 그들은 밤에 잘 때에도 갑옷을 벗지 않고, 칼도 그대로 차고 잤습니다. 하루 종일 갑옷에 창과 방패와 활을 들고 경비를 서며, 칼을 차고 일을 하며, 잠을 잘 때에도 갑옷을 벗지 않고 칼을 풀지 않는다면, 그들의 삶이 밤낮으로 얼마나 불편했겠습니까?

그러나 정한조 목사님은 그들의 그 불편함이, 산발랏과 도비야의 공격으로부터 그들 자신을 지켜 주었다고 말했습니다. 그들의 그 불편함 덕분에 예루살렘성전을 보호하는 성벽이 재건되었고, 그들의 그 불편함으로 인해 예루살렘의 공간이 새로워졌고, 결과적으로 그 공간 속에서 살아가는 사람들의 삶도 하나님의 말씀으로 새로워졌습니다. 그런 의미에서 그들을 불편하게 했던 갑옷과 칼 역시, 성령님께서 그들을 하나님께 묶어 두시기 위해 매어 주신 은혜의 쇠사슬이었습니다.

살아 있는 사람의 삶 속엔, 반드시 불편한 그 무엇이 있기 마련입니다. 그 불편함은 경제적인 불편함일 수도 있고, 육체적인 불편함일 수도 있고, 인간관계의 불편함일 수도 있고, 정신적인 불편함일 수도 있고, 그 이외의 불편함일 수도 있습니다. 그 불편함 때문에 우리의 삶은 곤고하고 고통을 겪을 수 있습니다. 그러나 우리 각자의 인생을 되돌아보십시다. 그때 그 불편함 때문에, 우리의 신앙이 지켜지고 오히려 성숙해지지 않았습니까? 그 불편함 때문에, 우리의 삶이 주님 안에서 좀더 새로워졌고, 그만큼 우리가 처해 있는 공간도 새로워지지 않았습니까? 그 불편함이, 우리가 우리의 죄성에 굴복하지 않도록 지금도 우리의 영성을 지켜 주고 있지 않습니까? 그렇다면 그 불편함은 불편함이 아니라, 성령님께서 우리의 손목에 매어 주신 은혜의 쇠사슬임이 분명합니다.

오늘은 성령강림주일입니다. 제자들은 십자가에 못박히시는 주님을 버리고 비겁하게 도망쳤던 배신자들이었습니다. 부활하신 주님을 만났어도, 주님을 배신했던 그들의 삶이 본질적으로 변화된 것은 아니었습니다. 그러나 그 배신자들은 그후, 놀랍게도 주님을 위한 순교자로 그들의 생을 마감하였습니다. 자신들의 목숨을 위해 주님을 등졌던 배신자들이, 어떻게 주님을 위해 기꺼이 자신들의 목숨을 내어놓는 순교자들이 될 수 있었겠습니까? 배신자들과 순교자들, 그 사이에 오순절 성령강림사건이 있었습니다. 제자들에게 임하신 성령님께서는, 제자들로 하여금 모든 것의 본질을 꿰뚫어 보게 해주셨습니다. 십자가에서 무기력하게 못박혀 죽임 당한 예수님이 제자들의 눈으로는, 절대로 그리스도일 수 없었습니다. 그러나 그들에게 임하신 성령님을 통해 본 예수님은, 바로 자신들의 죗값을 대신 치러 주시기 위해 십자가의 제물로 돌아가신 그리스도셨습니다. 성령님 안에서 그 주님을 좇는 삶은 가난과 고난과 시련과 박해와 고통을 감수해야 하는, 불편하기 그지없는 삶이었습니다. 그러나 그 불편함이, 그들이 주님을 위해 순교하기까지 그들의 삶을 지켜 주었고, 결과적으로 그들은 어둠에 뒤덮힌 세상의 공간을 새롭게 하는 세상의 빛이 되었습니다. 그들이 감수했던 불편함 역시, 성령님께서 그들을 주님께 묶어 두시기 위해 매어 주신 은혜의 쇠사슬이었습니다.

지금 어떤 불편함으로 인해 고통받고 있습니까? 이제 우리에게 임해 계시는 성령님의 눈으로 그 불편함을 다시 주목해 보십시다. 우리의 불편함은, 바울의 손목에 매어 주셨던 바로 그 은혜의 쇠사슬임을 알게 될 것입니다. 우리의 불편함은, 성령님께서 느헤미야와 유대인들이 예루살렘 성벽을 재건할 수 있게끔, 그들을 하나님께 묶어 주셨던 그 은혜의 쇠사슬입니다. 우리의 불편함은, 배신자였던 제자들이 순교자가 될 수 있도록, 성령님께서 제자들을 주님께 묶어 주셨던 그 은혜의 쇠사슬이기도 합니다. 우리의 그 불편함이 우리를 지켜 줄 것이요, 그 불편함 때문에 우리는, 우리의 공간을 새롭게 소생시키는 세상의 빛이 될 수 있습니다.

로마제국은, 결코 황제의 황궁에서부터 새로워지지 않았습니다. 로마제국의 거대한 공간은, 로마의 싸구려 헛간에서부터 새로워지기 시작되었습니다. 그 싸구려 헛간 속 바울의 손목에, 성령님께서 은혜의 쇠사슬을 매어 주셨기에 가능했던 일이었습니다. 그러므로 성령님께서 우리 각자의 손목에 매어 주신 은혜의 쇠사슬을 잊지 않는 한, 우리는 성령님 안에서 언제나 소망을 잃지 않을 수 있습니다. 우리가 성령님께서 우리의 손목에 매어 주신 은혜의 쇠사슬에 사로잡혀 우리의 죄성에 굴복하지 않고 살아가기만 하면, 우리를 통해 미래의 대한민국은, 지금과 같은 밤문화가 없는 새로운 공간으로 얼마든지 소생할 수 있다는 소망입니다. 우리의 손목에 은혜의 쇠사슬을 매어 주신 성령님께서 천지를 창조하신 하나님 아버지의 영이신 동시에, 죽음을 깨뜨리고 삼 일 만에 다시 살아나신 성자 하나님의 영이시기에 가능합니다.

믿음은 말씀을 좇아 자발적으로 불편한 삶을 선택하는 것이요, 경건 훈련을 통해 그 불편한 삶에 익숙해져 가는 것인데도, 우리는 언제나 편한 삶만을 지향해 왔습니다. 그래서 우리의 죄성에 늘 굴복하는 우리의 영성은 종이짝보다 더 얇아, 우리가 처해 있는 공간을 새롭게 하기는커녕 공간의 지배 아래에서, 도리어 공간의 오염을 가중시켜 왔습니다. 우리의 무지와 어리석음을 회개하오니, 용서해 주시기를 간구드립니다.

성령강림주일을 맞아, 우리를 고통스럽게 하는 삶의 불편함이, 성령님께서 우리의 손목에 매어 주신 은혜의 쇠사슬임을 깨닫게 해주셔서 감사합니다. 그 불편함 때문에, 우리가 성령님 안에서 주님께 더욱 매어 있게 해주십시오. 그 불편함 때문에, 우리가 재건해야 할 영적 성벽을 더욱 견고하게 쌓아가게 해주십시오. 그 불편함 때문에, 우리가 져야 할 십자가를 기꺼이 감수하게 해주십시오. 그 불편함 때문에, 우리가 나이 들어도 자제력을 상실하지 않고 속사람이 더욱 강건해지게 해주십시오. 그 불편함 때문에, 우리가 우리의 공간을 새롭게 하는 세상의 빛이 되게 해주십시오. 그렇게 살아가는 우리를 통해, 성령님께서 대한민국을 지금과 같은 밤문화가 없는 새로운 공간으로 마음과 정성을 다하여 심어 주시기를, 예수 그리스도의 이름으로 기도드립니다. 아멘.

36. 소망으로 매인 바

사도행전 28장 17-22절

사흘 후에 바울이 유대인 중 높은 사람들을 청하여 그들이 모인 후에 이르되 여러분 형제들아 내가 이스라엘 백성이나 우리 조상의 관습을 배척한 일이 없는데 예루살렘에서 로마인의 손에 죄수로 내준 바 되었으니 로마인은 나를 심문하여 죽일 죄목이 없으므로 석방하려 하였으나 유대인들이 반대하기로 내가 마지 못하여 가이사에게 상소함이요 내 민족을 고발하려는 것이 아니라 이러므로 너희를 보고 함께 이야기하려고 청하였으니 이스라엘의 **소망으로** 말미암아 내가 이 쇠사슬에 **매인 바** 되었노라 그들이 이르되 우리가 유대에서 네게 대한 편지도 받은 일이 없고 또 형제 중 누가 와서 네게 대하여 좋지 못한 것을 전하든지 이야기한 일도 없느니라 이에 우리가 너의 사상이 어떠한가 듣고자 하니 이 파에 대하여는 어디서든지 반대를 받는 줄 알기 때문이라 하더라

황제에게 상소한 미결수 신분으로 로마에 입성한 바울은, 당시의 관례에 따라 황제의 근위대장에게 인계되었습니다. 근위대장 아프라니우스 브루스는 바울을 근위대의 감옥인 프레토리움에 감금하지 않았습니다. 그가 바울

만은 감옥 밖에서 따로 지낼 수 있도록 배려해 주었으므로, 바울은 세를 내고 얻은 싸구려 헛간을 거처로 삼았습니다. 그러나 미결수인 바울이 그 헛간에서 혼자 지낸 것은 아니었습니다. 근위대장은 바울을 쇠사슬에 매어, 군인 한 명으로 하여금 바울과 함께 지내면서 그를 지키게 하였습니다. 당시 감옥 밖에 머무는 미결수의 경우, 미결수의 한쪽 손목과 그 미결수를 지키는 군인의 한쪽 손목을 쇠사슬로 연결해 두었던 것으로 알려지고 있습니다. 어떤 경우에도 미결수가 도망치지 못하게 하기 위함이었습니다.

본문 17절 상반절을 보시겠습니다.

　　사흘 후에 바울이 유대인 중 높은 사람들을 청하여.

로마의 싸구려 헛간에 둥지를 튼 바울은 "사흘"이 지난 뒤, "유대인 중 높은 사람들"을 자신의 거처로 초청하였습니다. 여기에서 질문이 제기됩니다. 바울이 왜 로마의 그리스도인들을 먼저 초청하지 않았느냐는 질문입니다. 로마의 그리스도인들은 보디올에서 로마로 향하는 바울의 소식을 접하자, 걸어서 각각 이틀 길과 사흘 길인 트레이스 타베르네와 압비오 광장까지 나가 바울을 영접하지 않았습니까? 따라서 로마에서 둥지를 튼 바울이 그들을 먼저 초청하는 것이 바른 도리일 것입니다. 그렇지만 사흘 뒤 바울이 먼저 초청한 사람들은 '유대인 중 높은 사람들'이었습니다. 본문만 놓고 보면, 바울이 마치 로마의 그리스도인들을 외면한 것처럼 보입니다.

2세기 말 소아시아의 장로가 기록한 것으로 전해지는 《바울행전》에 따르면, 로마에 입성한 바울은 로마의 그리스도인들과 함께 지냈습니다. 바울에게 로마는 초행길이었습니다. 더욱이 로마는 지중해 세계에서 가장 거대한 도시였습니다. 그 거대한 도시에서 바울이 어떻게 알고 싸구려 헛간을 거처로 얻을 수 있었겠습니까? 압비오 광장과 트레이스 타베르네에서 바울을 영접한 로마의 그리스도인들이 바울과 함께 지내면서 바울을 도와주었기에, 바울은 초행길인 로마에서 어렵지 않게 둥지를 틀 수 있었습니다. 바울이 로마의 그리스도인들과 그렇게 사흘을 지낸 후에야, 로마에 살고 있는 '유대인 중 높은 사람들'을 자신의 거처로 초청한 것이었습니다.

'유대인 중 높은 사람들'이라면, 로마의 고위 인사들을 연상하기 쉽습니다. 하지만 2천 년 전 로마에 거주하던 유대인 대부분은 하층 노동자들로, 모두 빈민들이었습니다. 간혹 노동자계급에서 벗어난 장사꾼, 교사, 광대, 시인이 있기는 했지만, 그 수는 극소수에 지나지 않았습니다. 따라서 바울이 초청한 '유대인 중 높은 사람들'은 사회적으로 출세한 저명 인사들이 아니라, 로마의 유대교 공동체 내에서 영향력을 지닌 어른들을 의미했습니다. 유대인들은 태어나면서부터 유대교인이 되었으므로, 어느 지역에서든 유대교 어른들의 영향력은 절대적이었습니다. 그들의 직업이나 재산 정도는 아무 문제도 되지 않았습니다. 바울은 방문하는 도시마다, 늘 그 도시의 유대인 회당을 먼저 찾았습니다. 그것이 현지의 유대인들에게 복음을 전하기에 가장 손쉬운 길이었습니다. 하지만 로마의 바울은 활동영역이 그의 거처인 싸구려 헛간으로 제한되어 있어, 로마의 유대인 회당을 찾아갈 수 없었습니다. 그래서 로마의 유대인들에게 절대적인 영향을 미치는 유대교 어른들을 자신의 거처로 초청한 것이었습니다.

본문 17절 하반절에서 19절의 증언입니다.

그들이 모인 후에 이르되, 여러분 형제들아. 내가 이스라엘 백성이나 우리 조상의 관습을 배척한 일이 없는데 예루살렘에서 로마인의 손에 죄수로 내준 바 되었으니, 로마인은 나를 심문하여 죽일 죄목이 없으므로 석방하려 하였으나 유대인들이 반대하기로 내가 마지 못하여 가이사에게 상소함이요, 내 민족을 고발하려는 것이 아니니라.

예루살렘의 대제사장 무리는 바울을 배교자로 간주하여 집요하게 죽이려 하였습니다. 그들은 2년의 시차를 두고, 유대총독 벨릭스와 베스도에게 두 번이나 거짓 모함으로 바울을 고발하였습니다. 특히 대제사장 무리의 묵인 하에, 유대인 40여 명이 바울을 죽이려고 암살단을 조직하기도 했습니다. 그로 인해 죄없는 바울은 로마 시민의 자격으로 황제에게 상소하여야 했습니다. 그 사실을 알고 있는 예루살렘의 대제사장 무리가, 황제에게 상소한 바울이 로마에 이르기 전에, 로마의 유대교 공동체에 바울을 모함하는 편지를 보냈을 수 있었습니다. 그래서 바울은 로마의 유대교 어른들이 오해하지 않도록, 절제된 표현으로 자신이 왜 황제에게 상소했는지 그 까닭을 밝히면서, 동족을 고발하기 위함이 아니었음을 강조하였습니다.

이러므로 너희를 보고 함께 이야기하려고 청하였으니, 이스라엘의 소망으로 말미암아 내가 이 쇠사슬에 매인 바 되었노라(20절).

바울은 계속하여, 자신이 왜 쇠사슬에 매어 있는지에 대해서도 해명하였습니다. 로마법을 어긴 죄수이기 때문이 아니라, "이스라엘의 소망으로" 인함이라고 해명한 것입니다. 이스라엘 백성이 오래동안 대망해 온 메시아에 대한 소망, 바로 그 소망 때문이라는 것이었습니다.

그들이 이르되, 우리가 유대에서 네게 대한 편지도 받은 일이 없고, 또 형제 중 누가 와서 네게 대하여 좋지 못한 것을 전하든지 이야기한 일도 없느니라(21절).

바울의 해명을 들은 로마의 유대교 어른들은 바울과 관련하여 예루살렘으로부터 편지를 받은 적도 없고, 누가 와서 바울에 대해 험담한 사람도 없었다고 대답했습니다. 그것은 그들이 처음 만난 바울을 배려해 준 외교적 수사였을 뿐, 사실이었던 것은 아니었습니다. 뒤이어진 22절에서 그 증거를 확인할 수 있습니다.

이에 우리가 너의 사상이 어떠한가 듣고자 하니, 이 파에 대하여는 어디서든지 반대를 받는 줄 알기 때문이라 하더라.

로마의 유대교 어른들은, 바울이 전하는 복음이 '어디서든지 반대를 받는 줄 알고' 있었습니다. 다시 말해 그들은, 복음이 유대교의 총 본산지인 예루살렘에서도 배척당하고 있음을 이미 알고 있었습니다. 예루살렘의 대제사장 무리로부터 어떤 형태로든 바울을 부정하는 공지가 있었음을 반영하는 대목입니다. 그러나 로마의 유대교 어른들은 로마에 나타난 바울을 무작정 배척하지 않았습니다. 그들은 우선 바울이 전하는 복음을 들어 보려 하였습니다. 그 내용에 대해서는 다음 시간에 살펴보기로 하겠습니다. 이 시간에 우리가 주목하고자 하는 것은, '이스라엘의 소망으로 말미암아 내가 이 쇠사슬에 매인 바 되었노라'는 바울의 증언입니다.

바울만 메시아에 대한 소망을 지녔던 것은 아닙니다. 무릇 유대인이라면, 하나님께서 구약성경을 통해 약속하신 메시아를 소망하지 않는 사람이 없었습니다. 그렇다고 메시아를 소망하는 유대인들이 모두, 바울처럼 쇠사슬에 매어 사는 것은 아니었습니다. 유독 바울만 쇠사슬에 매었습니다. 그것도 메시아를 소망하는 유대인들의 고발로, 메시아를 소망하는 바울이 쇠사슬에 매인 삶을 살아야 했습니다. 거기에는 까닭이 있었습니다.

수백 년 동안 강대국의 침략과 지배에 시달려온 유대인들이 소망하던 메시아는, 그들을 로마제국의 압제에서 해방시켜 경제적인 번영을 안겨다 줄 정치적인 메시아였습니다. 그 메시아는 지상에 강림하는 하나님이시므로, 인간에게 고난을 당하거나 죽임 당하는 것은 상상할 수도 없는 일이었습니다. 당연히 부활의 메시아도 존재할 수 없었습니다. 죽지 않는 메시아인데, 어떻게 죽지도 않는 메시아에게 부활이 있을 수 있겠습니까? 한마디로 유대인들이 소망하던 메시아는 로마의 황제를 압도하는, 백마 타고 오는 불사조여야 했습니다.

하지만 그리스도인들은 나사렛 출신의 빈민 예수, 정치적 독립이나 경제적 번영과는 아무 상관도 없는 예수, 무기력하게 십자가에 못박혀 죽은 예수가 메시아라고 주장했습니다. 그것도 모자라, 죽은 예수가 삼 일 만에 죽음을 깨뜨리고 다시 살아났다는 것입니다. 그것은 유대인들이 소망하는 메시아에 대한 모독이었습니다. 그런 예수가 메시아라고 주장하는 인간은 반드시 제거해야 할 유대인 공동의 적이었습니다. 메시아를 모독하고 백성을 미혹하는 사기꾼에 지나지 않았기 때문입니다.

바울과 유대인들은 동일하게 메시아에 대한 소망을 지니고 있었지만, 그들이 소망한 메시아는 이처럼 판이하게 달랐습니다. 바울에게 메시아는 정치적인 독립과 경제적인 번영만 안겨 주는, 단지 육체의 고깃덩어리를 위한 메시아일 수 없었습니다. 바울에게 메시아는, 죄와 죽음의 형벌에서 자신을 구원해 주시는 영원한 생명의 메시아여야 했습니다. 그런 의미에서, 자신의 죗값을 대신 치러 주시기 위해 십자가의 제물로 죽임 당하셨다가 삼 일 만에 죽음을 깨뜨리고 다시 살아나신 나사렛 예수만 진정한 메시아실 수 있었고, 삶의 목적이자 소망이 되실 수 있었습니다. 그리고 그 소망의 결과로, 바울은 밤낮 쇠사슬에 매인 삶을 살아야 했습니다.

이때 바울의 거처는 로마의 싸구려 헛간이라고 했습니다. 당시 로마 시내의 가옥에는 구조상 헛간이 없었습니다. 헛간은 로마 변두리 가난한 사람들의 동네에만 있었습니다. 그 가난한 동네 싸구려 헛간으로 바울의 초청을 받은 로마의 유대교 어른들 역시, 대부분 가난한 하층민들이었습니다. 바울은 그들을 향해, 내가 메시아이신 예수를 믿었더니 이렇게 출세하고 성공했다고 증언한 것이 아니었습니다. 바울은, 예수 그리스도에 대한 소망 때문에 나는 이렇게 쇠사슬에 매어 산다고, 당당하게 증언하였습니다. 로마 변두리 가난한 동네의 싸구려 헛간에서, 로마의 가난한 유대교 어른들을 향한, 가난한 바울의 증언은, 오늘을 살고 있는 우리의 심령에 큰 울림을 던져 주고 있습니다.

사람은 무엇이든 소망하는 것에 매어 살기 마련입니다. 국가대표가 되기를 소망하는 축구선수의 삶은, 바로 그 소망에 매어 있습니다. 그 소망을 이루기 위해, 그 소망과 무관한 것은 미련 없이 포기한다는 말입니다. 2주 후 러시아에서 개최될 예정인, 제21회 월드컵 경기에 출전할 대한민국 국가대표 축구선수 23명의 명단이 어제 확정되었습니다. 그들은 그동안 그 소망에 매어 살아온 선수들임이 분명합니다. 축구선수면서도 이것저것 하고 싶은 것 다하면서 살고 있다면, 국가대표는 고사하고 클럽 선수로도 발탁될 수 없습니다.

바울의 삶의 목적이자 소망은 오직 예수 그리스도, 영원한 생명과 구원을 주신 십자가의 예수 그리스도 한 분뿐이었습니다. 그 소망을 위해 바울은,

그동안 삶의 목적이자 자랑거리로 삼아 왔던 모든 것들을 배설물처럼 미련 없이 버렸습니다. 그 소망 때문에, 바울은 쇠사슬에 매인 삶도 개의치 않았습니다. 바울의 손목에 매어 있는 쇠사슬은 그를 지키는 로마 군인의 손목과 연결되어 있었습니다. 그것은 단지 겉으로 드러나 보이는 현상이었을 뿐입니다. 당시 바울은 세상에서 얼마든지 출세할 수 있는 역량과 여건을 지니고 있었던 사람입니다. 그렇지만 바울은 로마 변두리의 싸구려 헛간에서 쇠사슬에 매인 인생 말년을 기꺼이 선택하였습니다. 예수 그리스도에 대한 소망에 매어 있었기 때문입니다.

그런 관점에서 바울의 손목에 매인 쇠사슬은 실은, 예수 그리스도에게 매어 있는 쇠사슬이었습니다. 예수 그리스도를 삶의 목적이자 소망으로 삼은 바울이 밤낮 예수 그리스도에게 매어 사는 것은 너무나도 당연한 일이었습니다. 죄로 말미암아 죽을 수밖에 없는 바울에게 예수 그리스도 안에 있는 영원한 생명, 영원한 구원보다 더 귀한 것은 없었기 때문입니다. 주님께서 그 바울을 당신의 마음과 정성을 다하여 당신의 영원한 휘페레테스와 마르튀스로 영원히 심어 주신 것 역시, 사필귀정이었습니다. 그러므로 예수 그리스도에게 매어 사는 것은, 어떤 상황 속에서든 자기 자신을 영원한 반석 위에 견고하게 세우는 첩경입니다. 예수 그리스도가 죽음의 절망 속에서도 우리의 소망되시는 까닭이 바로 거기에 있습니다.

열흘 전 수원 광교에 사는 교우님 댁에서, 그분이 속한 구역 가족들의 모임이 있었습니다. 열일곱 명이 참석하여 함께 저녁식사를 하며 은혜를 나눈, 작지 않은 모임이었습니다. 직접 고기를 구우며 구역 가족들을 대접한 그댁 주인 교우님은, 영화 〈국제시장〉의 주인공처럼, 6.25한국전쟁 중 흥남철수작전 때에 월남한 분이었습니다. 1950년 12월 23일 흥남부두에서 철수하는 마지막 군용 화물선 '메레디스 빅토리 호'에 가족과 함께 선승했을 때, 그분은 우리 나이로 겨우 다섯 살이었습니다. 본래 그 화물선의 승선 인원은 60명이었지만, 레오나르드 라루 선장은 배에 실린 군수물자를 모두 바다에 버리고, 함흥 부두에 남은 피난민 1만 4천 명 전원을 배에 태웠습니다. 배 갑판은 문자 그대로 인산인해였습니다. 다섯 살이었던 그 교우님은, 살을 에는 겨울바다의 배 위에서 목격한 주요 장면들을 생생하게 기억하고 있었습니다. 배는 이틀 후인 성탄절에 거제도의 장승포항에 무사히 도착하였습니다. 그 이후 오랜 기간의 외국생활을 거쳐 오늘에 이르기까지 모든 것이 주님의 은혜였다고 고백하면서, 그 교우님은 옛날을 회상하는 노래를 불렀습니다.

그 교우님의 간증과 노래에 화답하기 위해, 구역 가족 중에 올해 80세의 노 교우님이 찬송가를 부르기로 했습니다. 찬송가 549장을 찾은 그 교우님은, 자신이 평생토록 그 찬송가를 즐겨 부르는 까닭을 설명했습니다. 1950년 6월 25일 북한군의 기습 남침으로, 수도 서울이 사흘 만에 함락되고 말았습니다. 6월 27일 밤, 그러니까 서울이 북한군에 함락당한 날 밤이었습니다. 아버지가 가족들을 불러 모으고, 가족예배를 인도했습니다. 멀리서 대포 소리가 쿵쿵 들려오는 가운데 아버지는, 이제 사람이 할 수 있는 일은 없으니 모든 것을 주님께 맡기자고 했습니다. 그리고 아버지의 선창으로 온 가족이 함께 부른 찬송이 오늘날 찬송가의 549장, 〈내 주여 뜻대로 행하시옵소서〉였습니다. 서울이 북한군에 함락당한 그 절체절명의 순간에 아버지의 유일한 소망은, 예수 그리스도였습니다. 그 이후 아버지는 가족과 함께 밤에 잠을 자다가, 집에 떨어진 포탄으로 운명하였습니다. 그 현장에서 아들은 살아남았습니다. 그때 아버지의 나이는 38세였고, 그 교우님은 12세의 어린이였습니다. 그 교우님은 아버지를 생각할 때마다 눈물이 난다면서, 잠시 말을 멈추고 울먹이기도 했습니다. 그 교우님이 찬송가 549장 1절을 불렀습니다.

내 주여 뜻대로 행하시옵소서
온 몸과 영혼을 다 주께 드리니
이 세상 고락간 주 인도하시고
날 주관하셔서 뜻대로 하소서

2-3절은 구역 가족들이 모두 다 함께 불렀습니다. 그 교우님은 80년 인생을 살아오는 동안, 때로 당신의 삶이 정상궤도에서 벗어나려 할 때도 있었지만, 1950년 6월 27일 밤 〈내 주여 뜻대로 행하시옵소서〉를 부르시던 아버지를 생각하면, 언제나 주님을 향해 돌아설 수 있었다고 말했습니다. 그분은 그 아버지의 아들인 것을 감사하고, 또 자랑스러워 했습니다.

인생 말년에 접어든 80세의 아들이, 68년 전에 세상을 떠난, 38세의 청년 아버지를 그리워하고 있습니다. 그 아버지는 아들에게 세상의 부귀영화를 물려주지 못했습니다. 오히려 38세의 젊은 나이로 포탄에 맞아 하룻밤 사이에 세상을 떠난 아버지는, 12세밖에 되지 않는 어린 아들에게 가난을 유산으로 남겨 주었을 따름입니다. 그런데도 80세의 아들이 38세의 청년 아버지를 그리워하는 것은, 그 젊은 아버지가 아들에게 세상의 부귀영화보다 더 귀한, 죽음의 절망 속에서도 예수 그리스도만을 소망하는 삶을 유산으로 물려주었기 때문입니다. 그래서 그분은 80년 인생을 살아오면서 때로 삶이 흔들릴 때도 있었지만 1950년 6월 27일 밤, 죽음의 절망 속에서 소망의 예수 그리스도를 찬송하던 아버지를 생각하며 평생 주님과 동행할 수 있었습니다. 아버지로부터 예수 그리스도만 소망하는 삶을 유산으로 받은 아들이, 소망의 대상이신 예수 그리스도에게 평생 매인 삶을 산 덕분이었습니다. 38세의 청년 아버지가 세상을 떠나면서 열두 살 된 어린 아들의 손목에, 주님께 매어 사는 쇠사슬을 매어 준 것입니다.

소망의 힘은, 소망하는 사람을 소망의 대상에 매어 두는 데에 있습니다. 그래서 소망해서는 안 될 것을 소망하는 사람은, 결국 패가망신하기 마련입니다. 코끝에서 호흡이 멎는 순간, 고작 한 줌의 흙으로 사라져 버릴 우리의 소망이 유한한 이 세상의 것일 수는 없습니다. 이 세상에 속한 것은, 그 무엇도 우리에게 영원한 구원과 생명을 가져다 줄 수 없습니다. 죄와 죽음의 올무에서 우리를 살리시기 위해 당신 자신이 십자가의 제물로 죽임 당하신 예수 그리스도, 삼 일 만에 죽음을 깨뜨리고 다시 살아나신 예수 그리스도, 그리고 당신의 영으로 언제 어디서나 우리와 함께하고 계시는 예수 그리스도, 그 예수 그리스도만 우리 삶의 목적이자 소망이실 수 있습니다.

예수 그리스도를 소망으로 삼은 사람은, 빈민들이 모여 사는 싸구려 헛간 속에서도 오직 그분께 매어 살 수 있습니다. 예수 그리스도를 소망으로 삼은 사람은, 삶의 터전이 무너지는 죽음의 절망 속에서도 '내 주여 뜻대로 행하시옵소서'라고 그분을 찬송할 수 있습니다. 예수 그리스도를 소망으로 삼은 부모의 자식은, 부모보다 더 긴 인생을 살고서도 부모를 그리워하며, 부모가 부르던 찬송가를 일평생 자신의 애창곡으로 부르게 될 것입니다. 예수 그리스도께서 당신을 소망으로 삼은 사람의 삶을, 당신의 마음과 정성을 다하여 영원히 심어 주시기 때문임은 두말할 나위가 없습니다.

내 주여 뜻대로 행하시옵소서
온 몸과 영혼을 다 주께 드리니
이 세상 고락 간 주 인도하시고
날 주관하셔서 뜻대로 하소서

내 주여 뜻대로 행하시옵소서

큰 근심 중에도 낙심케 마소서
주님도 때로는 울기도 하셨네
날 주관하셔서 뜻대로 하소서

내 주여 뜻대로 행하시옵소서
내 모든 일들을 다 주께 맡기고
저 천성 향하여 고요히 가리니
살든지 죽든지 뜻대로 하소서

아멘

37. 아침부터 저녁까지

사도행전 28장 23-28절

그들이 날짜를 정하고 그가 유숙하는 집에 많이 오니 바울이 **아침부터 저녁까지** 강론하여 하나님의 나라를 증언하고 모세의 율법과 선지자의 말을 가지고 예수에 대하여 권하더라 그 말을 믿는 사람도 있고 믿지 아니하는 사람도 있어 서로 맞지 아니하여 흩어질 때에 바울이 한 말로 이르되 성령이 선지자 이사야를 통하여 너희 조상들에게 말씀하신 것이 옳도다 일렀으되 이 백성에게 가서 말하기를 너희가 듣기는 들어도 도무지 깨닫지 못하며 보기는 보아도 도무지 알지 못하는도다 이 백성들의 마음이 우둔하여져서 그 귀로는 둔하게 듣고 그 눈은 감았으니 이는 눈으로 보고 귀로 듣고 마음으로 깨달아 돌아오면 내가 고쳐 줄까 함이라 하였으니 그런즉 하나님의 이 구원이 이방인에게로 보내어진 줄 알라 그들은 그것을 들으리라 하더라

먼저 한 가지 공지 말씀을 올리겠습니다. 올해 첫째 주일설교 시간에, 저는 남은 임기 동안에 네 분의 후임 공동 담임목사님들을 중심으로 교회를 운영할 계획이라고 말씀드렸었습니다. 그분들이 제 퇴임 후에 100주년기념

교회 공동 담임목사직을 차질 없이 수행할 수 있게끔 그분들을 앞세우고, 저는 그분들을 위한 '밑가지'가 되기로 한 것입니다. 그 일환으로 저는 금년도 상반기에는 주일 설교를 한 달에 두 번, 그리고 하반기에는 한 달에 한 번 할 계획인 것도 밝혔었습니다. 그에 따라 상반기 6개월 동안 한 달에 두 번씩 설교해 온 저는, 하반기가 시작되는 다음 달 7월부터는 한 달에 한 번 설교할 예정입니다. 매달 셋째 주일에 제가 설교하고, 나머지 세 번의 주일 설교는 정한조 목사님이 담당하겠습니다. 다섯째 주일이 있을 경우에는 김광욱, 이영란, 김영준 목사님이 돌아가며 설교하겠습니다. 제가 퇴임한 이후에는 정한조 목사님이 매달 첫째 주일부터 셋째 주일까지 한 달에 세 번 설교하고, 넷째 주일에는 김광욱 목사님이, 그리고 다섯째 주일에는 이영란 김영준 목사님이 번갈아가며 설교하겠습니다.

현재 네 분의 후임 공동 담임목사님들은 제가 예상했던 대로, 공동 담임 목사직을 훌륭하게 수행하고 있습니다. 저는 제게 남은 마지막 소임은 후임 공동 담임목사님들에게 걸림돌이 되지 않게끔, 저의 공식적인 정년 퇴임일인 내년 6월 셋째 주일 이전에 교회를 떠나는 것이라 판단하였습니다. 따라서 저는 제 퇴임을 7개월 앞당겨, 금년 11월 셋째 주일에 100주년기념교회를 떠나기로 하였습니다. 이와 같은 저의 계획을 상임위원회에는 이미 지난 4월 초에 밝혔었습니다. 제가 건강이 악화되어 조기 퇴임한다는 소문은 사실은 아닙니다. 제가 올해 첫째 주일에 하반기부터 한 달에 한 번 설교하겠다고 밝힐 때 이미 짐작하신 분들도 계시겠지만, 사실은 부득이한 사정이 발생하지 않는 한 후임공동 담임목사님들의 새로운 시대가 조금이라도 빨리 개막될 수 있게끔, 저는 금년 11월 셋째 주일에 퇴임할 예정이었습니다. 제 입장에서 보자면, 그것도 조기 퇴임인 것은 아닙니다.

2005년에 우리 교회가 창립된 이후, 처음으로 제정된 정관에는 담임목사의 정년이 만 70세로 되어 있었습니다. 그러나 2009년에 정관을 개정할 때, 제가 정관개정위원들에게 담임목사의 정년을 만 65세로 단축해 달라고 부탁했습니다. 담임목사인 저 자신의 정년을 5년 단축해 달라고 부탁한 것입니다. 100주년기념교회 초대 목사로서 저의 관심사는 처음부터, 제가 퇴임한 이후에 교회의 교회다움이 더욱 든든하게 지켜지게끔 바른 토대를 구축하는 것이었습니다. 제 후임목사는 필경 저보다 훨씬 젊은 분이 될 텐데, 젊은 분이 만 70세가 되기까지 계속해서 담임목사직을 지키는 것은 당사자에게도, 교회에도, 긍정적인 면보다 부정적인 면이 더 많을 것입니다. 그래서 정관개정위원들도 제 의견에 모두 동의해 주었습니다. 그러나 담임목사의 정년을 65세로 단축할 경우, 제 연령상 제가 10년도 채우지 못하고 교회를 떠나게 될 것을 우려한 개정위원들이 정관 부칙에, "초대 담임목사의 경우 65세 되는 해는 사역 8년째밖에 되지 아니하므로, 초대 담임목사에 한하여 그 정년은 70세까지로 한다'는 경과규정을 두었습니다. 경과규정에 대한 저의 반대는 받아들여지지 않았습니다. 그렇더라도 저 개인적으로는, 늦어도 우리 교회 창립 10년째 되는 해인 2015년에는 퇴임할 작정이었습니다.

그러나 뜻하지 않게 2013년 4월 29일 전립선암 말기 선고를 받은 저는 암제거수술, 서른한 차례의 방사선치료, 2년에 걸친 호르몬치료를 받느라, 사실상 교회 업무를 떠나 있어야 했습니다. 그 후 2년 만에 교회 업무에 복귀하고 보니, 안타깝게도 여러 부분에 걸쳐 기강이 해이해져 있었습니다. 창립 초기부터 우리 교회가 지키려 했고, 또 반드시 지켜야 할 정신과 가치관이 흔들리고 있었습니다. 이를테면 교인들의 헌금을 급여로 받는 목회자들과 직원들은 교인들에 대해 채무감을 지닌 소명인으로 섬김의 본이 되어야 하고, 오래된 교인들일수록 새로운 교인들을 떠받쳐 주는 밑가지가 되어야 한다는 등의 기본정신이 흔들리고 있었습니다. 제가 느헤미야는 아니지만,

포로에서 돌아온 유대인들이 느헤미야와 함께 무너진 예루살렘 성벽을 재건하고 대대적인 영적 부흥을 경험했지만, 느헤미야가 약 1년간 예루살렘을 떠나 있는 사이에 그들의 영적 기반이 붕괴되어 버린 것과 같았습니다.

무엇이든 무너진 것을 다시 세우는 것은, 처음 세우는 것보다 더 힘들지 않습니까? 2015년 4월에 교회 업무에 복귀한 제가 해이해진 기강을 바로 세우는 데는 올해 초까지, 근 3년이 소요되었습니다. 그러나 그 과정을 통해 우리 교회는 생각지도 않았던, 공동 담임목회의 새로운 길을 개척하는 은혜를 입었습니다. 주님께서 "모든 것이 합력하여 선을 이루게"(롬 8:28) 해주신 것입니다. 얼마나 감사한 일인지 모르겠습니다. 하지만 그로 인해 제가 금년 11월 셋째 주일에 퇴임하더라도, 2년간의 투병 기간을 제외하면, 제 재임 기간이 무려 11년 4개월이나 됩니다. 이미 10년을 훌쩍 넘긴 셈입니다. 그러므로 제 퇴임을 7개월 앞당겨 금년 11월 셋째 주일에 교회를 떠나게 됨을, 부디 너그러이 양해해 주시기를 바랍니다.

로마에 입성한 바울은 로마 그리스도인들의 도움을 받아, 로마 변두리의 싸구려 헛간을 거처로 삼았습니다. 미결수인 바울의 한쪽 손목에 매인 쇠사슬은, 그를 지키는 로마 군인의 한쪽 손목과 연결되어 있습니다. 거처를 결정한 바울은, 로마의 유대교 어른들을 자신의 거처로 청하였습니다. 당시 로마에 거주하던 유대인들은 대부분 하층 노동자들이었습니다. 바울은 유대교 어른들이 오해하지 않도록 절제된 표현으로 황제에게 상소한 까닭을 밝히면서, 동족을 고발하기 위함이 아니었음을 강조하였습니다. 그리고 계속하여, 자신이 왜 쇠사슬에 매어 있는지에 대해서도 해명하였습니다. 로마법을 어긴 죄수이기 때문이 아니라, '이스라엘의 소망으로' 인함이라고 해명한 것입니다. 이스라엘 백성이 오랫동안 대망해 온 메시아, 바로 예수 그리스도에 대한 소망 때문에 자신이 쇠사슬에 매어 있다고 해명한 것입니다. 유대교 어른들은 각지에서 배척당하고 있는 복음에 대해 바울로부터 구체적으로 들어 보기를 원했습니다. 그들은 바울과 다시 만날 날짜를 약속하고 돌아갔습니다.

오늘의 본문은 그 이후에 전개된 내용에 대한 증언입니다.

> 그들이 날짜를 정하고 그가 유숙하는 집에 많이 오니(23절 상).

우리말 "많이"로 번역된 헬라어 '플레이온πλείων'은 많다는 뜻의 형용사 '폴뤼스πολύς'의 비교급으로, '더 많이'라는 의미입니다. 약속한 날짜가 이르자, 바울을 처음 방문했던 유대교 어른들만 바울을 다시 찾아온 것이 아니었습니다. 유대교 어른들 외에도 복음에 관심이 있는 유대인들까지, 처음보다 더 많은 사람들이 바울이 거처하는 싸구려 헛간에 운집하였습니다.

> 바울이 아침부터 저녁까지 강론하여 하나님의 나라를 증언하고, 모세의
> 율법과 선지자의 말을 가지고 예수에 대하여 권하더라(23절 하).

우리말 '강론하다'로 번역된 헬라어 동사 '엑티데미ἐκτίθημι'가 본문에서는, '상세하게 설명하다'는 의미로 사용되었습니다. 그리고 '모세의 율법과 선지자의 말'은 구약성경을 일컫는 표현입니다. 바울은 자신을 찾아온 유대인들에게 하나님의 나라를 증언하면서, 구약성경이 예언하고 약속한 메시아가 나사렛 예수심을 상세하게 설명하였습니다. 바울의 강론을 들은 유대인들의 반응에 대해서는 다음 시간에 살펴보기로 하겠습니다. 오늘 우리가 주목하고자 하는 것은, 바울이 유대인들에게 강론한 시간입니다.

바울은 그날, 자신을 찾아온 로마의 유대인들에게 100분 강론을 한 것이 아닙니다. 서너 시간 연속 강론을 한 것도 아닙니다. 바울은 그들에게 "아침부터 저녁까지", 하루 종일 하나님의 나라와 예수 그리스도에 대해 강론하였습니다. 우리말 '아침'으로 번역된 헬라어 '프로이πρωΐ'는, 우리가 일반적으로 말하는 아침이 아닙니다. 헬라어 '프로이'는 '날이 새자마자의 시각', 즉 '새벽' 혹은 '이른 아침'을 뜻합니다. 유대인들은 바울과 약속한 날이 밝자마자 바울을 찾아왔습니다. 그 이른 아침부터 해가 저물 때까지 온종일, 바울은 자신을 찾아온 유대인들에게 하나님의 나라와 예수 그리스도에 대해 상세하게 설명하였습니다.

체력이 왕성한 젊은이가 편안한 강의실의 안락한 의자에 앉아서 강의한다 해도, 이른 아침부터 해가 저물기까지 온종일 계속하여 강의하는 것은 불가능합니다. 이미 인생 말년에 접어든 노년의 바울은 지병에 시달리고 있었습니다. 그의 거처는 로마 변두리의 싸구려 헛간이었고, 더욱이 그의 한쪽 손목에는 쇠사슬이 매어 있었습니다. 강론 도중에 때에 맞추어 끼니를 챙기거나, 편안하게 휴식을 취할 수 있는 여건도 아니었습니다. 한마디로 말해, 바울은 그 싸구려 헛간에서 한두 시간 강론하는 것도 힘겨운 상황이었습니다. 그런데도 바울은 이른 아침부터 해가 저물기까지, 자신을 찾아온 유대인들에게 하나님의 나라와 예수 그리스도에 대해 하루 종일 강론하였습니다. 로마의 유대인들을 위해, 주님 안에서 그들을 살리기 위해, 인생 말년에 접어든 노년의 바울은 자신의 생명을 조금도 아끼지 않았습니다.

바울이 로마의 싸구려 헛간에서 로마의 유대인들을 위해서만 그렇게 한 것은 아니었습니다. 1차 전도 여행을 시작한 바울이 루스드라를 방문하여 복음을 증언할 때였습니다. 바울을 죽이려는 비시디아 안디옥과 이고니온의 유대인들이 루스드라를 덮쳐, 현지인들을 선동하여 바울에게 돌팔매질을 퍼부었습니다. 얼마나 무자비한 돌팔매질이었던지, 사람들은 쓰러진 바울이 죽었다고 단정하여, 바울을 질질 끌어 성 밖에 내다 버렸을 정도였습니다. 그러나 바울은 죽지 않고, 다시 일어섰습니다. 그는 상처투성이의 몸으로, 루스드라 성으로 다시 들어갔습니다. 그곳에는, 방금 자기에게 죽음의 돌팔매질을 퍼부었던 사람들이 득실거리고 있었습니다. 구사일생으로 살아난 바울에게 손톱만큼의 상식이라도 있다면, 그는 자신을 죽이려던 유대인들이 눈치채지 못하게끔 황급히 줄행랑을 쳐야 합니다. 그런데도 바울은 아무 생각도 없는 천치처럼, 다시 루스드라 성으로 들어갔습니다. 그곳에는 자신으로부터 난생 처음 복음을 듣고, 주님을 영접한 초신자들이 있었습니다. 그들이 보는 앞에서 죽음의 돌팔매질을 당했던 자신이 그들도 모르게 줄행랑을 쳐버린다면, 초신자인 그들의 믿음이 무너져 버릴 것은 불을 보듯 뻔했습니다. 바울은 그들에게 살아 있는 자신의 모습을 직접 보여 주기 위해, 죽음을 무릅쓰고 루스드라 성 안으로 다시 들어간 것이었습니다.

루스드라를 떠나 더베에서 복음을 전한 바울은 귀로에, 루스드라와 이고니온 그리고 비시디아 안디옥을 차례로 다시 찾았습니다. 세 곳 모두 바울을 죽이려던 유대인들의 본거지로, 바울이 그 세 곳을 다시 찾는 것도 목숨을 거는 일이었습니다. 그럼에도 바울이 그 위험을 감수한 것 역시, 그곳에 있는 초신자들 때문이었습니다. 바울은 그들을 다시 만나 그들의 믿음을 이렇게 북돋아 주었습니다.

제자들의 마음을 굳게 하여 이 믿음에 머물러 있으라 권하고, 또 우리가 하나님의 나라에 들어가려면 많은 환난을 겪어야 할 것이라 하고 (행 14:22).

바울의 이 말에 주석을 덧붙이자면 이런 내용이 됩니다. '형제 자매들이여, 내가 죽음의 돌팔매질을 당했다고 믿음이 흔들리지 마십시오. 이 어둠의 세상에서 생명의 빛을 좇기 위해서는 어둠의 도전과 반발을 겪지 않으면 안 됩니다. 그러나 우리 주님은 살아 계십니다. 주님께서 당신을 좇는 우리를, 분명히 당신의 마음과 정성을 다하여 하나님의 나라에 영원히 심어 주실 것입니다.' 바울은 그때에도 초신자들을 살리기 위해 자신의 생명을 아끼지 않았습니다.

2차 전도 여행 중 빌립보에서는 귀신들린 여인을 고쳐 주는 선한 일을 하고서도, 바울은 그 여인을 고용하여 돈을 벌던 사람들의 선동으로 억울하게 태형을 당하고, 그것도 모자라 실라와 함께 두 발이 차꼬에 채워진 채 투옥당해야 했습니다. 그러나 바울은 절망에 삼킴 당하지 않았습니다. 바울은 도리어 그날 한밤중에 실라와 함께 기도하고 찬송을 불렀습니다. 그와 동시에 지진이 일어나며 감옥의 문들이 열리고, 바울과 실라의 발에 채워져 있던 차꼬까지 절로 풀렸습니다. 잠에 곯아떨어졌다가 깜짝 놀라 일어난 간수는 감옥 문들이 열린 것을 보고, 죄수들이 도망간 것으로 알고 칼을 빼어 자결하려 하였습니다. 감방 안에서 그 광경을 목격한 바울이 간수를 만류하였고, 간수는 감옥의 문들이 열렸는데도 탈옥하지 않은 바울에게 굴복하였습니다. 간수는 바울을 자신의 관사로 데리고 갔습니다. 그리고 온 가족과 함께 바울로부터 복음을 듣고, 주님을 영접하고, 세례를 받았습니다. 그 시각은 한밤중이었습니다. 낮에 태형을 당한 바울이 두 발에 차꼬가 채워져 감방에 갇혀 있던, 그 한밤중이었습니다. 어느 때보다 심신이 지친 바울이었지만, 그날 그 한밤중에도, 바울은 감옥 간수와 그의 가족들을 위해 자신의 생명을 아끼지 않았습니다.

3차 전도 여행 중 드로아에서는 이런 일도 있었습니다. 바울이 드로아를 떠나기 전날이었습니다. 바울의 인생 여정상, 드로아의 그리스도인들과 이 땅에서 마지막으로 작별하는 순간이었습니다. 바울은 그날, 다시는 보지 못할 드로아의 그리스도인들을 위해 한밤이 되기까지 하나님의 말씀으로 그들의 믿음을 다져 주었습니다. 마침 청년 유두고가 3층 창턱에 걸터앉아 바울의 강론을 듣다가, 그만 깜빡 졸면서 땅바닥으로 떨어져 죽고 말았습니다. 바울이 급히 달려 내려가 주님의 이름으로 유두고를 다시 살렸습니다. 바울과 드로아의 그리스도인들은, 다시 살아난 유두고와 더불어 밤을 새면서 주님의 은혜를 함께 나누었습니다. 그리고 바울은 날이 새자마자 다음 행선지로 떠났습니다. 이튿날 먼 길을 떠나야 하는 바울은 그날 밤에도 드로아의 그리스도인들을 위해, 자신의 생명을 조금도 아끼지 않고 꼬박 밤을 새웠습니다.

이처럼 바울은 주님의 부르심을 받은 이후 일평생, 주님 안에서 누군가를 살리기 위해 자기 생명을 조금도 아끼지 않았습니다. 그렇다면 바울의 생명은 소진될 대로 소진되고 고갈될 대로 고갈되어, 아무것도 남은 것이 없어야 마땅하지 않겠습니까? 그러나 사실은 그 반대였습니다. 일평생 누군가를 위해 자신의 생명을 조금도 아끼지 않았던 바울의 생명은 고갈되기는커녕, 오히려 영원한 생명으로 승화되어 지금도 밤하늘의 별처럼 빛나고 있습니다. 이것이 생명의 신비요, 역설입니다.

계속 흘러가면서 누군가 필요로 하는 사람에게 자신을 생명수로 공급해 주려는 시냇물은, 어떤 경우에도 썩는 법이 없습니다. 그러나 시내에서 빠져 나와 자기를 위해 웅덩이에 스스로 갇힌 물은, 반드시 썩고 맙니다. 그 물은 더 이상 생명수가 아니라, 사람에게 치명상을 입히는 독수가 될 뿐입니다. 우리의 생명도 이와 똑같습니다. 자기라는 웅덩이에 갇혀 자기만을 위하는 생명은, 반드시 썩기 마련입니다. 그러나 누군가를 위해 자기 생명을 아끼지 않는 사람의 생명은, 생명을 아끼지 않을수록, 더더욱 생명의 빛으로 넘쳐나게 됩니다.

고위 공직자로 은퇴한 한 교우님이 제게, 어떻게 살아야 하느냐고 물었습니다. 주위 사람들은 골프도 치고 등산도 하면서 노후를 즐기라고 하지만, 그분에게 그런 여생은 의미가 없어 보였습니다. 하지만 의미 있는 여생이 어떻게 사는 것인지는 딱히 알 수 없어, 제게 질문한 것이었습니다. 저는 그분에게 지금부터, 그동안 쌓아 온 경륜과 역량을 누군가에게 나누어 주는 삶을 살라고 했습니다. 나의 재능을, 나의 경륜을, 나의 역량을, 누구에겐가 나누어 주려는 마음을 품으면, 그때부터 그 대상이 보이게 됩니다. 그리고 내 생명의 의미는 내가 아니라, 다른 사람을 통하여 드러납니다. 내가 누군가를 위해 내 생명을 아끼지 않기 시작하면서, 나의 웅덩이에 갇혀 썩어 문드러지던 내 생명이 비로소 참생명의 가치를 지니게 되는 까닭입니다.

제가 개인적으로 인연을 맺고 있는 보육원이 있습니다. 보호자가 없는 아동들을 보호, 양육, 교육하는 아동보호기관입니다. 저는 오래전부터 그 보육원에 입소되는 갓난아이들의 이름을 지어 주고 있습니다. 그동안 제가 이름을 지어 준 수많은 아이들 가운데에는, 특별히 잊을 수 없는 아이들이 있습니다. 그중에 한 어린아이의 서류에는, 그 아이를 유기한 엄마의 편지 내용이 이렇게 적혀 있었습니다.

아가야. 엄마 사정만 생각하고 한 행동, 너무너무 미안해. 책임감 없는 행동을 한 점, 너무너무 미안해. 엄마는 아직 너무 어리고, 너를 감당하고 함께하기 힘든 거 같아. 밝고 건강하게 이쁘게 커줬으면 좋겠다. 엄마가 몸이 약해서 걱정돼. 건강하게, 건강하게 자랐으면 좋겠어. 너무 많이 미안하고, 꼭 행복했으면 좋겠다. 많이 미안해 아가야.

갓난아이를 버리는 어린 엄마의 미안한 마음이 고스란히 드러나 있습니다. 그러나 정작 제 마음을 아프게 한 것은 그다음에 이어진, 그 갓난아기를 진단한 모 병원의 진단서 내용이었습니다.

상기 환아는 선천성매독으로 1주일 동안 본 병원 소아과에 입원 치료하였으며, 추후 지속적인 경과 관찰이 필요함.

선천성매독을 타고난 아이는 성장하면서 일반적으로 시력장애와 청각장애를 일으킬 뿐 아니라, 그 외 여러 부작용에도 노출된다고 합니다. 그리고 대개의 경우, 지능도 낮다고 합니다. 그 가련한 아가의 어린 엄마는 자기 생명을 자기 웅덩이에 가두어 두고 자기를 위해 허투루 사용하였다가, 그가 낳은 어린 아가와 자기 자신을 위험에 빠뜨리고 말았습니다. 그러나 어떻습니까? 그 어린 엄마가 실은 우리 자신의 모습인 것은 아닙니까? 지금 우리가 우리 자신의 웅덩이에 갇혀 우리의 생명을 우리 자신만을 위해 허투루 사용하고 있다면, 우리 역시 온갖 치명적인 장애와 맞닥뜨릴 수밖에 없을 것입니다. 자기 웅덩이에 갇혀 자기만을 위해 소진하는 생명은 반드시 썩어, 자신과 타인에게 동시에 치명상을 입히는 독수가 될 따름이기 때문입니다.

예수님께서는 우리를 살리시기 위해 당신의 생명을 조금도 아끼지 않고, 십자가의 제물로 죽임 당하셨습니다. 그래서 죽음을 깨뜨리고 다시 사신 영원한 생명의 구세주가 되셨습니다. 그 주님의 부르심을 받은 바울 역시 일평생, 주님 안에서 누군가를 살리기 위해 자신의 생명을 아끼지 않았습니다. 주님께서는 그 바울을 당신의 마음과 정성을 다하여, 시공을 초월한 영원한 사도로 영원히 심어 주셨습니다. 우리 생명의 의미와 가치는 우리 자신이 아니라, 다른 사람을 통해 드러나는 법임을 잊지 마십시다. 하나님께서 주신 천하보다 더 귀한 생명을 우리 자신의 웅덩이에 가두어, 하루하루 썩어 문드러지게 하는 어리석음에서 하루 빨리 탈피하십시다. 바울처럼 주님 안에서 누군가를 살리기 위해 우리의 생명을 조금도 아끼지 마십시다. 우리가 누군가를 살리기 위해 우리의 생명을 아끼지 않을수록, 주님께서 당신의 마음과 정성을 다하여 우리의 생명을 더욱 빛나게 심어 주실 것이요, 그 결과로 우리의 미래 역시 새로워질 것입니다.

로마 변두리의 싸구려 헛간에서 자신을 찾아온 로마의 유대인들을 주님의 말씀으로 살리기 위해, 이른 아침부터 해가 저물기까지, 하루종일 자신의 생명을 조금도 아끼지 않은 본문 속 바울의 모습에, 우리 자신의 실상을 비추어 봅니다. 나의 웅덩이에 나의 생명을 가두어 나 자신만을 위해 허투루 사용하느라, 천하보다 귀한 나의 생명을 선천성매독과 같은 독수로 오염시켜 온 나의 잘못을 회개하오니, 용서해 주시기를 간구합니다. 내 생명의 의미와 가치는 나 자신이 아니라, 다른 사람을 통해 드러나는 법임을 잊지 말게 해주십시오. 주님처럼, 바울처럼, 누군가를 살리기 위해 나의 생명을 조금도 아끼지 않음으로, 주님 안에서 나의 생명이 더욱 생명의 빛을 발하게 해주시고, 그로 인해 우리의 미래가 더욱 새로워지게 해주십시오. 아멘.

38. 믿는 사람도 있고

사도행전 28장 23-28절

그들이 날짜를 정하고 그가 유숙하는 집에 많이 오니 바울이 아침부터 저녁까지 강론하여 하나님의 나라를 증언하고 모세의 율법과 선지자의 말을 가지고 예수에 대하여 권하더라 그 말을 **믿는 사람도 있고** 믿지 아니하는 사람도 있어 서로 맞지 아니하여 흩어질 때에 바울이 한 말로 이르되 성령이 선지자 이사야를 통하여 너희 조상들에게 말씀하신 것이 옳도다 일렀으되 이 백성에게 가서 말하기를 너희가 듣기는 들어도 도무지 깨닫지 못하며 보기는 보아도 도무지 알지 못하는도다 이 백성들의 마음이 우둔하여져서 그 귀로는 둔하게 듣고 그 눈은 감았으니 이는 눈으로 보고 귀로 듣고 마음으로 깨달아 돌아오면 내가 고쳐 줄까 함이라 하였으니 그런즉 하나님의 이 구원이 이방인에게로 보내어진 줄 알라 그들은 그것을 들으리라 하더라

은혜로운 시편 138편은 다윗 왕이 지은 시입니다. 그 7-8절의 내용이 이렇습니다.

내가 환난 중에 다닐지라도 주께서 나를 살아나게 하시고, 주의 손을 펴사 내 원수들의 분노를 막으시며 주의 오른손이 나를 구원하시리이다. 여호와께서 나를 위하여 보상해 주시리이다. 여호와여 주의 인자하심이 영원하오니, 주의 손으로 지으신 것을 버리지 마옵소서.

다윗이 "환난" 속에서 "살아나게" 해주시고, "원수들"에게서 "구원"해 주시는 하나님을 신뢰하며 찬양하고 있습니다. 그리고 다윗은, 여호와께서 '보상해 주시는' 하나님이시므로 자신을 '버리지 마시기를' 간구하고 있습니다. 우리말 '보상하다'로 번역된 히브리어 동사 '가마르גמר'는 본래 '온전하게 하다'는 뜻이고, '버리다'는 의미로 번역된 '라파רפה'는 '느슨하게 하다'는 의미입니다. 다윗이, 하나님만 자신의 생명을 온전하게 하실 수 있으므로, 어떤 경우에도 자신의 생명을 느슨하게 내버려 두지 마시기를 간구한 것입니다.

여기에서 질문이 제기됩니다. 다윗은 환난 속에서 자신을 살아나게 해주시는, 다시 말해 소생시켜 주시는 하나님을 찬양했습니다. 하지만 하나님께서 전지전능하실진대, 다윗이 아예 환난을 당하지 않게 해주시면 더 좋지 않겠습니까? 다윗은, 하나님께서 자신을 원수들에게서 구원해 주는 분이시라고 고백했습니다. 그러나 하나님께서, 다윗의 인생길에 그 어떤 원수와도 조우하지 않게 해주시는 것이 다윗을 더 위해 주시는 길 아니겠습니까? 왜 다윗으로 하여금 온갖 환난을 겪고 원수들에게 시달리게 하신 다음에야, 살아나게 하시고 구원해 주시는 것입니까? 창조주 하나님께서 미물에 지나지 않는 인간을 상대로, 심심풀이로 장난치시는 것입니까?

지난 수요일 저녁에 창립 13주년 기념행사로, 4인 후임공동 담임목사님들의 '토크 콘서트'가 있었습니다. 얼마나 감동적인 시간이었는지 모릅니다. 그날 참석하지 못한 분들은 교회 홈페이지 '행사' 란에 올라 있는 동영상을 시청해 보시기를 권유해 드립니다. 우리들의 자랑스러운 후임공동 담임목사님들과 깊이 교감할 수 있습니다.

그날 대외총괄 후임 담임목사인 김영준 목사님이 이런 말을 했습니다. 원래 불교 가정에서 태어난 그분에게, 고등학교를 졸업한 이후 3년이나 계속하여 좋지 않은 일이 일어났습니다. 자신이 저주받은 존재라고 여길 정도였습니다. 그분은 현해탄을 건너 일본으로 갔습니다. 일종의 도피였습니다. 그러나 일본에서 대학교를 다니면서 주님을 만나고 보니, 주님 안에서 모든 것이 이해되었습니다. 저주받은 것 같았던 그분의 지난 날들은, 그분을 구원하시기 위해 일본으로 이끌어가시는 주님의 신비로운 섭리였습니다. 그 시절 그분이 한국에서 자신이 원하는 대로 살 수 있었더라면, 그분은 아직도 불교 가정의 자식으로 살고 있을 것이요, 100주년기념교회 후임 담임목사가 될 수는 없었을 것입니다. 하나님께서는 청년 김영준을 당신의 자녀로 선택하시고, 미래에 100주년기념교회 대외업무 총괄 담임목사로 세우시기 위해, 그가 상상할 수 없는 방법으로 그의 인생 한가운데에서 역사하신 것입니다. 하나님의 그 신비스러운 섭리와 은혜 속에서, 이해할 수 없었던 자신의 과거를 이해하며 감사하게 된 김영준 목사님이, 앞으로 살아가면서도 무슨 일을 당하든 다윗처럼 고백하며 하나님을 찬양하지 않겠습니까?

다윗은 왕가의 혈통을 이어받은 왕족이 아니었습니다. 그는 베들레헴의 이름 없는 양치기 소년이었을 뿐입니다. 당시 팔레스타인에는 다윗 같은 이름 없는 양치기 소년들이, 바닷가의 자갈처럼 온 사방에 널려 있었습니다. 하지만 하나님께서는 그 많은 양치기 소년들 가운데 다윗을, 핀셋으로 집어내듯 불러내셨습니다. 그리고 10여 년 동안 인생 광야에서 온갖 환난의 터널을 거치게 하신 뒤, 그를 이스라엘의 왕으로 세우셨습니다. 왕이 된 뒤에도 다윗의 인생에는 풍파가 많았습니다. 그는 수많은 원수들에게 시달려야 했습니다. 다윗이 하나님을 알지 못하고, 하나님을 경외하는 사람이 아니었더라면, 그에게 그의 인생은 의문투성이었을 것입니다. 하지만 다윗은 하나님의 부르심을 받아, 하나님을 경외하는 하나님의 사람이었습니다. 자신의 인생을 보면 의문투성이였지만, 하나님을 우러러 뵈면 하나님 안에서는 이해되지 않는 것이 없었습니다.

다윗에게 환난은 그의 생명이 허망하게 소멸하지 않도록, 싱싱하고 청정하게 깨어 있게 해주시는 하나님의 은혜였습니다. 얼마 전 텔레비전에서 맛집을 소개하는 프로그램을 보았습니다. 그날 선정된 맛집은 천안에 있는 해물탕 식당이었습니다. 식당을 꽉 채운 고객들은, 해물탕에 들어가는 전복과 낙지가 어느 식당보다 싱싱하고 쫄깃쫄깃하다고 입을 모아 말했습니다. 식당 주인이 밝힌 비법은 그 식당의 수족관이었습니다. 전복들과 낙지들을 위한 수족관 속에는 작은 상어가 한 마리 들어 있었습니다. 그 상어가 움직일 때마다 전복들과 낙지들은 재빠르게 상어를 피하였습니다. 바위나 수족관 유리에 가만히 붙어 있는 전복만 보아온 저는, 전복은 제대로 이동할 수 없는 생물인 줄 알았습니다. 그러나 그게 아니었습니다. 상어가 움직일 때마다 전복은 마치 원반이 빠르게 굴러가듯 날쌔게 구르며 피했습니다. 상어 덕분에 전복들과 낙지들은 싱싱한 생명을 견지할 수 있었고, 손님들에게는 더없이 쫄깃쫄깃한 식감을 선사해 주었습니다. 다윗에게 환난은 마치 그 수족관의 상어와 같았습니다. 환난을 거칠수록 하나님만 의뢰하는 다윗의 생명은 하나님 안에서 더욱 청정하고 싱싱하게 영글어, 우리가 성경을 통해 알고 있는 바와 같은 위대한 신앙의 다윗이 될 수 있었습니다.

다윗을 괴롭힌 '원수들'도 마찬가지였습니다. 우리말 '원수'로 번역된 히브리어 명사 '오예브ㄱㅈㅈ'는 자신을 미워하거나, 괴롭히거나, 배신하거나, 파멸시키려는 사람들을 총칭하는 단어입니다. 외부의 적들뿐 아니라, 심지어는 다윗에게 은덕을 입은 사람들까지 원수로 돌변하여, 무리를 지어 다윗을 죽이려 하였습니다. 하나님께서 매번 그의 생명을 지켜 주시지 않았다면, 다윗은 원수들의 칼에 몇 번이나 목숨을 잃고 말았을 것입니다. 그때마다 다윗은, 참된 구원자는 오직 하나님 한 분뿐이심을 확인하고 또 확인하였습니다. 그와 같은 과정들을 거치면서 다윗은 비로소, 하나님 안에서 온전한 사람으로 세워져 갔습니다. 그래서 다윗은 하나님께, 어떤 경우에도 자신의 생명을 느슨하게 내버려 두지 마시기를 간구하였습니다. 죄성을 지닌 인간의 생명은 조금만 느슨해지면 아예 퍼져 버려, 그만 욕망의 밥이 되고 맙니다. 오직 하나님만 당신의 말씀으로 인간의 생명을 팽팽하게 당겨, 온전하게 해주십니다. 그 사실을 깨달은 다윗이, 평생 그 하나님의 손길에 사로잡혀 살기를 간구한 것이었습니다.

다윗의 이 고백과 간구가 왜 하나님의 말씀인 성경에 기록되었겠습니까? 다윗의 고백과 간구가 실은, 하나님으로부터 구원받은 모든 그리스도인들의 고백이자 간구이기 때문입니다. 우리 각자의 인생을 들여다보면 도무지 답이 없습니다. 우리 각자의 인생에는 우리의 이성과 논리로는 이해할 수도, 설명할 수도 없는 사건사고들이 거미줄처럼 얽혀 있습니다. 그러나 하나님을 우러러보는 순간, 우리는 하나님 안에서 그 모든 것을 이해하고 설명할 수 있습니다. 그 모두가 우리의 생명을 싱싱하고 청정하게 지켜 주고, 구원자이신 하나님과의 관계를 더욱 심화시켜 주시려는 하나님의 신비로운 섭리임을, 우리가 하나님 안에서 깨달을 수 있기 때문입니다. 그래서 우리 역시 다윗처럼, 우리의 생명을 온전하게 하시는 하나님을 향해, 어떤 경우에도 우리의 생명을 느슨하게 내버려 두지 마시라고 기도하지 않을 수 없게 됩니다.

본문 속의 바울은 지금, 로마 변두리의 싸구려 헛간에 있습니다. 그리고 바울의 한쪽 손목에 매인 쇠사슬은, 그를 지키는 로마 군인의 한쪽 손목과 연결되어 있습니다. 바울의 연령이나 체력상 대단히 힘겨운 상황이었지만, 주님의 휘페레테스와 마르튀스로 생을 마감하려는 바울에게 그런 상황은 조금도 문제가 되지 않았습니다. 바울이 로마의 유대교 어른들과 다시 만나기로 약속한 날이 밝자마자, 이른 아침부터 유대교 어른들을 포함하여 많은 유대인들이 바울의 싸구려 헛간에 몰려왔습니다. 바울은 그들에게 하나님의 나라를 증언하면서, 구약성경이 예언하고 약속한 메시아가 나사렛 예수심을 상세하게 강론하였습니다. 그의 강론은 100분 강론이거나, 서너 시간 연속 강론이 아니었습니다. 바울은 그들에게 이른 아침부터 해가 저물 때까지, 하루 종일 하나님의 나라와 예수 그리스도에 대해 상세하게 강론하였습니다. 이미 인생 말년의 노년에 지병으로 시달리기까지 하면서도, 자신을 찾아온 유대인들을 주님 안에서 살리기 위해 자기 생명을 조금도 아끼지 않는 바울의 모습 앞에서, 스스로 자기 웅덩이에 갇혀 자기 생명을 하루하루 덧없이 갉아먹는 우리 자신을 되돌아보지 않을 수 없습니다.

바울이 그렇듯 이른 아침부터 저녁까지, 하루 종일 복음을 강론한 결과를 본문 24절이 밝혀 주고 있습니다.

그 말을 믿는 사람도 있고 믿지 아니하는 사람도 있어.

바울이 누구입니까? 2천 년 기독교 역사상 가장 위대한 사도요, 가장 뛰어난 변증가 아닙니까? 하지만 그 자리에 있던 사람들이 모두, 바울이 전하는 예수님을 믿고 영접한 것은 아니었습니다. 위대한 바울 사도가 전한 복음을 듣고 "믿는 사람도 있고, 믿지 아니하는 사람도" 있었습니다. 이것은 그리 놀랄 일이 아닙니다. 예수님께서는 성자 하나님이신 동시에 로고스, 즉 말씀 그 자체셨습니다. 그렇지만 예수님의 설교를 들은 사람들이 다 예수님을 믿은 것도 아닙니다. 예루살렘에서 예수님의 설교를 들었던 유대인 대부분은 도리어, 예수님을 십자가에 못박아 죽이는 무리에 가담하거나 동조하였습니다. 어디 그뿐입니까? 무려 3년 동안이나 예수님의 가르침을 받았던 제자 가룟 유다는 은 30냥에 예수님을 팔기까지 했습니다. 그러므로 바울이 이른 아침부터 해가 저물기까지 하루 종일 복음을 강론했지만, 그 결과로 '믿는 사람도 있고 믿지 아니하는 사람도' 있는 것은 조금도 이상한 일이 아니었습니다.

동일한 공간에서 동일한 바울이 동일한 복음을 전하는데도, 왜 복음을 믿는 사람들도 있고 믿지 않는 사람들도 있을까? 바울은 이 질문에 대한 해답을 이미 1차 전도 여행 중 비시디아 안디옥에서 얻은 바 있습니다. 사도행전 13장 48절에 의하면, 하나님께서 '영생을 주시기로 작정된 사람'이 믿는다는 것입니다. 다시 말해 하나님으로부터 구원의 은혜를 입은 사람이 복음을 믿고, 그 은혜를 입지 못한 사람은 동일한 장소에서 동일한 사람으로부터 동일한 복음을 들어도 믿지 못한다는 것입니다. 따라서 바울이 이른 아침부터 해가 저물기까지 하루 종일 전한 복음을 믿은 사람들은 구원의 은혜를 입은 사람들이요, 믿지 않는 사람들은 그 은혜에서 제외된 사람들이었습니다.

구원의 은혜를 입지 못해 바울이 하루 종일 전한 복음을 거부한 사람들에게 바울은, 로마 변두리의 싸구려 헛간에서 한 손이 쇠사슬에 매인 채, 죽은 예수가 다시 살아난 하나님이라고 헛소리를 지껄이는 실성한 미결수 노인에 지나지 않았을 것입니다. 그런가 하면, 구원의 은혜를 입어 바울이 전한 복음을 믿고 예수님을 영접한 사람들에게 바울은, 주님께서 자신들을 구원하시기 위해 로마까지 보내 주신 천사였을 것입니다. 본문 이후 그들은 시간이 날 때마다 바울을 찾아가 복음을 배우고, 주님께서 바울을 로마에 이르게 하시기까지 그의 삶 속에서 어떻게 역사하셨는지도 전해 들었을 것입니다. 그렇다면 구원받은 그들의 입장에서 한번 곰곰이 생각해 보십시다.

주님께서 주님을 대적하며 교회를 짓밟던 바울을, 왜 다메섹 도상에서 구원해 주셨습니까? 바로 자기 자신들을 구원해 내는 도구로 쓰시기 위함이었습니다. 3년에 걸친 아라비아 광야의 경건훈련, 무려 13년간 이어진 고향에서의 칩거 등, 주님께서 왜 그토록 오랫동안 바울을 훈련시키고 연단시키셨습니까? 자신들을 말씀으로 조련해 주는 주님의 휘페레테스와 마르튀로스로 세우시기 위함이었습니다. 주님께서 로마제국 변방 출신인 바울의 시선을 제국의 수도 로마에 고정시키시고, 그로 하여금 스스로 로마 황제에게 상소한 미결수로 로마에 이르게 하신 까닭이 무엇이었습니까? 로마에 살고 있는 자신들에게 영원한 생명을 주시기 위함이었습니다. 지중해에서 죽음의 유라굴로 광풍에 휩쓸린 바울을 주님께서 당신의 방법으로 살려내신 이유가 무엇이었습니까? 그 바울을 통로로 삼아, 자신들에게 영원한 하나님의 나라를 상속해 주시기 위함이었습니다. 바울의 지난 생애에서 단 한 과정만 어긋났더라도 그들은, 그날 로마 변두리의 그 싸구려 헛간에서, 위대한 사도 바울을 통해 영원하신 하나님의 자녀로 부름 받는 구원의 은총을 입지는 못했을 것입니다.

주님의 그 은혜를 깨달음으로 그들은, 그동안 이해할 수 없었던 자신들의 인생을 주님 안에서 비로소 이해할 수 있었을 것입니다. 그들은 조상 대대로 이스라엘을 등진 가난한 디아스포라 유대인으로 살다가, 언제부턴가 제국의 수도 로마에 둥지를 틀고 있었습니다. 그렇다고 그들의 삶이 나아진 것은 아니었습니다. 그들은 로마에서도 대도시 하층노동자의 빈곤에서 벗어나지 못했습니다. 왜 우리 조상들은 이스라엘을 등진 떠돌이가 되었는가? 왜 우리는 이 거대한 로마에서 일평생 가난하고 천대받는 이방인으로 살아야 하는가? 그들에게 왜 질문이 없었겠습니까? 어찌 자신들의 인생에 대한 한탄과 회한이 없었겠습니까? 그러나 구원의 은혜를 입은 그들에게 그 모든 질문들은, 주님 안에서 절로 해소되었을 것입니다.

그들이 조상 대대로 이스라엘 땅에서 살아왔더라면, 유대교의 절대적인 영향 속에서, 그들 역시 예수를 십자가에 못박아 죽이는 무리에 가담했을 가능성이 더 컸습니다. 그들이 로마에서 출세하여 로마의 상류층에 속해 있었다면, 로마 변두리 싸구려 헛간의 미결수 노인 바울을 자기 발로 찾아가는 일은 없었을 것입니다. 그들이 그동안 거쳐 온 눈물겨운 인생 여정은 모두, 그날 로마 변두리의 그 싸구려 헛간에서 바울을 통해 그들을 구원해 내시려는 주님의 신묘막측한 섭리의 여정이었습니다. 그 덕분에 그들의 생명은 주님 안에서 싱싱하고 청정하게 소생될 수 있었고, 그들은 구원자이신 십자가의 예수 그리스도와 인격적으로 만날 수 있었습니다. 그 은혜를 깨달은 그들 역시 살아가면서 다윗처럼, 주님 안에서만 자신들의 생명이 온전할 수 있으니, 어떤 경우에도 자신들의 생명을 느슨하게 내버려 두지 마시라고 간구하지 않았겠습니까?

지난 주일은 우리 교회 창립 13주년 기념주일이었습니다. 제가 13년 전 취임사에서 밝혔듯이 2005년 4월 21일, 당시 100주년기념재단의 부이사장 정진경 목사님, 상임이사 강병훈 목사님, 사무총장 김경래 장로님께서, 그분들에게 저를 소개한 정광택 집사님과 함께 저를 찾아오셨습니다. 정광택 집사님을 제외한 세 어른 모두 제게는 첫 대면이었습니다. 그분들은 방치되다시피 한 양화진외국인선교사묘원과 용인순교자기념관을 관리하고 한국 교회의 미래를 위해 새로운 교회를 설립하기로 했는데, 저더러 그 교회를 맡아 달라고 당부하셨습니다. 당신들은 연세가 들어 이미 요단강에 서 계신다며, 당신들의 당부를 들어달라고 눈물을 보이셨습니다. 저는 스위스 제네바 한인교회를 끝으로 교회 목회는 더 이상 하지 않기로 하였으므로, 그분들의 당부를 정중하게 사양하였습니다. 당신들의 제안에 대해 기도해 달라며 저와 헤어진 그분들은, 불과 한 시간 후에 저를 다시 찾아오셨습니다. 그리고 당신들의 제안을 받아주기를 재차 간청하셨습니다. 그 어른들의 간청 앞에서 저는, 저를 지명하여 양화진으로 불러내시는 주님의 명령에 순종하지 않을 수 없었습니다. 그 결과로, 13년 전인 2005년 7월 10일에 100주년기념교회가 이 땅에 세워졌습니다. 이것이 100주년기념교회가 이 땅에 태동된 동기이자 이유입니다. 그러나 주님 안에서 곰곰이 생각하면, 그것은 겉으로 드러난 외형적 이유에 지나지 않습니다.

지난 13년 동안 우리 교회에서 입교하거나 세례를 받은 교인의 수가, 유아 세례자를 포함하여 총 2,793명입니다. 2천 년 전 로마 변두리 싸구려 헛간에서 바울을 통해 구원받은 본문 속 유대인들처럼, 그 많은 분들이 100주년기념교회를 통해 하나님의 자녀로 구원받는 주님의 은혜를 입었습니다. 우리 교회가 세워지지 않았더라면, 그분들은 아직 구원의 은총을 입지 못했을지도 모릅니다. 그분들 가운데 가톨릭에서 개종하여 우리 교회 교인으로 입교한 분도 76명이나 됩니다. 우리 교회가 세워지지 않았더라면, 그분들은 여전히 가톨릭의 형식주의에 갇혀 있을 것입니다. 따라서 그 2,793명의 교우님들에게 100주년기념교회는, 주님께서 그분들에게 구원의 은총을 베풀어 주시기 위해 이 땅에 세우신 교회입니다.

지난 13년 동안 우리 교회 청년이 결혼한 건수는 1,046건이었습니다. 그중에서 우리 교회 청년끼리 결혼한 커플이 533쌍이나 됩니다. 533명의 남성 청년과, 533명의 여성 청년이 각각 다른 시기에 우리 교회 청년부에 등록하였습니다. 그 1,066명의 남녀 청년들이 우리 교회에서 함께 신앙생활하다가 주님 안에서 서로 짝을 이루어 533쌍의 결혼 커플이 되었습니다. 우리 교회가 창립되지 않았다면 만날 수도, 맺어질 수도 없었을 533쌍입니다. 그렇다면 그들에게 100주년기념교회는, 주님께서 그들로 하여금 가정을 일구게 해주시기 위해 세워 주신 교회입니다. 지난 13년 동안 우리 교회에서 태어난 어린이가 총 1,831명입니다. 그 가운데 444명이, 우리 교회 청년끼리 결혼한 533쌍의 커플을 통해 태어났습니다. 우리 교회가 세워지지 않았던들, 이 세상에 태어날 수 없었을 생명들입니다. 그 아이들에게 100주년기념교회는, 그들이 모태에서 생성되기도 전에 그들을 이 땅에 태어나게 하시기 위해, 주님께서 시간과 공간을 초월하여 미리 예비해 두신 교회입니다.

어디 그뿐입니까? 그동안 우리 교회를 통해, 다니던 교회를 떠나야 했던 많은 분들의 심적 상처와 아픔이 주님 안에서 치유되었습니다. 영적 늪에 빠져 있던 분들이 주님의 은혜 속에서 영적으로 소생하였습니다. 무너질뻔한 가정들이 주님의 말씀으로 회복되었습니다. 절망에 무릎 꿇었던 분들이 주님 안에서 소망을 찾았습니다. 자신의 현실을 비관하던 분들이, 그 현실이 곧 주님께서 당신의 마음과 정성을 다하여 심어 주신 섭리의 터전임을 깨닫고 감사하게도 되었습니다. 한마디로 우리 모두 100주년기념교회를 통해, 예전과는 비교도 할 수 없을 만큼 주님 안에서 성숙해졌습니다. 그런 의미에서 100주년기념교회는, 주님께서 우리 한 사람 한 사람을 위해, 바로 나자신을 위해, 이 땅에 세워 주신 주님의 위대한 선물이 아닐 수 없습니다. 이 사실을 깨닫고 우리 각자의 인생을 되돌아보면, 우리가 이해할 수 없었던 지난 세월을 우리는 주님 안에서 모두 이해할 수 있습니다. 그리고 다윗처럼 고백하지 않을 수 없습니다.

어떻습니까? 그때 그 고통스러웠던 환난 덕분에, 우리의 생명이 주님 안에서 지금처럼 싱싱하고 청정하게 살아 있지 않습니까? 우리에게 은덕을 입었던 그 사람들이 그때 그토록 몹쓸 짓을 했기에, 구원자이신 십자가의 주님과 우리의 관계가 지금처럼 깊어지지 않았습니까? 우리의 생명이 이처럼 주님 안에서만 온전할 수 있기에 우리 역시, 어떤 경우에도 우리의 생명을 느슨하게 내버려 두지 마시라고 날마다 간구할 수밖에 없지 않습니까? 우리가 이런 믿음으로 살아가는 한, 주님께서 우리 각자를 분명히 당신의 마음과 정성을 다하여 이 시대의 역사 속에 당신의 도구로 심어 주실 것이요, 우리 모두의 조합인 100주년기념교회를 통해 이 땅의 교회와 우리 사회를 새롭게 해주실 것입니다.

주님, 주님께서 13년 전에 당신의 방법으로 이 땅에 100주년기념교회를 세워 주셨습니다. 그리고 오늘 이 시간 본문을 통해, 주님께서 우리 한 사람 한 사람을 위해 시간과 공간을 초월하여 100주년기념교회를 세우시고 예비해 주신 사실을 일깨워 주셨습니다.

100주년기념교회를 통해, 믿지 않던 분들이 하나님의 자녀로 구원받는 은총을 입게 해주셔서 감사합니다. 100주년기념교회를 통해, 새 가정들이 일구어지고, 새 생명들이 태어나게 하신 것을 감사합니다. 100주년기념교회를 통해, 다니던 교회를 떠난 분들의 상처와 아픔이 치유되게 해주신 것을 감사합니다. 100주년기념교회를 통해, 무너진 가정들이 회복되게 해주셔서 감사합니다. 100주년기념교회를 통해, 많은 교우님들이 소망으로 절망을 극복하고, 영적으로 소생하고, 자신의 현실을 바라보는 눈이 새로워지게 해주신 것을 감사합니다. 100주년기념교회를 통해, 우리의 생명을 싱싱하고 청정하게 지켜 주며, 주님과의 관계를 더욱 심화 시켜 주는 환난과 고난의 섭리를 알게 해주셔서 감사합니다. 100주년기 념교회를 통해 이렇게, 우리 모두 영적으로 더 한층 성숙하게 해주신 것 을 감사합니다.

이처럼 우리의 생명이 오직 주님 안에서만 온전할 수 있사오매, 어떤 경우이든 우리의 생명을 느슨하게 내버려 두지 마시기를 간구합니다. 그리하여 우리를 위해 100주년기념교회를 세우시고, 우리를 통해 100주년기 념교회를 이루어 가시는 주님의 뜻이 이 시대의 역사 속에, 그리고 한국 교회의 미래 속에, 아름답게 구현되게 해주십시오. 아멘.

39. 서로 맞지 아니하여

사도행전 28장 23-28절

그들이 날짜를 정하고 그가 유숙하는 집에 많이 오니 바울이 아침부터 저녁까지 강론하여 하나님의 나라를 증언하고 모세의 율법과 선지자의 말을 가지고 예수에 대하여 권하더라 그 말을 믿는 사람도 있고 믿지 아니하는 사람도 있어 **서로 맞지 아니하여** 흩어질 때에 바울이 한 말로 이르되 성령이 선지자 이사야를 통하여 너희 조상들에게 말씀하신 것이 옳도다 일렀으되 이 백성에게 가서 말하기를 너희가 듣기는 들어도 도무지 깨닫지 못하며 보기는 보아도 도무지 알지 못하는도다 이 백성들의 마음이 우둔하여져서 그 귀로는 둔하게 듣고 그 눈은 감았으니 이는 눈으로 보고 귀로 듣고 마음으로 깨달아 돌아오면 내가 고쳐 줄까 함이라 하였으니 그런즉 하나님의 이 구원이 이방인에게로 보내어진 줄 알라 그들은 그것을 들으리라 하더라

본문 속의 바울은 지금, 로마 변두리의 싸구려 헛간에 있습니다. 자유인이 아니라 황제에게 상소한 미결수 신분이기에, 바울의 한쪽 손목에 매인 쇠사슬은 그를 지키는 로마 군인의 손목과 연결되어 있습니다. 이미 인생 말년

의 노년에 지병으로 시달리는 바울이었지만, 주님의 휘페레테스와 마르튀스로 생을 마감하려는 바울에게 자신의 처지는 아무 문제도 되지 않았습니다. 바울이 로마의 유대교 어른들과 다시 만나기로 약속한 날이 밝았습니다. 이른 아침부터 유대교 어른들을 포함하여 많은 유대인들이 바울의 싸구려 헛간에 몰려왔습니다. 바울은 그들에게 하나님의 나라를 증언하면서, 구약성경이 예언하고 약속한 메시아가 나사렛 예수심을 상세하게 강론하였습니다. 바울의 강론은 이른 아침부터 해가 저물 때까지, 하루 종일 계속되었습니다.

바울은 2천 년 기독교 역사상 가장 위대한 사도이자 변증가였습니다. 그렇지만 로마 변두리의 싸구려 헛간에서 바울의 강론을 들은 사람들이 모두 예수님을 믿고 영접한 것은 아니었습니다. 본문 24절에 의하면, 위대한 사도 바울이 이른 아침부터 해가 저물기까지 하루 종일 전한 복음을 듣고, '믿는 사람도 있고 믿지 아니하는 사람도' 있었습니다. 동일한 공간에서, 동일한 바울이, 동일한 복음을 전했는데, 왜 어떤 사람들은 복음을 믿었고, 나머지 사람들은 복음을 거부했는가? 이 주제에 대해서는 지난 시간에 깊이 생각해 보았습니다. 오늘 우리가 주목하고자 하는 것은, 그 이후의 결과입니다. 25절을 보시겠습니다.

서로 맞지 아니하여 흩어질 때에 바울이 한 말로 이르되, 성령이 선지자 이사야를 통하여 너희 조상들에게 말씀하신 것이 옳도다.

바울이 이사야 선지자를 언급한 25절 하반절에 대해서는 다음 시간에 살펴보도록 하겠습니다. 이 시간에 우리가 주목할 25절 상반절은 중요한 사실을 강조하고 있습니다. 사람들은 공적인 보고서는 말할 것도 없고, 사적인 기록에도 의미 없는 단어나 표현은 사용하지 않습니다. 하물며 하나님의 말씀인 성경이야 두말할 나위가 있겠습니까? 성경에 기록된 단어나 표현은 모두 절대적인 의미를 지니고 있다고 했습니다. 바울이 이른 아침부터 해가 저물기까지 하루 종일 복음을 전했지만, '믿는 사람도 있고 믿지 않는 사람도' 있었다는 24절의 증언만으로도, 우리는 그날의 결과를 충분히 알 수 있습니다. 그러나 본문의 증언은 거기에서 끝나지 않았습니다. 본문 25절 상반절은 복음을 믿는 사람들과 믿지 않는 사람들, 그들이 '서로 맞지 아니하였다'고 강조하고 있습니다. 우리말 '맞지 않다'로 번역된 헬라어 형용사 '아쉼프호노스ἀσύμφωνος'는 '조화롭지' 않거나 '일치하지' 않는다는 뜻입니다.

　본문에 등장한 사람들은 모두 로마에 살고 있는 유대인들이었습니다. 그들의 종교는 두말할 것도 없이 유대교였습니다. 대부분 가난한 하층노동자들이었던 그들이 바울을 찾아온 것은, 바울이 믿는 복음에 대한 관심 때문이었습니다. 그들이 이른 아침에 바울의 싸구려 헛간에 몰려들 때만 해도, 그들은 이처럼 여러 면에 걸쳐 일치를 이루고 있었습니다. 그러나 해가 저물어 마침내 바울의 강론이 끝났을 때, 바울이 전한 복음을 믿는 사람들과 믿지 않는 사람들은 더 이상, 서로 맞지 않았습니다. 그들 간의 일치가 깨어져 버린 것입니다. 그리고 그들은 서로 '흩어'졌습니다. 이것은, 그들이 바울의 싸구려 헛간에서 각자 자기 집을 향해 뿔뿔이 흩어졌다는 것만을 의미하지 않습니다. 우리말 '흩어지다'로 번역된 헬라어 동사 '아폴뤼오ἀπολύω'는 '떠나다' '보내다'는 의미와 함께, '부부가 이혼하여 서로 결별하다'는 뜻으로 사용되기도 합니다. 바울이 전한 복음을 믿는 사람들과 믿지 않는 사람들 사이의 일치가 깨어지면서, 그들이 서로 나뉘어지고 만 것이었습니다. 이른 아침 바울의 싸구려 헛간에 몰려들 때만 해도 하나였던 그들이, 해가 저물어 돌아갈 때에는 둘로 구별되어 버리고 말았습니다. 오늘의 본문이 이렇게 '믿는 사람들과 믿지 않는 사람들이 서로 맞지 않아', 그들이 서로 구별되고 말았음을 강조하는 것은, 그것이 바로 믿음의 특성이기 때문입니다.

다음은 바울 사도의 증언입니다.

> 그러나 그들이 다 복음을 순종하지 아니하였도다. 이사야가 이르되, 주
> 여 우리가 전한 것을 누가 믿었나이까 하였으니, 그러므로 믿음은 들음
> 에서 나며, 들음은 그리스도의 말씀으로 말미암았느니라(롬 10:16-17).

한글 성경으로는 구별할 수 없지만, 이 구절의 헬라어 원문에는 '듣다'는
의미의 각각 다른 두 동사가 서로 대조를 이루고 있습니다. 헬라어 동사 '아
쿠오ἀκούω'는 영어로 'to hear', 즉 귀로 '듣다'는 의미입니다. 반면에 '아래'를
뜻하는 전치사 '휘포ὑπό'와 '듣다'는 동사 '아쿠오'의 합성어인 동사 '휘파쿠오
ὑπακούω'는, 이 구절에서 종이 상전의 말을 '주의 깊게 경청하다'는 의미로 사
용되었습니다. 종은 상전의 말을 귀로 듣기만 해서는 안 됩니다. 종은 상전
의 말을 들은 대로 실행해야 합니다. 그래서 '휘파쿠오'가 영어로는, 반드시
행동을 수반하는 'to heed'로 번역됩니다.

바울은 '우리가 전한 것을 누가 믿었느냐'는 이사야서 53장 1절을 인용하
면서, 하나님의 선민을 자처하는 이스라엘 백성이 정작 하나님의 복음을 '휘
파쿠오'하지는 않았음을 지적하였습니다. 하나님을 믿는다면서도, 귀로 들
은 하나님의 말씀을 삶으로 실행하지는 않은 것입니다. 이것을 한글 성경은,
그들이 '복음을 순종하지 않았다'고 번역하였습니다. 바울에게 믿음은 이처
럼, 순종이었습니다. 이때의 순종은 《새신자반》에서 배운 것처럼 하나님의
말씀, 즉 복음에 대한 순종입니다. 순종은 말이 아니라, 행동으로 실행하는
것입니다. 바울에게 행동의 실행, 삶의 실행이 수반되지 않는 믿음은 성립될

수 없었습니다. 그것이 가능하기 위해서는, 먼저 선행적으로 복음을 알아야 합니다. 복음을 알지 못하면, 복음을 실행하는 순종은 아예 불가능합니다. 그래서 바울은 '믿음은 들음에서 나며, 들음은 그리스도의 말씀으로 말미암는다'고 증언했습니다. 우리말 '들음'으로 번역된 헬라어 '아코에ἀκοή'는 귀로 '듣다'는 의미의 동사 '아쿠오'의 명사형입니다. 먼저 귀로 하나님의 말씀인 복음을 들어야, 그 복음을 실행하는 순종의 믿음이 가능하다는 말입니다.

많은 그리스도인들이 로마서의 이 구절을, 하나님의 말씀을 귀로 듣기만 해도 그것이 곧 믿음인 것처럼 잘못 이해하고 있습니다. 그러나 바울은 결코 그런 식으로 말하지 않았습니다. 바울은, 믿음은 하나님의 말씀을 '휘파쿠오'하는 것이요, 그것이 가능하기 위해서는 먼저 하나님의 말씀을 '아쿠오' 해야 한다고 말했습니다. 다시 말해 믿음은 하나님의 말씀을 삶으로 실행하는 것이요, 그것은 하나님의 말씀을 먼저 귀로 들음으로 가능하다는 것입니다. 이처럼 헬라어에는 '귀로 듣다'는 의미의 동사 '아쿠오'와, '들은 대로 실행하다'는 의미의 동사 '휘파쿠오'가 구별되어 있지만, 우리말 동사 '듣다'는 그 두 가지 의미를 모두 포함하고 있습니다. 다른 사람의 말을 귀로 듣는 것도 '듣다'이고, 들은 대로 실행하는 것도 '듣다'입니다. '저 학생은 선생님의 말을 잘 듣는다'는 표현은 그 학생의 청력이 좋다는 뜻이 아니라, 선생님의 말을 들은 대로 잘 실행한다는 의미입니다. 따라서 믿음은 하나님의 말씀을 삶으로 듣는 것이며, 그것은 하나님의 말씀을 귀로 듣는 것으로부터 시작한다고 말할 수 있습니다.

간과하지 말아야 할 것은, 바울이 이 중요한 사실을 증언하면서 '우리가 전한 것을 누가 믿었느냐'는 이사야서 53장 1절을 인용하였다는 점입니다. 구약시대에 많은 선지자들이 하나님의 말씀을 전했습니다. 모든 이스라엘 백성은, 선지자들이 전하는 하나님의 말씀을 그들의 귀로 분명히 들었습니다. 하지만 귀의 들음이 삶의 들음으로 이어지지는 않았습니다. 이스라엘 백성이 선지자들을 통해 하나님의 말씀을 귀로 들었다고 해서, 그들이 하나님의 말씀을 모두 믿은 것은 아니라는 말입니다. 믿음은 분명히 하나님의 말씀을 귀로 듣는 것으로부터 시작하지만, 귀의 들음이 반드시 삶의 들음으로 이어지는 것은 아닙니다. 오히려 이스라엘 백성은 나사렛 예수가 그리스도시라는 복음을 귀로 듣고서도, 그 예수를 십자가에 못박아 죽여 버리고 말았습니다. 그들은 귀로 들은 복음을, 도리어 그들의 삶으로 배척해 버렸습니다. 그렇다면 하나님의 말씀을 귀로 들은 대로 삶으로도 듣는 사람들과, 귀로 들은 하나님의 말씀을 삶으로는 배척하는 사람들이, 어떻게 서로 맞을 수 있겠습니까?

예수님께서 3년에 걸친 공생애를 마무리하실 즈음, 빌립보 가이사랴에서 있었던 일입니다. 예수님께서 그리스도, 즉 성자 하나님인 메시아가 바로 당신 자신이심을 제자들에게 확인시켜 주셨습니다. 그리고 제자들에게 의미심장한 말씀을 남기셨습니다.

> 아무든지 나를 따라오려거든 자기를 부인하고, 자기 십자가를 지고 나를 따를 것이니라(마 16:24).

그리스도이신 예수님을 따르기 위해서는 무엇보다 먼저, '자기를 부인해야' 한다는 것입니다. 그동안 예수님께서 가시는 곳엔, 늘 사람들이 인산인해를 이루었습니다. 하지만 그 많은 사람들이 모두 예수님의 말씀을 귀로는 말할 것도 없고, 삶으로도 듣기 위해 예수님을 찾은 것은 아니었습니다. 그들은 주린 배를 채우거나 불치의 병을 고치기 위해, 혹은 난마처럼 얽혀 있는 삶의 난제를 해결하기 위해 예수님께 몰려든 사람들이었습니다. 한마디로 자기 소원이나 바람을 이루기 위해 예수님을 찾은 사람들이었습니다. 그들의 목적이 바로 '자기 자신'이었으므로, 그들에게는 귀로 들은 예수님의 말씀을 삶으로도 들어야 할 까닭이 없었습니다. 그들에게 예수님은, 단지 그들의 목적을 이루기 위한 요술방망이에 지나지 않았습니다.

그러나 예수님을 그리스도, 즉 이 땅에 강림하신 성자 하나님으로 믿는다면, 그 믿음은 마땅히 '자기 부인'으로부터 시작해야 합니다. 로고스이신 주님을 믿는 것은 주님의 말씀을 귀와 함께 삶으로도 듣는 것이요, 주님의 말씀을 삶으로도 듣기 위해서는, 그동안 자신이 주인으로 살던 자기를 먼저 부인하지 않으면 안 됩니다. 내 주머니가 여전히 비어 있어도, 나를 괴롭히는 지병에 아무 차도가 없어도, 난마처럼 얽힌 삶의 난제가 풀릴 기미가 전혀 보이지 않아도, 내 귀에 들린 주님의 말씀을 삶으로도 듣기 위해, 내 편한 대로 내 욕망대로 살려는 나를 부인하는 것, 그것이 믿음입니다. 내 집 금고가 돈으로 차고 넘치고, 내가 끼니마다 산해진미로 배를 채우고, 매일 태평성세를 누린다 해도, 나의 육체는 머지않아 썩어 문드러지고 말 것입니다. 여기에서 예외인 사람은 아무도 없습니다. 그러나 귀로 들은 주님의 말씀을 삶으로도 듣기 위해 나를 부인하는 것은, 내가 주님 안에서 영원히 사는 길입니다. 그러므로 주님의 말씀을 귀로 듣고서도 계속 자신이 주인으로 사는 사람과, 귀로 들은 주님의 말씀을 삶으로도 듣기 위해 자기를 부인하는 사람은, 본질적으로 서로 맞지 않을 수밖에 없습니다.

로마의 유대인들이 이른 아침부터 바울의 싸구려 헛간으로 몰려들었습니다. 그들은 하루 종일 바울이 전하는 복음을 그들의 귀로 똑같이 들었습니다. 그러나 해가 지고 바울의 강론이 끝났을 때, 그들 가운데 바울이 전한 복음을 믿는 사람들도 있고 믿지 않는 사람들도 있었습니다. 그들이 귀로

들은 복음을 삶으로도 들으려는 사람들과, 귀로 들은 복음을 삶으로는 거부하는 사람들로 나뉘어진 것입니다. 다시 말해 복음을 삶으로도 듣기 위해 자기를 부인하려는 사람들과, 복음을 듣고서도 자신이 주인으로 사는 삶을 계속 고수하려는 사람들로, 그들이 서로 구별되었습니다. 그들이 더 이상 서로 맞을 수 없게 되어 버린 것입니다. 그러나 그것은 조금도 이상한 일이 아니었습니다. 믿음은 곧, 구별이기 때문입니다.

구약성경에서 '거룩하다'는 의미의 히브리어 동사 '카다쉬קדשׁ'는 본래 '구별하다'는 뜻이라고 했습니다. 믿음은 자기 자신을, 자신이 주인으로 살던 종전의 삶에서 구별하는 것입니다. 믿음은, 자기 욕망의 목적이었던 세상으로부터 자신을 구별하는 것입니다. 믿음은, 자기 자신을 우상으로 섬기는 사람들로부터 자신을 구별하는 것입니다. 그 구별은, 귀로 들은 주님의 말씀을 삶으로도 듣기 위해 자기를 부인할 때에만 가능합니다. 그 구별이, 바로 그리스도인의 거룩입니다. 그리스도인의 힘은 연봉의 액수나, 앉아 있는 의자의 높이가 아니라, 세상으로부터 자신을 구별하는 거룩에서 나옵니다. 귀로 들은 주님의 말씀을 삶으로도 듣기 위해 자기를 부인하며 세상으로부터 자신을 구별하면 할수록, 그리스도인은 더 거룩해집니다. 세상으로부터 구별된 그리스도인이 세상에서 외톨이가 되는 것이 아니라, 세상과 구별된 거룩으로 도리어 세상을 소생시키는 것, 바로 그것이 그리스도인이 추구하는 믿음과 거룩의 역설입니다.

그러므로 바울로부터 귀로 들은 복음을 삶으로도 듣기 위해 자신을 부인하는 사람들이, 귀로 들은 복음을 삶으로는 거부하며 계속 자신이 주인으로 살려는 사람들과 구별된 것은 지극히 당연한 결과였습니다. 그리고 자신을 구별하는 그 거룩한 믿음이 시간과 공간을 초월하여 이어지고 또 이어져, 본문의 시점에서 300년이 지나 마침내 로마제국이 새롭게 소생하기에 이르렀습니다. 로마제국은 결코 무력에 의해 새롭게 소생한 것이 아닙니다. 로마제국의 무력은 로마제국을 추악한 탐욕과 죄악의 피로 물들게 했을 뿐이지만, 그 로마제국을 새롭게 소생시킨 것은, 귀로 들은 주님의 말씀을 삶으로도 듣기 위해 자기를 부인하며 세상으로부터 자신을 구별한 그리스도인들의 거룩이었습니다. 그들의 그 거룩을 통로로 삼아 주님께서 친히 역사하신 결과였습니다.

원로 피아니스트 윤미경 선생님 댁에서 식사하면서, 그분의 연주와 강의를 들은 적이 있습니다. 피아니스트의 연주 훈련과 그리스도인의 신앙 훈련을 비교한 강의였는데, 대단히 감동적인 내용이었습니다. 그 내용 중 일부를 그분의 허락하에 소개해 드리겠습니다.

열 손가락은 제각기 힘이 다 다르다. 엄지는 힘이 강하지만 새끼손가락은 약하다. 셋째 손가락은 새끼손가락보다는 강해도 엄지보다는 약하고, 넷째 손가락은 그보다 더 약하다. 이렇게 제각각인 열 손가락이 모두 동일하게 고른 힘으로 피아노 건반을 두드리게 하려면, 엄청난 훈련이 필요하다. 쓸데없는 힘은 빼고 기준 미달의 힘은 강화하면서 열 손가락의 힘을 고르게 배분하기 위해서는, 온갖 방법으로 손가락을 못살게 해야 조금씩 훈련이 되어 간다. 자기 손가락 편한 대로, 손가락 생긴 대로 해서는 안 된다. 악보에 맞게, 주어진 음의 박자와 리듬에 맞추어 손가락을 계속 훈련해야 한다.

신앙도 마찬가지다. 피아니스트가 열 손가락의 힘을 고르게 훈련시키듯이, 신자도 하나님의 말씀에 순종하며 살 수 있게끔 모난 성질을 죽이고, 쓸데없는 힘을 빼고, 교만과 혈기, 게으름, 나약함, 낭비벽 등을 버려야 한다. 피아니스트의 연주 중에 엉뚱한 음들이 튀어나오는 것은 손가락 훈련이 부족하기 때문인 것처럼, 신자가 일상의 삶 속에서 느닷없이 성질을 불쑥불쑥 부리는 것도 자신을 죽이는 훈련이 덜 된 탓이다. '못된 송아지 엉덩이에 뿔난다'는 말처럼, 잘난 척하는 교만한 마음이 훈련을 게으르게 만들어, 피아노 연주든 신앙이든 결과적으로 전체를 망치고 만다.

구구절절 가슴에 와닿는 내용입니다. 피아니스트의 훈련을 손가락의 입장에서 보자면, 손가락의 자기 부인입니다. 엄지는 원래 열 손가락 가운데 힘이 가장 셉니다. 엄지의 자기 부인은 자기의 힘셈을 과시하지 않고, 피아노 연주에 적합하도록 자기 힘을 빼는 것입니다. 힘이 가장 약한 새끼손가락의 자기 부인은 기준 미달의 약함을 당연시하지 않고, 반대로 자기 힘을 강화시키는 것입니다. 열 손가락은 이처럼 힘이 고르게 배분되게끔 어떤 손가락은 힘을 빼고, 어떤 손가락은 힘을 강화시키면서, 온갖 방법을 다해 자기를 부인해야 합니다.

그렇다고 아무렇게나 자기를 부인해서는 안 됩니다. 손가락의 자기 부인의 기준은, 언제나 악보입니다. 그렇게 자기 부인을 거친 피아니스트의 손가락은, 그런 훈련과 무관하게 살아가는 사람의 손가락과 구별될 수밖에 없습니다. 피아니스트의 입장에서는 그 구별된 손가락이 피아노 연주에 적합한 거룩한 손가락이 됩니다. 그 구별된 거룩한 손가락으로 피아노를 치는 피아니스트의 연주는 사람의 마음을 움직이지 않을 수 없습니다. 그러나 자기 부인의 훈련이 전무한 손가락이 건반을 두드리는 피아노 소리는 연주이기는 커녕, 듣는 사람을 성가시게 하는 소음일 뿐입니다. 그리스도인의 자기 부인도, 이와 똑같습니다.

사람들이 이야기 중에 자기 자신을 가리킬 때는 대부분 손을 사용합니다.

그러나 한 손가락만을 사용해야 할 필요가 있을 때, 둘째 손가락이나 셋째 손가락으로 자신을 가리키는 사람은 없습니다. 새끼 손가락을 사용하는 사람은 더더욱 없습니다. 사람들은 엄지를 뒤집으면서 자기를 가리킵니다. 열 손가락 중에서 힘이 가장 센 엄지와 자기 자신을 동일시하는 것입니다. 그리스도인이 귀로 들은 주님의 말씀을 삶으로도 듣기 위해 자기를 부인하는 것은, 바로 그 엄지의 마음을 부인하는 것입니다. 자기 스스로 자기 인생의 주인이 되려는 자기 교만, 자기 욕망, 자기 이기심, 자기 허세의 마음을 부인하는 것입니다. 그와 동시에 새끼손가락의 마음도 부인해야 합니다. 피하고 싶고 외면하고 싶은 겸손, 희생, 헌신, 관용, 인내, 온유, 절제, 사랑의 마음을 강화하는 것입니다. 그런 사람의 삶을 통해 주님께서 이 세상을 새롭게 소생시키실 것은 두말할 여지도 없습니다.

믿음은, 하나님의 말씀을 귀로 들음으로부터 시작한다고 했습니다. 물론 들음은, 눈으로 보는 것까지 포함하고 있습니다. 하나님의 말씀을 귀로 듣지 않으면, 삶으로 듣는 것은 애당초 불가능합니다. 그렇다면 우리 각자는 하나님의 말씀을 귀로 얼마나 듣고 있습니까? 일주일에 고작 주일예배 한 시간 귀로 듣는 것이 전부인 것은 아닙니까? 그렇게 해서야 우리가 이 어지러운 세상에서 무슨 수로 하나님의 말씀을 매일 우리의 삶으로도 들으며, 이 세상과 구별된 삶을 살아갈 수 있겠습니까? 이사야 선지자는 우리에게 중요한 사실을 일깨워 주고 있습니다.

주 여호와께서 학자들의 혀를 내게 주사 나로 곤고한 자를 말로 어떻게 도와줄 줄을 알게 하시고, 아침마다 깨우치시되 나의 귀를 깨우치사 학자들같이 알아듣게 하시도다(사 50:4).

하나님께서는 아침마다 우리의 귀에 당신의 말씀을 들려 주시기를 원하고 계십니다. 우리 모두 아침마다 성경을 통해 하나님의 말씀에 귀를 기울이며, 그 말씀을 들으십시다. 그리고 귀로 들은 말씀을 우리 삶의 현장에서, 매일 우리의 삶으로도 들으십시다. 하나님의 말씀을 우리의 삶으로도 듣기 위해 날마다 우리 자신을 부인하십시다. 우리 자신을 스스로 높이려는 엄지의 마음과, 자신만은 피하려는 새끼손가락의 마음을 주저 없이 부인하십시다. 귀로 들은 하나님의 말씀을 삶으로도 듣기 위해 우리 자신을 부인하면 할수록, 우리는 세상 사람들로부터 더욱 구별될 것입니다. 그러나 그 구별을 두려워하지 마십시다. 그것은 결코 소외나 유기를 의미하지 않습니다. 귀로 들은 하나님의 말씀을 삶으로도 듣기 위해 자기 자신을 자발적으로 구별하는 거룩이야말로 이 세상을 새롭게 소생시켜 나가는 생명의 원동력이 됩니다.

이제 질문을 하나 던져 보겠습니다. 우리가 매일 하나님의 말씀을 열심히 들으며, 이른 아침부터 밤늦게까지 최선을 다해 사는데도, 우리의 삶이 이 세상을 바늘구멍만큼도 소생시키지 못하고 있다면, 오히려 이 세상의 어지러움을 가중시키고 있다면, 대체 그 이유가 무엇이겠습니까? 우리가 하나님의 말씀을 습관적으로 귀로만 듣기 때문이거나, 귀로 들은 하나님의 말씀을 삶으로도 듣기 위해 자기를 부인해도 자기 편한 대로 적당하게 부인하기 때문이 아니겠습니까? 그것은 그리스도인을 이 세상으로부터 구별되게 하는 것이 아니라, 그리스도인이 세상에서 소외되고 유기당하는 지름길인 것을 잊어서는 안 됩니다.

피아니스트가 보다 나은 연주를 위해 온갖 방법을 동원하여 자기 손가락을 부인하는 훈련을 매일 거듭하듯, 귀로 들은 하나님의 말씀을 우리의 삶으로도 듣기 위해, 날마다 우리를 쳐 복종시키기까지 우리 자신을 부인하십시다. 우리의 삶이 세상과 일치하지 않는 불협화음을 두려워하지 마십시다. 귀로 들은 하나님의 말씀을 삶으로도 듣기 위해, 우리 자신을 세상으로부터 자발적으로 구별하십시다. 그때 2천 년 전 늙고 병든 바울의 삶이 그랬던 것처럼, 이 세상에서 우리가 비록 보잘것없는 존재라 해도, 이 세상과 구별된 우리의 삶은 도리어, 이 어지러운 세상을 새롭게 소생시키시는 주님의 연주로 아름답게 승화될 것입니다.

주님, 우리는 주님을 믿는다면서도 그동안 우리 마음의 초점을 세상에 맞추고 있었습니다. 세상의 기준에서 벗어나거나 뒤처지는 것을 두려워하면서, 어떻게 하면 세상을 더 잘 좇을까, 어떻게 해야 세상에서 환영받는 선두주자가 될 수 있을까, 이렇게 늘 노심초사하며 살아왔습니다. 주님의 말씀을 들어도 귀로만 들었을 뿐, 삶으로는 들을 생각조차 하지 않았습니다. 그 결과 우리의 삶은 이 세상을 바늘구멍만큼이라도 소생시키기는커녕, 도리어 세상의 어지러움만 가중시켜 왔습니다. 오늘 주신 말씀 앞에서 우리의 무지와 어리석음을 회개하오니, 용서해 주시기를 간구합니다.

이제부터 아침마다 주님의 말씀을 귀로 듣고, 귀로 들은 주님의 말씀을 가정과 일터에서 삶으로도 듣게 해주십시오. 귀로 들은 주님의 말씀을 삶으로도 듣기 위해, 날마다 우리 자신을 과감하게 부인하는 용기를 지니게 해주십시오. 그로 인해 세상 사람들과 구별되는 것을 두려워하지 않게 해주십시오. 그것은 소외나 유기가 아니라, 주님 안에서 이루어지는 거룩임을 오히려 감사하게 해주십시오. 그리하여 주님께서 마음과 정성을 다하여 심어 주신 우리 삶의 현장에서 우리의 주머니가 비었고, 우리의 육체가 여전히 질병에 시달리고, 우리의 문제에 전혀 해결의 기미가 보이지 않아도, 우리의 삶이 이 세상을 새롭게 소생시키시는 주님의 아름다운 연주로 승화되게 해주십시오. 아멘.

40. 이 구원이 이방인에게로

사도행전 28장 23-28절

그들이 날짜를 정하고 그가 유숙하는 집에 많이 오니 바울이 아침부터 저녁까지 강론하여 하나님의 나라를 증언하고 모세의 율법과 선지자의 말을 가지고 예수에 대하여 권하더라 그 말을 믿는 사람도 있고 믿지 아니하는 사람도 있어 서로 맞지 아니하여 흩어질 때에 바울이 한 말로 이르되 성령이 선지자 이사야를 통하여 너희 조상들에게 말씀하신 것이 옳도다 일렀으되 이 백성에게 가서 말하기를 너희가 듣기는 들어도 도무지 깨닫지 못하며 보기는 보아도 도무지 알지 못하는도다 이 백성들의 마음이 우둔하여져서 그 귀로는 둔하게 듣고 그 눈은 감았으니 이는 눈으로 보고 귀로 듣고 마음으로 깨달아 돌아오면 내가 고쳐 줄까 함이라 하였으니 그런즉 하나님의 **이 구원이 이방인에게로** 보내어진 줄 알라 그들은 그것을 들으리라 하더라

바울이 연금당해 있는 로마 변두리의 싸구려 헛간으로, 로마의 유대인들이 이른 아침부터 몰려들었습니다. 그들은 해가 저물기까지 하루 종일, 복음에 대한 바울의 강론을 들었습니다. 해가 저물어 마침내 바울의 강론이

끝났을 때, 하나님의 말씀인 복음을 '믿는 사람도 있고 믿지 않는 사람도' 있었습니다. 그리고 그들은 더 이상 '서로 맞지' 않았습니다. 이른 아침 바울의 싸구려 헛간에 몰려들 때만 해도 하나였던 로마의 유대인들이, 바울이 전한 복음을 들은 뒤에는 믿는 사람들과 믿지 않는 사람들로 나뉘어져, 서로 구별되고 만 것이었습니다.

믿음은 귀로 들은 하나님의 말씀을 삶으로도 듣기 위해, 스스로 주인 행세하려는 자신을 쳐서 복종시키기까지 자기를 부인하는 것이라고 했습니다. 그와 같이 살아가는 믿음의 그리스도인은, 하나님의 말씀을 귀로 듣고 흘려버리거나 아예 들으려 하지도 않는 세상 사람들과는 구별될 수밖에 없습니다. 그 구별은, 세상 사람들과 어울리기를 열망하는 내가 세상 사람들로부터 외면당하는 소외가 아니라, 내가 얼마든지 세상 사람들과 어울릴 수 있지만 하나님의 말씀을 삶으로도 듣기 위해 나 자신을 자발적으로 격려하는 '거룩'이라고 했습니다. 그리고 주님께서는 그리스도인의 그 거룩을 통로로 삼아, 이 세상을 새롭게 소생시키신다고 했습니다.

오늘의 본문 25-28절은 그 이후의 상황을 전해 주고 있습니다.

서로 맞지 아니하여 흩어질 때에 바울이 한 말로 이르되, 성령이 선지자 이사야를 통하여 너희 조상들에게 말씀하신 것이 옳도다. 일렀으되, 이 백성에게 가서 말하기를, 너희가 듣기는 들어도 도무지 깨닫지 못하며 보기는 보아도 도무지 알지 못하는도다. 이 백성들의 마음이 우둔하여져서 그 귀로는 둔하게 듣고 그 눈은 감았으니, 이는 눈으로 보고 귀로 듣고 마음으로 깨달아 돌아오면 내가 고쳐 줄까 함이라 하였으니, 그런즉 하나님의 이 구원이 이방인에게로 보내어진 줄 알라. 그들은 그것을 들으리라 하더라.

바울은 '70인역'으로 불리는 헬라어 구약성경의 이사야서 6장 9-10절 말씀을 인용하였습니다. 이스라엘 백성이 하나님의 말씀을 귀로도 듣고 삶으로도 들으면 하나님께서 그들을 영원히 구원해 주려 하셨지만, 하나님의 선민을 자처하는 이스라엘 백성이 하나님의 말씀을 아예 귀로도 들으려 하지 않았다는 내용입니다. 그리고 바울은, "하나님의 이 구원이 이방인에게로 보내어진 줄 알라"고 선언하였습니다. 이방인은 이스라엘 백성과는 달리, 하나님의 구원의 말씀을 최소한 귀로는 들을 것이기 때문이었습니다.

로마 변두리의 싸구려 헛간에서 바울이 전한 복음을 듣고 믿는 사람들과 믿지 않는 사람들의 수가 얼추 비슷했더라면, 바울이 자신의 강론을 이렇게 마무리하지는 않았을 것입니다. 바울이, 이스라엘 백성이 하나님의 말씀을 아예 들으려고 하지도 않는다는 이사야의 증언을 인용하면서, 하나님의 구원이 이방인에게로 보내어졌다고 선언하는 것으로 자신의 강론을 마무리한 것은, 그의 강론을 들은 유대인들 가운데 믿지 않는 사람들이 믿는 사람들보다 압도적으로 더 많았음을 뜻합니다. 중요한 것은, 이것이 총 28장으로 구성되어 있는 사도행전의 결론이라는 사실입니다. 다시 말해 사도행전을 기록한 누가는, 유대인들의 거부로 하나님의 구원이 이방인으로 향하게 되었다는 바울의 선언으로 사도행전의 막을 내리고 있습니다.

바울은 예전에도 이방인의 구원을 선언한 적이 있었습니다. 1차 전도 여행을 시작한 바울이 비시디아 안디옥을 찾아갔을 때의 일입니다. 안식일을 맞은 바울이 유대인 회당에서 복음을 전하자, 그곳에 모여 있던 사람들은 평생 처음 들어 보는 복음에 깜짝 놀랐습니다. 그들은 바울에게, 다음 안식일에도 복음을 전해 줄 것을 요청하였습니다. 바울에 대한 입소문은 삽시간에 온 도시로 퍼져나갔고, 다음 안식일이 되자, 바울의 설교를 듣기 위해 거대한 인파가 유대인 회당에 몰려들었습니다. 그 광경을 목격한 그곳의 유대교 지도자들은 질투심에 사로잡혀 버리고 말았습니다. 그동안 단 한 번도 운집해 본 적이 없는 대인파가 뜨네기 바울의 설교를 듣기 위해 몰려들었다는 사실에 그들의 자존심이 상한 것이었습니다. 그들은 바울이 회당에서 더이상 복음을 전할 수 없도록, 거칠고 험한 언행으로 바울을 배척해 버렸습니다. 그 당시의 상황을 누가는 다음과 같이 기록하였습니다.

> 유대인들이 그 무리를 보고 시기가 가득하여 바울이 말한 것을 반박하고 비방하거늘, 바울과 바나바가 담대히 말하여 이르되, 하나님의 말씀을 마땅히 먼저 너희에게 전할 것으로되, 너희가 그것을 버리고 영생을 얻기에 합당하지 않은 자로 자처하기로 우리가 이방인에게로 향하노라. 주께서 이같이 우리에게 명하시되, 내가 너를 이방의 빛으로 삼아 너로 땅끝까지 구원하게 하리라 하셨느니라 하니, 이방인들이 듣고 기뻐하여 하나님의 말씀을 찬송하며 영생을 주시기로 작정된 자는 다 믿더라
>
> (행 13:45-48).

바울은 자신을 배척하는 유대인 회당에 연연해하지 않았습니다. 그는 "내가 너를 이방의 빛으로 삼아 너로 땅끝까지 구원하게 하리라"는 이사야서 49장 6절 말씀을 인용하면서 비시디아 안디옥의 이방인들에게 복음을 전하였고, 그곳의 많은 이방인들이 하나님의 구원을 얻었습니다.

2차 전도 여행 때도 마찬가지였습니다. 유럽 대륙으로 진출하여 고린도를 찾은 바울은 그곳에서도 유대인 회당에서 복음을 전했습니다.

> 안식일마다 바울이 회당에서 강론하고 유대인과 헬라인을 권면하니라.

실라와 디모데가 마게도냐로부터 내려오매 바울이 하나님의 말씀에 붙잡혀 유대인들에게 예수는 그리스도라 밝히 증언하니, 그들이 대적하여 비방하거늘, 바울이 옷을 털면서 이르되 너희 피가 너희 머리로 돌아갈 것이요 나는 깨끗하니라. 이 후에는 이방인에게로 가리라 하고(행 18:4-6).

고린도에서도 회당의 유대인들이 적개심을 드러내며 바울을 배척하였습니다. 그때에도 바울은 미련 없이 회당을 떠나면서, 이 이후로 자신은 이방인에게 향할 것이라고 선언하였습니다.

바울은 세 차례에 걸쳐 지중해 세계를 전도 여행하는 동안, 어느 도시를 방문하든 먼저 유대인 회당을 찾아갔습니다. 유대인만 하나님의 구원을 받을 수 있다고 생각했기 때문이 아니라, 회당을 복음 전도의 거점으로 삼기 위함이었습니다. 따라서 어느 도시에서든 유대인 회당을 먼저 찾는 바울에게 유대인은 복음 전도의 우선 대상이었을 뿐, 유일한 대상은 아니었습니다. 오히려 유대인들의 지속적인 복음 배척은, 바울의 전도가 이방인에게로 향하고 확장되게 하는 촉매제 역할을 하였습니다. 그 결과 지구 반대편에 살고 있는 우리에게까지 하나님의 구원의 은혜가 임하게 되었습니다. 생각하면 생각할수록 하나님의 신비로운 섭리가 아닐 수 없습니다. 그러나 누가가 오늘의 본문과 같은 내용으로 사도행전의 막을 내리는 까닭이, 우리가 이미 잘 알고 있는 하나님의 그 신비로운 섭리를 증언하기 위함만은 아니었습니다. 거기에는 또 하나의 중요한 까닭이 있었습니다.

교회를 짓밟던 청년 바울은, 다메섹 도상에서 주님의 빛에 사로잡힘과 동시에 시력을 상실하였습니다. 주님께서는 바울이 시력을 회복할 수 있게끔, 다메섹의 아나니아에게 바울을 찾아가 안수해 줄 것을 명령하셨습니다. 바울의 전력을 잘 알고 있는 아나니아는 주님의 명령에 이의를 제기했습니다. 이에 주님께서 아나니아에게, 바울을 선택하신 목적을 다음과 같이 천명하셨습니다.

> 주께서 이르시되, 가라. 이 사람은 내 이름을 이방인과 임금들과 이스라엘 자손들에게 전하기 위하여 택한 나의 그릇이라(행 9:15).

주님께서는 당신의 복음을 전하기 위한 그릇, 즉 도구로 바울을 선택하셨습니다. 그리고 주님께서 바울의 전도 대상으로 특정하여 주신 "이방인과 임금들과 이스라엘 자손들"은 남녀노소 빈부귀천을 막론하고, 이 세상 모든 사람을 의미합니다. 중요한 사실은, 그 제1대상이 이방인이었다는 것입니다. 당시 선민의식에 젖어 있던 유대인들은 이방인을 사람으로 취급하지 않았습니다. 유대인의 관습상, 이방인과 접촉하는 것조차 금기 사항이었습니다. 그런 상황 속에서 바울이 이방인을 복음 전도의 제1대상으로 삼는 것은, 자신의 목숨을 거는 일이었습니다. 그렇지만 바울은 주님의 명령에 순종하여, 이방인 전도에 일평생 자신의 생명을 걸었습니다.

주님께서 바울에게 특별히 그렇게 명령하신 사연이 있었습니다. 인간의 죗값을 대신 치러 주시기 위한 제물로 십자가에 못박혀 돌아가신 주님께서는 사흘째 되는 날, 죽음을 깨뜨리고 다시 살아나셨습니다. 그리고 제자들과 40일 동안 함께 지내신 후, 하늘로 승천하시면서 제자들에게 최후의 명령을 내리셨습니다. 이른바 지상 최후의 명령이었습니다.

> 오직 성령이 너희에게 임하시면, 너희가 권능을 받고 예루살렘과 온 유대와 사마리아와 땅끝까지 이르러 내 증인이 되리라 하시니라(행 1:8).

주님께서 말씀하신 '증인', 즉 '마르튀스'는 자신의 증언에 대해 생명을 거는 사람입니다. 그러나 요즈음의 증인은, 자신의 이해관계에 따라 법정에서 거짓 증언마저 불사합니다. 법정에서조차 증인의 증언을 100퍼센트 신뢰할 수 없다는 말입니다. 그래서 본래의 의미를 오래전에 상실해 버린 우리말 '증인' 대신에, 사도행전이 끝나기까지 성경 원문에 기록되어 있는 원어 '마르튀스'를 그대로 사용하기로 했었습니다. 오늘도 그 단어를 그대로 사용하겠습니다.

주님께서 지상 최후의 명령에서 언급하신 '예루살렘과 유대', '사마리아' 그리고 '땅끝'은 공간이 아니라, 그곳의 사람들을 의미합니다. 주님께서 제자들에게 당신의 복음을 증언하기 위해 생명을 거는 마르튀스가 되라고 최후의 명령을 내리실 때, 그 대상을 예루살렘과 유대의 유대인으로만 국한하신 것이 아니었습니다. 주님께서는 제자들에게 마르튀스의 대상을 유대인을 비롯하여, 유대인이 인간으로 취급하지도 않는 사마리아인과 그 너머의 이방인까지 포함하도록 명령하셨습니다. 유대인과 사마리아인 그리고 이방인 역시, 남녀노소 빈부귀천을 막론하고 이 세상 모든 사람을 일컫습니다. 그들이 모두 하나님의 자녀들이기 때문입니다. 하지만 주님의 직계제자들인 사도들은 주님의 이 최후의 명령을 제대로 이해하지도, 실행하지도 못했습니다.

이미 사도행전 6장을 통해 우리가 알고 있는 것처럼 사도들은 예루살렘과 유대의 벽, 다시 말해 유대인의 벽을 넘어서려 하지 않았습니다. 사도들은 교인들에 의해 선출된 집사들이 사마리아인과 이방인에게 복음을 전한 것을 확인하고서도, 정작 자신들이 사마리아를 너머 땅끝의 이방인에게까지 주님의 마르튀스가 되어야 한다는 생각을 하지는 못했습니다. 그들의 복음 증언은 단지 유대인에게만 국한되어 있었습니다. 그로 인해 주님께서 당신의 새로운 마르튀스로 택하신 사람이 바로 바울이었습니다. 그리고 주님께서 바울에게 특정해 주신 복음 증언의 제1대상이 이방인이었습니다.

바울은 주님의 부르심을 받은 이후 주님의 명령에 따라, 유대인들의 온갖 모함과 박해와 살해 위협 그리고 투옥과 매맞음의 고난 속에서도, 이방인을 위한 주님의 마르튀스와 휘페레테스로 살기 위해 자신의 생명을 걸었습니다. 그 결과 주님의 지상 최후의 명령인 '땅끝까지 이르러 나의 마르튀스가 되라'는 사도행전 1장 8절 말씀이, 사도 바울의 일생을 통해 비로소 지중해 세계의 땅끝마다에서 성취되고 완결되어 갔음을, 사도행전을 기록한 누가가 사도행전의 마지막 장인 28장에서 오늘의 본문으로 증언한 것입니다. 다시 말해 사도행전을 기록한 누가는, 바울이 주님의 부르심을 받은 이후 사도행전 1장 8절 말씀을 자신의 삶으로 성취하기 위해, 사도행전이 끝나기까지 일평생 그 말씀에 올인하였음을 강조하는 것으로 사도행전의 막을 내리고 있습니다.

그러나 이 말을 오해해서는 안 됩니다. 바울이 일평생 사도행전 1장 8절의 말씀에 올인하였다고 해서, 하나님의 다른 말씀을 경홀히 여긴 것은 결코 아닙니다. 성경에 기록되어 있는 하나님의 말씀은, 상호 연관성도 없는 무의미한 말의 파편들이 아닙니다. 성경의 각 구절은, 서로 거미줄처럼 치밀하게 얽혀 있습니다. 어느 성경 구절이든 성경 전체를 들여다보는 안경인 동시에, 성경 전체를 해석하는 열쇠입니다. 다시 말해 성경 전체의 정신과 의미가 각 구절을 통해 구체적인 모습으로 드러나고 있습니다. 그러므로 그리스도인이 성경의 한 구절을 자신의 삶으로 성취하기 위해 생명을 거는 것은, 실은 성경 말씀 전체에 자신의 생명을 거는 것과 같습니다.

바울은 '땅끝까지 이르러 나의 마르튀스가 되라'는 사도행전 1장 8절 말씀을 성취하기 위해 일생 동안 자신의 생명을 걸었습니다. 일평생 로고스이신 주님의 마르튀스로 살기 위해, 바울은 누구보다 주님의 말씀에 더 진력했습니다. 주님의 마르튀스로 살기 위해 사람을 사랑해야 했고, 주님의 마르튀스로 살기 위해 불의와 맞서야 했고, 주님의 마르튀스로 살기 위해 온갖 고난과 시련을 감수해야 했고, 주님의 마르튀스로 살기 위해 한순간이라도 주님과 동행하지 않을 수 없었습니다. 그 결과 사도행전 1장 8절 말씀을 자신의 삶으로 성취하기 위해 일평생 올인한 바울을 통해, 성경 66권에 기록되어 있는 하나님의 모든 말씀이 살아 역사하셨습니다. 그러므로 그리스도인에게 지금 자신의 생명을 건 한 말씀이 없다면, 그 사람은 일상의 삶 속에서 하나님과 무관하게 살고 있다고 단언해도 지나친 말은 아닐 것입니다.

저 자신에 대해 말씀드리는 것을 양해해 주시기 바랍니다. 저를 통해 주님께서 이루신 일들을 증언하기 위해 드리는 말씀이므로, 저 자신을 자랑하는 것으로 오해하지 마시기 바랍니다. 우리 나이로 서른여섯 살에 주님의 부르심을 받은 저는, 지난 30년 동안 세 교회를 목회하였습니다. 세 번 모두 저 자신의 의지가 아니라, 주님의 명령에 의해 이루어진 일이었습니다.

첫 번째는 주님의교회였습니다. 대학 졸업 후 14년에 걸친 사회생활을 접은 저는, 서른일곱 살의 나이에 신학교에 진학하였습니다. 그리고 졸업반 때에, 한국의 여성 문인들과 함께 성경공부를 하였습니다. 어느 날, 한 여성 작가가 제게 교회 개척을 제안하였습니다. 모 교회에서 나온 몇 가정이 저와 함께 교회를 개척하기 원한다는 것이었습니다. 저는 그 제안을 사양하였습니다. 개척교회는 이 세상에 없던 교회가 새롭게 생기는 것이므로, 개척교회의 목사는 누구보다도 정결해야 한다고 생각했습니다. 저처럼 허랑방탕하게 살아온 사람은 상상조차 할 수 없는 일이었습니다. 제가 교회 개척 제안을 사양하자, 그 여성 작가가 언급한 분들이 이번에는 제게 일주일에 한 차례씩 성경공부를 요청했습니다. 그분들의 거듭된 요청에, 현재 우리 교회

별관으로 사용하는 저희 집 2층에서 그분들과 성경공부를 시작하였습니다.

얼마 지나지 않아, 그분들과 성경공부를 하지 말라는 지인들의 전화가 걸려오기 시작했습니다. 그분들이 다니던 교회는, 당시 서울 시내에서 가장 빠른 속도로 부흥하던 교회였으므로, 적잖은 제 지인들도 그 교회에 출석하고 있었습니다. 그 지인들이 그분들과 성경공부를 하지 않는 것이 좋겠다고 돌아가며 제게 전화를 해왔습니다. 그때마다 저는, 전화해 주셔서 고맙다는 인사말로 전화를 끊었습니다. 어느 날, 그 교회를 다니는 제 친척 두 명이 10분 간격으로 제게 전화했습니다. 두 사람의 전화 내용은 입을 맞춘 듯, 동일한 요지였습니다. 그분들과 성경공부하는 것이, 목회자로 새로운 인생을 시작하는 제 앞길에 행여 오점을 남기게 되지 않을까 우려한다는 요지였습니다.

저는 10분 간격으로 걸려온 두 친척의 전화를 끊으면서, 지인들과 친척들이 말리는 그분들을 위해 교회를 개척해야 하겠다고 결심하였습니다. 저는 교회를 목회하는 목사가 되기 위해 신학교에 간 것이 아니었습니다. 제게는 그만한 자격이 없다고 여겼습니다. 저는 수렁에서 저를 건져 주신 주님 안에서 예전과는 구별된 삶을 살기 위한 목적으로, 늦은 나이에 신학교에 진학했습니다. 그래서 신학교 기도탑에서, 만약 제가 교회를 목회해야 한다면, 다른 사람들이 꺼려 하거나 외면하는 사람들을 위한 목회를 하게 해달라고 주님께 기도하곤 했습니다. 10분 간격으로 걸려온 두 친척의 전화를 끊는 순간, 주님께서 그때의 그 기도가 생각나게 하시면서 제 마음을 사로잡으셨습니다. 그래서 함께 성경공부하던 분들의 좌장에게 전화를 걸어, 아직도 저와 교회를 개척하기 원하는지 물었습니다. 그분이 그렇다고 대답했고, 그러면 그렇게 하자고 제가 말했습니다. 모든 사람이 그분들과 어울리지 말라고 말린다면, 제가 그분들과 어울리는 목사가 되어야겠다고 결심한 것입니다. 그래서 시작된 교회가 주님의교회입니다.

두 번째 목회지는 스위스의 제네바한인교회였습니다. 제가 주님의교회에서 10년 임기를 끝마칠 즈음, 당시 일주일에 한 번씩 제네바한인교회를 돌보던 베른한인교회 목사님으로부터 편지를 받았습니다. 20년 동안 미자립 상태인 제네바한인교회를 위해 60퍼센트의 사례비로, 가족은 서울에 두고, 저 혼자 제네바로 와서, 만 3년 동안 교인들을 섬겨 달라는 요청이었습니다. 저는 그 요청을 거절했습니다. 얼마 후, 제네바한인교회의 교인 대표가 제게 다시 편지를 보냈습니다. 제네바에 오겠다는 목사가 있었지만, 교회가 정말 가난한 것을 알고 오지 않으니, 제발 저더러 와달라는 내용이었습니다. 다른 목회자들이 가기 원하는 곳이라면 제가 가야 할 이유가 없지만, 아무도 가려 하지 않는 곳의 요청이라면, 그것은 곧 주님의 명령이었습니다. 그 주님의 명령에 순종하여 3년 동안 가족과 떨어져 제네바한인교회를 섬겼습니다.

저의 세 번째이자 마지막 목회지는 바로 이곳, 100주년기념교회입니다. 저는 우리 교회가 창립되기 20년 전부터 양화진 자락에서 살면서, 대한민국 영토이자 한국 기독교의 성지인 양화진선교사묘원이 누구에 의해 어떻게 훼손되는지, 제 두 눈으로 똑똑히 목격하였습니다. 제가 양화진을 지키는 묘지기가 되기 위해 100주년기념재단이 설립하는 교회의 담임목사직을 맡는다면, 양화진의 법적 질서와 공익 확립을 위해, 그동안 양화진의 주인 노릇을 하던 개인이나 단체와 정면으로 맞닥뜨려야 함을 의미했습니다. 그것은 쉬운 일일 수 없었습니다. 그러나 한 시간 간격으로 저를 두 번이나 찾아오신 100주년기념재단 어른들의 눈물어린 간청을 통해, 저는 저를 양화진으로 불러내시는 주님의 명령에 순종하지 않을 수 없었습니다. 그래서 13년 전에 100주년기념교회가 세워졌습니다.

이것이 30년에 걸친 제 목회를 통해 주님께서 이루신 일들입니다. 저 자신의 의지나 능력만으로는, 가당치도 않는 일들이었습니다. 그러나 제게는,

주님의 부르심을 받은 이후, 주님께서 제 삶을 일관되게 관통하게 하신 주님의 말씀이 있었습니다. 시편 119편 165절 말씀입니다.

> 주의 법을 사랑하는 자에게는 큰 평안이 있으니, 그들에게 장애물이 없으리이다.

성경 전체의 관점으로 이 구절을 조명하면, 하나님의 말씀을 좇아 살아가는 사람들에게 장애물이 아예 없다는 말이 아니라, 인생의 어떤 장애물도 장애물이 되지 않는다는 뜻입니다. 이스라엘 백성은 400년에 걸친 이집트의 노예살이에서 해방되는 하나님의 은총을 입었습니다. 그러나 하나님의 인도하심을 좇아간 곳은 뜻밖에도 홍해였습니다. 천하무적의 이집트 군대가 추격해 오는 가운데, 그들의 앞을 가로막고 있는 홍해는 속수무책의 장애물이었습니다. 두려움에 사로잡힌 이스라엘 백성은 자포자기한 채, 그들을 홍해로 인도하신 하나님을 원망하고, 지도자 모세를 비난했습니다. 그러나 하나님 앞에서 홍해는 장애물이 아니었습니다. 그 홍해는, 그 바다를 가르시는 하나님의 능력을 확인하는 은혜의 체험장이었습니다. 하나님께서 인도하신 광야 역시 마실 물도, 먹을 것도 없는 죽음의 장애물이 버티고 있었습니다. 그러나 그 광야도 반석에서 강물이 터지고, 하늘에서 만나가 비처럼 쏟아져 내리는 은혜의 도가니였습니다. 앞길을 가로막는 홍해도, 메마른 광야도, 죽음의 장애물이 분명했지만, 하나님의 말씀을 좇아 가나안으로 향하는 이스라엘 백성에게 그 장애물들은 장애물이 될 수 없었습니다. 그래서 하나님의 말씀을 좇는 사람은, 그 어떤 인생의 장애물 앞에서도 평안을 누릴 수 있습니다. 목전의 장애물이 장애물이 아니라, 하나님께서 마음과 정성을 다하여 심어 주신 은혜의 체험장임을 알기 때문입니다.

지인들과 친척들이 만류하는 사람들을 위해 교회를 개척하는 것은, 늦은 나이에 새로운 인생길에 들어선 저에게 큰 장애물일 수 있었습니다. 그러나 주님의 명령에 순종하였을 때, 그것은 장애물이 아니었습니다. 저와 함께 주님의교회를 개척한 분들은, 제 지인들이나 친척들이 우려한 것과 같은 분들이 아니었습니다. 그분들은, 다니던 교회에서 분란이 일어나자 제일 먼저 교회를 떠난 분들이었습니다. 그러자 그 교회 일각에서 교인들의 연쇄 이탈을 막기 위해 먼저 떠난 분들에 대하여 악의적인 소문을 퍼뜨렸습니다. 그 소문을 사실로 받아들인 제 지인들과 친척들이, 그분들과 성경공부도 함께 하지 말라고 저를 만류한 것이었습니다. 그분들은 연령·학력·사회경력·신앙연륜 등, 모든 면에서 저보다 월등하게 앞선 분들이었습니다. 그런데도 그분들은 모든 면에서 턱없이 부족한 후배인 저를 전폭적으로 신뢰하며 키워 주셨습니다. 그 덕분에 오늘날의 제가 있을 수 있었습니다.

50넘은 나이에 외국에서 혼자 밥하고 빨래하면서 3년 동안이나 제네바한인교회를 섬기는 것도, 제게는 어려운 장애물일 수 있었습니다. 그러나 주님의 명령에 순종하였을 때, 그것 또한 장애물이 아니었습니다. 주님께서는 20년 동안 미자립 상태였던 제네바한인교회를 자립시키는 도구로, 보잘것없는 저를 사용하시는 은혜를 제게 베풀어 주셨습니다. 그뿐 아니라 2천년 전 사도들이 주님의 마르튀스로 복음을 증언하고 순교의 피를 뿌렸으며, 500년 전 개혁자들이 목숨을 걸고 교회를 갱신하였던 유럽 대륙의 한 복판에서, 주님께서는 종이짝처럼 얇고 엷기만 하던 제 영성의 우물에 깊이를 더해 주셨습니다.

20년 동안 양화진이 누구에 의해 어떻게 훼손되는지 목격해 온 제가, 아무것도 보장되지 않는 양화진의 묘지기로 부름 받아 그들과 정면으로 맞닥뜨리는 것 또한, 반드시 피해야 할 인생 말년의 장애물일 수 있었습니다. 그러나 주님 안에서는 그것도 장애물일 수 없었습니다. 주님께서는, 우리 교회를 양화진에서 축출하려는 개인들과 단체들의 터무니없는 모함과 공격 속에서 우리 교회를 정금처럼 갈고닦아 주셨고, 자격미달인 저에게 부름 받은 소명의 길을 완주하는 은혜를 베풀어 주셨습니다.

이처럼 지난 30년 동안 '주의 법을 사랑하는 자에게는 큰 평안이 있으니, 그들에게 장애물이 없으리이다'라는 시편 119편 165절 말씀에 제 삶을 의탁했을 때, 하나님께서는 그 말씀을 의지하는 제 삶을 통해 그 한 구절만 아니라, 성경 속의 갖가지 역사가 드러나게 해주셨습니다. 이사야서 43장 19절 말씀처럼 제가 상상치도 못한, 광야에 길을 내고 사막에 강을 흐르게 하시는 역사였습니다. 그래서 저는 두 달 후 100주년기념교회를 퇴임한 후에도 시편 119편 165절 말씀에 제 인생 말년을 의탁하고, 어떤 장애물이 도사리고 있어도 주님의 말씀을 좇아 길 없는 길을 걸으며 주님 안에서 제 남은 여생을 마무리하려고 합니다. 성경 한 구절에 제 생을 거는 것은, 제 삶을 통해 성경 전체를 드러나게 하는 길이기 때문입니다.

사도 바울은 '땅끝까지 이르러 나의 마르튀스가 되라'는 사도행전 1장 8절 말씀에 일평생 자신의 생을 걸었습니다. 그 바울에게는, 이 세상의 그 어떤 장애물도 장애물이 되지 않았습니다. 바울이 맞닥뜨렸던 이 세상의 숱한 장애물들은, 주님께서 바울을 당신의 영원한 사도로 영원히 세워 주시려는 영원한 은혜의 발판이었습니다.

우리 각자는 지금, 하나님의 어떤 말씀에 우리의 생을 걸고 있습니까? 하나님의 말씀에 생을 건 우리의 인생이 지금, 혹 어떤 장애물에 가로막혀 있습니까? 살아 있는 사람에게는 일어나지 않는 일이 없지만, 그러나 하나님을 믿는 우리가 지금 처해 있는 삶의 현장은, 하나님께서 당신의 마음과 정성을 다하여 심어 주신 은혜의 체험장임을 잊지 마십시다. 우리가 하나님의 말씀을 좇는 한, 지금 우리 앞을 가로막고 있는 장애물은 결코 장애물일 수 없습니다. 오히려 우리는 그 장애물 때문에 홍해를 가르시고, 반석에서 강물을 터뜨리시며, 하늘에서 만나를 비처럼 내리시는 하나님의 능력을, 우리의 온 삶으로 확인하는 은혜를 누리게 될 것입니다.

어디 그뿐이겠습니까? 하나님의 말씀을 좇는 우리가 가는 곳마다, 이 세상의 광야에 길이 나고 사막에 강이 흐르는 신사도행전이 펼쳐지게 될 것입니다. 우리가 우리의 생을 걸고 좇는 말씀, 그 말씀이 곧 천지를 창조하신 하나님이시기 때문입니다.

이 시간 우리 각자로 하여금, 우리의 생명을 건 한 말씀이 우리에게 있는지, 우리 자신을 되돌아보게 해주셔서 감사합니다. 지금 우리에게 우리의 생명을 건 한 말씀이 없다면, 실은 우리가 일상생활 속에서 하나님과 무관하게 살고 있음을 깨우쳐 주심도 감사합니다.

바울처럼, 하나님께서 우리의 삶을 통해 성취하시려는 하나님의 한 말씀에 우리의 생을 걸게 해주십시오. 그 말씀의 마르튀스로 살기 위해 날마다 성경 말씀에 더욱 진력하며, 그 말씀의 마르튀스로 살기 위해 사람을 사랑하며, 그 말씀의 마르튀스로 살기 위해 불의와 맞서며, 그 말씀의 마르튀스로 살기 위한 온갖 고난과 시련도 피하지 말게 해주셔서, 성경 66권에 기록되어 있는 하나님의 모든 말씀이 우리의 삶을 통해 육화되어 가게 해주십시오. 하나님의 말씀을 좇는 우리의 인생길을 가로막고 있는 그 어떤 장애물도 장애물이 아님을, 우리의 삶으로 확인하게 해주십시오. 그리하여 우리가 가는 곳마다 이 세상의 광야에 길이 나고 사막에 강이 흐르는, 신사도행전이 펼쳐지게 해주십시오.

이틀 후로 예정된 남북 정상회담 위에 은총을 베풀어 주셔서, 한 정권이나 정파의 실적을 내세우기 위한 이벤트가 아니라, 주님께서 작정하신 한반도의 새로운 미래를 향한 징검다리가 되게 해주십시오. 아멘.

41. 모든 것을 담대하게

사도행전 28장 30-31절
바울이 온 이태를 자기 셋집에 머물면서 자기에게 오는 사람을 다 영접하고 하나님의 나라를 전파하며 주 예수 그리스도에 관한 **모든 것을 담대하게** 거침없이 가르치더라

바울은 지금, 세를 내고 얻은 로마 변두리의 싸구려 헛간에 연금당해 있습니다. 그 헛간으로 로마의 유대인들이 이른 아침부터 몰려들었습니다. 바울은 그들에게 하루 종일 복음을 강론하였습니다. 해가 저물면서 바울의 강론이 끝났을 때, 복음을 '믿는 사람도 있고 믿지 않는 사람도' 있었습니다. 그리고 그들은 더 이상 '서로 맞지' 않았습니다. 이른 아침 바울의 싸구려 헛간에 몰려들 때만 해도 하나였던 그들이, 바울이 전한 복음을 들은 뒤에는 믿는 사람들과 믿지 않는 사람들로 나뉘어져, 서로 구별되고 만 것이었습니다.

믿음은 귀로 들은 하나님의 말씀을 삶으로도 듣기 위해, 스스로 주인 행

세하려는 자신을 쳐서 복종시키기까지 자기를 부인하는 것이라고 했습니다. 그와 같이 살아가는 믿음의 그리스도인은, 하나님의 말씀을 귀로 듣고 흘려 버리거나 아예 들으려 하지도 않는 세상 사람들과 구별될 수밖에 없습니다. 그 구별은, 세상 사람들과 어울리기를 열망하는 내가 세상 사람들로부터 외면당하는 소외가 아니라, 얼마든지 세상 사람들과 어울릴 수 있지만 하나님의 말씀을 삶으로도 듣기 위해 나 자신을 자발적으로 격리하는 '거룩'이라고 했습니다. 주님께서는 그리스도인의 그 거룩을 통로로 삼아, 이 세상을 새롭게 소생시키십니다.

그러나 바울의 강론을 들은 유대인들 가운데 믿지 않는 사람들이 믿는 사람들보다 압도적으로 더 많았습니다. 그래서 바울은, 하나님께서 이스라엘 백성을 구원해 주시려 해도 그들이 하나님의 말씀을 아예 들으려고 하지도 않는다는 이사야서 6장 9-10절 말씀을 인용하면서, 하나님의 구원이 이방인에게로 향하였다고 선언하는 것으로 자신의 강론을 마무리하였습니다. 그리고 바울의 그 선언으로 사도행전의 막이 내리고 있습니다. 지난 시간에 살펴본 것처럼 그것은, 주님의 지상 최후의 명령인 '땅끝까지 이르러 나의 마르튀스가 되라'는 사도행전 1장 8절 말씀을 바울이 자신의 삶으로도 듣기 위해 일평생 올인하였음을 강조하기 위함이었습니다. 성경 말씀은 거미줄처럼 서로 치밀하게 얽혀 있기에, 누구든 한 말씀에 자신의 생을 거는 것은, 실은 성경의 모든 말씀에 올인하는 것과 같다고 했습니다.

사도행전 최후의 단락인 본문 29-31절은, 그 이후의 상황을 전해 주고 있습니다. 그러나 본문 29절에는, 괄호 속에 '없음'이라고만 표기되어 있습니다. 29절에는 내용이 없다는 말입니다. 그 대신에 아라비아 숫자로 '3'이 기록되어 있습니다. 그리고 아래쪽 주 란의 3번에, "어떤 사본에 '그가 이 말을 마칠 때에 유대인들이 서로 큰 쟁론을 하며 물러가더라'가 있음"이라고 기록되어 있습니다. 바울이 전하는 복음을 듣고 삶으로도 들으려는 유대인들과 아예 배척한 유대인들이 서로 헤어지면서, 크게 말다툼을 벌였다고 기록되어 있는 성경 사본도 있다는 말입니다.

사도행전 8장 37절 역시 내용이 '없음'이라고 표기되어 있습니다. 오래전에 그 구절을 살펴볼 때 말씀드렸습니다만, 약 3400년 전부터 1900년 전까지, 1500년에 걸쳐 40여 명의 사람들에 의해 기록된 성경의 원본은 오늘날 남아 있지 않습니다. 남아 있는 것은, 사람들이 손으로 필사한 사본들입니다. 만약 성경의 원본이 존재한다면, 인간들은 원본에 기록되어 있는 내용보다 원본의 양피지나 파피루스 자체를 신성시하고 우상시할 것이 분명합니다. 그래서 하나님께서는 성경 기자들이 직접 기록한 원본이 이 땅에 존재하는 것을 허락하시지 않았습니다. 하지만 인쇄술의 발달로 대량 인쇄가 가능해지기 전까지, 오랜 세월 동안 사람이 손으로 성경을 베껴 쓰는 일이 반복되다 보니 필사자의 실수로 오탈자가 생기거나, 필사자가 의도적으로 내용을 첨삭하는 일이 발생하였습니다. 그 결과 사본들 간에 약간씩의 차이가 나게 되었습니다.

그 사본들 중에 어느 것이 가장 원본에 가까운 사본인지 학문적으로 구별해 내는 것을 '사본학'이라 합니다. 그리고 '사본학'의 관점에서 가장 오래되고, 성경 원본에 가장 가깝다고 판단되는 사본들로 엮어진 신약성경이 1898년에 발간된 '네슬-알란트 판' 헬라어 성경입니다. 오늘날 전 세계에서 발간되는 거의 모든 신약성경은 그 헬라어 성경을 번역한 것입니다. 그 헬라어 성경이 성경 원본에 가장 가깝다고 판정한 사본에는 29절의 내용이 없습니다. 그러나 세월이 흐른 뒤에 필사된 후기 사본에는 '그가 이 말을 마칠 때에 유대인들이 서로 큰 쟁론을 하며 물러가더라'는 내용이 첨가되어 있습니다. 그래서 사본학자들은 원래의 사본에는 29절의 내용이 없다는 사실을 본문 속에 명시하고, 후기 사본에 첨가된 내용은 주 란을 통해 소개하고 있습니다.

  이른 아침 바울의 싸구려 헛간에 몰려들 때만 해도 하나였던 로마의 유대
인들이, 바울이 전한 복음을 듣고 믿는 사람들과 믿지 않는 사람들로 서로
구별되고 말았다면, 그들 사이에 큰 말다툼이 일어났을 것이라고 유추하는
것은 충분히 가능한 일입니다. 그래서 후기 필사자들은 마치 자신들이 성경
의 필사자가 아니라 저자인 것처럼, 결코 친절일 수 없는 친절로 그 내용을
사본에 첨가해 넣었습니다. 하지만 사도행전을 기록한 누가는 애초 그런 사
족을 본문에 덧붙이지 않았습니다. 그것은 사도행전의 막을 내리는 데 필요
한 내용도 아닐 뿐더러, '그들이 서로 맞지 아니하여 흩어졌다'는 25절의 증
언만으로도 그 순간의 상황을 전하기에 충분했기 때문입니다.
  그래서 누가는 사도행전을 다음과 같이 끝맺고 있습니다.

  바울이 온 이태를 자기 셋집에 머물면서 자기에게 오는 사람을 다 영접하
  고, 하나님의 나라를 전파하며 주 예수 그리스도에 관한 모든 것을 담대
  하게 거침없이 가르치더라(30-31절).

  바울은 세를 내고 얻은 로마 변두리의 싸구려 헛간에 연금당해 있는 2년
동안, 자신을 찾아오는 사람은 누구든지 가리지 않고 영접하였습니다. 헬라
어 원문에 '영접하다'는 의미의 동사 '아포데코마이$\alpha\pi o\delta\acute{\epsilon}\chi o\mu\alpha\iota$'가 미완료형으
로 기록되어 있습니다. 바울의 헛간으로 사람들이 끊이지 않고 찾아왔고,
바울은 계속하여 그들을 영접했다는 말입니다. 바울은 자신을 찾아온 사람
들에게 예외 없이 '하나님의 나라를 전파하며, 주 예수 그리스도에 관한 모
든 것을 담대하게' 가르쳤습니다. 우리는 사도행전의 마지막 구절인 오늘의

본문을 통해 사도행전이 끝나기까지, 아니 이 땅에서 자신의 생명이 다하기까지, 한 사람이라도 더 많은 사람에게 복음을 전하기 위해 진력하는 바울의 모습을 생생하게 확인할 수 있습니다.

사도행전을 기록한 누가가 사도행전의 마지막 구절을 기록하면서 특별히 강조한 단어가 있습니다. 바울이 찾아오는 사람들에게 하나님의 나라와 주예수에 관한 모든 것을 전하고 가르치되, "담대하게" 가르쳤다는 것입니다. 누가는 헬라어로 '담대'라는 단어를 한글 성경처럼 '담대하게'라는 부사형이 아니라, 명사형을 사용하여 "'담대함'으로"라고 기록하였습니다. 이때 바울은 인생 말년의 노년이었습니다. 시기적으로는 다메섹 도상에서 주님의 부르심을 받은 이후 30여 년이 지났을 때로, 복음 전도에 관한 한 바울은 최고의 베테랑이었습니다. 평생 전해 온 복음 전도의 내용을 토씨 하나 틀리지 않고 외우고, 눈을 감고서도 복음을 전할 수 있었을 것입니다. 그렇지만 바울은 복음을 편하게 혹은 안이하게 전하지 않고, '담대함'으로 전하였습니다. 30여 년 동안 전해 온 동일한 복음이었지만, 바울이 그것을 바르게 전하기 위해서는, 사도행전이 끝나는 마지막 순간까지 '담대함'을 필요로 하였습니다. 그 이유가 무엇이었겠습니까?

모든 인간은 죄성을 지니고 있습니다. 모든 인간의 삶이 죄성에 찌들어 있는 셈입니다. 하지만 그 사실을 자각하지 못한 채, 죄성에 찌든 삶에 익숙한 것이 죄인 된 인간의 실상입니다. 복음은 인간을, 그 그릇된 삶에서 벗어나게 하는 생명의 힘입니다. 따라서 복음이 던져지는 곳에는, 죄성에 찌든 일상의 익숙함이 깨어져 나가는 불편함이 있기 마련입니다. 복음을 받아들인 사람에게 그 불편함은 새로운 생명으로 상승하기 위한 발판이지만, 그렇지 않은 사람은 그 불편함을 거부하기 위해, 다시 말해 죄성에 찌든 일상의 익숙함을 고수하기 위해 복음에 반발하게 됩니다. 복음을 받아들인 그리스도인도 예외일 수는 없습니다. 그리스도인의 삶은 복음 안에서 매일 새로워져야 합니다. 그러나 그리스도인이 어느 순간부터 안주하려 한다면, 새롭게 안주한 자기 일상의 익숙함에서 벗어나지 않기 위해 복음을 등지거나 왜곡하는 어리석음을 범하게 됩니다.

바울이 복음을 전하는 곳마다 유대인들이 바울을 돌로 치거나 죽이려 하며 반발한 것은, 바울이 전하는 복음이 그들 일상의 익숙함을 송두리째 뒤흔들고 부정했기 때문입니다. 그래서 바울은 사도행전이 끝나는 마지막 순간까지 '담대함'으로 복음을 전해야 했습니다. '담대함'은 곧 '용기'입니다. 〈성숙자반〉에서 믿음은 '용기'라고 했습니다. 바울이 사도행전이 끝나기까지 주님께서 부여하신 휘페레테스와 마르튀스의 소명을 다할 수 있었던 것은, 그에게 담대한 믿음의 용기가 있었기 때문입니다. 다메섹 도상에서 주님의 부르심을 받은 이후 사도행전이 끝나기까지 바울의 삶을 들여다 보건대, 믿음의 용기 없이 바울이 할 수 있는 일이라고는 아무것도 없었습니다. 그 용기의 원천은 바울 자신이 아니라, 그를 불러내신 주님이셨습니다.

다음은 마태복음 21장 12-13절의 증언입니다.

예수께서 성전에 들어가사 성전 안에서 매매하는 모든 사람들을 내쫓으시며, 돈 바꾸는 사람들의 상과 비둘기 파는 사람들의 의자를 둘러 엎으시고 그들에게 이르시되, 기록된 바 내 집은 기도하는 집이라 일컬음을 받으리라 하였거늘 너희는 강도의 소굴을 만드는도다 하시니라.

예수님께서 예루살렘성전을 찾으셨습니다. 거룩해야 할 성전은 더 이상 하나님의 전이 아니었습니다. 예수님 보시기에 예루살렘성전은, 오로지 사익만을 꾀하는 제사장들과 그 하수인들이 장악한 강도의 소굴에 지나지 않았습니다. 격분하신 예수님께서는 장사꾼들을 내쫓으시고, 그들의 좌판을 둘러 엎으셨습니다. 이른바 예수님의 '성전정화' 사건이었습니다. 이것은, 예수님께서 십자가에 못박혀 돌아가시기 불과 나흘 전의 일이었습니다. 이를테면 삼 년에 걸친 예수님의 공생애 마지막 순간의 일이었습니다. 그러나 이와 동일한 내용을 요한복음 2장도 전해 주고 있습니다.

> 유대인의 유월절이 가까운지라. 예수께서 예루살렘으로 올라가셨더니, 성전 안에서 소와 양과 비둘기 파는 사람들과 돈 바꾸는 사람들이 앉아 있는 것을 보시고, 노끈으로 채찍을 만드사 양이나 소를 다 성전에서 내쫓으시고, 돈 바꾸는 사람들의 돈을 쏟으시며 상을 엎으시고 비둘기 파는 사람들에게 이르시되, 이것을 여기서 가져가라. 내 아버지의 집으로 장사하는 집을 만들지 말라 하시니, 제자들이 성경 말씀에 주의 전을 사모하는 열심이 나를 삼키리라 한 것을 기억하더라(요 2:13-17).

마태복음 21장의 '성전정화' 사건과 동일한 내용입니다. 그렇지만 요한복음 2장과 마태복음 21장이 하나의 동일한 '성전정화' 사건을 다룬 것은 아닙니다. 요한복음 2장과 마태복음 21장은, 서로 다른 '성전정화' 사건을 각각 다룬 내용입니다. 특히 요한복음 2장과 마태복음 21장 사이에는 3년의 시차가 있었습니다. 요한복음 2장의 '성전정화'가 예수님의 공생애 초기의 사건이라면, 마태복음 21장의 '성전정화'는 예수님의 공생애 마지막 순간에 일어난 일이었습니다. 공생애를 막 시작하신 예수님께서 예루살렘성전을 찾으셨을 때, 성전은 타락한 대제사장 무리와 결탁한 장사꾼들이 강도의 소굴을 이루고 있었습니다. 격노하신 예수님께서 그들을 쫓아내시며, 강도의 소굴이던 성전을 거룩하신 하나님의 전으로 정화하셨습니다. 그로부터 삼 년 후, 공생애를 마무리하기 위해 예수님께서 다시 예루살렘성전을 찾으셨습니다. 삼 년 전에 예수님께서 정화하셨던 성전이, 또다시 강도의 소굴로 전락해 있었습니다. 예수님께서는 이번에도 진노하시며 예루살렘성전을 정화하셔야만 했습니다. '성전정화'로 시작된 예수님의 공생애가 '성전정화'로 마무리된 셈입니다.

예수님께서 두 번씩이나 예루살렘성전을 정화하신 사건은, 성전을 이용하여 사익을 추구하던, 죄에 찌든 대제사장 무리의 일상의 익숙함을 송두리째 뒤엎는 사건이었습니다. 그들이 가만히 있을 리가 없었습니다. 그들은 자기 일상의 익숙함을 뒤집어 엎는 예수님을 처음부터 죽이려 했습니다. 예수님께 담대한 믿음의 용기가 없었더라면, 예수님의 공생애가 '성전정화'로 시작하여 '성전정화'로 마무리될 수는 없었을 것입니다. 그 예수님께서 고린도전서 3장 16-17절을 통해 우리에게 다음과 같이 명령하고 계십니다.

> 너희는 너희가 하나님의 성전인 것과, 하나님의 성령이 너희 안에 계시는 것을 알지 못하느냐? 누구든지 하나님의 성전을 더럽히면 하나님이 그 사람을 멸하시리라. 하나님의 성전은 거룩하니, 너희도 그러하니라.

십자가의 보혈로 인간의 죗값을 대신 치러 주신 예수님 안에서 누구든지 하나님의 자녀로 구원받을 수 있는 오늘날, 성전은 더 이상 돌과 나무로 이루어진 건축물이 아닙니다. 예수 그리스도 안에서 구원받은 우리 자신이, 하나님의 영이 거하시는 거룩한 성전입니다. 그러므로 우리는 하나님의 영이 거하시는 우리 자신을, 매일 거룩한 성전으로 일구어 가야 합니다.

예수님의 용기를 다한 두 차례의 '성전정화' 사건과, 우리 자신이 하나님의 성전이므로 거룩하라는 주님의 명령을 종합하면, 우리는 중요한 깨달음을 얻게 됩니다. 첫째는, 우리가 주님을 믿는 그리스도인이긴 하지만 여전히 죄성을 지닌 우리의 심령은 쉽게 세상에 오염될 수 있다는 깨달음입니다. 예수님께서 강도의 소굴로 전락한 성전을 분명히 정화하셨지만, 성전은 예수님께서 정화하신 상태 그대로 남아 있지 않았습니다. 삼 년 후 예루살렘성전은 또다시 인간의 탐욕을 위한 강도의 소굴이 되어 있었습니다. 그 성전은, 바로 여러분과 저 자신의 모습입니다. 우리가 구원받은 그리스도인일망정 죄성을 지닌 우리의 심령은 거룩한 성전은 고사하고, 언제든 추악한 강도의 소굴로 전락할 수 있습니다.

두 번째는, 우리가 담대한 용기를 지닐 때에만 하나님의 성전인 우리 자신을 날마다 일구어 갈 수 있다는 깨달음입니다. 2천 년 전 예루살렘성전은 대제사장 무리가 장악하고 있었습니다. 그들은 보이지 않는 하나님의 지상 대리인들이었습니다. 그들의 말이 곧 하나님의 말씀이요, 하나님의 법이었습니다. 성전 경비병들은 그들의 명령에 절대 복종하였고, 그들은 하나님의 이름을 빙자하여 사람을 돌로 쳐죽일 수도 있었습니다. 절대적인 종교권력을 지닌 대제사장 무리가 장악한 예루살렘성전에서, 그들의 이권이 걸린 성전을, 혈혈단신의 예수님께서 두 번씩이나 거룩하게 정화한다는 것은, 목숨을 거는 용기 없이는 불가능한 일이었습니다. 대부분의 사람들은 자신이 옳으냐 그르냐는 따지지 않고, 누구든 자신의 이권을 침해하는 것을 용납하지 않습니다. 무슨 수를 쓰든 상대를 응징하려 합니다. 자신들의 이권을 송두리째 뒤엎어 버린 예수님을, 절대적인 종교권력을 지닌 대제사장 무리가 가만히 보고만 있을 리가 없지 않습니까? 예수님께 담대한 믿음의 용기가 없었더라면, 예수님은 일상의 익숙함에 안주한 채, 성전을 강도의 소굴로 전락시키는 방조자 내지 방관자가 되고 말았을 것입니다. 이처럼 예수님께도 성전을 정화하는 데 용기가 필요했다면, 하물며 우리가 용기 없이 어떻게 우리 자신을 매일 거룩한 성전으로 일구어 갈 수 있겠습니까? 용기 없이는, 죄성에 찌든 일상의 익숙함에 안주하려는 우리 자신을 이길 수 없습니다. 세상에서 가장 용기 있는 사람은, 자기 자신과의 싸움에서 이기는 사람입니다. 믿음의 용기 없이 강도의 소굴인 자신을 이기려 하는 것은, 마치 사막에서 얼음을 구하려는 것처럼 무망한 일입니다.

마지막 깨달음은, 담대한 믿음의 용기로 자신을 바로 세워 가는 사람이, 온갖 도전과 시련 속에서도 이 세상을 새롭게 하는 하나님의 용기 있는 통로가 될 수 있다는 것입니다. 생각해 보십시오. 자신과의 싸움에서 이기는 용기를 갖지 못한 사람이, 어떻게 세상의 반발과 도전에 맞서 하나님의 통로로 살아가는 용기를 지닐 수 있겠습니까? 예수님께서는 대제사장 무리가 장악한 예루살렘성전을 혈혈단신으로 두 번씩이나 목숨을 걸고 하나님의 전으로 정화하는 담대한 믿음의 용기를 지니고 계셨습니다. 바로 그 담대한 믿음의 용기로 인간을 위한 십자가의 제물이 되셨습니다. 그것은 겟세마네 동산에서, 십자가 죽음의 잔을 피하고 싶은 당신 자신을 이기신 용기였습니다. 그래서 그분은 성부 하나님에 의해 죽음을 깨뜨리고 다시 살아나시어, 만민을 구원하는 그리스도가 되셨습니다. 사도 바울도 날마다 자신을 쳐 복종시키면서, 일상의 익숙함에 안주하려는 자신과의 싸움에서 이겼습니다. 그것 역시, 믿음의 용기였습니다. 바로 그 용기로 바울은 사도행전이 끝나는 마지막 순간까지 주님의 휘페레테스와 마르튀스의 삶을 담대하게 살았습니다. 주님께서는 그 바울을 통해 인류의 역사를 새롭게 하셨습니다.

믿음은 용기입니다. 믿음의 성숙도 용기로만 가능합니다. 믿음이 성숙해져 가는 것은, 매일 어제의 삶에서 탈피하는 것입니다. 어제 누리던 일상의 익숙함에 안주하지 않고, 그 익숙함에서 매일 벗어나는 것입니다. 담대한 믿음의 용기 없이는, 그 익숙함을 벗어던지는 불편을 매일 감수할 수 없습니다. 믿음의 용기 없이는, 겉으로는 우리가 아무리 그럴 듯해도, 죄성에 찌든 우리의 심령은 강도의 소굴과 다르지 않을 것입니다. 우리가 용기 있게 성숙한 믿음의 삶을 산다고 해서, 당장 세상 사람들로부터 박수를 받는 것도 아닙니다. 매일 일상의 익숙함을 내던지는 우리의 삶은 그 익숙함에 익숙해져 있는 사람들에게는 불편을 안겨 주게 되고, 그 불편의 의미를 알지 못하거나 혹 자기 이권을 침해당하게 되면, 사람들은 즉각 반발하기 마련입니다. 담대한 믿음의 용기 없이는 우리가 자신과의 싸움에서 이길 수도, 자신의 심령을 날마다 하나님의 거룩한 성전으로 일구어 갈 수도, 이 세상의 온갖 도전과 시련 속에서 주님의 휘페레테스와 마르튀스로 바르게 살아갈 수도 없는 까닭이 바로 여기에 있습니다.

그러나 용기의 원천이 우리 자신이어서는 안 됩니다. 죄와 죽음의 덫에 갇혀 있는 우리 자신을 용기의 원천으로 삼는다면, 우리의 용기는 작심삼일에도 미치지 못할 것입니다. 우리 용기의 원천은, 반드시 주님이셔야 합니다. 우리가 주님 안에서 용기 있게 자신과의 싸움에서 이기고, 주님을 의지하여 용기 있게 온갖 시련과 도전 속에서도 주님의 휘페레테스와 마르튀스로 살아갈 때, 강도의 소굴로 전락한 예루살렘성전을 강도들의 반발과 도전을 개의치 않고 두 번씩이나 용기 있게 정화하셨던 주님, 인간을 죄와 죽음의 익숙함으로부터 구원해 내시기 위해 당신 자신을 용기 있게 십자가의 제물로 내어놓으셨던 주님, 그 주님께서 당신의 용기로 우리를 붙들어 주시며 우리를 통해 당신의 뜻을 이루어 가실 것입니다. 인생 말년의 노년에 지병으로 시달리던 바울의 용기의 원천도, 죽을 때까지 주님이셨습니다. 그래서 주님께서는 바울이 위기에 처할 때마다 '담대하라'(행 23:11), '두려워하지 말라'(행 27:24)고 격려하시며, 바울의 용기를 매번 북돋아 주셨습니다. 그 주님의 은총 속에서 바울은 사도행전이 끝나기까지, 용기 있는 사도의 삶으로 일관할 수 있었습니다.

저 자신의 이야기를 드리는 것을, 오해 없이 들어 주시기 바랍니다. 퇴임을 목전에 두고 30여 년에 걸친 제 목회의 여정을 되돌아보면, 한순간이라도 용기가 필요하지 않는 순간이 없었습니다. 주님께서는 방탕의 수렁에 빠져 있던 저를 핀셋으로 집어내어 구원해 주셨습니다. 그 주님의 은혜에 보답하기 위해, 일상의 익숙함에 안주하려는 저 자신과 매일 싸워 이기기 위해서는 용기가 필요했습니다. 주님께서는 아무 자격도 없는 저를 목사로 세우시고, 당신의 몸 된 교회를 섬기게 해주셨습니다. 제가 저 자신을 바른 목사로 세우려 하면 할수록, 제가 섬기는 교회를 주님이 주인이신 바른 교회로 지키려 하면 할수록, 그로 인해 어떤 의미의 불편이든 불편함을 느낀 개인이나 단체의 거센 도전에 직면해야만 했습니다. 그때마다 용기가 필요했습니다. 제가 저 자신을 원천으로 삼는 용기를 지니려 했다면, 저는 벌써 주저앉고 말았을 것입니다. 제게는, 주님께서 주시는 용기가 필요했습니다. 주님께서 주시는 용기가 아니고는, 그동안 제가 직면했던 숱한 도전과 시련은 저 혼자 감당하기에는 너무나도 크고 두려웠습니다. 그래서 오래전부터, 제가 매일 아침 눈을 뜨자마자 주님께 드리는 기도는 다음과 같이 시작됩니다.

주님!
오늘도 바른 것을 분별할 수 있는 지혜와
바른 것을 실행할 수 있는 용기와
바른 것을 포기하지 않는 인내와
바르게 더불어 사는 은혜를 주십시오.

주님께서 주시는 말씀의 지혜 속에서만, 강도의 소굴로 살던 저는 가야할 바른길을 바르게 분별할 수 있습니다. 주님께서 주시는 용기로만, 이 세상의 온갖 도전과 시련 속에서도 저는 바른길을 바르게 걸어갈 수 있습니다. 주님께서 용기를 주실 때에만, 어떤 불이익과 불편함이 있어도 바른길을 포기하지 않는 인내가 비로소 제게 가능합니다. 주님께서 용기의 은혜를 주셔야만, 저는 누구와든 불의와 타협하지 않고 바르게 더불어 살 수 있습니다. 그래서 저는 단 하루라도 그 기도로 하루를 시작하지 않으면 저 자신과의 싸움에서 이길 수도, 주님께서 부여하신 소명의 길을 걸을 수도 없었습니다. 저는 앞으로도 제 코끝에서 호흡이 멎는 순간까지, 매일 그 기도로 하루의 일과를 시작할 것입니다. 주님께서 당신의 용기로 제 심령을 채워 주시지 않으면, 제 심령은 이내 강도의 소굴로 무너질 것이 뻔하기 때문입니다. 교우님들께서 전폭적으로 저를 신뢰해 주신 것 역시 제게 큰 용기가 되었음은 두말할 나위도 없습니다.

제 후임으로 결정된 네 분의 후임 공동 담임목사님들과, 앞으로 그분들과 함께 교회를 이끌어 갈 전임 목사님들은, 교우님들께서 잘 아시는 바와 같이, 자신들을 바른 목사로 지키기 위해 애써 온 분들입니다. 한 달 후 제가 퇴임하고 나면, 저보다 훨씬 젊고 유능한 그분들이 100주년기념교회의 최선봉에서, 한국 교회의 미래를 위한 바른 길닦이의 사명을 더 잘 감당하지 않겠습니까? 그러나 그렇게 하면 할수록 불편을 느낀 단체나 개인들에 의해, 그분들이 예기치 않은 도전과 시련에 직면하게 될지도 모릅니다. 그때 그분들이 주님께서 주시는 용기로 부여받는 소명을 더 잘 감당할 수 있도록 기도해 주시고, 그분들을 계속하여 전폭적으로 신뢰해 주시기를 당부드립니다.

사랑하는 교우 여러분!

믿음은 '용기'입니다. 죄성에 찌든 일상의 익숙함에서 벗어나 우리 자신을 하나님의 영이 거하시는 거룩한 성전으로 일구어 가기 위해서는, 그 익숙함을 과감하게 벗어던지는 용기가 필요합니다. 단 하루, 단 한 번의 용기가 아니라, 매일의 익숙함에서 매일 탈피하는 용기가 매일 필요합니다. 그 용기는, 주님께서 주시는 용기로만 가능합니다. 우리 모두 일상의 익숙함을 벗어던지는 용기를 주님께 간구하십시다. 그로 인해 야기되는 불편을 감수하는 용기를 구하십시다. 그 불편이 곧 새 생명을 위한 발판이 됨을 아는 인내의 용기를 구하십시다. 이 세상의 그 어떤 도전과 시련 속에서도, 우리 자신을 하나님의 성전으로 계속 지켜 가는 용기를 구하십시다. 우리가 용기 있는 그리스도인으로 살아가는 한, 주님께서 바울을 통해 그렇게 하셨던 것처럼, 우리를 통해 우리 사회와 한국 교회의 미래를 끝내 새롭게 하실 것입니다. 나아가 주님께서는 우리의 모임인 100주년기념교회, 주님께서 당신의 마음과 정성을 다하여 양화진에 심어 주신 100주년기념교회를 통로로 삼아 지구 반대편까지 새롭게 하실 것입니다. 어떻게 그런 일이 가능할 수 있는지 아십니까? 우리가 믿는 주님께서 시간과 공간을 초월하신 삼위일체 하나님이시기에 얼마든지 가능합니다.

그동안 강도의 소굴로 살아온, 우리 일상의 익숙함을 벗어던지는 용기를 주십시오. 한 번이 아니라, 매일 일상의 익숙함에 안주하려는 자신과의 싸움에서 이기는 용기를 주십시오. 그로 인해 야기되는 불편을 감수하는 용기를 주십시오. 이 세상의 온갖 도전과 시련 속에서도, 우리 자신을 하나님의 성전으로 일구고 지켜 가는 용기를 주십시오. 그리하여 우리를 통해 이 세상을 새롭게 하시려는 주님의 뜻이 이루어지게 해주십시오. 이제 한 달 후면, 네 분의 후임 공동 담임목사님들이 전임목사님들과 함께 교회를 이끌어 가게 됩니다. 그 모든 목사님들께 용기를 주시기를 간구합니다. 목숨을 걸고 두 번씩이나 성전을 정화하셨던 주님의 용기, 인간을 구원하기 위해 당신 자신을 십자가의 제물로 내어놓으셨던 주님의 용기로 그분들의 심령을 채워 주십시오. 어떤 경우에도 자신과의 싸움에서 패하지 않게 하시고, 세상의 도전과 시련에 굴복하지 않게 해주십시오. 그리하여 교우님들과 함께 일구어 갈 100주년기념교회가 한국 교회의 바른 미래를 위한 길닦이의 사명을 더 잘 감당하게 해주시고, 100주년기념교회로 인해 지구 반대편까지 새로워지는 생명의 역사가 계속 이어지게 해주십시오. 아멘.

42. 거침없이

사도행전 28장 30-31절

바울이 온 이태를 자기 셋집에 머물면서 자기에게 오는 사람을 다 영접하고 하나님의 나라를 전파하며 주 예수 그리스도에 관한 모든 것을 담대하게 **거침없이** 가르치더라

바울은 지금, 세를 내고 얻은 로마 변두리의 싸구려 헛간에 2년째 연금당해 있습니다. 그 싸구려 헛간으로 바울을 찾아오는 사람들의 발길이 끊어지지 않았고, 바울은 찾아오는 사람들을 모두 영접하였습니다. 바울은 그들에게 하나님의 나라를 전파하며, 예수 그리스도의 복음을 가르쳤습니다. 바울은 이렇게 사도행전의 막이 내리는 순간까지, 아니 이 땅에서 그의 생명이 다하는 순간까지, 그가 사도행전 20장 24절을 통해 천명한 대로, 주님의 마르튀스와 휘페레테스의 사명을 완수하기 위해 자신의 생명을 조금도 아끼지 않았습니다.

사도행전의 마지막 장 마지막 구절인 본문 31절은, 다음과 같이 사도행전의 막을 내리고 있습니다.

> 하나님의 나라를 전파하며, 주 예수 그리스도에 관한 모든 것을 담대하게 거침없이 가르치더라.

사도행전을 기록한 누가가 사도행전의 마지막 구절을 기록하면서, 특별히 강조한 두 단어가 있습니다. 첫 번째 단어는 '담대하게'입니다. 누가가 사도행전의 마지막 구절에서 왜 '담대함'을 강조했는지, 다시 말해 귀로 들은 하나님의 말씀을 삶으로도 듣기 위해서는 왜 담대한 믿음의 용기가 필요한지에 대해서는, 지난 시간에 상세하게 살펴보았습니다. 누가가 사도행전의 마지막 구절에서 강조한 두 번째이자 마지막 단어는, 부사 "거침없이"입니다. 총 28장으로 구성되어 있는 사도행전은, 바울이 복음을 '거침없이' 가르쳤다는 것을 강조하는 것으로 대단원의 막을 내리고 있습니다. 우리말 '거침없이'라고 번역된 헬라어 부사 '아콜뤼토스ἀκωλύτως'는, '거침없이', '방해없이' 혹은 '자유로이'라는 의미입니다. 이 단어의 강조점 역시 두 가지입니다.

먼저는, 마지막 순간까지 주님의 마르튀스와 휘페레테스로 일관한 바울의 자세를 강조하고 있습니다. 이때 바울은 인생 말년의 노년에, 평생 그를 괴롭혔던 지병에 시달리고 있었습니다. 더욱이 황제에게 상소한 미결수 신분으로 2년 동안 로마 변두리의 싸구려 헛간에 연금당해 있던 바울의 한쪽 손목에는, 그를 지키는 로마 군인의 손목과 연결된 쇠사슬이 묶여 있었습니다. 그와 같은 바울의 상황은, 끊임없이 찾아오는 사람들을 영접하면서 그들에게 하나님의 나라를 전파하고 복음을 가르치기에는, 전혀 적합한 상황이 아니었습니다. 바울의 상황은, 인생 말년의 인간이 당면할 수 있는 최악의 상황이었습니다. 그러나 시편 119편 165절 말씀처럼, 그 어떤 악조건도 바울에게 '장애물'이 될 수는 없었습니다. 자신을 둘러싼 악조건에 굴복하기에는 다메섹 도상에서 자신을 핀셋으로 집어내어 주신 주님의 은혜가 너무 컸고, 자신이 연약하면 연약할수록 도리어 강하신 주님의 섭리가 더욱 신비롭게 성취되었기 때문입니다. 그래서 바울은 최악의 상황 속에서도, 사도행전의 막이 내리는 마지막 순간까지 복음을 '거침없이' 전했습니다. 신약성경의 에베소서, 빌립보서, 골로새서, 빌레몬서를 '거침없이' 기록한 것도 바로 이때였습니다.

사도행전의 마지막 구절인 본문의 부사 '거침없이'는 다음으로, 하나님의 말씀 즉 복음의 본질을 강조하고 있습니다. 하나님의 말씀에는 본래 '거침'이 없습니다. 한강을 보십시오. 도도하게 흘러가는 한강에는 '거침'이 없습니다. 한강은 갇히거나 막힌 호수가 아니라, 흐름이 멈추지 않는 살아 있는 강이기 때문입니다. 그래서 강원도에서 발원한 한강은 서해에 이르기까지 481.7킬로미터를 '거침없이' 굽이쳐 흐르면서, 무려 34,473제곱킬로미터의 지역을 '거침없이' 적시며, 헤아릴 수 없이 많은 사람들에게 '거침없이' 생명의 물을 제공하고 있습니다. 한강이 살아 있는 덕분입니다. 이 거대한 우주 속에서 티끌 정도의 크기에도 미치지 못할 한강도 그 정도로 '거침'이 없다면, 하물며 생명의 근원이시며 생명 그 자체이신 하나님의 말씀에 무슨 '거침'이 있을 수 있겠습니까?

말씀이신 하나님께서는 흑암과 혼돈 속에서 당신의 말씀으로 '거침없이' 천지를 창조하셨습니다. 그 말씀이 인간을 구원하기 위해 육신을 입고 인간의 역사 속으로 '거침없이' 침투해 들어오신 분이, 성자 하나님이신 예수님이셨습니다. 예수님께서는 인간의 죗값을 대신 치르시기 위해 '거침없이' 십자가 죽음의 제물이 되셨고, 사흘째 되는 날 '거침없이' 죽음을 깨뜨리고 일어나시어, 인간을 위한 영원한 생명의 구원자가 되어 주셨습니다. 어디 그뿐입니까? 하나님의 말씀은 칠흑 같은 어둠 속에서 당신의 자녀들이 가야 할 바른길을 '거침없이' 일러 주는 인생 사용설명서이기도 합니다. 이렇듯 생명 그자체이신 하나님, 하나님의 말씀, 하나님의 복음에는, 본질적으로 '거침'이 없습니다. 인생 말년의 바울이 최악의 상황 속에서도 하나님의 말씀을 '거침없이' 전하고 가르치며 기록할 수 있었던 것도, 그 자신이 위대한 영웅이거나 초능력자여서가 아니라, 그가 자신의 생을 걸었던 하나님과 하나님의 말씀이 본질적으로 '거침'이 없기 때문이었습니다. 사도행전을 기록한 누가가 사도행전의 막을 내리면서 최종적으로 강조하고자 한 것이, 바로 이것입니다.

바울은 본문 이후에 잠시 석방되었지만, 주후 64년에 발생한 로마 대화재로 촉발된 네로 황제의 그리스도인 박해로 다시 투옥되었습니다. 감옥에서 최후의 서신서인 디모데후서를 '거침없이' 기록한 바울은, 우리가 익히 알고 있는 것처럼, 공개적으로 참수형을 당해 이 땅에서 그의 생을 마감하였습니다. 공포의 참수형마저, 주님의 마르튀스와 휘페레테스로 생을 마감하려는 바울에게는 '거침'이 될 수 없었습니다. 사도행전을 기록한 누가는, 사도행전 9장부터 사도행전의 초점을 바울에게 맞추어 왔습니다. 따라서 누가는, 참수형으로 생을 마감한 바울의 최후를 누구보다 잘 알고 있었을 것입니다. 하지만 누가는, 주님을 위해 참수형마저 '거침없이' 감수한 바울의 영웅담을 다룬 사도행전 29장을 기록하지 않았습니다. 만약 우리가 누가라면, 바울이 주님의 마르튀스와 휘페레테스로 얼마나 장렬한 최후를 맞았는지를 전하기 위해, 반드시 그의 참수형을 상세하게 다루는 사도행전 29장을 기록하였을 것입니다. 그러나 누가는 그렇게 하지 않았습니다. 누가가 사도행전의 초점을 바울에게 맞추어 온 것은 그의 영웅전을 집필하기 위함이 아니라, 그를 도구 삼아 '거침없이' 구원의 역사를 펼치신 삼위일체 하나님의 섭리와 은혜를 증언하기 위함이었습니다.

누가가, 온갖 악조건 속에서도 하나님의 말씀을 '거침없이' 전한 바울을 통해, 하나님께서 '거침없이' 구원의 역사를 펼치셨음을 증언하는 것으로 사도행전을 마무리 지은 이유가 여기에 있습니다. '거침없는' 하나님의 말씀, '거침없는' 하나님의 능력, '거침없는' 하나님의 섭리, '거침없는' 하나님의 사랑, '거침없는' 하나님의 은혜보다 더 중요한 것은 없기 때문입니다. 그래서 누가는, 바울의 참수형으로 사도행전의 대미를 장식하는 사도행전 29장을 기록하여 그를 영웅시하거나 미화하지 않았습니다. 인간 세상에서는 바울의 참수형이 위대한 순교로 투영되지만, 하나님께서 바울에게 '거침없이' 베풀어 주신 은혜의 거울에 비추어 보면, 바울이 당한 참수형은 하나님의 은혜에 응답하기 위한 일상의 삶이었을 뿐입니다. 본문 이후부터 참수형을 당하기까지 바울의 삶은 일상의 삶이었고, 그가 참수형을 당한 것은 그 시대 상황 속에서 주님의 마르튀스와 휘페레테스가 겪어야 할 일상의 삶이었던 것입니다. 그래서 누가는 바울의 그 일상을 다룬 사도행전 29장을 별도로 기록하지 않았습니다.

이것이 사도행전의 결론입니다. 하나님께서 예수 그리스도 안에서 우리에게 '거침없이' 베풀어 주신 구원의 은혜를 깨닫고 믿는다면, 이제부터 우리는 문자가 아니라, 우리 각자의 사도행전 29장을 우리 일상의 삶으로 '거침없이' 엮어 가야 한다는 결론입니다.

오늘은 지난 한 해 동안 하나님께서 베풀어 주신 은혜에 감사하는 '감사주일'입니다. 그리스도인의 감사는 상대적인 조건에 기인하지 않습니다. 그리스도인의 감사는, 십자가의 보혈로 '거침없이' 자신을 구원해 주신 하나님의 은혜에 대한 절대적인 감사입니다. 그러므로 그리스도인은, 어떤 조건이나 상황 속에서도 하나님께서 '거침없이' 베풀어 주시는 은혜에 감사하는 사람입니다. 우리의 생각을 초월하시는 하나님께서는 우리의 실패를 통해서도, 가난을 통해서도, 병듦을 통해서도, 고통을 통해서도, 우리를 위한 당신의 신비로운 섭리를 '거침없이' 이루어 가시기 때문입니다. 그렇다면 우리가 하나님의 그 은혜에 어떻게 감사드릴 수 있겠습니까? 한낱 피조물에 지나지 않는 우리가, 창조주이신 하나님께 바칠 최상의 감사예물은 대체 무엇이겠습니까?

이 질문에 대한 답변은, 주님을 위해 '거침없이' 참수형을 당하는 일상의 삶으로 자신의 사도행전 29장을 완결했던 바울을 통해 얻을 수 있습니다. 바울은 우리에게 이렇게 권면하고 있습니다.

> 그러므로 형제들아. 내가 하나님의 모든 자비하심으로 너희를 권하노니, 너희 몸을 하나님이 기뻐하시는 거룩한 산 제물로 드리라. 이는 너희가 드릴 영적 예배니라(롬 12:1).

우리를 '거침없이' 구원해 주신 하나님께 우리가 올려 드릴 최상의 감사예물은 "영적 예배"요, 그것은 '우리의 몸을 하나님이 기뻐하시는 거룩한 산 제물로' 드리는 것입니다. 옛날 구약시대에는, 사람들이 짐승을 제물 삼아 하나님께 제사를 드렸습니다. 짐승을 잡아 그 피와 고기를 제물로 바친 것입니다. 그러나 짐승을 제물로 바치긴 했지만, 정작 제단에 바쳐진 제물은 이미 생명이 끊어진 죽은 짐승의 피와 살로, 그 제물은 더 이상 '산 제물'일 수 없었습니다. 그러나 예수님께서는 인간의 죗값을 대신 치러 주시기 위해, 산 채로 '거침없이' 십자가에 못박혀 죽는, 문자 그대로 '산 제물'이 되셨습니다. 그 '거침없는' 십자가의 은혜로 우리가 구원받은 하나님의 자녀가 되었습니다. 그러므로 우리 역시 삼위일체 하나님의 '거침없는' 은혜에, 우리 자신을 감사의 '산 제물'로 '거침없이' 바쳐 드림이 마땅할 것입니다. 이것을 우리 교회의 용어로 설명하면, 우리의 삶으로 '예배의 생활화'와 '생활의 예배화'를 이루는 것입니다. 그리고 사도행전의 마지막 장 마지막 구절인 오늘의 본문에 기인한 사도행전의 결론을 빌어 표현하면, 우리 일상의 삶으로 우리 각자의 사도행전 29장을 '거침없이' 엮어 가는 것입니다.

누가가 파피루스에 먹으로 기록한 사도행전은 분명히, 오늘의 본문인 사도행전 28장 31절에서 끝났습니다. 그러나 그것은 모든 것의 종결을 뜻하는 닫힌 마침표가 아니라, 앞에서 살펴본 것처럼, 새로운 시작을 향한 열린 쉼표입니다. 사도행전이 끝나는 28장 31절이, 우리 각자의 삶으로 우리 자신의 사도행전 29장을 엮기 시작해야 하는 새로운 출발점이라는 말입니다. 지병에 시달리던 인생 말년의 바울이 주님을 위해 참수형마저 '거침없이' 감수하는 자신의 사도행전 29장을 일상의 삶으로 엮었다면, 주님을 위해 우리 일상의 삶으로 우리 각자의 사도행전 29장을 엮어 가려는 우리 앞에 대체 무엇인들 '거침'이 될 수 있겠습니까?

우리가 기쁜 일을 맞았다면 기쁜 일상의 삶으로 사도행전 29장을 엮고, 슬픔을 당했다면 비통한 일상의 삶으로 사도행전 29장을 엮고, 부유하다면 경제적으로 여유 있는 일상의 삶으로 사도행전 29장을 엮고, 가난하다면 핍절한 일상의 삶으로 사도행전 29장을 엮고, 성공했다면 성공한 일상의 삶으로 사도행전 29장을 엮고, 실패했다면 실패한 일상의 삶으로 사도행전 29장을 엮고, 건강하다면 강건한 일상의 삶으로 사도행전 29장을 엮고, 병들었다면 병약한 일상의 삶으로 사도행전 29장을 엮고, 젊었다면 젊은 일상의 삶으로 사도행전 29장을 엮고, 늙었다면 늙은 일상의 삶으로 사도행전 29장을 엮어 간다면, 그렇게 '거침없이' 엮어 가는 우리 각자의 사도행전

29장을 통해, 주님께서 이 시대의 역사 속에 '거침없이' 이루어 가실 섭리는 또 얼마나 눈부시겠습니까?

이것이 13년 4개월에 걸친 사도행전의 여정을 끝내는 마지막 주일인 동시에 감사주일인 오늘, 주님께서 우리에게 '거침없이' 내려 주시는 은혜의 메시지입니다.

오늘은 감사하게도 제가 100주년기념교회를 떠나는 날이기도 합니다.

2천 년 전 예루살렘에 시므온이라는 사람이 있었습니다. 그는, 이 땅에 강림하실 메시아를 눈으로 보기 전에는 죽지 않을 것이라는 성령님의 지시를 받은 사람이었습니다. 그로 인해 시므온은 일평생, 날마다 누가 메시아인지 알아보아야 한다는 영적 부담감 속에서 살아야 했습니다. 그런 영적 부담감 속에서는, 매일의 삶이 긴장의 연속이었을 것입니다. 어느 날 그가 성전에 갔다가, 마침 정결예식을 행하기 위해 어머니 마리아의 품에 안겨 성전으로 들어오는 아기 예수를 보았습니다. 그 즉시 시므온은 성령님의 조명 속에서, 그 아기가 이 땅에 강림하신 메시아임을 한눈에 알아보았습니다. 이제 평안하게 눈을 감을 수 있게 된 것이었습니다. 그 순간 시므온은 아기 예수님을 자기 가슴에 안고, "주재여, 이제는 말씀하신 대로 종을 평안히 놓아 주시는도다"(눅 2:29) 하고 하나님께 감사의 기도를 드렸습니다. 메시아를 보기 전에는 죽을 수도 없다는 영적 부담감에서 놓아 주신 하나님의 은혜에 대한 감사였습니다.

지금 제 심정이, 그때 시므온의 심정과 똑같습니다. 한국 교회의 보수와 진보가 한데 어우러져 결성된 100주년기념재단에 의해 창립된 100주년기념교회는 처음부터 지역 교회가 아니라, 한국 교회를 위한 묘지기와 길닦이의 사명을 부여받은 교회입니다. 100주년기념재단 초대 이사장과 2대 이사장이셨던 한경직 목사님의 보수신앙과 강원용 목사님의 진보신앙을 한데 아우르면서, 온갖 도전에 맞서 묘지기와 길닦이의 사명을 감당하는 것은, 제게는 결코 쉬운 일이 아니었습니다. 모든 면에 걸쳐 부족하기만 한 제게 그것은, 엄청나게 큰 영적 부담이었습니다. 그러나 하나님께서 오늘부로 저를, 그 큰 영적 부담감에서 평안히 놓아 주셨습니다. 지난 13년 4개월 동안 저 자신의 능력으로 할 수 있었던 일은 아무것도 없었습니다. 지혜도 능력도 모자란 저는 육체마저 부실하여, 13년 4개월 중에서 2년여 동안은 암투병으로 목회에 전념할 수도 없었습니다. 우리가 지금 알고 있고, 보고 있고, 누리고 있는 100주년기념교회는 모두, 때마다 시마다 '거침없이' 은혜를 베풀어 주신 삼위일체 하나님의 작품입니다. 그리고 이제, 하나님께서 저를 평안히 놓아 주십니다. 감사주일을 맞아 저는, 저를 평안히 놓아 주신 하나님께 온 마음을 다해 감사드리지 않을 수 없습니다.

그동안 오늘의 100주년기념교회를 있게 하신 하나님의 손과 발이 되어 주신 교우님들께도 감사드립니다. 특히, 이름 없이 헌신한 수많은 봉사자들께 깊이 감사드립니다.

잠시 제 처에 관해 언급하는 것을 양해해 주시기 바랍니다. 후임 4인 공동 담임목사 체제가 잘 정착되고 있으므로, 제가 후임자들에게 걸림이 되지 않도록 7개월 앞당겨 퇴임하겠다고 교우님들께 공지해 드린 것은, 지난 6월 셋째 주일이었습니다. 그때부터 퇴임일인 오늘까지는 5개월이 남아 있었습니다. 그 5개월 동안, 모든 교우님들을 개별적으로 만나 작별인사를 드리는 것은 현실적으로 불가능한 일이었습니다. 그 5개월은, 우리 교회 355개의 구역과 74개 봉사팀 구성원들을 일일이 만나기에도 턱없이 짧은 기간이었습니다. 그렇다고 제가 임의로 특정 구역이나 특정 봉사팀의 구성원들과만 만나 작별의 시간을 갖는다면, 다른 교우님들이 시험받을 것이 분명했습니다.

그래서 저희 부부는 저희들과 함께 자리하기를 요청하는 구역과 봉사팀이 있으면, 어떻게든 시간을 쪼개어 그 요청에 모두 응하기로 하고, 그대로 실행해 왔습니다. 그때마다 제 처가 모임에 참석한 모든 봉사자들에게 선물을 드렸습니다. 아내는 그 까닭을 이렇게 설명했습니다. 우리 교회가 창립될 당시, 목회자는 저 혼자뿐이었습니다. 두 달 후부터 전임목회자가 차례로 합류하기는 했지만, 매주 늘어나는 교인들을 섬기는 것만으로도 시간은 늘 부족했습니다. 갓 조직된 교회 봉사팀들의 기틀이 확립되기까지도 적잖은 시간을 필요로 했습니다. 그러다 보니 우리 교회 창립 초기, 양화진에서 일어나는 모든 중요한 일의 현장에는 저를 대신하여 제 아내가 불려나갔습니다. 가장 많게는, 하루에 아홉 번 불려나간 적도 있었습니다. 그러나 13년 4개월의 세월이 흐른 지금, 100주년기념교회의 공식문서 어디에서도 '정애주' 이름 석자는 찾아볼 수 없습니다. 그래서 아내는, 교회 곳곳에서 이름도 없이 교회를 위해 헌신하는 수많은 봉사자들의 귀한 마음을 누구보다 잘 안다고 했습니다. 그 귀한 마음에 감사를 표하기 위해, 초청해 준 모든 봉사자들에게 선물을 드리는 것이라고 했습니다.

100주년기념교회의 공식문서에 이름이 기록되지도 않은 수많은 봉사자들이 없었더라면, 오늘날과 같은 모습의 100주년기념교회는 결코 존재할 수 없을 것입니다. 교회를 교회되게 하는 것은 이름없는 봉사자들과, 보이지 않는 밑가지들의 헌신입니다. 13년 4개월 동안 수고하신, 이름 없는 봉사자들과 보이지 않는 밑가지 모든 분들께 고개 숙여 진심으로 감사를 드립니다. 비록 100주년기념교회 공식문서에는 여러분의 이름이 단 한 글자도 기록되어 있지 않아도, 이사야 49장 16절 말씀처럼, 여러분 개개인의 이름을 당신의 손바닥에 새겨 놓으신 하나님께서는 여러분의 그 귀한 헌신을 '거침없이' 다 보고 또 알고 계실 것입니다. 그리고 여러분 개개인이 하나님 앞에 서는 날, 당신이 약속하신 상급으로 여러분을 영원히 영화롭게 해주실 것입니다. 사람들은 우리 각자의 이름을 몰라도, 우리 각자의 이름을 개별적으로 알고 계시고 또 우리 각자를 개별적으로 '거침없이' 보고 계시는 하나님의 은혜가 얼마나 감사한지, 형언조차 하기 어렵습니다.

많은 분들이, 오늘 100주년기념교회를 퇴임하는 제가 내일부터 어떤 삶을 살 것인지 궁금해하십니다. 13년 4개월 전에 제가 살던 집 옆에 100주년기념교회가 세워지지 않았더라면, 세워졌더라도 저와 무관한 교회였다면, 저는 당시 이미 20년째 살고 있었고, 또 아이들이 태어나고 자라난 양화진에서 계속 살면서, 양화진에서 제 생을 마쳤을 것입니다. 그러나 뜻하지 않게 제가 양화진에 세워진 100주년기념교회의 담임목사가 된 이상, 퇴임 후 제 여생을 양화진에서 지낼 수는 없게 되었습니다. 퇴임 후에도 제가 양화진을 떠나지 않는다면, 제 후임자에게 걸림돌이 될 것이 뻔하기 때문입니다. 그래서 교회 창립 직후부터 저희 부부는 퇴임 후 여생을 시골에서 지내기로 하고, 한반도 어느 곳이든, 평당 10만 원짜리 땅이 나오는 곳을 생애 마지막 정착지로 삼기로 했습니다. 평당 10만 원이라고 특정한 것은, 그 정도 가격이라야 저희 부부의 형편에 맞기 때문이었습니다. 하지만 아무리 시골이라 해도 집을 지을 수 있는 마을 속의 땅으로 평당 10만 원짜리 땅은, 부동산 투기가 판을 치는 한반도에서는 찾기 어려울 것이라 여겼습니다. 반드시 하나님께서 택정해 주셔야만 가능할 수 있는 일이었습니다. 저희 부부는 지방에 연고가 있는 몇 분에게 평당 10만 원짜리 땅이 있으면 소개해 달라고 부탁했습니다. 수년이 지나도 평당 10만 원짜리 땅을 만날 수는 없었습니다. 전라도와 경상도에서 땅이 나왔다고 한 적이 있었지만, 정작 매입하려고 하자 가격이 치솟았습니다. 그런 땅은 하나님께서 저희 부부를 위해 택정하신 곳일 수 없었습니다. 2013년, 제가 암수술을 받고 투병할 때였습니다. 우리 교회에 출석하다가 경상남도 거창으로 이사한 교우님이 제 아내에게 연락하였습니다. 거창군 웅양면 산 중턱 마을에 평당 10만 원짜리 땅이 나왔다는 것이었습니다. 그 땅의 주인은, 서울 사람이 땅을 매입하려는 것을 알고서도 땅값을 올리지 않았습니다. 바로 그 땅이, 하나님께서 저희 부부를 위해 택정해 놓으신 땅이었습니다. 저희 부부는 돈을 모으지 않으므로, 아이들이 그곳 땅을 매입해 주었습니다. 그리고 작년부터 대출을 받아 집을 짓기 시작했지만, 지방 건설업체를 잘못 만나 공사가 중단되고 공사비를 떼이는 곤욕을 치르며 겨우 완공되어, 11월 초에 이사까지 모두 마쳤습니다. 처음에는 15평짜리 컨테이너 두 동을 붙인 집을 계획했는데, 건축가인 한 교우님이 재능 기부로 설계를 해주셔서, 애초 계획과는 비교할 수 없을 정도로 멋진 집이 되었습니다. 오늘 4부 예배가 끝나는 대로, 저는 그 시골집으로 낙향할 예정입니다.

저희 부부는 내일부터, 하나님께서 저희 부부를 위해 택정해 주신 그 마을에서 저희 부부의 사도행전 29장을 일상의 삶으로 새롭게 시작할 것입니다. 그 마을에는 40가구에 약 80명의 주민들이 살고 있습니다. 대대로 땅의 작물을 수확하며 살아온 분들입니다. 모든 인간은, 반드시 누군가의 손을 빌어 이 세상에 태어납니다. 누군가가 손을 내밀어 받아 주지 않으면, 인간은 태어나는 순간에 죽고 말 것입니다. 모든 인간은 죽을 때에도, 누군가의 손을 빌어야 이 세상을 떠나갈 수 있습니다. 연고자가 없는 걸인도 죽으면, 누군가의 손을 빌어 매장되거나 화장되기 마련입니다. 이처럼 모든 인간은 누구에겐가 빚을 지고 태어나, 누구에겐가 빚을 지며 세상을 떠나가는, 빚쟁이인 셈입니다. 그러므로 인간은 살아 있는 동안, 누구에겐가 그 사랑의 빚을 갚는 채무자의 삶을 살아야 합니다. 하나님께서 저희 부부에게 남은 여생 동안 그 사랑의 빚을 갚아야 할 대상으로 붙여 주신 분들이, 바로 그 마을 사람들입니다.

근래 우연히 제 눈길이 아내의 손등에서 멈추었습니다. 서울에서 먼 길을 오가며, 그 마을에 집을 짓고 이사하느라 수고한 아내의 손이 많이 상해 있었습니다. 그 손을 제가 측은한 마음으로 쓰다듬자 아내가 말했습니다. "손과 발이 움직일 수 있을 때 더 많이 사용하고 가야지!" 아내의 그 말에 제 마음이 찡했습니다. 하나님께서 우리에게 손과 발을 주신 것은 예쁘게 가다듬기만 하라심이 아니라, 흙이나 재로 사그라들기 전에, 누군가를 위해 더 많이 사용하게 하시기 위함입니다. 이제 저희 부부는 주님의 마르튀스와 휘페레테스로, 손과 발이 움직일 수 있는 동안 더 많이 사용하여 그 마을 사람들 속에서, 그 마을 사람들과 함께, 저희 부부의 사도행전 29장을 일상의 삶으로 엮어 갈 것입니다. 꿈에서조차 생각해 본 적이 없는 거창군 웅양면의 산 중턱 마을에서, 저희 부부의 마지막 사도행전 29장을 일상의 삶으로 엮을 수 있도록 '거침없이' 섭리해 주신 하나님의 은혜에, 어찌 감사하지 않을 수 있겠습니까?

오늘 4부 예배가 끝남과 동시에 100주년기념교회의 공식적인 담임목사는 후임 4인 공동 담임목사님들이십니다. 훌륭한 네 분의 목사님들을 100주년기념교회의 2대 공동 담임목사님으로 세워 주신 하나님의 '거침없는' 은혜 또한 얼마나 감사한지 모르겠습니다. 그 네 분의 영성과 역량이 한데 어우러지면, 저 같은 사람은 그분들의 발치에도 미치지 못할 것입니다.

주님께서 말씀하셨습니다.

내가 내 목숨을 버리는 것은 그것을 내가 다시 얻기 위함이니, 이로 말미암아 아버지께서 나를 사랑하시느니라(요 10:17).

주님께서 십자가에서 육체의 생명을 '거침없이' '버리신' 것은, 죽음을 깨뜨리는 영원한 부활의 생명을 '얻기' 위함이셨습니다. 주님께서 인간의 죗값을 대신 치르시기 위해 당신의 생명을 십자가의 제물로 '거침없이' '버리지' 않았다면, 만민을 살리시는 영원한 그리스도의 영광을 '얻지는' 못하셨을 것입니다. '버리지' 않으면, '얻을' 수 없습니다. 육체의 소욕을 '거침없이' 버려야, 깊은 영성을 얻을 수 있습니다. 오늘을 '거침없이' 버려야, 새로운 내일을 얻게 됩니다. 낡은 가죽 부대를 '거침없이' 버려야, 새 포도주를 담는 새 부대를 지닐 수 있습니다.

그러므로 하나님께서 후임 공동 담임목사님들을 통해 '거침없이' 내려 주실 새로운 차원의 은혜를 '얻기' 원하신다면, 여러분은 이제부터 이재철을 '버리셔야' 합니다. 저는 13년 4개월 전에 100주년기념교회에 뿌리를 내리고, 저 자신의 유익을 취하기 위해 100주년기념교회의 담임목사가 된 것이 아닙니다. 저는 주님의 부르심에 따른 마르튀스와 휘페레테스의 소임을 다한 뒤에 떠나기 위해 담임목사가 되었고, 오늘이 바로 그날입니다. 그리고 저의 떠남은, 여러분이 저를 버림으로써만 완결됩니다. 여러분은 적당히가 아니라, 철저하게 이재철을 버리셔야 합니다. 이재철을 크게 버리실수록, 후임 공동 담임목사님들을 통한 하나님의 '거침없는' 은혜를 더 크게 누리실 수 있습니다.

하나님의 그 '거침없는' 은혜 속에서, 온 교우님들과 공동 담임목사님들 그리고 모든 교역자들이 한마음으로 주님의 마르튀스와 휘페레테스가 되어, 일상의 삶으로 100주년기념교회의 사도행전 29장을 '거침없이' 엮어 가십시오. 그 사도행전 29장을 통해 하나님께서 이 시대를, 이 시대의 미래를, 지구 반대편의 미래까지, 날마다 당신의 마음과 정성을 다하여 '거침없이' 새롭게 심어 주실 것임은, 생각하는 것만으로도 가슴이 벅차오르지 않습니까?

사랑합니다.

감사합니다.

참 행복했습니다.

주님의 이름으로 축복합니다.

어젯밤에도 아무런 노력을 기울이지 않고 곤히 잠을 잤을 뿐이지만, 오늘 아침에도 여전히 우리의 심장이 뛰게 하시고, 평생 처음 맞는 또 하루의 새날을 허락해 주셔서 감사합니다. 그 새날이 감사주일이 되게 하신 것을 감사합니다. 우리에게 십자가 보혈의 은혜를 '거침없이' 내려 주셔서 하나님의 자녀로 구원받게 해주신 '거침없는' 은혜를, 깨닫고 믿게 해주셔서 감사합니다. 13년 4개월에 걸친 사도행전의 여정을, 오늘 마무리 짓게 해주심을 감사합니다. 사도행전 마지막 장의 마지막 구절인 사도행전 28장 31절을 마무리 지은 이 순간이, 우리 각자의 사도행전 29장을 일상의 삶으로 '거침없이' 엮기 시작해야 하는 출발점임을 알게 하신 것을 감사합니다. 수많은 교우님들의 수고와 애씀, 특히 이름 없는 봉사자들과 보이지 않는 밑가지들의 헌신을 통해, 하나님께서 100주년기념교회를 오늘의 모습으로 일구어 주신 것을 감사합니다. 하나님께서 영성 깊고 역량 높은 네 분의 목사님들을 100주년기념교회의 2대 공동 담임목사로 '거침없이' 세워 주신 것을 감사합니다.

이 부족한 종에게 크나큰 영적 부담이었던 100주년기념교회의 담임목사직에서, 이 종을 이제 평안히 놓아 주시는 것도 감사합니다. 지난 13년 4개월 동안 이 부족한 종에게 '거침없이' 내려 주신 하나님의 그 크신 은혜에 감사합니다. 그 '거침없는' 은혜를 다른 분에게 내려 주셨다면, 그분이 100주년기념교회의 담임목사직을 훨씬 더 잘 수행했을 것임을 생각하면, 하나님과 교우님들에게 송구한 마음일 뿐입니다. 이 종의 부족함으로 상처 받거나 상심한 교우님들이 있다면, 하나님께서 후임 공동 담임목사님들을 통해 그분들의 심령을 어루만져 회복시켜 주시기를 간구합니다. 이제 온 교우님들과 후임 공동 담임목사님들, 그리고 모든 교역자들이 한마음으로 주님의 마르튀스와 휘페레테스가 되어, 일상의 삶으로 100주년기념교회의 사도행전 29장을 '거침없이' 엮어 가게 해주십시오. 그 사도행전 29장이 엮어져 갈수록 이 시대가, 이 시대의 미래가, 지구 반대편의 미래까지, 날마다 새로워져 가게 해주십시오. 지금 이 순간이, 바로 그 출발점이 되게 해주십시오. 아멘.

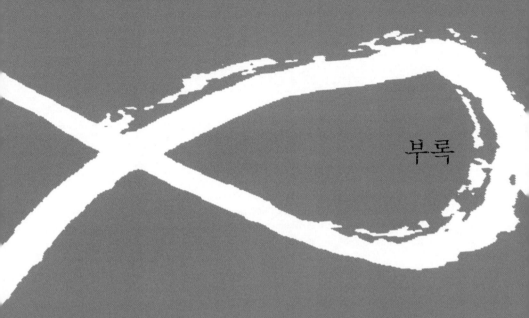

부록

신년 0시 예배 마음과 정성을 다하여 심으리라

2018년 1월 1일

마음과 정성을 다하여 심으리라 신년 0시 예배

예레미야 32장 36-41절

그러나 이스라엘의 하나님 여호와께서 너희가 말하는 바 칼과 기근과 전염병으로 말미암아 바벨론 왕의 손에 넘긴 바 되었다 하는 이 성에 대하여 이와 같이 말씀하시니라 보라 내가 노여움과 분함과 큰 분노로 그들을 쫓아 보내었던 모든 지방에서 그들을 모아들여 이 곳으로 돌아오게 하여 안전히 살게 할 것이라 그들은 내 백성이 되겠고 나는 그들의 하나님이 될 것이며 내가 그들에게 한 마음과 한 길을 주어 자기들과 자기 후손의 복을 위하여 항상 나를 경외하게 하고 내가 그들에게 복을 주기 위하여 그들을 떠나지 아니하리라 하는 영원한 언약을 그들에게 세우고 나를 경외함을 그들의 마음에 두어 나를 떠나지 않게 하고 내가 기쁨으로 그들에게 복을 주되 분명히 나의 **마음과 정성을 다하여** 그들을 이 땅에 **심으리라**

하나님께서 우리를 믿으시고, 우리에게 또 새로운 한 해의 기회를 맡겨 주셨습니다. 부족하기 짝이 없는 우리를 이렇듯 믿어 주신 하나님께 감사의 박수를 올려 드리십시다.

늘 그랬듯이, 이 새해 벽두에도 우리에게는 분명히 짚고 넘어가야 할 명제가 있습니다. 2017년 마지막 날이자 마지막 주일인 12월 31일의 마지막 4부 예배가 7시간 전에 끝났습니다. 그리고 불과 7시간 만에, 우리는 지금 2018년 1월 1일 신년0시예배를 드리고 있습니다. 7시간 전에 끝난 예배가 작년 마지막 예배였고, 지금 드리는 이 예배가 신년 첫 예배입니다. 그렇다면 불과 7시간 만에, 우리가 새로운 존재가 되었습니까? 7시간 전에 작년 마지막 예배를 끝낸 우리에게 7시간 동안 무슨 존재적 변화가 있었기에, 불과 7시간 만에 우리가 신년 첫 예배를 드리는 것입니까? 이 질문에 대한 명확한 해답을 갖지 못한다면, 2018년도는 우리의 삶과는 무관하게 달력상의 새해로만 존속할 수밖에 없습니다. 그리고 우리가 지금 드리고 있는 이 예배 역시, 진정한 의미의 신년 첫 예배가 될 수도 없을 것입니다.

우리 교회는 성경의 만인제사장 정신에 입각하여, 모든 예배 시간에 전 교인이 순서대로 기도하고 있습니다. 교인들의 꾸밈 없고 진솔한 기도를 통해, 우리는 예배 시간마다 큰 깨달음과 감동을 받고 있습니다. 지난 12월 넷째 주일 2부 예배 기도자는 30대 초반의 여성인 김경원 청년이었습니다. 지난 1년 동안 우리가 주일예배과 구역성경공부를 통해 배운 것을 총 집약한 그 청년의 기도 내용은 우리의 실상, 우리의 상황, 우리 신앙의 지향점을 정확하게 밝혀 주는, 기도의 모본과도 같았습니다. 다음은 그 기도의 도입부입니다.

주님, 우리는 죽어갑니다. 코끝의 숨이 멈추는 날이 언제인지 그 기한을 알 수 없음에도, 우리는 영원한 삶을 누릴 듯, 세상 사람 보기에 좋은 삶을 꾸리느라 온 정신을 다 쏟고 있습니다. 그것도 모자라 우리를 위해 주님을 믿고, 우리의 자식과 우리의 일터가 우리가 원하는 대로 되기 위해 기도합니다. 세상이 목적이 된 삶이 우리 자신을 죽이는 행위라는 것을 입으로 고백하면서도, 죄악의 낙을 누리며 우리는 죽어갑니다.

그렇지 않습니까? 우리는 매일, 매 순간 죽어가고 있습니다. 우리는 살기 위해 숨을 쉽니다. 그러나 숨을 쉴 때마다 우리는 실은, 숨을 쉰 만큼 죽어가고 있습니다. 7시간 전에 작년 마지막 4부 예배를 끝낸 우리가 7시간 만에 신년을 맞았다고 우리의 수명이 늘어났습니까? 오히려 그 반대입니다. 작년 마지막 4부 예배를 끝낸 이후부터 지금까지, 우리의 수명은 7시간 단축되었습니다. 7시간만큼 우리 모두 죽은 것입니다. 올해에 우리가 억만금을 벌면, 우리의 수명이 그만큼 연장되겠습니까? 억만 금의 열 배를 벌어들인다 해도, 올해가 끝날 때면 우리 모두 올해의 길이만큼 죽어 있을 것입니다. 이렇듯 시계의 초침이 1초1초 흘러갈 때마다 계속 죽어가는 '에노스'에 불과한 우리에게, 과연 새로운 생명의 새해와 새날이 가능할 수 있겠습니까?

또 우리가 살아가는 이 세상은 어떻습니까? 김경원 청년은 기도에서 우리 사회와 이 시대를 이렇게 진단하였습니다.

주님! 이 땅을, 이 나라를, 한국 교회를 고쳐 주십시오. 싸움밖에 모르는 정치인들, 핵으로 세계를 위협하는 북한, 테러와 전쟁의 위험, 주님의 말씀이 변질되어 왜곡된 교회들, 약육강식의 사회, 이 모두를 주님의 손에 올려 드립니다.

우리 사회와 전 세계의 현 상황을, 이보다 더 잘 압축하여 묘사할 수 있겠습니까? 정치·경제·사회·국제 관계 등, 어느 분야에서든 무엇 하나 확실하게 예측할 수 없는 혼돈의 연속입니다. 기존 상식과 질서를 무시한 강대국들의 무한질주, 그에 편승한 각국의 유례 없는 자국 우선주의, 어디로 어떻게 튈지 아무도 헤아릴 수 없는 북한의 핵 위협, 그로 인해 한반도를 둘러싼 4강의 대립과 갈등 속에서 점점 외톨이가 되어 가는 고달픈 우리에게 무슨 새해와 새날이 있을 수 있겠습니까? 그러나 김경원 청년의 기도는, 단지 그런 절망을 토로하기 위한 한탄이나 넋두리가 아니었습니다. 그 기도는 이렇게 반전을 이루었습니다.

> 뻔뻔하고 죄 많은 우리를 긍휼이 여겨 주시옵소서. 우리의 헛된 마음과 생각을 버리고, 생명의 근원 되신 여호와 하나님을 찾게 해주십시오. 고통스러운 우리의 오늘이 몇 날, 며칠, 수십 년 혹은 코끝의 숨이 멈출 때 끝난다 해도, 하나님의 때에 하나님의 방법으로 하나님의 역사가 이루어져 감을 믿고, 우리의 삶이 산 제물이 되게 해주십시오. 세상의 보잘것없는 우리에게 하나님께서 부여해 주실 신적 권위를 힘입어, 우리의 삶이 새 생명의 통로가 되길 소망합니다.

새해, 새날, 새 세상은 절로 주어지지 않습니다. 우리 각자가 생명의 근원이신 하나님 말씀에 우리의 삶을 산 제물로 드릴 때, 하나님께서 우리를 당신의 통로로 삼아 세상을 새롭게 하심으로, 결과적으로 우리가 새해, 새날, 새 세상을 누리게 됩니다. 그래서 김경원 청년의 기도는 다음과 같이 마무리되었습니다.

> 주님! 이 땅을, 이 나라를, 한국 교회를 고쳐 주십시오. 싸움밖에 모르는 정치인들, 핵으로 세계를 위협하는 북한, 테러와 전쟁의 위험, 주님의

말씀이 변질되어 왜곡된 교회들, 약육강식의 사회, 이 모두를 주님의 손에 올려 드립니다. 하나님을 경외하며, 말씀 앞에 정의와 질서로 바로 세워 가길 간구합니다. 또한 세상을 향해 손가락질과 질타만 하는 우리의 죄된 모습들을 회개하고, 이 어두운 세상을 향한 하나님의 대책이 우리 자신임을 자각하여 깨어 기도하게 해주십시오.

이집트에서 노예살이로 신음하던 이스라엘 백성에게 해방의 새해, 새날, 새 세상은 그냥 주어지지 않았습니다. 그들에게 해방의 새해, 새날, 새 세상을 주시기 위한 하나님의 대책이, 40년 동안 미디안 광야에서 양을 치던 팔십 노인 모세였습니다. 가진 것이라곤 마른 막대기 하나뿐인 볼품없는 노인이었지만, 모세는 하나님의 명령을 좇아 하나님의 대책이 되기 위해 자신을 산 제물로 바쳤고, 하나님께서는 그 노인 모세를 통로로 삼아 이집트의 노예살이에서 해방되는 새해, 새날, 새 세상을 이스라엘 백성에게 주셨습니다.

우리가 방금 시작된 2018년을 새해 새날로 누리며, 2018년에 살아갈 이 세상이 보다 새롭게 일구어지기를 원한다면, 하나님을 믿는 그리스도인인 우리 각자가 이 세상을 위한 하나님의 대책이 되기 위해, 우리 자신을 먼저 하나님께 산 제물로 드려야 합니다. 우리에게 대체 무슨 자격이 있어 우리가 하나님의 대책이 될 수 있으며, 거룩하신 하나님께 바쳐 드릴 산 제물이 될 수 있겠습니까?

올해 우리 교회의 표어는 예레미야 32장 41절에 기인한, '마음과 정성을 다하여 심으리라'입니다. 본문의 시대적 배경은 주전 6세기 말, 예루살렘 멸망 직전입니다. 바빌로니아제국 느부갓네살 대왕의 군대가 예루살렘을 포위한 가운데, 예루살렘 멸망은 이미 초읽기에 들어가 있었습니다. 강대국의 침공으로 나라가 무너져 내리는데도 누구 한 명 책임지려 하지 않는 가운데, 사람들은 하나님의 말씀이 아니라, 자기들이 듣기 원하는 말만 들으려 했습니다. 그 결과 거짓 승리를 외치는 거짓 선지자들의 거짓 외침은 사람들을 더욱 미혹하였고, 하나님의 말씀을 받들어 예루살렘 멸망을 예고한 선지자 예레미야는 왕의 미움을 사서 도리어 감옥에 갇히고 말았습니다. 다윗 왕 때 견고했던 이스라엘의 역사는, 그렇게 촛불이 꺼져 가고 있었습니다.

그러나 인간 역사의 촛불이 꺼진다고, 그것이 끝인 것은 아니었습니다. 그 순간은, 오히려 하나님에 의한 새 역사가 시작되는 출발점이었습니다. 역사의 어둠과 절망 속에서 감옥에 갇혀 있는 선지자 예레미야에게 하나님의 말씀이 임하셨습니다.

> 그러나 이스라엘의 하나님 여호와께서 너희가 말하는 바, 칼과 기근과 전염병으로 말미암아 바벨론 왕의 손에 넘긴 바 되었다 하는 이 성에 대하여 이와 같이 말씀하시니라. 보라. 내가 노여움과 분함과 큰 분노로 그들을 쫓아 보내었던 모든 지방에서 그들을 모아들여 이곳으로 돌아오게 하여 안전히 살게 할 것이라(렘 32:36-37).

주전 586년, 마침내 예루살렘은 바빌로니아제국 느부갓네살 대왕에게 멸망당하고 말았습니다. 예루살렘성전은 파괴되었고, 성전 기구들은 약탈당했으며, 수많은 이스라엘 백성이 바빌로니아에 포로로 끌려갔습니다. 그것은 모두 이스라엘 백성의 자업자득이었습니다. 하나님의 말씀을 등지고 자기 욕망의 노예로 살면서 뿌린 그릇된 씨앗의 열매를, 그들 자신이 스스로 거둔 셈이었습니다. 그러나 하나님께서는 바빌로니아에 포로로 끌려간 이스라엘 백성을 내버려 두시지 않고, 그들을 다시 부르시어 언약의 땅으로 되돌아오게 하시는 분이었습니다.

> 그들은 내 백성이 되겠고 나는 그들의 하나님이 될 것이며, 내가 그들에게 한 마음과 한 길을 주어 자기들과 자기 후손의 복을 위하여 항상 나를 경외하게 하고, 내가 그들에게 복을 주기 위하여 그들을 떠나지 아니하리라 하는 영원한 언약을 그들에게 세우고, 나를 경외함을 그들의 마음에 두어 나를 떠나지 않게 하고, 내가 기쁨으로 그들에게 복을 주되 분명히 나의 마음과 정성을 다하여 그들을 이 땅에 심으리라(렘 32:38-41).

하나님께서 포로로 끌려간 이스라엘 백성을 다시 언약의 땅으로 부르신 것은, 당신을 등졌던 그들을 벌하시기 위함이 아니라, 그들의 하나님이 되시어 그들을 되품어 주시기 위함이었습니다. 하나님께서 기쁨으로 그들에게 복을 주시되, 그들을 언약의 땅에 되심어 주시기 위함이었던 것입니다. 하나님께서 심으시면 누가 감히 뽑을 수 있겠습니까? 그런데도 하나님께서는 그들을 그냥 심으시겠다고만 말씀하신 것이 아닙니다. 하나님께서는 "분명히 나의 마음과 정성을 다하여 그들을 이땅에 심으리라"고 천명하셨습니다. 이스라엘 백성은 하나님의 그 은혜로 바빌로니아의 포로에서 벗어나 비로소 새해, 새날, 새 세상을 누릴 수 있었습니다.

그러므로 하나님께서 왜 예루살렘의 멸망을 허락하셨는지, 수많은 이스라엘 백성이 바빌로니아에 왜 포로로 끌려가게 하셨는지, 이제 우리는 그 까닭을 알 수 있습니다. 하나님을 등진 그들을, 세상을 새롭게 하는 당신의 대책이 될 수 있도록 거룩한 산 제물로 가다듬어 주시기 위함이셨습니다. 그리고 미디안 광야의 팔십 노인 양치기 모세처럼 그들이 하나님의 대책이 되기 위한 산 제물이 되었을 때, 하나님께서는 그들을 통로로 삼아 그들의 세상과 시대를 새롭게 해주셨습니다. 하나님께서 그들에게 새 생명을 주시기 위해 당신의 독생자를 십자가의 제물 삼으시기까지, 당신의 마음과 정성을 다하여 그들을 새롭게 심어 주신 것입니다. 그 결과로, 그들이 새 생명의 새 해와 참된 새날을 누릴 수 있었음은 두말할 나위가 없습니다.

바로 그 하나님께서 우리를 믿으시고, 우리에게 또다시 2018년의 새로운 기회를 맡겨 주셨습니다. 7시간 전에, 우리는 작년 마지막 4부 예배를 끝마 쳤습니다. 그리고 불과 7시간 만에, 지금 우리는 신년0시예배를 드리고 있 습니다. 그 7시간 동안에 우리에게는 그 어떤 변화도 없었습니다. 우리 삶의 정황과 여건에도 변한 것이라곤 아무것도 없습니다. 그렇지만 우리는, 하나 님께서 우리에게 맡겨 주신 올해가 작년보다 더욱 새로운 날과 해로 엮어질 것을 확신하고 있습니다. 올해가 시작됨과 동시에 신년0시예배를 드리는 우 리에게 하나님께서, '분명히 나의 마음과 정성을 다하여 너희들을 이 땅에 심으리라'고 약속해 주고 계시기 때문입니다.

그 하나님께 올 한 해 동안 우리의 삶을 산 제물로 드리십시다. 1년 내내 이 세상을 위한 하나님의 대책으로 살아가십시다. 하나님께서 우리를 통로 로 삼아, 분명히 당신의 마음과 정성을 다하여 우리의 가정을 새롭게 심어 주실 것입니다. 분명히 당신의 마음과 정성을 다하여 우리의 일터를 새롭게 심어 주실 것입니다. 분명히 당신의 마음과 정성을 다하여 이 땅의 교회를 새롭게 심어 주실 것입니다. 분명히 당신의 마음과 정성을 다하여 우리 사회 를 새롭게 심어 주실 것입니다. 그 결과로, 우리는 삼 일 만에 다시 살아나 신 주님 안에서 날마다 새해 새날을 누리게 될 것입니다.

결코 잊지 마십시다. 새해는 절로 주어지지 않습니다. 새해는, 당신의 마 음과 정성을 다하여 우리를 새롭게 심어 주시는 하나님의 은혜 속에서 우리 자신이 가꾸어 가는 것입니다. 그 새해가 하나님의 은혜로 이미 우리의 삶속에 성큼 들어와 있습니다. 우리 모두 그 크신 하나님의 은혜에 감사하면서, 주위 분들과 감사의 새해 인사를 함께 나누시겠습니다. '하나님께서 마음과 정성을 다하여 당신을 새롭게 심어 주실 것입니다.'

하나님! 불과 7시간 전에 작년 마지막 예배를 끝낸 우리는, 그 어떤 존재적 변화도 없이 지금 신년0시예배를 드리고 있습니다. 우리를 둘러싸고 있는 국내외 여건도 낙관할 것이라곤 아무것도 없습니다. 이런 상황 속에서는 아무리 달력을 교체해도, 우리에게 새해는 요원할 수밖에 없습니다. 그러나 2018년을 우리에게 맡겨 주신 하나님께서 이 첫 시간에, '분명히 나의 마음과 정성을 다하여 너희들을 이 땅에 심으리라'고 약속해 주시니 감사합니다.

하나님의 그 언약을 의지하여, 우리 모두 이 세상을 위한 하나님의 대책으로 살아가게 해주십시오. 하나님의 그 귀한 언약에 우리의 삶을 산 제물로 드리게 해주십시오. 우리의 삶을 통로로 삼으셔서 우리의 가정을, 우리의 일터를, 이 땅의 교회를, 우리의 사회를, 인류의 역사를, 하나님의 마음과 정성을 다하여 새롭게 심어 주십시오. 그리하여 올 한 해가, 우리가 그동안 거쳐 온 그 어느 해보다 눈부신 새해 새날로 엮어지게 해주십시오. 아멘.